Ruppel   Kompetenzabgrenzung bei der extern verwalteten
         Investmentkommanditgesellschaft

Abhandlungen
zum deutschen und europäischen
Handels- und Wirtschaftsrecht

Gegründet von
Götz Hueck   Marcus Lutter   Wolfgang Zöllner

Herausgegeben von
Peter Hommelhoff   Ulrich Noack   Marc-Philippe Weller

241

Carl Heymanns Verlag 2020

Conrad Ruppel, LL.M.

Kompetenzabgrenzung bei der extern verwalteten Investmentkommanditgesellschaft

Umsetzung der europäischen AIFM-Richtlinie
im EU-Mitgliedstaat Deutschland:
Eine normativ-konfliktuelle Betrachtung aus
investmentrechtlicher sowie zivil- und
gesellschaftsrechtlicher Sicht

Carl Heymanns Verlag 2020

Zitiervorschlag: *Ruppel*, Kompetenzabgrenzung bei der extern verwalteten Investmentkommanditgesellschaft (AHW Bd. 241), S. 1

Bibliografische Information der Deutschen Nationalbibliothek
Die Deutsche Nationalbibliothek verzeichnet diese Publikation in der Deutschen Nationalbibliografie; detaillierte bibliografische Daten sind im Internet über http://dnb.d-nb.de abrufbar.

ISBN 978-3-452-29638-2

www.wolterskluwer.de

Alle Rechte vorbehalten.
© 2020 Wolters Kluwer Deutschland GmbH, Wolters-Kluwer-Str. 1, 50354 Hürth.

Das Werk einschließlich aller seiner Teile ist urheberrechtlich geschützt. Jede Verwertung außerhalb der engen Grenzen des Urheberrechtsgesetzes ist ohne Zustimmung des Verlages unzulässig und strafbar. Das gilt insbesondere für Vervielfältigungen, Übersetzungen, Mikroverfilmungen und die Einspeicherung und Verarbeitung in elektronischen Systemen.

Verlag, Herausgeber und Autor übernehmen keine Haftung für inhaltliche oder drucktechnische Fehler.

Umschlagkonzeption: Martina Busch, Grafikdesign, Homburg-Kirrberg
Satz: R. John + W. John GbR, Köln
Druck und Weiterverarbeitung: SDK Systemdruck Köln GmbH & Co. KG

Gedruckt auf säurefreiem, alterungsbeständigem und chlorfreiem Papier.

Meiner Familie

Vorwort

Im wissenschaftlichen Diskurs wurde die extern verwaltete Investmentkommanditgesellschaft zugespitzt als »leere Hülle« und »unbemannte Drohne« bezeichnet. An Bord des Flugobjekts Investmentkommanditgesellschaft befinden sich jedoch die Anlegerkommanditisten, die mit zahlreichen Schutzrechten ausgestattet sind, auf sie etwa wegen des Prinzips der Selbstorganschaft und des gesellschaftsrechtlichen Minderheitenschutzes nicht verzichten können. Daneben verfügt eine Investmentkommanditgesellschaft über zwei sachkundige und zuverlässige Geschäftsführer, die strenge Tätigkeitsanforderungen zu erfüllen haben. Ihnen verbleiben kraft Gesetzes die Organbefugnisse sowie je nach Fondsstruktur diverse Verwaltungsaufgaben investmentrechtlicher und gesellschaftsrechtlicher Natur. Hinzukommen steuerliche, registerrechtliche und insolvenzrechtliche Pflichten, sodass die Geschäftsführung der Investmentkommanditgesellschaft eine Funktion ausübt, die mit der eines »Co-Piloten« vergleichbar ist.

Im Spannungsfeld zwischen Investmentrecht sowie Zivil- und Gesellschaftsrecht hat die Arbeit zum Ziel, die verbleibenden Kompetenzen einer extern verwalteten Investmentkommanditgesellschaft näher zu bestimmen und von den Kompetenzen der Kapitalverwaltungsgesellschaft abzugrenzen. Die Praxis der deutschen und europäischen Aufsichtsbehörden sowie die Rechtslage im Vereinigten Königreich, Luxemburg und der Schweiz werden in die Untersuchung einbezogen. Ausgehend vom Vorrang des Investmentrechts wird der Frage nachgegangen, welche Bedeutung dem Zivil- und Personengesellschaftsrecht sowie der Privatautonomie in rechtsdogmatischer Hinsicht noch verbleibt.

Die Arbeit wurde von der Rechtswissenschaftlichen Fakultät der Universität Bern im Herbstsemester 2019 als Dissertation angenommen. Rechtsprechung und Literatur sind auf dem Stand von Ende 2019.

Zuvorderst bedanke ich mich bei meinem hochverehrten Doktorvater, Herrn Professor Dr. *Michael J. Hahn*, für die hervorragende Betreuung der Dissertation. Unsere gemeinsamen Erfahrungen am anderen Ende der Welt und später im Herzen Europas haben meinen Lebensweg nachhaltig geprägt.

Mein Dank gilt ferner Herrn Professor Dr. *Thomas Jutzi* für seine weiterführenden Hinweise, insbesondere zum schweizerischen Recht, sowie für die rasche Erstellung des Zweitgutachtens.

Besonders bedanken möchte ich mich bei meinem Onkel Rechtsanwalt Dr. *Karl-Ludwig Ruppel*, der meine Begeisterung für das spannende Forschungsfeld entfachte und mir in lebhaften Diskussionen zur Seite stand. Für die Unterstützung während der Fertigstellung dieser Arbeit danke ich den Herren Rechtsanwälten Dr. *Christian Schmies*, Dr. *Sven H. Schneider* und Dr. *Edgar Wallach*.

Den Herren Prof. Dr. Dr. h.c. mult. *Peter Hommelhoff*, Prof. Dr. *Ulrich Noack* und Prof. Dr. *Marc-Philippe Weller* danke ich für die Aufnahme in die Schriftenreihe.

Für den großzügigen Druckkostenzuschuss bedanke ich mich bei Herrn Professor Dr. *Stephan Wolf* als Vertreter der Curt-Rommel-Stiftung sowie bei Herrn Professor Dr. *Peter V. Kunz*, dem Dekan der Rechtswissenschaftlichen Fakultät der Universität Bern.

Mein größter Dank gilt meiner Familie: Meiner Frau *Tanja Ruppel*, meinen Kindern und meinen Eltern *Konrad Ruppel* und *Hiltrud Ruppel*. Ihnen ist diese Arbeit gewidmet.

Fulda, im Mai 2020 *Conrad Ruppel*

Inhaltsübersicht

Vorwort VII

Inhalt XI

1. Teil Einleitung 1
A. Spannungsfeld und Ziel der Arbeit 6
B. Methodischer Ansatz 9

2. Teil Rechtsquellen und Regelungsstruktur 17
A. Investmentgeschäft und wirtschaftliche Bedeutung 17
B. Historie des Investmentrechts 19
C. Europäisches Investmentrecht 23
D. Deutsches Investmentrecht 32

3. Teil Rechtssystematische Erfassung der investmentrechtlichen Aufgabenzuordnung 53
A. Rechtssystematische Einordnung des Normenkomplexes 54
B. Auslegung des Normcharakters 60
C. Zusammenfassende Würdigung 105

4. Teil Investmentrechtliche Aufgabenzuordnung 107
A. Begriffliche Ausgangslage und Negativabgrenzung der Aufgabenzuordnung .. 107
B. Problematik: Universalzuständigkeit versus Optionsansatz ... 113
C. Zusammenfassende Würdigung 204
D. Verbleibender Aufgabenumfang bei der Investmentkommanditgesellschaft ... 212
E. Aufgabenübertragung durch die Investmentkommanditgesellschaft auf Dritte .. 239
F. Rechtsvergleichender Rundblick 242

5. Teil Kompetenzzuordnung aus zivil- und gesellschaftsrechtlicher Sicht 275
A. Befugnisstruktur bei der extern verwalteten Investmentkommanditgesellschaft .. 275
B. Gesellschaftsrechtliche Grundprinzipien und zivilrechtliche Aspekte 293
C. Grenzen durch die Rechtsprechung (Prinzip der Selbstorganschaft) 303
D. Angelegenheiten der Gesellschafter und der Geschäftsführung der Investmentkommanditgesellschaft 327

6. Teil Zusammenfassende Würdigung der Untersuchung 361
A. Kompetenzabgrenzung 361
B. Funktionen des Zivil- und Gesellschaftsrechts sowie der Privatautonomie ... 368
C. Schlussbewertung 371

Inhaltsübersicht

Abkürzungen 373

Literatur 379

Sachregister 405

Inhalt

Vorwort VII

Inhaltsübersicht IX

1. Teil Einleitung 1

A. *Spannungsfeld und Ziel der Arbeit* 6
B. *Methodischer Ansatz* 9
  I. Kompetenzbegriff 10
  II. Vorrangwirkung und normativ-konfliktuelle Betrachtung .. 10
  III. Gang der Untersuchung 13

2. Teil Rechtsquellen und Regelungsstruktur 17

A. *Investmentgeschäft und wirtschaftliche Bedeutung* 17
B. *Historie des Investmentrechts* 19
C. *Europäisches Investmentrecht* 23
  I. Legislativprozess im europäischen Finanzmarktrecht 23
  II. Das Lamfalussy-Verfahren am Beispiel der AIFM-Gesetzgebung 24
    1. Rahmengesetzgebung 24
       a. Ziele der AIFM-RL 24
       b. Inhalt: Manager-Regulierung für Alternative Investmentfonds 25
       c. Wechsel vom formellen zum universell-materiellen Regelungsansatz .. 26
       d. Richtlinienwirkung und richtlinienkonforme Auslegung 28
    2. Durchführungsmaßnahmen der EU-Kommission 30
    3. Umsetzung und Leitlinien der ESMA 31
    4. Überwachung durch die EU-Kommission 32
D. *Deutsches Investmentrecht* 32
  I. Umsetzung in Deutschland: Kapitalanlagegesetzbuch 33
    1. Numerus clausus der Rechtsformen 34
    2. Publikumsinvestmentkommanditgesellschaft und semiprofessionelle Anleger 35
    3. Richtlinienkonformität ausgewählter KAGB-Vorschriften 36
       a. Rechtliche Zulässigkeit der deutschen Umsetzung 38
          i. Vertrieb an Kleinanleger 39
          ii. Organisationsbezogene Fondsregulierung: Publikumsinvestmentkommanditgesellschaft 40
          iii. Zwischenergebnis und Pflicht zur richtlinienkonformen Auslegung 41
       b. Zusammenfassende Würdigung 43
    4. Offene und geschlossene Investmentkommanditgesellschaft 43

Inhalt

	5. Externe und interne Kapitalverwaltungsgesellschaft	44
	a. Vertragsbeziehungen im Investmentgeschäft	45
	b. Bestellungsvertrag zwischen Investmentkommanditgesellschaft und externer Kapitalverwaltungsgesellschaft	47
	6. Aufsichtsrechtliches Erlaubnisverfahren	49
II.	Kompetenzen der BaFin	50

3. Teil   Rechtssystematische Erfassung der investmentrechtlichen Aufgabenzuordnung   53

A. Rechtssystematische Einordnung des Normenkomplexes 54
I. Ansätze zur Rechtsnatur 54
II. Tradierte Zuordnungstheorien 56
   1. Interessentheorie 57
   2. Subordinationstheorie 58
   3. Modifizierte Subjektstheorie 59
   4. Zwischenergebnis 60

B. Auslegung des Normcharakters 60
I. Grammatikalische und systematische Auslegung 60
   1. Wortlaut des § 154 KAGB 60
      a. Zivilrechtliche Obliegenheit 61
      b. Anlage und Verwaltung: Öffentlich-rechtliche Klarstellungsnorm ... 62
   2. Systematische Auslegung 64
      a. Nachbarvorschriften zu § 154 Abs. 1 S. 2 KAGB 64
      b. Systematische Erwägungen hinsichtlich §§ 149 ff. KAGB 67
   3. Zwischenergebnis 68
II. Teleologische Auslegung 68
   1. Zweck der AIFM-RL 68
   2. Zweck des KAGB 71
   3. Zusammenfassende Würdigung 72
III. Privatrechtliche Ausgestaltung des § 154 Abs. 1 S. 2 KAGB 72
   1. Vertragsfreiheit: Zwingendes und dispositives Recht 73
   2. Zwingendes Zivilrecht 74
      a. Gemeinwohlinteresse 75
      b. Schutz der schwächeren Vertragspartners 75
      c. Öffentlich-rechtliche Aufsicht 77
      d. Interessen Dritter 77
         i. Anleger als Dritte 78
         ii. Gewichtiges Interesse an zwingenden Vertragsbestandteilen 78
         iii. Zwingendes Zivilrecht versagt bei hohem Detailgrad 81
      e. Zwischenergebnis 84
   3. Dispositives Zivilrecht 85
   4. Zwischenergebnis 85
IV. Öffentlich-rechtliche Norm mit Ausstrahlungswirkung, § 154 Abs. 1 S. 2 KAGB 86
   1. Doppelnorm und Ausstrahlungswirkung 86
   2. Mittelbare Ausstrahlungswirkung (Auslegungslösung) 88
      a. Grundsatz der gesetzeskonformen Auslegung 88

		b. Objektiver Empfängerhorizont (tatsächlicher Einfluss)	90
		c. Aufsichtsrechtlich orientierte Rechtsfortbildung	91
		d. Zwischenergebnis	92
	3.	Finaler Zusammenhang zwischen Aufsichtsrecht und Willenserklärungen der Vertragsparteien	92
		a. Parallelität zu den Eigenmittelgestellungsverträgen	93
		b. Finaler Zusammenhang und Folgen	93
		c. Rückstrahlungswirkung des Vertrages auf Rechtsbegriffe	94
		d. Zwischenergebnis	95
	4.	Haftung und konkrete Rechtsfolgen	95
		a. Kapitalverwaltungsgesellschaft und Investmentkommanditgesellschaft	96
		b. Zivilrechtshaftung der Kapitalverwaltungsgesellschaft gegenüber den Anlegern	98
		i. Vertrag (mit Schutzwirkung) zugunsten Dritter	98
		ii. Verhältnis zwischen Anlegern und Kapitalverwaltungsgesellschaft	101
C.	Zusammenfassende Würdigung		105

4. Teil Investmentrechtliche Aufgabenzuordnung ... 107

A.	Begriffliche Ausgangslage und Negativabgrenzung der Aufgabenzuordnung	107
I.	Allgemeine Verwaltungstätigkeit	108
II.	Anlageverwaltung im KWG	110
III.	Kollektive Vermögensverwaltung	111

B.	Problematik: Universalzuständigkeit versus Optionsansatz		113
I.	Grammatikalische und systematische Auslegung des § 1 Abs. 19 Nr. 24 KAGB		117
	1.	Sanktionsvorschriften, §§ 15, 339 KAGB	117
	2.	Erbringung von Nebendienstleistungen, § 20 Abs. 3 und 4 KAGB	120
	3.	Zwischenergebnis	124
	4.	Bezug des § 1 Abs. 19 Nr. 24 KAGB zur Richtlinie 2009/65/EG (OGAW-RL) und zur Richtlinie 2011/61/EU (AIFM-RL)	124
II.	Grammatikalische Auslegung der AIFM-RL		127
	1.	Sprachfassungen des Anhangs I AIFM-RL	127
	2.	Erwägungsgründe 21 und 31 AIFM-RL	130
	3.	Kein Umsetzungsspielraum der Mitgliedstaaten	131
III.	Teleologische Auslegung		133
	1.	Regulierungszweck und Erlaubnissystematik	133
	2.	Anlegerschutz und Haftung	135
	3.	Kosten, Kapazitäten und Anlegerinteresse	137
IV.	Historische Auslegung der AIFM-RL		139
	1.	Initiativvorschlag der EU-Kommission	140
	2.	Bericht des Ausschusses für Wirtschaft und Währung (ECON) und Erster Kompromissvorschlag	140
	3.	Zweiter und Dritter Kompromissvorschlag	142
	4.	Trilog-Gespräche und Entschließung des Europäischen Parlaments	143

		5. Zusammenfassende Würdigung	143
V.		Privatautonom-faktische Funktionsweise der Aufgabenzuordnung	144
VI.		Originäre Aufgabe und aufsichtsrechtliche Relevanz der Aufgaben	146
	1.	Aufsichtsrechtliche Relevanz (Wesentlichkeit)	150
	2.	Wesentlichkeit der Aufgabe	153
	3.	Zwischenergebnis: Kriterien für die Auslagerungsfähigkeit	156
	4.	Subsumtion des Aufgabenspektrums anhand der aufsichtsrechtlichen Relevanz	157
		a. Anlageverwaltungsfunktionen	157
		b. Portfolioverwaltung	158
		c. Kontroll- und Leitungsaufgaben	161
		i. Auseinanderfallen von AIFM-Tätigkeit und Geschäftsleitung	162
		ii. Nichtauslagerbarkeit der Kontroll- und Leitungsaufgaben	163
		iii. Zwischenergebnis	166
	5.	Aufsichtsrechtliche Relevanz der Nebenverwaltungsaufgaben	166
		a. Administrative Tätigkeiten nach Anhang I Nr. 2 a) AIFM-RL	167
		i. Ausgabe und Rücknahme von Anteilen und Gewinnausschüttung	167
		ii. Überwachung der Einhaltung der Rechtsvorschriften	171
		iii. Rechtliche Dienstleistungen	172
		iv. Weitere administrative Tätigkeiten nach Anhang I Nr. 2 a) i) AIFM-RL	175
		v. Bewertung der Vermögensgegenstände	175
		b. Tätigkeiten im Zusammenhang mit den Vermögenswerten Anhang I Nr. 2 c) AIFM-RL	177
		i. Beratungsdienstleistungen	179
		ii. Operative Tätigkeiten nach § 1 Abs. 1 S. 1 KAGB	181
		c. Vertrieb nach Anhang I Nr. 2 b) AIFM-RL	183
		d. Briefkastenregelung	185
	6.	Zwischenergebnis zur aufsichtsrechtlichen Relevanz der Aufgaben	187
VII.		Übergeordnete Compliance-Verantwortung der Kapitalverwaltungsgesellschaft (§ 17 Abs. 3 KAGB)	190
	1.	Typen von Verantwortung	190
	2.	Reichweite der übergeordneten Compliance-Verantwortung	191
	3.	Sonstiger Fremdbezug von Leistungen	193
VIII.		Verlautbarungen der ESMA und der EU-Kommission	195
IX.		Richtlinienkonformität des § 154 Abs. 1 S. 2 KAGB	199
X.		Interessen- und Güterabwägung	200
C.		*Zusammenfassende Würdigung*	204
I.		Auslegung der »kollektiven Vermögensverwaltung« nach § 1 Abs. 19 Nr. 24 KAGB	206
II.		Auffassung der Aufsichtsbehörden	209
D.		*Verbleibender Aufgabenumfang bei der Investmentkommanditgesellschaft*	212
I.		Restzuständigkeit nach der BaFin-Ansicht und Aufgabentypen	212
II.		Nebenverwaltungsaufgaben	214
	1.	§ 154 Abs. 1 S. 2 KAGB betreffend die Investmentkommanditgesellschaft	215
	2.	Bisherige Erwägungen zum Optionsansatz	215

	3. Geschäftsführungsanforderungen, § 153 KAGB	216
	4. Sachliche Nähe und Verantwortlichkeit des AIF	219
	5. Auffassungen von EU-Kommission und ESMA	220
	6. Eigenkapitalanforderungen	222
	7. Rückauslagerung, Haftungsaspekte und Wahlrecht der Kapitalverwaltungsgesellschaft	224
	8. Operativ tätige Gesellschaft und Risiken	226
	9. Betriebsvermögen einer extern verwalteten Investmentkommanditgesellschaft	227
III.	Weitere Aufgaben der Investmentkommanditgesellschaft	229
	1. Auswahl, Beauftragung und Überprüfung der Verwahrstelle	229
	2. Bestellung der externen Kapitalverwaltungsgesellschaft	230
	3. Umwandlung und Benennung, § 154 Abs. 2 Nr. 1 KAGB	231
	4. Ausgestaltung der Anlagebedingungen	231
	5. Auskunftserteilung, § 14 KAGB	232
	6. Abschluss des Treuhandvertrages und Treuhandtätigkeit	232
	7. Auflösung und Bildung des Teilgesellschaftsvermögens	233
	8. Steuererfüllungs- und Erklärungspflicht	233
	9. Mitteilungspflicht zum Transparenzregister	235
	10. Antrag auf Eröffnung eines Insolvenzverfahrens	235
	11. Zustimmungsrechte der Anleger, § 267 Abs. 3 S. 1, § 152 Abs. 2 S. 1 KAGB	236
	12. Gesellschaftsrechtsspezifische Aufgaben	237
IV.	Zusammenfassende Würdigung	238
E.	*Aufgabenübertragung durch die Investmentkommanditgesellschaft auf Dritte*	239
F.	*Rechtsvergleichender Rundblick*	242
I.	Vereinigtes Königreich	242
	1. Gesetzeslage vor und nach Umsetzung der AIFM-RL	243
	2. Umsetzungsaspekte der AIFM-RL	244
	a. Collective investment schemes (CIS)	244
	b. Erlaubnisverfahren/Options-Ansatz	245
	c. General Partner als externer AIFM	247
	d. Neue Private Fund Limited Partnership – »White list«	249
II.	Luxemburg	254
	1. Gesetzeslage vor und nach Umsetzung der AIFM-RL	254
	2. Umsetzungsaspekte der AIFM-RL	257
	a. Erlaubnisverfahren und Options-Ansatz	257
	b. Neue Spezialkommanditgesellschaft (SCSp) – »White list«	259
III.	Schweiz	261
	1. KAG-CH: Zulassungs- und Aufgabensystematik	266
	2. Fondsleitung	267
	3. Vermögensverwalter kollektiver Kapitalanlagen	267
	4. AIFM: Vermögensverwalter kollektiver Kapitalanlagen oder Fondsleitung	269
	5. Verbleibender Aufgabenumfang auf Fondsebene	270
IV.	Zusammenfassende Würdigung	272

XV

5. Teil Kompetenzzuordnung aus zivil- und gesellschaftsrechtlicher Sicht 275

A. *Befugnisstruktur bei der extern verwalteten Investmentkommanditgesellschaft* 275
I. Rechtsauffassung der BaFin und Rechtsprechung 277
II. Vertretungsbefugnis im KAGB 279
III. Geschäftsführungsbefugnis im KAGB 281
IV. Einzel- oder Gesamtbefugnis bei der Investmentkommanditgesellschaft 281
V. Verfügungsbefugnis im KAGB 283
   1. Vorschriften mit Bezug zur Verfügungsbefugnis 283
   2. Durchgangserwerb, Veräußerung, Belastung und Grundbuchangelegenheiten 286
   3. Entscheidungs- und Umsetzungsebene: Darlehens- und Mietvertrag 289
   4. Zwischenergebnis: Verfügungsbefugnis 291
VI. Zusammenfassende Würdigung 292

B. *Gesellschaftsrechtliche Grundprinzipien und zivilrechtliche Aspekte* 293
I. Weitergeltung zivil- und gesellschaftsrechtlicher Grundprinzipien 294
II. Leitlinien und Begründung des Prinzips der Selbstorganschaft 296
III. Verbandssouveränität und Verbot der verdrängenden Vollmacht 301

C. *Grenzen durch die Rechtsprechung (Prinzip der Selbstorganschaft)* 303
I. Übertragung auf extern verwaltete Investmentkommanditgesellschaft 306
   1. Betriebsführungsvertrag 307
   2. Maßstab und Interessenbindung 310
   3. Primär- und Sekundäransprüche sowie Kündigungsrechte 310
   4. Weisungsrecht und Zustimmungsvorbehalte 312
      a. Weisungsrecht und Zustimmungsvorbehalte der Investmentkommanditgesellschaft 312
      b. Weisungsrecht der externen Kapitalverwaltungsgesellschaft 314
   5. Kontrollpflichten und Einsichtsbefugnisse 314
   6. Vertragsbeeinflussung und verbleibende Aufgaben 316
   7. Externe Kapitalverwaltungsgesellschaft als Komplementärin oder Kommanditistin 317
II. Zivilrechtliche Grenzen der schuldrechtlichen Kompetenzübertragung 321
   1. Verbot der unwiderruflichen Generalvollmacht 322
   2. Verbot der verdrängenden Vollmacht 324
III. Zusammenfassende Würdigung 325

D. *Angelegenheiten der Gesellschafter und der Geschäftsführung der Investmentkommanditgesellschaft* 327
I. Gesellschaftsrechtliche Grundlagen 328
II. Aufgabenumfang der Investmentkommanditgesellschaft 332
   1. Einberufung und Durchführung der Gesellschafterversammlung 332
   2. Umsetzung des Abberufungsverlangens, § 153 Abs. 5 KAGB 333
   3. Erstellung, Offenlegung und Einreichung des Jahresberichts 333
   4. Aufstellung des Jahresabschlusses und Lageberichts 334
   5. Buchführung und Versicherungserklärung 335
   6. Feststellung und Unterzeichnung des Jahresabschlusses 336

Inhalt

     7. Wahl des Abschlussprüfers für Jahresabschluss und Lagebericht 337
     8. Gewinnverwendung und Gewinnauszahlung 337
     9. Zustimmung bei Einlagenrückgewähr und Hinweispflicht, § 152 Abs. 2 KAGB 338
    10. Entlastung der Geschäftsführung 339
    11. Stellung des Insolvenzantrags bei drohender Zahlungsunfähigkeit 340
    12. Anmeldung zum Handelsregister 341
    13. Bestellung einer externen Kapitalverwaltungsgesellschaft 341
    14. Umwandlungsentscheidung und Benennung einer anderen Kapitalverwaltungsgesellschaft, § 154 Abs. 2 Nr. 1 KAGB 345
    15. Aufnahme und Kündigung neuer Gesellschafter 346
    16. Übertragung des Gesellschaftsvermögens 347
III. Zustimmungsbeschluss und Kernbereichslehre 349
     1. Absoluter Kernbereich 350
     2. Relativer Kernbereich bzw. Interesse-Zumutbarkeits-Abwägung 352
     3. Informationsrecht der Kommanditisten 354
     4. Zustimmungsrecht gemäß § 267 Abs. 3 S. 1 KAGB 356
IV. Zusammenfassende Würdigung 359

6. Teil Zusammenfassende Würdigung der Untersuchung 361

A. *Kompetenzabgrenzung* 361
I. Externe Kapitalverwaltungsgesellschaft 361
II. Extern verwaltete Investmentkommanditgesellschaft 364

B. *Funktionen des Zivil- und Gesellschaftsrechts sowie der Privatautonomie* ... 368

C. *Schlussbewertung* 371

Abkürzungen 373

Literatur 379

A. *Primärquellen* 379

B. *Literatur* 385

Sachregister 405

XVII

1. Teil Einleitung

Der europäische Gesetzgeber hat mit der Richtlinie 2011/61/EU des Europäischen Parlaments und des Rates vom 8. Juni 2011 einen Regulierungsrahmen für die Verwalter von Alternativen Investmentfonds geschaffen (AIFM-Richtlinie).[1] Die AIFM-RL wendet sich an die 27 Mitgliedstaaten der Europäischen Union, welche die Vorgaben bis zum 22. Juli 2013 in nationales Recht umzusetzen hatten. In Deutschland erfolgte dies mit Inkrafttreten des Kapitalanlagegesetzbuchs (KAGB) am 22. Juli 2013.

Die Schweiz ist kein Mitgliedstaat der Europäischen Union (EU) und nicht zur Umsetzung der AIFM-RL verpflichtet. Trotzdem ist die Schweiz »keine juristische Insel«,[2] denn es besteht ein starker Einfluss der europäischen Gesetzgebung.[3] So erlauben die Drittstaatenregeln der AIFM-RL, dass Anbieter aus Nicht-EU-Staaten wie der Schweiz am EU-Binnenmarkt teilnehmen können, wenn eine gleichwertige oder vergleichbare Regulierung vorliegt (Äquivalenzprinzip).[4] Am 12. September 2016 empfahl die ESMA, dass die Drittstaatenregelungen der AIFM-RL grundsätzlich auf die Schweiz angewendet werden können.[5] Allerdings hat die Europäische Kommission den dafür erforderlichen

---

1 Im Folgenden »AIFM-RL«; zu Deutsch: Richtlinie 2011/61/EU des Europäischen Parlaments und des Rates vom 8. Juni 2011 über die Verwalter alternativer Investmentfonds und zur Änderung der Richtlinien 2003/41/EG und 2009/65/EG und der Verordnungen (EG) Nr. 1060/2009 und (EU) Nr. 1095/2010; Englisch: Directive 2011/61/EU of the European Parliament and of the Council of 8 June 2011 on Alternative Investment Fund Managers (AIFM) and amending Directives 2003/41/EC.
2 *Kunz*, in Festschrift für Bucher 2009, 455, 462; siehe unten 4. Teil F.III. zur Rechtslage in der Schweiz.
3 Generell zum »System der Berücksichtigung«, *Kunz*, EWS 2009, 1, 1; sowie instruktiv und auch am Beispiel des Schweizer Kollektivanlagerecht, *ders.*, FS Bucher 2009, 455, 466 ff.; *ders.*, LeGes 2012/3, 265, 267 ff., 271; siehe unten 2. Teil B. zur historischen Verbindung zwischen deutschem und schweizerischem Investmentrecht.
4 Art. 35 Abs. 2, 36 AIFM-RL (Vertrieb), Art. 38 AIFM-RL (Vergleichende Analyse der Zulassung von und der Aufsicht über Nicht-EU-AIFM); *Ceyssens/Tarde*, EuZW 2019, 805, 810 weisen darauf hin, dass es sich dabei um »keine Äquivalenzfeststellung zur Vermeidung von Doppelregulierung« handelt; siehe unten 4. Teil F.III.
5 ESMA/2016/1140; bereits zu diesem Thema SFAMA, Medienmitteilung, Botschaft zum Finanzdienstleistungs- und Finanzinstitutsgesetz, FIDLEG und FINIG: Eine Chance für den Schweizer Finanzplatz, 4. November 2015.

delegierten Rechtsakt bisher nicht erlassen.⁶ Das schweizerische Investmentrecht wird infolge der Äquivalenzbestrebungen von der europäischen Gesetzgebung beeinflusst. So wurde die AIFM-RL von der Swiss Funds & Asset Management Association (Sfama) noch im Jahr 2018 als eine der zentralsten EU-Richtlinien für den Fondsstandort Schweiz bezeichnet.⁷

In Abgrenzung zu liquiden Wertpapier-Publikumsfonds des offenen Typs, die bereits seit drei Jahrzehnten durch die Richtlinien betreffend »Organismen für gemeinsame Anlagen in Wertpapieren« in der EU harmonisiert wurden (OGAW-RL),⁸ erfasst das europäische Investmentrecht mit der AIFM-RL nun auch die Verwalter von alternativen Anlageklassen. Dazu gehören etwa Immobilien, Schiffe, Flugzeuge, Rohstoffe und Infrastruktur sowie Hedgefonds und Private-Equity. Der Richtliniengeber erklärt in den Erwägungsgründen der AIFM-RL, dass Märkte, auf denen Manager von Alternativen Investmentfonds (AIFM) operieren, von deren Tätigkeit profitieren würden.⁹ Auch die EU-Kommission stellt fest, dass AIFM die globale Finanzkrise 2008/2009 nicht verursacht hätten.¹⁰ Trotzdem habe die Krise gezeigt, wie Geschäfte von AIFM dazu beitragen können, Risiken über das Finanzsystem zu verbreiten oder Marktturbulenzen zu verstärken.¹¹ Zum Beispiel hätten Hedgefonds-Verwalter große hebelfinanzierte Positionen plötzlich aufgelöst, um auf die anziehenden Kreditkonditionen und die Rücknahmeforderungen von Anlegern zu reagieren.¹² Dies habe den Märkten Liquidität entzogen und die Krisendynamik verstärkt. Vor diesem Hintergrund zielt die AIFM-RL darauf ab, europaweit einen »harmonisierten

---

6 Art. 67 Abs. 5 AIFM-RL; vgl. aber national private placement regime (NPPR), Art. 36, 42 AIFM-RL; *Luchsinger/Gähweiler*, in Möllers, Rn. 695 ff.; zum status quo der Europakompatibilität, vgl. *Jutzi*, AJP/PJA 1/2015, 1, 1 ff.; zur Bedeutung des Marktzugangs Europabericht 2006 vom 28. Juni 2006, 06.064, abrufbar unter <https://www.admin.ch/opc/de/federal-gazette/2006/6815.pdf>, S. 6905, 6932, 6951.
7 »Das Verhältnis Schweiz – EU ist für die Fondsbranche absolut zentral«, NZZ 15. Juni 2018, Markus Fuchs, Geschäftsführer der Swiss Funds & Asset Management Association (Sfama).
8 Richtlinie 85/611/EWG des Rates vom 20. Dezember 1985 zur Koordinierung der Rechts- und Verwaltungsvorschriften betreffend bestimmten Organismen für gemeinsame Anlagen in Wertpapieren (OGAW); siehe unten 2. Teil B. sowie zur OGAW-RL 2. Teil C.II.1.b.; Gesetzesbegründung zum Investmentmodernisierungsgesetz, Bt-Dr. 15/1553, 2003, S. 65.
9 Erwägungsgrund 2 AIFM-RL.
10 EU-Kommission, Vorschlag zur AIFM-RL, 30. April 2009, 207/3, S. 3.
11 Erwägungsgrund 2 AIFM-RL.
12 Die EU-Kommission veröffentlichte den Vorschlag zur AIM-RL am 30. April 2009, 207/3, S. 3, also wenige Tage nach dem die Staats- und Regierungschefs auf den G-20-Finanzkrisengipfel im April 2009 übereinkamen, dass »alle systemrelevanten Finanzinstitute, -märkte und -instrumente einem angemessenen Grad von Regulierung und Aufsicht unterliegen müssen« (G-20, Erklärung zur Stärkung des Finanzsystems, London 2. April 2009, S. 4).

und strikten Regulierungs- und Kontrollrahmen für die Zulassung und Aufsicht über AIFM festzulegen, um für die damit zusammenhängenden Risiken und deren Folgen für Anleger und Märkte in der Union ein kohärentes Vorgehen zu gewährleisten.«[13]

Durch die globale Finanzkrise 2008/2009 wurde eine Regulierungswelle in Gang gesetzt, die sich durch das Bekanntwerden missbräuchlicher Geschäftsmodelle beschleunigte: In einigen Fällen sind den Anlegern hohe Renditen von Vermögensverwaltern versprochen worden, wobei das investierte Geld veruntreut und die ausgezahlten Renditen überwiegend durch die Beiträge von Neuinvestoren finanziert wurden.[14] Über solche schadensträchtigen Schneeballsysteme hinaus[15] wurden weitere Strukturprobleme sichtbar: Beispielsweise hatten luxemburgische Verwahrstellen trotz des offenkundigen Interessenkonflikts einige Unternehmen als Unterverwahrer bestellt, die zum Kreis des Vermögensverwalters gehörten und ihre Kontrollfunktionen nicht ordnungsgemäß ausgeübt haben. Dadurch konnten Anlegergelder von circa 1,6 Mrd. Euro veruntreut werden.[16] Im Fokus der investmentrechtlichen Regulierung steht daher auch, die Verwaltertätigkeit von der Verwahrtätigkeit zu trennen.[17] In Deutschland erregten schließlich zahlreiche Insolvenzen und Korruptionsfälle öffentliches Aufsehen, wie zum Beispiel um den Windparkbetreiber Prokon, den Finanzdienstleister Infinus und die Immobiliengruppe S & K.[18]

Vor diesem Hintergrund setzt das am 22. Juli 2013 in Kraft getretene KAGB die AIFM-RL in nationales Recht um und kodifiziert ein umfassendes Regelwerk für Investmentfonds und ihre Manager.[19] Das KAGB geht den Weg einer Einheitskodifikation, indem es das bis dahin geltende OGAW-Umsetzungsgesetz und das Umsetzungsgesetz betreffend die AIFM-RL in einem Gesetz-

---

13 Erwägungsgründe 2 und 3 AIFM-RL.
14 Zum Fall des Finanzinvestors Madoff, vgl. *Specht*, in DJKT, AIFM-RL, Art. 21 Rn. 8.
15 Instruktiv dazu *Brammsen*, in MüKo, UWG, Band 2, § 16 Rn. 84 ff., 101 ff.
16 *Specht*, in DJKT, AIFM-RL, Art. 21 Rn. 8 ff.; *Zetzsche*, Prinzipien der kollektiven Vermögensverwaltung, S. 412 f.
17 Zur Vermeidung von Interessenkonflikten, Art. 21 Abs. 4 a) AIFM-RL; siehe unten 2. Teil B. zu den Leitprinzipien des KAGG; im Rahmen der OGAW-V-RL (RL 2014/91/EU), welche am am 18. März 2016 in Deutschland umgesetzt wurde (BGBl. I 2016, S. 348), ist die Haftung der Verwahrstelle erneut verschärft worden.
18 Zum Vorwurf der Veruntreuung von Anlegergeldern, vgl. Die Welt, Markus Gotzi, 12. Dezember 2015, »Eine ganze Branche liegt halbtot am Boden«, sowie Steffen Preißler, 25. Mai 2014, »Fall Wölbern zeigt die Graubereiche des Geschäfts«; dazu, ob Genussrechte wie im Fall Prokon als Investmentvermögen zu qualifizieren sind, bejahend *Rotter/Gierke*, VuR 2014, 255, 260; a.A. *Klinger*, NZWiSt 2014, 370, 371 Fn. 9.
19 Entwurf eines Gesetzes zur Umsetzung der Richtlinie 2011/61/EU über die Verwalter alternativer Investmentfonds (AIFM-Umsetzungsgesetz – AIFM-UmsG), Bt-Dr.17/13395, BGBl. I 2013, S. 1981.

buch für Kapitalanlagen zusammenfasst.[20] Der deutsche Gesetzgeber geht teilweise über die europäischen Vorgaben für AIFM hinaus[21] und schafft zusätzliche Vorschriften für die Alternativen Investmentfonds (AIF) selbst.[22] Davon betroffen sind erstmals die geschlossenen Fonds, bei denen die Anleger kein Rückgaberecht in Bezug auf ihre Anteile haben und die nun als geschlossene AIF zu qualifizieren sind (§ 1 Abs. 5 KAGB).[23]

Geschlossene Fonds investieren vor allem langfristig in Sachwerte wie Immobilien oder Private-Equity-Beteiligungen. Das vor dem KAGB geltende Investmentrecht betraf dagegen liquide Kapitalanlagen des offenen Fondstyps und verfolgte im Einklang mit der OGAW-RL einen produktbezogenen Ansatz.[24] Der Anwendungsbereich des früheren Investmentrechts war zudem nur eröffnet, wenn Fonds als Sondervermögen ohne eigene Rechtspersönlichkeit oder als Investmentaktiengesellschaft (InvAG) aufgelegt wurden.[25] Dagegen wurden im Bereich der geschlossenen Fonds in der Regel personengesellschaftsrechtliche Fondsstrukturen wie Gesellschaften des bürgerlichen Rechts (GbR) oder Kommanditgesellschaften (KG) verwendet,[26] sodass der Anwendungsbereich des früheren Investmentrechts nicht eröffnet war. Die Vorteile einer personengesellschaftsrechtlichen Struktur sind zunächst steuerrechtlicher Natur, da Erträge und

---

20 Gesetzesbegründung zum KAGB, Bt-Dr. 17/12294, S. 2.
21 Gesetzesbegründung zum KAGB, Bt-Dr. 17/12294, S. 1 »zusätzliche Regeln«; siehe unten 2. Teil D.I.3. zur Frage, ob es sich dabei um eine verschärfende oder überschießende Umsetzung handelt.
22 Die Arbeit konzentriert sich auf die geschlossene Investmentkommanditgesellschaft, Parallelvorschriften finden sich für die Investmentaktiengesellschaft in §§ 108 ff., 124 ff. sowie §§ 130 ff. KAGB.
23 Siehe unten 2. Teil D.I.4. zur Unterscheidung zwischen offenen und geschlossenen AIF.
24 *Verfürth/Emde*, in Emde/Dornseifer/Dreibus/Hölscher, InvG, § 1 Rn. 10; Einl. Rn. 1, 4; *Weitnauer*, BKR 2011, 143, 144; siehe unten 2. Teil B. zur Historie des Investmentrecht; *Wagner*, ZfBR 2015, 113, 113; geschlossene Fonds können auch in mehrere Vermögensgegenstände investieren, sogenannte Multi-Asset-Fonds, dazu *Jakovou*, in Langenbucher/Bliesener/Spindler, 39. Kapitel Rn. 21.
25 § 1 InvG (aufgehoben); siehe unten 2. Teil D.II.1.c. zum formellen Investmentbegriff; beim Sondervermögen existieren zwei Modelle, § 92 Abs. 1 KAGB: »Die zum Sondervermögen gehörenden Vermögensgegenstände können nach Massgabe der Anlagebedingungen im Eigentum der Kapitalverwaltungsgesellschaft oder im Miteigentum der Anleger stehen.«, vgl. *Brinkhaus/Grandpierre*, DStR 2017, 707, 707 f. zur Treuhandlösung (§ 92 Abs. 1 Alt. 1 KAGB) und zur Miteigentumslösung (§ 92 Abs. 1 Alt. 1 KAGB).
26 Nach der Gesetzesbegründung zum KAGB, Bt-Dr. 17/12294, S. 246 entspricht die geschlossene Investmentkommanditgesellschaft »den bisher ganz überwiegend von geschlossenen Fonds gewählten Rechtsformen, insbesondere der GmbH & Co. KG.«; siehe unten 5. Teil A.VI. zur Geschäftsführungs-, Vertretungs- und Verfügungsbefugnis.

Verluste auf Ebene der Anleger gesondert festgestellt und anschließend nach allgemeinen Steuervorschriften für Personengesellschaften versteuert werden können.[27] Auch aufgrund der gesellschaftsrechtlichen Flexibilität werden geschlossene Fonds regelmäßig als Kommanditgesellschaft mit einer haftungsbeschränkten GmbH als Komplementärin aufgelegt, was der in Deutschland gängigen Rechtsform der GmbH & Co. KG entspricht.[28] Bei gesellschaftsrechtlich organisierten Fonds erlangen die Anleger kein unmittelbares Eigentum an den Vermögensgegenständen, sondern beteiligen sich als Gesellschafter an dem Fonds (Investmentgesellschaft), welche die Vermögensgegenstände wie beispielsweise Immobilien erwirbt und hält.[29] Da das Investmentrecht vor Inkrafttreten des KAGB auf solche Investmentgesellschaften nicht anwendbar war, sondern lediglich Prospektpflichten bei öffentlichen Angeboten und Veröffentlichungspflichten nach dem Vermögensanlagegesetz (§§ 6 ff., 23 ff. VermAnlG) bestanden,[30] wurden geschlossene Fonds dem sogenannten »grauen Kapitalmarkt« zugeordnet.[31]

Durch das KAGB werden nun auch geschlossene Fonds und deren Manager investmentrechtlich reguliert, wobei die benannten Vorteile eines im Grundsatz personengesellschaftsrechtlich strukturierten Fonds unter dem aufsichtsrechtlichen Mantel der Investmentkommanditgesellschaft (InvKG) erhalten bleiben sollen.[32] In der Praxis wird ein als Investmentkommanditgesellschaft strukturierter Fonds regelmäßig von einer externen Kapitalverwaltungsgesellschaft

---

27 Personengesellschaften fallen nach dem Investmentsteuerreformgesetz (InvStRefG) nicht in den Anwendungsbereich des Investmentsteuergesetzes, § 1 Abs. 3 Nr. 2 InvStG, was an der bis zum 1. Januar 2018 geltenden Rechtslage grundsätzlich nichts ändert, da in beiden Fällen die allgemeinen steuerrechtlichen Regelungen für Personengesellschaften gelten, dazu näher *Stadler/Bindl*, DStR 2016, 1953, 1954; auf der Ebene des Fonds kann darüber hinaus die Gewerbesteuerlast vermieden werden, siehe unten 5. Teil B.II. zur gewerblichen Entprägung nach § 15 Abs. 3 Nr. 2 S. 1 EStG.
28 *Rüber/Reiff*, BB 2014, 1634, 1634; in der Schweiz muss die Komplementärin der Kommanditgesellschaft für kollektive Kapitalanlagen (KmGK) eine haftungsbeschränkte Aktiengesellschaft sein, Art. 98 Abs. 2 KAG-CH, siehe unten 4. Teil F.III.5.
29 *Päsler*, Handbuch des Investmentsparens, S. 7.
30 In Deutschland unterlagen geschlossene Fonds bis dahin unter der Bezeichnung »Vermögensanlage« zwar einer Prospektpflicht, jedoch keiner staatlichen Aufsicht im engeren Sinne, Vgl. § 6 Vermögensanlagengesetz (VermAnlG); dazu *Mühlenkamp/Schott/Strauß*, MwStR 2016, 408, 408.
31 *Aurich*, GWR 2014, 295, 295 ff.
32 Die offene Investmentkommanditgesellschaft wurde vor allem zum Zwecke der Bündelung von Pensionsvermögen (asset pooling) eingeführt, Gesetzesbegründung zum KAGB, Bt-Dr. 17/12294, S. 190, 242; siehe unten 2. Teil D.I.4.

verwaltet.[33] Die (Kapital-)Verwaltungsgesellschaft (KVG) im Sinne des KAGB entspricht dabei dem AIFM im Sinne der AIFM-RL.

A. Spannungsfeld und Ziel der Arbeit

Einerseits ist die Investmentkommanditgesellschaft als Kommanditgesellschaft im Sinne des Handelsgesetzbuchs (HGB) strukturiert, auf welche die personengesellschaftsrechtlichen Grundsätze anzuwenden sind und die über eigene Geschäftsführungsorgane sowie Gesellschafterkompetenzen verfügt. Andererseits dient sie als Investmentvermögen (Fonds), das sich in den investmentrechtlichen Rahmen einfügen muss und von einer externen Kapitalverwaltungsgesellschaft verwaltet werden kann.[34] Die Kompetenzabgrenzung bei einer extern verwalteten Investmentkommanditgesellschaft bewegt sich somit in einem Spannungsfeld zwischen Investmentrecht sowie Zivil- und Gesellschaftsrecht:[35]

Im Fall der geschlossenen Publikumsinvestmentkommanditgesellschaft kann § 154 Abs. 1 S. 2 KAGB als gedanklicher Ausgangspunkt dienen.[36] Demnach obliegt der externen Kapitalverwaltungsgesellschaft »insbesondere die Anlage und Verwaltung des Kommanditanlagevermögens«. Überschneidungen mit der extern verwalteten Investmentkommanditgesellschaft ergeben sich hinsichtlich des Unternehmensgegenstands, der in der »Anlage und Verwaltung ihrer Mittel« liegen muss, § 150 Abs. 2 S. 1 KAGB. Weiterhin ist das Begriffspaar »Anlage und Verwaltung« gesetzlich nicht definiert, sodass der Aufgabenumfang der

---

33 Grund dafür ist § 17 Abs. 3 KAGB, dem zufolge für ein Investmentvermögen nur eine Kapitalverwaltungsgesellschaft zuständig sein darf, sodass eine externe Kapitalverwaltungsgesellschaft, im Gegensatz zur internen Kapitalverwaltungsgesellschaft, mehrere Investmentvermögen verwalten darf; zur Zeit des (aufgehobenen) InvG wurde stattdessen der Begriff »Kapitalanlagegesellschaft« verwendet; siehe unten 2. Teil B. zur Historie des Investmentrechts; in den 1930er Jahren wurden Investmentgesellschaften in Form der Aktiengesellschaft als »Kapitalverwaltungsgesellschaften« bezeichnet, dazu *Baur*, in Baur, KAGG, Einl., S. 78.
34 Vgl. § 149 Abs. 1 S. 2 KAGB; siehe unten 1. Teil B.II. zur normativ-konfliktuellen Betrachtung.
35 Zum themanverwandten Begriff der »Fund Governance«, vgl. im Bereich Private Equity die »best practice«-Prinzipien der amerikanischen *Institutional Limited Partners Association* (ILPA).
36 Vgl. für den Fall der offenen Investmentkommanditgesellschaft, § 129 Abs. 1 S. 2 KAGB; zur Problematik *Paul*, in Weitnauer/Boxberger/Anders, KAGB, § 154 Rn. 7, dem zufolge die damit verbundenen Fragen »sehr weitreichend und teilweise von grundsätzlicher Natur« sind, so dass es überrascht, dass sie der gesetzlichen Konzeption nicht ohne weiteres zu entnehmen sind; nach *Casper*, ZHR 2015, 44, 58 sei die Reichweite bisher ungeklärt; ein Abgrenzungsversuch in *Reiner*, GWR 2016, S. 136, 136 ff.; *Marx*, Auswirkungen der AIFM-Richtlinie auf geschossene Fonds in Luxemburg und Deutschland, S. 159 ff.

externen Kapitalverwaltungsgesellschaft und die Restzuständigkeit der Investmentkommanditgesellschaft durch Auslegung zu ermitteln sind.
Auf den ersten Blick scheint die Kapitalverwaltungsgesellschaft die vollumfängliche kollektive Vermögensverwaltung gemäß § 1 Abs. 19 Nr. 24 KAGB erbringen zu müssen, was jedoch den deutschen und europäischen Vorgaben widersprechen könnte: So verlangt die Erlaubnissystematik des KAGB lediglich, dass die Portfolioverwaltung und das Risikomanagement von der Kapitalverwaltungsgesellschaft erbracht werden müssen. Auch nach dem Wortlaut des Anhangs I Nr. 2 AIFM-RL sind die Nebenverwaltungsaufgaben zusätzliche Aufgaben, die ein AIFM lediglich ausüben »kann«. Die Frage lautet: Dürfen solche Aufgaben optional von der Kapitalverwaltungsgesellschaft ausgeübt werden und, sofern sie nicht von der Kapitalverwaltungsgesellschaft übernommen wurden, dürfen sie bei der Investmentkommanditgesellschaft verbleiben?

Weiterhin kodifiziert § 149 Abs. 1 S. 2 KAGB zwar eine Vorrangwirkung gegenüber dem HGB, enthält jedoch nur rudimentäre Regelungen, wie die investmentrechtlichen Vorgaben zivil- und gesellschaftsrechtlich auszugestalten sind. Werden der externen Kapitalverwaltungsgesellschaft die Geschäftsführungs-, Vertretungs- und Verfügungsbefugnisse durch das KAGB von Gesetzes wegen zugeordnet oder verbleiben die Befugnisse unter Anwendung des subsidiären HGB bei den Geschäftsführungsorganen der Investmentkommanditgesellschaft? Die Antworten auf diese Fragen beeinflussen die Handlungsfähigkeit der Kapitalverwaltungsgesellschaft und der Investmentkommanditgesellschaft sowie die sich aus der Kompetenzzuordnung ergebenden Haftungsrisiken. Untersucht wird auch, ob die Investmentkommanditgesellschaft die externe Kapitalverwaltungsgesellschaft überwachen muss oder inwieweit wechselseitig Weisungen erteilt werden dürfen.

Bereits im Stadium der Fondsauflegung sind steuer- und gesellschaftsrechtliche Aspekte bei der Kompetenzzuordnung zu beachten: So ist eine Investmentkommanditgesellschaft nach § 15 Abs. 3 Nr. 2 S. 1 EStG grundsätzlich gewerblich geprägt und erzielt gewerbliche Einkünfte, wenn sie eine Kapitalgesellschaft als Komplementärin hat.[37] Im Fall der GmbH & Co. KG kann steuerrechtlich eine gewerbliche Entprägung dadurch erreicht werden, dass die Geschäftsführungsbefugnisse einem Kommanditisten übertragen werden. Werden bei der Bestellung einer externen Kapitalverwaltungsgesellschaft jedoch weitreichende oder die gesamten Geschäftsführungskompetenzen von der Investmentkommanditgesellschaft übertragen, verbleiben womöglich keine oder kaum Geschäftsführungskompetenzen bei den Kommanditisten der Investmentkommanditgesellschaft. In der Literatur wird daher teilweise bezweifelt, ob eine gewerbliche Entprägung noch erreicht werden kann.[38]

---

37 *Wagner*, ZfBR 2015, 113, 116.
38 Zu dieser Problematik, *Ewald/Jansen*, DStR 2016, 1784, 1788; *Wagner*, ZfBR 2015, 113, 116; *Rüber/Reiff*, BB 2014, 1634, 1635.

1. Teil Einleitung

Daneben könnten der gesellschaftsrechtliche Minderheitenschutz und der Schutz der Verbandsautonomie dazu führen, dass erhebliche Kompetenzen bei den Anlegerkommanditisten und den Geschäftsführern der Investmentkommanditgesellschaft verbleiben müssen. Zum Beispiel könnte ein Recht auf Information und Kontrolle über die Geschäftsführungstätigkeit der Kapitalverwaltungsgesellschaft bestehen oder ein Zustimmungsrecht für solche Fälle existieren, dass die Kapitalverwaltungsgesellschaft das gesamte Vermögen des Fonds überträgt.

In dogmatischer Hinsicht stellt sich die Frage, welche Funktionen dem Zivil- und Personengesellschaftsrecht neben dem vorrangigen Aufsichtsrecht noch zukommen können. Auf der Hand liegen eine Ergänzungsfunktion des HGB und des BGB für den Fall einer fehlenden investmentrechtlichen Regelung sowie eine Konkretisierungsfunktion für den Fall einer ungenauen oder nicht abschließenden Regelung im KAGB. Da der Kapitalverwaltungsgesellschaft nach dem KAGB insbesondere die Portfolioverwaltung obliegt und dieser Begriff sowie dessen Reichweite durch das Investmentrecht nicht spezifiziert werden, könnten das Zivil- und Personengesellschaftsrecht aufgrund der zwingenden Zuständigkeiten der Gesellschaftermehrheit und des gesellschaftsrechtlichen Minderheitenschutzes sogar begrenzend wirken. Die externe Kapitalverwaltungsgesellschaft hätte dann kein uferloses Allein- bzw. Durchentscheidungsrecht.

Den gesetzgebungsbedingten Spannungen müssen die Rechtsanwender durch Koordinationsarbeit entgegenwirken:[39] Das OLG München führt aus, dass das KAGB »keine explizite Abgrenzung der Kompetenzen der externen Kommanditgesellschaft zu den Kompetenzen der Organe der Investmentkommanditgesellschaft« enthält.[40] Es erkennt jedoch, dass die extern verwaltete Investmentkommanditgesellschaft durch ihre Organe gesetzlich vertreten wird,[41] was inzwischen auch Verwaltungspraxis ist.[42] Die Bundesanstalt für Finanzdienstleistungsaufsicht (BaFin) vertritt die Rechtsauffassung, dass die externe Kapitalverwaltungsgesellschaft für alle in Anhang I AIFM-RL genannten Aufgaben »originär« verantwortlich sei.[43] Sie betont die Funktion der Investmentkom-

---

39 Allgemein zur Koordinationsdogmatik, vgl. *Emmenegger*, Bankorganisationsrecht als Koordinationsaufgabe, S. 22.
40 OLG München, BeckRS 2015, 1. Oktober 2015, 17529, Ziffer 14 (2.2.) sowie OLG München, BeckRS 2015, 29. Oktober 2015, 18494, Ziffer 22 (1.2.2.); die Urteile sind fast wortgleich und im Folgenden wird regelmäßig auf das frühere Urteil vom 1. Oktober 2015 verwiesen.
41 OLG München, BeckRS 2015, 17529, Ziffer 14 (2.3).
42 BaFin, Auslegungsentscheidung zu den Tätigkeiten einer Kapitalverwaltungsgesellschaft und der von ihr extern verwalteten AIF-Investmentgesellschaft, WA 41-Wp 2100-2016/0001, 21. Dezember 2017, Ziffer I.
43 BaFin, Häufige Fragen zum Thema Auslagerung gemäß § 36 KAGB, Geschäftszeichen WA 41-Wp 2137-2013/0036, 10. Juli 2013, zuletzt geändert am 15. November 2017, Ziffer 1, 2; BaFin, Auslegungsentscheidung zu den Tätigkeiten einer Kapitalverwaltungsgesellschaft und der von ihr extern verwalteten AIF-Investmentgesell-

manditgesellschaft als Fondsvehikel und erklärt, dass sie »grundsätzlich nicht anders zu behandeln [ist] als ein nicht-rechtsfähiges Sondervermögen«.[44] Bei der Investmentkommanditgesellschaft dürften demnach kaum Restfunktionen verbleiben. Im Schrifttum wird die Investmentkommanditgesellschaft zugespitzt als »leere Hülle«[45] oder »unbemannte Drohne«[46] bezeichnet.

Diese Arbeit verfolgt das Ziel, den Restumfang der verbleibenden Aufgaben und Befugnisse einer extern verwalteten Investmentkommanditgesellschaft näher zu bestimmen und zu einer differenzierten Kompetenzabgrenzung gegenüber der externen Kapitalverwaltungsgesellschaft zu gelangen. Aufgrund der Vorrangwirkungen des europäischen und nationalen Investmentrechts soll im Rahmen der Untersuchung geklärt werden, welche Funktionen dem Zivil- und Personengesellschaftsrecht sowie der Privatautonomie unter dem modernen Investmentrecht noch zukommen können.

B. Methodischer Ansatz

Um die Kompetenzabgrenzung bei der extern verwalteten Investmentkommanditgesellschaft systematisch erschließen zu können, wird in methodischer Hin-

---

schaft, WA 41-Wp 2100-2016/0001, 21. Dezember 2017, Ziffer II.2; zur BaFin-Ansicht siehe unten 4. Teil B., 4. Teil B.VI.1. 4. Teil C.II. sowie 5. Teil A.I.

44 BaFin, Auslegungsschreiben zu den Tätigkeiten einer Kapitalverwaltungsgesellschaft und der von ihr extern verwalteten AIF-Investmentgesellschaft, Konsultationsfassung, 3. Februar 2017, Ziffer 1: »Werden die AIF-Investmentgesellschaften wie ein Sondervermögen von einer Kapitalverwaltungsgesellschaft extern verwaltet, so sind diese als Investmentvermögen im rechtlichen Gewand einer Gesellschaft im Übrigen grundsätzlich nicht anders zu behandeln als ein Sondervermögen.«; BaFin, Häufige Fragen zum Thema Auslagerung gemäß § 36 KAGB, Geschäftszeichen WA 41-Wp 2137-2013/0036, 10. Juli 2013, zuletzt geändert am 15. November 2017, Ziffer 2 »Der Anleger sollte daher – ähnlich dem Anleger des Sondervermögens – keinen wesentlichen operationellen Risiken ausgesetzt sein.«

45 *Winterhalder*, in Weitnauer/Boxberger/Anders, KAGB, § 17 Rn. 43, 1. Auflage 2014: »Vor dem Hintergrund dieser Gestaltungsvorgaben verbleibt die Investmentgesellschaft selbst nurmehr als »leere Hülle«; in 2. Auflage 2017 relativierend und nur noch mit Verweis auf: Zetzsche, AG 2013, 613, 621, dem zufolge »Restfunktionen für die Organe der Inv-Ges nicht ersichtlich sind«; *Schewe*, Kommanditgesellschaften im Regelungsbereich des Investmentrechts, S. 109 bezeichnet die Investmentkommanditgesellschaft als »bloße juristische Hülle, von der operative Tätigkeiten abgespalten sind«.

46 *Wallach*, ZGR 2014, 289, 327: »Übertragen auf die extern verwaltete Investment-KG würde das Bild eine unbemannte Drohne zeigen, die das Anlegergeld an Bord hat und von speziell geschulten und staatlich beaufsichtigten Piloten ferngesteuert wird.«; zu den »in jedem Fall« verbleibenden Kompetenzen der Investmentkommanditgesellschaft, *Wallach*, in Assmann/Wallach/Zetzsche, KAGB, § 154 Rn. 58, 22 ff., 38.

sicht zwischen Aufgaben und Befugnissen unterschieden (I.) sowie eine normativ-konfliktuelle Betrachtungsweise angewendet (II.).

I. Kompetenzbegriff

Die Abgrenzung zwischen Investmentkommanditgesellschaft und externer Kapitalverwaltungsgesellschaft erfolgt mit Blick auf deren Kompetenzen. Der Terminus *Kompetenzen* dient vorliegend als ein Oberbegriff, der *Aufgaben, Zuständigkeiten* und *Befugnisse* umfasst.[47] Das Personengesellschaftsrecht kennt diese Unterscheidung, die auch als Parameter für die Bewertung der aufsichtsrechtlichen Vorgaben fruchtbar gemacht werden soll: Die bloßen Geschäftsführungs*aufgaben* lassen sich in gewöhnliche und ungewöhnliche Geschäfte unterteilen. Von diesen neutralen Geschäftsführungsaufgaben sind die organschaftlichen, gesetzlichen bzw. rechtsgeschäftlichen *Befugnisse* zu unterscheiden, nämlich die Geschäftsführungs-, Verpflichtungs- und Verfügungsbefugnis. Diese Geschäftsführungsangelegenheiten (Aufgaben und Befugnisse) sind wiederum verschieden von den sogenannten Grundlagengeschäften, die in die *Zuständigkeit* der Gesellschaftermehrheit fallen und somit eine weitere Kompetenzart darstellen.

II. Vorrangwirkung und normativ-konfliktuelle Betrachtung

Ein wichtiger Parameter für die Untersuchung ist außerdem der Vorrang des Aufsichtsrechts gegenüber dem Zivil- und Gesellschaftsrecht. Gemäß § 149 Abs. 1 S. 2 KAGB sind »die Bestimmungen des Handelsgesetzbuches […] anzuwenden, soweit sich aus [dem KAGB] nichts anderes ergibt«.[48] Aufgrund der Verweisungskette nach §§ 161 Abs. 2, 105 Abs. 3 HGB sind nicht nur die Regelungen zur Kommanditgesellschaft (KG, §§ 161 ff. HGB) und die ungeschriebenen Prinzipien des Personengesellschaftsrechts anwendbar,[49] sondern auch die Regelungen zur Offenen Handelsgesellschaft (OHG, §§ 105 ff. HGB) und zur Gesellschaft bürgerlichen Rechts (GbR, §§ 705 ff. HGB). Nach der Gesetzesbegründung weicht das KAGB von den Regelungen des HGB nur ab, »soweit sie [dies] aufgrund aufsichtlicher Besonderheiten für die Behandlung als Fondsvehikel erforderlich sind«.[50] Dies verdeutlicht, dass es sich bei § 149 Abs. 1 S. 2

---

47 Die AIFM-RL verwendet in Anhang I die Begriffe Aufgaben, Funktionen und Tätigkeiten, welche letztlich wohl gleichbedeutend sind, siehe unten 4. Teil B.I.–II.
48 Siehe unten 1. Teil B.II. und 5. Teil B.I. zur lex specialis Regelung; § 124 Abs. 1 S. 2 KAGB ist die Parallelnorm betreffend offene Investmentgesellschaften.
49 *Casper*, in Staub, HGB, § 161 Rn. 259; *ders.*, ZHR 2015, 44, 77; *Schewe*, Kommanditgesellschaften im Regelungsbereich des Investmentrechts, S. 144; *Roth/Jopen*, in Riesenhuber, Europäische Methodenlehre, § 13 Rn. 15.
50 Gesetzesbegründung zum KAGB, Bt-Dr. 17/12294, S. 249.

KAGB um eine Konfliktregel in der Ausprägung des Spezialitätsgrundsatzes handelt. Gesetzliche Analogien, wie beispielsweise zum Aktiengesetz (AktG) oder Gesetz betreffend die Gesellschaften mit beschränkter Haftung (GmbHG), gelten somit weiter, sofern das KAGB dazu keine abweichende Regelung enthält. Sowohl die tradierte Rechtsprechung zu den Publikumsgesellschaften als auch die gesellschaftsrechtlichen Besonderheiten, wie etwa zur GmbH & Co. KG, müssen unter dem gegenwärtigen Regelungsregime womöglich neu bewertet werden, sind jedoch im Grundsatz weiter anwendbar.[51]

Aufgrund der Schutzrichtung zugunsten des öffentlichen Interesses – also hier der Finanzmarktstabilität und des kollektiven Anlegerschutzes – kommt zudem eine generelle und ungeschriebene Vorrangwirkung des Aufsichtsrechts gegenüber dem Zivilrecht in Betracht.[52] Unter dem Begriff »Ausstrahlungswirkung« wird dabei die Doppelwirkung einer der Natur nach öffentlich-rechtlichen Vorschrift auf das Zivilrecht untersucht.[53] Im Zentrum der Diskussion um das wechselseitige Verhältnis zwischen Aufsichtsrecht und Gesellschaftsrecht stehen traditionell das Bank- und Versicherungsaufsichtsrecht, wobei sich die Erwägungen auf das Investmentrecht übertragen lassen.[54] Denn wie das Bank- und Versicherungsaufsichtsrecht[55] ist das auch das Investmentrecht (KAGB) Bestandteil des Gewerberechts und der Wirtschaftsüberwachung.[56]

Ausgehend von der Vorrangwirkung des KAGB ist fraglich, welche Erkenntnisse sich aus einer normativ-konfliktuellen Betrachtung gewinnen lassen: In der Methodenlehre dient der Grundsatz *lex specialis derogat legi generali* der

---

51 *Paul*, in Weitnauer/Boxberger/Anders, KAGB, § 149 Rn. 7; *Könnecke*, in *Baur/Tappen*, KAGB, § 149 Rn. 15 »ergänzende Fortentwicklung«.
52 *Dreher*, ZGR 2010, 496, 502, Fn. 27; *Emmenegger*, Bankorganisationsrecht als Koordinationsaufgabe, S. 163 »atypische Spezialität« bzw. »fingierte Spezialität«; generell *Westermann*, S. 40: Öffentliches Recht zwar unentrinnbar (S. 42), aber nur hinsichtlich öffentlich-rechtlichen Regime; kein zwingendes Vertragsrecht; *Röttger*, Die Kernbereichslehre im Recht der Personengesellschaft, S. 20; *Bracht*, ZBB 2013, 252, 257; *Westermann*, Vertragsfreiheit und Typengesetzlichkeit, spricht insoweit von »unentrinnbaren« Normenkomplexen; *Leisch*, Informationspflichten nach § 31 WpHG, S. 127; *Schewe*, Kommanditgesellschaften im Regelungsbereich des Investmentrechts, S. 201 ff. weist darauf hin, dass KAGB und HGB in normhierarchisch gleichrangig sind und unterschiedliche Ziele verfolgen.
53 Zur Unbestimmtheit des Begriffs Ausstrahlungswirkung, vgl. *Forschner*, Wechselwirkungen zwischen Aufsichtsrecht und Zivilrecht, S. 113 ff.; siehe unten 3. Teil B.IV.1. zur Ausstrahlungswirkung und Doppelnormen; *Dreher*, ZGR 2010, 496, 501 ff.; zum Versicherungsaufsichtsrecht, vgl. *Weber-Rey*, ZGR 2010, 543, 564 ff.
54 *Pelli*, Die Delegation von Aufgaben bei offenen kollektiven Kapitalanlagen gemäß KAG, S. 43, Fn. 146.
55 Zum Bankaufsichtsrecht bzw. Versicherungsaufsichtsrecht, vgl. *Weber-Rey*, ZGR 2010, 543, 547, 550.
56 Die genannten Regelungsgebiete gelten allesamt als besonderes Wirtschaftsaufsichtsrechts; zur Systematisierung *Dreher*, ZGR 2010, 496, 500, Fn. 14; vgl. *Emmenegger*, Bankorganisationsrecht als Koordinationsaufgabe, S. 142 ff.

1. Teil Einleitung

Klärung des Verhältnisses zweier Normen, bei denen die speziellere Norm alle Tatbestandsmerkmale der jeweils anderen Norm und darüber hinaus ein weiteres Tatbestandsmerkmal enthält.[57] Für den Rechtsanwender erscheint der Erkenntniswert einer solchen Vorrangregelung auf den ersten Blick gering und könnte sich bei formalistischer Anwendung auf eine »bloße Ergebnisbezeichnung« reduzieren.[58] Allerdings sollte beachtet werden, dass – wie im vorliegenden Fall – hinsichtlich der Anwendbarkeit des Gesellschaftsrechts zunächst und in jedem Fall eine Auseinandersetzung mit dem Inhalt und der Reichweite der aufsichtsrechtlichen Norm geführt werden muss.

In Anlehnung an die Koordinationsdogmatik von *Emmenegger* können Normen unter dem Gesichtspunkt der formellen und der materiellen Spezialität betrachtet werden:[59] Die formelle Spezialität behandelt lediglich die Frage, welche von mehreren Normen anwendbar ist, wohingegen die materielle Spezialität den »inhaltlichen Wechselbezug zwischen Rechtsnormen« ergründet.[60] Eine lex-specialis-Regelung greift demnach, wenn sich im Gesetz eine eindeutige Vorrangregelung findet: Dies gilt etwa bei dem Schriftformerfordernis für den Gesellschaftsvertrag gemäß § 150 Abs. 1 KAGB sowie dem Sonderhaftungsrecht für Kommanditisten gemäß §§ 152 Abs. 2 bis Abs. 7 KAGB. Dort geht das KAGB als lex specialis dem HGB vor.

Abseits solcher eindeutiger Vorranganordnungen obliegt es dem Rechtsanwender, den Inhalt und die Reichweite der spezielleren Norm durch extensive Auslegungsarbeit näher zu bestimmen. Denn erst wenn der Inhalt der spezielleren Norm definiert worden ist, wird die gesetzliche Derogationsregel bestimmbar und letztlich anwendbar. Insbesondere bei mehrdeutigen Normen muss sich der Rechtsanwender mit dem spezielleren Recht auseinandersetzen. Dabei ist zu berücksichtigen, dass selbst eine (formell und materiell) vorrangige Norm für »interpretative Einflüsse« des subsidiären Rechts offen bleibt.[61] Die Vorrangwirkungen des Aufsichtsrechts ersetzen daher nicht die Inhaltsbestimmung durch das Aufsichtsrecht *und* das Zivil- bzw. Gesellschaftsrecht. Umgekehrt muss das subsidiäre Recht auch die Existenz der neuen investmentrechtlichen Regelungen beachten: beispielsweise bei der Bestimmung der Kernbereichsrechte der Gesellschafter, über die im Gesellschaftsvertrag nicht disponiert werden darf. Das KAGB kann somit sogar außerhalb seiner unmittelbaren Vorrangwirkung ein Faktor bei der Neukalibrierung gesellschafts- und zivilrechtlicher Abwägungs-

---

57 *Riesenhuber*, in Riesenhuber, Europäische Methodenlehre, § 10 Rn. 31.
58 *Emmenegger*, Bankorganisationsrecht als Koordinationsaufgabe, S. 393.
59 *Emmenegger*, Bankorganisationsrecht als Koordinationsaufgabe, S. 393; vgl. auch Gebot der Einheit der Rechtsordnung, Rüthers, Rn. 147a; *Koch*, JZ 2006, 277, 277 ff.; kritisch *Schewe*, Kommanditgesellschaften im Regelungsbereich des Investmentrechts, S. 200 ff., 204, der aber im Ergbnis ebenfalls davon ausgeht, dass ein Normkonflikt durch Auslegung aufzulösen ist.
60 *Emmenegger*, Bankorganisationsrecht als Koordinationsaufgabe, S. 393.
61 *Emmenegger*, Bankorganisationsrecht als Koordinationsaufgabe, S. 395.

prozesse sein. Das nationale Investment- und Privatrecht darf nicht isoliert betrachtet werden, sondern muss in seiner Beziehung zu höherrangigen Normen wie der AIFM-RL und den damit verbundenen Rechtsakten ausgelegt werden. Das Verhältnis zwischen Europarecht und dem Recht der Mitgliedstaaten wird durch den Vorrang des Unionsrechts und das Effektivitätsgebot geprägt, sodass dem Gebot der richtlinienkonformen Auslegung eine zentrale Bedeutung zukommt.

Aus diesen Erwägungen ergibt sich der folgende Gang der Untersuchung.

III. Gang der Untersuchung

Die Kompetenzabgrenzung bei der extern verwalteten Investmentkommanditgesellschaft soll angesichts der komplexen Gemengelage durch eine normativ-konfliktuelle Betrachtung aufgelöst werden:

Nach diesem *ersten Teil* werden im *zweiten Teil* der Untersuchung die relevanten Rechtsquellen und investmentrechtlichen Grundlagen auf europäischer und deutscher Ebene überblicksartig dargestellt. Behandelt werden die Bedeutung des Investmentgeschäfts, die historischen Ursprünge des Investmentrechts und das Modell einer extern verwalteten geschlossenen Publikumsinvestmentkommanditgesellschaft.

Im *dritten Teil* wird untersucht, inwieweit sich die Vorschriften über die Bestellung einer externen Kapitalverwaltungsgesellschaft nach § 154 Abs. 1 S. 2, §§ 17 ff. KAGB auf die Rechts- und Vertragsbeziehungen auswirken und ob sie einen öffentlich-rechtlichen oder zivilrechtlichen Charakter haben. Dies soll Aufschluss darüber geben, ob die Aufgaben und Befugnisse von Gesetzes wegen zwingend »automatisch« auf eine externe Kapitalverwaltungsgesellschaft übertragen werden oder ob sie die Kompetenzen in Abhängigkeit von dem Parteiwillen über eine schuldrechtliche Abrede erlangt.

Im *vierten Teil* wird die Aufgabenzuordnung aufgrund der oben beschriebenen Vorrangwirkungen der KAGB aus rein investmentrechtlicher Sicht betrachtet, das heißt, unabhängig von den gesellschaftsrechtlichen Befugnisarten »vor die Klammer« gezogen. Denn die investmentrechtliche Aufgabenzuordnung formt den Inhalt und die Reichweite der gesellschaftsrechtlichen Befugnisse vor. Zum Beispiel muss die Kapitalverwaltungsgesellschaft nach dem KAGB die *Aufgabe* der Portfolioverwaltung erbringen, um eine KVG-Erlaubnis zu erlangen, sodass die Kapitalverwaltungsgesellschaft auch über die entsprechenden zivil- und gesellschaftsrechtlichen Vertretungs*befugnisse* verfügen sollte. Der erforderliche Umfang der zivil- und gesellschaftsrechtlichen Vertretungs*befugnisse* wird somit durch die investmentrechtliche *Aufgaben*zuordnung vorgeformt.

Einer externen Kapitalverwaltungsgesellschaft obliegt »insbesondere die Anlage und Verwaltung des Kommanditanlagevermögens«, sodass diese Aufgaben dem Wortlaut nach nicht bei der Investmentkommanditgesellschaft verbleiben dürfen. Im Wege einer Negativabgrenzung wird im vierten Teil daher gefragt, welche Aufgaben unter das Begriffspaar »Anlage und Verwaltung« fallen und ob davon die »kollektive Vermögensverwaltung« im Sinne des § 1 Abs. 19 Nr. 24 KAGB erfasst ist. Während die BaFin davon ausgeht, dass die externe Kapitalverwaltungsgesellschaft für alle in § 1 Abs. 19 Nr. 24 KAGB genannten Aufgaben originär verantwortlich ist,[62] deuten die gesetzlichen Vorgaben eher auf einen Optionsansatz hin:[63] Demzufolge könnten die Nebenverwaltungsaufgaben nach Anhang I Nr. 2 AIFM-RL von der Kapitalverwaltungsgesellschaft übernommen werden und dürften indes auch bei der Investmentkommanditgesellschaft verbleiben. Da die Umsetzung der AIFM-RL nach Art. 288 Abs. 3 AEUV den Mitgliedstaaten überlassen bleibt, werden andere EU-Staaten (wie Luxemburg und das Vereinigte Königreich)[64] sowie die Schweiz als ein der EU durch »autonomen Nachvollzug« zugewandter Drittstaat in die Untersuchung einbezogen.

Im *fünften Teil* wird untersucht, wie sich die investmentrechtliche Aufgabenzuordnung auf die Binnenorganisation einer extern verwalteten Investmentkommanditgesellschaft auswirkt. Sofern das KAGB keine abweichenden Regelungen enthält, liegen die gesellschaftsrechtlichen Geschäftsführungs-, Vertretungs- und Verfügungsbefugnisse trotz des Vorrangs des Investmentrechts bei den Organen der Investmentkommanditgesellschaft und nicht bei der externen Kapitalverwaltungsgesellschaft. Weiterhin werden die zivil- und gesellschaftsrechtlichen Grenzen aufgezeigt, die bei der Einflussnahme der externen Kapitalverwaltungsgesellschaft auf eine Investmentkommanditgesellschaft zu beachten sind: Dazu gehören das Prinzip der Selbstorganschaft, die Verbandssouveränität und das Verbot der unwiderruflichen Generalvollmacht. Schließlich wird der Kompetenzumfang der extern verwalteten Investmentkommanditgesellschaft anhand der Zuständigkeiten der Gesellschaftergesamtheit und des gesellschaftsrechtlichen Minderheitenschutzes untersucht. Trotz des Vorrangs des Investmentrechts könnten dem Zivil- und Personengesellschaftsrecht sowie der Privatautonomie eine Ergänzungsfunktion sowie eine Konkretisierungs- und Begrenzungsfunktion verbleiben.

---

62 BaFin, Häufige Fragen zum Thema Auslagerung gemäß § 36 KAGB, Geschäftszeichen WA 41-Wp 2137-2013/0036, 10. Juli 2013, zuletzt geändert am 15. November 2017, Ziffer 1, 2, im Fall des Vertriebs von Investmentanteilen durch Intermediäre erklärt die BaFin, dass regelmäßig kein Fall der Auslagerung vorliegen würden, dazu und zur BaFin-Ansicht siehe unten 4. Teil B., 4. Teil B.VI.1., 4. Teil C.II. sowie 5. Teil A.I.; BaFin, Auslegungsentscheidung zu den Tätigkeiten einer Kapitalverwaltungsgesellschaft und der von ihr extern verwalteten AIF-Investmentgesellschaft, WA 41-Wp 2100-2016/0001, 21. Dezember 2017, Ziffer II.2.
63 Früh anklingend bei *Tollmann*, in DJKT, AIFM-RL, Art. 20 Rn. 27, 127, Anhang I Rn. 7 ff.; *Paul*, in Weitnauer/Boxberger/Anders, KAGB, § 154 Rn. 8; näher siehe unten unter 4. Teil B.
64 Der Austritt des Vereinigten Königreiches erfolgte am 31. Januar 2020. Bis zum voraussichtlichen Ende der Übergangsfrist am 31. Dezember 2020 verbleibt das Vereinigte Königreich noch im Binnenmarkt und in der Zollunion.

Die Arbeit legt den Schwerpunkt auf die Kompetenzabgrenzung bei der extern verwalteten geschlossenen Publikumsinvestmentkommanditgesellschaft, die als Nachfolgerin der KG bzw. GmbH & Co. KG für den vormals aufsichtsrechtlich unregulierten Bereich des »grauen Kapitalmarkts« konzipiert worden ist und somit eine erhebliche praktische Relevanz für die Sachwertbranche hat.[65] Angesichts der Vielzahl von Anlegern sind der Umfang der verbleibenden Gesellschafterangelegenheiten und der gesellschaftsrechtliche Minderheitenschutz bei Publikumsfonds zwar weniger stark ausgeprägt, sollte aber dennoch in näher zu bestimmendem Umfang vorhanden sein.

---

[65] »Wohl wichtigste Anlagevehikel«, *Hübner*, WM 2014, 109; *Möllers*, in Möllers, Rn. 15; vgl. § 261 Abs. 1 Nr. 1, Abs. 2 KAGB; im Rahmen der Arbeit wird in der Regel auf die Vorschriften zur geschlossenen Investmentkommanditgesellschaft Bezug genommen, für die offene Investmentkommanditgesellschaft existieren regelmäßig Parallelregelungen im KAGB.

2. Teil Rechtsquellen und Regelungsstruktur

Die traditionellen investmentrechtlichen Leitprinzipien sind heute noch von Bedeutung, sodass im Folgenden das Investmentgeschäft und seine historischen Ursprünge kurz dargestellt werden. Der anschließende Überblick über die AIFM-RL und das deutsche KAGB soll außerdem die Tatbestandsmerkmale einer extern verwalteten geschlossenen Publikumsinvestmentkommanditgesellschaft veranschaulichen.

A. Investmentgeschäft und wirtschaftliche Bedeutung

Ein Anleger sollte idealerweise über ein erhebliches Vermögen verfügen und die erforderliche Sachkunde und Zeit für dessen Anlage und Verwaltung haben.[66] Da diese Voraussetzungen nur selten und mit erheblichen Risiken und Transaktionskosten erfüllt werden können, liegt es nahe, sich mit anderen Anlegern im Kollektiv zusammenzuschließen, um das Vermögen von einem Vermögensverwalter risikodiversifiziert fremdverwalten zu lassen.[67] Neben Kleinanlegern können auch professionelle Anleger, wie Versicherungsunternehmen und Pensionskassen, ihr Vermögen in Investmentfonds investieren und treuhänderisch verwalten lassen.[68] Für das kollektive Anlagemodell sprechen administrative Vorteile wie etwa Skalen- und Verbundeffekte, die dadurch entstehen, dass die Fondsverwaltung und die damit zusammenhängenden Tätigkeiten nicht durch oder für jeden einzelnen Anleger, sondern für eine Vielzahl von Anlegern erbracht werden. Neben der volkswirtschaftlichen Bedeutung als Intermediär zwischen dem Anlegerkapital und der Kapitalnachfrage von Unternehmen und Staat,[69] lassen sich

---

66 *Caemmerer*, JZ 1958, 41, 41; zu den Grundprinzpien und der ökonomischen Bedeutung, vgl. *Köndgen/Schmies*, in Schimansky/Bunte/Lwowski, § 113 Rn. 1 ff.
67 Grundsatz der Risikomischung als allgemein gültiges Prinzip, *Verfürth/Emde*, in Emde/Dornseifer/Dreibus/Hölscher, InvG, § 1 Rn. 47; Einl. Rn. 20 f.; vgl. § 262 KAGB bei geschlossenen inländischen Publikums-AIF.
68 Zum Weisungsrecht der Anleger bei einem (Ein-Anleger-)Spezialfonds, vgl. OLG Frankfurt am Main, BKR 2008, 341, 346.
69 Zu Fonds als Kapitalgeber, vgl. *Thom/Dürre*, WM 2018, 502, 502; *Hanten/von Tiling*, WM 2015, 2122, 2122.

aus Anlegersicht auch steuerrechtliche und bilanzielle Gründe für Fondsinvestments anführen.[70] Wirtschaftlich betrachtet bleibt das Investmentgeschäft eine Erfolgsgeschichte: In Europa stieg der Fondsabsatz im Jahr 2018 auf einen Rekordwert.[71] Europäische Assetmanager von Investmentfonds verwalteten Ende 2017 ein Fondsvermögen von 11,867 Billionen Euro.[72] Mit einem verwalteten Vermögen von 1,7 Billionen Euro ist Deutschland hinter dem Vereinigten Königreich und Frankreich und gefolgt von der Schweiz einer der größten Absatzmärkte für Investmentfonds in Europa.[73] Im Bereich der AIF stellen Immobilien die mit Abstand größte Assetklasse dar, gefolgt von Schiffen, Luftfahrzeugen und erneuerbaren Energien. Die meisten Fonds werden in Luxemburg aufgelegt, wobei Deutschland hinsichtlich AIF auf Platz 3 steht.[74] Im Bereich der geschlossenen Fonds existierten Anfang 2019 laut der BaFin-Datenbank in Deutschland 123 geschlossene Publikumsinvestmentkommanditgesellschaften.[75]

Die anhaltend lockere Geldmarktpolitik der Zentralbanken, wie etwa der Europäischen Zentralbank (EZB) und der Schweizerischen Nationalbank (SNB), bezwecken die Preisentwicklung zu stabilisieren und die Wirtschaftsaktivität zu unterstützen.[76] Die niedrigen Leitzinsen haben jedoch zur Folge, dass sich mit zinsabhängigen Finanzprodukten nur sehr schwer Renditen erwirtschaften lassen.[77] Um diesem »Anlagenotstand« zu entgehen, setzen Anleger wie Privatanleger, Versicherungsunternehmen oder Altersvorsorgeeinrichtungen häufig auf alternative Anlageprodukte.[78] Fondsinvestments gehören dabei zu den wichtigsten

---

70 *Baur*, in Assmann/Schütze, Handbuch des Kapitalanlagerechts, § 20 Rn. 7 ff.; *ders.* ausführlich *Baur*, in Baur, KAGG, Anh § 1 Rn. 5 ff.; siehe oben 1. Teil.
71 BVI, Bundesverband Investment und Asset Management, Statistik Summary, 4/2018, 16. April 2018, S. 9.
72 EFAMA, European Fund and Asset Management Association, Asset Management Report 2018, 10th Annual Review, S. 3.
73 EFAMA, European Fund and Asset Management Association, Asset Management Report 2018, 10th Annual Review, S. 12.
74 EFAMA Quarterly Statistical Release N°72, Fourth quarter of 2017, S. 18.
75 Stichtag 9. Mai 2019.
76 Geldpolitische Lagebeurteilung der SNB vom 21. März 2019.
77 Vgl. EZB-Zinssätze liegen seit März 2016 auf 0,0 %, abrufbar auf der Webseite der Deutschen Bundesbank unter <https://www.bundesbank.de/Redaktion/DE/Standardartikel/Bundesbank/Zinssaetze/ezb_zinssatz.html>; die SNB setzt weiterhin auf Negativzinsen von durchschnittlich minus 0,75 Prozent, um den als »sicherer Hafen« beliebten Franken zu schwächen und damit die exportorientierte Wirtschaft anzukurbeln, dazu Geldpolitische Lagebeurteilung der SNB vom 21. März 2019, sowie Frankfurter Allgemeine Zeitung, 21. März 2019, Schweizerische Notenbank bleibt bei Negativzinsen.
78 Zu Fonds als Kapitalgeber, vgl. *Thom/Dürre*, WM 2018, 502, 502; *Hanten/von Tiling*, WM 2015, 2122, 2122.

Anlageinstrumenten.[79] So existierten Ende 2017 mehr als 4.200 Vermögensverwalter in Europa und es waren schätzungsweise 610.000 Arbeitsplätze entlang der Wertschöpfungskette von der Fondsbranche abhängig.[80] Dies verdeutlicht die volkswirtschaftliche Bedeutung des Investmentmarktes.

B. Historie des Investmentrechts

Die ersten Fondsgesellschaften, wie etwa die Scottish American Investment Company[81] oder der Foreign & Colonial Government Trust, wurden in Schottland und England nach 1860 gegründet.[82] Der Investmentmarkt entfaltete sich in den 1920er Jahren vor allem in den USA[83] und erlangte nach dem Zweiten Weltkrieg auch in Deutschland Bedeutung.[84] Als erste deutsche Fondsgesellschaft wurde im November 1949 in München die ADIG, die Allgemeine Deutsche Investment GmbH, gegründet.[85] Im Zuge des deutschen Wirtschaftswunders entstanden weitere Kapitalanlagegesellschaften, die zunächst Publikumsfonds für Kleinanleger und später vor allem Spezialfonds für institutionelle Großanleger verwalteten.[86]

Eine Vorbildfunktion für die europäischen Staaten, insbesondere für Deutschland, hatte die Markt- und Rechtspraxis in der Schweiz: Dort existierten bereits seit 1930 erste Investment Trusts.[87] Im 19. und 20. Jahrhundert ähnelten sich außerdem die gesetzlichen Rahmenbedingungen in der Schweiz und in Deutschland: So haben das Schweizer Obligationsrecht und das deutsche Bürgerliche Recht (BGB) eine gemeinsame romanistische Prägung, wobei das Schweizer Obligationsrecht bereits von 1881/1883 zwei Jahrzehnte vor dem Inkrafttreten des BGB am 1. Januar 1900 Gültigkeit erlangt hatte und das deutsche Zivilrecht

---

79 BVI, Bundesverband Investment und Asset Management, Statistik Summary, 4/2018, 16. April 2018, S. 2.
80 EFAMA, European Fund and Asset Management Association, Asset Management Report 2018, 10th Annual Review, S. 11.
81 *Förster/Hertrampf*, Das Recht der Investmentfonds, S. 2.
82 *Baur*, in Assmann/Schütze, Handbuch des Kapitalanlagerechts, § 20 Rn. 7.
83 *Jakovou*, in Langenbucher/Bliesener/Spindler, Bankrecht, Kapitel 39 Rn. 10.
84 Davor existierte in Berlin bereits der »Zickertschen Kapitalverein« von 1923 mit einer Anlegerzahl im Jahr 1928 von 1532 und einem Vermögen von rund 3 Millionen Reichsmark, sowie der »Bayerischen Investment Aktiengesellschaft« aus dem Jahr 1926, dazu umfassend *Baur*, in Baur, KAGG, Einl., S. 75 ff.
85 Die ADIG ist inzwischen in COMINVEST Asset Management GmbH umbenannt worden und vom Markt verschwunden, vgl. BayObLG BeckRS 2003, 30311517.
86 *Baur*, in Baur, KAGG, Einl., S. 80.
87 *Bucher*, ZEuP 2003, 353, 353 ff.

beeinflusste.[88] Zutreffend erklärte der Schweizer Bundesrat, dass die deutschen Anlagefonds den schweizerischen »nachgebildet« seien und auf dem sogenannten Vertragstyp beruhen würden.[89] Die gegenwärtige schweizerische Kommanditgesellschaft für kollektive Kapitalanlagen (KmGK) wurde am 1. Januar 2007 eingeführt, also rund sechs Jahre vor der Investmentkommanditgesellschaft.[90]

Auch die wirtschaftliche Entwicklung des Investmentmarktes war in der Schweiz früher ausgeprägt als in anderen kontinentaleuropäischen Staaten. Das in der Schweiz verwaltete Vermögen stieg von 328 Mio. CHF im Jahr 1907 bereits auf 846 Mio. CHF im Jahr 1930.[91] Aufgrund der stabilen Währung, der liberalen Wirtschaftspolitik und der Erfahrung in der Vermögensverwaltung wurde die Schweiz nach dem Zweiten Weltkrieg zu einem der weltweit bedeutendsten vermögensverwaltenden Standorte.[92]

Im Bereich des Kollektivanlage*rechts* hatte demgegenüber eher das deutsche Gesetz über Kapitalanlagegesellschaften vom 16. April 1957 (KAGG)[93] eine Vorreiterrolle gegenüber dem Schweizer Anlagefondsgesetz, das rund zehn Jahre später am 1. Februar 1967 in Kraft trat.[94] Vor dem Hintergrund, dass die wirtschaftliche Bedeutung des Investmentmarktes auch in Deutschland in den 1950er Jahren erheblich zunahm und zahlreiche Kapitalanlagegesellschaften gegründet wurden, verfolgte der deutsche Gesetzgeber mit dem KAGG folgende Ziele:[95] »Wenn das Investmentsparen die erhoffte Verbreitung gewinnt, so

---

88 *Bucher*, ZEuP 2003, 353, 373, verwendet den Ausdruck »genetische Verbundenheit« und erklärt, dass das Schweizer Obligationsrecht ein »mitbestimmender Faktor bei der Entstehung des Schuldrechts des BGB« war; später beeinflussten sich das deutsche Recht und das Schweizer Recht wechselseitig, so soll das revidierte Obligationsrecht vom 30. März 1911 auch unter dem Einfluss des BGB entstanden sein; *Caemmerer* JZ 1958, 41, 42.
89 Vgl. Botschaft des Bundesrates an die Bundesversammlung zum Entwurf eines Bundesgesetzes über die Anlagefonds vom 23. November 1965, BBl. 1965 III, S. 270 f.
90 Siehe unten 4. Teil F.III.1. und 5. zur KmGK; das KAGB trat am 22. Juli 2013 in Kraft; es finden sich jedoch keine ausdrücklichen Nachweise, dass die KmGK eine Vorbildrolle bei der Schaffung der InvKG spielte.
91 *Sethe*, in Schäfer/Sethe/Lang, Handbuch der Vermögensverwaltung, § 20 Rn. 17.
92 *Sethe*, in Schäfer/Sethe/Lang, Handbuch der Vermögensverwaltung, § 20 Rn. 18.
93 Gesetzes über Kapitalanlagegesellschaften (KAGG), Bundesgesetzblatt I S. 378, 16. April 1957; zu den Zielen des KAGG, vgl. *Caemmerer*, JZ 1958, 41, 42; *Baur*, in Baur, KAGG, Einl., S. 81; *Baur*, in Assmann/Schütze, Handbuch des Kapitalanlagerechts, § 20 Rn. 9.
94 Bundesgesetzblatt über die Anlagefonds vom 1. Juli 1966; Botschaft des Bundesrates an die Bundesversammlung zum Entwurf eines Bundesgesetzes über die Anlagefonds vom 23. November 1965, BBl. 1965 III, 270 f. zu Deutschland; dazu *Jutzi*, AJP/PJA 1/2015, 1, 5.
95 Schriftlicher Bericht des Ausschusses für Geld und Kredit (22. Ausschuss) über den von den Abgeordneten Neuburger, Häussler, Scharnberg und Fraktion der CDU/CSU eingebrachten Entwurf eines Gesetzes über Kapitalanlagegesellschaften, Drucksache 1585/ (neu) 2973, S. 1, 2.

werden in zunehmendem Maße weite Bevölkerungskreise an Bestand, Zuwachs und Erträgen des Produktionsvermögens der Wirtschaft beteiligt. Hierdurch werden einerseits die private Eigentumsbildung und damit das Gefühl der Mitbeteiligung und Mitverantwortung am wirtschaftlichen Geschehen gefördert. Zum anderen ist zu erwarten, dass bei einer Ausweitung des Investmentsparens auch neue Kapitalquellen für Investitionen und Rationalisierungsmaßnahmen der Wirtschaft erschlossen werden.« Gleichzeitig sollten »steuerliche Nachteile, die sich aus der Zwischenschaltung der Kapitalanlagegesellschaft ergeben«, beseitigt werden.

Das KAGG erfasste nur offene Fonds und bis zur revidierten Fassung von 1969 nur solche Investmentgesellschaften, die in Wertpapiere investierten. Investitionen in Sachwerte wie Immobilien waren davon zunächst nicht umfasst.[96] Die Leitprinzipien des KAGG wirken allerdings bis heute nach:[97] Dazu gehören die Beschränkung auf bestimmte Fondstypen wie damals Wertpapier- oder Geldmarktfonds, eine Aufsicht über Vermögensverwalter, die Trennung zwischen Verwaltung und Verwahrung der Vermögensgegenstände sowie die haftungsmäßige Abschirmung der Anleger vom Vermögensverwalter (§ 9 Abs. 1, § 6 Abs. 1 KAGG). Weitere Leitprinzipien waren die Vertriebspublizität zum Zwecke des Anlegerschutzes und die steuerliche Gleichstellung der Anleger einer Direktanlage mit den Anlegern einer kollektiven Kapitalanlage.[98] Das KAGG wurde im Laufe der Zeit mehrfach geändert und insbesondere von den ersten harmonisierenden Investmentfondsrichtlinien, den sogenannten OGAW-RL, beeinflusst.[99] Der europäische Gesetzgeber bezweckte damit, einen einheitlichen europäischen Binnenmarkt für den Vertrieb offener Fonds zu schaffen; dies sollte unter anderem durch die Einführung eines in der EU anerkannten Vertriebs- und Produktpasses ermöglicht werden.

In Deutschland wurden Fonds überwiegend auf vertraglicher Basis in Form des Sondervermögens ohne eigene Rechtspersönlichkeit aufgelegt, was der

---

96 *Baur*, in Baur, KAGG, Einl., S. 80.
97 Vgl. *Emde*, in Emde/Dornseifer/Dreibus/Hölscher, InvG, Einl. Rn. 10 ff.
98 *Köndgen*, in BSL, InvG, Einl. Rn. 18.
99 Richtlinie 85/611/EWG des Rates vom 20. Dezember 1985 zur Koordinierung der Rechts- und Verwaltungsvorschriften betreffend bestimmte Organismen für gemeinsame Anlagen in Wertpapieren (OGAW-RL); Englisch: Directive [2009/65/EC of the European Parliament and of the Council of 13 July 2009] on the coordination of laws, regulations and administrative provisions relating to undertakings for collective investment in transferable securities (UCITS); zu OGAW-RL I-IV vgl. *Jesch/Klebeck/Dobrauz-Saldapenna*, Investmentrecht, S. 10, 16; am 18. März 2016 ist das OGAW-V-Umsetzungsgesetz in Kraft getreten (BGBl. I 2016, S. 348), welches die Vorgaben der europäischen OGAW-V-Richtlinie (RL 2014/91/EU, ABl. EU L 257/186) in Deutschland umsetzt; OGAW-V-Richtlinie änderte die OGAW-IV-RL, sodass im Folgenden der Begriff OGAW-RL die neugefasste OGAW-IV-RL nach Änderung durch die OGAW-V-RL meint; Gesetzesbegründung zum Investmentmodernisierungsgesetz, Bt-Dr. 15/1553, 2003, S. 65; dazu *Baur*, in Baur, KAGG, Einl., S. 84 ff.

deutsche Gesetzgeber erstmals 1998 mit Einführung der Investmentaktiengesellschaft in das KAGG zu ändern suchte.[100] Entgegen dem internationalen Trend und den praktischen Bedürfnissen nach Flexibilität wurde die Investmentaktiengesellschaft allein als Gesellschaft mit festem Kapital ausgestaltet[101] und musste entweder öffentlich zum Erwerb angeboten oder an der Börse notiert werden.[102] Erst 2007 im Wege des Investmentänderungsgesetzes wurde die flexiblere Investmentaktiengesellschaft mit veränderlichem Kapital nach Luxemburger Vorbild geschaffen.[103] In der Folge wurden in Deutschland zwar einige Investmentaktiengesellschaften aufgelegt, wobei das Sondervermögen in Vertragsform die beliebteste Investmentrechtsform blieb.[104]

Das KAGG wurde am 15. Dezember 2003 wegen des Inkrafttretens der grundlegend überarbeiteten OGAW-RL durch das Investmentgesetz (InvG) ersetzt.[105] Dieses regelte auch weiterhin nur offene Fonds sowie eine Reihe nationalstaatlich geprägter Fondstypen wie etwa Infrastruktursondervermögen. Eine grundlegende Änderung erfuhr das deutsche Investmentrecht zuletzt am 22. Juli 2013 mit der Umsetzung der AIFM-RL in das KAGB, welches das bis dahin geltende InvG ablöste.

---

100 Gesetz zur weiteren Fortentwicklung des Finanzplatzes Deutschland, 24. März 1998, BGBl. I 1998, S. 525 betreffend §§ 51 ff. KAGG (Drittes Finanzmarktförderungsgesetz); *Baur*, in Assmann/Schütze, Handbuch des Kapitalanlagerechts, § 20 Rn. 20 f.
101 Gesetz zur Modernisierung des Investmentwesens und zur Besteuerung von Investmentvermögen (Investmentmodernisierungsgesetz) v. 15. Dezember 2003, BGBl. I 2003, S. 2676; unter dem KAGG wurde keine Investmentaktiengesellschaft aufgelegt, *Boxberger*, in Moritz/Klebeck/Jesch, KAGB, § 140 Rn. 4, 6.
102 § 61 Abs. 1–3 KAGG in der Fassung des Dritten Finanzmarktförderungsgesetzes 1998.
103 Gesetzes zur Änderung des Investmentgesetzes und zur Anpassung anderer Vorschriften (Investmentänderungsgesetz) v. 21. Dezember 2007, BGBl. I 2007, S. 3089, Bt-Dr. 16/5576; *Köndgen*, in BSL, InvG, Einl. Rn. 26.
104 *Köndgen/Schmies*, in Schimansky/Bunte/Lwowski, § 113 Rn. 221 f.
105 Gesetz zur Modernisierung des Investmentwesens und zur Besteuerung von Investmentvermögen (Investmentmodernisierungsgesetz) v. 15.12.2003, BGBl. I 2003, S. 2676; Investmentgesetz (InvG) wurde mit dem KAGB aufgehoben, vgl. Art. 2 AIFM-Umsetzungsgesetz; im aufgehobenen InvG war die Richtlinie 85/611/EWG und sodann die Nachfolgerrichtlinie 2009/65/EG vom 13. Juli 2009 betreffend bestimmte Organismen für gemeinsame Anlagen in Wertpapieren (OGAW-RL) umgesetzt worden, wodurch ein umfassender Regelungsrahmen für offene Fondsgestaltungen geschaffen wurde.

C. Europäisches Investmentrecht

Das europäische Finanzmarktrecht wie auch das Investmentrecht basieren auf einem mehrstufigen Gesetzgebungsverfahren, welches im Folgenden anhand der AIFM-RL dargestellt wird.

I. Legislativprozess im europäischen Finanzmarktrecht

Zur Beschleunigung des Legislativprozesses im europäischen Finanzmarktrecht wurde das inzwischen reformierte[106] Lamfalussy-Verfahren für den Wertpapiersektor entwickelt und auf den gesamten EU-Finanzsektor ausgedehnt.[107] Als Vorsitzender eines »Ausschusses der Weisen« hatte Baron Alexandre Lamfalussy bereits im Jahr 2001 ein Vier-Stufen-Konzept vorgeschlagen, bei dem die Rahmengesetzgebung durch die nachfolgenden Stufen weiter konkretisiert und überwacht wird:[108] Auf der ersten Stufe schlägt die EU-Kommission nach umfassenden Konsultationen Richtlinien und Verordnungen vor, die von dem Europäischen Parlament und dem Rat der Europäischen Union erlassen werden.[109] Auf der zweiten Stufe werden Ausschüsse gebildet, mit Vertretern der Mitgliedstaaten besetzt und in die Entwicklung von technischen Durchführungsbestimmungen durch die Kommission einbezogen.[110] Auf der dritten Stufe sind die Aufsichtsbehörden angehalten eine einheitliche Verwaltungspraxis zu schaffen und auf der vierten Stufe überprüft die EU-Kommission, ob die Mitgliedstaaten die Rechtsvorschriften ordnungsgemäß umgesetzt haben und die europäischen Vorgaben einhalten.[111]

---

106 *Veil*, in ders., Europäisches Kapitalmarktrecht, § 4 Rn. 5, 6 »Lamfalussy II-Verfahren«; *Walter/Kern*, WF 2011, S. 93 ff.
107 Ausschuss der Weisen, Schlussbericht über die Regulierung der europäischen Wertpapiermärkte, 15. Februar 2001, S. 10 ff.; verwiesen wird auf den Beschluss des Rates vom 3. Dezember 2002 in *Kuper*, in Möllers, Rn. 105; *Rötting/Lang*, EuZW 2012, 8, 8 ff.; Veil ZGR 2014, 544, 551.
108 Ausschuss der Weisen, Schlussbericht über die Regulierung der europäischen Wertpapiermärkte, 15. Februar 2001, S. 10; *Veil*, ZGR 2014, 544, 551 ff.; vergleichbare Stufen existieren auch im nationalen Umsetzungsprozess, siehe unten 2. Teil D.I.
109 Näher dazu unten 4. Teil B.IV.; zum »enormen Einfluss der EU-Kommission auf die Rechtsetzung«, *Veil*, ZGR 2014, 544, 552.
110 Art. 290, 291 AEUV; *Kolassa*, in Schimansky/Bunte/Lwowski, § 135 Rn. 47.
111 *Kolassa*, in Schimansky/Bunte/Lwowski, § 135 Rn. 47.

II. Das Lamfalussy-Verfahren am Beispiel der AIFM-Gesetzgebung

1. Rahmengesetzgebung

Auf der ersten Stufe im Sinne des Lamfalussy-Verfahrens steht vorliegend die AIFM-RL. Es handelt sich dabei um eine Richtlinie nach Art. 288 Abs. 3 AEUV, die im Wege des ordentlichen Gesetzgebungsverfahrens nach Art. 289 und Art. 294 AEUV erlassen wurde.[112] Die AIFM-RL ist für jeden Mitgliedstaat, an den sie gerichtet wird, hinsichtlich des zu erreichenden Ziels verbindlich. Insoweit gilt sie zwar nicht unmittelbar in den Mitgliedstaaten, allerdings haben diese die Richtlinie als »Rahmengesetz« umzusetzen und »einen von der Richtlinie gewünschten Rechtszustand herbeizuführen«.[113] Vom ersten Entwurf der AIFM-RL durch die EU-Kommission am 30. April 2009[114] dauerte es trotz eines kontrovers verlaufenden und komplexen Gesetzgebungsverfahrens lediglich zwei Jahre bis zur Veröffentlichung im Amtsblatt der Europäischen Union am 1. Juli 2011.[115]

a. Ziele der AIFM-RL

Die AIFM-RL legt »gemeinsame Anforderungen für die Zulassung von und Aufsicht über [Manager Alternativer Investmentfonds – AIFM] [fest], um für die damit zusammenhängenden Risiken und deren Folgen für Anleger und Märkte in der Union ein kohärentes Vorgehen zu gewährleisten«.[116] Weiterhin soll auf der Grundlage von Art. 26 und Art. 114 AEUV »ein Binnenmarkt der Union für [AIFM] sowie ein harmonisierter und strikter Regulierungs- und Kontrollrahmen für die Tätigkeiten innerhalb der Union [...] geschaffen werden«.[117] Die AIFM-RL nennt drei zentrale Regulierungsziele: die Harmonisierung des europäischen Binnenmarktes für Fonds,[118] die Stabilität und Integrität der Finanzmärkte[119] und den Anlegerschutz.[120] Während die Finanzmarktregulierung in Deutschland bei der Umsetzung von EU-Richtlinien zeitlich vor der globalen Finanzkrise 2008/2009 zuvorderst den Zweck verfolgte, »der Abwanderung von Investmentfonds ins Ausland gegenzusteuern und die Leistungsfähigkeit

---

112 Siehe unten 4. Teil B.IV. zur historischen Auslegung der AIFM-RL.
113 *Schroeder*, in Streinz, AEUV, Art. 288 AEUV Rn. 76.
114 Komissionsvorschlag zur AIFM-RL, KOM(2009) 207, 2009/0064 (COD), 30. April 2009, S. 2, 3.
115 1669 Änderungsvorschlägen zum Kommissionsvorschlag.
116 Erwägungsgrund 2 AIFM-RL.
117 Erwägungsgründe 2, 4 und 92 AIFM-RL.
118 Erwägungsgründe 2, 4 und 92 AIFM-RL.
119 Erwägungsgründe 1, 2 und 3 AIFM-RL.
120 Erwägungsgründe 2, 3 und 12 AIFM-RL; Art. 67 Abs. 6, Art. 68 Abs. 6 AIFM-RL.

und Attraktivität des Investmentstandorts Deutschland zu steigern«,[121] konzentrieren sich der europäische und der deutsche Gesetzgeber nun auf die Abwehr systemischer Risiken und den Anlegerschutz.[122] Die Umsetzungsgesetze der Mitgliedstaaten müssen sich an den Zielen der AIFM-RL orientieren und auch die nationalen Gerichte und Behörden müssen der Richtlinie zur Geltung verhelfen.[123]

b. Inhalt: Manager-Regulierung für Alternative Investmentfonds

Die EU-Gesetzgebung für Organismen für gemeinsame Anlagen in Wertpapiere (OGAW-RL) war produktbezogen und beschränkte sich auf die Regulierung von Organismen für gemeinsame Anlagen in Wertpapiere (OGAW).[124] Hingegen müssen sich die Manager von Alternativen Investmentfonds (AIFM; nach dem KAGB: Kapitalverwaltungsgesellschaft) erst seit der Umsetzung der AIFM-RL in einem umfassenden Regulierungs- und Aufsichtsrahmen bewegen. Die AIFM-RL schloss eine regulatorische Lücke im europäischen Finanzmarktrecht und harmonisierte damit den mitgliedsstaatlichen »Flickenteppich« in Bezug auf das Management und den Vertrieb Alternativer Investmentfonds an professionelle Anleger.[125] Erfasst werden durch die AIFM-RL nicht die Fonds selbst,[126] sondern die Manager alternativer Investmentvermögen, die keine OGAW

---

121 Gesetzesbegründung zum InvestmentG, 2003, S. 65 unter Berücksichtigung der Änderungsrichtlinien zur EU-Investmentrichtlinie 85/611/EWG vom 20. Dezember 1985; *Jesch/Klebeck/Dobrauz-Saldapenna*, Investmentrecht, S. 20.
122 Vgl. *de Larosière*, The High-Level Group on Financial Supervision in the EU, Report, 25.2.2009, S. 2; Erwägungsgründe 1, 2, 4, 92 und 94 der AIFM-RL; *Tollmann*, in DJKT, AIFM-RL, Einl. 17 ff., 20; *Zetzsche*, ZBB 2014, 22, 37 f. sieht den Schwerpunkt der EU-Gesetzgebung auf dem Funktionsschutz und manifestiert eine Verschiebung zu Gunsten des Anlegerschutzes auf nationaler Ebene (Art. 25 AIFM-RL); Gesetzesbegründung zum KAGB, Bt-Dr. 17/12294, S. 1 ff.; zur Dichotomie zwischen Anleger- und Funktionsschutz, *Zetzsche*, Prinzipien der kollektiven Vermögensverwaltung, S. 536; *Schultheiß*, in Baur/Tappen, KAGB, § 168 Rn. 5.
123 *Roth/Jopen*, in Riesenhuber, Europäische Methodenlehre, § 13 Rn. 15, 16; erstmals EuGH v. 15. Juli 1964, Rs. 6/64 – Costa/ENEL; zu den Regulierungszielen ua. *Schubert/Schuhmann*, BKR 2015, 45, 45.
124 Siehe oben 2. Teil B.; OGAW-RL als Produktregulierung, vgl. *Tollmann*, in DJKT, AIFM-RL, Einl. Rn. 24; *Seidenschwann*, Die Master-Kapitalverwaltungsgesellschaft, S. 254; *Emde*, in Emde/Dornseifer/Dreibus/Hölscher, InvG, Einl. 54.
125 Gemäß Art. 43 Abs. 1 AIFM-RL steht es den Staaten aber frei auch den Vertrieb an Kleinanleger zu regulieren, vgl. § 1 Abs. 4 S. 2 KAGB; *Tollmann*, in DJKT, AIFM-RL, Einl. Rn. 9, 14, 22, Art. 2 Rn. 3.
126 »Es wäre unverhältnismäßig, die Portfoliostruktur oder -zusammensetzung der von AIFM verwalteten AIF auf Unionsebene zu regeln; zudem wäre es angesichts der äußerst unterschiedlichen Arten der von AIFM verwalteten AIF schwierig, zu einer derart umfassenden Harmonisierung zu gelangen.«, Erwägungsgrund 10 AIFM-RL; indirekte Produktregulierung der AIFM-RL über die Manager bestimmter hebelfinanzierter Assetklassen wie Hedgefonds, Art. 25 ff. AIFM-RL.

sind.[127] Die AIFM-RL adressiert die Mitgliedstaaten und fordert von diesen eine Regulierung der Führungsstruktur bzw. zentralen Akteure des Fonds,[128] die vor allem sachwertbezogene Anlageklassen wie Immobilien, Schiffe, Flugzeuge, Rohstoffe, Infrastruktur, aber auch Private Equity und Hedgefonds verwalten.[129] Während OGAW ihr Kapital von Gesetzes wegen beim Publikum einsammeln und unter Beachtung des Grundsatzes der Risikostreuung in Wertpapiere und liquide Finanzmittel anlegen, ist die Definition von AIF in Bezug auf (Sach-)Anlage und Kapitalaufbringung weiter gefasst, § 1 Abs. 2, Abs. 3 KAGB. Im Gegensatz zur OGAW-RL setzt die AIFM-RL nicht voraus, dass die Einlage an die Anleger zurückgenommen oder ausgezahlt werden kann, sodass AIF auch geschlossene Strukturen aufweisen.[130]

c. Wechsel vom formellen zum universell-materiellen Regelungsansatz

Die AIFM-RL bezweckt durch die mitgliedsstaatlichen Umsetzungsakte eine vollständige Erfassung der Verwalter aller kollektiven Vermögensanlagen unabhängig von deren Rechtsform oder Fondstyp.[131] Darin manifestiert sich eine Abkehr von dem formellen Investmentfondsbegriff der OGAW-RL: Ein Fonds, der nicht als Sondervermögen oder Investmentaktiengesellschaft aufgelegt wurde, galt nicht als Investmentfonds im Sinne der OGAW-RL. Fonds die etwa als GmbH & Co. KG aufgelegt wurden, fielen somit nicht in den Anwendungsbereich der OGAW-RL,[132] und Fondsinitiatoren hatten es weitgehend in der Hand, welchem Regelungsregime sie ihre Produkte unterstellten. Mit dem formellen Ansatz ging zwar ein Höchstmass an (formeller) Rechtssicherheit einher, wobei der Regulierung unschwer ausgewichen und die Schutzinteressen der Anleger dadurch vernachlässigt werden konnten. Gemäß dem nach Art. 4 Abs. 1 a) AIFM-RL geltenden universell-materiellen Ansatz[133] ist ein Alternativer Invest-

---

127 Art. 1 Abs. 2 a), 4 Abs. 1 a) ii) AIFM-RL; Art. 5 OGAW-RL.
128 EU-Kommission, Vorschlag zur AIFM-RL, Nr. 207/3, 30. April 2009, S. 6.
129 Erwägungsgründe 1, 3, 6, 47 und 92 AIFM-RL; *Jesch/Klebeck*, BB 2011, 1866, 1867; EU-Kommission, Begleitpapier zur Level 2-AIFM VO, S. 2; EU-Kommission, Vorschlag zur AIFM-RL, Nr. 207/3, 30. April 2009, S. 5.
130 Zur Definition von geschlossenen Strukturen, siehe unten 2. Teil D.I.4.; zur Abgrenzung der OGAW-RL von der AIFM-RL, vgl. *Möller*, WM 2011, 1537, 1537 f.
131 Art. 2 Abs. 2 b) AIFM-RL; Erwägungsgrund 6 AIFM-RL; *Bußhalb/Unzicker*, BKR 2012, 309, 311; *Tollmann*, in DJKT, AIFM-RL, Art. 2 Rn. 6, 30; *Wallach*, ZGR 2014, 289, 299; *Zetzsche*, Prinzipien der kollektiven Vermögensverwaltung, S. 469.
132 Art. 1 Abs. 3 OGAW-RL; § 1 S. 1 Nr. 1 InvG; zum formellen Begriff *Verfürth/Emde*, in Emde/Dornseifer/Dreibus/Hölscher, InvG, § 1, Rn. 13; *Tollmann*, in Möllers, Rn. 1061; *Wallach*, ZGR 2014, 289, 291.
133 Vgl. auch Art. 2 Abs. 2 AIFM-RL, dem zufolge es ohne Bedeutung ist, ob »a) ob es sich bei dem AIF um einen offenen oder geschlossenen Fonds handelt, b) ob der AIF in der Vertragsform, der Form des Trusts, der Satzungsform oder irgendeiner anderen Rechtsform errichtet ist, c) welche Rechtsstruktur der AIF hat.«

mentfonds (AIF) »jeder Organismus für gemeinsame Anlagen einschließlich seiner Teilfonds, der von einer Anzahl von Anlegern Kapital einsammelt, um es gemäß einer festgelegten Anlagestrategie zum Nutzen dieser Anleger zu investieren, und keine Genehmigung gemäß Art. 5 der [OGAW-RL] benötigt«.[134] Erfasst sind somit alle Organismen, die diese weite Definition erfüllen und nicht nur wie zuvor Sondervermögen oder Investmentaktiengesellschaften.

Der Kurswechsel vom formellen zum materiellen Regelungsansatz wird vom deutschen Gesetzgeber nachvollzogen.[135] Dies hat weitreichende Folgen für die Fondsbranche,[136] denn das europarechtlich vorgegebene Ziel einer möglichst lückenlosen Erfassung des Investmentgeschäfts geht naturgemäß zulasten der Regelungsschärfe,[137] da sich bei der Definition mitunter schwierige Abgrenzungsfragen stellen. So findet nach Ansicht der BaFin bereits kein gewerbsmäßiges Anwerben und damit kein Einsammeln von Kapital statt, wenn die Auflegung eines Vehikels für Anlagen innerhalb von Mitgliedern einer Familie initiiert wird.[138] Da Fonds und Vermögensverwalter womöglich ins Ausland abwandern könnten, wird in der Literatur teilweise auf eine potentielle »marktschädigende Überregulierung« durch die AIFM-RL hingewiesen.[139] Diese Ge-

---

134 Das deutsche KAGB verwendet den Begriff des Investmentvermögens, § 1 Abs. 1 S. 1, Abs. 2, Abs. 3 KAGB und wird auf nationaler Ebene lediglich um das – klarstellende – Tatbestandsmerkmal »kein operativ tätiges Unternehmen außerhalb des Finanzsektors« ergänzt; dazu Gesetzesbegründung zum KAGB, Bt-Dr. 17/12294, S. 201; *Tollmann*, in DJKT, AIFM-RL, Art. 2 Rn. 4, Art. 4 Rn. 7.
135 Vgl. § 1 KAGB; Gesetzesbegründung zum KAGB, Bt-Dr. 17/12294, S. 188.
136 »Regulierung als Chance«, *Voigt*, in Möllers, Rn. 131 ff., 138 ff., *Kramer/Recknagel*, BB 2011, 2074 ff.; kritisch zu materiellem Investmentfondsbegriff *Tollmann*, in Möllers, Rn. 1066, wonach das KAGB auch weiterhin auf formelle Kriterien abstelle; dazu vgl. Gesetzesbegründung zum KAGB, Bt-Dr. 17/12294, S. 235; BaFin, Auslegungsschreibens zum Anwendungsbereich des KAGB und zum Begriff des »Investmentvermögens«, Geschäftszeichen Q 31-Wp 2137-2013/0006, 14. Juni 2013, zuletzt geändert am 9. März 2015, Ziff. I. 1. Abs. 3.
137 So stellen sich etwa bei der Definition des Investmentfondsbegriffs eine Vielzahl von Abgrenzungsproblemen: Zum Anwendungsbereich des KAGB und einzelnen Tatbestandsmerkmalen in *Zetzsche/Preiner*, WM 2013, 2101 ff.; *Loritz/Uffmann*, WM 2013, 2193 ff.; *Schneider*, in Möllers, Rn. 179 ff. z.B. den Formen der Unternehmensfinanzierung; *Loritz/Rickmers*, NZG 2014, 1241, 1243; zu Genussrechte im Fall »Prokon«, vgl. *Rotter/Gierke*, VuR 2014, 255, 261; a.A. *Möllers/Seidenschwann*, in Möllers, Rn. 2.
138 Vgl. zu Konstellationen: BaFin, Auslegungsschreibens zum Anwendungsbereich des KAGB und zum Begriff des »Investmentvermögens«, Geschäftszeichen Q 31-Wp 2137-2013/0006, 14. Juni 2013, zuletzt geändert am 9. März 2015.
139 *Krause*, in Beckmann/Scholtz/Vollmer, vor 405, Rn. 2 ff.; *Voigt*, in Möllers, Rn.131; *Klebeck/Kunschke*, in Beckmann/Scholtz/Vollmer, 405, KAGB, § 149 Rn. 10, 41; zur Abwägungsfrage zwischen Anlegerschutz und marktschädlicher Überregulierung, *Klebeck/Kolbe*, ZIP 2010, 215, 218; *Niewerth/Rybarz*, WM 2013, 1154, 1167.

fahr hat sich angesichts der stetigen Vermögenszuflüsse im Asset Management Sektor bisher nicht realisiert.[140]

d. Richtlinienwirkung und richtlinienkonforme Auslegung

Die europäischen Rechtsakte sind zentral für die Auslegung des KAGB als ein nationales Umsetzungsgesetz. An der Spitze der unionsrechtlichen Normenpyramide[141] befinden sich die primärrechtlichen Gründungsverträge der Europäischen Union (EUV, AEUV). Davon abgeleitet besteht das sekundäre Unionsrecht aus Rechtsakten, die von den Organen der EU erlassen werden können;[142] dazu gehören nach Art. 288 Abs. 1 AEUV Verordnungen, Richtlinien, Beschlüsse sowie Empfehlungen und Stellungnahmen. Außerdem existieren atypische Handlungsformen wie Mitteilungen oder Leitlinien.[143] Gemäß Art. 288 Abs. 3 AEUV ist eine Richtlinie »für jeden Mitgliedstaat […] hinsichtlich des Ziels verbindlich, überlässt jedoch den innerstaatlichen Stellen die Wahl der Form und der Mittel.« Eine Richtlinie legt daher ein kooperativ-zweistufiges Verfahren fest,[144] dem zufolge der nationale Gesetzgeber auf der zweiten Stufe verpflichtet ist, die Richtlinienvorgaben umzusetzen.[145] Anders als Verordnungen haben Richtlinien grundsätzlich keine unmittelbare Wirkung.[146]

Das Gebot der richtlinienkonformen Auslegung des nationalen Rechts durch alle mitgliedsstaatlichen Organe stellt neben dem eigentlichen Transformationsakt, in Form des Umsetzungsgesetzes (KAGB), ein wichtiges Mittel dar, um das europäische Recht effektiv zu verwirklichen.[147] Beispielsweise könnte zur Bestimmung der KVG-Tätigkeit auf die umfassende Definition der kollektiven Vermögensverwaltung nach § 1 Abs. 19 Nr. 24 KAGB zurückgegriffen werden,

---

140 Siehe oben 2. Teil A. zur wirtschaftlichen Bedeutung des Investmentgeschäfts.
141 EuGH v. 10. Juli 1990, Rs. T-51/89, Rn. 25 – Tetra Pak »Grundsätze der Normhierarchie«.
142 Rang unter dem Primärrecht ergibt sich beispielsweise aus Art. 263, 267 Abs. 1a) bzw. b) AEUV.
143 *Haratsch/Koenig/Pechstein*, Europarecht, Rn. 376; *Schroeder*, in Streinz, AEUV, Art. 288 AEUV Rn. 29, 33.
144 *Ruffert*, in Calliess/Ruffert, EUV/AEUV, Art. 288 AEUV Rn. 23.
145 *Kahl*, in Calliess/Ruffert, EUV/AEUV, Art. 4 EUV Rn. 55; *Fabio*, NJW 1990, 947 ff.
146 Nur in engen Ausnahmefällen zulässig, *Haratsch/Koenig/Pechstein*, Europarecht, Rn. 390.
147 EuGH v. 10. April 1984, Rs. 14/83, Rn. 28 – von Colson und Kamann/Land Nordrhein-Westfalen; BGH, NJW 2014, 2646, 2647; *Borchardt*, in SZK, Europarecht, § 15 Rn.68; *Haratsch/Koenig/Pechstein*, Europarecht, Rn. 399; *Harte-Bavendamm/Henning-Bodewig*, UWG, G. Rn. 17; *Gänswein*, Der Grundsatz unionsrechtskonformer Auslegung, S. 25 ff.; *Herresthal* JuS 2014, 289 ff.

wobei sich die Frage stellt, ob die Vorschrift im Lichte des Anhangs I AIFM-RL und unter Berücksichtigung des detaillierten Wortlauts differenzierter auszulegen ist.[148] Als normative Grundlage für das Gebot der richtlinienkonformen Auslegung werden die Umsetzungspflicht nach Art. 288 Abs. 3 AEUV und ergänzend das Effektivitätsgebot bzw. die Pflicht zur Unionstreue[149] nach Art. 4 Abs. 3 EUV angeführt.[150] Inhaltlich obliegt es den Trägern öffentlicher Gewalt, das nationale Recht so weit wie möglich im Lichte von Wortlaut und Zweck der Richtlinie auszulegen.[151] Nach der Rechtsprechung des Europäischen Gerichtshofs (EuGH) ist es Sache des nationalen Gerichts, »das zur Durchführung erlassene Gesetz unter voller Ausschöpfung des Beurteilungsspielraums, den ihm das nationale Recht einräumt, in Übereinstimmung mit den Anforderungen des Gemeinschaftsrechts auszulegen und anzuwenden.«[152]

Im Verhältnis zu den klassischen Auslegungsmethoden handelt es sich bei der richtlinienkonformen Auslegung um eine »interpretatorische Vorrangregel«,[153] die grundsätzlich neben der grammatischen, historischen, systematischen und teleologischen Auslegung zur Anwendung kommt.[154] Stimmt ein Auslegungsergebnis mit der »Zielvorgabe« überein, so kommt diesem Auslegungsergebnis interpretatorischer Vorrang gegenüber anderen nationalen Auslegungsergebnissen zu.[155] Die Grenze der Auslegung ist dabei nicht zwingend der Wortlaut der

---

148 Siehe unten 4. Teil B. zur Problematik der Universalzuständigkeit versus Optionsansatz.
149 *Harte-Bavendamm/Henning-Bodewig*, UWG, G. Rn. 15.
150 Mit Nachweisen auf Rechtsprechung des EUGH, *Roth/Jopen*, in Riesenhuber, Europäische Methodenlehre, § 13 Rn. 3, 4; Teilw. in Literatur umstritten; Übersicht in *Ruffert*, in Calliess/Ruffert, EUV/AEUV, Art. 288 AEUV Rn. 23; *Borchardt*, in SZK, Europarecht, § 15 Rn.73, 74; *Haratsch/Koenig/Pechstein*, Europarecht, Rn. 400; Verpflichtung aus deutschem Verfassungsrecht, Art. 20 Abs. 3, 23 I GG, *Roth/Jopen*, in Riesenhuber, Europäische Methodenlehre, § 13 Rn. 39; *Suhr*, Richtlinienkonforme Auslegung im Privatrecht und nationale Auslegungsmethodik, S. 215; effet utile, EuGH v. 04. Dezember 1974, Rs. 41/74, Rn. 2, 12 – Van Duyn/Home Office; siehe unten 2. Teil D.I.3. zum Sonderfall der überschießenden Umsetzung.
151 EuGH v. 13. November 1990, Rs. C-106/89, Rn. 8 – Marleasing; EuGH v. 10. April 1984, Rs. 14/83, Rn. 26, 28 – von Colson und Kamann/Land Nordrhein-Westfalen; BVerfG, NJW 2012, 669, 670 f.; *Streinz*, Europarecht, Rn. 499; *Ruffert*, in Calliess/Ruffert, EUV/AEUV, Art. 288 AEUV Rn. 77.
152 EuGH v. 10. April 1984, Rs. 14/83, Rn. 28 – von Colson und Kamann/Land Nordrhein-Westfalen; EuGH v. 5. Oktober 2004, Rs. C-397/01 – C-403/01, Rn. 113, 115 – Pfeiffer.
153 Dies wird damit begründet, dass höherrangiges Recht durchgesetzt wird; ähnlich der verfassungskonformen Auslegung, *Kroll-Ludwigs/Ludwigs*, ZJS 2009, 123, 123.
154 *Drexler*, Die richtlinienkonforme Interpretation in Deutschland und Frankreich, S. 159; zum Prüfprogramm *Kroll-Ludwigs/Ludwigs*, ZJS 2009, 123, 124.
155 *Heerma*, in Wandkte/Bullinger, UrhR, § 15 Rn. 7; BVerfG, NJW 2012, 669, 670.

Norm;[156] auch die Möglichkeiten der richterlichen Rechtsfortbildung sind auszuschöpfen.[157] Die richtlinienkonforme Auslegung gebietet die Einbeziehung des Richtlinienrechts und dessen Konkretisierungen.[158]

2. Durchführungsmaßnahmen der EU-Kommission

Die in der Rahmengesetzgebung vorgesehenen Durchführungsbefugnisse werden auf der zweiten Stufe des Lamfalussy-Verfahrens konkretisiert:[159] Der Erlass von Durchführungsmaßnahmen nach Art. 290, 291 AEUV obliegt der EU-Kommission, die dabei von Fachausschüssen und den europäischen Aufsichtsbehörden in Abstimmung mit Marktteilnehmern und Verbrauchern unterstützt wird.[160] Die neugegründete Europäische Wertpapier- und Marktaufsichtsbehörde (ESMA)[161] erhielt im Dezember 2010 den Auftrag, bestimmte Durchführungsmaßnahmen der EU-Kommission auf Grundlage der AIFM-RL bis zum 15. November 2011 vorzubereiten. Im Zuge des Verfahrens zur Entwicklung der technischen Regulierungsstandards nach Art. 4 Abs. 4 AIFM-RL in Verbindung mit Art. 10 der ESMA-VO veröffentlichte die ESMA zwecks Abstim-

---

156 Vgl. *Herresthal*, JuS 2014, 289, 291 f.; EuGH v. 4. Juli 2006, Rs. C-212/04, Rn. 110 – Adeneler; EuGH v. 15. April 2008, Rs. C-268/06, Rn. 100 ff. – Impact; der BGH lässt eine »Rechtsfindung innerhalb des Gesetzeswortlauts« zu, etwa im Wege einer teleologischen Reduktion, BGH, NJW 2009, 427, 428 f. – Quelle; dazu *Pfeiffer*, NJW 2009, 412, 412 f.; vgl. auch *Grosche/Höft*, NJOZ 2009, 2294, 2307; »weniger gesichert«, *Kühling*, JuS 2014, 481, 483, 484 f.
157 *Pfeiffer*, NJW 2009, 412, 413; *Heerma* in, Wandtke/Bullinger, UrhR, § 15 Rn. 7; *Kroll-Ludwigs/Ludwigs*, ZJS 2009, 123, 124; BGH, NJW 2009, 427, 429 – Quelle; BVerfG, NJW 2012, 669, 672; *Grosche/Höft*, NJOZ 2009, 2294, 2309.
158 *Roth/Jopen*, in Riesenhuber, Europäische Methodenlehre, § 13 Rn. 5 für Konkretisierungen durch den EuGH.
159 Ausschuss der Weisen, Schlussbericht über die Regulierung der europäischen Wertpapiermärkte, 15. Februar 2001, S. 10.
160 Alternativ möglich sind auch Durchführungsrechtsakte nach Art. 291 AEUV; für die ESMA: Art. 4 Abs. 4 AIFM-RL i.V.m. Art. 10 bis 14 bzw. 15 der ESMA-VO; die vier Fachausschüsse: Europäischen Bankenausschuss (EBC), den Europäischen Wertpapierausschuss (ESC), den Europäischen Ausschuss für das Versicherungswesen und die betriebliche Altersversorgung (EIOPC) und den Finanzkonglomeratsausschuss (EFCC).
161 Die (engl.) European Securities and Markets Authority wurde mit Wirkung zum 1. Januar 2011 in Paris gegründet, vgl. Verordnung (EU) Nr. 1095/2010 des Europäischen Parlaments und des Rates vom 24. November 2010 zur Errichtung einer Europäischen Aufsichtsbehörde (Europäische Wertpapier- und Marktaufsichtsbehörde), zur Änderung des Beschlusses Nr. 716/2009/EG und zur Aufhebung des Beschlusses 2009/77/EG der Kommission (ESMA-VO); Parmentier, EuZW 2014, 50.

mung mit der Investmentbranche ein 436 Seiten langes Konsultationspapier.[162] Nach zahlreichen Stellungnahmen von Interessengruppen wie Verbänden und Unternehmen wurde die finale Entwurfsempfehlung an die EU-Kommission weitergeleitet.[163] Die Delegierte Verordnung Nr. 231/2013[164] (AIFM-Level-2-VO) wurde schließlich zusammen mit einer Folgenabschätzung veröffentlicht[165] und gilt seit ihrem Inkrafttreten im April 2013 unmittelbar in allen Mitgliedstaaten. Die AIFM-Level-2-VO regelt insbesondere das Zulassungsverfahren und die Tätigkeit des AIFM, die Auslagerung von Aufgaben[166] sowie die Statuierung von Transparenzanforderungen.[167] Die Delegierte Verordnung Nr. 694/2014 behandelt die Abgrenzung der »Typen von AIFM« (Nr. 694/2014), insbesondere die in der AIFM-RL angelegte Unterscheidung zwischen offenen und geschlossenen Fonds.[168]

3. Umsetzung und Leitlinien der ESMA

Auf der dritten Stufe des Lamfalussy-Verfahrens entwickelt die ESMA im Austausch mit den nationalen Aufsichtsbehörden und Branchenverbänden in

---

[162] ESMA, Erstes Konsultationspapier vom 13. Juli 2011, ESMA/2011/209, abrufbar unter <http://www.esma.europa.eu/system/files/2011_209.pdf>; bereits im Januar 2011 wurde eine erste öffentliche Anhörung mit Interessenvertretern durchgeführt.

[163] ESMA, Finale Entwurfsempfehlung an EU-Kommission, 16. November 2011, abrufbar unter <http://www.esma.europa.eu/system/files/2011_379.pdf>; EU-Kommission, Begleitpapier zur Level 2-AIFM VO, S. 3: »Die Interessenträger brachten sich stark ein, wie die Zahl der Antworten belegt, die die ESMA auf ihre schriftlichen Konsultationen erhalten hat.«

[164] Delegierte Verordnung (EU) Nr. 231/2013 der Kommission vom 19. Dezember 2012 zur Ergänzung der Richtlinie 2011/61/EU des Europäischen Parlaments und des Rates im Hinblick auf Ausnahmen, die Bedingungen für die Ausübung der Tätigkeit, Verwahrstellen, Hebelfinanzierung, Transparenz und Beaufsichtigung.

[165] Arbeitsunterlage der Kommissionsdienststellen, Zusammenfassung der Folgenabschätzung, Begleitunterlage zur Delegierten Verordnung der Kommission zur Ergänzung der Richtlinie 2011/61/EU des Europäischen Parlaments und des Rates im Hinblick auf Ausnahmen, die Bedingungen für die Ausübung der Tätigkeit, Verwahrstellen, Hebelfinanzierung, Transparenz und Beaufsichtigung, SWD(2012) 387 final, 19. Dezember 2012. Im Folgenden: »EU-Kommission, Begleitpapier zur Level 2-AIFM VO, S.«

[166] Art. 75 ff. Level-2-AIFM-VO auf Grundlage des Art. 20 Abs. 7 AIFM-RL.

[167] Erwägungsgründe 1 und 123 der Level-2-AIFM-VO; beachtenswert die Ermächtigung zu Auslagerungsfragen, Art. 20 Abs. 7, Art. 57, 58 AIFM-RL.

[168] Delegierte Verordnung (EU) Nr. 694/2014 der Kommission vom 17. Dezember 2013 zur Ergänzung der Richtlinie 2011/61/EU des Europäischen Parlaments und des Rates im Hinblick auf technische Regulierungsstandards zur Bestimmung der Arten von Verwaltern alternativer Investmentfonds; Art. 14 Abs. 3, Art. 16 Abs. 1, Art. 18 Abs. 3, Art. 61 Abs. 3 AIFM-RL; siehe unten 2. Teil D.I.4. zur Abgrenzung zwischen offenen und geschlossenen Fonds.

Konsultationsverfahren umfangreiche Empfehlungen zu Auslegungsfragen, einheitliche Leitlinien und gemeinsame Standards, um eine »kohärente und gleichwertige Umsetzung der Rechtsvorschriften von Stufe 1 und Stufe 2 [des Lamfalussy-Verfahrens] zu gewährleisten.«[169] Für die vorliegende Arbeit relevant sind hier etwa die Leitlinien der ESMA zu Schlüsselbegriffen der AIFM-RL.[170] Nach Art. 16 Abs. 3 ESMA-VO haben die zuständigen nationalen Behörden und Finanzmarktteilnehmer »alle erforderlichen Anstrengungen [zu unternehmen], um diesen Leitlinien und Empfehlungen nachzukommen.«

4. Überwachung durch die EU-Kommission

Auf der vierten und letzten Stufe überwacht die EU-Kommission als »Hüterin der Verträge« die Einhaltung der EU-Rechtsvorschriften durch die Mitgliedstaaten.[171] Dabei arbeitet sie mit den europäischen Aufsichtsbehörden, vor allem der ESMA, zusammen, die dazu angehalten sind, das europäische Recht durchzusetzen. Die EU-Kommission ist befugt, im Fall eines Verstoßes gegen das Unionsrecht rechtliche Schritte einzuleiten, insbesondere ein Vertragsverletzungsverfahren vor dem Gerichtshof der Europäischen Union einzuleiten.[172]

D. Deutsches Investmentrecht

Die AIFM-RL war der Ausgangspunkt für eine grundlegende Neugestaltung des Investmentrechts in den Mitgliedstaaten der Europäischen Union.[173] In Deutschland hat der Gesetzgeber sich dazu entschlossen, die bestehende und die neue Fondsregulierung in einem einzigen Regelwerk, dem KAGB, zu kodifizieren.[174]

169 Art. 16, 10, 15, 17 EU-Verordnung Nr. 1095/2010; *Veil*, ZGR 2014, 544, 558; Ausschuss der Weisen, Schlussbericht über die Regulierung der europäischen Wertpapiermärkte, 15. Februar 2001, S. 10, 46.
170 ESMA, Leitlinien zu Schlüsselbegriffen der Richtlinie über die Verwalter alternativer Investmentfonds (AIFMD), ESMA/2013/611, 13. August 2013, berichtigte Fassung vom 30. Januar 2014.
171 Art. 17 EUV, Art. 258 AEUV.
172 Ausschuss der Weisen, Schlussbericht über die Regulierung der europäischen Wertpapiermärkte, 15. Februar 2001, S. 10, 26; zu den Aufgaben der EU-Kommission, Art. 17 Abs. 1 EUV, 258 AEUV.
173 Vor Erlass des KAGB: Gesetz über Kapitalanlagegesellschaften (KAGG) v. 16. April 1957 und Auslandsinvestmentgesetz (AIG) v. 28. Juli 1969 gingen im Investmentgesetz v. 15. Dezember 2003 auf. Darauf folgte das Investmentänderungsgesetz v. 21. Dezember 2007 zur Liberalisierung und Stärkung des Standortes Deutschland, *Einsele*, Bank- und Kapitalmarktrecht, § 10 Rn. 1; *Jesch/Klebeck/ Dobrauz-Saldapenna*, Investmentrecht, S. 6 ff.; *Zetzsche*, ZBB 2014, 22, 37.
174 Zu den Gründen: Gesetzesbegründung zum KAGB, Bt-Dr. 17/12294, S. 2, 187; vgl. Luxemburg, Vereinigtes Königreich und Schweiz, siehe unten 4. Teil F.

Das KAGB setzt somit die AIFM-RL um und integriert zugleich das bis dahin geltende OGAW-Umsetzungsgesetz.[175] In Anlehnung an die Stufen des europäischen Lamfalussy-Verfahrens kann auch auf nationaler Ebene zwischen vier Stufen differenziert werden:[176] Auf der ersten Stufe steht das parlamentarische AIFM-Umsetzungsgesetz (KAGB). Dieses enthält Ermächtigungen zum Erlass von konkretisierenden Verordnungen durch die Verwaltung auf der zweiten Stufe.[177] Auf der dritten Stufe finden sich dann die Verlautbarungen der BaFin, der auf der vierten Stufe auch die Überwachungsfunktion obliegt.

I. Umsetzung in Deutschland: Kapitalanlagegesetzbuch

Das Bundesministerium der Finanzen legte im Juli 2012 einen Referentenentwurf zum AIFM-Umsetzungsgesetz vor, zu dem die Länder und Interessenvertreter sowie die Ausschüsse und dann der Bundesrat selbst Stellung bezogen.[178] Der Deutsche Bundestag nahm den überarbeiteten Gesetzesentwurf der Bundesregierung[179] an und das KAGB wurde am 10. Juli 2013 im Bundesgesetzblatt verkündet.[180] Innerhalb eines Jahres nach dessen Inkrafttreten am 22. Juli 2013 wurde das KAGB durch das Finanzmarktanpassungsgesetz vom 15. Juli 2014 geändert; damit wurde etwa die Definition für offene und geschlossene Fonds an die Vorgaben der Delegierten Verordnung Nr. 694/2014 angepasst.

Der Gesetzgeber bezweckte mit dem KAGB ein Regelwerk sowohl für Manager als auch für Investmentfonds selbst zu schaffen.[181] In Übereinstimmung mit den europarechtlichen Vorgaben leistet das KAGB einen Beitrag zur Verwirklichung des europäischen Binnenmarktes, der Integrität der Finanzmärkte[182] und schafft einen neuen Regulierungs- und Aufsichtsrahmen, um ein einheitlich hohes Anlegerschutzniveau sicherzustellen.[183] Der deutsche Gesetzgeber hat die AIFM-RL in weiten Teilen wortgleich umgesetzt, ging jedoch stellenweise über

---

175 Gesetzesbegründung zum KAGB, Bt-Dr. 17/12294, S. 2; siehe oben 2. Teil B.
176 Vgl. *Möllers*, Universität Augsburg, Datenbank, abrufbar unter <http://www.kapitalmarktrecht-im-internet.eu/de/wiki/28.htm>.
177 Verordnungsermächtigungen im KAGB für Bundesfinanzministerium: §§ 37 Abs. 3, 38 Abs. 5, 68 Abs. 8, 78 Abs. 3, 89 Abs. 4, 106, 136 Abs. 4, 166 KAGB.
178 Zum Gesetzgebungsverfahren auf der Internetseite des Deutschen Bundestages, abrufbar unter <http://dipbt.bundestag.de/extrakt/ba/WP17/498/49869.html>.
179 Gesetzentwurf der Bundesregierung, Entwurf eines Gesetzes zur Umsetzung der Richtlinie 2011/61/EU über die Verwalter alternativer Investmentfonds (AIFM-Umsetzungsgesetz – AIFM-UmsG), Drucksache 17/12294, 6. Februar 2013.
180 Bundesgesetzblatt Jahrgang 2013 Teil I Nr. 35, ausgegeben zu Bonn am 10. Juli 2013, S. 1981 ff.
181 Gesetzesbegründung zum KAGB, Bt-Dr. 17/12294, S. 2, 187.
182 Siehe oben 2. Teil C.II.1.a.
183 Gesetzesbegründung zum KAGB, Bt-Dr. 17/12294, S. 2, 187.

die AIFM-RL hinaus, um ein umfassendes Regelungswerk für Manager und Investmentfonds zu schaffen.[184]

1. Numerus clausus der Rechtsformen

Das KAGB regelt im Gegensatz zur AIFM-RL ein Numerus clausus der Rechtsformen, die für Fonds, also Investmentvermögen nach § 1 Abs. 1 S. 1 KAGB, in Frage kommen.[185] Die drei möglichen Rechtsformen sind gemäß §§ 91, 139, §§ 108, 124, 140, 149 KAGB das Sondervermögen, die Investmentaktiengesellschaft und die Investmentkommanditgesellschaft.[186] Nach dem Willen des deutschen Gesetzgebers ist die Investmentkommanditgesellschaft »eine mögliche organisationsrechtliche Form eines geschlossenen Investmentvermögens. Mit der Einführung dieser organisationsrechtlichen Form wird keine neue Gesellschaftsform geschaffen.«[187] Der im KAGB verwendete Rechtsformbegriff umfasst demzufolge zweierlei: die Organisationsrechtsformen nach Maßgabe des KAGB (Investmentkommanditgesellschaft, Investmentaktiengesellschaft, Sondervermögen) und die Gesellschaftsrechtsformen nach Maßgabe des HGB bzw. AktG (etwa Aktiengesellschaft, Kommanditgesellschaft).

Während die Investmentaktiengesellschaft bereits zu Zeiten des aufgehobenen KAGG[188] und des folgenden – inzwischen ebenfalls aufgehobenen – InvG[189] existierte,[190] ist die Investmentkommanditgesellschaft eine Neuheit des KAGB. Insbesondere geschlossene Fondsstrukturen wurden vor Inkrafttreten des KAGB aus Flexibilitätsgründen und aufgrund steuerrechtlicher Erwägungen

---

184   Gesetzesbegründung zum KAGB, Bt-Dr. 17/12294, S. 2, 187.
185   Wobei der Rechtsformzwang auch gerade Ausfluss des materiellen Fondsbegriffs sein soll, vgl. Gesetzesbegründung zum KAGB, Bt-Dr. 17/12294, S. 235; Rechtsformbeschränkung auch für die externe Kapitalverwaltungsgesellschaft, § 18 KAGB.
186   Das KAGB differenziert weiter in Investmentaktiengesellschaft mit veränderlichem Kapital, Investmentaktiengesellschaft mit fixem Kapital, sowie offene und geschlossene Investmentkommanditgesellschaft; bei den Regelungen nach §§ 91, 139, §§ 108, 124, 140, 149 KAGB handelt es sich um bloße Rechtsformwahlbeschränkungen und keinen Rechtsformzwang, da das KAGB die Anleger nicht unabhängig von deren Willen in eine bestimmte Rechtsform zwingt (zum gesellschaftsrechtlichen Rechtsformzwang von der GbR zur OHG, § 105 Abs. 1, Abs. 2 HGB, vgl. *Bitter*, Gesellschaftsrecht, § 1 Rn. 7).
187   Gesetzesbegründung zum KAGB, Bt-Dr. 17/12294, S. 249.
188   KAGG vom 14. Januar 1970 (BGBl. I 1970, S. 127), außer Kraft seit 1. Januar 2004.
189   Investmentgesetz vom 15. Dezember 2003 (BGBl. I 2003, S. 2676), zuletzt geändert durch Artikel 1 des Gesetzes vom 21. Dezember 2007 (BGBl. I 2007, S. 3089), außer Kraft seit dem 22. Juli 2013.
190   *Habersack*, in MüKo, AktG, Band 1, Einl. 1. Teil. Das deutsche Aktienrecht, Rn. 167.

regelmäßig als GmbH & Co. KG aufgelegt.[191] Dies ist gemäß § 149 Abs. 1 KAGB auch unter dem neuen Regelungsregime möglich, dem zufolge eine geschlossene Investmentkommanditgesellschaft in der Rechtsform der Kommanditgesellschaft betrieben werden muss. Komplementär einer Kommanditgesellschaft kann nach gesellschaftsrechtlichen Grundsätzen auch eine GmbH sein.[192] Somit bleibt die Personengesellschaft in Form der Investmentkommanditgesellschaft als Kommanditgesellschaft bzw. GmbH & Co. KG der Investmentbranche erhalten, zumal die Investmentkommanditgesellschaft nur als AIF und nicht als OGAW aufgelegt werden kann.[193] Historisch ist die Investmentkommanditgesellschaft an die bereits zu Zeiten des InvG existierende Investmentaktiengesellschaft angelehnt,[194] wobei die handelsrechtlichen Bestimmungen über die Kommanditgesellschaft Anwendung finden, sofern sich aus den Sonderregelungen des KAGB keine Abweichungen ergeben, § 149 Abs. 1 S. 2 KAGB.[195] Bei der Investmentkommanditgesellschaft handelt es sich somit um eine investmentrechtlich modifizierte Gesellschaftsrechtsform.[196]

2. Publikumsinvestmentkommanditgesellschaft und semiprofessionelle Anleger

Obwohl die AIFM-RL grundsätzlich keine Regelungen zu AIF und zu Privatanlegern trifft, erlaubt das KAGB, die Investmentkommanditgesellschaft, wie oben beschrieben, auch in Gestalt einer geschlossenen Publikumsinvestmentkommanditgesellschaft aufzulegen, deren Anteile von Privatanlegern erworben werden dürfen. Dies ergibt sich gemäß § 1 Abs. 6 KAGB aus der Negativabgrenzung zu den *Spezial*fonds,[197] die nur den weniger schutzbedürftigen pro-

---

191 *Rüber/Reiff*, BB 2014, 1634; *Dorenkamp*, in Beckmann/Scholtz/Vollmer, 405, KAGB, § 139 Rn. 3; *Böhme*, BB 2014, 2380, 2380; siehe oben 1.Teil.
192 *Paul*, in Weitnauer/Boxberger/Anders, KAGB, § 149 Rn. 7.
193 § 91 Abs. 2 KAGB; daher liegt auch kein Verstoß gegen die OGAW-RL vor.
194 Gesetzesbegründung zum KAGB, Bt-Dr. 17/12294, S. 190; vgl. §§ 96 ff. des aufgehobenen InvG (zu Erlaubnis, Rechtsform etc.).
195 § 124 Abs. 1 S. 2 KAGB ist die Parallelnorm betreffen offene Investmentgesellschaftsformen.
196 Andere Begrifflichkeiten: Beispielsweise verwendet Zetzsche die Termini »Funktions-Rechtsformen« (*Zetzsche*, ZBB 2014, 22, 30) bzw. »investmentrechtlichen Gesellschaftsformen« (*Zetzsche*, AG 2013, 613, 613, 629) bei denen die typischen Rechtsformspezifika weitgehend keine Rolle mehr spielen würden; nach *Silberberger*, in Weitnauer/Boxberger/Anders, KAGB, § 139 Rn. 5 läge nur eine »Unternehmensform«, aber keine »neu geschaffene Rechtsform« vor; ähnlich *Fischer/Friedrich*, ZBB 2013, 153, 160, 161, denen zufolge es sich lediglich um eine »neue Organisationsform [...], aber keine neue Rechtsform« handeln würde.
197 »Alle übrigen Investmentvermögen sind [gemäß § 1 Abs. 6 KAGB] Publikumsinvestmentvermögen«.

fessionellen[198] und semiprofessionellen Anlegern[199] offen stehen. Professionelle Anleger sind etwa Banken, Versicherungen oder Regierungen. Semiprofessionelle Anleger nach § 1 Abs. 6 S. 1 Nr. 2, Abs. 19 Nr. 33 KAGB sind beispielsweise Stiftungen, Arbeitgeberverbände, berufsständische Versorgungswerke und kirchliche Einrichtungen.[200]

Bedeutsam ist die Abgrenzung zwischen Publikums- und Spezialfonds unter anderem für die anwendbaren Vertriebsvorschriften nach §§ 293 ff., 316 ff. KAGB, für die Produktvorschriften nach §§ 261 ff. KAGB bezüglich Risikomischung, Anlagegegenständen und Kapitalaufnahme[201] sowie für die Ausgestaltung der Investmentkommanditgesellschaft. Beispielsweise kann die offene Investmentkommanditgesellschaft nur als Spezialinvestmentkommanditgesellschaft aufgelegt werden, § 127 Abs. 1 KAGB, wohingegen die geschlossene Investmentkommanditgesellschaft gemäß §§ 139 ff. KAGB auch Privatanlegern zu Verfügung steht, § 152 Abs. 1, § 91 Abs. 2 KAGB.[202] Die unterschiedliche Gewichtung des Anlegerschutzgedankens wird außerdem bei der Kompetenzabgrenzung zwischen Investmentkommanditgesellschaft und externer Kapitalverwaltungsgesellschaft zu berücksichtigen sein. So richtet sich die Abgrenzung zwischen Geschäftsführungs- und Gesellschafterangelegenheiten und auch die Frage, ob die Regelungen des KAGB eine zwingende Zivilrechtswirkung haben, auch nach der Schutzbedürftigkeit und den Einflussmöglichkeiten der Anlegerkommanditisten.[203]

3. Richtlinienkonformität ausgewählter KAGB-Vorschriften

Da die AIFM-RL grundsätzlich keine Regelungen zu AIF und zu Kleinanlegern trifft,[204] stellt sich die Frage, ob der deutsche Gesetzgeber mit den organisationsbezogenen Vorschriften zur Publikumsinvestmentkommanditgesellschaft (§§ 139, 149 ff. KAGB) sowie mit der Schaffung der Kategorie der semiprofessionellen Anleger (§ 1 Abs. 6, Abs. 19 Nr. 33 KAGB) in zulässiger Weise über die Richtlinienvorgaben hinausgegangen ist. Eine solche extensive Umsetzung (sogenanntes »Gold Plating«) wird vor dem Hintergrund des Wettbewerbs der Rechtsordnungen teilweise kritisch betrachtet, da Fondsverwalter das Investment-

---

198 § 1 Abs. 19 Nr. 32 KAGB i.V.m. Anhang II MiFID, Richtlinie 2004/39/EG des Europäischen Parlaments und des Rates vom 21. April 2004 über Märkte für Finanzinstrumente.
199 § 1 Abs. 19 Nr. 33 KAGB; zum deutschen Sonderweg des semiprofessionellen Anlegers, *Voigt*, in Möllers, Rn. 146 ff. KAGB; *Zetzsche*, in Möllers, Rn. 322; siehe unten 2. Teil D.I.3.a. zur rechtlichen Zulässigkeit die Anlegerkategorie.
200 Gesetzesbegründung zum KAGB, Bt-Dr. 17/12294, S. 326.
201 Für Sachwerte vgl. § 261 Abs. 1 Nr.1, Abs. 2 KAGB; *Voigt*, in Möllers, Rn. 171.
202 Publikums-AIF: §§ 162 ff., §§ 297 ff.; Spezial-AIF: §§ 273 ff. KAGB; Gesetzesbegründung zum KAGB, Bt-Dr. 17/12294, S. 191 f.
203 Siehe unten 5. Teil D.IV.
204 Erwägungsgrund 10 AIFM-RL.

geschäft in weniger strenge Rechtsordnungen verlagern könnten.[205] In rechtlicher Hinsicht wird in der Literatur bezweifelt, dass dieser Teil des nationalen Rechts überhaupt dem Gebot der richtlinienkonformen Auslegung unterliegt.[206] Denn einerseits könnte der deutsche Gesetzgeber über die europarechtlichen Mindestvorgaben hinausgegangen sein (bloße verschärfende Umsetzung),[207] andererseits könnte er nationale Regelungen für Sachverhalte außerhalb des Anwendungsbereichs der Richtlinie geschaffen haben (überschießende Umsetzung).[208] Im letzteren Fall einer überschießenden Umsetzung kommt eine »gespaltene« Auslegung[209] in Betracht: Einerseits wäre die Norm am Maßstab der Richtlinie auszulegen, soweit sie in deren Anwendungsbereich fällt; andererseits wäre die Norm allein national auszulegen, soweit sie über den Anwendungsbereich hinausgeht.[210] Vorliegend wären die Vorschriften des KAGB betreffend die Kapitalverwaltungsgesellschaft (AIFM) in Übereinstimmung mit der AIFM-RL auszulegen, während etwa die §§ 139, 149 ff. KAGB betreffend die extern verwaltete Investmentkommanditgesellschaft (AIF) unabhängig von der Richtlinie interpretiert werden müssten.[211] Dies würde sich auf die Kompetenzabgrenzung zwischen der Kapitalverwaltungsgesellschaft und der Investmentkommanditgesellschaft auswirken, sodass zu prüfen ist, ob der deutsche Gesetzgeber mit der Schaffung der Kategorie der semiprofessionellen Anleger gemäß § 1 Abs. 19 Nr. 33, § 1 Abs. 6 KAGB sowie mit den organisationsbezogenen Vorschriften zur Publikumsinvestmentkommanditgesellschaft nach §§ 139, 149 ff. KAGB

---

205 »Aufsichtsrechtliche Arbitrage«, *Tollmann*, in DJKT, AIFM-RL, Einl. Rn. 10; »Regulierungsarbitrage«, *Veil*, ZGR 2014, 544, 564; *Zetzsche*, Prinzipien der kollektiven Vermögensverwaltung, S. 468; *Veil*, in *ders.*, Europäisches Kapitalmarktrecht, § 4 Rn. 42.
206 Statt vieler *Kuhn*, EuR 2015, 216 ff.; für das KAGB bezweifelnd, *Casper*, in Staub, HGB, § 161 Rn. 259.
207 Auch genannt »inhaltliche Übererfüllung«, *Habersack/Mayer*, in Riesenhuber, Europäische Methodenlehre, § 14 Rn. 11, 12; teilweise wird die verschärfende Umsetzung als Teil der überschießenden Umsetzung betrachtet, *Brandner*, Überschießende Umsetzung von Richtlinien, S. 136 sieht dies als einen Fall der »materiellen Verschärfung« und nicht als überschießende Umsetzung, so auch BGH, NJW 2014, 2351, 2352; *Riehm*, JZ 2006, 1035, 1036.
208 *Habersack/Mayer*, JZ 1999, 913, 921; *Kuhn*, EuR 2015, 216, 216 Fn. 1; BGH, NJW 2014, 2646, 2649; *Möllers*, in *ders*. Rn. 633; *Casper*, in Staub, HGB, § 161 Rn. 259; *Heiderhoff*, Gemeinschaftsprivatrecht, S. 41; *Bärenz*, DB 2003, 375, 375: »andere Sachverhalte, die von der Richtlinie nicht erfasst werden, mitzuregeln.«
209 »Gespaltene Anwendung«, *Kuhn*, EuR 2015, 216, 218, nur im Bereich der über den Richtlinienbereich hinausgehenden Umsetzung; *Habersack/Mayer*, in Riesenhuber, Europäische Methodenlehre, § 13 Rn. 25 ff.; zur Auslegung der Zahlungsverzugsrichtlinie, *Herresthal*, WM 2012, 289, 295; vertiefend zur gespaltenen Auslegung: *Mayer/Schürnbrand*, JZ 2004, 545, 548 ff.; BGH, NJW 2014, 2646, 2649.
210 *Haratsch/Koenig/Pechstein*, Europarecht, Rn. 401.
211 Zum Anwendungsbereich, *Roth/Jopen*, in Riesenhuber, Europäische Methodenlehre, § 13 Rn. 15.

über die Richtlinienvorgaben in zulässiger Weise hinausgegangen ist (a.) und ob die für diese Arbeit relevanten Vorschriften gemäß §§ 139, 149 ff. KAGB richtlinienkonform auszulegen sind (b.).

a. Rechtliche Zulässigkeit der deutschen Umsetzung

Gemäß Art. 288 Abs. 3 AEUV ist eine Richtlinie »für jeden Mitgliedstaat [...] hinsichtlich des Ziels verbindlich, überlässt jedoch den innerstaatlichen Stellen die Wahl der Form und der Mittel.« Der EuGH gesteht den Mitgliedstaaten nach Maßgabe des Richtlinieninhalts daher einen Umsetzungsspielraum zu.[212] Eine über die europarechtlichen Mindestvorgaben hinausgehende Umsetzung ist zwar nicht im Bereich der Vollharmonisierung, dafür aber im Bereich der Mindestharmonisierung zulässig.[213]

Nach Erwägungsgrund 4 der AIFM-RL soll »ein Binnenmarkt der Union für AIFM sowie ein *harmonisierter und strikter* Regulierungs- und Kontrollrahmen für die Tätigkeiten innerhalb der Union *aller* AIFM geschaffen werden.«[214] Dies spricht dafür, dass eine Vollharmonisierung angestrebt wird. Die umfassenden Ziele der AIFM-RL, denen zufolge die Stärkung des Anlegerschutzes, der Schutz der Finanzmarktintegrität[215] und das Prinzip der Herkunftslandsaufsicht bezweckt werden, deuten ebenfalls auf einen umfassenden Regelungsansatz.[216] Die AIFM-RL ist außerdem im Zuge des mehrstufigen Lamfalussy-Verfahrens entstanden, welches darauf ausgerichtet ist, einen einheitlich integrierten (Finanz-)Markt zu schaffen.[217] Schließlich richten sich die Vorschriften der AIFM-RL an professionelle Anleger,[218] sodass Zielsetzung, Richtlinieninhalt und die aus Sicht der AIFM-RL schützenswerten Interessen einen Vollharmonisierungsansatz hinsichtlich der *Manager* von Fonds für *professionelle* Anleger etablieren; über diese Vorgaben darf nicht hinausgegangen werden.[219] Während der

---

212 EuGH v. 08. Mai 2008, Rs. C-491/06, Rn. 31 – Danske Svineproducenter; *Haratsch/Koenig/Pechstein*, Europarecht, Rn. 387.
213 *Kuhn*, EuR 2015, 216, 219, 220.
214 Hervorhebungen durch den Verfasser.
215 *Veil*, in *ders.*, Europäisches Kapitalmarktrecht, § 4 Rn. 31; *Herresthal*, WM 2012, 2261, 2262.
216 Generell dazu *Müller-Graff*, in Streinz, EUV/AEUV, 2. Auflage, 2012, Art. 53 AEUV Rn. 4.
217 *Herresthal*, WM 2012, 2261, 2262.
218 Vgl. etwa Erwägungsgründe 18 und 59 der AIFM-RL.
219 *Tollmann*, in DJKT, AIFM-RL, Art. 2 Rn. 3; mit Verweis auf Lamfalussy-Verfahren, *Hanten*, in Baur/Tappen, KAGB, § 36, Rn. 6; *Möllers/Harrer/Krüger*, WM 2011, 1537, 1543; *Veil*, ZGR 2014, 544, 573; im Zweifel Vollharmonisierung, *Veil*, in *ders.*, Europäisches Kapitalmarktrecht, § 4 Rn. 29, 38; nach *Riehm*, JZ 2006, 1035, 1036 f., solche Richtlinien, die keine generelle Öffnungsklausel enthalten; *Forschner*, Wechselwirkungen zwischen Aufsichtsrecht und Zivilrecht, S. 54; dazu EuGH v. 25. April 2002, Rs. C-52/00, Rn. 18 ff., 21 – Kommission/Französische

europäische Richtliniengeber hinsichtlich der Fondsverwalter eine Vollharmonisierung anstrebt, könnte die AIFM-RL bezüglich des Vertriebs an Kleinanleger sowie der Organisationsvorschriften für AIF lediglich Mindestvorgaben machen und eine Mindestharmonisierung bezwecken.

i. Vertrieb an Kleinanleger

Die AIFM-RL gestattet den Mitgliedstaaten gemäß Art. 43 Abs. 1 AIFM-RL, den Vertrieb an Kleinanleger strenger zu regeln als für professionelle Anleger.[220] Dabei handelt es sich um ein von der AIFM-RL eingeräumtes Wahlrecht der Mitgliedstaaten, wonach Fonds strenger reguliert werden dürfen, die an Kleinanleger vertrieben werden.[221] Die AIFM-RL sieht mit Blick auf Kleinanleger eine Mindestharmonisierung vor. Mit Einführung der Publikumsfonds für Privatanleger (§§ 91, 162, 214 ff., 261 ff., 316 ff. KAGB) hat der deutsche Gesetzgeber von dem Wahlrecht nach Art. 43 Abs. 1 AIFM-RL Gebrauch gemacht. Dabei stellen § 1 Abs. 6 und Abs. 19 Nr. 33 KAGB weniger strenge Anforderungen an die Qualifikation von semiprofessionellen Anlegern im Vergleich zu professionellen Anlegern,[222] sodass semiprofessionelle Anlegern als Kleinanleger

---

Republik; nicht eindeutig die Gesetzesbegründung zum KAGB, Bt-Dr. 17/12294, S. 1; durch Auslegung zu ermitteln, *Herresthal*, WM 2012, 2261, 2262; *Klein*, Die Beratungsprotokollpflicht im System des europarechtlich determinierten Anlegerschutzes, S. 439: Der Unterschied zur Maximalharmonisierung läge darin, dass eine Inländerdiskriminierung zulässig sei, wobei auch es auch dann zu einer zumindest faktischen Vollharmonisierungswirkung käme, S. 459; *Koch*, ZBB 2014, 211, 213 f.; *Grigoleit*, ZHR 2013, 264, 271 Fn. 16.

220 Art. 43 Abs. 1 AIFM-RL: »Unbeschadet anderer Rechtsakte der Union können die Mitgliedstaaten AIFM gestatten, in ihrem Hoheitsgebiet Anteile an von ihnen gemäß dieser Richtlinie verwalteten AIF an Kleinanleger zu vertreiben, wobei es keine Rolle spielt, ob der Vertrieb der AIF auf nationaler Ebene oder grenzübergreifend erfolgt und ob es sich um einen EU-AIF oder einen Nicht-EU-AIF handelt.«
221 Gesetzesbegründung zum KAGB, Bt-Dr. 17/12294, S. 192.
222 Semiprofessioneller Anleger ist nach § 1 Abs. 33 KAGB insbesondere »jeder Anleger, der sich verpflichtet, mindestens 200.000 Euro zu investieren […] und dessen Sachverstand, Erfahrungen und Kenntnisse die AIF-Verwaltungsgesellschaft oder die von ihr beauftragte Vertriebsgesellschaft bewertet, ohne von der Annahme auszugehen, dass der Anleger über die Marktkenntnisse und -erfahrungen der in Anhang II Abschnitt I der Richtlinie 2014/65/EU genannten Anleger verfügt;« oder »jeder Anleger, der sich verpflichtet, mindestens 10 Millionen Euro in ein Investmentvermögen zu investieren«, ein professioneller Anleger ist dagegen jeder Anleger, der im Sinne von Anhang II der Richtlinie 2014/65/EU als professioneller Kunde angesehen wird (wie etwa Kreditinstitute oder Wertpapierfirmen) oder wer auf Antrag als ein professioneller Kunde behandelt werden kann.

im Sinne der AIFM-RL zu qualifizieren sind.[223] Die Einführung der Kategorie der semiprofessionellen Anleger erklärt sich vor dem Hintergrund, dass der deutsche Gesetzgeber berücksichtigen wollte, dass kleinere institutionelle Anleger bereits vor Inkrafttreten des KAGB hochvolumige Spezialfonds auf Grundlage des InvG betrieben.[224] Es bestand die Sorge, dass diese Anleger den Anforderungen an die Kategorie der professionellen Anleger nicht genügen würden,[225] wodurch die Abschaffung eines bedeutenden Geschäftsfeldes der Vermögensverwaltung drohte.[226] Indem sich diese Anleger als semiprofessionelle Anleger an Spezialfonds beteiligen können, wurde diese Gefahr gebannt.

    ii.   Organisationsbezogene Fondsregulierung: Publikumsinvestmentkommanditgesellschaft

Die AIFM-RL trifft grundsätzlich nur Regelungen zu AIFM und enthält keine Vorschriften für AIF,[227] sodass die organisationsbezogenen Vorschriften zur (Publikums-)Investmentkommanditgesellschaft nach §§ 139, 149 ff. KAGB grundsätzlich kein Vorbild in der AIFM-RL haben.[228] Das zuvor erwähnte Wahlrecht nach Art. 43 Abs. 1 AIFM-RL gestattet allein AIFM, »Anteile an von ihnen gemäß dieser Richtlinie verwalteten AIF an Kleinanleger zu vertreiben«. Allerdings erlaubt Art. 43 Abs. 2 S. 1 AIFM-RL den Mitgliedstaaten »in solchen Fällen [nach Absatz 1] den AIFM *oder AIF* Auflagen [zu] unterwerfen, die strenger sind als jene, die für AIF gelten, die in ihrem Hoheitsgebiet gemäß dieser Richtlinie an professionelle Anleger vertrieben werden.«[229] In der AIFM-RL scheint auf den ersten Blick eine AIF- bzw. Fondsregulierung für Kleinanleger

---

223 Gesetzesbegründung zum KAGB, Bt-Dr. 17/12294, S. 278 (§ 295 zu Abs. 3); Art. 2 Abs. 1 z) aj), ag) AIFM-RL; »[…] europäischen Vorgaben für professionelle Anleger als modifizierbare Mindeststandards« für Privatanleger, Servatius, Stellungnahme zum AIFM-UmsG, S. 2.
224 *Voigt*, in Möllers, Rn. 153.
225 Etwa ein »Kunde, der über ausreichende Erfahrungen, Kenntnisse und Sachverstand verfügt«, Anhang II Richtlinie 2004/39/EG (MiFID).
226 Spezialfonds nach dem aufgehobenen InvG, waren solche, die ausschließlich nichtnatürlichen Personen vorbehalten waren, § 2 Abs. 2 S. 1 InvG; *Voigt*, in Rn. 151, 153; *Thomas Richter*, BVI, Börsen Zeitung, 31. Mai 2014, abrufbar unter <https://www.boersen-zeitung.de>.
227 Erwägungsgrund 10 AIFM-RL; ausnahmsweise Produktvorgaben für hebelfinanzierte Assetklassen; *Klebeck/Kunsche*, in Beckmann/Scholtz/Vollmer, 405, KAGB, § 149 Rn. 3; *Hüwel*, in Baur Vorb. § 124 ff. Rn. 28.
228 § 154 Abs. 1 S. 2 KAGB als Klarstellungsnorm zu § 23 Nr. 9, 10 KAGB beruht auf Art. 6 Abs. 5 c), d) AIFM-RL und betrifft den Pflichtenkreis des AIFM bzw. der Kapitalverwaltungsgesellschaft. § 154 Abs. 1 S. 2 KAGB fällt somit in einen Bereich für den die AIFM-RL eine Vollharmonisierung vorsieht, siehe unten 4. Teil B.IX.
229 Hervorhebungen durch den Verfasser.

angelegt zu sein. Die in Art. 43 AIFM-RL genannten »Auflagen« für AIF erlauben jedoch lediglich *vertriebsbezogene* Vorschriften für Kleinanleger zu erlassen, nicht organisationsbezogene (Fonds-)Regelungen.

Für eine Mindestharmonisierung der AIFM-RL bezüglich der organisationsbezogenen Fondsvorschriften könnte sprechen, dass die Erwägungsgründe der AIFM-RL den Willen des europäischen Gesetzgebers dahingehend konkretisieren, die Fondsregulierung insgesamt den einzelnen Mitgliedstaaten zu überlassen. Allerdings heißt es in Erwägungsgrund 10 AIFM-RL wie folgt: »[Die AIFM-RL] enthält keine Regelung für AIF. Die Regelung für AIF und ihre Beaufsichtigung sollten *daher weiterhin auf nationaler Ebene erfolgen*. Es wäre unverhältnismäßig, die Portfoliostruktur oder -zusammensetzung der von AIFM verwalteten *AIF* auf Unionsebene zu regeln; zudem wäre es angesichts der äußerst unterschiedlichen Arten der von AIFM verwalteten AIF schwierig, zu einer derart umfassenden Harmonisierung zu gelangen. Somit *hindert die AIFM-RL die Mitgliedstaaten nicht daran*, für AIF mit Sitz in ihrem Hoheitsgebiet *nationale Anforderungen* festzulegen oder beizubehalten.«[230] Mit der Fondsregulierung zur Investmentkommanditgesellschaft hat der deutsche Gesetzgeber die »Regelung für AIF« und die »Portfoliostruktur oder -zusammensetzung« im Sinne des Erwägungsgrundes 10 AIFM-RL rechtlich ausgestaltet und entsprechende »nationale Anforderungen« festgelegt. Im Einklang mit der AIFM-RL führt der nationale Gesetzgeber in der Gesetzesbegründung zum KAGB aus, dass »die AIFM-RL den Mitgliedstaaten das Recht [einräume], zusätzliche Regelungen für ihre Fondsverwalter *oder Fonds* zu treffen bzw. beizubehalten.«[231] Mithin stelle die AIFM-RL »es den Mitgliedstaaten frei [...] für die Publikums-AIF selbst strengere Regelungen aufzustellen.«[232] Da die in Deutschland »zulässigen Fondsvehikel den in der EU gebräuchlichen Fondsvehikeln entsprechen«,[233] sei nach der Gesetzesbegründung des KAGB kein Wettbewerbsnachteil für deutsche Fonds gegeben und das europarechtliche Diskriminierungsverbot gewahrt.[234]

iii. Zwischenergebnis und Pflicht zur richtlinienkonformen Auslegung

Der deutsche Gesetzgeber kann sich hinsichtlich der organisationsbezogenen Vorschriften für AIF nicht auf ein explizites Wahlrecht wie bei der Schaffung der Kategorie der semiprofessionellen Anleger stützen. Vielmehr überlässt es

---

230 Hervorhebungen durch den Verfasser; Erwägungsgrund 10 AIFM-RL; vgl. Gesetzesbegründung zum KAGB, Bt-Dr. 17/12294, S. 1.
231 Hervorhebungen durch den Verfasser.
232 Gesetzesbegründung zum KAGB, Bt-Dr. 17/12294, S. 1.
233 Gesetzesbegründung zum KAGB, Bt-Dr. 17/12294, S. 246.
234 Gesetzesbegründung zum KAGB, Bt-Dr. 17/12294, S. 246; dazu kritisch *Dorenkamp*, in Beckmann/Scholtz/Vollmer, § 139, Rn. 8, 9.

der europäische Gesetzgeber nach Erwägungsgrund 10 AIFM-RL den Mitgliedstaaten, Regelungen zu AIF bzw. zum Fonds selbst zu treffen, was der deutsche Gesetzgeber mit dem KAGB aufgegriffen hat. Die deutschen Vorschriften für AIF gemäß §§ 139, 149 ff. KAGB gehen daher in zulässiger Weise über den verpflichtenden Teil der AIFM-RL hinaus.[235]

Dabei ist eine richtlinienkonforme Auslegung nicht bloß zulässig,[236] sondern verpflichtend, sofern sich dies aus dem »entsprechenden Einheitlichkeitswillen«[237] des nationalen Gesetzgebers« ergibt:[238] Der Gesetzgeber des KAGB weist in der Gesetzesbegründung auf die Verknüpfung zur AIFM-RL hin und erklärt: »Die AIFM-Richtlinie regelt zunächst die Verwalter von AIF für professionelle Anleger. Daneben steht es den Mitgliedstaaten nach der AIFM-Richtlinie frei, AIF auch als Anlagemöglichkeit für Privatanleger zuzulassen. Soweit die Mitgliedstaaten von dieser Möglichkeit Gebrauch machen, gelten die Vorschriften der AIFM-RL als *Mindeststandards*. Die AIFM-RL stellt es den Mitgliedstaaten anheim, sowohl für die Manager von Publikums-AIF als auch für die Publikums-*AIF selbst* strengere Regelungen aufzustellen. Auch im Hinblick auf Manager von AIF für professionelle Anleger und *diese AIF* räumt die AIFM-RL den Mitgliedstaaten das Recht ein, *zusätzliche* Regelungen für ihre Fondsverwalter *oder Fonds* zu treffen bzw. beizubehalten.«[239]

Damit stellt der deutsche Gesetzgeber für den Bereich der Fondsregulierung klar, dass er den von der AIFM-RL ausdrücklich ausgelassenen Regulierungsrahmen für Publikums- und für Spezial-AIF ausnutzt.[240] Dies begründet er damit, dass die Richtlinie den Mitgliedstaaten das Recht einräume, »zusätzliche« Regelungen für Fondsverwalter und Fonds zu schaffen. Durch die mehrfache Bezugnahme des Gesetzgebers auf die europäischen Vorgaben wird deutlich,

---

235 Siehe oben 2. Teil D.I.3.
236 *Haratsch/Koenig/Pechstein*, Europarecht, Rn. 401; *Ruffert*, in Calliess/Ruffert, EUV/AEUV, Art. 288 AEUV Rn. 83; *Kuhn*, EuR 2015, 216, 216 ff.; *Mayer/Schürnbrand*, JZ 2004, 545, 548.
237 BGH, NJW 2009, 427, 429; EuGH v. 17. Juli 1997, Rs. C-28/95, Rn. 33 – Leur-Bloem; *Kuhn*, EuR 2015, 216, 225.
238 »Mittelbare unionsrechtliche Pflicht zur richtlinienkonformen Auslegung«, *Habersack/Mayer*, in Riesenhuber, Europäische Methodenlehre, § 14 Rn. 27, 30; *Mayer/Schürnbrand*, JZ 2004, 545, 549 ff.; *Kroll-Ludwigs/Ludwigs*, ZJS 2009, 123, 128; *Casper*, in Staub, HGB, § 161 Rn. 259; kritisch *Kuhn*, EuR 2015, 216, 219, 228; BGH, NJW 2013, 220, 221; die Pflicht zur richtlinienkonformen Auslegung greift sogar hinsichtlich des überschießenden Teils außerhalb der Richtlinie, sofern ein Einheitlichkeitswillen gegeben ist, BGH, NJW 2009, 427, 429; *Habersack/Mayer*, in Riesenhuber, Europäische Methodenlehre, § 14 Rn. 30.
239 Hervorhebungen durch den Verfasser; Gesetzesbegründung zum KAGB, Bt-Dr. 17/12294, S. 1.
240 Vgl. die ähnlich lautenden Formulierungen in Erwägungsgrund 10 AIFM-RL.

dass eine einheitliche – mit der AIFM-RL übereinstimmende – Auslegung der nationalen Vorschriften zu AIF, etwa zur Publikumsinvestmentkommanditgesellschaft, gewollt ist (»Mindeststandards«; dies gilt ohnehin für Regelungen im Abschnitt für AIF, die AIFM betreffen wie etwa § 152 Abs. 1 S. 2 KAGB). Dafür, dass eine einheitliche und keine gespaltene Auslegung gewollt ist, spricht auch das gesetzgeberische Ziel, »ein in sich geschlossenes Regelwerk für Investmentfonds und ihre Manager zu schaffen.« In der Folge müssen die Richtlinienvorgaben vorrangig bei der Auslegung der §§ 139, 149 ff. KAGB berücksichtigt werden.[241]

b. Zusammenfassende Würdigung

Die AIFM-RL bezweckt eine Vollharmonisierung der Vorschriften für AIFM. Demzufolge sind die europäischen Vorgaben für die Mitgliedstaaten verpflichtend und abschließend umzusetzen. Hinsichtlich der Vorschriften betreffend Kleinanleger (Artikel 43 Abs. 1 AIFM-RL) als auch betreffend AIF (Erwägungsgrund 10 AIFM-RL) gewährt die Richtlinie den Mitgliedstaaten dagegen einen Spielraum. Der deutsche Gesetzgeber geht mit der Kategorie des semiprofessionellen Anlegers gemäß § 1 Abs. 19 Nr. 33, § 1 Abs. 6 KAGB und mit den organisationsbezogenen Vorschriften zur Publikumsinvestmentkommanditgesellschaft nach §§ 139, 149 ff. KAGB insoweit zulässig über die Richtlinienvorgaben hinaus.[242] Die für die Kompetenzabgrenzung bei der extern verwalteten Investmentkommanditgesellschaft relevanten Normen gemäß §§ 139, 149 ff. KAGB sind vorrangig im Lichte der AIFM-RL zu interpretieren: Dies entspricht dem Willen des europäischen und des deutschen Gesetzgebers, die Regelungen einheitlich am Maßstab der AIFM-RL auszulegen. Schließlich ist eine »gespaltene« Auslegung der §§ 139, 149 ff. KAGB mit bzw. ohne Berücksichtigung der AIFM-RL ausgeschlossen.

4. Offene und geschlossene Investmentkommanditgesellschaft

Der deutsche Gesetzgeber greift bei der gesetzlichen Differenzierung zwischen offenen und geschlossenen Investmentvermögen, §§ 91, 124 ff., 139, 149 ff. KAGB regelungstechnisch auf eine Negativabgrenzung zurück: Als geschlossen gelten demnach solche Fonds, die nicht offen sind, § 1 Abs. 5 KAGB. Der reformierte § 1 Abs. 4 Nr. 2 KAGB verweist nun auf die Delegierte Verordnung

---

[241] A.A. *Casper*, ZHR 2015, 44, 46 f.; vgl. zur interpretatorischen Vorrangregel, *Canaris*, JZ 2003, 831, 837; *Mayer/Schürnbrand*, JZ 2004, 545, 549 ff.
[242] § 154 Abs. 1 S. 2 KAGB betrifft dabei den Pflichtenkreis des AIFM bzw. der Kapitalverwaltungsgesellschaft und fällt somit in einen Bereich für den die AIFM-RL eine Vollharmonisierung vorsieht, siehe unten 4. Teil B.IX.

Nr. 694/2014,[243] der zufolge es für die Qualifikation des AIF als »offen« auf die Rückgabemöglichkeit der Anteile vor Ende der Liquidationsphase ankommt. Dabei kann eine offene Investmentkommanditgesellschaft nur als Spezialinvestmentkommanditgesellschaft aufgelegt werden. Dies ergibt sich aus § 127 Abs. 1 S. 1, § 91 Abs. 2 KAGB, denen zufolge Anleger einer offenen Investmentkommanditgesellschaft nur professionelle oder semiprofessionelle Anleger sein können. Damit soll »ein steuertransparentes Vehikel für das sog. Pension Asset Pooling in Deutschland« geschaffen werden, um »Altersvorsorgevermögen von großen deutschen Konzernen im Inland zu halten und gegebenenfalls auch [...] deren ausländischen Tochterunternehmen ins Inland zu holen.«[244] Anders als ein Sondervermögen oder eine Investmentaktiengesellschaft wird die Investmentkommanditgesellschaft durch das Doppelbesteuerungsabkommen (DBA) als steuerrechtlich transparente Personengesellschaft anerkannt.[245] Da § 152 KAGB betreffend die geschlossene Investmentkommanditgesellschaft keine Beschränkung des Anlegerkreises wie in § 127 Abs. 1 S. 1 KAGB enthält, können sich Privatanleger nur an geschlossenen Publikumsinvestmentkommanditgesellschaften beteiligen. Professionellen und semiprofessionellen Anlegern einer Spezialinvestmentkommanditgesellschaft werden dagegen auch die offene Struktur ermöglicht.

5. Externe und interne Kapitalverwaltungsgesellschaft

Bei Kapitalverwaltungsgesellschaften handelt es sich gemäß § 17 Abs. 1 S. 1 KAGB um »Unternehmen mit satzungsmäßigem Sitz und Hauptverwaltung im Inland, deren Geschäftsbetrieb darauf gerichtet ist, inländische Investmentvermögen [...] zu verwalten«.[246] Dabei kann die Investmentkommanditgesellschaft entweder eine externe Kapitalverwaltungsgesellschaft bestellen, die dann für die Verwaltung des Investmentvermögens verantwortlich ist, oder aber das Investmentvermögen bestellt keine externe KVG und ist in der Folge eine interne Kapitalverwaltungsgesellschaft, § 17 Abs. 2 Nr. 1, Nr. 2 KAGB.[247] Während eine externe Kapitalverwaltungsgesellschaft eine Vielzahl von Investmentvermögen verwalten kann, darf eine interne Kapitalverwaltungsgesellschaft nach

---

243 Delegierte Verordnung (EU) Nr. 694/2014 der Kommission vom 17. Dezember 2013 zur Ergänzung der Richtlinie 2011/61/EU des Europäischen Parlaments und des Rates im Hinblick auf technische Regulierungsstandards zur Bestimmung der Arten von Verwaltern alternativer Investmentfonds.
244 Gesetzesbegründung zum KAGB, Bt-Dr. 17/12294, S. 190, 242.
245 *Wallach*, ZGR 2014, 289, 304.
246 Die Vorschrift setzt Art. 4 Abs. 1 b), 5 Abs. 1 S. 1 a) und b) AIFM-RL um; Legaldefinition in § 1 Abs. 12 KAGB; zu den Merkmalen etwa *Schücking*, in *Moritz/Klebeck/Jesch*, KAGB, § 17 Rn. 29 ff.
247 Art. 5 Abs. 1 b) AIFM-RL; Negativabgrenzung, vgl. §§ 1 Abs. 12, 13 KAGB.

§ 20 Abs. 7 Hs. 2 KAGB nur das eigene Investmentvermögen verwalten.[248] Jedes intern verwaltete Investmentvermögen muss somit eine eigene KVG-Zulassung beantragen, was mit entsprechenden Kosten und Aufwand verbunden ist, weshalb die interne Verwaltung in der Strukturierungspraxis die Ausnahme darstellt.

Um die Frage beantworten zu können, welche Kompetenzen bei der Kapitalverwaltungsgesellschaft liegen und welche bei einer extern verwalteten Investmentkommanditgesellschaft verbleiben, werden im Folgenden die grundsätzlichen Vertragsbeziehungen im Investmentgeschäft, insbesondere die Bestellung einer externen Kapitalverwaltungsgesellschaft, betrachtet.

a. Vertragsbeziehungen im Investmentgeschäft

Das sogenannte Investmentdreieck[249] besteht aus den Anlegern des Sondervermögens, einer Kapitalverwaltungsgesellschaft und einer Verwahrstelle als Kontrollinstanz.[250] Im Fall einer extern verwalteten Investmentgesellschaft wandelt sich das Bild zu einem Investmentviereck:[251] Denn der Anleger einer Investmentgesellschaft wird – im Unterschied zum Anleger eines Sondervermögens – zum Anteilsinhaber einer rechtlich weitgehend verselbstständigten Investmentgesellschaft.[252]

Die schuldrechtlichen Vertragsbeziehungen gestalten sich dabei wie folgt:[253] Im Investment*dreieck* entsteht die Organisationsform des Sondervermögens mit Abschluss des Investmentvertrages zwischen Anlegern und externer Kapital-

---

248 Außerdem kann für jedes Investmentvermögen nur eine Kapitalverwaltungsgesellschaft zuständig sein, § 17 Abs. 3 KAGB, Art. 5 Abs. 1 AIFM-RL; Erwägungsgrund 20 der AIFM-RL: »An AIFM which is an internally managed AIF should however not be authorised as the external manager of other AIFs.«
249 Kritisch zum Begriff des Investmentdreiecks, *Klusack*, in Weitnauer/Boxberger/Anders, KAGB, § 68 Rn. 3.
250 Allgemeine Kontrollfunktion der Verwahrstelle, vgl. *Köndgen/Schmies*, in Schimansky/Bunte/Lwowski, § 113 Rn. 240; Aufgabentrias aus Kontroll-, Zahlstellenfunktion und Interessenvertretung, vgl. *Zetzsche*, Prinzipien der kollektiven Vermögensverwaltung, S. 510.
251 *Fischer/Steck*, in BSL, InvG, § 96 Rn. 35; *Campbell/Müchler*, ILF 2009, 1, 11; kritisch *Zetzsche*, AG 2013, 613, 623, dem zufolge die Investmentkommanditgesellschaft negiert würde.
252 Die Investmentkommanditgesellschaft ist an die bereits zu Zeiten des aufgehobenen InvG existierende Investmentaktiengesellschaft angelehnt, § 96 InvG; *Lichtenstein*, in Baur/Tappen, KAGB, § 91 Rn. 26.
253 *Einsele*, Bank- und Kapitalmarktrecht, § 10 Rn. 18 ff.; *Sachtleber*, Zivilrechtliche Strukturen von Open-end-Investmentfonds, S. 1 ff.; *Köndgen/Schmies*, in Schimansky/Bunte/Lwowski, § 113 Rn. 200 ff.; *Campbell/Müchler*, ILF 2009, S. 1 ff.

verwaltungsgesellschaft.[254] Die Rechtsbeziehung zwischen Kapitalverwaltungsgesellschaft und Verwahrstelle regelt der Verwahrstellenvertrag, § 80 KAGB, Art. 21 Abs. 2 AIFM-RL.[255] Zwar stehen die Anleger in keiner Vertragsbeziehung mit der Verwahrstelle. Allerdings regeln §§ 70 Abs. 1, 85 Abs. 1 KAGB, dass die Verwahrstelle bei der Wahrnehmung ihrer gegenüber der Kapitalverwaltungsgesellschaft übernommenen Aufgaben »(ausschließlich) im Interesse der Anteilsinhaber« tätig wird, sodass überwiegend ein gesetzliches Schuldverhältnis zwischen den Anlegern und der Verwahrstelle anerkannt wird.[256]

Im Investmentviereck wird der Verwahrstellenvertrag entweder durch die Kapitalverwaltungsgesellschaft oder die Investmentgesellschaft geschlossen.[257] Die Beziehung zwischen den Anlegern und der Investmentgesellschaft wird durch den Gesellschaftsvertrag sowie darüber hinaus durch die Anlagebedingungen geprägt.[258] Denn die Anlegerkommanditisten beteiligen sich – anders als beim Sondervermögen – gesellschaftsrechtlich an der (teil)rechtsfähigen Investmentkommanditgesellschaft[259] und auch die Anlagebedingungen bestimmen in Verbindung mit dem Gesellschaftsvertrag das Rechtsverhältnis »der Investmentkommanditgesellschaft zu ihren Anlegern«.[260] Neben dem Gesellschaftsvertrag, den Anlagebedingungen und dem Verwahrstellenvertrag ist insbesondere der Bestellungsvertrag zwischen der externen Kapitalverwaltungsgesellschaft und der Investmentkommanditgesellschaft maßgebend für deren Kompetenzabgrenzung.

---

254 § 92 KAGB; *Anders*, in Weitnauer/Boxberger/Anders, KAGB, § 92 Rn. 5; setzt sich zusammen aus Anteilserwerb und Pflicht zur Fondsverwaltung, *Nietsch*, in Emde/Dornseifer/Dreibus/Hölscher, InvG, Vor §§ 30–39 und §§ 40–45 Rn. 25; Dienstvertrag mit geschäftsbesorgungsähnlichen Elementen oder als Geschäftsbesorgungsvertrag gemäß §§ 675 ff. BGB, *Polifke*, in Weitnauer/Boxberger/Anders, KAGB, § 162 Rn. 2.
255 Näher zu den Kontroll-, Verwahr- und Überwachungspflichten einer AIF-Verwahrselle, vgl. §§ 80 ff. KAGB; *Anders*, in Weitnauer/Boxberger/Anders, KAGB, § 92 Rn. 5.
256 OLG Frankfurt, NJW 1997, 745, 745 »gesetzliches Treuhandverhältnis«; *Köndgen/ Schmies*, in Schimansky/Bunte/Lwowski, § 113 Rn. 242; nach *Sachtleber*, Zivilrechtliche Strukturen von Open-end-Investmentfonds, S. 44 sei dies »dogmatisch konsequenter«; a.A. Vertrag (mit Schutzwirkung) zu Gunsten Dritter sowie zum Ganzen, vgl. *Einsele*, Bank- und Kapitalmarktrecht, § 10 Rn. 34 ff., 37.
257 Gesetzesbegründung zum KAGB, Bt-Dr. 17/12294, S. 231.
258 Zur Trennung von Gesellschaftsvertrag und Anlagebedingungen, vgl. § 126 Abs. 1 S. 1 und 2, § 151 S. 1 und 2 KAGB.
259 Vormals § 43 InvG (aufgehoben); *Hartrott*, in Baur/Tappen, KAGB, § 266 Rn. 6.
260 § 267 Abs. 1 S. 2 KAGB; das Verhältnis der Anleger zur Verwahrstelle entspricht dem Verhältnis im Investmentdreieck; das Verhältnis der Anleger zur externen Kapitalverwaltungsgesellschaft ist umstritten, siehe unten 3. Teil B.IV.4.b.

b. Bestellungsvertrag zwischen Investmentkommanditgesellschaft und externer Kapitalverwaltungsgesellschaft

Im KAGB findet sich keine ausdrückliche Nennung einer Vertragsbeziehung zwischen Investmentkommanditgesellschaft und externer Kapitalverwaltungsgesellschaft, sodass sich die Frage stellt, ob sich eine Vertragsbeziehung aus dem Gesetz herleiten lässt.[261] Im KAGB ist mehrfach die Rede davon, dass ein Investmentvermögen eine externe Kapitalverwaltungsgesellschaft »bestellen« kann, §§ 17 Abs. 2 Nr. 1, § 154 Abs. 1 S. 1 KAGB,[262] ohne zu definieren, was unter einer Bestellung zu verstehen ist.[263]

In historischer Hinsicht unterscheidet sich der Wortlaut der Vorgängerregelung in § 96 Abs. 4 S. 1 InvG von dem geltenden § 17 Abs. 2 Nr. 1, § 154 Abs. 1 S. 1 KAGB insofern, als die Investmentaktiengesellschaft eine Kapitalanlagegesellschaft (KAG) »benennen« konnte. Früher wie heute reicht es für eine Qualifikation als externe Kapitalverwaltungsgesellschaft jedoch nicht aus, wenn die Investmentkommanditgesellschaft der Aufsichtsbehörde oder den Anlegern lediglich anzeigt, sie habe eine bestimmte Kapitalverwaltungsgesellschaft gewählt.[264] Denn allein die Kapitalverwaltungsgesellschaft kann und muss die Erlaubnis zum Geschäftsbetrieb bei der BaFin beantragen, §§ 23, 22 KAGB.[265] Mit der Bestellung ist auch keine organschaftliche Bestellung gemeint, was bei einer Komplementärstellung der Kapitalverwaltungsgesellschaft zu einer Qualifikation als intern verwaltete Investmentkommanditgesellschaft

---

261 Begrifflich wird die Vertragsbeziehung zwischen Investmentkommanditgesellschaft und externer Kapitalverwaltungsgesellschaft als Fremdverwaltungsvertrag beschrieben, wobei diese Bezeichnung dem inzwischen aufgehobenen InvG entspringt, § 96 Abs. 4 S. 2 InvG (aufgehoben), und sich im KAGB nicht mehr findet; im Folgenden wird in Anlehnung an die Bestellung nach § 17 Abs. 2 Nr. 1, § 154 Abs. 1 S. 1 KAGB der Begriff »Bestellungsvertrag« verwendet; siehe unten 5. Teil C.I.1. zur möglichen Einordnung als Betriebsführungsvertrag.
262 § 1 Abs. 8, § 17 Abs. 2 Nr. 1, 2, § 154 Abs. 1 S. 1 KAGB; in der Praxis geht die Initiative zur Schaffung einer Investmentkommanditgesellschaft oftmals von der Kapitalverwaltungsgesellschaft oder sonstigen Kapitalverwaltungsgesellschaftfremden »Fondsinitiatoren« aus.
263 In der Literatur wird vertreten, dass der Vertrag zwischen Investmentkommanditgesellschaft und externer Kapitalverwaltungsgesellschaft die Voraussetzung für eine Bestellung sei, so *Paul*, in Weitnauer/Boxberger/Anders, KAGB, § 154 Rn. 3; nach *Boxberger*, GWR 2016, 1, 2 sei der Geschäftsbesorgungsvertrag »nicht zwingend«; vgl. auch *Winterhalder*, in Weitnauer/Boxberger/Anders, KAGB, § 17 Rn. 36 ff.; OLG München, BeckRS 2015, 17529 Ziffer 14 (2.2.2.).
264 Vgl. für § 96 Abs. 4 S. 1, 2 InvG (aufgehoben), *Müchler*, Die Investmentaktiengesellschaft mit veränderlichem Kapital, S. 284 ff.
265 Art. 7 Abs. 1 AIFM-RL.

führen würde.²⁶⁶ Denn in einem solchen Fall wäre die Kapitalverwaltungsgesellschaft ein Organ der Investmentkommanditgesellschaft, sodass die Handlungen Kapitalverwaltungsgesellschaft der Investmentkommanditgesellschaft wie eigenes Handeln zugerechnet würden.²⁶⁷

Für das Vorliegen einer Vertragsbeziehung zwischen Investmentkommanditgesellschaft und externer Kapitalverwaltungsgesellschaft könnte das in § 154 Abs. 1 S. 4, 5 KAGB vorgesehene Kündigungsrecht der Kapitalverwaltungsgesellschaft sprechen. Denn das Recht zur Vertragskündigung²⁶⁸ setzt die Existenz einer Vertragsbeziehung voraus. Auch der europäische Gesetzgeber geht von einer Dienstleistungsbeziehung zwischen AIFM und Investmentkommanditgesellschaft aus: Gemäß Erwägungsgrund 21 AIFM-RL sollte »die Verwaltung von AIF [...] mindestens die Erbringung von Dienstleistungen zur Anlageverwaltung beinhalten.« Der AIFM (nach KAGB: die Kapitalverwaltungsgesellschaft) wird somit als vertraglich gebundener Dienstleister des AIF (nach KAGB: etwa die Investmentkommanditgesellschaft) und nicht nur als Bezugspunkt gesetzlicher Normen betrachtet. Dafür spricht auch Erwägungsgrund 23 AIFM-RL, wonach der AIFM explizit seine »Verwaltungsdienste für AIF« erbringen muss. Die Existenz des Dienstleistungserbringers (Kapitalverwaltungsgesellschaft) setzt schuldrechtlich die Existenz eines Dienstleistungsempfängers voraus, nämlich des Investmentkommanditgesellschaft.

Die aufsichtsrechtliche Bestellung der externen Kapitalverwaltungsgesellschaft nach § 17 Abs. 2 Nr. 1 Hs. 1 und 2, § 154 Abs. 1 S. 1 KAGB antezipiert daher den Abschluss eines zivilrechtlichen Bestellungsvertrages. Wird ein Unternehmen (schuldrechtlich wirksam) verpflichtet, die Portfolioverwaltung oder das Risikomanagement zu erbringen, liegt regelmäßig eine Bestellung im investmentrechtlichen Sinne vor (§ 17 Abs. 2 Nr. 1 Hs. 2 KAGB) und das beauftragte Unternehmen qualifiziert als erlaubnispflichtige externe Kapitalverwaltungsgesellschaft, § 20 Abs. 1 S. 1 KAGB.²⁶⁹ Die Klauseln des Bestellungsvertrages

---

266 § 17 Abs. 2 Nr. 1, Nr. 2 KAGB; Art. 5 Abs. 1 b) AIFM-RL; siehe unten 5. Teil C.I.7. zur externen Kapitalverwaltungsgesellschaft als Gesellschafter der Investmentkommanditgesellschaft; *Weiser/Hüwel*, BB 2013, 1091, 1093; OLG München, BeckRS 2015, 17529 Ziffer 14 (2.2.2.); ebenso stellt die Erlaubniserteilung durch die BaFin keine Bestellung dar, dazu *Winterhalder*, in Weitnauer/Boxberger/Anders, KAGB, § 17 Rn. 37.

267 *Eichhorn*, WM 2016, 145, 147; *Weiser/Hüwel*, BB 2013, 1091, 1093; zwar sieht die Gesetzesbegründung zum KAGB, Bt-Dr. 17/12294 auf S. 251 f., 243 eine Aufnahme einer Kapitalverwaltungsgesellschaft als geschäftsführende Komplementärin vor, wobei sich dies im Zusammenhang mit der Umwandlung in einer interne Kapitalverwaltungsgesellschaft zu verstehen ist.

268 *Anders*, in Weitnauer/Boxberger/Anders, KAGB, § 99 Rn. 4.

269 Dabei kommt es für die Frage, welche Aufgaben die Kapitalverwaltungsgesellschaft tatsächlich erbringt, letztlich auf die faktische Letztverantwortung an, sodass nicht zwingend ein schriftlicher Bestellungsvertrag geschlossen werden muss, siehe unten 4. Teil B.V. zur privatautonom-faktischen Funktionsweise; BaFin, Häufige

konkretisieren das Dienstleistungs- bzw. Schuldverhältnis zwischen Kapitalverwaltungsgesellschaft und Investmentkommanditgesellschaft, sodass die getroffenen Absprachen für deren Kompetenzabgrenzung von zentraler Bedeutung sind. Von der oberlandesgerichtlichen Rechtsprechung wird der Bestellungsvertrag als »schuldrechtlicher Vertrag mit Geschäftsbesorgungscharakter« mit weithin dienstvertraglichen Elementen qualifiziert.[270]

6. Aufsichtsrechtliches Erlaubnisverfahren

Gemäß § 20 Abs. 1 S. 1 i. V. m. § 17 Abs. 1 S. 1 KAGB bedarf der Geschäftsbetrieb der Kapitalverwaltungsgesellschaft der schriftlichen Erlaubnis der BaFin.[271] Nur ausnahmsweise genügt für die Aufnahme des Geschäftsbetriebs sog. »kleiner« AIFM eine bloße Registrierung gemäß § 44 KAGB.[272] Die Kapitalverwaltungsgesellschaft erbringt die aufsichtsrechtlich relevante Kerntätigkeit der Anlage und Verwaltung des Investmentvermögens, weshalb sie der einzige Regelungsadressat des aufsichtsrechtlichen Erlaubnisverfahrens ist:[273] Die Erlaubnispflicht der Kapitalverwaltungsgesellschaft entsteht bereits dann, wenn

---

Fragen zum Thema Auslagerung gemäß § 36 KAGB, Geschäftszeichen WA 41-Wp 2137-2013/0036, 10. Juli 2013, geändert am 12. Mai 2014, sowie zuletzt geändert am 15. November 2017, Ziffer 13; *Winterhalder*, in Weitnauer/Boxberger/Anders, KAGB, § 17 Rn. 57; *Boxberger*, GWR 2016, 1, 2.

270 OLG München, BeckRS 2015, 17529 Ziffer 14 (2.2.2.); *Winterhalder*, in Weitnauer/Boxberger/Anders, KAGB, § 17 Rn. 36; *Paul*, in Weitnauer/Boxberger/Anders, KAGB, § 154 Rn. 3; *Hüwel*, in Baur/Tappen, KAGB, § 129 Rn. 20 verweist ua. auf § 611 BGB, während *Bentele*, in ders., § 17 Rn. 23 die Vorschrift § 675 BGB benennt; dazu auch *Köndgen/Schmies*, in Schimansky/Bunte/Lwowski, § 113 Rn. 203; *Dornseifer*, in Emde/Dornseifer/Dreibus/Hölscher, InvG, § 96 Rn. 70; *Müchler*, Die Investmentaktiengesellschaft mit veränderlichem Kapital, S. 287; siehe unten 5. Teil C., D.IV. zu den Gestaltungsmöglichen im Bestellungsvertrag.

271 Der Geschäftsbetrieb ist definiert in § 17 Abs. 1 S. 2 KAGB.

272 Dies resultiert aus der De-minimis-Regelung des § 2 Abs. 4 bis 6 KAGB, vgl. *Winterhalder*, in Weitnauer/Boxberger/Anders, KAGB, § 20 Rn. 25; *Klebeck/Kunschke*, in Beckmann/Scholtz/Vollmer, 405, KAGB, § 149 Rn. 61 ff.; dasselbe gilt für Europäische Risikokapitalfonds und Fonds für soziale Unternehmen; die §§ 124 ff., 149 ff. KAGB gelten dort nicht; näher dazu *Zetzsche*, AG 2013, 613, 629.

273 Ausnahme OGAW-InvAG m.v.K., § 113 KAGB, vgl. zum Erlaubnisverfahren die Vorschriften nach §§ 20, 17 KAGB »Erlaubnispflicht« sowie § 23 KAGB »Erlaubnisfähigkeit«, §§ 21, 22 KAGB »Erlaubnisantrag«; die Vorschriften setzen Art. 6 AIFM-RL in nationales Recht um; gesonderte Erlaubnis für Nebendienstleistungen, insbesondere zur Finanzportfolioverwaltung, § 20 Abs. 2 Nr. 2, 3, sowie § 20 Abs. 3 Nr. 3, 5 KAGB, siehe unten 4. Teil B.III. und B.I.2.

ein Unternehmen[274] mindestens die Portfolioverwaltung oder das Risikomanagement für ein Investmentvermögens erbringt.[275] Davon zu unterscheiden ist die Erlaubnisfähigkeit, d.h. der Tätigkeitsumfang, der von einer Kapitalverwaltungsgesellschaft erbracht werden muss, um eine Erlaubnis zum Geschäftsbetrieb zu erhalten.[276] Die Erlaubnisfähigkeit ergibt sich aus den Versagungsgründen nach § 23 Abs. 1 Nr. 9, 10 KAGB und erfordert sowohl das Erbringen der Portfolioverwaltung als auch des Risikomanagements:[277] So ist der Kapitalverwaltungsgesellschaft die Erlaubnis gemäß § 23 Abs. 1 Nr. 9 KAGB zu versagen, wenn »die Kapitalverwaltungsgesellschaft ausschließlich administrative Tätigkeiten, den Vertrieb von eigenen Investmentanteilen oder Tätigkeiten im Zusammenhang mit den Vermögensgegenständen des AIF erbringt, ohne auch die Portfolioverwaltung und das Risikomanagement zu erbringen.« Gemäß § 23 Abs. 1 Nr. 10 KAGB ist die Erlaubnis zu versagen, wenn »die Kapitalverwaltungsgesellschaft die Portfolioverwaltung erbringt, ohne auch das Risikomanagement zu erbringen; dasselbe gilt im umgekehrten Fall.«

Die Kapitalverwaltungsgesellschaft muss die Portfolioverwaltung und das Risikomanagement dabei nicht vollumfänglich selbst betreiben. Die Gesetzesbegründung stellt klar, dass damit nicht das vollständige Selbsterbringen zu verstehen ist, sondern lediglich die Fähigkeit gemeint ist, beide Tätigkeiten auszuüben.[278] Es besteht somit die Möglichkeit, Aufgaben auf Dritte auszulagern. Allerdings dürfen Aufgaben gemäß § 36 Abs. 5, Abs. 10 KAGB nicht in einem Umfang auf Dritte übertragen werden, der dazu führt, dass die Kapitalverwaltungsgesellschaft »nicht länger als Verwaltungsgesellschaft angesehen werden kann und zu einer Briefkastenfirma wird.«

II. Kompetenzen der BaFin

Der BaFin werden mittelbar auch judikative Befugnisse gewährt, sodass die Rolle der BaFin über die der vollziehenden Gewalt (Exekutive) hinausgeht: Im Ausgangspunkt wird das Bundesfinanzministerium im KAGB dazu ermächtigt,

---

274 Rechtsformneutrale Organisation; zum weiten institutionellen Unternehmensbegriff, *Winterhalder*, in Weitnauer/Boxberger/Anders, KAGB, § 17 Rn. 9.
275 Art. 4 Abs. 1 b), w) AIFM-RL.
276 *Weiser/Hüwel*, BB 2013, 1091, 1092.
277 Entspricht Art. 6 Abs. 5 c) und d) AIFM-RL; Bewertungsmassstab für das Vorliegen der Erlaubnisvoraussetzungen ist stets der materielle Managerbegriff, wonach es – wie auch bei der Bestimmung des Investmentvermögens – nicht (allein) auf formale Kriterien, sondern auf eine materielle Bewertung des Sachverhalts ankommt; siehe oben 2. Teil C.II.1.b. sowie unten 4. Teil B.V. zur materiellen Betrachtungsweise unter Berücksichtigung formeller Kriterien; *Winterhalder*, in Weitnauer/Boxberger/Anders, KAGB, § 17 Rn. 2, 57.
278 Gesetzesbegründung zum KAGB, Bt-Dr. 17/12294, S. 216.

konkretisierende Rechtsverordnungen zu erlassen.[279] Diese Rechtssetzungsbefugnisse hat das Ministerium bereits im Juli 2013 auf die BaFin delegiert,[280] die bisher mehrere Verordnungen mit gesetzlicher Bindungswirkung erlassen hat. Die Verordnungen behandeln beispielsweise das Risikomanagement beim Einsatz von Derivaten und konkretisieren die Verhaltens- und Organisationspflichten von Kapitalverwaltungsgesellschaften.[281]

Der BaFin obliegt außerdem die Aufsicht- und Überwachungsfunktion.[282] Dabei arbeitet sie mit den europäischen Institutionen wie der ESMA zusammen. Beispielsweise übermittelt die BaFin der ESMA unverzüglich Auskünfte und Informationen, soweit dies erforderlich ist, um die Geschäfte einzelner oder aller Kapitalverwaltungsgesellschaften zu überwachen und auf mögliche Auswirkungen dieser Geschäfte auf die Finanzmarktstabilität reagieren zu können.[283] Die BaFin kann zu diesem Zweck Anordnungen mit Verwaltungsaktscharakter treffen und muss sich dabei an den Zielen der AIFM-RL bzw. des KAGB orientieren: Harmonisierung des Binnenmarktes für Investmentfonds, Anlegerschutz und Abwehr systemischer Risiken (Gefahrenabwehr).[284] Rechtsgrundlagen für ein Handeln der BaFin finden sich zum Beispiel in der Generalklausel nach § 5 Abs. 6 KAGB, den Vorschriften zur Erlaubniserteilung nach §§ 20, 23 KAGB, den Aufhebungsregeln nach § 39 Abs. 3 KAGB oder der Genehmigung der Anlagebedingungen gemäß §§ 162 ff. KAGB bzw. §§ 266 ff. KAGB. Die BaFin kann außerdem nach § 15 Abs. 1 KAGB anordnen, ein unerlaubtes Investmentgeschäft einzustellen oder abzuwickeln, und sie ist nach § 16 Abs. 1–4 KAGB ermächtigt, von Auskunfts-, Prüfungs- und Durchsuchungsrechten Gebrauch zu machen.

---

279 Verordnungsermächtigungen im KAGB für Bundesfinanzministerium: §§ 37 Abs. 3, 38 Abs. 5, 68 Abs. 8, 78 Abs. 3, 89 Abs. 3, 106, 136 Abs. 4, 166 KAGB.
280 Siebzehnte Verordnung zur Änderung der Verordnung zur Übertragung von Befugnissen zum Erlass von Rechtsverordnungen auf die Bundesanstalt für Finanzdienstleistungsaufsicht, Bundesgesetzblatt Jahrgang 2013 Teil I Nr. 36, ausgegeben zu Bonn am 12. Juli 2013, S. 2231.
281 BaFin, Verordnung über Risikomanagement und Risikomessung beim Einsatz von Derivaten, Wertpapier-Darlehen und Pensionsgeschäften in Investmentvermögen nach dem Kapitalanlagegesetzbuch (Derivateverordnung), Bundesgesetzblatt Jahrgang 2013 Teil I Nr. 39, ausgegeben zu Bonn am 19. Juli 2013, S. 2463; BaFin, Verordnung zur Konkretisierung der Verhaltensregeln und Organisationsregeln nach dem Kapitalanlagegesetzbuch (KAVerOV), Bundesgesetzblatt, Jahrgang 2013 Teil I Nr. 39, ausgegeben zu Bonn am 19. Juli 2013, S. 2460.
282 Verankerung in Art. 45 Abs. 1 AIFM-RL.
283 § 9 Abs. 1 – Abs. 3 KAGB.
284 Gesetzesbegründung zum KAGB, Bt-Dr. 17/12294, S. 2; § 42 KAGB »Maßnahmen bei Gefahr«.

2. Teil Rechtsquellen und Regelungsstruktur

Die BaFin bedient sich unterschiedlicher Kommunikationsformen wie Richtlinien,[285] Rundschreiben, Auslegungsschreiben und Q&A-Kataloge. Einige Verlautbarungen der BaFin betreffen auch die Kompetenzabgrenzung zwischen Kapitalverwaltungsgesellschaft und Investmentkommanditgesellschaft und sind daher relevant für die vorliegende Untersuchung. Dazu gehören die Auslegungsentscheidung der BaFin zu den Tätigkeiten einer Kapitalverwaltungsgesellschaft und der von ihr extern verwalteten AIF-Investmentgesellschaft,[286] das Q&A der BaFin zu »Häufigen Fragen zum Thema Auslagerung gemäß § 36 KAGB«[287] und das Auslegungsschreiben zum Anwendungsbereich des KAGB und zum Begriff des Investmentvermögens.[288] Diese Handlungsformen der Verwaltungsbehörde BaFin haben zwar keine Gesetzesqualität. Allerdings wird dadurch die Verwaltungspraxis geprägt und sie führen zur Selbstbindung der Verwaltung.[289] Es handelt sich um Verwaltungsvorschriften ohne Rechtsnormcharakter, denen vor allem faktische Außenwirkung zukommt, da sie die Aufsichtstätigkeit der BaFin konkretisieren.[290]

Nachdem die europäischen und nationalen Rechtsquellen, deren Regelungssystematik und die Strukturmerkmale der extern verwalteten geschlossenen Investmentkommanditgesellschaft in diesem Kapitel überblicksartig betrachtet wurden, sollen im Folgenden die für die Kompetenzabgrenzung relevanten Vorschriften des Investmentrechts in rechtssystematischer Hinsicht erfasst werden.

---

285 § 4 Abs. 2 KAGB zur Richtlinie zur Festlegung von Fondskategorien, abrufbar unter <http://www.bafin.de/SharedDocs/Aufsichtsrecht/DE/Richtlinie/rl_130722_fondskategorien.html>; *Emde*, in Emde/Dornseifer/Dreibus/Hölscher, InvG, § 5 Rn. 9.
286 BaFin, Auslegungsentscheidung zu den Tätigkeiten einer Kapitalverwaltungsgesellschaft und der von ihr extern verwalteten AIF-Investmentgesellschaft, WA 41-Wp 2100-2016/0001, 21. Dezember 2017.
287 BaFin, Häufige Fragen zum Thema Auslagerung gemäß § 36 KAGB, Geschäftszeichen WA 41-Wp 2137-2013/0036, 10. Juli 2013, zuletzt geändert am 15. November 2017.
288 Geschäftszeichen Q 31-Wp 2137-2013/0006, 14. Juni 2013, zuletzt geändert am 9. März 201, abrufbar unter <https://www.bafin.de/SharedDocs/Veroeffentlichungen/DE/Auslegungsentscheidung/WA/ae_130614_Anwendungsber_KAGB_begriff_inv vermoegen.html>.
289 *Boxberger*, in Weitnauer/Boxberger/Anders, KAGB, § 83 Rn. 14; *Köndgen*, in BSL, InvG, § 5 Rn. 18.
290 *Bußhalb*, in Möllers, Rn. 583; die Verwaltungsvorschriften erlangen »quasi normsetzende materiell-rechtliche Bedeutung«, wenn sie unbestimmte Rechtsbegriffe konkretisieren, so *Emde*, in Emde/Dornseifer/Dreibus/Hölscher, InvG, § 5 Rn. 9.

3. Teil Rechtssystematische Erfassung der investmentrechtlichen Aufgabenzuordnung

Nach § 154 Abs. 1 S. 1, 2 KAGB kann die geschlossene Investmentkommanditgesellschaft »eine ihrem Unternehmensgegenstand entsprechende externe AIF-Kapitalverwaltungsgesellschaft bestellen. Dieser obliegt insbesondere die Anlage und Verwaltung des Kommanditanlagevermögens.«[291] Bevor der Aufgabenumfang der externen Kapitalverwaltungsgesellschaft im Einzelnen ermittelt wird (4. Teil), stellt sich die Frage, ob die Rechte und Pflichten im Sinne der »Anlage und Verwaltung des Kommanditanlagevermögens« kraft Parteiwillens mittels des schuldrechtlichen Bestellungsvertrages auf die externe Kapitalverwaltungsgesellschaft übertragen werden können oder ob mit der Bestellung eine gesetzliche Kompetenzübertragung einhergeht. In letzterem Fall hätten die Vorschriften, wie etwa § 154 Abs. 1 S. 2 KAGB, von Gesetzes wegen einen zwingenden Zivilrechtscharakter, sodass die Rechte und Pflichten »automatisch« und gegen den Parteiwillen ein Bestandteil des Bestellungsvertrages würden. Auf der Rechtsfolgenseite könnten bei einem Verstoß Haftungsansprüche der Vertragsparteien bzw. der Anleger nach §§ 280 ff. BGB bestehen oder/und daneben öffentlich-rechtliche Sanktionsbefugnisse der BaFin greifen.[292] Zwar indiziert das Wort »obliegt« in § 154 Abs. 1 S. 2 KAGB eine Pflicht bzw. Obliegenheit der externen Kapitalverwaltungsgesellschaft, wobei unklar ist, ob es sich dabei um eine zivilrechtliche oder/und öffentlich-rechtliche Pflicht handelt. Darüber hinaus sind die Erlaubnisvorschriften nach §§ 17, 20, 23 Nr. 9, 10 KAGB in die Betrachtung einzubeziehen, da sie den Pflichten- und Aufgabenumfang festlegen, den eine Kapitalverwaltungsgesellschaft erfüllen muss, um eine Erlaubnis zu erhalten.

Die relevanten Normen der investmentrechtlichen Aufgabenzuordnung nach §§ 154 Abs. 1 S. 2, §§ 17, 20, 23 Nr. 9, 10 KAGB werden im Folgenden in den rechtssystematischen Kontext der Teilrechtsordnungen gestellt: Ausgehend von den klassischen Abgrenzungstheorien zwischen öffentlichem Recht und Zivilrecht (A.) gilt es den Normcharakter und dessen Wirkung durch Gesetzesauslegung zu ermitteln (B.).

---

291 § 129 Abs. 1 S. 2 KAGB ist die Parallelnorm betreffend die offene Investmentkommanditgesellschaft.

292 Die rechtssystematische Erfassung der investmentrechtlichen Vorschriften erscheint als entscheidende Weichenstellung für die Kompetenzabgrenzung bei der extern verwalteten Investmentkommanditgesellschaft; a.A. »weitgehend ein begriffsjuristisches Scheingefecht«, *Köndgen*, in BSL, InvG, § 9 Rn. 7; *Einsele*, ZHR 2016, 233, 237; dagegen habe die Literatur die Bedeutung erkannt, *Koch*, ZBB 2014, 211, 212.

A. Rechtssystematische Einordnung des Normenkomplexes

Das KAGB lässt sich nicht pauschal dem Öffentlichen Recht oder dem Privatrecht zuordnen. Um die oben aufgeworfenen Fragen zu beantworten, ist jede Norm individuell zu betrachten.[293] Im Zentrum der Untersuchung stehen die Verpflichtung der externen Kapitalverwaltungsgesellschaft zur »Anlage und Verwaltung« gemäß § 154 Abs. 1 S. 2 KAGB und die Vorschriften zum Erlaubnisverfahren gemäß §§ 17, 20, 23 Nr. 9, 10 ff. KAGB.

I. Ansätze zur Rechtsnatur

Lebhaft diskutiert wird die rechtssystematische Einordnung der wertpapierrechtlichen Wohlverhaltenspflichten zwischen Wertpapierdienstleistungsunternehmen und Kunden nach §§ 31 ff. a. F. WpHG,[294] denn je nach Einordnung drohen bei einem Verstoß nicht nur öffentlich-rechtliche Sanktionen, sondern auch zivilrechtliche Konsequenzen. Ein solcher Streit wird auch bezüglich der investmentrechtlichen Verhaltenspflichten zwischen Kapitalverwaltungsgesellschaft und Anlegern geführt (§ 9 InvG (aufgehoben), §§ 26 ff. KAGB).[295] Einige Argumentationslinien lassen sich angesichts der mitunter nicht ausdrücklich geregelten Rechtsnatur auf andere investmentrechtliche Vorschriften wie § 154 Abs. 1, §§ 17, 20, 23 Nr. 9, 10 ff. KAGB übertragen.[296]

---

293 *Rothenhöfer*, in Perspektiven des Wirtschaftsrechts, S. 55 ff., 73.
294 Die Wohlverhaltenspflichten wurden im Wege der Umsetzung der Finanzmarktrichtlinie (Markets in Financial Instruments Directive, »MiFID« I (2004/39/EG); MiFID II (2014/65/EG) durch das Zweite Finanzmarktnovellierungsgesetz in Deutschland zum 3. Januar 2018 neu geordnet und reformiert (vgl. §§ 63, 80, 87 WpHG n.F.); zur Diskussion: Jeweils mit wichtigen Nachweisen und zum Streitstand, BGH, ZIP 2013, 2001, 2002 ff.; BGH, WM 2014, 1382, 1385; kritisch, wenn auch um Ergebnis teilweise zustimmend, *Freitag*, ZBB 2014, 357, 357 ff.; *Kropf*, WM 2014, 640 ff.; zuletzt auch: *Einsele*, ZHR 2016, 233, 233 ff.; mit Literaturnachweisen: *Zetzsche*, in Möllers, Rn. 314 Fn. 5; zum Honoraranlageberatungsvertrag, Herresthal, WM 2014, 773, 775 ff.; *Müchler/Trafkowski*, ZBB 2013, 101, 112.
295 *Köndgen*, in BSL, InvG, § 9 Rn. 3 ff.; *Sachtleber*, Zivilrechtliche Strukturen von Open-end-Investmentfonds, S. 28 ff.; *Zetzsche*, Prinzipien der kollektiven Vermögensverwaltung, S. 460.
296 *Beckmann*, in Beckmann/Scholtz/Vollmer, 405, KAGB, § 9 Rn. 12; zu § 18 Abs. 2 KWG, vgl. *Buck-Heeb*, BKR 2014, 221, 223 f.; die § 154 Abs. 1 S. 2 KAGB, §§ 17 ff. KAGB beschäftigen sich im Gegensatz zu den Verhaltenspflichten nach §§ 26 ff. KAGB eher mit dem erforderlichen Aufgabenumfang, welche durch die Kapitalverwaltungsgesellschaft wahrzunehmen sind, jedoch weniger mit dem »wie« diese Aufgaben wahrgenommen werden sollen; zum Verhältnis der §§ 26 ff. KAGB

Von der Rechtsprechung und der Literatur werden die (Wohl-)Verhaltensregeln nach WpHG und InvG überwiegend als öffentlich-rechtliche Normen qualifiziert.[297] Die Auswirkungen einer solchen Einordnung sind jedoch umstritten und innerhalb des Meinungsspektrums werden unterschiedliche Ausstrahlungswirkungen (zwingende oder lediglich dispositive Regelungswirkungen) auf das Zivilrecht vertreten.[298] Einer weiteren Ansicht nach handelt es sich um

---

zu § 128 Abs. 1 S. 3 KAGB, vgl. *Stabenow*, in Assmann/Wallach/Zetzsche, KAGB, § 26 Rn. 10 ff.; *Kunschke/Klebeck*, in Beckmann/Scholtz/Vollmer, 405, KAGB, § 128 Rn. 29 ff.; *Zetzsche*, Prinzipien der kollektiven Vermögensverwaltung, S. 460 f.; *Seitz*, Die InvestmentKG, S. 25 ff.

297 Zur Rechtsprechung: Im Zusammenhang mit dem Schutzgesetzcharakter: BGH, WM 2007, 487, Rn. 18.; WM 2008, 825, 827 Rn. 13 f.; BGH, ZIP 2013, 2001, 2002, 2002 f. m.w.N.: »Der öffentlich-rechtliche Charakter der §§ 31 ff. WpHG [a.F.] wird ferner durch die Zuständigkeit der BaFin, mittels hoheitlichen Zwangs Aufsicht auszuüben (vgl. §§ 4, 35 WpHG), belegt. [...] § 31d WpHG kann auch nicht im Wege einer Ausstrahlungswirkung eine eigenständige schuldrechtliche Aufklärungspflicht der Beklagten über die von ihr aus einem Wertpapiergeschäft erzielte Gewinnmarge begründen. Die öffentlich-rechtlichen Wohlverhaltenspflichten der §§ 31 ff. WpHG [a.F.] können zwar, soweit ihnen eine anlegerschützende Funktion zukommt, für Inhalt und Reichweite (vor)vertraglicher Aufklärungs- und Beratungspflichten von Bedeutung sein. Ihr zivilrechtlicher Schutzbereich geht aber nicht über diese (vor)vertraglichen Pflichten hinaus. Daraus folgt, dass ihnen keine eigenständige, über die zivilrechtlichen Aufklärungs- und Beratungspflichten hinausgehende schadensersatzrechtliche Bedeutung zukommt.«; eher für eine Ausstrahlungswirkung, BGH, WM 2014, 1382, 1385 Rn. 35 f.: »Der Anleger kann zwar nicht erwarten, dass sich die beratende Bank im gesamten Umfang ihrer öffentlich-rechtlichen Pflichten ohne Weiteres auch im individuellen Schuldverhältnis gegenüber dem jeweiligen Anleger verpflichten will. Er kann aber voraussetzen, dass die beratende Bank die tragenden Grundprinzipien des Aufsichtsrechts beachtet.«; in der Literatur: *Freitag*, ZBB 2014, 357, 357 ff.; *Buck-Heeb*, WM 2014, 1601, 1604 ff.; *Koch*, ZBB 2014, 211, 211 ff.; *Kropf*, WM 2014, 640 ff.; *Herresthal* WM 2014, 773, 775 f., 777; *Fuchs*, WpHG a.F., Vorb. §§ 31–37a, Rn. 76 ff.; EuGH v. 30. Mai 2013, Rs. C-604/11, Rn. 57 – Genil.

298 Zur Ausstrahlungswirkung im Investmentrecht, vgl. *Schmitz*, in BSL, InvG, § 43 Rn. 7; *Jakovou*, in Langenbucher/Bliesener/Spindler, Bankrecht, 39. Kapitel Rn. 89, 146, 1. Auflage 2013 sowie Rn. 114 in 2. Auflage 2016; generell zur Ausstrahlungswirkung, *Dreher*, ZGR 2010, 496, 501; *Weber-Rey*, ZGR 2010, 43 ff.; zur Ausstrahlungswirkung bei den Wohlverhaltenspflichten nach §§ 31 ff. WpHG a.F., vgl. BGH, WM 2014, 1382, 1385 Rn. 35; BGH, ZIP 2013, 2003 Rn. 19; *Buck-Heeb*, WM 2014, 1601, 1604; *Veil*, WM 2007, 1821, 1825 f.; *Rothenhöfer*, in Perspektiven des Wirtschaftsrechts, S. 61; *Veil*, WM 2007, 1821, 1825 f.; »dogmatisch nebulös«, *Buck-Heeb*, WM 2014, 1601, 1604; *Köndgen*, JZ 2012, 260, 261; zu § 823 Abs. 2 BGB und zu § 134 BGB als »Transmissionsriemen«, vgl. *Leisch*, Informationspflichten nach § 31 WpHG, S. 57; zur mittelbaren Ausstrahlungswirkung der §§ 154 Abs. 1 S. 2, §§ 17 ff., 23 KAGB, siehe unten 3. Teil B.IV.2.

privatrechtliche Pflichten mit Vertragscharakter,[299] wobei diese Sichtweise teilweise von einer »zweispurigen Sanktionierung« durch das Zivilrecht und die Aufsichtsbehörde ausgeht.[300] Schließlich favorisieren einige Autoren die Einordnung als hybride Normen (Doppelnormen), die sich einer strengen Zuordnung entweder zum Öffentlichen Recht oder zum Zivilrecht entziehen.[301]

II. Tradierte Zuordnungstheorien

Um festzustellen, ob der Rechtsweg zu den (öffentlich-rechtlichen) Verwaltungsgerichten im Sinne des § 40 VwGO i. V. m. § 13 GVG eröffnet ist, existieren bereits eine Reihe von Zuordnungstheorien. Anhand dieser Theorien soll bestimmt werden, ob die streitentscheidenden Normen öffentlich-rechtlicher oder privatrechtlicher Natur sind, was entscheidend für den richtigen Rechtsweg ist (Rechtswegzuständigkeit). Auch wenn die klassischen Zuordnungs- oder Rechtswegtheorien allesamt wegen ihrer Unbestimmtheit kritisiert werden,[302] trennen auch andere europäische Rechtsordnungen zwischen öffentlichem Verwaltungsrecht und Privatrecht. So verweist *Kischel* darauf hin, dass das britische Oberhaus jedenfalls seit der Entscheidung »O'Reilly v Mackman« aus dem Jahr 1983 den Grundsatz etabliert habe,[303] dass Fragen des öffentlichen Rechts im Wege des *judicial review* und solche des Privatrechts im Wege des üblichen (privatrechtlichen) Klagewegs (*action*) zu verfolgen seien.[304] Aus einer Anwen-

---

299 Zwingende zivilrechtliche Pflichten, *Einsele*, JZ 2008, 477, 483; vgl. zum schweizer Recht etwa Eidgenössisches Finanzdepartement (EFD), Erläuternder Bericht zur Vernehmlassungsvorlage, FINIG, FIDLEG, 25. Juli 2014, S. 13, 18.
300 *Köndgen*, in BSL, InvG, § 9 Rn. 11.
301 Für das Investmentrecht: *Zetzsche*, AG 2013, 613, 622; *ders.*, in Möllers, Rn. 314 Fn. 5; *ders.*, Prinzipien der kollektiven Vermögensverwaltung, S. 460 f.; *Sachtleber*, Zivilrechtliche Strukturen von Open-end-Investmentfonds, S. 28 ff, 36; ausführlich und für die Existenz von Doppelnormen, Leisch, Informationspflichten nach § 31 WpHG, S. 44 ff., 66 f., 94; *Benicke*, Wertpapiervermögensverwaltung, S. 473 ff., 486 ff.; *Wundenberg*, Compliance und Aufsicht, S. 187 ff.; *Veil*, WM 2007, 1821, 1825 f.; *Klein*, Die Beratungsprotokollpflicht im System des europarechtlich determinierten Anlegerschutzes, S. 462 ff.; ablehnend BGH, ZIP 2013, 2001, 2002 ff.; kritisch zu dieser Entscheidung, *Freitag*, ZBB 2014, 357, 357 ff.; zur Einordnung der Treuepflicht der Banken bei der Vermögensverwalung nach deutschem und schweizerischem Aufsichtsrecht, vgl. Sethe, AcP 2012, 81, 116 ff., 121 ff.
302 *Leisner*, JZ 2006, 869 ff.
303 United Kingdom House of Lords Decisions, *O'Reilly v Mackman*, 1983, 2 AC 237 (HL).
304 *Kischel*, Rechtsvergleichung, S. 345 ff., 345, 349 »Verwaltungsrecht als ein eigenständiges und bedeutsames Rechtsgebiet«; nach *Kischel*, S. 346, findet sich »die Trennung zwischen öffentlichem und Privatrecht beispielsweise bereits im Act of Union zwischen England und Schottland aus dem Jahre 1707, dessen Art. XVIII festlegt ›that the Laws which concern publick Right, Policy and Civil Goverment,

dung der folgenden Zuordnungstheorien können sich daher zumindest Anhaltspunkte für eine rechtssystematische Einordnung der § 154, §§ 23, 17 KAGB[305] zum öffentlichen oder Privatrecht ergeben und damit auch Antworten auf die eingangs aufgeworfenen Fragen liefern.

1. Interessentheorie

Für die rechtssystematische Einordnung kommt es nach der Interessentheorie darauf an, ob die gesetzliche Regelung im Interesse des einzelnen Bürgers oder des Gemeinwesens getroffen wurde.[306] Die AIFM-RL und das KAGB dienen der Harmonisierung des europäischen Binnenmarktes für Fonds, dem Anlegerschutz und der Finanzmarktstabilität.[307] Dies gilt auch für die hier relevanten Vorschriften gemäß § 154 Abs. 1 S. 2 KAGB und §§ 17 ff. KAGB. Die genannten Regelungsziele deuten darauf hin, dass die Normen eher im Interesse des Gemeinwesens getroffen wurden: So schafft der Finanzmarkt die Voraussetzungen dafür, dass Unternehmen aus der Real- oder Finanzwirtschaft sowie Privatleute einen Zugang zu Kapital erhalten und außerdem Investitionen tätigen können. Allerdings könnte der Anlegerschutz den Schutz eines einzelnen Bürgers umfassen.[308] Diesbezüglich führt der europäische Gesetzgeber in Erwägungsgrund 12 AIFM-RL jedoch Folgendes aus: »Sofern nicht ausdrücklich etwas anderes festgelegt ist, sind, wo diese Richtlinie sich auf die *Interessen der Anleger eines AIF* bezieht, die Interessen der Anleger in ihrer spezifischen Eigenschaft als Anleger *des AIF* und *nicht ihre individuellen Interessen* gemeint.«[309]

Die Regelungen des Investmentrechts dienen somit im Grundsatz dem Schutz der Anlegergemeinschaft[310] und nur ausnahmsweise bestehen individualschützende Prospekthaftungs- und Aufklärungspflichten, sodass die AIFM-RL und das KAGB einen kollektiven Anlegerschutz bezwecken. Beispielsweise muss

---

     may be made the same throughout the whole United Kingdom; but that no alteration be made in Laws which concern private Right (…)«««; eine andere Ansicht, der zufolge die Unterscheidung zwischen Öffentlichem Recht und Zivilrecht dem Recht des Vereinigten Königreichs fremd sei, sei nach Kischel »heute keine sinnvolle Behauptung mehr«; a.A. *Zetzsche*, Prinzipien der kollektiven Vermögensverwaltung, S. 461; generell: *Fuchs*, WpHG a.F., Vorb. §§ 31–37a, Rn. 76 ff.; *Forschner*, Wechselwirkungen zwischen Aufsichtsrecht und Zivilrecht, S. 28 ff., 84.

305 Vgl. zu den Wohlverhaltenspflichten nach WpHG a.F., *Forschner*, Wechselwirkungen zwischen Aufsichtsrecht und Zivilrecht, S. 69 ff.; *Leisch*, Informationspflichten nach § 31 WpHG, S. 17; *Lang*, ZBB 2004, 289, 289 ff.; *Lang*, Informationspflichten bei Wertpapierdienstleistungen, S. 115 ff.
306 *Kopp/Schenke*, VwGO, § 40 Rn. 11; *Wolf/Neuner*, BGB AT, § 2 Rn. 17 ff.
307 Siehe oben 2. Teil C.II.1.a. zur AIFM-RL und 2. Teil D.I. zum KAGB.
308 Siehe unten 4. Teil B.X. zur Interessen- und Güterabwägung.
309 Hervorhebungen durch den Verfasser.
310 *Schubert/Schuhmann*, BKR 2015, 45, 45 f.

die Geschäftsführung der Kapitalverwaltungsgesellschaft nach der Verhaltenspflicht gemäß § 26 Abs. 1, Abs. 2 Nr. 1 KAGB sowie die der Investmentkommanditgesellschaft nach § 153 Abs. 1 S. 3 Nr. 1 KAGB im bestmöglichen Interesse der Anleger zu handeln, wobei damit nicht der individuelle Anleger gemeint ist, sondern die Anlegergemeinschaft des jeweils zu verwaltenden Investmentvermögens.[311] Dies ergibt sich auch daraus, dass das KAGB nicht das Recht der individuellen Vermögensverwaltung, sondern der kollektiven Vermögensverwaltung für eine Mehrzahl von Anlegern regelt und die Kapitalverwaltungsgesellschaft darüber hinaus verpflichtet ist, alle Anleger eines AIF gleich zu behandeln, § 26 Abs. 3 KAGB, was ein (bestmögliches) Handeln im Interesse nur eines Anlegers unzulässig macht. § 154 Abs. 1 S. 2 KAGB und §§ 17 ff. KAGB stellen ebenfalls nicht auf den individuellen Anleger ab, sodass hier keine Ausnahme von der Regel vorliegt, dass die Normen des KAGB den kollektiven Anlegerschutz bezwecken.[312] Ein solcher kollektiver Schutz dient der Anlegergemeinschaft eines AIF, also einem abgegrenzten und abgrenzbaren Personenkreis, und schützt somit nicht den individuellen Bürger und nicht die Anleger aller Investmentvermögen.

Die Normen der investmentrechtlichen Aufgabenzuordnung dienen darüber hinaus der Finanzmarktstabilität und der Harmonisierung des europäischen Binnenmarktes, also dem Interesse des Gemeinwesens, was letztlich den Ausschlag für einen öffentlich-rechtlichen Normcharakter im Sinne der Interessentheorie geben sollte.

2. Subordinationstheorie

Eine Vorschrift ist nach der Subordinationstheorie dem öffentlichen Recht zuzuordnen, wenn zwischen den Beteiligten ein Überordnungs- und Unterordnungsverhältnis besteht und sich der Träger hoheitlicher Gewalt der besonderen Rechtssätze des öffentlichen Rechts bedient.[313] Einerseits betrifft § 154 Abs. 1 S. 2 KAGB zwei sich im Gleichordnungsverhältnis befindende Privatrechtssubjekte, nämlich die externe Kapitalverwaltungsgesellschaft als Schuldnerin und die Investmentkommanditgesellschaft als Gläubigerin. Dies deutet auf einen zivilrechtlichen Charakter des § 154 Abs. 1 S. 2 KAGB. Andererseits obliegt der BaFin die Überwachung der Einhaltung des KAGB, § 5 Abs. 1, Abs. 6 KAGB, was auf ein Subordinationsverhältnis zwischen den privaten Rechtssubjekten »Kapitalverwaltungsgesellschaft« und »Investmentkommanditgesell-

---

311 Bereits zu § 9 InvG im Unterschied zu § 31 Abs. 1 Nr. 1 WpHG a.F., *Beckmann*, in Beckmann/Scholtz/Vollmer, 410, InvG, § 9 Rn. 172 f.; *Steffen*, in Baur/Tappen, KAGB, § 26 Rn. 30, 43 ff.; *Schubert/Schuhmann*, BKR 2015, 45, 46.
312 Vgl. *Hopt*, WM 2013, 101, 102.
313 BVerwG, GmS-OGB NJW 1986, 2359, 2359.

schaft« gegenüber dem Staat hinweist.³¹⁴ Das Subordinationsverhältnis verdeutlicht sich mit Blick auf die Erlaubnisanforderungen gemäß §§ 17 ff. KAGB: Denn eine Kapitalverwaltungsgesellschaft bedarf der Erlaubnis durch die Verwaltungsbehörde (BaFin) und muss unter anderem eine Vielzahl von organisatorischen und kapitalmäßigen Anforderungen erfüllen, um zum Geschäftsbetrieb zugelassen zu werden. Es handelt sich somit um ein klassisches Über-Unterordnungsverhältnis zwischen (Erlaubnis-)Antragsteller »Kapitalverwaltungsgesellschaft« und öffentlich-rechtlichem Erlaubnisgeber »BaFin«. Daher sind diese Normen nach dieser Theorie als öffentlich-rechtlich einzustufen.

3. Modifizierte Subjektstheorie

Eine Norm ist nach der wohl vorherrschenden modifizierten Subjektstheorie dem öffentlichen Recht zuzuordnen, wenn sie zumindest auf einer Seite ausschließlich einen Hoheitsträger rechtlich verpflichtet oder berechtigt.³¹⁵ Die Regelung nach § 154 Abs. 1 S. 2 KAGB betrifft jedoch das Verhältnis der Investmentkommanditgesellschaft zur externen Kapitalverwaltungsgesellschaft, die keine Hoheitsträger, sondern Privatrechtssubjekte in der Rechtsform einer Personen- bzw. Kapitalgesellschaft sind.³¹⁶ Weiterhin sieht keine investmentrechtliche Norm eine hoheitliche Tätigkeit der Kapitalverwaltungsgesellschaft oder der Investmentkommanditgesellschaft vor, sodass es sich dabei nicht um mit öffentlich-rechtlichen Befugnissen beliehene Unternehmen handelt.³¹⁷ Die modifizierte Subjektstheorie spricht somit für einen privatrechtlichen Charakter des § 154 Abs. 1 S. 2 KAGB.

Hinsichtlich der §§ 17, 20, 23 KAGB ist jedoch zu beachten, dass an dem aufsichtsrechtlichen Erlaubnisverfahren die Kapitalverwaltungsgesellschaft als privater Antragsteller und die BaFin als hoheitlicher Antragsgegner beteiligt sind. Die BaFin ist eine Anstalt des öffentlichen Rechts, die gemäß §§ 1 Abs. 1, § 4 f. FinDAG, § 5 KAGB, mit hoheitlichen Befugnissen ausgestattet ist und die Erlaubnis zum Geschäftsbetrieb einer Kapitalverwaltungsgesellschaft gemäß § 20 KAGB durch Verwaltungsakt erteilen kann. Diese Vorschriften haben demnach einen öffentlich-rechtlichen Charakter.

---

314 Ähnlich für § 9 InvG, *Köndgen*, in BSL, InvG, § 9 Rn. 11, der darin aber den zwingenden Charakter der Norm sieht, dazu näher siehe unten 3. Teil B.III.2.; nach *Einsele*, JZ 2008, 477, 483 führt die Überwachung durch eine Aufsichtsbehörde nicht zwangsläufig zu Qualifikation als öffentlich-rechtlich.
315 BGH, NJW 1964, 1472; BGH, DVBl 1968, 148; auch Sonderrechtstheorie genannt, *Kopp/Schenke*, VwGO, § 40 Rn. 11.
316 Siehe unten 5. Teil zu der gesellschaftsrechtlichen Kompetenzabgrenzung.
317 Zur Beleihung allgemein, vgl. *Kopp/Schenke*, VwGO, § 40 Rn. 14.

4. Zwischenergebnis

Die Zuordnungstheorien sprechen dafür, die §§ 17 ff. KAGB als Teil des öffentlichen Rechts einzuordnen, wohingegen die Norm des § 154 Abs. 1 S. 2 KAGB teilweise als öffentlich-rechtlich und teilweise als privatrechtlich qualifiziert werden kann. Für die Frage, wie sich die investmentrechtliche Kompetenzzuordnung nach § 154 Abs. 1 S. 2 KAGB auf den zivilrechtlichen Bestellungsvertrag auswirkt, lassen die tradierten Theorien keine abschließende Antwort zu. Mangels einer ausdrücklichen Rechtsfolgenanordnung ist die Rechtsnatur der relevanten Regelungen im Wege der Auslegung der Norm selbst zu bestimmen.[318]

B. Auslegung des Normcharakters

Im Folgenden soll der Wortlaut sowie der Sinn und Zweck der relevanten Gesetzesregelungen nach § 154 und §§ 17 ff. KAGB ermittelt werden. Ergeben sich mehrere Auslegungsalternativen, ist zu einem Auslegungsergebnis zu gelangen, das sich in systematischer Hinsicht möglichst widerspruchsfrei in den Regelungsrahmen einfügt.[319]

I. Grammatikalische und systematische Auslegung

1. Wortlaut des § 154 KAGB

Nach § 154 Abs. 1 S. 1 KAGB kann die Investmentkommanditgesellschaft eine ihrem »Unternehmensgegenstand« entsprechende externe Kapitalverwaltungsgesellschaft bestellen. Nach § 154 Abs. 1 S. 2 KAGB »obliegt« der Kapitalverwaltungsgesellschaft die Anlage und Verwaltung des Kommanditanlagevermögens.[320] Schließlich ist die Kapitalverwaltungsgesellschaft gemäß § 154 Abs. 1 S. 4 und 5 KAGB berechtigt, die Verwaltung der Mittel zu »kündigen«. Auf den ersten Blick enthält § 154 Abs. 1 KAGB somit einige Begriffe, die zivilrechtlich geprägt sind.

---

318 Vgl. für die wertpapierrechtlichen Wohlverhaltenspflichten, *Forschner*, Wechselwirkungen zwischen Aufsichtsrecht und Zivilrecht, S. 80; *Seitz*, Die InvestmentKG, S. 32.

319 *Larenz*, Methodenlehre, S. 320, 324, 328; *Säcker*, in MüKo, BGB, Band 1, Einl. Rn. 140.

320 Nach § 156 Abs. 2 KAGB umfasst das »Kommanditanlagevermögen« die Einlagen der Anleger, die im Zusammenhang mit der Anlagetätigkeit erhaltenen und verwalteten Vermögensgegenstände, die für die Vermögensgegenstände erhaltene Sicherheiten sowie liquide Mittel.

a. Zivilrechtliche Obliegenheit

Bei dem Wort »obliegt« könnte es sich um eine Obliegenheit im Sinne des Privatrechts handeln. Eine Obliegenheit besteht im Gegensatz zu einer Verbindlichkeit nicht gegenüber einem anderen, sondern gebietet lediglich ein Handeln im *eigenen* Interesse.[321] Sie begründet daher keinen Erfüllungsanspruch und ist nicht einklagbar. Bei einer Obliegenheitsverletzung entsteht kein Anspruch auf Schadensersatz,[322] denn der mit einer Obliegenheit Belastete muss bei einem Verstoß lediglich einen *eigenen* Rechtsnachteil hinnehmen:[323] Eine Kapitalverwaltungsgesellschaft muss die Erlaubnisanforderungen nach §§ 17, 20 ff. KAGB erfüllen, damit sie ihrer Geschäftstätigkeit nachgehen kann. Die aufsichtsrechtlichen Eingriffsbefugnisse der BaFin nach §§ 5 ff., 15 f., 39 ff. KAGB richten sich ebenfalls an die Kapitalverwaltungsgesellschaft, sodass aus Sicht der Kapitalverwaltungsgesellschaft ein Handeln im eigenen Interesse geboten ist. Bei der investmentrechtlichen »Pflicht« zur Anlageverwaltung könnte es sich somit um eine bloße zivilrechtliche Obliegenheit handeln.

Gegen die Qualifikation des § 154 Abs. 1 S. 2 KAGB als zivilrechtliche Obliegenheit könnte jedoch sprechen, dass anders als etwa bei § 377 Abs. 2 Hs. 1 HGB, §§ 293, 300 ff. BGB eine obliegenheitsbezogene Rechtsfolge nicht im Gesetzestext festgelegt wurde. Eine ausdrückliche Rechtsfolgenanordnung ist jedoch nicht erforderlich, wie der Blick in einige Obliegenheitsvorschriften des BGB zeigt. So »obliegt« es gemäß § 1574 Abs. 1 BGB dem geschiedenen Ehegatten, eine angemessene Erwerbstätigkeit auszuüben. Diese Vorschrift wurde bewusst als Obliegenheit ausgestaltet,[324] wobei die Rechtsfolge bei einem Verstoß, nämlich die Ansetzung eines fiktiven Erwerbseinkommens,[325] auch hier gesetzlich nicht ausdrücklich niedergelegt ist. Weiterhin kommen als ein von der Kapitalverwaltungsgesellschaft hinzunehmender Rechtsnachteil vor allem der Verlust der KVG-Erlaubnis und die Folgen aus einem aufsichtsrechtlichen Einschreiten der BaFin in Betracht, §§ 5, 15 f., 39, 40 f. KAGB. Demnach vollzieht sich der Rechtsnachteil von Gesetzes wegen im Bereich öffentlich-recht-

---

321 Zur Rechtszwangtheorie, vgl. *Wagner*, Die schuldhafte Herbeiführung des Versicherungsfalles, S. 35 ff.; Literatur zum zivilrechtlichen Obliegenheitsbegriff, vgl. *Weller*, Vertragstreue, S. 262; *Walther*, Die Systematik der Schadensersatzansprüche bei mangelhafter Leistung, S. 48; *Buck*, Wissen und juristische Person, S. 39.
322 *Mansel*, in Jauering, BGB, § 241 Rn. 13.
323 *Walther*, Die Systematik der Schadensersatzansprüche bei mangelhafter Leistung, S. 48; eine Obliegenheit kann jedoch zugleich auch eine Vertragspflicht darstellen und insofern einen Haftungsanspruch begründen.
324 Die alte Fassung lautete: »Der geschiedene Ehegatte braucht nur eine ihm angemessene Erwerbstätigkeit auszuüben.«, Palandt, BGB, § 1574 Rn. 1, 7.
325 BGH, NJW 1996, 517 ff.

licher Aufsichtsmaßnahmen,[326] was gegen einen zivilrechtlichen Obliegenheitsbegriff in § 154 Abs. 1 S. 2 KAGB spricht.
Im öffentlichen Recht existiert ein Anspruch aus Amtshaftung gemäß Art. 34 Grundgesetz (GG) i. V. m. 829 BGB für den Fall, dass eine »einem Dritten gegenüber obliegende Amtspflicht« verletzt wurde. Diese sogenannte drittbezogene Amtspflicht umfasst nicht nur solche Obliegenheiten, die allein im eigenen Interesse, sondern auch gegenüber Dritten, zu erfüllen sind.[327] Allerdings soll auch eine zivilrechtliche Obliegenheit *zugleich* dem Interesse eines anderen dienen können.[328] Somit ist die Antwort auf die Frage, welchem Interesse die Obliegenheit dient, kein hinreichendes Kriterium für die Unterscheidung zwischen einer zivilrechtlichen und öffentlich-rechtlichen Obliegenheit. Im Übrigen wird für den zivilrechtlichen Begriff »Obliegenheit« im öffentlichen Recht überwiegend der Begriff »Last« verwendet.[329] Das Wort »obliegt« in § 154 Abs. 1 S. 2 KAGB ist im Ergebnis weder eindeutig als zivilrechtlich noch öffentlich-rechtlich zu qualifizieren.

Indes könnte die rechtssystematische Einordnung des § 154 Abs. 1 S. 2 KAGB aus dem Begriffspaar »Anlage und Verwaltung« gefolgert werden.

b. Anlage und Verwaltung: Öffentlich-rechtliche Klarstellungsnorm

Gemäß § 154 Abs. 1 S. 2 KAGB »obliegt [der externen Kapitalverwaltungsgesellschaft] insbesondere die Anlage und Verwaltung des Kommanditanlagevermögens.« Die »Anlage und Verwaltung« ist nicht legal definiert und auch die Teilbezeichnung »Anlage« wird im KAGB nicht als Einzelbegriff verwendet.[330] Häufig anzutreffen ist im KAGB dagegen der Begriff »Verwaltung«: So ist eine Kapitalverwaltungsgesellschaft nach § 20 i. V. m. § 17 Abs. 1 S. 1 KAGB erlaubnispflichtig, wenn der Geschäftsbetrieb darauf gerichtet ist, Investmentvermögen »zu verwalten«. Im Mittelpunkt der Erlaubnispflicht steht somit die »Verwaltung« des Investmentvermögens, die nach § 17 Abs. 1 S. 2 KAGB vorliegt, wenn »mindestens die Portfolioverwaltung oder das Risikomanagement erbracht wird.«[331]

---

326 Zum Rechtsverlust als Rechtsfolge einer Obliegenheitsverletzung, vgl. *Hagen*, Rechtsverlust im Aktien- und Kapitalmarktrecht, S. 54.
327 Vgl. drittbezogene Amtspflicht, *Papier*, in Maunz/Dürig, GG, Art. 34 Rn. 156 ff.
328 Jedoch ohne dass derjenige ein entsprechendes Verhalten einklagen könnte, vgl. *Wolf/Neuner*, BGB AT, § 19 Rn. 38.
329 *Gröschner*, Das Überwachungsrechtsverhältnis, S. 171; a.A. *Wolf/Neuner*, BGB AT, § 19 Rn. 40, 41 weist auf die zivilrechtliche Bedeutung, insbesondere im Prozessrecht, hin; danach unterscheiden sich die Lasten von den Obliegenheiten bei denen ein Verschulden (gegen sich selbst) vorausgesetzt wird.
330 Siehe unten 4. Teil A. zum Verhältnis zur »kollektiven Vermögensverwaltung« nach § 1 Abs. 19 Nr. 24 KAGB sowie dazu, dass sich der Begriff »Anlage« in die Systematik des KAGB und der AIFM-RL einfügt.
331 Art. 4 Abs. 1 w) AIFM-RL.

Würde § 154 Abs. 1 S. 2 KAGB lediglich auf den Verwaltungsbegriff nach § 17 Abs. 1 S. 2 KAGB abstellen, würde dies in Verbindung mit § 17 Abs. 1, Abs. 2 KAGB bedeuten, dass der externen Kapitalverwaltungsgesellschaft lediglich die Portfolioverwaltung *oder* das Risikomanagement obliegt. Das widerspräche dem gesetzlich angelegten Normenprogramm, dem zufolge § 23 Nr. 9, 10 KAGB verlangt, dass die Portfolioverwaltung *und* das Risikomanagement kumulativ erbracht werden müssen.[332] Die »Anlage und Verwaltung« im Sinne des § 154 Abs. 1 S. 2 KAGB umfasst aus grammatikalischen und teleologischen Gründen die Portfolioverwaltung *und* das Risikomanagement (Erlaubnisfähigkeit).[333] In Übereinstimmung damit regeln Anhang I Nr. 1 und Art. 4 Abs. 1 b) und w) AIFM-RL, dass lediglich die beiden Anlageverwaltungsfunktionen »Portfolioverwaltung und Risikomanagement« vom AIFM erbracht werden müssen.

Da § 154 Abs. 1 S. 2 KAGB ebenso wie § 23 Nr. 9, 10 KAGB vorschreiben, dass der externen Kapitalverwaltungsgesellschaft die Portfolioverwaltung und das Risikomanagement obliegen, könnte § 154 Abs. 1 S. 2 KAGB eine klarstellende Funktion im Verhältnis zur Erlaubnisverfahrensvorschrift nach § 23 Nr. 9, 10 KAGB haben. Dafür spricht folgende Überlegung: Anders als in der Konstellation eines nicht-rechtsfähigen Sondervermögens existiert im Investmentviereck eine Investmentgesellschaft mit eigener Rechtspersönlichkeit, die über ihre Organe handeln kann.[334] Folglich könnte eine (extern verwaltete) Investmentgesellschaft – gesellschaftsrechtlich und zivilrechtlich betrachtet – die Anlageverwaltungstätigkeit durch ihre Geschäftsführung selbst ausüben.[335] Zur Sicherung der Vorgaben des KAGB, insbesondere der Erlaubnisanforderungen (§ 23 Nr. 9, 10 KAGB), ist es daher zweckmäßig, in einer aufsichtsrechtlichen Vorschrift (§ 154 Abs. 1 S. 2 KAGB) festzuhalten, dass die Anlageverwaltung – *trotz* der Rechtspersönlichkeit und Handlungsfähigkeit der Investmentkommanditgesellschaft – weiterhin der externen Kapitalverwaltungsgesellschaft obliegt.

Während in der Konstellation eines Sondermögens der Investmentvertrag zwischen den Anlegern und der Kapitalverwaltungsgesellschaft geschlossen wird,[336] schiebt sich die extern verwaltete Investmentkommanditgesellschaft

---

332 Siehe oben 2. Teil D.6. zum Erlaubnisverfahren; vgl. Art. 4 Abs. 1 b), w) und Art. 6 Abs. 5 AIFM-RL.
333 Siehe unten 4. Teil B.IX. zum Wort »insbesondere«; a.A. *Eichhorn*, in Moritz/Klebeck/Jesch, KAGB, § 129 Rn. 12, der die Begriffe »Anlage« und »Portfolioverwaltung« gleichsetzt.
334 Siehe unten 5. Teil A. zur Befugnisstruktur bei der extern verwalteten Investmentkommanditgesellschaft.
335 Dann läge keine externe Verwaltung, sondern eine interne Verwaltung vor, § 17 Abs. 2 Nr. 2 KAGB.
336 Vgl. zum Investmentvertrag beim Sondervermögen zwischen Anlegern und externer Kapitalverwaltungsgesellschaft *v. Ammon/Izzo-Wagner*, in Baur/Tappen, KAGB, § 162 Rn. 25.

bildlich gesehen zwischen die Kapitalverwaltungsgesellschaft und die Anleger.[337] Konsequenterweise fehlt eine Regelung wie § 152 Abs. 1 S. 2 KAGB für den Fall des Sondervermögens, das nicht rechtsfähig ist, selbst über keine eigenen Geschäftsführungsorgane verfügt und deswegen keine Anlageverwaltungstätigkeit erbringen kann. Bei allen Investmentgesellschaftsrechtsformen im KAGB existieren dagegen Parallelvorschriften zu § 154 Abs. 1 S. 2 KAGB, da diese Gesellschaften durch eine Geschäftsführung bzw. einen Vorstand vertreten werden, sodass dort jeweils klargestellt wird, dass die Anlageverwaltungstätigkeit trotzdem von der Kapitalverwaltungsgesellschaft zu erbringen ist.[338]

Wortlaut und teleologische Aspekte lassen somit darauf schließen, dass es sich bei § 154 Abs. 1 S. 2 KAGB um eine öffentlich-rechtliche Norm handelt, die eine klarstellende Funktion hat. Denn die Geschäftsführung der Kapitalverwaltungsgesellschaft und nicht die Geschäftsführung der Investmentkommanditgesellschaft ist bereits nach § 23 Nr. 9, 10 KAGB verpflichtet, die Anlageverwaltungsfunktionen zu erbringen. § 154 Abs. 1 S. 2 KAGB hat somit keine konstitutive Wirkung, sondern stellt mit Blick auf § 23 Nr. 9, 10 KAGB klar, dass die »Anlage und Verwaltung« trotz der eigenen Rechtspersönlichkeit der Investmentkommanditgesellschaft weiterhin der externen Kapitalverwaltungsgesellschaft obliegt.[339]

2. Systematische Auslegung

a. Nachbarvorschriften zu § 154 Abs. 1 S. 2 KAGB

Fraglich ist, ob die Nachbarvorschriften eine öffentlich-rechtliche Einordnung des § 154 Abs. 1 S. 2 KAGB bestätigen. Nach § 154 Abs. 1 S. 1 KAGB kann die Investmentkommanditgesellschaft eine ihrem Unternehmensgegenstand entsprechende externe Kapitalverwaltungsgesellschaft bestellen.[340] Das Wort »kann« in § 154 Abs. 1 S. 1 KAGB weist auf ein Recht der Investmentkommanditgesellschaft hin, eine externe Kapitalverwaltungsgesellschaft zu bestellen oder dies nicht zu tun. Eine solche Wahlmöglichkeit könnte jedoch bereits von § 17 Abs. 2 Nr. 1, 2 KAGB bestehen. Danach darf der Vorstand oder die Geschäftsführung des Investmentvermögens entscheiden, ob eine externe Kapital-

---

337 Siehe unten 3. Teil B.IV.4.b.ii., dazu, dass von Gesetzes wegen keine (Vertrags-)beziehung zwischen den Anlegerkommanditisten und der externen Kapitalverwaltungsgesellschaft besteht.
338 Parallelvorschriften zu § 154 Abs. 1 S. 2 KAGB: Investmentaktiengesellschaft, § 112 Abs. 1 S. 2, § 144 Abs. 1 S. 2 KAGB; offene Investmentkommanditgesellschaft in § 129 Abs. 1 S. 2 KAGB.
339 »Anlage und Verwaltung« meint die Portfolioverwaltung und das Risikomanagement, siehe unten 4. Teil A.
340 Die Kapitalverwaltungsgesellschaft muss eine Expertise in der Anlageklasse vorweisen können, die der Anlagestrategie des (Publikums-)Fonds entspricht, vgl. *Boxberger*, GWR 2016, 1, 3.

verwaltungsgesellschaft bestellt wird oder ob das Investmentvermögen sich selbst verwaltet (interne Kapitalverwaltungsgesellschaft). Somit hat der Gesetzgeber mit § 154 Abs. 1 S. 1 KAGB lediglich klargestellt, dass, anders als beim nicht-rechtsfähigen Sondervermögen, die Bestellung der externen Kapitalverwaltungsgesellschaft durch die Geschäftsführung der rechtsfähigen Investmentkommanditgesellschaft erfolgt.[341]

Sofern § 17 Abs. 2 KAGB einen öffentlich-rechtlicher Charakter hat, spricht viel dafür, dass dies auch auf die § 154 Abs. 1 S. 1 KAGB zutrifft: Zunächst benutzt § 17 Abs. 2 KAGB das Wort »Bestellung« und meint damit die investmentrechtliche Bestellung, die den zivilrechtlichen Bestellungsvertrag zwar nicht ausdrücklich nennt, aber voraussetzt.[342] § 17 KAGB ist außerdem Bestandteil von Kapitel 1 Abschnitt 2 Unterabschnitt 1 des KAGB betreffend das aufsichtsrechtliche Erlaubnisverfahren; somit ist davon auszugehen, dass § 17 Abs. 2 KAGB öffentlich-rechtlicher Natur ist. Dafür spricht auch, dass § 15 KAGB im Fall eines Verstoßes gegen die Erlaubnispflicht ein aufsichtsrechtliches Einschreiten der BaFin vorsieht.[343] § 154 Abs. 1 S. 1 KAGB ist als öffentlich-rechtliche Spezialregelung betreffend die Investmentkommanditgesellschaft zu qualifizieren, welche die allgemeine Erlaubnisvorschrift nach § 17 Abs. 2 KAGB aufgreift und klarstellt, dass die Geschäftsführung der Investmentkommanditgesellschaft eine externe Kapitalverwaltungsgesellschaft bestellen darf, aber nicht muss.

Gemäß der Nachbarvorschrift § 154 Abs. 1 S. 3 KAGB ist die Bestellung der externen Kapitalverwaltungsgesellschaft kein Fall der Auslagerung im Sinne des § 36 KAGB,[344] sodass die strengen Auslagerungsregeln bei der Übertragung von Aufgaben der Kapitalverwaltungsgesellschaft auf ein Drittunternehmen nicht anzuwenden sind: So muss die Kapitalverwaltungsgesellschaft in der Lage sein, ihre gesamte Auslagerungsstruktur anhand von objektiven Gründen zu rechtfertigen. Die Auslagerung darf die Wirksamkeit der Beaufsichtigung der Kapitalverwaltungsgesellschaft außerdem nicht beeinträchtigen; insbesondere darf sie weder die Kapitalverwaltungsgesellschaft daran hindern, im Interesse ihrer Anleger zu handeln, noch darf sie verhindern, dass das Investmentvermögen im Interesse der Anleger verwaltet wird.

---

341 In der Praxis erfolgt die Auflegung eines Investmentvermögens oftmals auf Initiative der Kapitalverwaltungsgesellschaft.
342 Siehe oben 2. Teil D.I.5.: der Bestellungsvertrag wird an verschiedenen Stellen des KAGB vorausgesetzt.
343 Siehe unten 4. Teil B.I.1. zu § 15 KAGB; *Lorenz*, in Weitnauer/Boxberger/Anders, KAGB, § 125 Rn. 14 geht davon aus, dass Verstöße rein aufsichtsrechtlich sanktioniert werden.
344 Entsprechendes gilt gemäß §§ 112 Abs. 1 S. 3, 144 Abs. 1 S. 3, 129 Abs. 1 S. 3 KAGB; die Bestellung kann als investmentrechtliches Element betrachtet werden, vgl. auch Dornseifer AG 2008, 53, 59; »investmentrechtliche Erscheinung«, vgl. *Escher*, Bankrechtstag 2013, 123, 140; vgl. auch bankaufisichtsrechtliche Auslagerung nach § 25b KWG; *Hanten*, ZBB 2003, 291, 291 ff.

Während die Kapitalverwaltungsgesellschaft im Fall der Auslagerung von Aufgaben auf ein Unternehmen weiterhin für die Erfüllung der aufsichtsrechtlichen Pflichten verantwortlich bleibt, geht die Verantwortung für die Erbringung der Portfolioverwaltung und des Risikomanagements vollständig auf die bestellte, externe Kapitalverwaltungsgesellschaft über.[345] Der Umstand, dass die Kapitalverwaltungsgesellschaft für die Portfolioverwaltung und das Risikomanagement verantwortlich ist, ergibt sich jedoch bereits aus den Erlaubnisanforderungen, insbesondere aus den Versagungsgründen nach § 23 Nr. 9, 10 KAGB, sodass § 154 Abs. 1 S. 3 KAGB als eine klarstellende Sondervorschrift bei der Verwaltung von Investmentkommanditgesellschaften betrachtet werden sollte.[346]

Weiterhin ist die Kapitalverwaltungsgesellschaft gemäß § 154 Abs. 1 S. 4, 5 i. V. m. § 99 KAGB »berechtigt, die Verwaltung der Mittel der geschlossenen Investmentkommanditgesellschaft zu kündigen«. Das Recht zur Kündigung setzt eine kündbare Rechtsbeziehung voraus, die vorliegend in dem Bestellungsvertrag zwischen der Investmentkommanditgesellschaft und der externen Kapitalverwaltungsgesellschaft gesehen werden könnte. Zwar bezieht sich das Kündigungsrecht gemäß § 154 Abs. 1 S. 4 KAGB dem Wortlaut nach nicht auf den Bestellungsvertrag, sondern auf die »Verwaltung der Mittel der geschlossenen Investmentkommanditgesellschaft«. Die »Verwaltung der Mittel« umfasst nach § 17 Abs. 1 S. 2 KAGB jedoch mindestens die Anlageverwaltungsfunktionen, die auf Grundlage des Bestellungsvertrages erbracht werden.[347] Folglich bezieht sich das Kündigungsrecht gemäß § 154 Abs. 1 S. 4 und 5 KAGB auf den Bestellungsvertrag, sodass § 154 Abs. 1 S. 4 und 5 KAGB einen privatrechtlichen Charakter haben. Anders als bei § 154 Abs. 1 S. 1–3 KAGB wird insoweit keine Norm des KAGB – etwa aus dem Erlaubnisverfahren – aufgegriffen, sodass § 154 Abs. 1 S. 4 und 5 KAGB keine klarstellende Funktion im obigen Sinne haben.

---

345   Zur Auslagerung: Art. 75 ff. Level-2-AIFM-VO, Art. 20 AIFM-RL; siehe unten 4. Teil B.VI.1. und 4. Teil B.VI.2. und VII. zur Auslagerung in Abgrenzung zum bloßen Fremdbezug von Leistungen; § 36 Abs. 4 KAGB behandelt den Fall der Verschuldenszurechnung, die von der Frage, nach dem zu zurechnenden Verschuldensumfang zu trennen ist; die Vereinbarung einer Haftungsbeschränkung der Kapitalverwaltungsgesellschaft scheint zumindest für fahrlässiges Handeln im Einzelfall nicht ausgeschlossen.
346   *Hüwel*, in Baur/Tappen, KAGB, § 129 Rn. 15; *Könnecke*, in Baur/Tappen, KAGB, § 154 Rn. 22 sehen eine Klarstellungswirkung mit Blick auf die interne Kapitalverwaltungsgesellschaft; *Paul*, in Weitnauer/Boxberger/Anders, KAGB, § 154 Rn. 5.
347   Siehe oben 2. Teil D.I.5.b. zur vertraglichen Natur des Bestellungsakts.

b. Systematische Erwägungen hinsichtlich §§ 149 ff. KAGB

Die §§ 149 ff., 154 Abs. 1 S. 2 KAGB befinden sich im Abschnitt 5 Unterabschnitt 3 des KAGB betreffend die »Allgemeinen Vorschriften für geschlossene Investmentkommanditgesellschaften«.[348] Ebenso wie die Vorschriften nach §§ 105 Abs. 3, 161 Abs. 2 HGB sind die §§ 149 ff. KAGB als speziellere Rechtsform der allgemeineren Rechtsform nachgeschaltet. Insoweit verwenden die Gesetzeswerke dieselbe Regelungstechnik. Weiterhin ist die Investmentkommanditgesellschaft eine investmentrechtlich modifizierte Gesellschaftsrechtsform, bei der gemäß § 149 Abs. 1 S. 2 KAGB die Bestimmungen des HGB nur dann anzuwenden sind, wenn sich aus den Vorschriften des genannten Unterabschnitts nichts anderes ergibt.[349] Das KAGB geht dem HGB somit als lex specialis vor, was dafür sprechen könnte, dass beide Gesetzeswerke derselben Teilrechtsordnung – des Privatrechts – zuzuordnen sind. Weiterhin könnte argumentiert werden, dass, wenn der Gesetzgeber ein rein aufsichtsrechtliches Verständnis von den §§ 139 ff. KAGB gehabt hätte, eine Vorrangregelung nach § 149 Abs. 1 S. 2 KAGB entbehrlich gewesen wäre. Denn öffentlich-rechtliche Vorschriften können aufgrund der generellen Vorrangwirkung ohnehin nicht durch die zivilrechtlichen Regelungen verdrängt werden.[350]

Allerdings führt der Gesetzgeber in der Gesetzesbegründung zum KAGB aus, dass das KAGB Abweichungen zum HGB regelt, sofern diese aufgrund »*aufsichtlicher* Besonderheiten für die Behandlung als Fondsvehikel erforderlich sind.«[351] Dies deutet auf ein rein aufsichtsrechtliches Normverständnis des KAGB hin. Im selben Absatz betont der Gesetzgeber aber auch, dass es sich bei der Investmentkommanditgesellschaft um keine neue Gesellschaftsform handelt, sondern dass sich diese vielmehr in das bestehende Regelwerk nach dem HGB »einfügt«.[352] Im Ergebnis lassen diese Erwägungen keinen eindeutigen Schluss auf den Normcharakter der §§ 149 ff., 154 Abs. 1 S. 2 KAGB zu.

---

348 Dieselben Erwägungen gelten für die Vorschriften für die offene Investmentkommanditgesellschaft, §§ 124 ff. KAGB.
349 § 140 Abs. 1 2, § 149 Abs. 1 2 KAGB; siehe oben 2. Teil D.I.1. zu den investmentrechtlich modifizierten Gesellschaftsrechtsformen.
350 Siehe oben 1. Teil B.II. zur generellen Vorrangwirkung; vgl. *Dreher*, ZGR 2010, 496, 502 eine »Frage der Normenhierarchie und der Spezialität.«; generell dazu *Westermann*, Vertragsfreiheit und Typengesetzlichkeit im Recht der Personengesellschaften, S. 40: Öffentliches Recht zwar unentrinnbar (S. 42), aber nur hinsichtlich öffentlich-rechtlichem Regime, nicht zwingendes Vertragsrecht; *Röttger*, Die Kernbereichslehre im Recht der Personengesellschaft, S. 20; *Bracht*, ZBB 2013, 252, 257.
351 Hervorhebungen durch den Verfasser; Gesetzesbegründung zum KAGB, Bt-Dr. 17/12294, S. 249.
352 Gesetzesbegründung zum KAGB, Bt-Dr. 17/12294, S. 249.

3. Zwischenergebnis

Insbesondere der Wortlaut des § 154 Abs. 1 S. 2 KAGB, die Nachbarvorschriften gemäß § 154 Abs. 1 S. 1 und 3 KAGB sowie der Zusammenhang mit dem Erlaubnisverfahren sprechen bisher überwiegend dafür, dass § 154 Abs. 1 S. 2 KAGB einen öffentlich-rechtlichen Charakter hat. Es erscheint jedoch nicht ausgeschlossen, dass der deutsche Gesetzgeber mit § 154 Abs. 1 S. 2 KAGB alternativ auch eine zivilrechtliche Angleichungsvorschrift geschaffen haben könnte, um einen Gleichlauf mit den öffentlich-rechtlichen Vorgaben nach § 23 Nr. 9 und 10 KAGB zu erreichen. In teleologischer Hinsicht ist der Frage nachzugehen, ob der Gesetzeszweck Aufschluss über den Normcharakter geben kann.

II. Teleologische Auslegung

Da das KAGB die AIFM-RL umsetzt und die europarechtlichen Vorgaben vorrangig zu berücksichtigen sind,[353] wird zunächst der Wille des europäischen Gesetzgebers untersucht und im Anschluss danach gefragt, ob sich der objektiv zu bestimmende Gesetzeszweck insoweit mit der deutschen Umsetzung deckt.

1. Zweck der AIFM-RL

Im Zusammenhang mit den oben betrachteten Rechtswegtheorien wurde bereits festgestellt, dass die AIFM-RL und das KAGB die Harmonisierung des europäischen Binnenmarktes für Fonds, die Finanzmarktstabilität sowie den kollektiven Anlegerschutz bezwecken, was der Zielrichtung nach für einen öffentlich-rechtlichen Charakter spricht.[354] Darüber hinaus könnten Regelungsgegenstand und Harmonisierungsgrad der AIFM-RL weitere Hinweise auf die rechtssystematische Einordnung des deutschen Umsetzungsgesetzes geben.[355] Insbesondere ist die im Lamfalussy-Verfahren entstandene AIFM-RL sehr detailliert ausgestaltet: Dort finden sich nicht nur abstrakte Ziele, sondern vielmehr inhaltlich differenzierte Vorgaben für den nationalen Gesetzgeber.[356] Da der deutsche Gesetzgeber die Richtlinienvorgaben in großen Teilen wortlautgetreu durch das

---

353 Siehe oben 2. Teil D.I.3.a.iii. und unten 4. Teil B.IX. jeweils zur Richtlinienkonformität.
354 Siehe oben 3. Teil A.II. zu den Rechtswegtheorien.
355 *Koch*, ZBB 2014, 211, 212; kritisch *Herresthal*, WM 2012, 2261, 2263; zum Ganzen für den Bereich der MiFID, vgl. *Forschner*, Wechselwirkungen zwischen Aufsichtsrecht und Zivilrecht, S. 28 ff.; *Fuchs*, WpHG a.F., Vorb. §§ 31–37a, Rn. 76 ff.
356 *Veil,* in *ders.*, Europäisches Kapitalmarktrecht, § 3 Rn. 16.

KAGB umgesetzt hat,[357] spricht viel dafür, dass eine möglicherweise europarechtlich vorgegebene »aufsichtsrechtliche« oder »vertragsrechtliche« Regelungstechnik indiziell für die Einordnung der nationalen Umsetzungsnormen zu beachten ist.[358]

Gemäß Erwägungsgrund 2 und 4 zielt die AIFM-RL darauf ab, »gemeinsame Anforderungen für die Zulassung von und Aufsicht über AIFM festzulegen«, wodurch »ein harmonisierter und strikter Regulierungs- und Kontrollrahmen für die Tätigkeiten innerhalb der Union aller AIFM geschaffen werden [soll].« Damit ein AIFM seine Tätigkeit aufnehmen darf, schreibt das Europarecht ein behördliches und damit öffentlich-rechtliches Erlaubnisverfahren vor, Art. 6 Abs. 1, 7, Art. 7 und 8 AIFM-RL. Darüber hinaus spricht Erwägungsgrund 4 der AIFM-RL von einer Übergangszeit, in der das bisherige »nationale *Aufsichts*regime« und das harmonisierte Aufsichtsregime nebeneinanderstehen sollen. Schließlich beschreibt die Richtlinie in Erwägungsgrund 17 ein »reduziertes Aufsichtsregime« für kleine AIFM, was insgesamt auf einen aufsichtsrechtlichen Regelungsansatz schließen lässt.[359] Die AIFM-RL regelt lediglich punktuell vertragliche Pflichten: Zivilrechtliche Regelungen finden sich etwa zur Haftung der Verwahrstelle in Art. 21 Abs. 6 e), Abs. 13, 14 AIFM-RL.[360] In Art. 20 Abs. 3 AIFM-RL wird auf die »Haftung« zwischen AIFM und AIF eingegangen und dafür gesorgt, dass sich die Stellung des AIF bzw. der Anleger gegenüber dem AIFM im Fall der Auslagerung nicht verschlechtern darf.[361] Da nur vereinzelte Regelungen existieren, die eine zivilrechtliche Normsetzung durch die Mitgliedstaaten erwarten lassen, ist in Übereinstimmung mit den Erwägungsgründen und dem überwiegenden Vorschriftenteil der AIFM-RL davon auszugehen,

---

357 Bei der MiFID hat dies die Bundesregierung sogar ausdrücklich hervorgehoben, Gesetzesbegründung zu FRUG, S. 52; der europäische Gesetzgeber hat auch die Kompetenz das Kapitalmarktrecht zivilrechtlich zu regeln, dazu *Schmidt*, Konkretisierung von Generalklauseln im europäischen Privatrecht, S. 34 f.; *Möllers*, in ders., Rn. 37; *Forschner*, Wechselwirkungen zwischen Aufsichtsrecht und Zivilrecht, S. 32; kritisch *Herresthal*, WM 2012, 2261 ff., spricht aber in WM 2014, 773, 775 zumindest von einem »primär aufsichtsrechtlichen Anlegerschutz« im Zusammenhang mit der Honoraranlageberatung.
358 Nach *Kischel* wird auch im Vereinigten Königreich zwischen Öffentlichem Recht und Zivilrecht unterschieden, *Kischel*, Rechtsvergleichung, S. 345 ff.; siehe oben 3. Teil A.II.; a.A. *Zetzsche*, Prinzipien der kollektiven Vermögensverwaltung, S. 461; generell: *Forschner*, Wechselwirkungen zwischen Aufsichtsrecht und Zivilrecht, S. 28 ff., 84; siehe unten 3. Teil B.IV.1. zur Theorie von den Doppelnormen.
359 Kritisch zu Bedeutung des »Regelungsansatzes«, *Herresthal*, WM 2012, 2261, 2263.
360 *Tollmann*, in DJKT, AIFM-RL, Art. 21 Rn. 105 f.
361 Vgl. bereits Art. 13 Abs. 2 S. 1 OGAW-RL; § 16 InvG (aufgehoben) bzw. § 36 Abs. 4 KAGB; *Tollmann*, in DJKT, AIFM-RL, Art. 20 Rn. 142.

dass durch die Richtlinie zuvorderst das Aufsichtsrecht der Mitgliedstaaten harmonisieren werden sollte. Für einen aufsichtsrechtlichen Charakter spricht weiterhin das in der AIFM-RL niedergelegte Prinzip der Herkunftslandzulassung und der Herkunftslandaufsicht. Demnach sind die nationalen Aufsichtsbehörden im Sitzland des AIFM für die Zulassung und die Aufsicht zuständig und es erfolgt eine gegenseitige Anerkennung auf Basis einer solchen Zulassung im Sitzstaat.[362] Der Richtliniengeber ging somit davon aus, dass die Ziele der AIFM-RL nicht allein durch zivilrechtliche Regelungen, sondern vornehmlich mit aufsichtsrechtlichen Pflichten erreicht werden können.[363]

Fraglich ist, welche Erkenntnisse sich aus der Feststellung des Harmonisierungsgrads der AIFM-RL gewinnen lassen. Die AIFM-RL sieht für den Bereich der Managerregulierung für professionelle Anleger eine Vollharmonisierung vor, sodass europaweit die gleichen Regeln gelten sollen,[364] über die nicht hinausgegangen werden darf.[365] Aus dem primär aufsichtsrechtlichen Regelungsansatz der AIFM-RL könnte daher geschlossen werden, dass die Mitgliedstaaten ebenfalls vornehmlich aufsichtsrechtliche Normen im Anwendungsbereich der Richtlinie erlassen sollen, um das Vollharmonisierungsziel zu erreichen.[366] Dasselbe gilt bezüglich der organisations- und rechtsformbezogenen Fondsregulierung.[367] Allerdings sind Form und Mittel der Richtlinienumsetzung den Mitgliedstaaten überlassen, soweit die Richtlinie keine spezifischen Vorgaben zu den Rechtswirkungen enthält.[368] Eine Angleichung des Zivilrechts an die

---

362 Erwägungsgründe 2, 4, 15 und 17; Art. 4 Abs. 1 p) i), Art. 5 Abs. 3 und Art. 6 Abs. 7, Art. 32 AIFM-RL; *Spindler/Tancredi*, WM 2011, 1441, 1446.
363 Zum Zulassungsverfahren, vgl. Art. 6 ff. AIFM-RL; *Forschner*, Wechselwirkungen zwischen Aufsichtsrecht und Zivilrecht, S. 43 f.
364 Siehe oben 2. Teil D.I.3.b.
365 Für die MiFID, *Herresthal*, WM 2012, 2261, 2262 ff.; *Klein*, Die Beratungsprotokollpflicht im System des europarechtlich determinierten Anlegerschutzes, S. 485.
366 Dagegen spricht auch nicht der effet utile-Grundsatz, vgl. *Forschner*, Wechselwirkungen zwischen Aufsichtsrecht und Zivilrecht, S. 39 ff.; dem effet utile sei bereits durch eine effektive aufsichtsrechtliche Umsetzung genügt, dazu *Klein*, Die Beratungsprotokollpflicht im System des europarechtlich determinierten Anlegerschutzes, S. 471 ff., 474 f.; *ders.*, zur Begrenzung der Ausstrahlungswirkung auf den Anwendungsbereich der aufsichtsrechtlichen Vorgaben, S. 486; *Koch*, ZBB 211, 212 »Regelungskompetenz«; a.A. *Herresthal*, WM 2012, 2261, 2267.
367 Siehe oben 2. Teil D.I.3.a.
368 BGH, WM 2011, 2268, 2273: »Danach ergeben sich [...] weder aus Art. 19 der Finanzmarktrichtlinie [...] unmittelbare beratungsvertragliche Rechtswirkungen zugunsten der Anleger im Verhältnis zur Bank. [...] Für die Art und Weise der Umsetzung dieser Vorgabe geben sie keine Regelung vor; diese bleibt vielmehr vollständig den Mitgliedstaaten überlassen. Insbesondere unterliegt es danach deren eigener Entscheidung, ob diese Umsetzung in zivil- oder aufsichtsrechtlicher Form geschieht. Der deutsche Gesetzgeber hat in Gestalt des Finanzmarkt-Richtlinie-

AIFM-RL ist somit nicht verpflichtend,[369] aber auch nicht ausgeschlossen.[370] Der aufsichtsrechtliche Regelungsansatz der AIFM-RL hat daher nur Indizwirkung für die nationalen Umsetzungsnormen.

2. Zweck des KAGB

Der deutsche Gesetzgeber hat sich dazu entschlossen, die AIFM-RL und die OGAW-RL in einem einzigen Gesetzbuch (KAGB) umzusetzen.[371] Nach der Gesetzesbegründung soll der Aufsichts- und Regulierungsrahmen fortentwickelt und insbesondere an die geänderten europäischen Vorgaben angepasst werden,[372] sodass der primär aufsichtsrechtliche Regelungsansatz der AIFM-RL im deutschen Recht umgesetzt worden ist. Die Ziele des KAGB decken sich außerdem mit den öffentlich-rechtlich geprägten Zielen der AIFM-RL.[373] Gegen einen aufsichtsrechtlichen Regelungsansatz des KAGB kann ebenso wenig wie bei der AIFM-RL überzeugend angeführt werden, dass das KAGB stellenweise Normen enthält, die eindeutig einen zivilrechtlichen Charakter haben. Dazu gehören etwa die Offenlegungs- und Haftungsansprüche nach § 45 Abs. 1 S. 1, § 67 Abs. 1 S. 2, § 297 Abs. 1 S. 2, § 78 Abs. 1 S. 2, Abs. 2 S. 2, § 89 Abs. 1 S. 2, Abs. 2 S. 2 KAGB oder der zivilrechtliche Prospekthaftungsanspruch gemäß § 306 KAGB. Zwar beruht die Gesetzgebungskompetenz für das KAGB – anders als das heute aufgehobene InvG – nicht nur auf dem Recht der Wirtschaft (Art. 74 Abs. 1 Nr. 11 GG), sondern nach der Gesetzesbegründung auch auf dem »Bürgerlichen Recht« (Art. 74 Abs. 1

Umsetzungsgesetzes (FRUG) [...] die Umsetzung nicht auf zivil-, sondern auf aufsichtsrechtlicher Ebene vorgenommen [...]. Nach der Rechtsprechung des erkennenden Senats [...] bewirken aufsichtsrechtliche Bestimmungen regelmäßig weder eine Begrenzung noch eine Erweiterung der zivilrechtlich zu beurteilenden Haftung des Anlageberaters.«

369 *Veil*, ZGR 2014, 544, 549; *Klein*, Die Beratungsprotokollpflicht im System des europarechtlich determinierten Anlegerschutzes, S. 464 f.; a.A. *Herresthal*, WM 2012, 2261, 2262, 2263; *Zetzsche*, Prinzipien der kollektiven Vermögensverwaltung, S. 461: Wo Vollharmonisierung bezweckt sei, müsse dies Aufsichts- und Zivilrecht umfassen, da beispielsweise das Recht im Vereinigten Königreich nicht derart differenziere; a.A. *Kischel*, Rechtsvergleichung, S. 345 ff.

370 *Benicke*, Wertpapiervermögensverwaltung, S. 464; *Sachtleber*, Zivilrechtliche Strukturen von Open-end-Investmentfonds, S. 29; auch die Zielverbindlichkeit bezieht sich nicht auf eine Verpflichtung zur Angleichung des Zivilrechts, *Forschner*, Wechselwirkungen zwischen Aufsichtsrecht und Zivilrecht, S. 42; *Veil*, ZGR 2014, 544, 549.

371 Siehe oben 2. Teil D.I.
372 Gesetzesbegründung zum KAGB, Bt-Dr. 17/12294, S. 2.
373 Gesetzesbegründung zum KAGB, Bt-Dr. 17/12294, S. 1 ff.

Nr. 1 GG).[374] Dies bedeutet jedoch lediglich, dass einige Regelungen, wie etwa die obengenannten Offenlegungs- und Haftungsvorschriften, auf Grundlage der Gesetzgebungskompetenz nach Art. 74 Abs. 1 Nr. 1 GG geschaffen wurden und nicht, dass alle Normen des KAGB zivilrechtlicher Natur sind.

3. Zusammenfassende Würdigung

Die Zielsetzung durch den europäischen Gesetzgeber, das Prinzip der Herkunftslandzulassung bzw. Herkunftslandaufsicht sowie die überwiegend aufsichtsrechtliche Ausgestaltung der Vorschriften, lassen darauf schließen, dass der AIFM-RL ein aufsichtsrechtlicher Regelungsansatz zugrunde liegt. Diesen Ansatz hat der deutsche Gesetzgeber übernommen, wobei die Umsetzung den Mitgliedstaaten freisteht und die Richtlinienvorgaben nicht verhindern, dass der nationale Gesetzgeber bestimmte Vorgaben im Wege zivilrechtlicher Regelungen umsetzt. Es ist daher weiterhin nicht ausgeschlossen, dass die fonds- und organisationsbezogenen Vorschriften nach §§ 139 ff. KAGB privatrechtlich ausgestaltet sind, sodass nach § 154 Abs. 1 S. 2 KAGB eine gesetzliche Kompetenzübertragung auf die externe Kapitalverwaltungsgesellschaft stattfinden würde, ohne das es dafür einer schuldrechtlichen Abrede wie dem Bestellungsertrag bedarf. Im Folgenden wird untersucht, welche Regelungswirkungen mit einer Einordnung als privatrechtliche oder öffentlich-rechtliche Norm verbunden wären und inwieweit sich eine solche Einordnung systematisch und teleologisch in den Regelungsrahmen einfügen würde.

III. Privatrechtliche Ausgestaltung des § 154 Abs. 1 S. 2 KAGB

Hätte § 154 Abs. 1 S. 2 KAGB zusammen mit den Regelungen nach §§ 139 ff., 154 KAGB einen privatrechtlichen Charakter haben, würde dies zu einem Gleichlauf mit den öffentlich-rechtlichen Vorschriften nach § 23 Nr. 9, 10, §§ 17 ff. KAGB führen. So ist den genannten Vorschriften gemeinsam, dass sie Regelungen zur Anlageverwaltungspflicht der Kapitalverwaltungsgesellschaft treffen. Der Gesetzgeber könnte damit zwei Regelungskomplexe in unterschiedlichen Teilrechtsordnungen geschaffen haben: Im Zuge eines solchen dualen Normerlasses hätte § 154 Abs. 1 S. 2 KAGB einen zivilrechtlichen Charakter, wohingegen § 17 Abs. 1 Nr. 2, § 23 Abs. 1 Nr. 9, 10 KAGB die Voraussetzungen für die öffentlich-rechtliche Erlaubnispflicht und -fähigkeit festlegen würden. Auch aufsichtliche Sanktionsmaßnahmen gemäß §§ 5 ff., 15 f., 39 ff., 314 f., 339 f. KAGB würden sich dann in einem von der zivil-

---

374 Vgl. Gesetzesbegründung zum KAGB, Bt-Dr. 17/12294, S. 193 sowie die Gesetzesbegründung zum Investment-ÄnderungsG, 2007, Bt-Dr. 16/5576, S. 51.

rechtlichen Angleichungsnorm losgelösten Parallelkomplex der öffentlich-rechtlichen Regelungs- und Aufsichtsregimes vollziehen.[375] § 154 Abs. 1 S. 2 KAGB könnte die national motivierte Angleichungsnorm im Bereich des Zivilrechts sein, die europarechtlich zwar nicht vorgegeben, aber zulässig ist.[376] Aufgrund der in Betracht kommenden unterschiedlichen Rechtsfolgen stellt sich die Frage, ob § 154 Abs. 1 S. 2 KAGB als Zivilrechtsnorm eine zwingende oder dispositive Regelungswirkung entfalten würde.

1. Vertragsfreiheit: Zwingendes und dispositives Recht

Im Zivilrecht und auch auf dem Gebiet des Investmentwesens[377] gilt die verfassungsrechtlich garantierte Privatautonomie.[378] Die wichtigste Erscheinungsform ist die Vertragsfreiheit,[379] welche die Abschlussfreiheit und die inhaltliche Gestaltungsfreiheit umfasst.[380] Da die Investmentkommanditgesellschaft eine externe Kapitalverwaltungsgesellschaft für die Anlage und Verwaltung des Kommanditanlagevermögens bestellen »kann«, gewährt § 154 Abs. 1 S. 1 KAGB die Abschlussfreiheit und vermeidet einen Abschlusszwang. § 17 Abs. 2 Nr. 2 KAGB konkretisiert die Wahlfreiheit dahingehend, dass die Geschäftsführung des Investmentvermögens sich dazu entscheiden kann, keine externe Kapitalverwaltungsgesellschaft zu bestellen und sich selbst als interne Kapitalverwaltungsgesellschaft zulassen.

---

375 Namentlich die Versagung bzw. Rücknahme der Erlaubnis nach öffentlich-rechtlichen Grundsätzen, § 39 KAGB, §§ 48 f. VwVfG bzw. die Aufsichtsmassnahmen nach §§ 5 ff., 15 f. KAGB; zum Nebeneinander von § 39 KAGB und §§ 48 f. VwVfG, vgl. *Weitnauer*, in Weitnauer/Boxberger/Anders, KAGB, § 39 Rn. 1.
376 Art. 288 AEUV.
377 Handbuch für das gesamte Investmentwesen, 425, KAGG, § 10 Rn. 8; *Zetzsche*, Prinzipien der kollektiven Vermögensverwaltung, S. 625 möchte den qualifizierten Anleger ein Mehr an privatrechtlichem Gestaltungsspielraum zu billigen.
378 Art. 2 Abs. 2 GG gewährt die allgemeine Handlungsfreiheit, eingehend dazu *Westermann*, Vertragsfreiheit und Typengesetzlichkeit, S. 26; vgl. § 311 Abs. 1 BGB; *Bechthold*, Die Grenzen zwingenden Vertragsrechts, S. 1, 13 ff.; in Abgrenzung zum Begriff des »Vertragsgesetzlichkeit«, vgl. *Westermann*, Vertragsfreiheit und Typengesetzlichkeit, S. 24; KAGB schränkt Privatautonomie grundsätzlich nicht ein, *Lorenz*, in Weitnauer/Boxberger/Anders, KAGB, § 125 Rn. 11.
379 Früh zur Bedeutung der Vertragsfreiheit Westermann, Vertragsfreiheit und Typengesetzlichkeit im Recht der Personengesellschaften, S. 24; als Haupterscheinungsform der Privatautonomie, Palandt, BGB, Einf. § 145 Rn. 7.
380 Gestaltungsfreiheit und Abschlussfreiheit beeinflussen sich gegenseitig, *Wolf/Neuner*, BGB AT, § 10 Rn. 37; *Westermann*, Vertragsfreiheit und Typengesetzlichkeit im Recht der Personengesellschaften, S. 24.

Das Vertragsrecht ist darüber hinaus von der Dichotomie[381] zwischen zwingendem und dispositivem Recht geprägt:[382] Während das dispositive Recht abweichende Vereinbarungen durch die Parteien zulässt,[383] setzt sich das zwingende Vertragsrecht auch gegen den rechtsgeschäftlichen Parteiwillen durch.[384] Gemäß dem Grundsatz der Vertragsfreiheit handelt es sich bei zivilrechtlichen Regelungen prinzipiell um dispositives Recht.[385] Der zwingende Charakter einer Norm ergibt sich entweder unmittelbar kraft expliziter Anordnung durch den Gesetzgeber[386] oder im Wege weiterer Auslegung.[387] Angeführt werden eine Reihe von Funktionen des zwingenden Vertragsrechts, die bei einer teleologischen Normauslegung zu berücksichtigen sind.[388] So dient das zwingende Vertragsrecht dem Schutz von Interessen Dritter, dem Schutz des schwächeren Vertragspartners sowie der öffentlichen Ordnung und dem Institutionsschutz.[389] Demgegenüber bezwecken dispositive Regelungen die Lückenfüllung, die Entlastung der Vertragsparteien und haben eine Leitbildfunktion.[390] Im Folgenden wird die potenzielle Ausgestaltung des § 154 Abs. 1 S. 2 KAGB als zwingende (2.) oder dispositive (3.) Zivilrechtsregelung durch Auslegung untersucht.[391]

2. Zwingendes Zivilrecht

§ 154 Abs. 1 S. 2 KAGB könnte zivilrechtliche Pflichten zum Schutz der Anleger statuieren, sodass die externe Kapitalverwaltungsgesellschaft gegenüber

---

381 *Bechthold*, Die Grenzen zwingenden Vertragsrechts, S. 13; kritisch *Cziupka*, Dispositives Vertragsrecht, S. 227, sieht die Dichotomie als »überkommen« an.
382 *Ulrici*, JuS 2005, 1073, 1073 ff.; *Röttger*, Die Kernbereichslehre im Recht der Personengesellschaft, S. 19 f.; *Westermann*, Vertragsfreiheit und Typengesetzlichkeit, S. 41.
383 *Wolf/Neuner*, BGB AT, § 3 Rn. 8; *Möslein*, Dispositives Recht, S. 2, 9.
384 *Schapp*, Grundfragen der Rechtsgeschäftslehre, S. 94; *Wagner* ZEuP 2010, 243, 250.
385 *Möslein*, Dispositives Recht, S. 19, 24, dabei differenzierter für das Gesellschaftsrecht nach Innen- und Außenverhältnis, auch zu Unabdingbarkeit des Typenzwangs, S. 22.
386 Zum Beispiel §§ 134, 138, 307 ff. BGB, vgl. auch §§ 137 S. 1, § 276 Abs. 3, 619 BGB.
387 *Ulrici*, JuS 2005, 1073, 1074; *Bechthold*, Die Grenzen zwingenden Vertragsrechts, S. 14.
388 *Stecher*, Vertragsbeziehungen zwischen Anlagen- und NetzBetreiber, S. 30; *Wagner*, ZEuP 2010, 243, 250 f.
389 *Bechthold*, Die Grenzen zwingenden Vertragsrechts, S. 15; Gemeinwohlinteresse, *Wolf/Neuner*, BGB AT, § 3 Rn. 13.
390 *Bechthold*, Die Grenzen zwingenden Vertragsrechts, S. 14; *Kötz*, JuS 2013, 289, 291 ff.
391 *Ulrici*, JuS 2005, 1073, 1074; kritisch zu den klassischen Auslegungsmethoden mit Verweis darauf, dass sich damit kaum jemals eindeutige Ergebnisse finden lassen, *Cziupka*, Dispositives Vertragsrecht, S. 227; *Tollmann*, in DJKT, AIFM-RL, Art. 5 Rn. 15 »Rechte und Pflichten nicht abdingbar«; *Köndgen*, in BSL, InvG, § 9 Rn. 11.

dem Vertragspartner (Investmentkommanditgesellschaft) aufgrund zwingenden Vertragsrechts zur Anlageverwaltung verpflichtet wäre.

a. Gemeinwohlinteresse

Mit der Anlageverwaltungspflicht bezweckt der Gesetzgeber, die Fondsverwaltung in der Hand der Kapitalverwaltungsgesellschaft zu vereinigen. Dies geschieht ausweislich der nationalen und europarechtlichen Vorgaben zum Schutz der Anleger und der Finanzmarktstabilität.[392] Damit ist den Zielen des zwingenden Vertragsrechts gedient, namentlich der öffentlichen Ordnung und dem Gemeinwohlinteresse. Allerdings werden Regelungen im Interesse des Gemeinwohls auch dem öffentlichen Recht zugeordnet und gerade nicht dem Zivilrecht,[393] sodass dieses Kriterium keinen eindeutigen Schuss auf das Vorliegen einer zwingenden Zivilrechtsregelung zulässt.

b. Schutz des schwächeren Vertragspartners

§ 154 Abs. 1 S. 2 KAGB könnte dem Schutz des schwächeren Vertragspartners dienen. Um zu vermeiden, dass der stärkere Vertragspartner seine eigenen Interessen gegenüber der schwächeren Partei durchsetzen kann, finden sich in anderen deutschen Gesetzen zahlreiche Bestimmungen, die eine Abweichung zum Nachteil des schützenswerten Vertragspartners für unzulässig erklären.[394] Beispielhaft sei hier das Recht zur Wohnraummiete gemäß §§ 549, 536 Abs. 4, 547 Abs. 2 BGB, das überwiegende Arbeitsrecht[395] und die Regelungen zum Verbraucherschutz nach §§ 312f S. 1, 475 Abs. 1 S. 1 BGB genannt.[396]

Das KAGB differenziert zunächst zwischen Privatanlegern sowie weniger schutzbedürftigen semiprofessionellen und professionellen Anlegern, etwa Banken und Versicherungen, § 1 Abs. 6, Abs. 19 Nr. 33 KAGB.[397] Ein »struktu-

---

392 Siehe oben 2. Teil D.I. betreffend die Ziele des KAGB, sowie oben 2. Teil C.II.1.a. betreffend die Ziele der AIFM-RL.
393 Siehe oben 3. Teil A.II.1. zur Interessentheorie, sowie unten 4. Teil B.X. zur Interessen- und Güterabwägung.
394 Vgl. Erwägungen BVerfG, NJW 1994, 36, 38, 39; kritisch zum Paternalismus: nach *Wagner*, ZEuP 2010, 243, 277 sind »Verbraucher auch keine unmündigen Wesen, die des paternalistischen Schutzes bedürfen, sondern verfügen über erheblichen Eigensinn und die Marktmacht, diesen auch durchzusetzen.«
395 *Richardi*, NZA 2002, 1057, 1060.
396 Es können vollzwingende Normen, sowie subjektiv-halbzwingende Normen, die nur gegenüber einem Vertragspartner und objektiv-halbzwingende Normen, die nur bezüglich eines Kernbestandes unabdingbar sind, unterschieden werden, z.B. § 307 Abs. 2 Nr. BGB; vgl. *Stecher*, Vertragsbeziehungen zwischen Anlagen- und Netzbetreiber, S. 29; *Wolf/Neuner*, BGB AT, § 3 Rn. 19; zum Wort »halbzwingend« siehe etwa Formulierung des Gesetzgebers in BT-Drs. 18/8625, S. 18.
397 Siehe oben 2. Teil D.I.2.

relles Ungleichgewicht«[398] lässt sich zuvorderst im Zusammenhang mit Privatanlegern bei Publikums-AIF erwägen, wohingegen die professionellen Anleger aufgrund ihrer Erfahrungen, Kenntnisse und Sachverstand mit der Kapitalverwaltungsgesellschaft und der Verwahrstelle eher auf Augenhöhe stehen.[399] Im Rahmen des hier relevanten Bestellungsvertrages sind Vertragspartner der externen Kapitalverwaltungsgesellschaft nicht die Anleger, sondern die Investmentkommanditgesellschaft.[400] Die Investmentkommanditgesellschaft wird dabei durch die Geschäftsführung vertreten, im Fall der GmbH & Co. KG durch die Komplementär-GmbH, § 153 Abs. 1 S. 2 KAGB.[401] Obwohl die InvKG-Geschäftsführung im Einzelfall relativ wenig Verhandlungsmacht haben kann, da die Investmentkommanditgesellschaft möglicherweise von der Kapitalverwaltungsgesellschaft selbst initiiert wird, muss es sich bei der InvKG-Geschäftsführung schon von Gesetzes wegen um erfahrene Geschäftsführer mit der gebotenen Sachkenntnis handeln. So verpflichtet § 153 Abs. 1, 2 KAGB die Geschäftsführung der Investmentkommanditgesellschaft strenge Tätigkeits-, Zuverlässigkeits- und Eignungsanforderungen einzuhalten, die den Anforderungen an die KVG-Geschäftsführung gemäß § 26 KAGB dem Wortlaut nach entsprechen.[402] Demnach liegen keine typischen Umstände vor, die in unabwendbarer Weise zur Verhandlungsunterlegenheit eines Vertragspartners führen,[403] was gegen eine zwingende Zivilrechtswirkung des § 154 Abs. 1 S. 2 KAGB spricht.

---

398 Zum strukturell unterlegenen Verbraucher, BVerfG, NJW 1994, 36, 38; *Lang*, Informationspflichten bei Wertpapierdienstleistungen, S. 21 ff.; zum Fall des Anlegers, *Zetzsche*, Prinzipien der kollektiven Vermögensverwaltung, S. 607 f.
399 Näher zu den Anforderungen an professionelle Kunden, § 1 Abs. 19 Nr. 32 KAGB i.V.m. Anhang II der Richtlinie 2014/65/EU; *Zetzsche*, Prinzipien der kollektiven Vermögensverwaltung, S. 628.
400 BaFin-Seminar in Q&A, 6. Oktober 2014, S. 11; BaFin in Q&A, 2015, S. 20; *Hüwel*, in Baur/Tappen, KAGB, § 129 Rn. 42; *Winterhalder*, in Weitnauer/Boxberger/Anders, KAGB, § 17 Rn. 35; in der Praxis können vor allem im Private- oder White-Label-Geschäft gegenläufige Interessen zwischen Investmentkommanditgesellschaft (Fondsinitiatoren) und externen Kapitalverwaltungsgesellschaften bestehen; *Wallach*, ZGR 2014, 298, 313, 314; der Anleger wird nicht Vertragspartner des Geschäftsbesorgungsvertrags, *Einsele*, Bank- und Kapitalmarktrecht, § 10 Rn. 46a, b; a.A. *Zetzsche*, AG 2013, 613, 622 f.; *ders.*, Prinzipien der kollektiven Vermögensverwaltung, S. 696 f.
401 Diese Vertretungsverhältnisse gelten im Ergebnis auch bei allen anderen Rechtsgeschäften, siehe unten 5. Teil A.VI.
402 Siehe unten 4. Teil D.II.3. zu den Geschäftsführeranforderungen nach § 153 KAGB.
403 Allgemein zu diesem Kriterium BVerfG, NJW 1994, 36, 38.

c. Öffentlich-rechtliche Aufsicht

Der zwingende Charakter des § 154 Abs. 1 S. 2 KAGB könnte sich daraus ergeben, dass die Anlageverwaltung durch die Kapitalverwaltungsgesellschaft der öffentlich-rechtlichen Aufsicht unterliegt und die BaFin mit aufsichtsrechtlichen Befugnissen ausgestattet ist, §§ 5 Abs. 1 und 6, §§ 42, 15 f. KAGB.[404] Es ist jedoch zwischen Zwang bzw. Abdingbarkeit im Sinne des öffentlichen Rechts und des Zivilrechts zu unterscheiden:[405] Öffentlich-rechtlicher Zwang steht aufgrund seiner Schutzrichtung zugunsten des öffentlichen Interesses – hier jedenfalls der Finanzmarktstabilität – nicht zur Disposition der Vertragsparteien.[406] Im Zivilrecht ist es aufgrund der Vertragsgestaltungsfreiheit hingegen Auslegungssache, ob eine Regelung entgegen dem Grundsatz der Vertragsfreiheit zwingend ist.[407] Der Zwangscharakter der einen Teilrechtsordnung führt dabei nicht automatisch zum Zwangscharakter der Normen der anderen Teilrechtsordnung. Der Umstand, dass die Kapitalverwaltungsgesellschaft und die Einhaltung der Erlaubnisanforderungen öffentlich-rechtlich durch die BaFin beaufsichtigt werden,[408] bedeutet für sich genommen nicht, dass die Norm eine zwingende Zivilrechtwirkung entfaltet. Ein zwingender Charakter des § 154 Abs. 1 S. 2 KAGB könnte sich jedoch daraus ergeben, dass damit nicht nur die Interessen der am Vertrag Beteiligten, sondern auch die Interessen von unbeteiligten Vertragsparteien berührt werden.

d. Interessen Dritter

Kennzeichnend für das Privatrecht ist die Relativität der Schuldverhältnisse. Die rechtlichen Wirkungen aus einer Vertragsgestaltung berechtigen und verpflichten grundsätzlich nur die Vertragsparteien selbst.[409] Um an dem Vertrag unbeteiligte Dritte zu schützen, haben regelmäßig solche Normen einen zwingenden Charakter, die auch die Interessen am Vertrag unbeteiligter Dritter und nicht nur die der Vertragsparteien betreffen.[410]

---

404 Siehe oben 3. Teil A.II. zu den Rechtswegtheorien; *Köndgen*, in BSL, InvG, § 9 Rn. 11; nach *Köndgen/Schmies*, in Schimansky/Bunte/Lwowski, § 113, Rn. 241 seien die Kontrollrechte der Verwahrstelle im Verhältnis zur Kapitalverwaltungsgesellschaft »als zwingende gesetzliche Vertragsbestandteile adäquat« zu begreifen; *Einsele*, JZ 2008, 477, 483.
405 A.A. *Winterhalder*, in Weitnauer/Boxberger/Anders, KAGB, § 17 Rn. 39; vgl. auch *Swoboda*, in Weitnauer/Boxberger/Anders, KAGB, § 26 Rn. 2.
406 *Westermann*, Vertragsfreiheit und Typengesetzlichkeit, spricht insoweit von »unentrinnbaren« Normenkomplexen; *Leisch*, Informationspflichten nach § 31 WpHG, S. 127.
407 Siehe oben 3. Teil B.III.1.
408 A.A. *Köndgen*, in BSL, InvG, § 9 Rn. 11.
409 *Looschelders/Makowsky*, JA 2012, 721, 724 ff.
410 *Wolf/Neuner*, BGB AT, § 3 Rn. 12.

i. Anleger als Dritte

Eine Legaldefinition des »Dritten« existiert im KAGB nicht. Aus dem Grundsatz der Relativität der Schuldverhältnisse lässt sich ableiten, dass damit ein anderer als der Schuldner und der Gläubiger der Vertragspflichten gemeint ist. Im Bestellungsvertrag wird die externe Kapitalverwaltungsgesellschaft regelmäßig für die Erbringung der Anlage und Verwaltung verantwortlich gezeichnet, § 17 Abs. 2 Nr. 1 KAGB, sodass sie als Schuldnerin der vertraglich geschuldeten Vermögensverwaltung anzusehen ist. Gläubigerin der Dienstleistung der Kapitalverwaltungsgesellschaft ist die Investmentkommanditgesellschaft, die als investmentrechtliche Gesellschaftsform über eine eigene Rechtspersönlichkeit verfügt und damit selbst Vertragspartei des Bestellungsvertrages ist. Die Anlegerkommanditisten haben keine organschaftlichen Vertretungsbefugnisse, § 170 HGB, und verfügen regelmäßig nicht über Geschäftsführungsbefugnisse, sodass sie nicht als Vertragspartei des Bestellungsvertrages gelten, sondern schuldrechtlich und zivilprozessual als Dritte zu qualifizieren sind.[411]

ii. Gewichtiges Interesse an zwingenden Vertragsbestandteilen

Zunächst könnten sich aus der Verwendung des Begriffs »Dritter« im BGB Erkenntnisse darüber gewinnen lassen, ob die Anleger als Dritte ein hinreichend gewichtiges Interesse daran haben, dass die investmentrechtliche Aufgabenzuordnung zum zwingenden Vertragsbestandteil des Bestellungsvertrages wird.[412]

Maßgeblich könnte zunächst sein, welche Einflussnahmemöglichkeiten die Anleger als Nicht-Vertragspartner des Bestellungsvertrages auf den Vertragsschluss haben (Sphäre).[413] Vorliegend beteiligen sich die Anleger einer Investmentkommanditgesellschaft lediglich als Kommanditisten ohne Vertretungsbefugnis, sodass sie keinen (organschaftlichen) Einfluss im Zusammenhang mit dem Bestellungsvertrag ausüben. Zwar finden sich in den vorgefertigten Gesellschaftsverträgen regelmäßig Klauseln, aus denen hervorgeht, in welchem Umfang eine externe Kapitalverwaltungsgesellschaft zu bestellen ist. Dabei hat der

---

411 Siehe unten 5. Teil zu der Kompetenzverteilung in der Binnenorganisation einer extern verwalteten Investmentkommanditgesellschaft; Kommanditisten können auch im Zivilprozess der KG nicht (Prozess-)Partei sein und demnach als Zeuge vernommen werden, vgl. BGH, NJW 1965, 2253, 2254; *Damrau*, in MüKo, Band 2, ZPO, § 373 Rn. 10.
412 Zur Gewichtigkeit: Zwingendes Vertragsrecht stellt einen Eingriff die Privatautonomie dar, welcher dem Verhältnismäßigkeitsgrundsatz genügen muss, *Wolf/Neuer*, BGB AT, § 10 Rn. 72; *Bechthold*, Die Grenzen zwingenden Vertragsrechts, S. 335; siehe unten 3. Teil B.IV.4.b. zur Einordnung des Bestellungsvertrags als Vertrag mit Schutzwirkung zugunsten der Anleger.
413 Vgl. § 123 Abs. 2 BGB; BGH, NJW 1962, 1907, 1908 stellt für die Qualifikation als Dritten unter anderem auf »Interessenlage und die Billigkeit« ab; *Armbrüster*, in MüKo, BGB, Band 1, § 123 Rn. 64 »Kreis«.

Anleger oftmals nur ein Wahlrecht, ob er sich an dem Fondsprojekt beteiligen möchte. Insbesondere bei Publikums-AIF hat der Anleger grundsätzlich keinen Einfluss auf die Vertragsverhandlungen.[414] An Spezial-AIF beteiligen sich dagegen keine Kleinanleger, sondern ausschließlich semiprofessionelle und professionelle Investoren, die aufgrund ihrer Sachkenntnis und Kapitalkraft die Strukturierung des Fonds – oftmals in einem frühen Stadium – stärker beeinflussen. In der Praxis werden die Anleger eines Spezialfonds regelmäßig sogar Vertragspartei einer mit der Kapitalverwaltungsgesellschaft und der Verwahrstelle abgeschlossenen Dreiervereinbarung. Außerdem gibt es Strukturen, bei denen ein Investmentvermögen nicht durch die Kapitalverwaltungsgesellschaft initiiert wird, sondern durch andere Unternehmen oder Personen, die sich selbst als Anleger an dem Fonds beteiligen. In all den genannten Fällen entspricht es jedoch dem Wesen der kollektiven Vermögensverwaltung, dass die Anleger das Treffen der Anlageentscheidungen der Kapitalverwaltungsgesellschaft überlassen, § 23 Nr. 9, 10 KAGB, sodass auch Spezialfondsanlegern oder Fondsinitiatoren nur reduzierte Einflussnahmemöglichkeiten, etwa über Anlageausschüsse, verbleiben.[415] Ein Anlegereinfluss auf die Portfolioverwaltung ist nach der Verwaltungsansicht zumindest unerwünscht oder sogar unzulässig.[416] Die reduzierten Einflussmöglichkeiten von Privatanlegern auf den Bestellungsvertrag sprechen dafür, dass diese Anlegergruppe – gegenüber den stärker involvierten professionellen und semiprofessionellen Anlegern – ein gesteigertes Interesse an einer zwingenden Einbeziehung der investmentrechtlichen Aufgabenzuordnung haben.

Für die Frage, ob die Anleger als Dritte ein derart gewichtiges Interesse daran haben, dass die investmentrechtliche Aufgabenzuordnung zum zwingenden Vertragsbestandteil des Bestellungsvertrages wird, sollte außerdem Folgendes beachtet werden: Die Anleger sind in erster Linie Kapitalgeber,[417] sodass der wirtschaftliche Erfolg des Fonds für die Anleger im Vordergrund steht.[418] Da die Kapitalverwaltungsgesellschaft das Vermögen der Anleger verwaltet, sind die Anleger an den vertraglich geschuldeten Dienstleistungen der Kapitalverwaltungsgesellschaft interessiert. Voraussetzung für den Anlageerfolg ist, dass die Kapitalverwaltungsgesellschaft über eine Erlaubnis verfügt und kein Versagungsgrund, etwa nach § 23 Nr. 9, 10 KAGB, vorliegt. Die Anleger haben somit ein Interesse daran, dass die Fondsstruktur gesetzeskonform aufgelegt und verwaltet wird. Dazu gehört, dass die Kapitalverwaltungsgesellschaft die für die Erlaubnis relevanten Aufgaben Portfolioverwaltung und Risikomanagement erbringt. Die

---

414 Siehe unten 5. Teil D.II.13., 5. Teil C.I.6.
415 *Schelm*, Sorgfalts- und Loyalitätspflichten im Investmentrecht, S. 13; *Veil*, ZBB 2008, 34, 36.
416 ESMA/2013/611, Guidelines on key concepts of the AIFMD, 13. August 2013, Ziffer VI.12.
417 *Wiedemann*, NZG 2013, 1041, 1041; *Dornseifer*, AG 2008, 53, 55.
418 Siehe unten 4. Teil B.X. zur Interessen- und Güterabwägung.

zusätzlichen Nebenverwaltungsaufgaben nach Anhang I Nr. 2 AIFM-RL, wie der Vertrieb oder die Immobilienverwaltung, müssen dagegen nicht erbracht werden, um eine KVG-Erlaubnis zu erlangen, sodass die Anleger nur ein untergeordnetes Interesse an diesen Aufgaben haben.[419] Die Erbringung der Portfolioverwaltung und des Risikomanagements wird bereits durch die öffentlich-rechtlichen Erlaubnisvoraussetzungen in KAGB und AIFM-RL gewährleistet und darüber hinaus durch die aufsichtlichen Eingriffsbefugnisse der BaFin abgesichert, §§ 5, 15 f., 39, 40 f., §§ 17 ff., 20 KAGB. Außerdem sind die Geschäftsführer der Kapitalverwaltungsgesellschaft sowie die Geschäftsführer der Investmentkommanditgesellschaft nach § 153 Abs. 1, 2 KAGB und § 26 KAGB verpflichtet, ausschließlich im Interesse der Anleger zu handeln.[420] Die Anleger sind somit nicht auf zusätzliche zwingende Vertragsvorgaben angewiesen.[421]

Würden die gesetzlichen Vorgaben des KAGB zum Umfang der Anlageverwaltung zwingend Bestandteil des Bestellungsvertrages, könnte dies die Anleger sogar benachteiligen: Um die Anlage- und Renditeziele zu erreichen, müssen die Aufgaben in einer Fondsstruktur effizient verteilt werden. Wird die kollektive Vermögensverwaltung dagegen nicht effektiv organisiert, weil etwa das Gesetz durch zwingende Vertragsvorgaben in die Fondsstruktur eingreift, könnte dies laufende Kosten verursachen, das Investment gefährden und zu Verlusten der Anleger führen.[422] Beispielsweise wird die Vertriebstätigkeit typischerweise nicht von der Kapitalverwaltungsgesellschaft erbracht, da sie über kein ausgeprägtes Vertriebsnetz verfügt.[423] Es ist daher oftmals nicht im Interesse der Anleger, dass diese in § 1 Abs. 19 Nr. 24 KAGB und Anhang I Nr. 2 b) AIFM-RL genannte Aufgabe von der Kapitalverwaltungsgesellschaft erbracht wird. Weiterhin kann es ineffektiv mithin unzulässig sein, wenn bestimmte Aufgaben von einer Kapitalverwaltungsgesellschaft erbracht werden, die nicht über die entsprechende Expertise verfügt: etwa bei der Immobilienverwaltung. Die Anleger haben

---

419 Siehe unten 4. Teil B.VI. zur aufsichtsrechtlichen Relevanz dieser Aufgaben.
420 Siehe unten 4. Teil D.II.3. zu den Verhaltens- und Organisationsanforderungen; siehe zur Kontrollfunktion der Verwahrstelle, §§ 83, 89 KAGB.
421 Weiterhin bezwecken das KAGB und die AIFM-RL keinen individuellen Anlegerschutz, sondern den Schutz der Anlegergemeinschaft des verwalteten Investmentvermögens, also dem kollektiven bzw. institutionellen Anlegerschutz, vgl. Erwägungsgrund 2, 3 und 98 AIFM-RL; *Loritz/Uffmann*, WM 2013, 2193, 2913; vgl. zum umstrittenen individualschützenden Charakters der (kundenbezogenen) Wohlverhaltenspflichten nach §§ 31 ff. WpHG a.F. bzw. den Verhaltenspflichten nach §§ 26 ff. KAGB: §§ 9 ff. InvG; BGH, NJW 2008, 1734, 1736; BGH, ZIP 2013, 2001, 2003; zuvor weniger streng BGH, WM 2007, 487, Rn. 18; *Rothenhöfer*, in Perspektiven des Wirtschaftsrechts, S. 63 f.; *Schwark*, in Schwark/Zimmer, Kapitalmarktrechts-Kommentar, Vorb. 31 ff., Rn. 21 f.; BGH, WM 2010, 1393, Tz. 25 ff., 31, 32 wonach es sich bei § 34a WpHG a.F. um kein Schutzgesetz nach § 823 Abs. 2 BGB handelt.
422 Siehe unten 4. Teil B.III.3. sowie 4. Teil B.X.
423 Siehe unten 4. Teil B.VI.5.c.

ein Interesse an einer effektiven Aufgabenverteilung, die auf die individuelle Fondsstruktur zugeschnitten sein sollte. Zwingendes Vertragsrecht ist dagegen unflexibel und könnte unerwünschte Folgen haben, wenn aufgrund der Komplexität des zu regelnden Sachverhalts eine detaillierte und flexible Regulierung erforderlich ist und die gesetzlichen Vertragsvorgaben dagegen nicht konkret genug sind.[424] Ob dies auch auf die investmentrechtliche Aufgabenzuordnung zutrifft, wird im Folgenden untersucht.

iii. Zwingendes Zivilrecht versagt bei hohem Detailgrad

Die Komplexität des Kapitalanlagegeschäfts erfordert, dass die Aufgaben der Kapitalverwaltungsgesellschaft und auch der Investmentgesellschaft in Abhängigkeit von der individuellen Fondskonstellation zugeordnet werden:[425] So variiert der Aufgabenumfang der Kapitalverwaltungsgesellschaft, wie etwa der Umfang der Portfolioverwaltung,[426] in Abhängigkeit von der Art der verwalteten Assetklassen wie Immobilien, Flugzeug, Container, Wald, Eisenbahn, Infrastruktur, Private Equity[427] sowie deren geografischer Verteilung der Vermögensgegenstände. Maßgeblich für den konkreten Aufgabenumfang sind Größe und Volumen des Fonds,[428] spezifische Geschäftsmodelle des jeweiligen AIF und der Kapitalverwaltungsgesellschaft,[429] der Grad an internationaler Verflechtung und weitere Faktoren, etwa die Ziele von Investoren, Fondsinitiatoren und Anlegern, das Risikoprofil sowie steuerrechtliche Gesichtspunkte.[430]

---

424 *Bechthold*, Die Grenzen zwingenden Vertragsrechts, S. 265 ff., 308, insbesondere bei heterogenen Regelungsadressaten, S. 334; dazu und zu den Vorteilen einer Ausgestaltung als Zivilrecht, *Herresthal*, WM 2014, 773, 775 ff.
425 Auch die Anleger von Publikumsgesellschaften sind keine homogene Gruppe mit identischen Interessen, so *Bechthold*, Die Grenzen zwingenden Vertragsrechts, S. 266; zu den Anforderungen an eine geeignete Fondsstruktur in Deutschland, *Bärenz*, Transaktionen, Vermögen, Pro Bono, FS für PundP, S. 417 ff.; *Klebeck/Kunschke*, in Beckmann/Scholtz/Vollmer, 405, KAGB, § 149 Rn. 16.
426 Nach *Volhard/Jang*, in Weitnauer/Boxberger/Anders, KAGB, § 36 Rn. 48 gelten je nach Fondsart und -kategorie unterschiedliche Anforderungen an die Portfolioverwaltung.
427 Vgl. § 261 Abs. 2 KAGB.
428 *Zetzsche*, Prinzipien der kollektiven Vermögensanlage, S. 23 verweist auf das Korrelat zwischen Fondsgröße und Anlageliquidität.
429 *Swoboda*, in Weitnauer/Boxberger/Anders, KAGB, § 29 Rn. 8 verweist auf Assetklasse, Risikoprofil und das spezifische Geschäftsmodell des AIF.
430 Verwiesen wird auch auf das Prinzip der Proportionalität, vgl. *Swoboda*, in Weitnauer/Boxberger/Anders, KAGB, § 26 Rn. 3, § 28 Rn. 6; zur Nichtanwendbarkeit bestimmter Vorgaben auf bestimmten Assetklassen, vgl. § 2 Abs. 5 KAGB; Öffnungsklauseln in Art. 57 Abs. 1, Art. 61 Abs. 1 Level-2-AIFM-VO; zu den Fondsstrukturen in Deutschland, *Klebeck/Kunschke*, in Beckmann/Scholtz/Vollmer, 405, KAGB, § 149 Rn. 14.

Folgende Aufgaben können bei der KVG-Tätigkeit im Bestellungsvertrag beispielhaft berücksichtigt werden:[431]

- Im Rahmen der Konzeption des Fonds: Erstellung des Fondskonzepts, Auswahl von Dienstleistern, Durchführung der Investitionsrechnung sowie weitere vorbereitende Maßnahmen.
- Vorbereitung und Durchführung von Vertriebsanzeigeverfahren gemäß §§ 293 ff., 316 ff. KAGB, Durchführung von fondsbezogenen Vertriebsveranstaltungen und Schulungen sowie Werbung in Fachzeitschriften und auf Fachmessen.
- Zur Portfolioplanung gehören die Marktbeobachtung und Untersuchung von Marktentwicklungen; Identifizierung geeigneter Vermögensgegenstände; Erstellung und Fortführung des Geschäftsplans der Fondsgesellschaft; Risikoprüfungen in Bezug auf Diversifikationserfordernisse und Profivorgaben; Beauftragung von Due-Diligence-Prüfungen; vollständige Dokumentation der Geschäfte, die gewährleistet, dass jedes die Fondsgesellschaft betreffende Geschäft nach Herkunft, Kontrahent sowie Art und Abschlusszeitpunkt und -ort rekonstruiert werden kann; Begleitung von Finanzierungen bei Vermögenserwerb der Investmentkommanditgesellschaft; Ausreichung von Fremdkapital zur Zwischenfinanzierung.
- Im Rahmen der In- und Deinvestitionstätigkeit kann es der externen Kapitalverwaltungsgesellschaft obliegen, Zeichnungs- und Vertragsunterlagen sowie sonstige Dokumente bezüglich der Vermögensgegenstände zu prüfen; ferner die Beauftragung eines externen Bewerters zur Begutachtung der Vermögensgegenstände, § 216 KAGB;[432] Beauftragung von Rechts- und Steuerberatern; Verhandlungsführung; Abschluss von Zeichnungsvereinbarungen sowie Kauf- und Übertragungsverträgen.
- Laufende Verwaltungsleistungen wie Administration und Kontrolle sowie Verbesserung der Investitions- und Beteiligungsstruktur, beispielsweise Vertragsanpassungen und Wahrnehmung von Gesellschafterrechten bei Beteiligungen; regelmäßige Überwachung der getätigten Investments mit Blick auf die Anlagegrenzen; Vorschläge für Modifikationen der Anlagebedingungen; Erstellung von Investitions- und Rentabilitätsrechnungen; technische und organisatorische Vorbereitung von Gesellschafterversammlungen bei der Investmentkommanditgesellschaft; organisatorische Beratung bei der Finanz- und Anlagebuchhaltung für die Investmentkommanditgesellschaft oder Zwischengesellschaften; Führung von Gesellschafterkonten.

---

431 Vgl. Angaben aus öffentlich zugänglichen Verkaufsprospekten von Publikumsinvestmentkommanditgesellschaften.
432 Siehe unten 4. Teil B.VI.5.a.v.

– Weiter aufgefächert werden können Tätigkeiten des Risikomanagements, wie etwa Erfassung, Steuerung und Kontrolle der Investmentkommanditgesellschaft in Bezug auf unterschiedliche Risikoarten (Markt, Liquidität, Kredit etc.); Durchführung von Stresstests und Risikobewertungen.

Im Fall von zwingendem Vertragsrecht wäre es angesichts der Komplexität des zu regelnden Lebenssachverhalts erforderlich, dass der Gesetzgeber Vorschriften schafft, die dem aufgezeigten Detailgrad der Aufgabenzuordnung gerecht werden. Im KAGB wird der Begriff der Portfolioverwaltung jedoch nicht definiert,[433] sodass bezweifelt wird, dass der Gesetzgeber mit den KAGB-Regelungen den erforderlichen Detailgrad und somit potentiell zwingende Vertragsbestandteile geschaffen hat oder schaffen wollte. Über den unbestimmten Begriff der Portfolioverwaltung hinaus umfasst die Aufgabenzuordnung der Kapitalverwaltungsgesellschaft nach dem KAGB zahlreiche abstrakte Rechtsbegriffe: Gemäß § 154 Abs. 1 S. 2 KAGB »obliegt [der externen Kapitalverwaltungsgesellschaft] insbesondere die Anlage und Verwaltung des Kommanditanlagevermögens.« Das Begriffspaar »Anlage und Verwaltung« ist zwar gesetzlich nicht definiert. Allerdings lässt sich im Wege der Auslegung ermitteln, dass davon mindestens die Portfolioverwaltung und das Risikomanagement umfasst sind.[434] Daneben könnten der Kapitalverwaltungsgesellschaft weitere Aufgaben obliegen, wofür auf den ersten Blick der Begriff »kollektive Vermögensverwaltung« im Sinne des § 1 Abs. 19 Nr. 24 KAGB zu sprechen scheint. Darunter fallen »die Portfolioverwaltung, das Risikomanagement, administrative Tätigkeiten, Vertrieb von eigenen Investmentanteilen sowie bei AIF Tätigkeiten im Zusammenhang mit den Vermögensgegenständen des AIF«. Demgegenüber indiziert der Wortlaut nach Anhang I Nr. 2 AIFM-RL, dass es sich dabei lediglich um zusätzliche Aufgaben handelt, welche die Kapitalverwaltungsgesellschaft ausüben »kann«.[435] Nach §§ 112 Abs. 1 S. 2, 144 Abs. 1 S. 2 KAGB obliegt einer externen Kapitalverwaltungsgesellschaft im Fall der Verwaltung einer Investmentaktiengesellschaft nicht nur die »Anlage und Verwaltung«, sondern auch die »Ausführung der allgemeinen Verwaltungstätigkeit«.[436] Allerdings definiert das KAGB keinen der genannten Begriffe, sodass die gesetzliche Aufgabenverteilung lediglich fragmentarisch durch abstrakte Rechtsbegriffe geregelt wird. Obwohl eine etwaige zivilgesetzliche Aufgabenverteilung aufgrund der Komplexität des Kapitalanlagegeschäfts detaillierte und eindeutige Vorgaben erfordern würde, lässt sich der für eine funktionierende Fondsstruktur erforderliche Detail- und Bestimmtheitsgrad insoweit nicht aus dem KAGB ermitteln.[437]

---

433 Siehe unten 4. Teil B.VI.4.b. zum Begriff der Portfolioverwaltung.
434 Siehe oben 3. Teil B.I.1.b.
435 Siehe unten 4. Teil B. und 4. Teil B.II.
436 Siehe unten 4. Teil A.I.
437 Der 4. Teil dieser Arbeit geht dieser Unbestimmtheit nach und versucht, durch gesetzes- und europarechtskonforme Auslegung die investmentrechtliche Aufgabenzuordnung trotz der genannten Schwierigkeiten möglichst weitgehend zu erfassen.

Sofern der Gesetzgeber die aufsichtsrechtlichen Vorgaben, wie etwa § 23 Nr. 9, 10 KAGB, mittels einer zwingenden Zivilrechtsregelung hätte angleichen wollen, würden die Verwaltungsvorgaben die Zivilgerichte binden und sich automatisch auf die Vertragsbeziehung auswirken.[438] Die Rechtsprechung der Zivilgerichte und die Rechtsprechung der Verwaltungsgerichte haben sich aufgrund der unterschiedlichen Rechtswegzuständigkeit nach § 40 VwGO i. V. m. § 13 GVG allerdings weitgehend unabhängig voneinander entwickelt hat, sodass eine solche Angleichung der Teilrechtsordnungen und Gerichtsbarkeiten – auch aufgrund der unterschiedlichen Zielrichtungen der Teilrechtsordnungen – problematisch erscheint.[439] Bei einer zwingenden Parallelität wäre die Verwaltungspraxis an die Entwicklungen in der Zivilrechtsrechtsprechung gebunden und umgekehrt müsste die Zivilgerichtsbarkeit die Verlautbarungen der Verwaltungsbehörde bei der Bestimmung des Vertragsinhalts berücksichtigen.[440]

e. Zwischenergebnis

Der vertragliche Zwangscharakter des § 154 Abs. 1 S. 2 KAGB lässt sich nicht überzeugend allein mit dem Anlegerinteresse begründen, da keine hinreichend gewichtige Betroffenheit zu verzeichnen ist und sogar die Gefahr einer Beeinträchtigung des Anlegerinteresses besteht, wenn sich beispielsweise eine angestrebte Fondsstruktur aufgrund starrer oder unklarer zivilgesetzlicher Regelungen nicht verwirklichen lässt. Es liegen keine typischen Umstände vor, die in unabwendbarer Weise zur Verhandlungsunterlegenheit eines Vertragspartners (Investmentkommanditgesellschaft, Kapitalverwaltungsgesellschaft) führen. Angesichts der zahlreichen und schwer zu bestimmenden Anwendungsfälle der investmentrechtlichen Aufgabenzuordnung spricht viel dafür, dass sich der deutsche Gesetzgeber bewusst für eine weite Ausgestaltung der investmentrechtlichen Aufgabenzuordnung entschieden hat, um eine einzelfallgerechte Gestaltung der gesetzlichen Vorgaben zu ermöglichen.[441]

---

438 *Sethe*, AcP 2012, 80, 127.
439 Zu den Ziel- und Regelungsansätzen, siehe unten 3. Teil A.IV.1.
440 Eine solche absolute Bindungswirkung ist dem deutschen Recht fremd, dazu *Sethe*, Anlegerschutz im Recht der Vermögensverwaltung, S. 748.
441 Dies soll typisch für das Verwaltungsrecht sein, vgl. *Hufen*, ZJS 2010, 602, 606; *Erbguth*, VerwaltungsR, § 14 Rn. 26; *Poscher*, Grundrechte als Abwehrrechte: Reflexive Regelung rechtlich geordneter Freiheit, S. 334; andererseits finden sich unbestimmte oder zumindest stark auslegungsbedürftige Rechtsbegriffe auch in anderen Rechtsgebieten, vgl. »fahrlässig« in § 276 BGB, »wichtiger Grund« in § 626 BGB, dazu *Stickelbrock*, Inhalt und Grenzen richterlichen Ermessens im Zivilprozess, S. 134 ff., 173 ff.; 183; zur Bedeutung von unbestimmten Rechtsbegriffen, vgl. *Decker*, in Posser/Wolff, VwGO, § 114 Rn. 30.

3. Dispositives Zivilrecht

Bei § 154 Abs. 1 S. 2 KAGB könnte es sich um eine dispositive Zivilrechtsregelung handeln, sodass nach dem Parteiwillen davon abgewichen werden kann. Dafür spricht generell die Flexibilität des nachgiebigen Rechts.[442] Die Dispositivität bezweckt vor allem die Lückenfüllung und die Entlastung der Vertragsparteien.[443] Während zwingende Vertragsbestandteile es nicht ermöglichen, Vorgaben für komplexe und detaillierte Einzelfallgestaltungen zu liefern, würde ein dispositiver § 154 Abs. 1 S. 2 KAGB den Parteien des Bestellungsvertrages eine gesetzgeberisch gewünschte Regelung vorgeben, ohne automatisch oder gegen den Willen der Parteien Vertragsbestandteil zu werden. Die Parteien könnten eine von der Vorschrift abweichenden Regelung treffen und die Vorschrift wäre dann nur bei einer Vertragslücke ergänzend heranzuziehen. Dispositive Regelungen entlasten die Vertragsparteien, ohne eine parteilich vereinbarte Fondsstruktur im Einzelfall zu verhindern.

Allerdings könnte sich der Gesetzgeber in einen Widerspruch setzen, wenn er eine Vorschrift im Bereich des zwingenden Aufsichtsrechts erlässt und parallel eine inhaltsgleiche lediglich dispositive Zivilrechtsregelung schafft.[444] Einerseits würde der Gesetzgeber der externen Kapitalverwaltungsgesellschaft die Anlageverwaltung im Wege des Erlaubnisverfahrens auferlegen und einen eventuellen Verstoß mit aufsichtsrechtlichen Maßnahmen sanktionieren. Andererseits würde die Pflicht zur Anlageverwaltung durch dispositives Zivilrecht in das freie Ermessen der Parteien gestellt werden. Der Gesetzgeber würde damit etwas durch Normerlass öffentlich-rechtlich untersagen und gleichzeitig zivilrechtlich erlauben. Wenn der Gesetzgeber schon eine Zivilrechtsregelung schafft, um damit eine Angleichung an die öffentlich-rechtlichen Vorgaben zu erreichen, liegt es daher fern, dies im Wege einer dispositiven Zivilrechtsregelung zu tun.[445]

4. Zwischenergebnis

Die Untersuchung hat gezeigt, dass § 154 Abs. 1 S. 2 KAGB keine unmittelbare zivilrechtliche Regelungswirkung zugeschrieben werden sollte, weshalb die Zweifel an einer rechtssystematischen Einordnung als Zivilrechtsnorm überwiegen.

---

442 Vgl. *Remien*, Zwingendes Vertragsrecht und Grundfreiheiten des EG-Vertrages, S. 480.
443 *Bechthold*, Die Grenzen zwingenden Vertragsrechts, S. 14; *Kötz*, JuS 2013, 289, 291 ff.
444 Siehe unten 1. Teil B.II. sowie 3. Teil B.III. zum zwingenden Aufsichtsrecht.
445 Es fehlt bei § 154 Abs. 1 S. 2 KAGB – anders als beispielsweise bei den Normen gemäß § 307 Abs. 1 Nr. 2 BGB oder § 4 Abs. 2 EEG (außer Kraft) – auch an einem ausdrücklichen Hinweis auf eine (teilweise) zwingende Zivilrechtswirkung der Norm, der zufolge eine Vorschrift nur bis zu einem bestimmten Kernbestand abbedungen werden kann; vgl. *Wolf/Neuner*, BGB AT, § 3 Rn. 19; *Stecher*, Vertragsbeziehungen zwischen Anlagen- und Netzbetreiber, S. 75.

Im Folgenden wird der Frage nachgegangen, ob § 154 Abs. 1 S. 2 KAGB als öffentlich-rechtliche Vorschrift trotzdem eine zivilrechtliche Ausstrahlungswirkung haben kann.

IV. Öffentlich-rechtliche Norm mit Ausstrahlungswirkung, § 154 Abs. 1 S. 2 KAGB

§ 154 Abs. 1 S. 2 KAGB könnte als öffentlich-rechtliche Klarstellungsnorm zu § 23 Nr. 9, 10 KAGB eine faktische oder zivilrechtliche Ausstrahlungswirkung entfalten.[446]

1. Doppelnorm und Ausstrahlungswirkung

Zunächst sind Normen mit Ausstrahlungswirkung von sogenannten Doppelnormen zu unterscheiden, »die öffentlich-rechtliche und privatrechtliche Verhältnisse einer einheitlichen Normierung unterwerfen«[447] und daher eine unmittelbare Doppelwirkung haben. Als Doppelnormen werden Vorschriften bezeichnet, die sowohl dem öffentlichen Recht als auch dem Privatrecht zuzuordnen wären.[448] Als Begründung wird angeführt, dass das Regulierungsrecht funktional sei, also einen bestimmten Sachverhalt oder eine bestimmte Tätigkeit reguliere und nicht zwischen öffentlichem und privatem Recht unterscheide.[449] Die sogenannte Zweiteilung der Rechtsordnungen in öffentliches und privates Recht wird angesichts der objektorientierten Regulierung daher zum Teil als überkommen angesehen.[450] Während Doppelnormen vertragsrechtliche und aufsichtsrechtliche Pflichten gesamthaft normieren würden,[451] beschreibe der Begriff »Ausstrahlungswirkung« bloß die Doppelwirkung einer der Natur nach öffentlich-rechtlichen Vorschrift auf das Zivilrecht.[452]

446 Siehe oben 3. Teil A.I. und 3. Teil B.IV.1. zur Ausstrahlungswirkung und den Verweisen auf Rechtsprechung und Literatur; siehe oben 3. Teil B.I.1.b. zur Einordnung als öffentlich-rechtliche Klarstellungsnorm.
447 *Emmenegger*, Bankorganisationsrecht als Koordinationsaufgabe, S. 22; den Terminus »Doppelnorm« verwendet etwa auch *Benicke*, Wertpapiervermögensverwaltung, S. 473.
448 *Zetzsche*, in Möllers, Rn. 314 Fn. 5; bezüglich der Verfassungsmäßigkeit wird auf die Doppelnatur des Prozessvergleichs verwiesen, *Lang*, ZBB 2004, 289, 294; *Leisch*, Informationspflichten nach § 31 WpHG, S. 48; *Zetzsche*, AG 2013, 613, 622.
449 *Emmenegger*, Bankorganisationsrecht als Koordinationsaufgabe, S. 22.
450 *Leisch*, Informationspflichten nach § 31 WpHG, S. 44 ff., 66 f., 68 ff.; *Emmenegger*, Bankorganisationsrecht als Koordinationsaufgabe, S. 22; *Lang*, ZBB 2004, 289, 294; *Veil*, WM 2007, 1821, 1825.
451 *Rothenhöfer*, in Perspektiven des Wirtschaftsrechts, S. 66, 67.
452 Siehe oben 3. Teil A.I. zur Ausstrahlungswirkung.

Hinsichtlich der Theorie der Doppelnorm sollte bedacht werden,[453] dass es durchaus ein Bedürfnis für eine eindeutige Zuordnung zu einer der Teilrechtsordnungen gibt:[454] So etwa bei der Bestimmung der Rechtswegzuständigkeit gemäß § 40 Abs. 1 S. 1 VwGO, § 13 GVG,[455] oder der Wahl der Gesetzgebungskompetenz, Art. 74 Abs. 1 Nr.1 GG.[456] Für die Aufrechterhaltung des Dualismus der Teilrechtsordnungen sprechen weiterhin die unterschiedlichen Ziel- und Regelungsansätze: Das öffentliche Recht verfolgt hier primär eine präventive Marktsteuerungsfunktion und steht nicht zur Disposition der Parteien.[457] Es kann einen systemorientierten Schutz bieten, wohingegen das Zivilrecht einen einzelfallorientierten Regelungsansatz verfolgt.[458] Während das öffentliche Recht dem öffentlichen Interesse dient und nicht dem Willen dem Parteien unterliegt,[459] gilt in privatrechtlichen Beziehungen der Grundsatz der Vertragsfreiheit, sodass das Zivilrecht dispositiv und nur ausnahmsweise zwingend ist.[460] Das zivilrechtliche Haftungsrecht greift regelmäßig erst im Schadens-

---

453 Aufgehoben wurde auch § 37a WpHG a.F. als wichtige Referenznorm für die Verfechter der Doppelnormen; *Koch*, ZBB 2014, 211, 213 Fn. 13; *Schwark*, in Schwark/Zimmer, Kapitalmarktrechts-Kommentar, Vorb. 31 ff., Rn. 15; *Sethe*, Anlegerschutz im Recht der Vermögensverwaltung, S. 752; gegen eine Doppelnatur sprechen auch der Bericht des Finanzausschusses zum FRUG, BT-Drucks. 16/4899, S. 12 »Das Wertpapierhandelsgesetz normiert ausschließlich aufsichtsrechtlich sanktionierte Pflichten der Wertpapierdienstleistungsunternehmen.«; Regierungsbegründung zum FRUG, BT-Drucks. 16/4028, S. 65 (§ 31 Abs. 8 WpHG a.F.) »Eine zivilrechtliche Dokumentationspflicht wird hierdurch nicht begründet.«; vgl. auch S. 68 (§ 31e WpHG a.F.) »regelt die aufsichtsrechtlichen Verantwortlichkeiten«.
454 *Fuchs*, WpHG a.F., Vorb. §§ 31–37a, Rn. 79; a.A. *Zetzsche*, Prinzipien der kollektiven Vermögensverwaltung, S. 461; *Kischel*, Rechtsvergleichung, S. 345 ff.; siehe oben 3. Teil A.II.
455 A.A. *Lang*, ZBB 2004, 289, 294 f. möchte im Falle einer Doppelwirkung darauf abstellen, in welchem Verhältnis die Norm angewandt wird.
456 Zur Gesetzgebungskompetenz des Bundes für das KAGB aus Art. 74 Abs. 1 Nr. 1 und anders als das InvG auch aus Nr. 11 GG, vgl. Gesetzesbegründung zum KAGB, Bt-Dr. 17/12294, S. 193.
457 *Bracht*, ZBB 2013, 252, 258; *Rothenhöfer*, in Perspektiven des Wirtschaftsrechts, S. 58, 60.
458 *Forschner*, Wechselwirkungen zwischen Aufsichtsrecht und Zivilrecht, S. 135; vgl. »Grobsteuerung« und »Feinsteuerung«, *Rothenhöfer*, in Perspektiven des Wirtschaftsrechts, S. 58 f.
459 Das KAGB bezweckt den Schutz der Finanzmarktstabilität und den institutionellen Anlegerschutz; siehe oben 3. Teil A.II.1. und 2. Teil D.I.; vgl. *Leisch*, Informationspflichten nach § 31 WpHG, S. 127; *Westermann*, Vertragsfreiheit und Typengesetzlichkeit, spricht insoweit von »unentrinnbaren« Normenkomplexen.
460 *Rothenhöfer*, in Perspektiven des Wirtschaftsrechts, S. 67 geht davon aus, dass Doppelnormen stets zwingend sind; *Forschner*, Wechselwirkungen zwischen Aufsichtsrecht und Zivilrecht, S. 135 ff.; siehe oben 3. Teil B.III.1. zum Grundsatz der Vertragsfreiheit.

fall ein, während die Aufsichtsbehörden bereits intervenieren können, bevor ein Schaden eingetreten ist.[461] Zivilrecht und öffentliches Recht stehen ohnehin nicht starr nebeneinander, sondern bewegen sich in einer Wechselbeziehung.[462] Für eine konstruierte Doppelwirkung besteht somit kein Bedürfnis. Außerdem wurde vorliegend bereits festgestellt, dass § 154 Abs. 1 S. 2 KAGB weder einen zwingenden noch dispositiven Normcharakter hat, weshalb es sich auch nicht um eine Doppelnorm handelt. § 154 Abs. 1 S. 2 KAGB könnte als öffentlichrechtliche Norm jedoch eine mittelbare Ausstrahlungswirkung haben, was im Folgenden zu prüfen ist.

2. Mittelbare Ausstrahlungswirkung (Auslegungslösung)

Fraglich ist, ob § 154 Abs. 1 S. 2 KAGB trotz seiner Einordnung als öffentlichrechtliche Klarstellungsnorm die Auslegung der zivilrechtlichen Willenserklärungen abseits einer unmittelbaren Ausstrahlungswirkung zu beeinflussen vermag.[463]

a. Grundsatz der gesetzeskonformen Auslegung

Bei der sogenannten verfassungskonformen Gesetzesauslegung wird davon ausgegangen, dass der Gesetzgeber keine verfassungswidrigen Gesetze schaffen will.[464] Dieser Gedanke wird bei der gesetzeskonformen Vertragsauslegung auf das rechtsgeschäftliche Zustandekommen eines Vertrages übertragen.[465] Es wird

---

461 Vgl. § 5 Abs. 6 KAGB.
462 *Emmenegger*, Bankorganisationsrecht als Koordinationsaufgabe, S. 23 stellt eine Beliebigkeit fest; sowie näher zur These der Einheit der Rechtsordnung, S. 26 ff.
463 So scheinbar bezüglich der §§ 31 ff. a.F. WpHG auch der BGH, WM 2014, 1382, 1385 Rn. 35 ff., 37; siehe oben 3. Teil A.I. und 3. Teil B.IV.1. allgemein zur Ausstrahlungswirkung.
464 BVerfG, NJW 1953, 1057, 1059 (ÖR); NJW 1992, 2947, 2956 (StrafR); *Heinichen*, NZWiSt 2013, 161, 162 f.; ähnlich *Buck-Heeb*, BKR 2014, 221, 223.
465 *Hager*, Gesetzes- und sittenkonforme Auslegung und Aufrechterhaltung von Rechtsgeschäften, S. 1 ff., 169 ff.; BGH, NJW 71, 1034, 1035 »Dabei wird es insbesondere auch in Betracht ziehen müssen, daß bei mehreren möglichen Auslegungen derjenigen der Vorzug gebührt, die nicht gemäß § 138 BGB zu einer Nichtigkeit der Bestimmung führt.«; BAG, NZA 1996, 1151, 1151 f.: »Da Arbeitsvertragsparteien regelmäßig keine rechtswidrigen oder nichtigen Arbeitsvertragsbedingungen verabreden wollen, ist eine ergänzende Vertragsauslegung geboten, wenn die Vereinbarung der Parteien ohne die Ergänzung gegen § 622 Abs. 6 BGB verstößt.«; OLG Düsseldorf, NJW-RR 2002, 1049, 1049: »Im Gegenteil ist im Wege der gesetzeskonformen Auslegung § 69d UrhG zu beachten, der dem Anwender einen zwingenden Kern urheberrechtlich relevanter Nutzungen garantiert, die für die vertragsgemäße Verwendung des Programms unerlässlich sind.«; vgl. *Köndgen*, in BSL, InvG, § 9a Rn. 5 spricht von der »selbstverständlichen Pflicht eines jeden Rechtssubjekts zur Gesetzestreue«.

angenommen, dass die Parteien sich generell gesetzeskonform verhalten wollen,[466] sodass auch der Inhalt der von den Parteien abgegebenen Willenserklärungen durch Gesetzesnormen determiniert werden kann.[467] Anknüpfungspunkt für eine solche Auslegung ist § 157 BGB, wonach Verträge so auszulegen sind, wie Treu und Glauben mit Rücksicht auf die Verkehrssitte es erfordern.

Sinn und Zweck der gesetzeskonformen Auslegung ist es, die Nichtigkeitsfolge zu vermeiden, um dadurch zu einer geltungserhaltenden Reduktion zu gelangen.[468] Eine Anwendung der gesetzeskonformen Auslegung erfordert daher, dass der Verstoß gegen § 154 Abs. 1 S. 2 KAGB überhaupt zur Nichtigkeit des Bestellungsvertrages (§ 134 BGB) führt.[469] Gemäß § 154 Abs. 1 S. 2 KAGB »obliegt [der Kapitalverwaltungsgesellschaft] insbesondere die Anlage und Verwaltung des Kommanditanlagevermögens«. Gegen das Vorliegen eines Verbotsgesetzes spricht zunächst der Wortlaut der Norm, da § 154 Abs. 1 S. 2 KAGB kein explizites Verbot normiert und nichts darüber sagt, dass der Bestellungsvertrag bei einem Verstoß nichtig ist. Maßgeblich sind weiterhin der Zusammenhang, in dem die Norm steht,[470] sowie der Sinn und Zweck der Vorschrift: Die Normen des KAGB bezwecken nicht nur den Schutz der Anleger, sondern auch den Schutz wichtiger Interessen der Allgemeinheit,[471] wie die Stabilität der Finanzmärkte und die Binnenmarktharmonisierung, was für ein Verbotsgesetz

---

466 BGH, NJW 2004, 1240, 1240; *Hager*, Gesetzes- und sittenkonforme Auslegung und Aufrechterhaltung von Rechtsgeschäften, S. 137 verweist auf §§ 157, 2084 BGB und damit auf die materielle Auslegungsregel, dass die Parteien nichts unredliches anstreben; *ders*, S. 133, 219 verweist auf den »Respekt vor der Autorität des Gesetzes«; weiterführend kommt *ders*. S. 219 dazu, dass es somit auch dem Parteiwillen entspräche gesetzeswidrige Regelungen auf ein legitimes Maß zu reduzieren; *Rozok*, in Emde/Dornseifer/Dreibus/Hölscher, InvG, § 43 Rn. 16.

467 *Hager*, Gesetzes- und sittenkonforme Auslegung und Aufrechterhaltung von Rechtsgeschäften, S. 28; *Forschner*, Wechselwirkungen zwischen Aufsichtsrecht und Zivilrecht, S. 141; *Uffmann*, Verbot der geltungserhaltenden Reduktion, S. 255.

468 *Hager*, Gesetzes- und sittenkonforme Auslegung und Aufrechterhaltung von Rechtsgeschäften, S. 4; auch nach Ansicht des BGH soll eine Auslegungsvariante gewählt werden, die eine Nichtigkeit des Rechtsgeschäfts vermeidet, BGH, BeckRS 11, 21186, Rn. 18 ff., 22; kritisiert wird die gesetzeskonforme Auslegung jedoch vor allem wegen ihres hypothetischen Charakters, dazu *Uffmann*, Verbot der geltungserhaltenden Reduktion, S. 255, 256 f.

469 Parallel zum Auskunfts- und Beratungsvertrag, vgl. *Forschner*, Wechselwirkungen zwischen Aufsichtsrecht und Zivilrecht, S. 141; bei § 134 BGB sei danach zu unterscheiden, ob überhaupt ein Verbotsgesetz im Sinne des § 134 BGB vorliegt und ob ein Verstoß dagegen die Nichtigkeitsfolge nach sich zieht, vgl. » ein anderes« in § 134 BGB, vgl. *Armbrüster*, in MüKo, BGB, Band 1, § 134 Rn. 41 f.; § 31 Abs. 4 S. 3 WpHG a.F. wird kein Verbotsgesetzcharakter attestiert, *Buck-Heeb*, ZIP 2013, 1401, 1409 f.

470 BGH, NJW 1992, 2021, 2022; *Armbrüster*, in MüKo, BGB, Band 1, § 134 Rn. 42, 103.

471 *Ulrici*, JuS 2005, 1073, 1076.

spricht. Zu beachten ist, dass sich die Anlageverwaltungspflicht nach § 154 Abs. 1 S. 2 KAGB nur an *eine* Partei des Rechtsgeschäfts richtet, nämlich die externe Kapitalverwaltungsgesellschaft. Da bei einem Verstoß auch die andere Vertragspartei, die Investmentkommanditgesellschaft, von der Nichtigkeitsfolge betroffen wäre, spricht dies unter Verhältnismäßigkeitsgesichtspunkten allerdings gegen die weitergehende Nichtigkeitsfolge des – zweiseitigen – Bestellungsvertrages.[472] Es liegen auch keine typischen Umstände vor, die in unabwendbarer Weise zur Verhandlungsunterlegenheit eines Vertragspartners führen, der womöglich über ein Verbotsgesetz geschützt werden müsste.[473] Schließlich führt ein Verstoß gegen die Anlageverwaltungspflicht bereits zu den dafür vorgesehenen aufsichtsrechtlichen Sanktionen nach dem KAGB,[474] weshalb ein darüber hinausgehender Verbotscharakter im Sinne des § 134 BGB sowie eine Nichtigkeitsfolge eher fern liegen. Im Ergebnis ist die gesetzeskonforme Auslegung der Willenserklärungen mangels Nichtigkeitsfolge bei einem Verstoß gegen § 154 Abs. 1 S. 2 KAGB nicht anwendbar. Die Willenserklärungen der Parteien des Bestellungsvertrages werden insoweit nicht durch eine solche (mittelbare) Ausstrahlungswirkung gesetzlich determiniert.

b. Objektiver Empfängerhorizont (tatsächlicher Einfluss)

Die aufsichtsrechtlichen Normen wie etwa § 154 Abs. 1 S. 2 KAGB könnten einen *tatsächlichen* Einfluss auf den objektiven Empfängerhorizont und somit auf die Auslegung der zivilrechtlichen Willenserklärungen haben.[475] So soll zum Beispiel ein konkludent geschlossene Auskunfts- und Beratungsvertrag mit dem Kunden einer Wertpapierdienstleistung[476] durch die wertpapierrechtlichen Wohlverhaltenspflichten beeinflusst werden:[477] Um den tatsächlichen Willen

---

472 BGH, NJW 2000, 1186, 1187; *Ulrici*, JuS 2005, 1073, 1076.
473 Siehe oben 3. Teil B.III.2.b.
474 *Schultheiß*, in Baur/Tappen, KAGB, § 168 Rn. 5; *Emde*, in Emde/Dornseifer/Dreibus/Hölscher, InvG, Einl. Rn. 10, 17; a.A. *Boxberger*, in Weitnauer/Boxberger/Anders, KAGB, § 5 Rn. 1 »Marktaufsicht«; zur Systematisierung als besonderes Wirtschaftsaufsichtsrechts, *Dreher*, ZGR 2010, 496, 500, Fn. 14; *Emmenegger*, Bankorganisationsrecht als Koordinationsaufgabe, S. 142 ff.; denn ebenso wie das Bank- und Versicherungsaufsichtsrecht ist das auch KAGB Bestandteil des Gewerberechts und der Wirtschaftsüberwachung, *Weber-Rey*, ZGR 2010, 543, 547, 550; es dient der Abwehr von Gefahren, die von Investmentgeschäften ausgehen, sowie dem öffentlichen Interesse an der Stabilität der Finanzmärkte und dem Anlegerschutz.
475 Zur Lehre vom objektiven Empfängerhorizont, *Stöhr*, JuS 2010, 292, 292 f.
476 Rechtsprechung BGH, WM 1993, 1455; vgl. dazu *Lang*, Informationspflichten bei Wertpapierdienstleistungen, S. 106 ff., 111 ff.; *Clouth*, ZHR 2013, 212, 223 ff.
477 BGH, WM 2014, 1382 ff.; *Freitag*, ZBB 2014, 357, 360; *Forschner*, Wechselwirkungen zwischen Aufsichtsrecht und Zivilrecht, S. 142 ff., 144; kritisch *Herresthal*, WM 2012, 2261, 2261; *ders.* WM 2014, 773, 775; zum stillschweigenden Beratungsvertrag, BGH, WM 1993, 145, 145.

der Parteien zu ermitteln, sei bei einem konkludent geschlossenen Vertrag in besonderem Maße auf den objektiven Empfängerhorizont abzustellen, § 133 BGB.[478] Aus der Perspektive des Kunden kann ein Anlageberatungsgespräch demnach nur so verstanden werden, dass dieses typischerweise unter Beachtung der aufsichtsrechtlichen Vorgaben stattfindet.[479] Zwar gehen auch die Parteien des Bestellungsvertrages (also die Kapitalverwaltungsgesellschaft oder die Investmentkommanditgesellschaft) typischerweise davon aus, dass der Vertrag unter Beachtung der aufsichtsrechtlichen Vorgaben geschlossen wird. Allerdings wird der Bestellungsvertrag regelmäßig nicht konkludent geschlossen, sondern es liegt ein schriftlicher Vertrag zugrunde, der je nach Einzelfall stark differenzierte Klauseln und Leistungsverzeichnisse hinsichtlich des von der Kapitalverwaltungsgesellschaft zu erbringenden Aufgabenumfangs enthält.[480] Das tatsächlich Gewollte kann – anders als bei einem konkludent geschlossenen Vertrag – anhand des Bestellungsvertrages zwischen der Geschäftsführung der Investmentkommanditgesellschaft und der externen Kapitalverwaltungsgesellschaft ermittelt werden. Somit besteht zwar ein (tatsächlicher) Einfluss des § 154 Abs. 1 S. 2 KAGB auf den objektiven Empfängerhorizont, aber dieser ist geringer einzustufen als bei einer konkludent geschlossenen Vereinbarung, bei der keine schriftliche Vereinbarung als Anknüpfungspunkt für das Gewollte existiert.[481]

c. Aufsichtsrechtlich orientierte Rechtsfortbildung

Einen dritten Ansatz formuliert *Herresthal*:[482] Danach sollen sich die Pflichten eines Honoraranlageberatungsvertrages[483] anhand der aufsichtsrechtlichen Pflichten »konkretisieren« lassen. Dogmatisch sei »eine rechtsfortbildende (judikative) Konkretisierung der *gesetzlichen Schutzpflichten* aus §§ 241 Abs. 2, 311 Abs. 1 BGB am Maßstab der allgemeinen Wohlverhaltenspflichten der §§ 31 ff. WpHG a. F. (Konkretisierungsmaßstab) sowie – seit dem Honoraranlageberatungsgesetz – des *vertraglichen* Pflichtenkanons aus einem Honoraranlageberatungsvertrag am Maßstab des § 31 Abs. 4 b–d WpHG a. F. geboten (Typisierungsmaßstab) [...].«[484] Eine »widerlegliche Vermutung« spreche dafür, dass, sofern die auf-

---

478 Palandt, BGB, § 133 Rn. 11; *Forschner*, Wechselwirkungen zwischen Aufsichtsrecht und Zivilrecht, S. 142 ff.; *Mansel*, in Jauering, BGB, § 133 Rn. 6, 10.
479 Zur Typizität, BGH, NZG 2012, 79, 80.
480 Siehe oben 3. Teil B.III.2.d.iii.; siehe unten 5. Teil C.I.
481 Vgl. zur ergänzenden Vertragsauslegung bei der Ermittlung des (hypothetischen) Parteiwillens im Fall einer vertraglichen Regelungslücke, *Biehl*, JuS 2010, 195, 199 ff.; *Herresthal*, WM 2014, 773, 777 mit Verweis auf BGH, WM 2011, 2268, 2273, sowie kritisch S. 778.
482 *Herresthal*, WM 2014, 773, 778.
483 Bei dem es sich, wie bei dem Bestellungsvertrag, nicht um einen gesetzlich geregelten Vertragstyp handelt.
484 *Herresthal*, WM 2014, 773, 778; vgl. §§ 63, 80,87 WpHG n.F.

sichtsrechtliche Pflicht hierfür dem Grundsatz nach geeignet sei,[485] eine dem Aufsichtsrecht entsprechende Vertragspflicht existiere.[486] Dieser Ansatz berücksichtigt die grundsätzliche Trennung der Teilrechtsordnungen und vermeidet aufgrund der Typisierungsfunktion ein weites Auseinanderfallen des Pflichtenumfangs, ohne den privatautonomen Gestaltungsspielraum zu vernachlässigen. Allerdings enthalten die investmentrechtlichen Regelungen gemäß § 154 Abs. 1 S. 2, §§ 17, 23 KAGB, im Gegensatz zu den detaillierten Pflichten nach dem WpHG offen formulierte Rechtsbegriffe, die kaum geeignet sind, einem »vertraglichen Pendant« zu entsprechen. Sie können daher keinen geeigneten Konkretisierungsmaßstab bilden.[487]

d. Zwischenergebnis

Die behandelten Auslegungsansätze stimmen darin überein, dass die aufsichtsrechtlichen Normen bei der Auslegung der Willenserklärungen zu berücksichtigen sind. Eine solche Auslegung lässt sich jedoch nicht auf die Nichtigkeitssanktion stützen (a.). Es handelt sich beim Bestellungsvertrag nicht um eine konkludent geschlossene Vereinbarung (b.) und die aufsichtsrechtlichen Vorgaben können auch nicht den erforderlichen Detailgrad liefern (c.). Allerdings könnte ein übereinstimmender Parteiwille eine Verbindung zum aufsichtsrechtlichen Normgefüge herstellen und damit eine mittelbare Ausstrahlungswirkung begründen (3.).

3. Finaler Zusammenhang zwischen Aufsichtsrecht und Willenserklärungen der Vertragsparteien

Den Geschäftsführern der Kapitalverwaltungsgesellschaft und der Investmentkommanditgesellschaft könnte es nicht allein darauf ankommen, die aufsichtsrechtlichen Sanktionen durch den Abschluss eines investmentrechtskonformen Bestellungsvertrages zu vermeiden. Es könnte vielmehr dem übereinstimmenden Parteiwillen entsprechen, ein aufsichtsrechtlich anerkanntes externes Verwaltungsverhältnis zu schaffen, was im Einzelfall anhand der allgemeinen Auslegungsgrundsätze zu ermitteln ist.[488] Dieser von den Parteien intendierte Vertragszweck wäre auch bei der Vertragsauslegung zu berücksichtigen[489] und könnte somit als Grundlage für einen noch näher darzustellenden Zusammen-

---

485 *Herresthal*, WM 2014, 773, 778.
486 »Rechtsfortbildenden Ausdifferenzierung paralleler gesetzlicher und v.a. vertragsrechtlicher Pflichten«, *Herresthal*, WM 2014, 773, 783.
487 Siehe oben 3. Teil B.III.2.d.iii., 4. Teil A.; *Herresthal*, WM 2014, 773, 775.
488 So auch *Schmitz*, in BSL, InvG, § 43 Rn. 7 bezüglich des Investmentvertrags.
489 Der Vertragszweck muss als Begleitumstand beachtet werden, BGH, NJW 2011, 3287, 3288 Tz. 12; BGH, NJW-RR 2008, 562, 563; *Dörner*, in Schulze, BGB, § 133 Rn. 5; *Wendtland*, in Bamberger/Roth/Hau/Poseck, BGB, § 133 Rn. 25.

hang zwischen aufsichtsrechtlichen Vorgaben und zivilrechtlichem Bestellungsvertrag herangezogen werden.

a. Parallelität zu den Eigenmittelgestellungsverträgen

Eine solche Zweckverbindung wird beispielsweise zwischen den aufsichtsrechtlichen Anforderungen des KWG und den Eigenmittelgestellungsverträgen angenommen:[490] Die Parteien von Genussrechtsvereinbarungen verfolgen gerade den Zweck, den Vorgaben des § 10 KWG zu genügen, um dadurch aufsichtsrechtlich anerkennungsfähige Eigenmittel zu schaffen.[491] Übertragen auf die Konstellation einer extern verwalteten Investmentkommanditgesellschaft könnte es den Parteien eines Bestellungsvertrages ebenfalls darauf ankommen, ein aufsichtsrechtlich anerkennungsfähiges Bestellungsverhältnis zu schaffen, da der Fonds ansonsten nicht wie geplant verwaltet werden kann: Die Anleger sind Kapitalgeber und der wirtschaftliche Erfolg des Investments ist an die rechtliche Zulässigkeit der (internen oder externen) Verwaltung gekoppelt. Folglich haben die Anleger ein Interesse an der rechtlich zulässigen Auflegung und Verwaltung des Fonds.[492] Zudem setzt das KAGB bezüglich des Bestellungsvertrages – wie auch das KWG bezüglich der Eigenmittelgestellungsverträge – den Abschluss eines solchen Vertrages von Gesetzes wegen voraus.[493]

b. Finaler Zusammenhang und Folgen

Eine Fondskonzeption, die auf eine externe Verwaltung ausgelegt ist, lässt sich nur bei aufsichtsrechtlicher Anerkennung des externen Verwaltungsverhältnisses umsetzen. Andernfalls hätte dies gravierende Folgen: Auf Seiten der Investmentkommanditgesellschaft und der Anleger ist das Investment dann nicht realisierbar, da die Investmentkommanditgesellschaft regelmäßig nicht die strengen Voraussetzungen für eine KVG-Erlaubnis erfüllen und sich nicht intern verwalten kann.[494] So darf eine interne Kapitalverwaltungsgesellschaft nur ein Investment-

---

490 Dazu *Forschner*, Wechselwirkungen zwischen Aufsichtsrecht und Zivilrecht, S. 100 und weshalb sich diese Konstellation von den wertpapierrechtlichen Wohlerhaltenspflichten unterscheidet; zu den Eigenmittelgestellungsverträgen, *Kokemoor/Theilig*, WM 2011, 337, 339 f.
491 *Kokemoor/Theilig*, WM 2011, 337, 400.
492 Siehe oben 3. Teil B.III.2.d.
493 Siehe oben 2. Teil D.I.5.b.; insofern ist zu beachten, dass der Bestellungsvertrag lediglich eine indizielle, wenn auch primäre Bedeutung im Rahmen einer materiellen Betrachtungsweise hat und der finale Zusammenhang daher weniger intensiv ausgestaltet ist, siehe unten 4. Teil B.V. privatautonom-faktische Funktionsweise.
494 »Seltene Ausnahme«, *Könnecke*, in Baur/Tappen, KAGB, § 154 Rn. 9, 43.

vermögen verwalten, § 20 Abs. 7 Hs. 2 KAGB, wohingegen eine externe Kapitalverwaltungsgesellschaft für eine Mehrzahl von Investmentvermögen bestellt ist, sodass die Fondsstruktur von vornherein entweder auf eine externe oder interne Verwaltung ausgelegt ist. Der übereinstimmende Wille der Parteien des Bestellungsvertrages geht somit typischerweise dahin, ein aufsichtsrechtlich anerkanntes externes Verwaltungsverhältnis zu schaffen, weil der Vertragszweck ansonsten nicht erreicht wird. Es besteht eine Zweckverbindung zwischen den aufsichtsrechtlichen Normen und den Willenserklärungen der Vertragsparteien. Diese Finalität bildet das Fundament dafür, dass das KAGB bei der Auslegung des Bestellungsvertrages gemäß §§ 133, 157 BGB zu berücksichtigen ist.[495] Bezüglich des Umfangs der Anlageverwaltungspflicht ist deshalb in Zweifelsfällen bei der Vertragsauslegung zu einem dem KAGB genügenden Ergebnis zu gelangen.[496] § 154 Abs. 1 S. 2 KAGB kann sowohl eine ausgestaltende[497] als auch eine lückenfüllende[498] Funktion im Rahmen der Auslegung haben. Auf diese Weise wird den öffentlich-rechtlichen Normen sowie der Privatautonomie der Parteien zur Geltung verholfen und eine wechselseitige Beeinflussung zwischen Markt- und Verwaltungspraxis ermöglicht.[499]

c. Rückstrahlungswirkung des Vertrages auf Rechtsbegriffe

Aufgrund der mittelbaren Ausstrahlungswirkung auf die Willenserklärungen der Vertragsparteien werden nicht nur die Zivilrechtsverhältnisse durch das Aufsichtsrecht geprägt, sondern umgekehrt können auch die in der Praxis verwendeten Vertragsklauseln bei der Anwendung des Aufsichtsrechts im Einzelfall

---

495 Sei es im Rahmen der gesetzeskonformen Auslegung der Willenserklärungen oder des objektiven Empfängerhorizonts.
496 Vgl. für den Fall des § 10 KWG, *Kokemoor/Theilig*, WM 2011, 337, 400, welche abweichend von der hier vertretenen Ansicht darüber hinaus davon ausgehen, dass es sich bei den öffentlich-rechtlichen Vorgaben um zwingendes Vertragsrecht handelt; vgl. im Ergebnis auch *Schmitz*, in BSL, InvG, § 43, Rn. 7.
497 Etwa auch zur Konkretisierungsfunktion der Pflichten nach dem WpHG a.F., KG Berlin, BKR 2005, 457, 458; ähnlich *Rothenhöfer*, in Perspektiven des Wirtschaftsrechts, S. 72, 73, 74; *Fuchs*, WpHG a.F., Vorb. §§ 31–37a, Rn. 80.
498 Zur ergänzenden Vertragsauslegung im Falle einer Regelungslücke, vgl. Palandt, BGB, § 157 Rn. 1, 3; *Biehl*, JuS 2010, 195, 199 ff.
499 Siehe unten 3. Teil B.IV.3.d.; zwar stehen die aufsichtsrechtlichen Normen selbst nicht zur Parteidisposition, allerdings obliegt es den Parteien, einen KAGB-konformen Bestellungsvertrag zu schließen. Werden abweichende Vereinbarungen getroffen, liegt kein investmentrechtlich anerkennungsfähiger Bestellungsakt vor, sodass aufsichtliche Konsequenzen drohen. Eine Gestaltung, die den investmentrechtlichen Vorgaben widerspricht, lässt einen eindeutig vereinbarten Vertragsinhalt grundsätzlich unberührt, da die investmentrechtliche Aufgabenzuordnung keine unmittelbare überlagernde Zivilrechtswirkung entfaltet.

Berücksichtigung finden (Rückstrahlungswirkung).[500] Beispielsweise ist der gesetzlich nicht definierte Begriff der Portfolioverwaltung auslegungsbedürftig und muss zivilvertraglich durch detaillierte Leistungsverzeichnisse konkretisiert werden, was wiederum der Inhaltsbestimmung durch die Verwaltungspraxis als Anknüpfungspunkt dienen kann.[501] Gegenüber einer zwingenden Zivilrechtswirkung ermöglicht dies eine interessengerechte Wechselbeziehung zwischen Aufsichtsrecht und Vertragspraxis der Beaufsichtigten.

d. Zwischenergebnis

§ 154 Abs. 1 S. 2 KAGB ist eine öffentlich-rechtliche Norm ohne zivilrechtliche Regelungswirkung, aber mit potenziellem Einfluss auf die Auslegung der Willenserklärungen der Parteien des Bestellungsvertrages. Diese rechtssystematische Einordnung trägt den Zielen und Regelungsansätzen des Privatrechts und des öffentliches Rechts Rechnung, da die aufsichtsrechtlichen (Erlaubnis-)Anforderungen und Eingriffsbefugnisse gewahrt werden, ohne die Flexibilität des Zivilrechts und die Privatautonomie der Vertragsparteien zu vernachlässigen.[502]

4. Haftung und konkrete Rechtsfolgen

Angesichts des öffentlich-rechtlichen Normcharakters stellt sich die Frage, welche Rechtsfolgen ein Verstoß gegen § 154 Abs. 1 S. 2, § 23 Nr. 9, 10 KAGB nach sich zieht. Gemeint ist der Fall, dass den aufsichtsrechtlichen Vorgaben hinsichtlich des erforderlichen Aufgabenumfangs nicht genügt wurde, weil etwa der Bestellungsvertrag vorsieht, dass Teile des Risikomanagements oder die Portfolioverwaltung nicht durch die Kapitalverwaltungsgesellschaft erbracht werden sollen oder (vertragswidrig) nicht mehr erbracht werden.[503]

---

500 Anhaltspunkte bieten die historischen, wirtschaftlichen und sozialen Umstände, *Haarmeyer/Mock*, Insolvenzrechtliche Vergütung, Vorb. Rn. 68; *Forschner*, Wechselwirkungen zwischen Aufsichtsrecht und Zivilrecht, S. 145; zur historischen oder teleologisch Auslegung, vgl. *Grundmann/Riesenhuber*, JuS 2001, 529, 531 sowie auch zur Ökonomische Analyse als Mittel der teleologischen Auslegung; zur teleologisch-funktionalen Auslegung des Gewerbebegriffs im Zusammenhang mit der Vermögensverwaltung im HGB, *Siems*, NZG 2001, 738, 738 f.
501 Siehe unten 4. Teil B.VI.4.b. zum Portfolioverwaltungsbegriff; siehe oben 3. Teil B.III.2.d.iii. zum Leistungsumfang einer Kapitalverwaltungsgesellschaft.
502 Siehe oben 3. Teil B.III.2.d.iii. dagegen zwingendes Vertragsrecht; siehe oben 3. Teil B.IV.1.; zur Theorie von der Doppelnorm, lässt sich sagen, dass es neben den bereits dargelegten Bedenken, auch vorliegend keines ambivalenten Rechtscharakters der Norm bedarf. Die potentielle Wirkung der öffentlich-rechtlichen Norm auf den Vertragsinhalt kann zwar auch als Doppelwirkung verstanden werden, wobei die zivilrechtliche Auswirkungen gerade nicht automatisch eintreten, sondern erst mittelbar im Wege der Auslegung für jeden Einzelfall zu ermitteln sind.
503 Dieser eher theoretische Fall soll die gewonnenen Erkenntnisse auf Rechtsfolgenseite verproben.

a. Kapitalverwaltungsgesellschaft und Investmentkommanditgesellschaft

Aus Sicht der Kapitalverwaltungsgesellschaft sollte zunächst nach der Art des Verstoßes differenziert werden. Wird etwa *nur eine der beiden Kernaufgaben* übertragen und erbracht,[504] soll die externe Kapitalverwaltungsgesellschaft nach dem Bestellungsvertrag etwa nur das Portfoliomanagement, nicht aber das Risikomanagement übernehmen, sollte trotzdem eine zivil- und aufsichtsrechtliche *Bestellung* im Sinne des § 17 Abs. 2 Nr. 1, Abs. 1 S. 2 KAGB angenommen werden. Denn es genügt nach der genannten Vorschrift, wenn die Kapitalverwaltungsgesellschaft für eine der beiden Aufgaben alternativ verantwortlich ist, um als erlaubnispflichtige externe Kapitalverwaltungsgesellschaft qualifiziert zu werden. Allerdings greift sodann der Versagungsgrund nach § 23 Nr. 10 KAGB, wonach beide Aufgaben kumulativ erbracht werden müssen. Welche Aufgaben von einer Kapitalverwaltungsgesellschaft erbracht werden, lässt sich insbesondere anhand des Bestellungsvertrages festmachen, wobei die Voraussetzungen im oben beschriebenen Fall nur hinsichtlich einer der beiden Kernaufgaben erfüllt sind.[505]

Dies hat jedoch nicht das automatische Erlöschen der KVG-Erlaubnis zur Folge: Zwar muss die Erlaubniserteilung gegebenenfalls nach § 23 Nr. 10 KAGB versagt bzw. entzogen werden. Gemäß § 22 Abs. 1 Nr. 12 KAGB ist der Bestellungsvertrag aber nicht im Erlaubnisantrag enthalten,[506] sodass die aufsichtsrechtliche Mangelhaftigkeit möglicherweise erst später zutage tritt.[507] Dann liegt es im Ermessen der BaFin, die Erlaubnis aufzuheben oder verhältnismäßigere Maßnahmen zu treffen, § 39 Abs. 3 Nr. 1, 3 KAGB. In Betracht kommt hier die Anordnung der BaFin gegenüber der Kapitalverwaltungsgesellschaft, beide Kernaufgaben zu erbringen und im Zuge dessen den Bestellungsvertrag anzugleichen bzw. einen neuen KAGB-konformen Vertrag zu schließen, §§ 5 Abs. 6, 42 KAGB.[508] Wird dessen ungeachtet ein unerlaubtes Investmentgeschäft betrieben, greift das öffentlich-rechtliche Sanktionssystem gemäß §§ 15, 16 KAGB bzw. die Strafvorschrift gemäß § 339 KAGB.[509]

---

504 Verstoß gegen § 154 Abs. 1 S. 2, § 23 Nr. 10 KAGB.
505 Kommt die Aufsichtsbehörde im Rahmen einer materiellen Betrachtung zu dem Schluss, dass entgegen den Bestimmungen im Bestellungsvertrag, trotzdem beide Kernaufgaben tatsächlich erbracht werden, liegen die Versagungsgründe nach § 23 Nr. 9, 10 KAGB freilich nicht vor, siehe unten 4. Teil B.V. zur privatautonom-faktische Funktionsweise.
506 Vgl. auch BaFin, Merkblatt zum Erlaubnisverfahren für eine AIF-Kapitalverwaltungsgesellschaft nach § 22 KAGB-E, 22. März 2013, A., B.
507 Genehmigungspflichtig sind aber zumindest die Anlagebedingungen von Publikumsfonds, §§ 267, 96 Abs. 2 S. 3 KAGB, während die von Spezialfonds der BaFin nur vorzulegen sind, §§ 273, 96 Abs. S. 4 KAGB.
508 § 5 Abs. 6 S. 1, 2 KAGB.
509 Siehe unten 4. Teil B.I.1. zu den benannten Vorschriften.

Falls *keine* der beiden Kernaufgaben übertragen werden, sondern beispielsweise nur die administrativen Tätigkeiten, der Vertrieb und die Tätigkeiten im Zusammenhang mit den Vermögensgegenständen, führt dies zur aufsichtsrechtlichen Nichtanerkennungsfähigkeit des zugrunde gelegten Bestellungsaktes, sodass schon keine Bestellung im investmentrechtlichen Sinne vorliegt.[510] Weiterhin greift der Versagungsgrund nach § 23 Nr. 9 KAGB. Demnach ist einer Kapitalverwaltungsgesellschaft die Erlaubnis zu versagen, wenn sie ausschließlich administrative Tätigkeiten, den Vertrieb von eigenen Investmentanteilen oder Tätigkeiten im Zusammenhang mit den Vermögensgegenständen des AIF erbringt, ohne dabei auch die Portfolioverwaltung und das Risikomanagement zu erbringen. Allerdings liegt in dem oben skizzierten Fall schon keine erlaubnispflichtige Kapitalverwaltungsgesellschaft vor, da es an einer ordnungsgemäßen Bestellung im Sinne des § 17 Abs. 1 S. 1 KAGB fehlt. Dies wirkt sich aber nur dann aus, wenn dieser Umstand bereits bei Erlaubniserteilung vorliegt und die BaFin den Mangel im Bestellungsvertrag erkennt. Da der Bestellungsvertrag weder bei Antragstellung (§ 22 Nr. 12 KAGB) noch im Rahmen der Vertriebsanzeige (§§ 293 ff. KAGB) eingereicht wird, könnte einer eigentlich nicht erlaubnispflichtigen Kapitalverwaltungsgesellschaft eine Erlaubnis erteilt worden sein. Falls anschließend keine Änderung des Bestellungsvertrages durchgeführt wird,[511] kann die Erlaubnis gemäß § 39 Abs. 3 Nr. 1, 3 KAGB wieder aufgehoben werden. Sofern die externe Kapitalverwaltungsgesellschaft entgegen den Bestimmungen im Bestellungsvertrag (bzw. faktisch) die Kernaufgaben erbringt, muss auch hier der Bestellungsvertrag zumindest angepasst werden.[512]

Mit Blick auf das Schicksal der Investmentkommanditgesellschaft bleibt der Bestellungsvertrag – trotz der Nichtübertragung *beider* Kernaufgaben – zivilrechtlich in der Regel bestehen.[513] Allerdings liegt im Verhältnis zwischen der Investmentkommanditgesellschaft und externen Kapitalverwaltungsgesellschaft keine wirksame Bestellung im investmentrechtlichen Sinne vor, da die Kapitalverwaltungsgesellschaft keine der erlaubnisrelevanten Aufgaben erbringt, § 17 Abs. 2 Nr. 1, Abs. 1 S. 2 KAGB. Erlischt das Recht der Kapitalverwaltungsgesellschaft, ein Investmentvermögen zu verwalten, § 154 Abs. 2 Nr. 1, § 100 ff. KAGB, geht das Verfügungsrecht über das Kommanditanlagevermögen auf die Verwahrstelle über. Die Verwahrstelle hat das Vermögen dann abzuwickeln.[514]

---

510 Verstoß gegen § 154 Abs. 1 S. 2, § 17 Abs. 2 Nr. 1, § 23 Nr. 9, (10) KAGB; siehe unten 4. Teil B.V.
511 Auf Anordnung der BaFin, §§ 5 Abs. 6, § 42 KAGB.
512 Zumindest dahingehend, dass die Kapitalverwaltungsgesellschaft mindestens für das Risikomanagement oder die Portfolioverwaltung verantwortlich ist, § 17 Abs. 2 Nr. 2, Abs. 1 S. 2 KAGB.
513 Siehe oben 3. Teil B.IV.2.a. zur Nichtigkeitsfolge bei einem Verstoß gegen die investmentrechtliche Aufgabenzuordnung.
514 Vgl. § 100b KAGB (in Kraft getreten, 18. März 2016), wonach ein Wechsel der Kapitalverwaltungsgesellschaft auch ohne eine Kündigung zulässig ist.

Dies wird vermieden, wenn sich die extern verwaltete Investmentkommanditgesellschaft in eine intern verwaltete Investmentkommanditgesellschaft umwandelt oder eine andere externe Kapitalverwaltungsgesellschaft benennt.[515]

b. Zivilrechtshaftung der Kapitalverwaltungsgesellschaft gegenüber den Anlegern

Ein Verstoß gegen § 154 Abs. 1 S. 2, § 23 Nr. 9, 10 KAGB wirkt sich auch auf die Anleger aus, die ohne KVG-Erlaubnis bzw. im Fall der Abwicklung der Investmentkommanditgesellschaft die Kapitalanlage nicht realisieren können. Wird die im Bestellungsvertrag vereinbarte Anlageverwaltung später nicht erbracht, kommen neben den aufgezeigten aufsichtsrechtlichen Konsequenzen auch zivilrechtliche Leistungs- oder Schadensersatzansprüche in Betracht: Einerseits verstößt die externe Kapitalverwaltungsgesellschaft gegen die konkrete Aufgabenzuordnung im Bestellungsvertrag, andererseits ist bei einem Verstoß gegen aufsichtsrechtliche Vorschriften auch eine zivilrechtliche Nebenpflichtverletzung zu beachten.[516] Der Bestellungsvertrag wird nicht mit den Anlegern, sondern zwischen der Investmentkommanditgesellschaft und der externen Kapitalverwaltungsgesellschaft vereinbart, sodass die Investmentkommanditgesellschaft grundsätzlich anspruchsberechtigt ist.[517]

i. Vertrag (mit Schutzwirkung) zugunsten Dritter

Das KAGB sieht keine unmittelbare Vertragsbeziehung zwischen Anlegern und externer Kapitalverwaltungsgesellschaft vor.[518] In Betracht kommt jedoch ein

---

515 Die vorherige Fassung verlangte noch eine »offene« Investmentkommanditgesellschaft, was durch Art. 2 Nr. 2 KAGB-Reparaturgesetz berichtigt wurde; Gesetzesbegründung zum KAGB, Bt-Dr. 17/12294, S. 251.
516 § 241 Abs. 2 BGB; vgl. *Kunschke/Klebeck*, in Beckmann/Scholtz/Vollmer, 405, KAGB, § 128 Rn. 35; zur Mitgliedschaft in einer Investmentaktiengesellschaft als Sonderbeziehung, *Campbell/Müchler*, ILF 2009, 1, 6 f.; in der Regel keine Sonderverbindung zwischen Aktionär der Investmentaktiengesellschaft und dem Vorstand, *Sachtleber*, Zivilrechtliche Strukturen von Open-end-Investmentfonds, S. 174, 177.
517 *Zetzsche*, AG 2013, 613, 623 spricht sich für eine Negation der Investmentgesellschaften unter Aufrechterhaltung des Investmentdreiecks aus; kritisch dazu *Mohr*, Die offene Investmentkommanditgesellschaft, S. 140 ff.; zu beachten ist, dass auch die Verwahrstelle Ansprüche geltend machen kann und muss, § 89 Abs. 1 KAGB.
518 Vgl. zum Investmentvertrag beim Sondervermögen zwischen Anlegern und externer Kapitalverwaltungsgesellschaft *v. Ammon/Izzo-Wagner*, in Baur/Tappen, KAGB, § 162 Rn. 25; Hauptpflicht der Kapitalverwaltungsgesellschaft liegt in der Vermögensverwaltung, vgl. *Einsele*, Bank- und Kapitalmarktrecht, § 10 Rn. 25, 36; vgl. auch zur Geltendmachung von Primär- und Sekundärpflichten im Verhältnis der Anleger zur Verwahrstelle, diess. § 10 Rn. 37; anders dann im Verhältnis der Anleger zur externen Kapitalverwaltungsgesellschaft, da Investmentkommanditgesellschaft quasi dazwischen stünde, *Einsele*, Bank- und Kapitalmarktrecht, § 10 Rn. 46b.

Schadensersatzanspruch der Anleger gegen die Kapitalverwaltungsgesellschaft unter Zugrundelegung eines Vertrages mit Schutzwirkung zugunsten Dritter.[519] Dabei wird ein Dritter in den Schutzbereich eines zwischen dem Schuldner und dem Gläubiger bestehenden Schuldverhältnis derart einbezogen, dass der Dritte bei Verletzung von Schutzpflichten nach § 241 Abs. 2 BGB vertragliche Schadensersatzansprüche geltend machen kann.[520] Ein Vertrag mit Schutzwirkung zugunsten der Anleger erfordert ein Gläubigerinteresse der Investmentkommanditgesellschaft an der Einbeziehung des Anlegers in den Schutzbereich des Bestellungsvertrages, sowie dass die Einbeziehung für den Schuldner, die Kapitalverwaltungsgesellschaft, erkennbar war.[521] Außerdem muss der Anleger als Dritter bestimmungsgemäß mit der (Haupt-)Leistung in Berührung kommen und den Gefahren von Schutzpflichtverletzungen ebenso ausgesetzt sein wie der Gläubiger (Leistungsnähe).[522]

Eine Durchbrechung der Relativität der Schuldverhältnisse[523] durch eine Drittwirkung des Bestellungsvertrages könnte zunächst mit Blick auf das zuletzt genannte Merkmal der *Leistungsnähe* beanstandet werden, denn die Anlegerkommanditisten eines Publikumsfonds beeinflussen den Inhalt des Bestellungsvertrages regelmäßig nicht.[524] Eine effektive Aufgabenverteilung innerhalb der jeweiligen Fondsstruktur soll anhand der Umstände des Einzelfalls, insbesondere nach Art der Vermögensgegenstände, der relevanten Aufgaben sowie weiterer Faktoren, erfolgen, sodass die Anleger typischerweise kein gewichtiges Interesse an zwingenden Vertragsvorgaben durch die unbestimmten Regelungen des KAGB haben.[525] Für eine Leistungsnähe spricht jedoch, dass der Bestellungsvertrag die von der Kapitalverwaltungsgesellschaft zu erbringende Portfolioverwaltung spezifiziert und damit die Verwendung des Anlegerkapitals berührt.[526] Das Kapital der Anleger entspricht dem Kommanditanlagevermögen der Investmentkommanditgesellschaft, sodass die Anleger insoweit

---

519 *Schulte*, Investment-KG, S. 218 ff.; *Campbell/Müchler*, ILF 2009, 1, 11 ff.; nach *Zetzsche*, Prinzipien der kollektiven Vermögensverwaltung, S. 522 hat der Bestellungsvertrag eine »ihrer Natur nach noch unbestimmte Wirkung zu Gunsten der Anleger« was sich aus einem Erst-Recht-Schluss ergebe; vgl. für den Verwahrstellenvertrag, *Einsele*, Bank- und Kapitalmarktrecht, § 10 Rn. 35, 37, 46 ff., ua. ablehnend zu den Haftungsansprüchen der Anleger einer Investmentkommanditgesellschaft gegen die externe Kapitalverwaltungsgesellschaft; a.A. *Zetzsche*, AG 2013, 613, 622, 623; sowohl für gesetzliches Schuldverhältnis als auch für Vertrag mit Schutzwirkung zu Gunsten Dritter, *Dornseifer*, AG 2008, 53, 59, Fn. 38.
520 *Gottwald*, in MüKo, BGB, Band 3, § 328 Rn. 166 ff., 180; *Schulte*, Investment-KG, S. 218 ff.
521 *Stadler*, in Jauernig, Kommentar zum BGB, § 328 Rn. 19 ff.
522 BGH, NJW-RR 2017, 888, 890 f.
523 *Looschelders/Makowsky*, JA 2012, 721 ff.
524 Siehe oben 3. Teil B.III.2.d.ii.
525 Ibid.
526 BGH, NJW 2010, 3152, 3153; vgl. Anlagebedingungen, §§ 151, 165, 266 f. KAGB.

Schutzpflichtverletzungen durch die Kapitalverwaltungsgesellschaft ebenso ausgesetzt sind wie die Gläubigerin des Bestellungsvertrages (Investmentkommanditgesellschaft). Außerdem sind die Investmentkommanditgesellschaft[527] und die Kapitalverwaltungsgesellschaft[528] gesetzlich zur besonderen Rücksichtnahme auf die Anlegerinteressen und damit zum Schutz der Anlegerkommanditisten verpflichtet. Folglich ist die Voraussetzung der Leistungsnähe gegeben.[529]

Ein Vertrag mit Schutzwirkung zugunsten der Anleger erfordert weiterhin ein Gläubigerinteresse an der Einbeziehung der Anleger als Dritte in den Schutzbereich des Vertrages. Nach Erwägungsgrund 23 AIFM-RL erbringt die Kapitalverwaltungsgesellschaft die »Verwaltungsdienste für den AIF«, sodass die Investmentkommanditgesellschaft die Gläubigerin und die Kapitalverwaltungsgesellschaft die Schuldnerin der im Bestellungsvertrag vereinbarten Leistungen ist. Über die gesellschaftsrechtliche Treuepflicht hinaus[530] hat die Investmentkommanditgesellschaft als Gläubigerin den Anlegern nach dem Unternehmensgegenstand »Schutz und Fürsorge zu gewährleisten«,[531] denn gesellschaftsvertraglich festgelegter Unternehmensgegenstand ist »ausschließlich die Anlage und Verwaltung ihrer Mittel nach einer festgelegten Anlagestrategie zur gemeinschaftlichen Kapitalanlage [...] *zum Nutzen der Anleger*.«[532] Auch aufgrund der gesetzlichen Pflicht zum Handeln im Anlegerinteresse nach § 153 Abs. 1 S. 3 Nr. 1 KAGB hat die Investmentkommanditgesellschaft ein *Gläubigerinteresse* an der Einbeziehung der Anleger in den Schutzbereich des Bestellungsvertrages. Dies ist aufgrund des abgrenzbaren Anlegerkreises auch für die Kapitalverwaltungsgesellschaft als Schuldnerin *erkennbar*.[533]

Die Einbeziehung in den Schutzbereich des Bestellungsvertrages führt zu vertraglichen Schutz- und Sorgfaltspflichten zugunsten des Dritten (Anleger).[534] Dem Schuldner (externe Kapitalverwaltungsgesellschaft) obliegen in der Folge Nebenpflichten gegenüber den Anlegern als Dritte in diesem Sinne. Daraus folgt zwar grundsätzlich kein Anspruch auf Primärleistung der Anleger gegenüber der Kapitalverwaltungsgesellschaft;[535] die Anleger können nicht selbst ohne weiteres

---

527 § 150 Abs. 2 S. 1, § 153 Abs. 1 S. 3 Nr. 1 KAGB.
528 § 26 Abs. 1, Abs. 2 Nr. 1, 5 KAGB.
529 Vgl. § 26 Abs. 1, Abs. 2 Nr. 2, 5 KAGB; kritisch dazu *Mohr*, Die offene Investmentkommanditgesellschaft, S. 144 ff.
530 *Wimmer-Leonhardt*, Konzernhaftungsrecht, S. 193, 272 sieht eher ein »allgemeines rechtsethisches Prinzip« als Grundlage für einen Vertrag mit Schutzwirkung zu Gunsten Dritter.
531 BGH, NJW 2010, 3152, 3153.
532 Hervorhebungen durch den Verfasser; § 150 Abs. 2 S. 1 KAGB; siehe unten 4. Teil D.II.3. näher zu § 153 Abs. 1 S. 3 Nr. 1 KAGB.
533 BGH, NJW 1996, 2927, 2928; BGH, NJW 2004, 3035, 3038.
534 *Schulze*, BGB, § 328 Rn. 2, 12.
535 BGH, NJW 2010, 3152, 3153; *Sachtleber*, Zivilrechtliche Strukturen von Open-end-Investmentfonds, S. 40; *Einsele*, § 10 Rn. 37 geht daher beim Verwahrstellenvertrag von einem atypischen Vertrag zu Gunsten Dritter aus, wonach Primär- und

gegen die externe Kapitalverwaltungsgesellschaft auf Erfüllung der vertraglich vereinbarten Anlageverwaltung klagen. Es bleibt den Parteien jedoch unbenommen, über den Vertrag mit (bloßer) Schutzwirkung zu Gunsten Dritter hinaus, einen (unechten) Vertrag zugunsten Dritter nach § 328 BGB abzuschließen. In diesem Fall stünde den Anlegern gegenüber der Kapitalverwaltungsgesellschaft sogar das Recht auf Leistung an die Investmentkommanditgesellschaft zu.[536]

Um eine uferlose Ausdehnung des Kreises der in den vertraglichen Schutzbereich fallenden Personen zu vermeiden, hat die Rechtsprechung schließlich die einschränkende Voraussetzung des *Schutzbedürfnis des Dritten* entwickelt.[537] Diese Voraussetzung ist nicht erfüllt, wenn dem Dritten eigene vertragliche Ansprüche zustehen, die zumindest einen gleichwertigen Inhalt haben wie diejenigen Ansprüche, die ihm über eine Einbeziehung in den Schutzbereich eines Vertrages zukämen.[538] Ansprüche der Anleger könnten aufgrund eines gesetzlichen Schuldverhältnisses oder einer investmentrechtlichen Sonderbeziehung zwischen der Kapitalverwaltungsgesellschaft und den Anlegern entstehen.

ii. Verhältnis zwischen Anlegern und Kapitalverwaltungsgesellschaft

Die Befürworter eines *gesetzlichen Schuldverhältnisses* zwischen Anlegern und externer Kapitalverwaltungsgesellschaft[539] begründen ihre Ansicht mit den anlegerschützenden Verhaltens- und Organisationspflichten der Kapitalverwal-

---

Sekundäransprüche bestehen können; einschränkend dann im Verhältnis der Anleger zur externen Kapitalverwaltungsgesellschaft, da die Investmentkommanditgesellschaft quasi »dazwischen« stünde, aber wohl im Ergebnis bejahend für den Fall einer Verletzung des Bestellungsvertrags, *Einsele*, AG 2011, 141, 153; *Einsele*, Bank- und Kapitalmarktrecht § 10 Rn. 46b.

536 Eine Drittbegünstigungsabrede ist zwar auch konkludent möglich, *Janoschek*, in Bamberger/Roth/Hau/Poseck, BGB, § 328 Rn. 11, allerdings ist zweifelhaft, dass die externe Kapitalverwaltungsgesellschaft ihren Gläubigerkreis über die Investmentkommanditgesellschaft hinaus erweitern wird; zudem kritisch *Mohr*, Die offene Investmentkommanditgesellschaft, S. 143 f.

537 BGH, NJW 1996, 2927, 2929.

538 BGH, NJW 1996, 2927, 2929; allerdings lassen deliktische Ansprüche die Schutzbedürftigkeit nicht entfallen, dazu *Pinger/Behme*, JuS 2008, 675, 677; *Schultheiß*, WM 2015, 603, 608.

539 *Wallach*, Der Konzern 2007, 487, 493 f.; *ders.*, ZGR 2014, 289, 301; *Fischer/Steck*, in BSL, InvG, § 96 Rn. 37; *Fischer/Friedrich*, ZBB 2013, 153, 155, 156, Fn. 22; *Sachtleber*, Zivilrechtliche Strukturen von Open-end-Investmentfonds, S. 106, Fn. 492; *Müchler*, Die Investmentaktiengesellschaft mit veränderlichem Kapital, S. 299; *Gruhn*, Die deutsche Investmentaktiengesellschaft, S. 235; *Winterhalder*, in Weitnauer/Boxberger/Anders, KAGB, § 17 Rn. 47; vgl. zum Verhältnis zwischen Depotbank und Anleger, OLG Frankfurt, NJW 1997, 745, 747; kritisch *Einsele*, Bank- und Kapitalmarktrecht, § 10 Rn. 36 ff.

tungsgesellschaft gemäß §§ 26 ff. KAGB,[540] den Anlagebedingungen[541] sowie dem Pflichtenkanon des Bestellungsvertrages.[542] Gegen ein gesetzliches Schuldverhältnis spricht jedoch, dass das KAGB kein gesetzliches Schuldverhältnis zwischen Anlegern und externer Kapitalverwaltungsgesellschaft kodifiziert.[543] So bestimmen die Anlagebedingungen nach § 266 Abs. 1 Nr. 2 KAGB nicht das Verhältnis der Anleger zur Kapitalverwaltungsgesellschaft, sondern zur Investmentkommanditgesellschaft.[544] Das KAGB statuiert an einigen Stellen zwar eine Reihe von individuellen gesetzlichen Anspruchsgrundlagen zu Gunsten der Anleger wie etwa Offenlegungs- und Haftungsansprüche gemäß §§ 45 Abs. 1 S. 1, § 67 Abs. 1 S. 2, § 297 Abs. 1 S. 2, § 78 Abs. 1 S. 2, Abs. 2 S. 2, § 89 Abs. 1 S. 2 (Kapitalverwaltungsgesellschaft), Abs. 2 S. 2 KAGB,[545] jedoch kein darüber hinausgehendes gesetzliches Schuldverhältnis zwischen Anlegern und Kapitalverwaltungsgesellschaft.[546]

Zwischen den Anlegern und der externen Kapitalverwaltungsgesellschaft könnte eine *investmentrechtliche Sonderbeziehung* eigener Art bestehen, die sich »reflexartig« aus den öffentlich-rechtlichen Anlegerschutzvorgaben ergibt (z. B. §§ 26 Abs. 1, 2 Nr. 2, § 27 Abs. 2 KAGB)[547] und durch die vereinbarten

---

540 Dies umfasst die Pflicht im besten Interesse der Anleger zu handeln, § 28 Abs. 1, Abs. 2 Nr. 2 KAGB.»Rechtsgrund«, *Fischer/Friedrich*, ZBB 2013, 153, 155; *Campbell/Müchler*, ILF 2009, 1, 9, vormals §§ 9, 9a InvG; *Müchler*, Die Investmentaktiengesellschaft mit veränderlichem Kapital, S. 299.
541 *Wallach*, ZGR 2014, 289, 301; a.A. *Einsele*, AG 2011, 141, 149; *Einsele*, Bank- und Kapitalmarktrecht, § 10 Rn. 46a: Lediglich Konkretisierung des Mitgliedschaftsrechts.
542 Akzessorietät zwischen gesetzlichem Schuldverhältnis und Fremdverwaltungsvertrag, *Fischer/Friedrich*, ZBB 2013, 153, 155, 156; unzureichende Ansprüche der Anleger gegen externe KAG bei Pflichtverletzungen aus Fremdverwaltungsvertrag, *Einsele*, AG 2011, 141, 153 f.
543 »Unter einem gesetzlichen Schuldverhältnis versteht man eine Leistungspflicht zwischen Parteien, die nicht auf ein Rechtsgeschäft zurückgeführt werden kann, sondern ihren Rechtsgrund unmittelbar im Gesetz findet.«, *Lehnert*, in Altrock/Oschmann/Theobald, EEG, § 4 Rn. 8.
544 Die Anlagebedingungen regeln das Verhältnis zwischen Investmentkommanditgesellschaft und Anlegern, § 266 Abs. 1 Nr. 2 KAGB, sind aber von der (externen) Kapitalverwaltungsgesellschaft zu beantragen, § 267 Abs. 1 S. 2 KAGB.
545 *Geurts/Schubert*, KAGB, S. 96.
546 Eine solche gesetzliche mithin nicht-vertragliche Rechtsbeziehung würde außerdem die Schutzbedürftigkeit des Dritten im Sinne des Vertrages mit Schutzwirkung nicht entfallen lassen.
547 Art. 16 ff. Level-2-AIFM-VO; *Wallach*, ZGR 2014, 298, 326; § 26 Abs. 1 KAGB habe im Gegensatz zur § 26 Abs. 2 Nr. 2 KAGB keine eigenständige Bedeutung, *Steffen*, in Baur/Tappen, KAGB, § 26 Rn. 28, 34; Art. 21 Abs. 10 AIFM-RL.

Vertragsinhalte der Anlagebedingungen[548] und des Bestellungsvertrages ausgestaltet wird. Als Begründung für eine solche investmentrechtliche Sonderbeziehung könnte die gesetzliche Verantwortlichkeit der externen Kapitalverwaltungsgesellschaft gegenüber den Anlegern gemäß § 26 Abs. 1, Abs. 2 Nr. 2 KAGB angeführt werden.[549] Demzufolge muss die Kapitalverwaltungsgesellschaft bei der Wahrnehmung ihrer Aufgaben ausschließlich im Interesse der Anleger handeln. Weiterhin haben die Anleger als Kapitalgeber ein objektives Interesse an der Vermögensverwaltung durch die Kapitalverwaltungsgesellschaft. Insbesondere die Kernaufgaben Portfolioverwaltung und Risikomanagement berühren die Interessen der Anleger, weshalb auch der Anlegerschutz für eine investmentrechtliche Sonderbeziehung angeführt werden kann.[550] Eine so begründete investmentrechtliche Sonderbeziehung ginge über eine bloße Deliktsrechtsbeziehung hinaus, ohne dass es sich dabei um einen direkt von den Parteien vereinbarten Vertrag handeln würde. Im Gegensatz zu einem gesetzlichen Schuldverhältnis[551] würde sich eine investmentrechtliche Sonderbeziehung nicht allein aus zivilgesetzlichen Vorschriften herleiten und dessen Inhalt würde nicht allein von Gesetzes wegen bestimmt werden. Kennzeichnend für die investmentrechtliche Sonderbeziehung zwischen Anlegern und externer Kapitalverwaltungsgesellschaft wären vielmehr die Vereinbarungen aus dem Bestellungsver-

---

548 Vertraglicher Charakter, *Polifke*, in Weitnauer/Boxberger/Anders, KAGB, § 162 Rn. 2, 9; *Silberberger*, in Weitnauer/Boxberger/Anders, KAGB, § 266 Rn. 5; regeln das Verhältnis zwischen Investmentkommanditgesellschaft und Anlegern, § 266 Abs. 1 Nr. 2 KAGB, sind aber von der (externen) Kapitalverwaltungsgesellschaft zu beantragen, § 267 Abs. 1 S. 2 KAGB; a.A. *Einsele*, Bank- und Kapitalmarktrecht, § 10 Rn. 46a »Ausgestaltung des Mitgliedsschaftsrechts«.

549 Vgl. die Vorschriften nach § 1036 ff. (Nießbrauchs), §§ 1214 ff. (Pfandgläubiger) und §§ 1020 ff. BGB (Grunddienstbarkeit), welche ein gesetzliches (Begleit-)Schuldverhältnis bilden und nach *Joost*, in MüKo, BGB, Band 7, § 1018 Rn. 10 auf dem Gedanken beruhen, dass denjenigen, der durch die (Mit-)Nutzung bzw. Verwahrung einer fremden Sache Vertrauen in Anspruch nimmt, gesteigerte Sorgfalts- und Schutzpflichten treffen; vgl. »Übernahme der Verantwortlichkeiten« im aufgehobenen InvG, *Dornseifer*, AG 2008, 53, 59, Fn. 38; *Campbell/Müchler*, ILF 2009, 1, 11; a.A. *Mohr*, Die offene Investmentkommanditgesellschaft, S. 147, demnach sei dem Wortlaut der Norm nicht zu entnehmen, dass damit Pflichten gegenüber den Anlegern begründet werden.

550 Siehe unten 4. Teil B.X. zur Interessen- und Güterabwägung; siehe oben 3. Teil B.III.2.d.ii. zum Interesse der Anleger an zwingendem Vertragsrecht.

551 Durch die Erfüllung der jeweiligen in den gesetzlichen Vorschriften genannten tatbestandlichen Voraussetzungen nehmen gesetzliche Schuldverhältnisse Gestalt an, vgl. Verschulden bei Vertragsschluss (§§ 241 Abs. 2, 282, 311 Abs. 2 BGB), Geschäftsführung ohne Auftrag (§§ 677 ff. BGB), ungerechtfertigter Bereicherung (§§ 812 ff. BGB), Delikt (§§ 823 ff. BGB) und Gefährdungshaftung, Einbringung von Sachen bei Gastwirten (§§ 701 ff. BGB) und Vorlegungspflicht (§ 809 BGB), *Gehrlein*, in Bamberger/Roth/Hau/Poseck, BGB, § 311 Rn. 4.

trag:[552] Die Sonderbeziehung entstünde gerade nicht losgelöst von privatrechtlichen Vereinbarungen, wie dies etwa bei dem Koppelungsverbot nach § 4 Abs. 1 EEG (alter Fassung) ausdrücklich normiert wurde.[553]

Gegen eine solche investmentrechtliche Sonderbeziehung spricht allerdings, dass die externe Kapitalverwaltungsgesellschaft einen Bestellungsvertrag mit der Investmentkommanditgesellschaft abschließt.[554] Anstatt der Anleger ist daher vielmehr die Geschäftsführung der Investmentkommanditgesellschaft bezüglich der Primär- und Sekundäransprüche aus dem Bestellungsvertrag anspruchsberechtigt und darf diese Ansprüche unter Beachtung der Verwahrstellenkompetenzen nach § 89 Abs. 1 KAGB gegen die externe Kapitalverwaltungsgesellschaft verfolgen. Als Argument dafür läßt sich anführen, dass die Investmentkommanditgesellschaft gemäß § 149 Abs. 1 S. 1, 2 KAGB eine Kommanditgesellschaft im Sinne des Personengesellschaftsrechts ist: Die Investmentkommanditgesellschaft ist demnach (teil)rechtsfähig,[555] insolvenzfähig, grundbuchfähig[556] sowie Trägerin von Grundrechten.[557] Sie wird durch die Geschäftsführungsorgane vertreten und kann bzw. muss dafür Sorge tragen, dass Ansprüche aus dem Bestellungsvertrag geltend gemacht werden.[558] Würde dagegen eine investmentrechtlichen Sonderbeziehung zwischen Anlegern und Kapitalverwaltungsgesellschaft konstruiert werden, ginge dies zu Lasten der im Gesetz angelegten Kompetenzen der Investmentkommanditgesellschaft.[559] Es ist aus Anlegerschutzgründen auch nicht zwingend geboten, dass die Anleger nicht-individuelle Ansprüche (der Anlegergemeinschaft) aus dem Bestellungsvertrag gegen die externe Kapitalverwaltungsgesellschaft geltend machen, da die Geschäftsführung der Investmentkommanditgesellschaft gemäß § 153 Abs. 1 S. 3 Nr. 1 KAGB verpflichtet ist, ausschließlich im Interesse der Anlegerkomman-

---

552 Zur akzessorischen Abhängigkeit vom Bestehen des Bestellungsvertrags, vgl. *Fischer/Friedrich*, ZBB 2013, 153, 155; siehe oben 2. Teil C.II.1.c. zum universellmateriellen Regelungsansatz sowie 2. Teil D.I.5.b. zum Bestellungsvertrag.
553 »Netzbetreiber dürfen die Erfüllung ihrer Verpflichtungen aus diesem Gesetz nicht vom Abschluss eines Vertrages abhängig machen.«, § 4 Abs. 1 EEG, Gesetz für den Vorrang Erneuerbarer Energien, (Alte Fassung, außer Kraft), Fassung aufgrund des Gesetzes zur Neuregelung des Rechtsrahmens für die Förderung der Stromerzeugung aus erneuerbaren Energien vom 28. Juli 2011 (BGBl. I 2011, S. 1634) m.W.v. 1. Januar 2012.
554 § 17 Abs. 2 Nr. 2 KAGB.
555 § 14 Abs. 2 BGB; BGH, BB 2001, 374, 376; *K. Schmidt*, in MüKo, HGB, Band 2, § 124 Rn. 1; im Gegensatz zu juristischen Personen erfolgt durch die Eintragung der Gesellschaft in das Handelsregister aber keine uneingeschränkte Loslösung von den Anteilseignern, *Jaeger*, in Ehricke, InsO, § 11 Rn. 58 f.
556 *Weipert*, in EBJS, HGB, § 161 Rn. 2.
557 *Steitz*, in Henssler/Strohn, HGB, § 124 Rn. 12 für die OHG.
558 Siehe unten 5. Teil ausführlich zu den Kompetenzen der InvKG-Geschäftsführung; zur Geltendmachung durch die Verwahrstelle, § 89 Abs. 1 KAGB.
559 *Zetzsche*, AG 2013, 613, 623 »negiert«; kritisch *Geurts/Schubert*, KAGB, S. 96.

ditisten zu handeln.[560] In Abstimmung mit der Verwahrstelle obliegt es somit der InvKG-Geschäftsführung, als Vertragspartei des Bestellungsvertrages, zivilrechtliche Ansprüche gegen die Kapitalverwaltungsgesellschaft geltend machen. Die Verwahrstelle kontrolliert die Tätigkeit der Kapitalverwaltungsgesellschaft und ist zur Geltendmachung von Ansprüchen im Anlegerinteresse berechtigt, §§ 89, 85 Abs. 1 KAGB. Schließlich gelten die Aufsichts- und Eingriffsbefugnisse der BaFin nach §§ 5, 15 f., 39, 40 f. KAGB, sodass kein Bedürfnis für die Herleitung einer investmentrechtlichen Sonderbeziehung besteht.[561]

Ein gesetzliches Schuldverhältnis sowie eine investmentrechtliche Sonderbeziehung eigener Art zwischen Anlegern und externer Kapitalverwaltungsgesellschaft lassen sich nicht unmittelbar aus dem Gesetz ableiten. Im Ergebnis sollte der Bestellungsvertrag daher als Vertrag mit Schutzwirkung zugunsten der Anleger qualifiziert werden, sodass die Anleger in den Schutzbereich derart einbezogen sind, dass sie bei Verletzung von Schutzpflichten Schadensersatzansprüche geltend machen können.

C. Zusammenfassende Würdigung

Der Auslegungsprozess führt zu dem Ergebnis, dass § 154 Abs. 1 S. 2 KAGB einen öffentlich-rechtlichen Normcharakter und eine Klarstellungsfunktion hat:[562] Im Fall der Organisation des Investmentvermögens als extern verwaltete Investmentkommanditgesellschaft stellt § 154 Abs. 1 S. 2 KAGB im Einklang mit den öffentlich-rechtlichen Vorschriften nach § 23 Nr. 9, 10 KAGB klar, dass, obwohl die Investmentkommanditgesellschaft über eine eigene Rechtspersönlichkeit verfügt und dessen Geschäftsführung die »Anlage und Verwaltung des Kommanditanlagevermögens« – gesellschaftsrechtlich und zivilrechtlich – selbst ausüben könnte, die Anlageverwaltung trotzdem der externen Kapitalverwaltungsgesellschaft obliegt.

Weiterhin handelt es sich bei § 154 Abs. 1 S. 2 KAGB um eine *öffentlich-rechtliche Mindestvorgabe* ohne unmittelbare Zivilrechtswirkung auf den Bestellungsvertrag, aber mit potenziell mittelbarer Ausstrahlungswirkung auf die *Auslegung der Willenserklärungen* der Vertragsparteien und damit des Vertrages: Der Vertrag zielt regelmäßig darauf ab, ein aufsichtsrechtlich anerkennungsfähiges Bestellungsverhältnis zu schaffen, da sein Zweck ansonsten nicht erreicht wird. Dieser von den Parteien intendierte Vertragszweck ist auch bei der Vertragsauslegung zu berücksichtigen, sodass die getroffenen Vereinbarun-

---

560 Siehe näher unten 4. Teil D.II.3. zu den Geschäftsführungsanforderungen.
561 Siehe näher 5. Teil und zusammenfassend 6. Teil A. zu den Geschäftsführer- und Gesellschafterangelegenheiten.
562 § 129 Abs. 1 S. 2 KAGB ist die Parallelnorm betreffend die offene Investmentkommanditgesellschaft.

gen in Zweifelsfällen vertragszweckskonform und somit regelmäßig aufsichtsrechtskonform auszulegen sind. Eine solche mittelbare Vertragsbeeinflussung stützt sich dogmatisch auf einen *finalen Zusammenhang* zwischen den Willenserklärungen der Vertragspartner und den aufsichtsrechtlichen Gesetzesvorgaben. Die Vorschriften des KAGB zur Anlageverwaltungspflicht nach § 154 Abs. 1 S. 2, § 23 Nr. 9, 10 KAGB müssen daher im Einzelfall zur Konkretisierung des Bestellungsvertrages herangezogen werden.

Die aufsichtsrechtlichen Vorgaben zur Anlageverwaltung werden nicht zwangsläufig »automatisch« und auch nicht gegen den Willen der Parteien zum Bestandteil des Bestellungsvertrages. Die Vertragsparteien beabsichtigen regelmäßig den Vorgaben des Aufsichtsrechts zu genügen, sodass es ihnen obliegt, ein entsprechendes Rechtsverhältnis zu gestalten. Eine Gestaltung, die den investmentrechtlichen Vorgaben widerspricht, lässt einen eindeutig vereinbarten Vertragsinhalt grundsätzlich unberührt, da die investmentrechtliche Aufgabenzuordnung keine unmittelbare überlagernde Zivilrechtswirkung entfaltet. Vom Aufsichtsrecht abweichende Vereinbarungen führen regelmäßig nicht zur Nichtigkeit des Vertrages und können nicht »automatisch« ersetzt werden, da die gesetzliche Aufgabenzuordnung den erforderlichen Detailgrad nicht vorgibt. Bei dem Bestellungsvertrag handelt es sich um ein *drittschutztaugliches Rechtsverhältnis* zugunsten der Anleger.

Die hier vertretene Einordnung des § 154 Abs. 1 S. 2 als öffentlich-rechtliche Norm mit potenziellem Einfluss auf die Auslegung der Willenserklärungen ermöglicht eine interessengerechte Wechselbeziehung zwischen Norm und Willensklärung, Markt und Verwaltung sowie Aufsichtsrecht und Zivilrecht. Diese Sichtweise korrespondiert mit dem Willen des europäischen Gesetzgebers, wonach im Rahmen der AIFM-RL ebenfalls ein primär aufsichtsrechtlicher Regelungsansatz gewählt wurde. Dies erlaubt es den Parteien, im Rahmen der privatautonomen Gestaltungsfreiheit den gesetzlichen Vorgaben durch die Bildung einer Vertragspraxis zu entsprechen, ohne dabei die Effektivität des öffentlich-rechtlichen Aufsichts- und Sanktionsregimes zu beeinträchtigen.

4. Teil Investmentrechtliche Aufgabenzuordnung

Im Folgenden wird die Aufgabenzuordnung zwischen einer externen Kapitalverwaltungsgesellschaft und einer extern verwalteten Investmentkommanditgesellschaft aus (rein) investmentrechtlicher Sicht betrachtet. Gemäß § 149 Abs. 1 S. 2 KAGB gehen die investmentrechtlichen Vorschriften zur Aufgabenzuordnung dem HGB vor, sodass sie den Umfang der zivil- und gesellschaftsrechtlichen Befugnisse vorformen. Zum Beispiel muss die Kapitalverwaltungsgesellschaft nach dem KAGB die Portfolioverwaltung erbringen, um eine KVG-Erlaubnis zu erlangen, sodass sie auch über die zur Erbringung erforderlichen zivil- und gesellschaftsrechtlichen Vertretungsbefugnisse verfügen sollte. Der erforderliche Umfang der zivil- und gesellschaftsrechtlichen Vertretungsbefugnisse wird somit durch die investmentrechtliche Aufgabenzuordnung vorgeformt. In diesem 4. Teil der Arbeit wird zunächst die vorrangige, investmentrechtliche Aufgabenzuordnung untersucht, bevor im nachfolgenden 5. Teil die Kompetenzzuordnung aus zivil- und gesellschaftsrechtlicher Sicht behandelt wird.[563]

A. Begriffliche Ausgangslage und Negativabgrenzung der Aufgabenzuordnung

Gemäß § 154 Abs. 1 S. 2 KAGB obliegt der Kapitalverwaltungsgesellschaft »insbesondere die Anlage und Verwaltung des Kommanditanlagevermögens.« Da der Investmentkommanditgesellschaft nur Aufgaben verbleiben können, die nicht bereits von der externen Kapitalverwaltungsgesellschaft zu erbringen sind, stellt sich die Frage, was unter »Anlage und Verwaltung« gemäß § 154 Abs. 1 S. 2 KAGB zu verstehen ist. Da eine Kapitalverwaltungsgesellschaft nach § 23 Nr. 9, 10 KAGB die Portfolioverwaltung und das Risikomanagement erbringen muss, um die Voraussetzungen für den Erhalt einer Erlaubnis nach § 20 Abs. 1 KAGB zu erfüllen, umfasst das Begriffspaar »Anlage und Verwaltung« jedenfalls die beiden Anlageverwaltungsfunktionen.[564]

Der Begriff »Anlage« als Teil der »Anlage und Verwaltung« im Sinne des § 154 Abs. 1 S. 2 KAGB wird im KAGB nicht alleinstehend verwendet und könnte somit bedeutungslos sein.[565] Dessen Bedeutung könnte sich jedoch mit

---

563 Siehe oben 1. Teil B. zur Vorrangwirkung des KAGB und zum methodischen Ansatz.
564 Siehe oben 3. Teil B.I.1.b., 3. Teil C.
565 Vgl. zur Auslegung des Begriffs »Anlage«, vgl. *Böhme*, BB 2014, 2380, 2383.

4. Teil Investmentrechtliche Aufgabenzuordnung

Blick auf die Definition der »Verwaltung« ergeben: Nach § 17 Abs. 1 S. 2 KAGB liegt die Verwaltung eines Investmentvermögens vor, wenn mindestens die Portfolioverwaltung oder das Risikomanagement für ein oder mehrere Investmentvermögen erbracht wird. Würde § 154 Abs. 1 S. 2 KAGB nur den Begriff »Verwaltung« verwenden, hätte dies zur Folge, dass einer Kapitalverwaltungsgesellschaft dem Wortlaut nach lediglich die Portfolioverwaltung *oder* das Risikomanagement obliegen würde, § 17 Abs. 1 S. 2 KAGB. Dies widerspräche den Erlaubnisanforderungen, denn gemäß § 23 Nr. 9, 10 KAGB muss eine Kapitalverwaltungsgesellschaft beide Anlageverwaltungsfunktionen kumulativ erbringen. Das Wort »Anlage« in dem Begriffspaar »Anlage und Verwaltung« verdeutlicht somit, dass die investmentrechtliche Anlageverwaltung im Sinne der Erlaubnisfähigkeit gemeint ist und die Portfolioverwaltung und das Risikomanagement kumulativ erbracht werden müssen.[566] Daher ist der Begriff »Anlage« im Begriffspaar »Anlage und Verwaltung« nicht überflüssig, sondern fügt sich in die Erlaubnissystematik ein.

I. Allgemeine Verwaltungstätigkeit

Gemäß § 112 Abs. 1 S. 2, § 144 Abs. 1 S. 2 KAGB obliegt der externen Kapitalverwaltungsgesellschaft einer Investmentaktiengesellschaft »neben der Ausführung der allgemeinen Verwaltungstätigkeit insbesondere auch die Anlage und Verwaltung der Mittel der Investmentaktiengesellschaft«.[567] Der Begriff »allgemeine Verwaltungstätigkeit« findet sich jedoch nicht bei den Vorschriften zur Investmentkommanditgesellschaft, §§ 129 Abs. 1 S. 2, 154 Abs. 1 S. 2 KAGB. Dies könnte bedeuten, dass einer externen Kapitalverwaltungsgesellschaft, die eine Investmentkommanditgesellschaft verwaltet, weniger Aufgaben obliegen, da ihr die Aufgaben der »allgemeinen Verwaltungstätigkeit« in diesem Fall nicht zugewiesen werden. Folglich könnten möglicherweise mehr Aufgaben bei der extern verwalteten Investmentkommanditgesellschaft verbleiben als dies bei der externen Verwaltung einer Investmentaktiengesellschaft der Fall wäre.

§ 112 Abs. 1 S. 2 und § 144 Abs. 1 S. 2 KAGB sind an die Vorgängerregelungen zur Investmentaktiengesellschaft (§ 96 Abs. 4 S. 2 InvG) angelehnt,[568] wobei weder die Gesetzesbegründung zum KAGB noch zum InvG[569] dem Begriff »allgemeine Verwaltungstätigkeit« eine besondere Bedeutung zumes-

---

566 Siehe oben 2. Teil D.I.6. zum Erlaubnisverfahren; vgl. Art. 4 Abs. 1 b) und w) und Art. 6 Abs. 5 AIFM-RL.
567 Hervorhebungen durch den Verfasser.
568 Gesetzesbegründung zum KAGB, Bt-Dr. 17/12294, S. 238.
569 Gesetzesbegründung zum Investment-ÄnderungsG, 2007, Bt-Dr. 16/5576, S. 83 ff.

sen.[570] Dies spricht dafür, dass eine Kapitalverwaltungsgesellschaft grundsätzlich den gleichen Aufgaben- und Pflichtenumfang einzuhalten hat, unabhängig davon, ob sie eine Investmentaktiengesellschaft oder eine Investmentkommanditgesellschaft verwaltet. Auch die BaFin differenziert diesbezüglich nicht und geht davon aus, dass die »Ausführung der allgemeinen Verwaltungstätigkeit und die Anlage und Verwaltung der Mittel der Investmentaktiengesellschaft [...] nach §§ 129 Absatz 1, 154 Absatz 1 KAGB auch [...] für offene und geschlossene Investmentkommanditgesellschaften [gelten].«[571]

Allerdings könnte die gesellschaftsrechtliche Organisationsstruktur einer Investmentaktiengesellschaft als Kapitalgesellschaft gegenüber einer Investmentkommanditgesellschaft als Personengesellschaft eine differenzierte (aufsichtsrechtliche) Aufgabenzuweisung verlangen: Denn bei Personengesellschaften gilt das Prinzip der Selbstorganschaft,[572] woraus gefolgert werden könnte, dass »mehr« Tätigkeiten im Sinne der »allgemeinen Verwaltungstätigkeit« bei der Investmentkommanditgesellschaft verbleiben als bei der Investmentaktiengesellschaft. Die Regelungen nach §§ 112 Abs. 1 S. 2, 144 Abs. 1 S. 2 KAGB würden in der Folge anordnen, dass diese Aufgaben im Fall einer extern verwalteten Investmentaktiengesellschaft von der Kapitalverwaltungsgesellschaft zu erbringen wären. Allerdings ist bei der Investmentaktiengesellschaft das Prinzip der Leitungsverantwortung des Vorstandes zu beachten,[573] sodass die Delegation von Leitungsaufgaben auch dort nur in begrenztem Umfang möglich sein sollte.[574] Aufgrund des unterschiedlichen anwendbaren Gesellschaftsrechts in Form des AktG bzw. des HGB entspricht der verbleibende Aufgabenumfang bei der kapitalgesellschaftlichen Investmentaktiengesellschaft (AktG und dem Prin-

---

570 *Fischer/Steck*, in BSL, InvG, § 96 Rn. 32 ff.; ohne Begründung auch *Lorenz*, in Weitnauer/Boxberger/Anders, KAGB, § 129 Rn. 4 KAGB, der von einer nachlässigen Gesetzesformulierung spricht; dagegen versteht *Müchler*, Die Investmentaktiengesellschaft mit veränderlichem Kapital, S. 301 darunter die administrativen Tätigkeiten nach Anhang II OGAW-RL; nach *Dornseifer*, in Emde/Dornseifer/Dreibus/Hölscher, InvG, § 96 Rn. 66 ff., 74, verbleibt die Geschäftsführung bei der Investmentaktiengesellschaft, »soweit nicht Anlage und Verwaltung der Mittel der Gesellschaft betroffen sind.«
571 BaFin, Häufige Fragen zum Thema Auslagerung gemäß § 36 KAGB, Geschäftszeichen WA 41-Wp 2137-2013/0036, 10. Juli 2013, zuletzt geändert am 15. November 2017, Ziffer 2.
572 Dagegen gilt bei Kapitalgesellschaften das Prinzip der Drittorganschaft; siehe unten 5. Teil B.II.
573 § 76 Abs. 1 AktG »Der Vorstand hat unter eigener Verantwortung die Gesellschaft zu leiten.«
574 *A. München*, in Baur/Tappen, KAGB, § 112 Rn. 3; *Müchler*, Die Investmentaktiengesellschaft mit veränderlichem Kapital, S. 302; § 79 AktG; nach *Lorenz*, in Weitnauer/Boxberger/Anders, KAGB, § 112 Rn. 4 bleiben die Rollen des Vorstandes, des Aufsichtsrates und der Hauptversammlung neben der Rolle der Kapitalverwaltungsgesellschaft bestehen; *Wiedemann*, ZGR 2011, 183, 218.

zip der Leitungsverantwortung) zwar nicht vollständig dem bei der personengesellschaftsrechtlichen Investmentkommanditgesellschaft (HGB und dem Prinzip der Selbstorganschaft); beispielsweise unterscheidet sich die Aufgaben betreffend die Organisation einer Hauptversammlung nach dem AktG gegenüber einer Gesellschafterversammlung nach dem HGB. Allerdings weist der Begriff der »allgemeinen Verwaltungstätigkeit« dem Wortlaut nach keinen Bezug zu gesellschaftsrechtlich geschuldeten Tätigkeiten auf, sondern scheint eher auf den investmentrechtlich geprägten Begriff der »Verwaltung« abzustellen: Die Gesetzesbegründungen zum KAGB und zum InvG verdeutlichen insoweit, dass mit dem Begriff der »allgemeinen Verwaltungstätigkeit« eine allgemeine »investmentrechtliche« Verwaltungstätigkeit gemeint ist.[575] Somit ist nicht davon auszugehen, dass der Begriff der »allgemeinen Verwaltungstätigkeit« etwaige gesellschaftsrechtlich geschuldete Unterschiede zwischen Investmentaktiengesellschaft und einer Investmentkommanditgesellschaft aufgreift.

Im Ergebnis ist trotz des unterschiedlichen Wortlauts in §§ 154, 129 bzw. §§ 112, 144 KAGB nicht davon auszugehen, dass der externen Kapitalverwaltungsgesellschaft einer Investmentaktiengesellschaft aufsichtsrechtlich mehr Aufgaben im Sinne der »allgemeinen Verwaltungstätigkeit« obliegen als der externen Kapitalverwaltungsgesellschaft einer Investmentkommanditgesellschaft. Bei der unterschiedlichen Formulierung der Vorschriften betreffend die Investmentaktiengesellschaft und die Investmentkommanditgesellschaft könnte es sich eher um ein gesetzgeberisches Versehen handeln.[576] Denn es sind über den wenig ergiebigen Wortlaut hinaus keine Anhaltspunkte dafür ersichtlich, dass das KAGB den Aufgabenkanon der Geschäftsführung einer Investmentkommanditgesellschaft unterschiedlich gegenüber dem des Vorstands einer Investmentaktiengesellschaft regelt. Die Formulierungen bezüglich der Investmentaktiengesellschaft wurden in historischer Hinsicht aus dem InvG übernommen[577] und vermutlich nicht vollständig mit den Vorschriften zur Investmentkommanditgesellschaft abgestimmt. Aus gesetzgeberischer Sicht wäre daher auf die Formulierung »neben der Ausführung der allgemeinen Verwaltungstätigkeit« in §§ 112, 144 KAGB zu verzichten.

II. Anlageverwaltung im KWG

Bereits vor Inkrafttreten des KAGB war nach dem KWG die Tätigkeit der Anlageverwaltung erlaubnispflichtig und umfasste solche Produkte, die nun vom

---

575 Gesetzesbegründung zum KAGB, Bt-Dr. 17/12294, S. 238 verweist auf Gesetzesbegründung zum Investment-ÄnderungsG, 2007, Bt-Dr. 16/5576, S. 85.
576 *Lorenz*, in Weitnauer/Boxberger/Anders, KAGB, § 129 Rn. 4 KAGB.
577 Gesetzesbegründung zum KAGB, Bt-Dr. 17/12294, S. 238; *Hüwel*, in Baur/Tappen, KAGB, § 129 Rn. 40; *Fischer/Friedrich*, ZBB 2013, 153, 155; *Winterhalder*, in Weitnauer/Boxberger/Anders, KAGB, § 17 Rn. 42.

KAGB geregelt werden. Dementsprechend definiert § 1 Abs. 1a S. 2 Nr. 11 KWG den Begriff der Anlageverwaltung als »die Anschaffung und die Veräußerung von Finanzinstrumenten *außerhalb der Verwaltung eines Investmentvermögens im Sinne des § 1 Absatz 1 des Kapitalanlagegesetzbuchs für eine Gemeinschaft von Anlegern, die natürliche Personen sind*, mit Entscheidungsspielraum bei der Auswahl der Finanzinstrumente, sofern dies ein Schwerpunkt des angebotenen Produktes ist und zu dem Zweck erfolgt, dass diese Anleger an der Wertentwicklung der erworbenen Finanzinstrumente teilnehmen (Anlageverwaltung)«.[578] Nach dieser Definition liegt keine Anlageverwaltung im Sinne des KWG vor, wenn die »Verwaltung für ein Investmentvermögen« erbracht wird, worunter nach § 17 Abs. 1 S. 2 KAGB die Portfolioverwaltung oder das Risikomanagement zu verstehen ist. Die kollektive Vermögensverwaltung ist somit von Regelungsbereich des KWG ausgenommen und es gelten die Vorschriften des KAGB.[579]

Indem § 1 Abs. 1a 2 Nr. 11 KWG für die Anwendbarkeit des KAGB auf den Verwaltungsbegriff und somit auf das Erbringen der Portfolioverwaltung *oder* des Risikomanagements abstellt, greift das KWG die Regelungstechnik des KAGB und der AIFM-RL auf, wonach es für die Qualifikation als Kapitalverwaltungsgesellschaft lediglich auf die Portfolioverwaltung *oder* das Risikomanagement ankommt, § 17 Abs. 1 S. 2 KAGB, Art. 4 Abs. 1 b) und w) AIFM-RL.[580] Das KWG verwendet dagegen nicht den Begriff der »kollektiven Vermögensverwaltung« nach § 1 Abs. 19 Nr. 24 KAGB, der außer den beiden Anlageverwaltungsfunktionen auch administrative Tätigkeiten sowie weitere Aufgaben umfasst.

III. Kollektive Vermögensverwaltung

Von der BaFin wird die Ansicht vertreten, dass die Kapitalverwaltungsgesellschaft grundsätzlich für alle in § 1 Abs. 19 Nr. 24 KAGB genannten Aufgaben zwingend zuständig sei.[581] Aufgrund des unterschiedlichen Aufgabenumfangs sollte daher die kollektive Vermögensverwaltung gemäß § 1 Abs. 19 Nr. 24

---

578   Hervorhebungen durch den Verfasser.
579   BR-Drs. 791/12, S. 569.
580   Dies entspricht auch Art. 4 Abs. 1 b) und w) AIFM-RL.
581   BaFin, Häufige Fragen zum Thema Auslagerung gemäß § 36 KAGB, Geschäftszeichen WA 41-Wp 2137-2013/0036, 10. Juli 2013, insbesondere in der Fassung vom 12. Mai 2014, zuletzt geändert am 15. November 2017, Ziffer 1; BaFin, Auslegungsentscheidung zu den Tätigkeiten einer Kapitalverwaltungsgesellschaft und der von ihr extern verwalteten AIF-Investmentgesellschaft, WA 41-Wp 2100-2016/0001, 21. Dezember 2017, Ziffer II.2., II.1; in diesem 4. Teil dieser Arbeit stellt sich zunächst die Frage, welche Aufgaben die Kapitalverwaltungsgesellschaft bzw. die extern verwalteten Investmentkommanditgesellschaft ausüben können, bevor es im 5. Teil darum gehen wird, welche Befugnisse und gesellschaftsrechtlichen Zuständigkeiten bei der Investmentkommanditgesellschaft verbleiben.

KAGB von der »Anlage und Verwaltung« nach § 154 Abs. 1 S. 2 KAGB abgegrenzt werden. Kollektive Vermögensverwaltung ist definiert als »die Portfolioverwaltung, das Risikomanagement, administrative Tätigkeiten, den Vertrieb von eigenen Investmentanteilen sowie bei AIF Tätigkeiten im Zusammenhang mit den Vermögensgegenständen des AIF.«[582] Der Begriff ist weit gefasst und geht über die »Verwaltung eines Investmentvermögens« (Portfolioverwaltung oder Risikomanagement, § 17 Abs. 1, Abs. 2 KAGB) sowie die »Anlage und Verwaltung« (Portfolioverwaltung und Risikomanagement, § 154 Abs. 1 S. 2 KAGB) hinaus.

Allerdings obliegt der Kapitalverwaltungsgesellschaft nach dem Gesetzeswortlaut des § 154 Abs. 1 S. 2 KAGB *insbesondere* die Anlage und Verwaltung«, was bedeuten könnte, dass über die »Anlage und Verwaltung« hinaus noch weitere Aufgaben der Kapitalverwaltungsgesellschaft existieren. In Betracht kommen die in § 1 Abs. 19 Nr. 24 KAGB und Anhang I Nr. 2 a) AIFM-RL genannten Nebenverwaltungsaufgaben, wie etwa administrative Tätigkeiten, sowie die in § 20 Abs. 3 KAGB genannten Nebendienstleistungen, wie etwa Finanzportfolioverwaltung oder Anlagevermittlung. Es wurde bereits festgestellt, dass es sich bei § 154 Abs. 1 S. 2 KAGB um eine aufsichtsrechtliche Mindestvorgabe handelt,[583] sodass die Parteien im Bestellungsvertrag über die aufsichtsrechtlichen Mindestanforderungen hinausgehen und den Aufgabenumfang der Kapitalverwaltungsgesellschaft konkretisieren und erweitern können.[584] Dabei stellt § 154 Abs. 1 S. 2 KAGB nicht auf den weiten Begriff der »kollektiven Vermögensverwaltung« gemäß § 1 Abs. 19 Nr. 24 KAGB ab, sondern verwendet das Begriffspaar »Anlage und Verwaltung«. Würde § 154 Abs. 1 S. 2 KAGB dagegen die gesamte kollektive Vermögensverwaltung umfassen, wäre es gesetzessystematisch naheliegend gewesen, den Begriff »kollektive Vermögensverwaltung« wie in § 1 Abs. 19 Nr. 24 KAGB

---

582 Siehe unten 4. Teil A.I., 4. Teil B.I. zur Bedeutung des Begriffs der kollektiven Vermögensverwaltung in §§ 15, 339, 20 Abs. 3, 4 KAGB; in der Literatur etwa zum InvG (aufgehoben) *Gruhn*, Die deutsche Investmentaktiengesellschaft, S. 141 f.: »kollektive Anlageverwaltung ist die gemeinschaftliche Verwaltung von Vermögen für eine Mehrheit von Personen.«; *Sachtleber*, Zivilrechtliche Strukturen von Open-end-Investmentfonds, S. 51; sowie ebenfalls zur Überschneidung der Anschaffungs- und Bewirtschaftungspflicht im Fall des Sondervermögens, *Volhard/Wilkens*, DB 2008, 2411, 2414; zur standardisieren Vermögensverwaltung, *Walz*, in Schimansky/Bunte/Lwowski, § 111 Rn. 1, 11.
583 Siehe oben 3. Teil C.
584 Siehe oben 2. Teil D.I.5.b. zum Bestellungsvertrag; siehe unten 4. Teil B. dazu, ob der Kapitalverwaltungsgesellschaft von Gesetzes wegen weitere Aufgaben obliegen; zum Wort »insbesondere« vgl. 4. Teil B.IX.; OLG München, BeckRS 2015, 17529 Ziffer 14 (2.2.1.); *Eichhorn*, in Moritz/Klebeck/Jesch, KAGB, § 129 Rn. 20; siehe unten 4. Teil B.IX.

definiert zu verwenden.[585] Der Wortlaut des § 154 Abs. 1 S. 2 KAGB spricht somit dafür, dass der Kapitalverwaltungsgesellschaft nicht zwingend alle in § 1 Abs. 19 Nr. 24 KAGB genannten Aufgaben obliegen. Trotzdem wird von der BaFin die Ansicht vertreten, dass die Kapitalverwaltungsgesellschaft grundsätzlich für alle in § 1 Abs. 19 Nr. 24 KAGB genannten Aufgaben zwingend zuständig sei.[586] Bevor der Aufgabenumfang unter verschiedenen Auslegungsaspekten untersucht wird, soll die Problematik mit Blick auf die Richtlinienvorgaben herausgearbeitet und die wesentlichen Argumentationslinien der BaFin vorgestellt werden.

B. Problematik: Universalzuständigkeit versus Optionsansatz

Während § 1 Abs. 19 Nr. 24 KAGB die Aufgaben undifferenziert nacheinander aufzählt (Universalzuständigkeit), regelt der Richtlinienwortlaut, dass die externe Kapitalverwaltungsgesellschaft die Anlageverwaltungsfunktionen nach Anhang I Nr. 1 AIFM-RL übernehmen muss, die Nebenverwaltungsaufgaben nach Anhang I Nr. 2 AIFM-RL hingegen ausüben »kann« (Optionsansatz).[587]

Anhang I AIFM-RL lautet wie folgt:

»1. Anlageverwaltungsfunktionen, die ein AIFM bei der Verwaltung eines AIF mindestens übernehmen *muss*: a) Portfolioverwaltung, b) Risikomanagement.

2. Andere Aufgaben, die ein AIFM im Rahmen der kollektiven Verwaltung eines AIF zusätzlich ausüben *kann*:

a) administrative Tätigkeiten:

    i)   rechtliche Dienstleistungen sowie Dienstleistungen der Fondsbuchhaltung und Rechnungslegung,

    ii) Kundenanfragen,

---

585 In Betracht kommen die Nebenverwaltungsaufgaben nach Anhang I Nr. 2 AIFM-RL sowie die Nebendienstleistungen nach § 20 Abs. 3 KAGB; mit dem Wort »insbesondere« gehen auch keine zivilgesetzlichen Befugnisse einher, siehe unten 5. Teil A.II., III., VI. sowie OLG München, BeckRS 2015, 17529, Ziffer 14 (2.2.1.); vgl. auch Art. 4 Abs. 1 w), Art. 6 Abs. 5 d) AIFM-RL, Erwägungsgrund 21 AIFM-RL.
586 Siehe Fußnote 580.
587 *Tollmann*, in DJKT, AIFM-RL, Art. 20 Rn. 27, 127, Anhang I Rn. 7 ff.; *Paul*, in Weitnauer/Boxberger/Anders, KAGB, § 154 Rn. 8; *Bentele*, in Baur/Tappen, KAGB, § 17 Rn. 30; *Hoffert*, in Moritz/Klebeck/Jesch, KAGB, § 154 Rn. 17 ff.; *Wallach*, in Assmann/Wallach/Zetzsche, KAGB, § 154 Rn. 31; *Schewe*, Kommanditgesellschaften im Regelungsbereich des Investmentrechts, S. 100 ff., 102 geht dagegen von einer Qualifikation der Nebenverwaltungsaufgaben als originäre Aufgaben der Kapitalverwaltungsgesellschaft aus; seien der Kapitalverwaltungsgesellschaft »zugewiesen« (S. 105) bzw. »zugeordnet« (S. 108 f.).

iii) Bewertung und Preisfestsetzung, einschließlich Steuererklärungen,

iv) Überwachung der Einhaltung der Rechtsvorschriften,

v) Führung eines Anlegerregisters,

vi) Gewinnausschüttung,

vii) Ausgabe und Rücknahme von Anteilen,

viii) Kontraktabrechnungen, einschließlich Versand der Zertifikate,

ix) Führung von Aufzeichnungen;

b) Vertrieb;

c) Tätigkeiten im Zusammenhang mit den Vermögenswerten des AIF, worunter Dienstleistungen, die zur Erfüllung der treuhänderischen Pflichten des AIFM erforderlich sind, das Facility Management, die Immobilienverwaltung, die Beratung von Unternehmen über die Kapitalstruktur, die industrielle Strategie und damit verbundene Fragen, Beratungs- und Dienstleistungen im Zusammenhang mit Fusionen und dem Erwerb von Unternehmen und weitere Dienstleistungen in Verbindung mit der Verwaltung der AIF und der Unternehmen und anderer Vermögenswerte, in die die AIF investiert haben, fallen.«[588]

Die Unterscheidung zwischen »muss«-Aufgaben und »kann«-Aufgaben im Anhang I AIFM-RL sowie die Formulierung in § 154 Abs. 1 S. 2 KAGB (»insbesondere die Anlage und Verwaltung«) deuten in gesetzes- und richtlinienkonformer Auslegung des § 1 Abs. 19 Nr. 24 KAGB darauf hin, dass die Kapitalverwaltungsgesellschaft die »anderen Aufgaben« im Sinne des Anhangs I Nr. 2 AIFM-RL (Nebenverwaltungsaufgaben) kraft eigener Entscheidungsfreiheit mittels des Bestellungsvertrages optional übernehmen kann.[589] Ein so verstandener Optionsansatz lässt sich thesenartig wie folgt zusammenfassen: Wenn der externen Kapitalverwaltungsgesellschaft bestimmte Aufgaben regelmäßig mittels des Bestellungsvertrages übertragen werden, trägt sie dafür die Verantwortung. Sofern die in Anhang I Nr. 2 AIFM-RL genannten Aufgaben (Nebenverwaltungsaufgaben) von der Kapitalverwaltungsgesellschaft auf Dritte übertragen werden, stellt dies regelmäßig keinen Fall der Auslagerung dar.[590] Die Investmentkommanditgesellschaft darf verbleibende Aufgaben, insbesondere auch die Nebenverwaltungsaufgaben, ausüben und Dritte damit beauftragen.[591]

---

588 Hervorhebungen durch den Verfasser.
589 Zu den Ausnahmen, siehe unten: Bewertungsaufgabe nach Anhang I Nr. 2 a) iii) AIFM-RL i.V.m. § 216 Abs. 7 S. 1 KAGB (4. Teil B.VI.5.a.v.) sowie zu den für die Kapitalverwaltungsgesellschaft optional erbringbaren »investment-advisor«-Tätigkeiten nach Anhang I Nr. 2 c) AIFM-RL (4. Teil B.VI.5.b).
590 Auslagerung ist die Übertragung von Aufgaben auf ein anderes Unternehmen, wobei die Kapitalverwaltungsgesellschaft für die Aufgabe weiterhin verantwortlich ist, § 36 Abs. 4 KAGB, Art. 75 ff. Level-2-AIFM-VO, Art. 20 AIFM-RL; siehe oben 3. Teil B.I.2.a. zur Auslagerung in Abgrenzung zur Bestellung einer externen Kapitalverwaltungsgesellschaft; siehe unten 4. Teil B.VI.1. zur Auslagerung in Abgrenzung zum bloßen Fremdbezug von Leistungen.
591 Ibid.

B. Problematik: Universalzuständigkeit versus Optionsansatz

Demgegenüber vertritt die BaFin im bereits mehrfach abgeänderten BaFin-Q&A zu § 36 KAGB vom 10. Juli 2013 die Rechtsauffassung, dass die Kapitalverwaltungsgesellschaft grundsätzlich für alle in § 1 Abs. 19 Nr. 24 KAGB genannten Aufgaben zwingend zuständig sei.[592] Diese Sichtweise lässt sich als Grundsatz der Universalzuständigkeit der Kapitalverwaltungsgesellschaft zusammenfassen: Nach der BaFin wären die administrativen Tätigkeiten nach Anhang I Nr. 2 a) AIFM-RL sowie die Tätigkeiten im Zusammenhang mit den Vermögenswerten des AIF nach Anhang I Nr. 2 c) AIFM-RL als »originäre Aufgaben einer Kapitalverwaltungsgesellschaft anzusehen«.[593] Die Wahrnehmung dieser Aufgaben durch Dritte sei entweder als Auslagerung oder als bloßer Fremdbezug von Leistungen zu qualifizieren, wobei die Kapitalverwaltungsgesellschaft in beiden Fällen »für die ordnungsgemäße Erfüllung dieser Aufgaben durch den Dritten verantwortlich« sei.[594] Hinsichtlich des Vertriebs von eigenen Investmentanteilen nach Anhang I Nr. 2 b) AIFM-RL prüfte die BaFin über einige Jahre, ob es sich um eine originäre Aufgabe handele. Diesbezüglich heißt es nun, dass der Vertrieb durch Drittunternehmen regelmäßig kein Fall der Auslagerung sei.[595]

Weiterhin konkretisiert die BaFin ihre Auffassung in der Auslegungsentscheidung zu den »Tätigkeiten einer Kapitalverwaltungsgesellschaft und der von ihr extern verwalteten AIF-Investmentgesellschaft« vom 21. Dezember 2017 wie folgt:

»Schließt [...] die AIF-Investmentgesellschaft den Geschäftsbesorgungsvertrag mit der externen Kapitalverwaltungsgesellschaft ab, geht die Zuständigkeit und damit die Verantwortung für die kollektive Vermögensverwaltung auf die externe Kapitalverwaltungsgesellschaft über, § 17 Abs. 2 Nr. 1 KAGB.« (Ziffer II.1.)

»Wird eine externe Kapitalverwaltungsgesellschaft beauftragt, eine AIF-Investmentgesellschaft zu verwalten, ist sie somit nicht nur für die Portfolioverwaltung und das Risikomanagement, sondern auch für die anderen im Anhang I der AIFM-RL geschilderten Tätigkeiten verantwortlich.« (Ziffer II. 2.)

Die BaFin begründet ihre Auffassung in dem BaFin-Q&A zu § 36 KAGB sowie der Auslegungsentscheidung vom 21. Dezember 2017 damit, dass die Kapitalverwaltungsgesellschaft für die Einhaltung der Anforderungen nach KAGB

---

592 BaFin, Häufige Fragen zum Thema Auslagerung gemäß § 36 KAGB, Geschäftszeichen WA 41-Wp 2137-2013/0036, 10. Juli 2013, insbesondere in der Fassung vom 12. Mai 2014, zuletzt geändert am 15. November 2017, Ziffer 1; BaFin, Auslegungsentscheidung zu den Tätigkeiten einer Kapitalverwaltungsgesellschaft und der von ihr extern verwalteten AIF-Investmentgesellschaft, WA 41-Wp 2100-2016/0001, 21. Dezember 2017, Ziffer II.2., II.1.
593 BaFin, Häufige Fragen zum Thema Auslagerung gemäß § 36 KAGB, Geschäftszeichen WA 41-Wp 2137-2013/0036, 10. Juli 2013, zuletzt geändert am 15. November 2017, Ziffer 1.
594 Ibid.
595 Ibid; BaFin, Rundschreiben 01/2017 (WA) – Mindestanforderungen an das Risikomanagement von Kapitalverwaltungsgesellschaften – »KAMaRisk« in der Fassung vom 10. Januar 2017, Ziffer 10.1.

verantwortlich sei, § 17 Abs. 3 KAGB. Die Kapitalverwaltungsgesellschaft könne »dieser Verantwortung nur dann nachkommen, wenn sie die Aufgaben, die zur kollektiven Vermögensverwaltung gehören, tatsächlich auch selbst wahrnehmen kann.«[596] Die BaFin verweist weiterhin auf die alleinige Erlaubnisträgerschaft der Kapitalverwaltungsgesellschaft, die Aufsicht der BaFin über die Kapitalverwaltungsgesellschaft sowie den Anlegerschutz und Haftungsgründe.[597] Bezogen auf die »kann«-Formulierung in Anhang I Nr. 2 AIFM-RL vertritt die BaFin die Auffassung, dass die Mitgliedstaaten einen Umsetzungsspielraum haben, ob sie die Verantwortung für diese Aufgaben der Kapitalverwaltungsgesellschaft zuweisen.[598] Wenn ein Drittdienstleister dazu beauftragt wird, Nebenverwaltungsaufgaben auszuüben, soll die Kapitalverwaltungsgesellschaft laut der Auslegungsentscheidung vom 21. Dezember 2017 nun die Wahl haben, ob sie im eigenen Namen oder im Namen der Investmentkommanditgesellschaft handelt, wobei die eigenverantwortliche Entscheidung darüber bei der Kapitalverwaltungsgesellschaft verbleiben soll.[599]

Bei der extern verwalteten Investmentkommanditgesellschaft können laut Ziffer II.2. Abs. 3 der Auslegungsentscheidung vom 21. Dezember 2017 lediglich solche Aufgaben verbleiben, die das KAGB der Investmentkommanditgesellschaft ausdrücklich zuweist. In dem BaFin-Q&A zu § 36 KAGB wird formuliert, dass die Investmentkommanditgesellschaft keine Tätigkeiten mit Ausnahme »der per Gesetz vorgesehenen Aufgaben der Organe« durchführen darf.[600]

---

596 BaFin, Auslegungsentscheidung zu den Tätigkeiten einer Kapitalverwaltungsgesellschaft und der von ihr extern verwalteten AIF-Investmentgesellschaft, WA 41-Wp 2100-2016/0001, 21. Dezember 2017, Ziffer II.2. Abs. 2.
597 BaFin, Häufige Fragen zum Thema Auslagerung gemäß § 36 KAGB, Geschäftszeichen WA 41-Wp 2137-2013/0036, 10. Juli 2013, zuletzt geändert am 15. November 2017, Ziffer 1; BaFin, Auslegungsentscheidung zu den Tätigkeiten einer Kapitalverwaltungsgesellschaft und der von ihr extern verwalteten AIF-Investmentgesellschaft, WA 41-Wp 2100-2016/0001, 21. Dezember 2017, Ziffer II.2.
598 BaFin, Auslegungsentscheidung zu den Tätigkeiten einer Kapitalverwaltungsgesellschaft und der von ihr extern verwalteten AIF-Investmentgesellschaft, WA 41-Wp 2100-2016/0001, 21. Dezember 2017, Ziffer II.3.b. Abs. 3.
599 BaFin, Auslegungsentscheidung zu den Tätigkeiten einer Kapitalverwaltungsgesellschaft und der von ihr extern verwalteten AIF-Investmentgesellschaft, WA 41-Wp 2100-2016/0001, 21. Dezember 2017, Ziffer II.3; nach dem OLG München, BeckRS 2015, 17529, Ziffer 14 (2.2.5) ist die gesetzliche Vertretungsbefugnis der Investmentkommanditgesellschaft zwar eine gesetzlich zugewiesene Aufgabe der Organe der Investmentkommanditgesellschaft, darüber hinaus schweigt die Rechtsprechung zur investmentrechtlichen Aufgabenverteilung.
600 BaFin, Häufige Fragen zum Thema Auslagerung gemäß § 36 KAGB, Geschäftszeichen WA 41-Wp 2137-2013/0036, 10. Juli 2013, zuletzt geändert am 15. November 2017, Ziffer 2; BaFin-Seminar in Q&A, 6. Oktober 2014, S. 12 »Anders als beim Sondervermögen verbleiben bei den Organen der extern verwalteten Investmentkommanditgesellschaft jedoch Restkompetenzen, die ihnen vom KAGB explizit zugewiesen werden [...].«

Bezüglich der Nebenverwaltungsaufgaben vertritt die BaFin die Ansicht, dass diese Aufgaben nicht bei der Investmentkommanditgesellschaft verbleiben und auch nicht auf die Investmentkommanditgesellschaft »rückausgelagert« werden dürfen.[601]

Im Folgenden werden die vorgestellten Ansichten und der Aufgabenumfang der Kapitalverwaltungsgesellschaft unter verschiedenen Auslegungsgesichtspunkten näher beleuchtet. Fraglich ist, ob die externe Kapitalverwaltungsgesellschaft die Nebenverwaltungsaufgaben optional übernehmen kann (C.) sowie ob solche oder andere Aufgaben bei der Investmentkommanditgesellschaft verbleiben dürfen (D.) und von ihr auf Dritte übertragen werden können (E.). Ausgehend vom Wortlaut des § 1 Abs. 19 Nr. 24 KAGB und des Anhangs I AIFM-RL werden der Regelungszweck, die Erlaubnissystematik, die Gesetzgebungshistorie sowie weitere systematische und teleologische Aspekte unter Berücksichtigung der von den Aufsichtsbehörden vorgebrachten Argumente diskutiert.

I. Grammatikalische und systematische Auslegung des § 1 Abs. 19 Nr. 24 KAGB

§ 1 Abs. 19 Nr. 24 KAGB befindet sich im Definitionsteil des KAGB. Die »kollektive Vermögensverwaltung« umfasst »die Portfolioverwaltung, das Risikomanagement, administrative Tätigkeiten, den Vertrieb von eigenen Investmentanteilen sowie bei AIF Tätigkeiten im Zusammenhang mit den Vermögensgegenständen des AIF.« Zunächst wird zwischen den dort genannten Aufgaben nicht differenziert, sondern alle Aufgaben erscheinen dem Wortlaut nach gleichwertig. Die Norm trifft außerdem keine Aussage darüber, inwieweit die dort genannten Aufgaben zwingend in den Zuständigkeitsbereich einer Kapitalverwaltungsgesellschaft fallen. Im Folgenden wird untersucht, an welchen Stellen im KAGB der Begriff der kollektiven Vermögensverwaltung verwendet wird und ob daraus abgeleitet werden kann, dass der Kapitalverwaltungsgesellschaft alle in § 1 Abs. 19 Nr. 24 KAGB genannten Aufgaben obliegen.

1. Sanktionsvorschriften, §§ 15, 339 KAGB

Gemäß der Eingriffsbefugnis nach § 15 Abs. 1 KAGB kann die BaFin unter anderem einschreiten, wenn die kollektive Vermögensverwaltung ohne die er-

---

601 BaFin, Auslegungsentscheidung zu den Tätigkeiten einer Kapitalverwaltungsgesellschaft und der von ihr extern verwalteten AIF-Investmentgesellschaft, WA 41-Wp 2100-2016/0001, 21. Dezember 2017, Ziffer II.4.

forderliche Erlaubnis nach §§ 20, 21, 22 KAGB betrieben wird.[602] Der Gesetzeswortlaut rekurriert auf die kollektive Vermögensverwaltung nach § 1 Abs. 19 Nr. 24 KAGB, sodass die BaFin nicht nur einschreiten könnte, wenn die Portfolioverwaltung oder das Risikomanagement ohne KVG-Erlaubnis erbracht werden, sondern auch dann, wenn zum Beispiel die administrativen Tätigkeiten oder die Vertriebstätigkeit ohne Erlaubnis betrieben werden. Erlaubnispflichtige Tätigkeiten sind nach § 17 Abs. 1 S. 2 KAGB jedoch nur die Portfolioverwaltung und das Risikomanagement, die außerdem kumulativ erbracht werden müssen, um den Erlaubnisanforderungen nach § 23 Nr. 9, 10 KAGB zu entsprechen. Das Erbringen der Nebenverwaltungsaufgaben, wie etwa administrativen Tätigkeiten, ist demgegenüber für die Erlaubnis der Kapitalverwaltungsgesellschaft irrelevant. Da § 15 Abs. 1 KAGB mit dem Begriff »kollektive Vermögensverwaltung« nicht nur die erlaubnisrelevanten Tätigkeiten Portfolioverwaltung und Risikomanagement, sondern nach dem Wortlaut auch die Nebenverwaltungsaufgaben, wie etwa administrative Aufgaben, in den Regelungsbereich einbezieht, erscheint die Formulierung in § 15 Abs. 1 KAGB als zu weit gefasst.

Nach der Gesetzesbegründung zum KAGB regelt § 15 Abs. 1 KAGB »Eingriffsbefugnisse der [BaFin], gegen unerlaubte Investmentgeschäfte vorzugehen«.[603] Weiter heißt es dort, dass die BaFin »einschreiten [kann], wenn die kollektive Vermögensverwaltung ohne die nach §§ 20, 21 oder 22 KAGB [...] erforderliche Erlaubnis im Inland erbracht wird«.[604] Die Gesetzesbegründung greift damit den Gesetzeswortlaut auf und stellt auf das Vorliegen eines *unerlaubten* Investmentgeschäfts ab, was in Übereinstimmung mit § 15 Abs. 1 KAGB, allein das Erbringen einer *erlaubnispflichtigen* Tätigkeit »ohne die Erlaubnis nach §§ 20, 21 oder 22 KAGB« bedeutet. § 15 Abs. 1, 2 KAGB gewähren der BaFin bestimmte Eingriffsbefugnisse für den Fall, dass ein Unternehmen die nach §§ 20 ff. KAGB erlaubnispflichtige Tätigkeit ohne das Vorliegen einer entsprechenden Erlaubnis erbringt. Der Begriff »kollektive Vermögensverwaltung« sollte in § 15 Abs. 1 KAGB daher auf die allein erlaubnispflichtigen Aufgaben »Portfolioverwaltung oder Risikomanagement« teleologisch reduziert werden.[605]

---

602 § 15 Abs. 1 Hs.1 KAGB; Hs. 2 bezieht sich auf die Erlaubnis zur Erbringung der Nebendienstleistungen, § 20 Abs. 2, 3 KAGB; § 16 KAGB betrifft die Verfolgung des unerlaubten Investmentgeschäfts; *Beckmann*, in Beckmann/Scholtz/Vollmer, 405, KAGB, § 15 Rn. 12; *Baumann*, in Weitnauer/Boxberger/Anders, KAGB, § 15 Rn. 5 »Teilakte«; *Schneider*, in Baur/Tappen, KAGB, § 15 Rn. 2, stellt auf die Erlaubnispflicht ab; nach S. 11 der Gesetzesbegründung sei in § 17c InvG (aufgehoben) in § 15 Abs. 1 KAGB enthalten; § 17c InvG (aufgehoben) bezog sich auf OGAW bezog und enthielt keine Definition »ungesetzlicher Geschäfte«, vgl. zur Norm *Holzapfel*, in Emde/Dornseifer/Dreibus/Hölscher, InvG, § 17c Rn. 2 ff.
603 Gesetzesbegründung zum KAGB, Bt-Dr. 17/12294, S. 210.
604 Ibid.
605 Zum Adressatenkreis und zur Erfassung faktischer Strukturen, *Beckmann*, in Beckmann/Scholtz/Vollmer, 405, KAGB, § 15 Rn. 120, 124; *Schneider*, in Baur/Tappen, KAGB, § 15 Rn. 12 ff., § 16 Rn. 22 ff.

Es kommt für die Eingriffsbefugnisse der BaFin nach § 15 Abs. 1 KAGB nicht darauf an, ob und in welcher Form die AIF-Kapitalverwaltungsgesellschaft die Nebenverwaltungsaufgaben, wie etwa administrative Tätigkeiten, erbracht werden oder nicht.[606]

Für eine solche einschränkende Auslegung spricht auch, dass verwaltungsrechtliche Eingriffsbefugnisse dem rechtsstaatlichen Gebot der ausreichenden Bestimmtheit unterliegen.[607] Eine Eingriffsnorm der Verwaltung, wie § 15 Abs. 1 KAGB, muss aufgrund des Vorbehalts des Gesetzes nach Art. 20 Abs. 3 GG derart bestimmt formuliert sein, dass die Folgen der Regelung für den Normadressat so vorhersehbar und berechenbar sind, dass er sein Verhalten danach ausrichten kann, dass der Verwaltung angemessen klare Handlungsmaßstäbe vorgeben werden und dass eine hinreichende gerichtliche Kontrolle möglich ist.[608] Aufgrund der dargelegten Bedenken gibt § 15 Abs. 1 KAGB nicht eindeutig vor, ob ein Unternehmen sanktionslos Tätigkeiten, wie etwa administrative Tätigkeiten nach Anhang I Nr. 2 a) AIFM-RL, erbringen darf, die keiner KVG-Erlaubnis bedürfen, aber trotzdem ein Bestandteil der kollektiven Vermögensverwaltung sind. Es fehlt insoweit auch an klaren Handlungsmaßstäben für Verwaltung und Gerichte, sodass diese Eingriffsnorm nach § 15 Abs. 1 KAGB diesbezüglich restriktiv ausgelegt werden sollte.

Durch eine reduzierende Auslegung des Begriffs der kollektiven Vermögensverwaltung in § 15 KAGB hinzu »Portfolioverwaltung oder Risikomanagement« entsteht auch keine Rechtsschutzlücke, weil die BaFin nach § 5 Abs. 6 KAGB generell dazu befugt ist, die zur Einhaltung der Gesetze erforderlichen Anordnungen zutreffen. Dies umfasst auch Fälle, die über den Regelungsbereich von § 15 KAGB hinausgehen und ein Handeln der BaFin erforderlich machen. Die Kompetenzen der BaFin werden durch spezielle Befugnisnormen für die Fälle erweitert, in denen regulierte Tätigkeiten erbracht werden, die nach anderen Gesetzen erlaubnispflichtig sind und nur ausnahmsweise auch von der KVG-Erlaubnis umfasst sein können:[609] Erbringt die Kapitalverwaltungsgesellschaft etwa die Neben*dienstleistungen* nach § 20 Abs. 3 Nr. 1 und 6 KAGB (z.B. Finanzportfolioverwaltung, Anlageberatung) ohne KVG-Erlaubnis und ohne dass eine erlaubnispflichtige Tätigkeit nach § 17 Abs. 1 S. 2 KAGB vorliegt, greifen die Befugnisnormen des KWG.

Nach der Strafvorschrift gemäß § 339 Abs. 1 Nr. 1 KAGB wird mit Freiheitsstrafe bis zu drei Jahren oder mit Geldstrafe bestraft, »wer ohne die Erlaubnis

---

606 Siehe unten 4. Teil C. zur Erlaubnissystematik und zusammenfassenden Würdigung des § 1 Abs. 19 Nr. 24 KAGB.
607 Art. 20 Abs. 3 GG: »Die Gesetzgebung ist an die verfassungsmäßige Ordnung, die vollziehende Gewalt und die Rechtsprechung sind an Gesetz und Recht gebunden.«; zum Bestimmtheitsgebot, vgl. *Grzeszick*, in Maunz/Dürig, GG, Art. 20 Rn. 58 ff.
608 BVerfG, 13, 153, 160 f.; 48, 210, 222; 78, 205, 226; 79, 106, 120.
609 Siehe unten 4. Teil B.I.2.

nach § 20 Abs. 1 S. 1 das Geschäft einer Kapitalverwaltungsgesellschaft betreibt.« Der Straftatbestand ist ebenso wie § 15 Abs. 1 KAGB verwaltungsakzessorisch, also vom Vorliegen einer Erlaubnis abhängig.[610] Im Gegensatz zu § 15 KAGB bezieht sich § 339 Abs. 1 Nr. 1 KAGB nicht auf die »kollektive Vermögensverwaltung« im Sinne des § 1 Abs. 19 Nr. 24 KAGB, sondern auf den »Geschäftsbetrieb einer Kapitalverwaltungsgesellschaft« im Sinne des § 20 Abs. 1 S. 1 KAGB. Der Geschäftsbetrieb einer Kapitalverwaltungsgesellschaft ist nach § 17 Abs. 1 S. 1 KAGB darauf gerichtet, »inländische Investmentvermögen zu verwalten.« Verwaltung eines Investmentvermögens liegt nach § 17 Abs. 1 S. 2 KAGB vor, »wenn mindestens die Portfolioverwaltung oder das Risikomanagement für ein oder mehrere Investmentvermögen erbracht wird.« Das »Geschäft einer Kapitalverwaltungsgesellschaft« in § 339 Abs. 1 Nr. 1 KAGB meint nach Gesetzeswortlaut und der Systematik des KAGB somit das Erbringen der Portfolioverwaltung oder des Risikomanagements.[611] Im Übrigen gelten die obigen Erwägungen zum Bestimmtheitsgrundsatz auch bezüglich der Strafvorschrift gemäß § 339 KAGB. Der strafrechtliche Bestimmtheitsgrundsatz nach Art. 103 Abs. 2 GG regelt, dass eine Tat nur bestraft werden kann, wenn die Strafbarkeit gesetzlich bestimmt war, bevor die Tat begangen wurde. Vorliegend lässt sich anhand des Wortlauts und durch eine systematische Auslegung ermitteln, dass das (erlaubnispflichtige) Geschäft einer Kapitalverwaltungsgesellschaft die Portfolioverwaltung oder alternativ das Risikomanagement umfasst, wobei § 339 Abs. 1 KAGB anders als § 15 Abs. 1 KAGB nicht im Wege der Auslegung teleologisch einschränkend ausgelegt werden muss, da sich das Ergebnis bereits mit Blick auf § 17 Abs. 1 S. 2 KAGB ergibt.[612]

Es lässt sich festhalten, dass weder § 15 Abs. 1 KAGB noch § 339 Abs. 1 KAGB bestimmen bzw. bestimmen sollten, dass die Kapitalverwaltungsgesellschaft die kollektive Vermögensverwaltung erbringen muss.

2. Erbringung von Nebendienstleistungen, § 20 Abs. 3 und 4 KAGB

Der Begriff der kollektiven Vermögensverwaltung wird im KAGB weiterhin in § 20 Abs. 3 KAGB verwendet. Demzufolge darf eine externe AIF-Kapitalverwaltungsgesellschaft teilweise mit und ohne Sondererlaubnis neben der kollektiven Vermögensverwaltung von AIF die dort genannten Dienstleistungen und Nebendienstleistungen erbringen.[613] Genannt werden die individuelle Vermögensverwaltung, die Finanzportfolioverwaltung sowie die bloße Anlageberatung

---

610   *Pelz*, in Beckmann/Scholtz/Vollmer, 405, KAGB, § 339 Rn. 9, auf die Rechtmäßigkeit der Erlaubnis kommt es zunächst nicht an.
611   Dieselben Erwägungen gelten hinsichtlich des »Geschäfts einer dort genannten AIF-Kapitalverwaltungsgesellschaft« nach § 339 Abs. 1 Nr. 2 KAGB.
612   Siehe unten 4. Teil C.I. zusammenfassend zum Begriff der »kollektiven Vermögensverwaltung«.
613   § 20 Abs. 2 KAGB betrifft OGAW-Kapitalverwaltungesellschaften.

und die Anlagevermittlung, die von den Aufgaben der kollektiven Vermögensverwaltung durch eine Kapitalverwaltungsgesellschaft abzugrenzen sind: Finanzportfolioverwaltung ist nach § 20 Abs. 3 Nr. 2 KAGB definiert als »die Verwaltung *einzelner* in Finanzinstrumenten im Sinne des § 1 Absatz 11 des Kreditwesengesetzes angelegter *Vermögen* für andere mit Entscheidungsspielraum einschließlich der Portfolioverwaltung fremder Investmentvermögen«[614]. In Abgrenzung zur individuellen Vermögensverwaltung nach § 20 Abs. 3 Nr. 1 KAGB umfasst die Finanzportfolioverwaltung nach § 20 Abs. 3 Nr. 2 KAGB die Verwaltung einzelner Vermögen, die speziell in Finanzinstrumente im Sinne des § 1 Absatz 11 des Kreditwesengesetzes angelegt sind. Für die Erbringung der Finanzportfolioverwaltung ist eine Sondererlaubnis erforderlich, was sich aus § 20 Abs. 3 Nr. 3–5 KAGB ergibt. Demzufolge darf die externe Kapitalverwaltungsgesellschaft die Anlageberatung erbringen, »soweit die Erlaubnis die Dienstleistung nach Nummer 2 [Finanzportfolioverwaltung] umfasst.« Eine externe Kapitalverwaltungsgesellschaft darf dagegen die individuelle Vermögensverwaltung ohne Sondererlaubnis erbringen, da insoweit die Erlaubnis nach § 20 Abs. 1 KAGB als externe Kapitalverwaltungsgesellschaft genügt.[615]

Bei der individuellen Vermögensverwaltung und der Finanzportfolioverwaltung lässt der einzelne Anleger sein Vermögen getrennt von dem Vermögen anderer Anleger auf Einzelkundenbasis von einem Vermögensverwalter verwalten[616] und beeinflusst dabei mittels Anlagerichtlinien und Einzelweisungen die Verwaltung seines Vermögens.[617] Demgegenüber legt der Anleger eines Investmentfonds sein Vermögen gemeinsam bzw. kollektiv mit anderen Anlegern an. Die gemeinsame Vermögensverwaltung und damit insbesondere die Portfolioverwaltung soll von der Kapitalverwaltungsgesellschaft für alle am Investmentvermögen Beteiligten einheitlich anhand der Anlageleitlinien erbracht werden.[618] Um eine gleiche Behandlung der Anleger zu gewährleisten, soll allein die Kapitalverwaltungsgesellschaft, und nicht die Anleger einer Kollektivanlage, Einfluss auf die Portfolioverwaltung nehmen dürfen.[619] Die gemeinsame bzw. kollektive Vermögensverwaltung bietet vor allem Kleinanlegern eine Investitionsmöglich-

---

614 Hervorhebungen durch den Verfasser.
615 Rückschluss aus § 20 Abs. 3 Nr. 3–5 KAGB, *Winterhalder*, in Weitnauer/Boxberger/Anders, KAGB, § 20 Rn. 45.
616 *Voge*, WM 2010, 913, 917; BR-Drucks. 703/08, S. 72; BT-Drucks. 16/11130, S. 43.
617 *Walz*, in Schimansky/Bunte/Lwowski, § 111 Rn. 10 ff.; *U. Schäfer*, in Assmann/Schütze, Handbuch der Kapitalanlagerechts, § 23 Rn. 3; *Lang*, Informationspflichten bei Wertpapierdienstleistungen, S. 445, 446.
618 *U. Schäfer*, in Assmann/Schütze, Handbuch des Kapitalanlagerechts, § 23 Rn. 3.
619 Str. siehe unten 5. Teil C.I.4. zu Weisungsrechten und Zustimmungsvorbehalten; Ausnahmen vor allem bei Spezial-Anlegern oder 1-Anleger-Fonds, da Angleranzahl und Schutzbedürfnis der professionellen und semiprofessionellen Anleger in der Regel geringer sind als bei Publikumsfonds; *Tollmann*, in DJKT, AIFM-RL, Art. 4 Rn. 31; *Lang*, Informationspflichten bei Wertpapierdienstleistungen, S. 445; a.A. *Stöber/Kleinert*, BB 2016, 278.

keit, wenn eine individuelle Vermögensverwaltung oder Finanzportfolioverwaltung zu teuer oder unzweckmäßig ist.[620]

Im Gegensatz zu einem Vermögensverwalter trifft ein Anlageberater im Sinne des § 20 Abs. 3 Nr. 3 KAGB keine Entscheidung über die Vermögensanlage. Der Anlageberater unterstützt den Anleger durch Beschaffung und Bereitstellung von Informationen oder Empfehlungen, ohne selbst Dispositionsbefugnis über das Kapital des Anlegers zu haben.[621] Die Leistungserbringung durch den Anlageberater endet in der Regel, nachdem die Anlageentscheidung getroffen wurde, wohingegen die Vermögensverwaltung durch eine Kapitalverwaltungsgesellschaft stets auf eine gewisse Dauer angelegt ist.[622] Dasselbe gilt bei der Anlagevermittlung nach § 20 Abs. 3 Nr. 5 KAGB. Ein Anlagevermittler leitet lediglich als Bote die Willenserklärung des Anlegers, die auf die Anschaffung oder die Veräußerung von Finanzinstrumenten gerichtet ist, an denjenigen weiter, mit dem der Anleger ein solches Geschäft abschließen will.[623] Die Anlageentscheidung trifft dabei der Anleger selbst, während diese Entscheidungen bei der gemeinsamen Vermögensverwaltung durch eine Kapitalverwaltungsgesellschaft getroffen werden.

§ 20 Abs. 3 KAGB regelt lediglich, dass eine Kapitalverwaltungsgesellschaft die genannten Nebendienstleistungen neben der kollektiven Vermögensverwaltung erbringen »darf«.[624] Es wird jedoch nicht bestimmt, dass eine Kapitalverwaltungsgesellschaft die in § 1 Abs. 19 Nr. 24 KAGB genannten Aufgaben zwingend erbringen muss.[625]

Weiterhin wird der Begriff der kollektiven Vermögensverwaltung in § 20 Abs. 4 KAGB verwendet. Dem zufolge darf eine externe Kapitalverwaltungs-

---

620 Zu den Vor- und Nachteilen *Köndgen/Schmies*, in Schimansky/Bunte/Lwowski, § 113 Rn. 193.
621 Zu den Advisory-Modellen, BaFin, Häufige Fragen zum Thema Auslagerung gemäß § 36 KAGB, Geschäftszeichen WA 41-Wp 2137-2013/0036, 10. Juli 2013, zuletzt geändert am 15. November 2017, Ziffer 12; *U. Schäfer*, in Assmann/Schütze, Handbuch des Kapitalanlagerechts, § 23 Rn. 3.
622 *Benicke*, Wertpapiervermögensverwaltung, S. 29, 215 ff.; auch mit der einmaligen Anlageentscheidung ist es nicht getan, *Zetzsche*, Prinzipien der kollektiven Vermögensverwaltung, S. 650.
623 BaFin, Merkblatt Anlagevermittlung, Stand: 17. Mai 2011, geändert am 13. Juli 2017, Ziffer 1.
624 Eine Reduktion auf die »Portfolioverwaltung und/oder Risikomanagement« scheint hier nicht zwingend angezeigt: Im Rahmen des § 20 Abs. 3 KAGB ist die Verwendung des Begriffs »kollektive Vermögensverwaltung« zwar missverständlich; dies erscheint im Ergebnis (anders als bei § 15 Abs. 1, § 339 Abs. 1, § 20 Abs. 4 KAGB) jedoch unschädlich, da die Nebendienstleistungen auch neben den optionalen Nebenverwaltungsaufgaben, also neben allen in § 1 Abs. 19 Nr. 24 KAGB genannten Aufgaben, erbracht werden können. Gleiches gilt im Ergebnis mit Blick auf die Möglichkeit zur Darlehensgewährung, § 20 Abs. 9 KAGB.
625 Siehe oben 4. Teil B.I.1.; siehe unten in den folgenden Absätzen sowie 4. Teil C.I.

gesellschaft »nicht ausschließlich die in [§ 20 Abs. 3 Nr. 1 bis 6 KAGB] genannten Dienstleistungen und Nebendienstleistungen erbringen, ohne auch die *kollektive Vermögensverwaltung* zu erbringen.«[626] Nach der Gesetzesbegründung beruht § 20 Abs. 4 KAGB auf Art. 6 Abs. 4, 5 a) AIFM-RL,[627] dem zufolge es unzulässig ist, wenn ein »AIFM« ausschließlich Nebendienstleistungen erbringt. Der Begriff »kollektive Vermögensverwaltung« wird in Art. 6 AIFM-RL nicht verwendet, sondern es wird auf den AIFM abgestellt: Ein AIFM liegt nach Art. 4 Abs. 1 b), w) AIFM-RL und in Übereinstimmung mit § 17 Abs. 1 S. 2 KAGB betreffend die Kapitalverwaltungsgesellschaft vor, wenn die Portfolioverwaltung oder das Risikomanagement erbracht werden. Ein AIFM ist zudem nach Art. 6 Abs. 5 c), d) AIFM-RL und in Übereinstimmung mit § 23 Nr. 9, 10 KAGB nur zulassungsfähig, wenn er die Portfolioverwaltung und das Risikomanagement erbringt. Somit regelt die AIFM-RL, dass ein AIFM die Nebendienstleistungen nach Art. 6 Abs. 4, 5 a) AIFM-RL nur erbringen darf, wenn daneben auch die Portfolioverwaltung *und* das Risikomanagement – nicht jedoch alle in Anhang I AIFM-RL genannten Tätigkeiten – erbracht werden.

Der Gesetzeswortlaut nach § 20 Abs. 4 KAGB geht jedoch über diese Vorgaben hinaus und verlangt (»ohne auch [...] zu erbringen«), dass die Kapitalverwaltungsgesellschaft die kollektive Vermögensverwaltung gemäß § 1 Abs. 19 Nr. 24 KAGB mitsamt administrativer Tätigkeiten erbringen muss. Für eine einschränkende Auslegung des in § 20 Abs. 4 KAGB verwendeten Begriffs der kollektiven Vermögensverwaltung spricht wie gezeigt nicht nur die Erlaubnissystematik der europäischen AIFM-RL, sondern gleichsam der Versagungsgrund nach § 23 Nr. 9, 10 KAGB, dem zufolge die Kapitalverwaltungsgesellschaft die Portfolioverwaltung und das Risikomanagement, nicht jedoch alle in § 1 Abs. 19 Nr. 24 KAGB genannten Tätigkeiten erbringen muss, um eine Erlaubnis zu erhalten. § 20 KAGB ist überdies eine Vorschrift aus dem Erlaubnisverfahren (»Unterabschnitt 1 – Erlaubnis (§§ 17–25)«), sodass angesichts der europäischen und deutschen Erlaubnissystematik der AIFM-RL und des KAGB auch der normspezifische Regelungszweck dafür spricht, den in § 20 Abs. 4 KAGB verwendeten Begriff »kollektive Vermögensverwaltung« teleologisch auf die Begriffe »Portfolioverwaltung und Risikomanagement« zu reduzieren.[628] In der Folge regelt auch § 20 Abs. 4 KAGB nicht, dass die Kapitalverwaltungsgesellschaft zwingend die gesamte kollektive Vermögensverwaltung gemäß § 1 Abs. 19 Nr. 24 KAGB erbringen muss.

---

626 Hervorhebungen durch den Verfasser.
627 Gesetzesbegründung zum KAGB, Bt-Dr. 17/12294, S. 214.
628 Anders als bei § 15 Abs. 1, § 339 Abs. 1 KAGB kommt es hier auf die Erlaubnisfähigkeit (§ 23 Nr. 9, 10 KAGB) und nicht auf die Erlaubnispflicht (§ 17 Abs. 1 S. 2 KAGB) an.

3. Zwischenergebnis

Bei den wenigen Normen im KAGB, die den Begriff der kollektiven Vermögensverwaltung verwenden,[629] führte der Auslegungsprozess zu dem Ergebnis, dass der Begriff nicht alle in § 1 Abs. 19 Nr. 24 KAGB genannten Aufgaben umfasst, sondern je nach Norm lediglich »Portfolioverwaltung und/oder Risikomanagement«. Etwas anderes könnte sich daraus ergeben, dass § 1 Abs. 19 Nr. 24 KAGB nach der Gesetzesbegründung den Anhang II OGAW-RL umsetzen soll, und nicht den Anhang I der AIFM-RL.

4. Bezug des § 1 Abs. 19 Nr. 24 KAGB zur Richtlinie 2009/65/EG (OGAW-RL) und zur Richtlinie 2011/61/EU (AIFM-RL)

Nach der Gesetzesbegründung beruht § 1 Abs. 19 Nr. 24 KAGB dem Wortlaut nach allein auf Anhang II der Richtlinie 2009/65/EG (»OGAW-RL«).[630] In Abgrenzung zu den alternativen Anlageklassen, die durch die AIFM-RL erfasst werden, werden die liquiden Wertpapier-Publikumsfonds des offenen Typs, bereits seit drei Jahrzehnten von den Richtlinien betreffend »Organismen für gemeinsame Anlagen in Wertpapieren« in der EU (OGAW-RL) erfasst.[631] Anhang II OGAW-RL lautet wie folgt:

»Aufgaben, die in die gemeinsame Portfolioverwaltung einbezogen sind

– Anlageverwaltung.

– Administrative Tätigkeiten:

　a) gesetzlich vorgeschriebene und im Rahmen der Fondsverwaltung vorgeschriebene Rechnungslegungsdienstleistungen;

　b) Kundenanfragen;

　c) Bewertung und Preisfestsetzung (einschließlich Steuererklärungen);

　d) Überwachung der Einhaltung der Rechtsvorschriften;

　e) Führung des Anlegerregisters;

629　Der Begriff wird außerdem in § 49 Abs. 1 S. 1, Abs. 5, § 51 Abs.1 S. 1 KAGB verwendet. Diese Fälle der grenzüberschreitenden Dienstleistungserbringung bzw. Ausübung der Niederlassungsfreiheit innerhalb der EU basieren auf den Art. 17 f. OGAW-RL und Art. 33 AIFM-RL, die allesamt nicht auf die »kollektive Vermögensverwaltung« abstellen.

630　Gesetzesbegründung zum KAGB, Bt-Dr. 17/12294, S. 203; siehe oben 1. Teil, 2. Teil B. zu OGAW(-RL); der Begriff OGAW-Richtlinie meint die neugefasste OGAW-IV-RL nach Änderung durch die OGAW-V-RL.

631　Richtlinie 85/611/EWG des Rates vom 20. Dezember 1985 zur Koordinierung der Rechts- und Verwaltungsvorschriften betreffend bestimmte Organismen für gemeinsame Anlagen in Wertpapieren (OGAW); siehe unten 2. Teil B. zur OGAW-RL; Gesetzesbegründung zum Investmentmodernisierungsgesetz, Bt-Dr. 15/1553, 2003, S. 65.

f) Gewinnausschüttung;
g) Ausgabe und Rücknahme von Anteilen;
h) Kontraktabrechnungen (einschließlich Versand der Zertifikate);
i) Führung von Aufzeichnungen.
– Vertrieb.«

Dem Wortlaut nach unterscheidet sich Anhang II OGAW-RL von Anhang I AIFM-RL folgendermaßen:[632] Die OGAW-RL fasst die Aufgaben der Kapitalverwaltungsgesellschaft unter dem Begriff »gemeinsame Portfolioverwaltung« zusammen. In Anhang II OGAW-RL wird nicht zwischen Portfolioverwaltung und Risikomanagement differenziert, sondern es wird allein der Begriff »Anlageverwaltung« verwendet. Obwohl die Erlaubnisanforderungen nach der OGAW-RL in Übereinstimmung mit der AIFM-RL nicht vorsehen, dass (OGAW-)Verwalter alle in Anhang II genannten Aufgaben erbringen müssen,[633] wird in der OGAW-RL nicht ausdrücklich zwischen »kann«- und »muss«-Aufgaben unterschieden.

Da die Gesetzesbegründung zum KAGB allein auf die OGAW-RL verweist, stellt sich die Frage, ob § 1 Abs. 19 Nr. 24 KAGB allein in dessen Lichte ausgelegt werden muss. Dagegen spricht jedoch, dass die Einheitskodifikation »KAGB« sowohl das (aufgehobene) InvG mitsamt der OGAW-RL als auch die AIFM-RL in einem Gesetzbuch zusammenfasst, um ein »in sich geschlossenes Regelwerk für Investmentfonds und ihre Manager« zu schaffen.[634] Dabei unterscheidet das KAGB überwiegend zwischen Regelungen betreffend AIF sowie Regelungen betreffend OGAW. Beispielsweise regelt § 21 KAGB den Erlaubnisantrag für eine OGAW-Kapitalverwaltungsgesellschaft und § 22 KAGB den Erlaubnisantrag für eine AIF-Kapitalverwaltungsgesellschaft. Die §§ 49 ff. KAGB betreffen den grenzüberschreitenden Dienstleistungsverkehr bei OGAW-Verwaltungsgesellschaften und die §§ 53 ff. KAGB den bei AIF-Verwaltungsgesellschaften. Nach § 25 Abs. 4 KAGB richten sich die Eigenmittelanforderungen einer AIF-KVG nach Art. 9 Abs. 5 AIFM-RL und die einer OGAW-KVG nach Art. 7 Abs. 1 a) iii) OGAW-RL.

Die Differenzierung zwischen OGAW und AIF ist sachgemäß und es entspricht den europäischen Richtlinien, die Anforderungen der OGAW-RL nicht eins zu eins auf AIFM anzuwenden und umgekehrt: Denn während die OGAW-RL auf offene Fondsstrukturen in Vertragsform ausgerichtet ist und primär liquide Pro-

---

632 *Tollmann*, in DJKT, AIFM-RL, Art. 5 Rn. 26 ff.
633 Art. 6 Abs. 3 lit. b) UA. 1 OGAW-RL: »Auf keinen Fall darf es einer Verwaltungsgesellschaft im Rahmen dieser Richtlinie gestattet werden, ausschließlich die in diesem Absatz genannten Dienstleistungen zu erbringen oder Nebendienstleistungen zu erbringen, wenn ihr nicht gestattet wurde, die in Unterabsatz 1 Buchstabe a genannte Dienstleistung [Anlageverwaltung] zu erbringen.«
634 Gesetzesbegründung zum KAGB, Bt-Dr. 17/12294, S. 1, 2.

dukte reguliert, handelt es sich bei der AIFM-RL um eine Managerregulierung mit einem breiten Anlagespektrum, das insbesondere die sachwertnahen geschlossenen Fondsstrukturen (in Gesellschaftsform) umfasst.[635] Die unterschiedlichen Zielrichtungen und Regelungsmaterien der OGAW-RL und der AIFM-RL gebieten daher eine differenzierte Behandlung von Verwaltern von OGAW und von AIF. Diesbezüglich führt die EU-Kommission in der Folgenabschätzung zur AIFM-RL aus:[636]

»The case for ›product rules‹ in the UCITS [Undertakings for Collective Investments in Transferable Securities, zu deutsch ›OGAW‹] context relates primarily to the protection of retail investors. The investment strategies of AIF are more diverse and involve investment not only in liquid financial securities but also in a wide variety of illiquid assets such as, for example, real estate or private equity. The greater flexibility of investment strategies and invested assets is consistent with the predominantly professional investor base and offers considerable advantages to these investors. UCITS-style regulation of the product itself would undermine these investment strategies and would not be a proportionate response to the risks posed.«

Während das KAGB und die europäischen Vorgaben regelmäßig zwischen Vorschriften betreffend AIF und OGAW unterscheiden, scheint dies bei § 1 Abs. 19 Nr. 24 KAGB auf den ersten Blick nicht der Fall zu sein, denn der Wortlaut ist nicht eindeutig und die Gesetzesbegründung verweist nur auf die OGAW-RL. Nach § 1 Abs. 19 Nr. 24 KAGB gehören zur kollektiven Vermögensverwaltung bei allerdings auch »Tätigkeiten im Zusammenhang mit den Vermögensgegenständen des AIF«, sodass die Vorschrift auf AIF verweist und damit mittelbar die AIFM-RL in Bezug nimmt. Dies spricht dafür, dass sich § 1 Abs. 19 Nr. 24 KAGB sowohl auf die OGAW-RL als auch auf die AIFM-RL beziehen sollte.

Die Vorschrift greift die Aufgaben in Anhang II OGAW-RL und Anhang I AIFM-RL genannten Aufgaben teilweise auf, verwendet die (Ober-)Begriffe jedoch nur abstrakt bzw. undifferenziert: So unterscheidet die Norm entgegen Anhang I AIFM-RL nicht zwischen »kann«- und »muss«-Aufgaben. Zu den »administrativen Tätigkeiten« bei AIF und OGAW gehören nach der OGAW- bzw. AIFM-RL außerdem weitere Aufgaben, die nicht in § 1 Abs. 19 Nr. 24 KAGB genannt sind, wie etwa die »Bewertung und Preisfestsetzung (einschließlich Steuererklärungen)«, die »Führung des Anlegerregisters«, die »Gewinnausschüttung« oder die »Ausgabe und Rücknahme von Anteilen«. Die Tätigkeiten im Zusammenhang mit den Vermögensgegenständen des AIF nach Anhang I Nr. 2 c) AIFM-RL umfassen das »Facility Management, die Immobilienverwaltung und die Beratung von Unternehmen über die Kapitalstruktur«.

---

635 Siehe oben 1. Teil; 2. Teil B.; § 1 Abs. 2, 3 KAGB.
636 Commission Staff Working Document, Accompanying the Proposal for a Directive of the European Parliament and of the Council on Alternative Investment Fund Managers and amending Directives 2004/39/EC, SEC(2009) 576, COM(2009) 207, 30. April 2009, S. 33.

Aus grammatikalischen und systematischen Gründen ist zu schließen, dass § 1 Abs. 19 Nr. 24 KAGB sowohl auf Anhang II OGAW-RL als auch auf Anhang I AIFM-RL beruht und dass der deutsche Gesetzgeber – möglicherweise um beiden Richtlinien gerecht zu werden – die Aufgaben einer Kapitalverwaltungsgesellschaft nur abstrakt bzw. unvollständig geregelt hat.[637]

II. Grammatikalische Auslegung der AIFM-RL

In Anhang I AIFM-RL werden die Aufgaben eines AIFM unterschiedlich bezeichnet: Der Begriff »Anlageverwaltungs*funktionen*« (Nr. 1) könnte dahingehend ausgelegt werden, dass die dort genannte Portfolioverwaltung und das Risikomanagement aufgrund ihrer Relevanz für das Erlaubnisverfahren wichtiger sind als bloße »andere *Aufgaben*« (Nr. 2).[638] Fraglich ist, ob andere Sprachfassungen eine solche Auslegung unterstützen.[639]

1. Sprachfassungen des Anhangs I AIFM-RL

Die englische Sprachfassung lautet wie folgt:

»1. Investment management functions which an AIFM shall at least perform when managing an AIF: (a) portfolio management; (b) risk management.

2. Other functions that an AIFM may additionally perform in the course of the collective management of an AIF: (a) Administration: [...] (c) Activities related to the assets of AIFs«

Die französische Sprachfassung lautet:

»1. Fonctions de gestion des investissements qu'un gestionnaire exerce au minimum lorsqu'il gère un FIA: a) gestion du portefeuille; b) gestion des risques.

2. Autres fonctions qu'un gestionnaire peut exercer à titre complémentaire dans le cadre de la gestion collective d'un FIA: a) administration: [...] c) les activités liées aux actifs d'un FIA«

---

[637] Siehe unten 4. Teil C.I. zur richtlinienkonformen Auslegung des § 1 Abs. 19 Nr. 24 KAGB.
[638] Art. 6 Abs. 5 lit. c) und d) AIFM-RL; Hervorhebungen durch den Verfasser.
[639] Grundsätzlich ist jede Sprachfassung für sich genommen verbindlich, Art. 55 EUV, Art. 358 AEUV.
EuGH v. 12.07.1979, Rs. 9/79, Rn. 6 – Koschniske/van Arbeid; EuGH v. 16.10.1980, Rs. 816/79, Rn. 7, 9 – Meckezlo/Hauptzollamt Bremen; EuGH v. 02.04.1998, Rs. C-296/95, Rn. 36 – EMU Tabac SARL u.a.: »Die Notwendigkeit einer einheitlichen Auslegung der Gemeinschaftsverordnungen verbietet es, im Fall von Zweifeln eine Bestimmung für sich allein zu betrachten, sondern zwingt vielmehr dazu, sie unter Berücksichtigung ihrer Fassungen in den anderen Amtssprachen auszulegen. Grundsätzlich ist allen Sprachfassungen der gleiche Wert beizumessen, der nicht je nach Umfang der Bevölkerung der Mitgliedstaaten, die die betreffende Sprache gebrauchen, schwanken kann.«

Die englische und die französische Sprachfassung verwenden sowohl in Nr. 1 als auch in Nr. 2 des Anhangs I AIFM-RL den Begriff »functions« bzw. »fonctions«. Dies spricht dafür, die deutschen Begriffe »Funktionen« nach Nr. 1 und »Aufgaben« nach Nr. 2 Anhang I AIFM-RL als äquivalent anzusehen. Auch in der deutschen sowie in der englischen Sprachfassung des Erwägungsgrundes 82 AIFM-Level-2-VO ist einerseits von »Verwaltungsfunktionen« bzw. »management functions« die Rede und andererseits von »Verwaltungsaufgaben« bzw. »management tasks«, ohne dass sich dadurch ein inhaltlicher Unterschied ergibt. In der deutschen Fassung des Erwägungsgrundes 31 AIFM-RL findet sich darüber hinaus der Begriff »Leitungsaufgaben«, der auf die Portfolioverwaltung und das Risikomanagement Bezug nimmt. Die Begriffe »Funktionen« und »Aufgaben« erscheinen daher gleichbedeutend.

Die deutsche Sprachfassung führt in Anhang I Nr. 2 a) AIFM-RL außerdem »administrative Tätigkeiten« auf, wohingegen die englische und die französische Sprachfassung die Bezeichnung »Administration« wählen. Systematisch stellt die englische/französische »Administration« einen Unterpunkt zu »other functions«/»autres fonctions« dar, sodass es sich – hinsichtlich der deutschen Formulierung – nicht um »administrative Tätigkeiten« sondern um administrative »Funktionen« handelt. Die Begriffe »Tätigkeiten« und »Funktionen« sollten mit Blick auf die englische und die französische Sprachfassung synonym gebraucht werden.

Während in der englischen und französischen Sprachfassung in Anhang I Nr. 1 Hs. 1 und Nr. 2 Hs. 2 AIFM-RL von Funktionen die Rede ist, finden sich in der deutschen Fassung die Begriffe »Aufgaben« und »Tätigkeiten« ohne dass dieser Differenzierung eine rechtliche Bedeutung beigemessen werden sollte.[640] Dies bestätigt Anhang I Nr. 2 c) AIFM-RL, wonach der AIFM »Tätigkeiten« in Zusammenhang mit den Vermögenswerten« zusätzlich ausüben kann, obwohl es sich dabei systematisch um einen Unterpunkt der »anderen Aufgaben« nach Anhang I Nr. 2 AIFM-RL handelt. Die englische Fassung lautet in Anhang I Nr. 2 c) AIFM-R auf »activities« und die französische auf »activités«. Hier mag der Begriff »Tätigkeiten« wie in der deutschen Sprachfassung verwendet noch am ehesten angebracht sein, wobei »Aktivitäten« auch nach deutschem Sprachverständnis eine gangbare Übersetzung gewesen wäre. Folglich sollten die Begriffe »Funktionen«, »Aufgaben« und »Tätigkeiten« im hier analysierten Zusammenhang als bedeutungsgleich betrachtet werden, sodass sich insoweit bisher nicht feststellen lässt, dass die Funktionen nach Anhang I Nr. 1 AIFM-RL wichtiger sind als die Aufgaben nach Anhang I Nr. 2 AIFM-RL.

Die englische und die französische Sprachfassung stimmen darin überein, die Aufgaben nach Anhang I Nr. 1 AIFM-RL als »*investment management* func-

---

640 Auch BaFin, Häufige Fragen zum Thema Auslagerung gemäß § 36 KAGB, Geschäftszeichen WA 41-Wp 2137-2013/0036, 10. Juli 2013, zuletzt geändert am 15. November 2017, Ziffer 1 Absatz 1 »administrative Tätigkeiten« und Absatz 4 »administrative Aufgaben«.

tions« bzw. »fonctions de *gestion des investissements*« zu bezeichnen. Dies unterstreicht die Nähe zur erlaubnispflichtigen AIFM-Tätigkeit und damit die Wichtigkeit der Anlageverwaltungsfunktionen. Weiterhin werden die Aufgaben nach Anhang I Nr. 2 AIFM-RL lediglich als »*other* functions« bzw. »*autres* fonctions« bezeichnet, ohne dass ein Bezug zur regulierten AIFM-Tätigkeit wie in Anhang I Nr. 1 AIFM-RL hergestellt wird. Weiterhin muss ein AIFM die Anlageverwaltungsfunktionen nach Nr. 1 »übernehmen«, während er die anderen Aufgaben »zusätzlich ausüben« kann. Nach dem deutschen Sprachverständnis könnte das Wort »übernehmen« – im Gegensatz zum Wort »ausüben« im Sinne eines bloßen Ausführens – auf eine umfangreichere Verantwortungs*übernahme* hindeuten. In der englischen und französischen Sprachfassung wird jedoch einheitlich in Anhang I Nr. 1 und Nr. 2 AIFM-RL von »perform« bzw. »exerce« gesprochen, sodass die Wörter »übernehmen« und »ausüben« im Einklang mit den anderen Sprachfassungen als gleichbedeutend behandelt werden sollten.

Schließlich stimmen die betrachteten Sprachfassungen darin überein, dass zwischen »muss«-Aufgaben nach Anhang I Nr. 1 AIFM-RL und »kann«-Aufgaben nach Anhang I Nr. 2 AIFM-RL differenziert wird:[641] Die Anlageverwaltungsfunktionen nach Anhang I Nr. 1 AIFM-RL sind in der englischen und französischen Sprachfassung solche, die ein AIFM übernehmen muss: Im Englischen »*shall* at least perform« bzw. im Französischen »exerce au *minimum*«. Die Nebenverwaltungsaufgaben nach Anhang I Nr. 2 AIFM-RL werden im Englischen als »other functions that an AIFM *may* additionally perform« bzw. im Französischen als »autres fonctions qu'un gestionnaire *peut* exercer à titre complémentaire« bezeichnet.

Die Unterscheidung zwischen »muss«- und »kann«-Aufgaben wird auch von der Literatur aufgegriffen: Danach gelten die Aufgaben nach Anhang I Nr. 1 AIFM-RL beispielsweise als »zwingend«[642] oder »konstituierend«[643], wohingegen die Aufgaben nach Anhang I Nr. 2 AIFM-RL als »sonstige«,[644] »freiwillige«[645] oder entgegengesetzt als »zwingende«[646] Tätigkeiten beschrieben werden.[647] Die bloße Bezeichnung hilft jedoch nicht weiter, sodass der Frage

---

641 Die nachfolgenden Hervorhebungen stammen vom Verfasser.
642 So wohl *Paul*, in Weitnauer/Boxberger/Anders, KAGB, § 154 Rn. 8.
643 *Zetzsche*, Prinzipien der kollektiven Vermögensverwaltung, S. 651.
644 *Winterhalder*, in Weitnauer/Boxberger/Anders, KAGB, § 17 Rn. 17.
645 *Winterhalder*, in Weitnauer/Boxberger/Anders, KAGB, § 17 Rn. 17; *Zetzsche*, Prinzipien der kollektiven Vermögensverwaltung, S. 651.
646 BaFin, Häufige Fragen zum Thema Auslagerung gemäß § 36 KAGB, Geschäftszeichen WA 41-Wp 2137-2013/0036, 10. Juli 2013, zuletzt geändert am 15. November 2017, Ziffer 1.
647 Die Aufgaben nach Nr. 1 und teilweise nach Nr. 2 werden auch als »Kernaufgaben« bezeichnet, vgl. BaFin, Häufige Fragen zum Thema Auslagerung gemäß § 36 KAGB, Geschäftszeichen WA 41-Wp 2137-2013/0036, 10. Juli 2013, zuletzt geändert am 15. November 2017, Ziffer 11 oder auch beide Aufgabentypen als »Anlageverwaltungsfunktionen«, vgl. *Tollmann*, in Möllers, Rn. 1077.

nachgegangen wird, inwieweit sich »muss«-Aufgaben von »kann«-Aufgaben unterscheiden.

2. Erwägungsgründe 21 und 31 AIFM-RL

Die in Anhang I AIFM-RL angelegte Unterscheidung zwischen »kann«- und »muss«-Aufgaben findet sich auch in Erwägungsgrund 21 AIFM-RL.[648] Dort heißt es wie folgt:

»Die Verwaltung von AIF sollte *mindestens* die Erbringung von *Dienstleistungen* zur Anlageverwaltung beinhalten. [...] Vorbehaltlich der in dieser Richtlinie festgelegten Bedingungen sollte ein zugelassener AIFM jedoch *nicht daran gehindert werden*, auch die *Tätigkeiten der Verwaltung* und des Vertriebs von AIF oder Tätigkeiten im Zusammenhang mit den Vermögenswerten des AIF auszuüben. Ein externer AIFM *sollte nicht daran gehindert werden*, auch die Dienstleistung der individuellen Verwaltung einzelner Anlageportfolios im Rahmen eines Mandats der Anleger nach dessen Ermessen und auf Einzelkundenbasis zu erbringen, [...] oder die Nebendienstleistung der Anlageberatung, Verwahrung und technischen Verwaltung in Bezug auf die Anteile an Organismen für gemeinsame Anlagen sowie die Entgegennahme und Weiterleitung von Aufträgen zu erbringen.«[649]

Der Umstand, dass das Erbringen der Anlageverwaltungsfunktionen in Erwägungsgrund 21 AIFM-RL als »Dienstleistung« bezeichnet wird, bestätigt zunächst, dass die Investmentkommanditgesellschaft als Dienstherrin bzw. Auftraggeberin mit der Kapitalverwaltungsgesellschaft als Dienstleisterin bzw. Auftragnehmerin ein Dienstleistungsverhältnis begründet.[650] In dem Bestellungsvertrag wird der von der Kapitalverwaltungsgesellschaft zu erfüllende Leistungs- und Aufgabenumfang durch die Parteien festgelegt.[651] Weiterhin stellt der europäische Gesetzgeber in Erwägungsgrund 21 AIFM-RL durch das Wort »mindestens« erneut klar, dass allein die Anlageverwaltungsfunktionen übernommen werden müssen.[652] Denn wäre mit dem Ausdruck »Dienstleistungen zur Anlageverwaltung« bereits alle in Anhang I AIFM-RL genannten Aufgaben gemeint, wäre das Wort »mindestens« überflüssig. Darüber hinaus ist der AIFM nach

---

648 Die Erwägungsgründe geben Aufschluss über die Sicht des europäicshen Gesetzgebers und können daher im Rahmen der teleogischen Auslegung verortet werden. Allerdings handelt es sich dabei zumindest um normnahe Texte von übergeordneter Bedeutung, die daher bereits an dieser Stelle herangezogen werden sollen; zur Bedeutung der Erwägungsgründe im Rahmen der Auslegung, vgl. *Wegener*, in Calliess/Ruffert, EUV/AEUV, Art. 19 EUV Rn. 16.
649 Hervorhebungen durch den Verfasser; ebenso die englische Fassung: »Subject to the conditions set out in this Directive, an authorised AIFM should not, however, be prevented from also engaging in the activities of administration and marketing of an AIF or from engaging in activities related to the assets of the AIF.«
650 Siehe oben 2. Teil D.I.5.b. zum Bestellungsvertrag.
651 Siehe unten 4. Teil B.V. zur privatautonom-faktischen Funktionsweise.
652 Siehe oben 4. Teil A.

Erwägungsgrund 21 AIFM-RL »nicht daran gehindert«, den Vertrieb von AIF sowie Tätigkeiten im Zusammenhang mit den Vermögenswerten des AIF (also Aufgaben im Sinne des Anhangs I Nr. 2 AIFM-RL) auszuüben. Da im Erwägungsgrund 21 AIFM-RL dieselbe Formulierung (»sollte nicht daran gehindert werden«) für die – unstreitig – optionalen Nebendienstleistungen im Sinne des Art. 6 Abs. 4 AIFM-RL, § 20 Abs. 2, Abs. 3 KAGB verwendet wird, ist davon auszugehen, dass der Gesetzgeber den AIFM diese Option auch hinsichtlich der Nebenverwaltungsaufgaben einräumen wollte, und zwar ohne dass dafür eine Sondererlaubnis erforderlich ist.[653]

Erwägungsgrund 31 AIFM-RL lautet wie folgt:

»Die strengen Einschränkungen und Auflagen in Bezug auf die Übertragung von Aufgaben durch die AIFM sollten für die Übertragung des Portfolio- und Risikomanagements gemäss Anhang I gelten. Die Übertragung von Hilfsaufgaben, wie etwa vom AIFM als Teil seiner Leitungsaufgaben ausgeführte Verwaltungs- oder technische Funktionen, sollten nicht den in dieser Richtlinie festgelegten spezifischen Einschränkungen und Auflagen unterliegen.«

Die Auslagerungsregeln gelten demnach nur für die Portfolioverwaltung und das Risikomanagement, dagegen werden die Nebenverwaltungsaufgaben an dieser Stelle nicht erwähnt. Zunächst leuchtet es ein, die aufsichtsrechtlich wichtigen Anlageverwaltungsfunktionen den strengen Auslagerungsregeln zu unterwerfen. Art. 20 Abs. 1 c) AIFM-RL und § 36 Abs. 1 Nr. 3 KAGB enthalten diesbezüglich qualifizierte Anforderungen für den Fall, dass die Portfolioverwaltung oder das Risikomanagement ausgelagert werden. Sofern andere (aufsichtsrechtlich relevante) Aufgaben ausgelagert werden, gelten die zusätzlichen Anforderungen allerdings nicht, sodass in diesen Fällen von einer einfachen Auslagerung gesprochen wird. Ein Auslagerungssachverhalt liegt auch nach der BaFin-Ansicht nur vor, wenn die Kapitalverwaltungsgesellschaft solche Aufgaben übernommen hat, deren Übertragung auf einen Dritten den bloßen Fremdbezug von Leistungen überschreitet.[654] Die Regeln zur einfachen Auslagerung gelten nicht zwingend für alle in Anhang I Nr. 2 AIFM-RL genannten Aufgaben.

3. Kein Umsetzungsspielraum der Mitgliedstaaten

Die BaFin sieht in dem Wort »kann« in Anhang I Nr. 2 AIFM-RL einen Umsetzungsspielraum der Mitgliedstaaten.[655] Dies würde nach Ansicht der BaFin bedeuten, dass einem AIFM die Verantwortung für die sonstigen Aufgaben nach Anhang I Nr. 2 AIFM-RL von den einzelnen Mitgliedstaaten zugewiesen werden »kann«, aber nicht muss.

---

653 Siehe oben 4. Teil B.I.2. zu § 20 KAGB.
654 Siehe unten 4. Teil B.VI. zur aufsichtsrechtlichen Relevanz und zum Wesentlichkeitskriterium.
655 BaFin, Auslegungsentscheidung zu den Tätigkeiten einer Kapitalverwaltungsgesellschaft und der von ihr extern verwalteten AIF-Investmentgesellschaft, WA 41-Wp 2100-2016/0001, 21. Dezember 2017, Ziffer II.3.b.

Im Ausgangspunkt ist eine Richtlinie nach Art. 288 Abs. 3 Hs. 2 AEUV ist für jeden Mitgliedstaat, an den sie gerichtet wird, hinsichtlich des zu erreichenden Ziels verbindlich, überlässt den innerstaatlichen Stellen jedoch die Wahl der Form und der Mittel. Insofern richtet sich auch die AIFM-RL an die Mitgliedstaaten, welche die Vorgaben in nationales Recht umsetzen müssen. Nach Erwägungsgrund 3 AIFM-RL sollen die Normen der AIFM-RL jedoch »für AIFM gelten«.[656] Dies erscheint problematisch, da die AIFM-RL aufgrund des Richtliniencharakters keine unmittelbare Wirkung entfaltet und Normadressaten der Richtlinie auch nach Art. 71 AIFM-RL allein die Mitgliedstaaten sind.[657] Die Vorgaben der AIFM-RL sind somit als Regelungsauftrag an die Mitgliedstaaten zu verstehen, die in der Richtlinie gewählten Formulierungen in dem vorgegeben Detailgrad umzusetzen.

Vor diesem Hintergrund regeln Anhang I Nr. 1 und Nr. 2 AIFM-RL dem Wortlaut nach das Aufgabenspektrum eines »AIFM« und geben vor, was ein AIFM tun muss oder tun kann; die Mitgliedstaaten werden dagegen in Anhang I AIFM-RL nicht erwähnt. Vergleichbare Formulierungen finden sich auch an anderer Stelle in der AIFM-RL: Beispielsweise »kann« die Verwahrstelle nach Artikel 21 Abs. 11 AIFM-RL (§ 73 Abs. 1 KAGB) Verwahrstellenaufgaben »auf Dritte übertragen«. Auch die BaFin sieht darin keinen mitgliedsstaatlichen Umsetzungsspielraum.[658] Vielmehr erscheint es eindeutig, dass es sich bei Art. 21 Abs. 11 AIFM-RL um eine an die Verwahrstelle »gerichtete« Option zur Unterverwahrung handelt, welche die Mitgliedstaaten entsprechend umsetzen müssen.[659] Die sollte auch für Anhang I AIFM-RL gelten.

Einen Umsetzungsspielraum räumt die AIFM-RL den Mitgliedstaaten hingegen in Art. 43 Abs. 1 ein:[660]

»Unbeschadet anderer Rechtsakte der Union können die Mitgliedstaaten AIFM gestatten, in ihrem Hoheitsgebiet Anteile an von ihnen gemäß dieser Richtlinie verwalteten AIF an Kleinanleger zu vertreiben«.

---

656 Erwägungsgrund 3 AIFM-RL: »Diese Richtlinie sollte daher *für AIFM gelten*, die das gesamte Spektrum der nicht unter die Richtlinie 2009/65/EG des Europäischen Parlaments und des Rates vom 13. Juli 2009 zur Koordinierung der Rechts- und Verwaltungsvorschriften betreffend bestimmte Organismen für gemeinsame Anlagen in Wertpapieren (OGAW) (4) fallenden Fonds verwalten, wobei es keine Rolle spielt, in welcher rechtlichen oder vertraglichen Form AIFM mit dieser Aufgabe betraut sind.«; sowie ähnlich Erwägungsgründe 1, 2, 4, 10 AIFM-RL.
657 Art. 71 AIFM-RL: »Diese Richtlinie ist an die Mitgliedstaaten gerichtet.«
658 BaFin, Rundschreiben 08/2015 (WA) – Aufgaben und Pflichten der Verwahrstelle nach Kapitel 1 Abschnitt 3 des Kapitalanlagegesetzbuches, Geschäftszeichen WA 41-Wp 2137-2013/0068, Bonn/Frankfurt a. M., 7. Oktober 2015, Ziffer 5.2.
659 Vgl. etwa *Tollmann*, in DJKT, AIFM-RL, Art. 20 Rn. 313 ff.
660 Ebenso in Art. 28 Abs. 1 UA. 2 AIFM-RL: »Die Mitgliedstaaten können vorschreiben, dass die in Absatz 2 festgelegten Informationen auch den für das nicht börsennotierte Unternehmen zuständigen nationalen Behörden vorgelegt werden […].«

Somit wendet sich der Richtlinienwortlaut in Art. 43 Abs. 1 AIFM-RL mit der Kann-Regelung auch inhaltlich explizit an die Mitgliedstaaten, die den AIFM gestatten können, AIF auch an Kleinanleger zu vertreiben. Ein mitgliedsstaatliches Wahlrecht bezüglich der Aufgaben des AIFM findet sich außerdem in Art. 6 Abs. 4 AIFM-RL: Über die in Anhang I AIFM-RL genannten Aufgaben hinaus »können die Mitgliedstaaten einem externen AIFM die Zulassung zur Erbringung der folgenden Dienstleistungen erteilen: a) Individuelle Verwaltung einzelner Portfolios [...], b) als Nebendienstleistungen [...]«. Von dieser Option hat der deutsche Gesetzgeber in § 20 KAGB Gebrauch gemacht und einer Kapitalverwaltungsgesellschaft unter bestimmten Voraussetzungen erlaubt, neben den Anlageverwaltungsfunktionen auch die Nebendienstleistungen zu erbringen.[661] Bezüglich der Nebenverwaltungsaufgaben nach Anhang I Nr. 2 AIFM-RL sehen weder die AIFM-RL noch das KAGB ein solches Wahlrecht der Mitgliedstaaten vor.[662] Nach Anhang I Nr. 2 AIFM-RL »*kann ein AIFM* im Rahmen der kollektiven Verwaltung eines AIF [die dort genannten anderen Aufgaben] zusätzlich ausüben«. Diese Formulierung richtet sich an die Mitgliedstaaten und sieht entgegen der BaFin-Ansicht ein Aufgabenwahlrecht des AIFM vor, das entsprechend von den Mitgliedstaaten in nationales Gesetz umzusetzen ist.

III. Teleologische Auslegung

Für ein Aufgabenwahlrecht des AIFM könnte weiterhin sprechen, dass sich der zuvor analysierte Wortlaut in die gesetzliche Erlaubnissystematik einfügt. Das Wort »muss« in Anhang I Nr. 1 AIFM-RL könnte sich darauf beziehen, dass die Anlageverwaltungsfunktionen erbracht werden müssen, um eine Erlaubnis zu erhalten, Art. 6 Abs. 5 AIFM-RL. Dagegen könnte das Wort »kann« klarstellen, dass die in Anhang I Nr. 2 AIFM-RL genannten Aufgaben für die Erlaubnis nicht von Bedeutung sind und daher optional vom AIFM übernommen werden »können«.

1. Regulierungszweck und Erlaubnissystematik

Der europäische und deutsche Gesetzgeber der AIFM-RL und des KAGB bezwecken die Harmonisierung des europäischen Binnenmarktes für Fonds, die Stabilität und Integrität der Finanzmärkte sowie den Anlegerschutz.[663] Nach Art. 1 AIFM-RL handelt es sich bei der AIFM-RL im Gegensatz zur überwiegend produktorientierten OGAW-RL um eine an die Mitgliedstaaten gerichtete Verwalterregulierung mit dem Zweck, »gemeinsame Anforderungen für die

---
661 Siehe oben 4. Teil B.I.2.; Gesetzesbegründung zum KAGB, Bt-Dr. 17/12294, S. 213 f.
662 Siehe unten 4. Teil B.IV.2. und 3. zur historischen Verankerung des Wahlrechts des AIFM in den europäischen Kompromissvorschlägen der AIFM-RL.
663 Erwägungsgründe 1, 2, 3, 4 , 12 und 92 AIFM-RL.

Zulassung von und Aufsicht über Manager von alternativen Investmentfonds« zu schaffen.[664] Im Zentrum der AIFM-RL stehen das Erlaubnisverfahren und die für die Erlaubnis erforderlichen Tätigkeiten des AIFM.[665] Ebenso wie die deutsche Erlaubnissystematik gemäß § 17 Abs. 1 S. 1, 2 KAGB stellen auch die europarechtlichen Vorgaben für die Bestimmung der Erlaubnispflicht auf die Anlageverwaltungsfunktionen »Portfolioverwaltung und Risikomanagement« ab: Nach Art. 4 Abs. 1 b) AIFM-RL ist ein AIFM »jede juristische Person, deren reguläre Geschäftstätigkeit darin besteht, einen oder mehrere AIF zu verwalten.« Der Verwaltungsbegriff ist wiederum in Art. 4 Abs. 1 w) AIFM-RL niedergelegt und bedeutet, »dass mindestens die in Anhang I Nummer 1 Buchstaben a *oder* b genannten Anlageverwaltungsfunktionen für einen oder mehrere AIF erbracht werden.« Maßgeblich für die Erlaubnispflicht sind nach der AIFM-RL alleine die Portfolioverwaltung und alternativ das Risikomanagement, nicht aber die Nebenverwaltungsaufgaben.[666]

Für den Optionsansatz sprechen auch die Regelungen zur Erlaubnisfähigkeit: Eine Kapitalverwaltungsgesellschaft (AIFM) darf ihre Tätigkeit gemäß § 23 Nr. 9 KAGB, Art. 6 Abs. 5 d) AIFM-RL aufnehmen, wenn sie die Portfolioverwaltung und kumulativ das Risikomanagements erbringt.[667] Weder die AIFM-RL noch das KAGB enthalten einen Versagungsgrund, dem zufolge die Erlaubnis nicht erteilt werden kann, wenn die Nebenverwaltungsaufgaben nach Anhang I Nr. 2 AIFM-RL nicht erbracht werden. Vielmehr machen § 23 Nr. 10 KAGB, Art. 6 Abs. 5 c) AIFM-RL deutlich, dass einer Kapitalverwaltungsgesellschaft die Erlaubnis zu versagen ist, wenn ausschließlich die Nebenverwaltungaufgaben erbracht werden. Die Nebenverwaltungsaufgaben sind somit keine erlaubnisrelevanten Tätigkeiten des AIFM bzw. der Kapitalverwaltungsgesellschaft.

Im Ergebnis bestimmen die europarechtliche und deutsche Erlaubnissystematik sowie der Regulierungszweck, dass allein die Anlageverwaltungsfunktionen, nicht jedoch die Nebenverwaltungsaufgaben von der Kapitalverwaltungsgesellschaft erbracht werden müssen. Diese Wertung wird durch die Formulierung in Anhang I Nr. 1 AIFM-RL reflektiert, dem zufolge die Aufgaben nach Nr. 1 von dem AIFM übernommen werden »müssen«, wohingegen die zusätzlichen Auf-

---

664 Erwägungsgründe 1, 2, 4 und 10 AIFM-RL; Gesetzesbegründung zum KAGB, Bt-Dr. 17/12294, S. 1 »Die AIFM-RL regelt zunächst die Verwalter von AIF für professionelle Anleger«; Entschließungsantrag des Europäischen Parlaments mit Empfehlungen an die Kommission zur Transparenz institutioneller Investoren, A6-0296/2008, 9. Juli 2008, S. 8 »produktbezogene Rechtsvorschriften wohl nicht die geeignete Art von Rechtsvorschriften für diesen innovativen Sektor sind«, S. 6: »produktspezifische Rechtsvorschriften unflexibel«.
665 Dies wird von der Gesetzesbegründung zum KAGB, Bt-Dr. 17/12294, S. 1, 2 aufgegriffen.
666 Die OGAW-RL verfolgt dagegen einen formellen Regelungsansatz.
667 Gesetzesbegründung zum KAGB, Bt-Dr. 17/12294, S. 212, 216, unergiebig insoweit S. 203 zu § 1 Abs. 19 Nr. 24 KAGB.

gaben nach Nr. 2 lediglich übernommen werden »können«. Der gegenüber § 1 Abs. 19 Nr. 24 KAGB differenzierte Wortlaut des Anhangs I AIFM-RL fügt sich somit in die gesetzliche Erlaubnissystematik ein.

2. Anlegerschutz und Haftung

Wortlaut, Regelungszweck und Erlaubnissystematik sprechen bisher für eine optionale Wahrnehmung der Nebenverwaltungsaufgaben durch die Kapitalverwaltungsgesellschaft. Gegen dieses Ergebnis führt die BaFin den Anlegerschutz und insbesondere Haftungsgesichtspunkte an: »Würden die administrativen Aufgaben nicht in die originäre Zuständigkeit der Kapitalverwaltungsgesellschaft fallen, *sondern originär von einem Dritten erbracht werden, hätte der Anleger keinen vertraglichen Anspruch gegen den Dritten*, da der Investmentvertrag nur zwischen der Kapitalverwaltungsgesellschaft und dem Anleger geschlossen wird.«[668]

Die Überzeugungskraft dieser Argumentationskette kann bezweifelt werden, da der Anleger auch dann keinen vertraglichen Anspruch gegen den Dritten hätte, wenn die Aufgabe originär im Sinne einer Auslagerungsverantwortlichkeit bei der Kapitalverwaltungsgesellschaft läge und ausgelagert worden wäre.[669] Auch in diesem Fall bestünde weder ein direkter Anspruch auf Primärleistung noch ein unmittelbarer Schadensersatzanspruch gegen das Auslagerungsunternehmen.[670] Im Übrigen hatte die BaFin bei der Formulierung der Ziffer 1 vermutlich den Fall des Sondervermögens[671] vor Augen, denn nur beim Sondervermögen kommt ein »Investmentvertrag« zwischen den Anlegern und der externen Kapitalverwaltungsgesellschaft zustande. Die Anleger einer Investmentgesellschaft befinden sich jedoch in keiner unmittelbaren Rechtsbeziehung zur externen Kapitalverwaltungsgesellschaft[672] oder dessen Auslagerungsunternehmen. Es kann daher nicht überzeugend auf den Umstand verwiesen werden, dass die Anleger im Fall der »originären« Leistungserbringung durch einen Dritten keinen vertraglichen Anspruch gegen den Dritten hätten.

---

668 Hervorhebungen durch den Verfasser; BaFin, Häufige Fragen zum Thema Auslagerung gemäß § 36 KAGB, Geschäftszeichen WA 41-Wp 2137-2013/0036, 10. Juli 2013, zuletzt geändert am 15. November 2017, Ziffer 1.
669 Vgl. *Winterhalder*, in Weitnauer/Boxberger/Anders, KAGB, § 17 Rn. 34, wonach das Investmentvermögen in der Regel in keinem Rechtsverhältnis zum Auslagerungsunternehmen steht; vgl. auch zur Möglichkeit eines Vertrags mit Schutzwirkung zu Gunsten Dritter, *Zetzsche*, Prinzipien der kollektiven Vermögensverwaltung, S. 697, auch § 36 Abs. 3 KAGB ruft lediglich zur Vermeidung eines Interessenkonflikts auf und nennt Ausnahmefälle.
670 Vgl. *Schultheiß*, in Baur/Tappen, KAGB, § 168 Rn. 91.
671 Bzw. intern verwalteten Investmentkommanditgesellschaft/Kapitalverwaltungsgesellschaft.
672 Siehe oben 3. Teil B.IV.4.b.i. zum Bestellungsvertrag als Vertrag mit Schutzwirkung zu Gunsten der Anleger.

Weiterhin könnte die fehlende Verschuldenszurechnung gegen eine optionale Ausübung der Nebenverwaltungsaufgaben angeführt werden.[673] Nach § 36 Abs. 4 KAGB hat die Kapitalverwaltungsgesellschaft ein Verschulden des Auslagerungsunternehmens in gleichem Umfang zu vertreten wie eigenes Verschulden. Sofern es sich bei Ausübung der Nebenverwaltungsaufgaben nicht um einen Auslagerungsfall handelt, sodass die Verschuldenszurechnung nach § 36 Abs. 4 KAGB nicht gilt, würde – so ist scheinbar das Argument der BaFin zu verstehen – ein Verschulden des Dritten der Kapitalverwaltungsgesellschaft nicht zugerechnet werden. Allerdings besteht unabhängig vom Vorliegen eines Auslagerungssachverhalts eine Vertragsbeziehung zwischen dem von der Kapitalverwaltungsgesellschaft oder der Investmentkommanditgesellschaft beauftragten Drittunternehmen, sodass im Schadensfall Ansprüche im Interesse der Anleger geltend gemacht werden können.[674]

Außerdem könnte ein solches Drittunternehmen nach zivilrechtlichen Grundsätzen als Erfüllungsgehilfe zu behandeln sein, sodass unabhängig von § 36 Abs. 4 KAGB eine Verschuldenszurechnung zur Kapitalverwaltungsgesellschaft stattfinden würde. Unter Erfüllungsgehilfen werden Personen verstanden, die nach den tatsächlichen Gegebenheiten des Falls mit dem Wissen des Schuldners bei der Erfüllung einer diesem obliegenden Verbindlichkeit als dessen Hilfsperson tätig werden.[675] Unternehmen, die mit unterstützenden Aufgaben von der Kapitalverwaltungsgesellschaft oder der Investmentkommanditgesellschaft betraut werden, sind aber nicht nur zur Erfüllung einer Verbindlichkeit des Auftraggebers tätig, sondern zumindest auch zur Erfüllung der eigenen vertraglichen Verpflichtungen gegenüber dem Auftraggeber.[676] Daher sind diese Un-

---

673 BaFin, Auslegungsentscheidung zu den Tätigkeiten einer Kapitalverwaltungsgesellschaft und der von ihr extern verwalteten AIF-Investmentgesellschaft, WA 41-Wp 2100-2016/0001, 21. Dezember 2017, Ziffer II.3.b.
674 Siehe unten 4. Teil D. und E. zu den Kompetenzen der Geschäftsführung der Investmentkommanditgesellschaft.
675 BGH, NJW-RR 2011, 1350 ff. Rn. 24: »[...] Hierunter werden Personen verstanden, die nach den tatsächlichen Gegebenheiten des Falls mit dem Wissen des Schuldners bei der Erfüllung einer diesem obliegenden Verbindlichkeit als dessen Hilfsperson tätig werden (BGH, NJW 1974, 692; BGH, NJW 1987, 1323 ff.; Palandt/Grüneberg, BGB, 70. Aufl., § 278 Rn. 7 m. w. Nachw.). Die Bekl. wurde nicht bei der Erfüllung einer Verbindlichkeit der G auf Grund des Vermittlungsvertrags, d. h. bei der Vermittlung der Anlagegeschäfte tätig. Sie schloss mit dem Kl. ebenso wie mit anderen von G vermittelten Anlegern vielmehr selbstständige Verträge, durch die sie eigene vertragliche Verpflichtungen gegenüber dem Kunden (Einrichtung und Führung eines Kontos, Durchführung der Optionsgeschäfte, Abrechnung der Gebühren) einging, und wurde zur Erfüllung dieser Verpflichtungen tätig.«
676 Zur (tradierten) Depotbank als Erfüllungsgehilfin der KAG, vgl. *Sachtleber*, Zivilrechtliche Strukturen von Open-end-Investmentfonds, S. 75.

ternehmen regelmäßig,[677] wenn auch nicht in jedem Fall als Erfüllungsgehilfen gemäß § 278 BGB zu qualifizieren. Weiterhin sollte berücksichtigt werden, dass ein Fehlverhalten eines mit unwesentlichen Aufgaben betrauten Dritten der Kapitalverwaltungsgesellschaft aus Wertungsgründen nicht zwingend zugerechnet werden muss.[678] Denn das KAGB regelt ohnehin ein engmaschiges Aufsichtssystem zum Schutz der Anleger sowie der Finanzmarktstabilität: Um eine Erlaubnis zu erhalten,[679] muss die Kapitalverwaltungsgesellschaft dauerhaft[680] eine Vielzahl von Voraussetzungen wie Eigenkapitalanforderungen,[681] Eignungsvoraussetzungen für Geschäftsleiter und sonstigen Verhaltens- und Transparenzpflichten erfüllen.[682] Die Kapitalverwaltungsgesellschaft ist einem erhöhten Haftungsrisiko ausgesetzt,[683] da die investmentrechtlichen Regelungen ihr umfassende Pflichten auferlegen.[684]

3. Kosten, Kapazitäten und Anlegerinteresse

Auf den ersten Blick könnte eine umfassende Verantwortlichkeit der Kapitalverwaltungsgesellschaft dem Anlegerschutz entgegenkommen, da dann alle Aufgaben von einer einzigen Kapitalverwaltungsgesellschaft erbracht würden, die vom KAGB erfasst und zudem von der BaFin überwacht wird. Falls die Kapitalverwaltungsgesellschaft für alle in Anhang I AIFM-RL genannten Aufgaben eine qualifizierte (Auslagerungs-)Verantwortung tragen würde, könnte

---

677 Für die Qualifikation des Auslagerungsunternehmens als Erfüllungsgehilfe, § 278 BGB, vgl. *Volhard/Jang*, in Weitnauer/Boxberger/Anders, KAGB, § 36 Rn. 4, 44; Tollmann in DJKT, AIFM-RL, Art. 20 Rn. 142.
678 Siehe unten 4. Teil B.VI.5. zur aufsichtsrechtlichen Relevanz der Nebenverwaltungsaufgaben; siehe unten 4. Teil B.VII. zur Reichweite der übergeordneten Compliance-Verantwortung und zur Verantwortung der Kapitalverwaltungsgesellschaft im Fall des bloßen Fremdbezugs von Leistungen; so scheint es auch die BaFin zu sehen, vgl. BaFin, Auslegungsentscheidung zu den Tätigkeiten einer Kapitalverwaltungsgesellschaft und der von ihr extern verwalteten AIF-Investmentgesellschaft, WA 41-Wp 2100-2016/0001, 21. Dezember 2017, Ziffer II.3.b.: »Das Risiko einer solchen verkürzten Haftung der externen KVG gegenüber der AIF-Investmentgesellschaft kann unter Berücksichtigung der Interessen der Anleger nicht hingenommen werden, wenn sich die externe KVG zur Erfüllung ihrer wichtigsten Kernaufgaben der Dienstleistungen Dritter bedient.«
679 §§ 17 ff., 23 KAGB; Art. 4 ff., 8 ff. AIFM-RL.
680 § 39 KAGB.
681 § 25 KAGB.
682 BaFin, Merkblatt zum Erlaubnisverfahren für eine AIF-Kapitalverwaltungsgesellschaft nach § 22 KAGB-E, 22. März 2013, Ziffer A. 1 ff.
683 Siehe oben 3. Teil B.IV.4.; die strengen Auslagerungsregeln erhöhen den Pflichtenkanon und das Haftungspotential nochmals, § 36 Abs. 4 KAGB.
684 Neben den gesetzlichen Regelungen, vgl. etwa BaFin, Rundschreiben 01/2017 (WA) – Mindestanforderungen an das Risikomanagement von Kapitalverwaltungsgesellschaften – »KAMaRisk« in der Fassung vom 10. Januar 2017.

dies jedoch zu höheren Kosten, auch für die Anlegergemeinschaft, führen.[685] Im Fall einer derart weit verstandenen Auslagerungsverantwortlichkeit müsste die Kapitalverwaltungsgesellschaft selbst entsprechende Kompetenzen und Kapazitäten schaffen und auch ständig vorhalten, um die Nebenverwaltungsaufgaben eventuell selbst wahrnehmen zu können.[686] Dies ist im Bereich der alternativen Fonds weder typisch noch praxisgerecht, da die Kapitalverwaltungsgesellschaft in der Regel für mehrere Investmentkommanditgesellschaften mit einer entsprechenden Anzahl an Vermögensgegenständen und Zwischengesellschaften die Fondsverwaltung übernimmt. Zum Beispiel müsste die externe Kapitalverwaltungsgesellschaft trotz ihrer örtlichen und sachlichen Ferne für jedes Grundstück (ggf. im Ausland) das operative Facility Management erbringen (können).

Da in der Praxis selten der gesamte Katalog der zusätzlichen Aufgaben im Sinne des § 1 Abs. 19 Nr. 24 KAGB bzw. Anhang I AIFM-RL für alle illiquiden und sachwertbezogenen Vermögensgegenstände von der Kapitalverwaltungsgesellschaft selbst ausgeübt werden, werden für diese Dienstleistungen Drittunternehmen beauftragt, was im Fall der Qualifikation dieser Beauftragung als Auslagerung im Sinne des § 36 KAGB mit einem hohen Aufwand auf Seiten der beauftragenden Kapitalverwaltungsgesellschaft verbunden ist: Je nach Internationalisierungsgrad und Belegenheit der Vermögensgegenstände muss die Kapitalverwaltungsgesellschaft zahlreiche Verträge mit ortsansässigen Dienstleistern – häufig außerhalb Europas – abschließen. Solche Auslagerungsverträge müssen aus regulatorischen Gründen detaillierte Anforderungen erfüllen, das heißt beispielsweise Kündigungs- und Weisungsrechte sowie Rechte auf Information, Ermittlung, Zulassung und Zugang sowie Anweisungs- und Überwachungsrechte gegenüber dem Beauftragten enthalten.[687] Nach § 36 Abs. 2 KAGB ist die Kapitalverwaltungsgesellschaft verpflichtet, die Auslagerungen gegenüber

---

685 Beispielsweise existiert die Auslagerungsmöglichkeit nach dem Willen des Gesetzgebers auch aus ökonomischen Gründen, Erwägungsgrund 30 AIFM-RL; Gesetzesbegründung zum KAGB, Bt-Dr. 17/12294, S. 220 i.V.m. § 16 Abs. 1 S. 1 InvG (aufgehoben) »zum Zwecke der effizienteren Geschäftsführung«; zur Betrachtung ökonomischer Gesichtspunkte bei der Auslegung im Schweizer Recht, etwa *Kunz*, Richterzeitung 2012, 1, 5.

686 Erwägungsgrund 91 Level-2-AIFM-VO; siehe unten 4. Teil D.II.6. zu den Eigenkapitalanforderungen für die Verwaltertätigkeit.

687 Art. 75 h) Level-2-AIFM-VO; der AIFM hat weitreichende Pflichten und muss sicherstellen, dass der Beauftragte ihm jegliche Entwicklung offenlegt, die sich wesentlich auf die Fähigkeit des Beauftragten, die übertragenen Funktionen wirkungsvoll und unter Einhaltung der geltenden Rechts- und Verwaltungsvorschriften auszuführen, auswirken kann, Art. 75 j) Level-2-AIFM-VO; zum Vertragsinhalt auch *Hanten*, in Baur/Tappen, KAGB, § 36 Rn. 114; *Döser/Reul-Langer*, in Emde/Dornseifer/Dreibus/Hölscher, InvG, § 16 Rn. 85 ff.

der BaFin anzuzeigen und das Risiko kurzfristiger Beanstandungen zu tragen.[688] Über die Anzeige- und Begründungspflicht nach § 36 Abs. 1 KAGB hinaus sind die einzelnen Auslagerungen in den Verkaufsprospekten von Publikumsinvestmentvermögen aufzulisten. Schließlich soll eine Kapitalverwaltungsgesellschaft dafür Sorge tragen, dass der Beauftragte je nach Art der übertragenen Funktionen einen Notfallplan festlegt, umsetzt und kontinuierlich einhält.[689] Das Auslagerungsunternehmen muss weiterhin überwacht werden.[690] Nach § 36 Abs. 10 KAGB i. V. m. Art. 75 AIFM-Level-2-VO ist sicherzustellen, dass das Auslagerungsunternehmen die ihm übertragenen Funktionen wirkungsvoll und rechtskonform ausführt. Dazu muss die Kapitalverwaltungsgesellschaft Methoden und Verfahren für eine laufende Überprüfung der vom Beauftragten erbrachten Dienstleistungen entwickeln, effektiv aufrechterhalten[691] und die mit der Übertragung verbundenen Risiken steuern.[692] Zu diesem Zweck ist die Kapitalverwaltungsgesellschaft verpflichtet, jederzeit über die für die Überwachung der übertragenen Funktionen erforderlichen Fachkenntnisse und Ressourcen zu verfügen.[693] Auch im Fall der Beendigung der Dienstleistungserbringung muss sie imstande sein, alle ausgelagerten Nebenverwaltungsaufgaben, etwa das Facility Management, und bezogen auf jeden Fonds und jeden Vermögensgegenstand, unabhängig von dem Belegenheitsort, selbst wahrzunehmen.[694] Dafür müssten entsprechende personelle und materielle Kapazitäten vorgehalten werden, was mit hohen Kosten verbunden wäre.[695]

IV. Historische Auslegung der AIFM-RL

Die Gesetzgebungshistorie der AIFM-RL könnte Aufschluss darüber geben, wie die relevanten Normen der investmentrechtlichen Aufgabenzuordnung zu verstehen sind und ob möglicherweise ein Redaktionsversehen oder eine den Willen des Gesetzgebers zu weit oder zu eng wiedergebende Formulierung vorliegt.[696]

---

688 *Weiser/Hüwel*, BB 2013, 1091, 1094; BaFin, Häufige Fragen zum Thema Auslagerung gemäß § 36 KAGB, Geschäftszeichen WA 41-Wp 2137-2013/0036, 10. Juli 2013, zuletzt geändert am 15. November 2017, Ziffer 6.
689 Art. 75 l) Level-2-AIFM-VO.
690 Art. 79 Level-2-AIFM-VO.
691 Art. 75 e) Level-2-AIFM-VO.
692 Art. 75 f) Level-2-AIFM-VO.
693 Art. 75 f) Level-2-AIFM-VO.
694 Art. 75 g) Level-2-AIFM-VO.
695 Dazu sei eine Kapitalverwaltungsgesellschaft nicht ausgestattet, *Bentele*, in Baur/Tappen, KAGB, § 17 Rn. 30; siehe unten 4. Teil D.II.4. zur sachlichen Nähe der Investmentkommanditgesellschaft zu den Vermögensgegenständen.
696 *Säcker*, in MüKo, BGB, Band 1, Einl. Rn. 139.

Die AIFM-RL ist eine Richtlinie, die im Lamfalussy-Verfahren entstanden ist.[697] Dabei handelt es sich um ein ordentliches Gesetzgebungsverfahren, das nach Art. 294 Abs. 2 AEUV durch einen Vorschlag der EU-Kommission initiiert wird. Der Kommissionsvorschlag wird an den Rat der Europäischen Union und das Europäische Parlament weitergeleitet, die das Dokument kommentieren und Änderungsvorschläge unterbreiten können. In den anschließenden Trilog-Gesprächen zwischen Kommission, Parlament und Rat soll im Lamfalussy-Verfahren eine Einigung über den Richtlinientext erzielt werden.[698] Die legislative Entschließung erfolgt zusammen mit einem Standpunkt des Europäischen Parlaments, der durch den Rat gebilligt wurde, Art. 294 Abs. 7, 8 AEUV.

Im Folgenden wird das Gesetzgebungsverfahren der AIFM-RL mit Blick auf die relevanten Normen der investmentrechtlichen Aufgabenzuordnung betrachtet. Dazu gehören insbesondere Anhang I AIFM-RL, die Definition des Begriffs der »Verwaltung von AIF« nach Art. 4 Abs. 1 w) AIFM-RL sowie Erwägungsgrund 21 AIFM-RL.

1. Initiativvorschlag der EU-Kommission

Der Initiativvorschlag der EU-Kommission vom 30. April 2009 definierte »AIFM« als Personen, »deren reguläre Geschäftätigkeit darin besteht, einen oder mehrere AIF zu verwalten.«[699] Zwar findet sich keine Definition der Verwaltung von AIF, dafür aber eine Definition der »Verwaltungsdienste«:[700] Darunter verstand man die »Verwaltung *und Administration* eines oder mehrerer AIF im Auftrag eines oder mehrerer Anleger.« Somit war die Unterscheidung zwischen Verwaltungsaufgaben und administrativen Aufgaben bereits im Kommissionsvorschlag angelegt.[701]

2. Bericht des Ausschusses für Wirtschaft und Währung (ECON) und Erster Kompromissvorschlag

Der Anhang I der AIFM-RL sowie die geltende Formulierung in Erwägungsgrund 21 waren im Kommissionsvorschlag noch nicht vorhanden. Dies änderte sich mit dem Bericht des Ausschusses für Wirtschaft und Währung (ECON) des

---

697 Siehe oben 2. Teil C.I. zum Lamfalussy-Verfahren.
698 *Wischmeyer*, in Dauses/Ludwigs, Handbuch des EU-Wirtschaftsrechts, A.II. Rn. 273.
699 Komissionsvorschlag zur AIFM-RL, KOM(2009) 207, 2009/0064 (COD), 30. April 2009, S. 22.
700 Ibid.
701 *Seidenschwann*, Die Master-Kapitalverwaltungsgesellschaft, S. 252.

Europäischen Parlaments[702] sowie dem Ersten Kompromissvorschlag vom 15. Dezember 2009 der schwedischen Ratspräsidentschaft.[703] Zwar umfasste der Anhang I des Ersten Kompromissvorschlags bereits zum großen Teil die Aufgaben wie sie in der finalen Fassung zu finden sind. Allerdings fehlten noch die überschreibenden Sätze, also die Unterscheidung zwischen »kann«- und »muss«-Aufgaben.[704] Vor allem wurde der Begriff »Verwaltungsdienste« im Definitionskatalog durch den in der finalen Fassung verwendeten Begriff »Managing AIF« ersetzt; dieser umfasst nun nicht mehr die »Administration«, sondern allein die Portfolioverwaltung und das Risikomanagement.[705] Da diese Definition im gesamten Gesetzgebungsverfahren bis zur finalen Fassung in Art. 4 Abs. 1 w) AIFM-RL beibehalten wurde, ist davon auszugehen, dass der europäische Gesetzgeber die Nebenverwaltungsaufgaben bewusst außerhalb des Kreises der zwingenden AIFM-Aufgaben angesiedelt hat.

Der Erste Kompromissvorschlag geht in Art. 4a näher auf den Aufgabenumfang ein (entspricht weitgehend dem geltenden Art. 6 AIFM-RL): Demnach darf ein AIFM keine anderen Aufgaben als die Verwaltung von AIF erbringen, mit Ausnahme der Nebenverwaltungsaufgaben nach Anhang I Nr. 2 AIFM-RL.[706] Die differenzierte Formulierung in Art. 4a des Ersten Kompromissvorschlags indiziert, dass die Nebenverwaltungsaufgaben als andere Aufgaben außer-

---

702 Entwurfsbericht, European Parliament, Committee on Economic and Monetary Affairs, 2009/0064(COD), 23. November 2009, S. 78 (Annex); die zahlreichen Änderungsanträge zum Kommissionsvorschlag im Rahmen des Entwurfsberichts, European Parliament, Committee on Economic and Monetary Affairs, 2009/0064(COD), 23. November 2009: Zu Art. 3 d): Nr. 459, 460, 461; zu Art. 4a: Nr. 540, 541, 542, 543; zu Annex I: Nr. 1664, 1665, 1666, 1667) unterscheiden teilweise ausdrücklich zwischen »management activities« und »non core services«. Weiterhin werden die Änderungsanträge betreffend Art. 3 d), 4a und Anhang I damit begründet, dass der Text an die Vorgaben der OGAW-RL angepasst werden soll. Die Antragenden verkennen dabei, dass die Richtlinien unterschiedliche Ziele verfolgen und Sachverhalte regeln, dazu siehe oben 4. Teil B.I.4.; *Seidenschwann*, Die Master-Kapitalverwaltungsgesellschaft, S. 254.
703 Erster Kompromissvorschlag der schwedischen Ratspräsidentschaft, 17330/09, 15. Dezember 2009, S. 18, 76; die Gesetzesmaterialien der AIFM-RL sind in der Regel nur in englischer Sprache vorhanden.
704 Vielmehr bezog sich der Satz »Functions which AIFM may perform« sogar noch auf alle in Anhang I AIFM-RL genannten Aufgaben.
705 »[...] providing at least investment management services referred to in point 1(a) and (b) of Annex I to one or more AIF.«
706 Art. 4a Abs. 1 des Ersten Kompromissvorschlags: »Member States shall require that no externally appointed AIFM covered by this Directive shall engage in activities other than the management of one or more AIF in accordance with this Directive, with the exception of the activities referred to in points 2 [Administration] and 3 [Marketing] of Annex I of this Directive, activities related to the underlying assets of AIF [...]«.

halb der erlaubnisrelevanten Verwaltertätigkeit liegen.[707] Angelegt ist damit bereits die spätere Unterscheidung in »kann«- und »muss«-Aufgaben nach Anhang I Nr. 2 AIFM-RL.

Ferner lässt sich festhalten, dass es den Mitgliedstaaten gemäß Art. 4a Abs. 3 des Ersten Kompromissvorschlags überlassen bleiben sollte, den AIFM für weitere dort genannte Nebendienstleistungen zuzulassen. Genannt werden die individuelle Verwaltung einzelner Portfolios,[708] die Anlageberatung[709] sowie weitere Nebendienstleistungen,[710] nicht jedoch die Nebenverwaltungsaufgaben nach Anhang I Nr. 2 AIFM-RL. Dies stimmt mit der finalen Fassung in Art. 6 Abs. 4 AIFM-RL überein und zeigt, dass das *mitgliedsstaatliche* Wahlrecht sich bereits nach dem Ersten Kompromissvorschlag nicht auf die Nebenverwaltungsaufgaben, sondern nur auf die Nebendienstleistungen bezog, was in § 20 KAGB vom deutschen Gesetzgeber richtlinienkonform umgesetzt wurde.[711]

3. Zweiter und Dritter Kompromissvorschlag

Der Zweite Kompromissvorschlag unter der spanischen Ratspräsidentschaft vom 10. März 2010 sowie die Erörterungen im Rat vom 11. März 2010 führten diesbezüglich zu keinen weiteren Änderungen.[712] In dem Dritten Kompromissvorschlag unter belgischer Ratspräsidentschaft vom 12. Oktober 2010 wurden die Anlageverwaltungsfunktionen in Anhang I Nr. 1 AIFM-RL erstmals mit »must at least perform« und die Nebenverwaltungsaufgaben nach Anhang I Nr. 2 AIFM-RL mit »may additionally provide« überschrieben.[713] Der Anhang I des Zweiten Kompromissvorschlags entspricht damit weitgehend der heutigen

---

707 Art. 4a Abs. 1 des Ersten Kompromissvorschlags enthielt somit ein leicht differenzierte Formulierung als der geltende Art. 6 Abs. 2 AIFM-RL, der zusammenfassen formuliert und besagt, dass ein externer AIFM keine anderen als die in Anhang I genannten Aufgaben erbringen darf.
708 »Management of portfolios of investments (...), including those owned by pension funds and institutions for occupational retirement provision in accordance with Article 19(1) of Directive 2003/41/EC, in accordance with mandates given by investors on a discretionary, client-by-client basis (...).«
709 »Investment advice«.
710 »Safekeeping and administration in relation to units of collective investment undertakings.«, »reception and transmission of orders in relation to one or more financial instruments.«
711 Siehe oben 4. Teil B.I.2.
712 Zweiter Kompromissvorschlag der schwedischen Ratspräsidentschaft, 6795/3/10 REV 3, 10. März 2010, S. 18; Erörterungen, Rat der Europäischen Union, 7377/10, 11. März 2010.
713 Dritter Kompromissvorschlag der schwedischen Ratspräsidentschaft, 14737/10, 12. Oktober 2010, S. 168.

Fassung.[714] Die dort genannte Differenzierung zwischen den Pflichtaufgaben des AIFM und optionalen Aufgaben nach Anhang I Nr. 2 AIFM-RL fügt sich systematisch in die Definition des »Managing AIF« ein und entspricht auch im Übrigen der AIFM-RL, insbesondere der Erlaubnissystematik.

Außerdem wurde die Formulierung des Erwägungsgrundes 5 aus dem Ersten Kompromissvorschlag beibehalten:

»Management of AIF should mean providing at least investment management services. An authorised AIFM should *not be prevented from* also engaging in activities of administration and marketing of AIF [...] or from engaging in activities related to the issue and redemption of units and shares of the AIF or to the underlying assets of the AIF, inter alia performing services necessary to meet the fiduciary duties of the AIFM, facilities management, real estate administration activity, corporate, financial and investment strategy advice and other services connected to industrial activities undertaken by the AIFM as part of its management of the AIF and the companies and other assets it has invested in.«[715]

Die Formulierung »should not be prevented from also engaging in activities of administration and marketing of AIF« deutet auf ein von den Mitgliedstaaten umzusetzendes Aufgabenwahlrecht des AIFM hin und findet sich auch im finalen Erwägungsgrund 21 AIFM-RL.[716] Die Formulierung wurde im Laufe des Gesetzgebungsverfahrens kaum verändert, was darauf schließen lässt, dass der europäische Gesetzgeber diese Aussagen bewusst getroffen hat.

4. Trilog-Gespräche und Entschließung des Europäischen Parlaments

In den folgenden Trilog-Gesprächen einigten sich das Europäische Parlament, der Rat der Europäischen Union und die Europäische Kommission auf eine Fassung der AIFM-RL,[717] aus der sich keine relevanten Änderungen für die gegenständliche Fragestellung ergeben. Diese Fassung war letztlich Gegenstand der legislativen Entschließung des Europäischen Parlaments (Art. 294 Abs. 7 AEUV).[718]

5. Zusammenfassende Würdigung

Die historische Auslegung hat gezeigt, dass die an dem Gesetzgebungsverfahren beteiligten Organe ein differenziertes Aufgabenverständnis hatten. Die Aufgaben

---

714 Allein die Tätigkeitem im Zusammhang mit den Vermögensverwerten des AIF waren noch nicht einzeln aufgeführt. Die Aufzählung wurde in dem konsolidierten Legislativtext des Europäischen Parlaments, 1095/2010, 11. November 2010, ergänzt.
715 Hervorhebungen durch den Verfasser.
716 Siehe oben 4. Teil B.II.2.
717 Einigungsvorschlag aus den Trilog-Gesprächen zwischen Europäischem Parlament, der Rat der Europäischen Union und Europäischer Kommission vom 27. Oktober 2010, 15053/1/10, 2009/0064 (COD).
718 Konsolidierter Legislativtext des Europäischen Parlaments, 1095/2010, 11. November 2010.

nach Anhang I Nr. 2 AIFM-RL wurden bereits in den vorbereitenden Akten des Gesetzgebungsverfahrens als optionale Aufgaben verstanden und aktiv ausgestaltet. Dies manifestiert sich seit dem Ersten Kompromissvorschlag in der heute geltenden Definition der »Verwaltung von AIF«, dem Erwägungsgrund 21, der Aufgaben- und Erlaubnissystematik sowie der »kann«-Formulierung aus dem Dritten Kompromissvorschlag.

V. Privatautonom-faktische Funktionsweise der Aufgabenzuordnung

Weiterhin könnte für den Optionsansatz sprechen, dass der Kapitalverwaltungsgesellschaft die Aufgaben privatautonom-faktisch auf vertraglicher Basis übertragen werden. Zunächst gehen der europäische Gesetzgeber gemäß Art. 5 Abs. 1 a) AIFM-RL und der deutsche Gesetzgeber in § 17 Abs. 2 Nr. 1 Hs. 2, § 154 Abs. 1 S. 1 KAGB davon aus, dass die Geschäftsführung einer rechtsfähigen Investmentgesellschaft »ihre« externe Kapitalverwaltungsgesellschaft im Wege des Abschlusses eines zivilrechtlichen Bestellungsvertrages bestellen kann.[719] Insbesondere die von der Kapitalverwaltungsgesellschaft zu erbringende Portfolioverwaltung ist vom Gesetzgeber jedoch nicht genau definiert worden, sodass die Parteien den Aufgabenumfang der Kapitalverwaltungsgesellschaft im Bestellungsvertrag, beispielsweise in einem separaten Leistungsverzeichnis, regeln.[720] Insbesondere werden die Aufgaben nicht »automatisch« von Gesetzes wegen auf die Kapitalverwaltungsgesellschaft übertragen, da § 154 Abs. 1 S. 2 KAGB nach hier vertretener Auffassung keine zwingende Zivilrechtswirkung entfaltet.[721] Um die Erlaubnisanforderungen zu erfüllen, sollte der Bestellungsvertrag so ausgestaltet sein, dass die Aufgabenverantwortlichkeit für das Risikomanagement oder die Portfolioverwaltung bei der Kapitalverwaltungsgesellschaft liegen. Aus aufsichtsrechtlicher Sicht richtet sich der tatsächliche Aufgabenumfang der Kapitalverwaltungsgesellschaft regelmäßig nach dem Bestellungsvertrag. Damit vermieden wird, dass die Parteien entgegen der Vereinbarungen im Bestellungsvertrag in der Praxis gegen aufsichtsrechtliche Anforderungen verstoßen, kommt es letztlich auf die faktische Erbringung der Aufgaben (privatautonom-faktische Funktionsweise) an. Die Kapitalverwaltungsgesellschaft trägt für von ihr übernommene Aufgaben aufsichtsrechtlich die Verantwortung, sodass ein Fall der Auslagerung vorliegt, wenn sie wesentliche Aufgaben auf Dritte überträgt.

---

719 Siehe oben 2. Teil D.I.5.b., 3. Teil C.; OLG München, BeckRS 2015, 17529 Ziffer 14 (2.2.2.): Bestellungsvertrag als »schuldrechtlicher Vertrag mit Geschäftsbesorgungscharakter«.
720 § 23 Nr. 9, 10 KAGB; siehe oben 3. Teil B.III.2.d.iii. zum erforderlichen Detailgrad.
721 Siehe unten 4. Teil B.IX sowie oben 3. Teil C. zum öffentlich-rechtlichen Charakter der § 154 Abs. 1 S. 2, § 23 Nr. 9, 10 KAGB; da die Unbestimmtheit der investmentgesetzlichen Aufgabenzuweisung ein tragendes Argument gegen eine zwingende Zivilrechtswirkung ist, soll zur Vermeidung eines Zirkelschlusses hier lediglich indiziell auf die rechtssystematische Einordnung verwiesen werden.

Die Aussagen in dem Q&A von EU-Kommission und ESMA könnten eine privatautonom-faktische Aufgabenzuordnung bestätigen.[722] Auf S. 4 (ID 1158) heißt es wie folgt:[723]

Question ESMA

»According to ESMA's Discussion Paper on technical standards on the one hand i) in order to be appointed as the AIFM for an AIF, it is not necessary for the AIFM to perform the additional functions set out in Annex I, and on the other hand ii) if the AIFM may choose not to perform itself the additional functions set out in Annex I of the AIFMD, ESMA believes that in such a case these functions should be considered as having been delegated by the AIFM to a third party (retaining the responsibility).

One authority is of the opinion that to delegate any function, first, *it has to be provided by the AIFM*. For instance to delegate the administration (an addition function according to Annex I) the AIFM has *to provide this function because one cannot delegate a function for which it has not been authorised*. In this sense, in the case of an AIF that lacks legal personality, a single AIFM has to be appointed to perform the functions of portfolio management, risk management, administration and marketing (even if some function are further delegated). *In the case of an AIF with legal personality, it would be possible to appoint an AIFM to perform the portfolio management and risk management (even if one of these is delegated) and also to appoint other entities to carry out the remaining functions (such as the administration).*«

Answer EU-Commission

»There is no clear cut answer. *The fund structure appears to be mostly relevant when considering which functions have been attributed to the AIFM and therefore can be also subject to delegation by the AIFM.*

In any case, the AIFM is responsible for ensuring compliance with the AIFMD, even if it is the AIF or another entity on its behalf that is responsible for performing that activity (see Article 5, recital 11).«

Bereits mit der Fragestellung in Absatz 2 verweist die ESMA auf eine Behördenmeinung, der zufolge die Aufgaben zunächst auf die Kapitalverwaltungsgesellschaft übertragen werden müssen, bevor sie ausgelagert werden können.[724] Die EU-Kommission widerspricht dem nicht, sondern antwortet, dass gerade keine eindeutige Antwort darauf existiert, welche Aufgaben auf die Kapitalver-

---

722 Q&A ESMA, EU-Kommission, S. 4 (ID 1158); angedeutet in BaFin, Auslegungsschreiben zu den Tätigkeiten einer Kapitalverwaltungsgesellschaft und der von ihr extern verwalteten AIF-Investmentgesellschaft, Konsultationsfassung, 3. Februar 2017, Ziffer 3 c): Durch den Fremdverwaltungsvertrag überträgt die Investmentkommanditgesellschaft die kollektive Vermögensverwaltung auf die Kapitalverwaltungsgesellschaft, sowie Ziffer II.5.
723 Hervorhebungen durch den Verfasser.
724 »[...] any function, first, it has to be provided by the AIFM. For instance to delegate the administration (an addition function according to Annex I) the AIFM has to provide this function because one cannot delegate a function for which it has not been authorised.«

waltungsgesellschaft übertragen wurden und auslagerungsfähig sind. Der übertragene Aufgabenumfang ist nach der EU-Kommission vielmehr anhand der konkreten Fondsstruktur festzumachen.[725] Auch die Luxemburger Investmentaufsicht CSSF (Commission de Surveillance du Secteur Financier) stellt für die Beantwortung der Frage, welche Aufgaben auf den AIFM übertragen wurden, auf die jeweilige Fondsstruktur im Einzelfall ab.[726] Dies belegt ein privatautonom-faktisches Verständnis, wonach die Nebenverwaltungsaufgaben gerade nicht pauschal bei der Kapitalverwaltungsgesellschaft liegen. Die Aufgabenzuordnung richtet sich vielmehr nach der tatsächlichen Fondsstruktur und den zivilvertraglichen Gegebenheiten.

Die privatautonom-faktische Aufgabenzuordnung bekräftigt den Optionsansatz und zeigt, dass es den Vertragsparteien zunächst zivilrechtlich überlassen ist, wen sie für welche Aufgaben zuständig zeichnen. Ob die getroffenen Vereinbarungen als eine ordnungsgemäße Bestellung zu qualifizieren sind und ob die Vereinbarungen dazu führen, dass die Erlaubnisvoraussetzungen erfüllt sind, ist eine Frage der aufsichtsrechtlichen Bewertung der vertraglichen und tatsächlichen Umstände.[727]

VI. Originäre Aufgabe und aufsichtsrechtliche Relevanz der Aufgaben

In systematischer und teleologischer Hinsicht könnte die aufsichtsrechtliche Relevanz der Aufgaben dafür oder dagegen sprechen, dass die Nebenverwaltungsaufgaben bei der Kapitalverwaltungsgesellschaft liegen müssen. Die BaFin gelangt zu der Wertung, dass die in Anhang I Nr. 2 AIFM-RL genannten Aufgaben als »originäre« Aufgaben zu qualifizieren seien, für welche die Kapitalverwaltungsgesellschaft verantwortlich sei.[728] Fraglich ist, was der Begriff »ori-

---

725 »There is no clear cut answer. The fund structure appears to be mostly relevant when considering which functions have been attributed to the AIFM and therefore can be also subject to delegation by the AIFM.«
726 CSSF, Frequently Asked Questions, version 11, 6. Juli 2017, concerning the Luxembourg Law of 12 July 2013 on alternative investment fund managers, Ziffer 9 »Each fund structure is to be assessed on a case-by-case basis when considering which functions have been attributed to the AIFM and therefore can also be subject to delegation by the AIFM.«
727 §§ 17, 20, 23 KAGB; siehe oben 3. Teil C. zum Verhältnis zwischen Privatrecht und Aufsichtsrecht; siehe oben 3. Teil B.IV.4. zur Rechtsfolgenverprobung.
728 BaFin, Häufige Fragen zum Thema Auslagerung gemäß § 36 KAGB, Geschäftszeichen WA 41-Wp 2137-2013/0036, 10. Juli 2013, insbesondere in der Fassung vom 12. Mai 2014, zuletzt geändert am 15. November 2017, Ziffer 1, wonach der Vertrieb regelmäßig kein Fall der Auslagerung sei, siehe unten 4. Teil B.VI.5.c.; BaFin, Auslegungsentscheidung zu den Tätigkeiten einer Kapitalverwaltungsgesellschaft und der von ihr extern verwalteten AIF-Investmentgesellschaft, WA 41-Wp 2100-2016/0001, 21. Dezember 2017, Ziffer II.2., II.1.

ginär« bedeuten soll und welche Art der Verantwortung damit verbunden sein soll. Ziffer 1 des BaFin-Q&A zu § 36 KAGB, zuletzt geändert am 15. November 2017, lautet wie folgt:

[Die Unterschiede zur früheren Fassung vom 10. Juli 2013, geändert am 12. Mai 2014, sind in Klammerzusätzen verdeutlicht.]

Frage

»Ist die Wahrnehmung der in Anhang I Nummer 2 der AIFM-RL genannten Funktionen durch Dritte (z. B. administrative Tätigkeiten, Tätigkeiten im Zusammenhang mit den Vermögenswerten des AIF wie Facility Management und Immobilienverwaltung) als Auslagerung der Kapitalverwaltungsgesellschaft zu beurteilen?

Antwort der BaFin

»Auch wenn die Kapitalverwaltungsgesellschaft nach dem Wortlaut nicht zwingend die in Anhang I Nummer 2 der AIFM-RL genannten Funktionen selbst erbringen muss, sind die administrativen Tätigkeiten als originäre Aufgaben einer Kapitalverwaltungsgesellschaft anzusehen. Die Wahrnehmung dieser Aufgaben durch Dritte ist [gestrichen: »*somit*«] entweder als Auslagerung der Kapitalverwaltungsgesellschaft [neu: »*oder als blosser Fremdbezug von Dienstleistungen*«] anzusehen (vgl. auch Q&A Nr. 15 zur Auslagerung vs. Erbringung von Dienstleistungen in Bezug auf Sachwerte). [neu: »*In beiden Fällen*«] bleibt die Kapitalverwaltungsgesellschaft für die ordnungsgemässe Erfüllung dieser Aufgaben durch den Dritten verantwortlich.«

In der früheren Fassung des BaFin-Q&A zu § 36 KAGB vom 12. Mai 2014 indizierte das Wort »somit«, dass die Auslagerungsfähigkeit der Aufgabe aus ihrer Eigenschaft als originäre Aufgabe resultiert. Diese Sicht könnte aufgegeben worden sein, indem das Wort »somit« in der Fassung vom 15. November 2017 gestrichen wurde. Hinzugekommen ist im letzten Satz außerdem, dass die Kapitalverwaltungsgesellschaft »in beiden Fällen« – also auch im Fall des bloßen Fremdbezugs von Dienstleistungen – für die ordnungsgemäße Erfüllung verantwortlich bleibt. Dieses Verantwortungsverständnis erscheint sehr weitgehend, da sich ein bloßer Fremdbezug von Dienstleistungen – auch nach Ansicht der BaFin – von den auslagerungsfähigen Aufgaben gerade darin unterscheidet, dass solche unterstützende Dienstleistungen von untergeordneter Bedeutung sind, sodass die Auslagerungsregeln nach Ziffer 3 des BaFin-Q&A zu § 36 KAGB keine Anwendung finden.[729] Als Fremdbezug von Dienstleistungen nennt die BaFin beispielsweise kleinere Reparaturen, logistische Unterstützung in Form von Reinigungsdiensten, Catering und Beschaffung von Dienstleistungen oder Gütern des Grundbedarfs.

Aus Ziffer 1 des BaFin-Q&A lässt sich der Schluss ziehen, dass die BaFin den (von ihr geschaffenen) Begriff der originären Aufgaben erweitert hat: Die

---

[729] BaFin, Häufige Fragen zum Thema Auslagerung gemäß § 36 KAGB, Geschäftszeichen WA 41-Wp 2137-2013/0036, 10. Juli 2013, zuletzt geändert am 15. November 2017, Ziffer 3; siehe unten 4. Teil B.VII. zur Reichweite der übergeordneten Compliance-Verantwortung.

Wörter »verantwortlich« und »originär« könnten sich hinsichtlich des bloßen Fremdbezugs von Dienstleistungen auf die übergeordnete Compliance-Verantwortung im Sinne des § 17 Abs. 3 KAGB beziehen, wonach die Kapitalverwaltungsgesellschaft für die »Einhaltung der Anforderungen dieses Gesetzes verantwortlich ist.«[730] Hinsichtlich solcher Aufgaben, bei deren Drittwahrnehmung ein Auslagerungssachverhalt gegeben ist, bliebe es dagegen dabei, dass die Wörter »verantwortlich« und »originär« die Auslagerungsverantwortlichkeit der Kapitalverwaltungsgesellschaft im Sinne des § 36 KAGB meinen.[731] Vor der Neufassung des BaFin-Q&A sagte das Wort »originär« demnach allein, dass eine Aufgabe so bedeutsam war, dass die Auslagerungsregeln gelten, falls diese Aufgaben von einem Dritten ausgeübt werden. Nach der geänderten Fassung vom 15. November 2017 ist eine Aufgabe auch dann »originär«, wenn sie im Rahmen der übergeordneten Compliance-Verantwortung nach § 17 Abs. 3 KAGB zu berücksichtigen ist, was – in Grenzen der gesetzlichen Vorgaben – häufig der Fall sein wird.[732] Damit wurde das behördlich geschaffene Wort »originär« erweitert und zugleich abgeschwächt, da davon nun auch Aufgaben umfasst sein sollen, die unterhalb der Auslagerungsschwelle liegen.[733]

---

730 Siehe unten 4. Teil B.VII.2. zur Frage, inwieweit die Vorschriften nach § 17 Abs. 3 KAGB, Art. 5 Abs. 1 AIFM-RL verlangen, dass die Kapitalverwaltungsgesellschaft alle in Anhang I AIFM-RL genannten Funktionen erbringen muss bzw. dafür verantwortlich ist.

731 Dafür spricht auch das Thema des BaFin, Häufige Fragen zum Thema Auslagerung gemäß § 36 KAGB, Geschäftszeichen WA 41-Wp 2137-2013/0036, 10. Juli 2013, zuletzt geändert am 15. November 2017: sowie vgl. Fragestellung in Ziffer 1 »...als Auslagerung der Kapitalverwaltungsgesellschaft zu beurteilen?«.

732 Siehe unten 4. Teil B.VII.

733 Im Übrigen wird das Wort »originär« auch in Ziffer 13 des BaFin-Q&A zu § 36 KAGB verwendet. Demnach ist die Frage, »ob eine Tätigkeit der kollektiven Vermögensverwaltung originär oder im Wege der Auslagerung erbracht wird, [...] danach zu beurteilen, wer die Verantwortung gegenüber Dritten (Verantwortung im Außenverhältnis) für die Tätigkeit trägt.« Aufgrund der klaren Bezugnahme auf das »Außenverhältnis« sowie der »Verantwortung gegenüber Dritten« ist davon auszugehen, dass in Ziffer 13 die Verantwortung gegenüber dem Vertragspartner im Rahmen des Bestellungsvertrags gemeint ist. Die externe Kapitalverwaltungsgesellschaft ist demnach gegenüber der Investmentkommanditgesellschaft für die Erfüllung der vertraglichen Vereinbarungen zivilrechtlich verantwortlich. Die Ziffern 1 und 13 können wie folgt unterschieden werden: Ziffer 13 des BaFin-Q&A zu § 36 KAGB kommentiert die Abgrenzung zwischen einer qualifizierten Auslagerung (Portfolioverwaltung, Risikomanagement) gegenüber einer externen Fremdverwaltung durch eine erlaubnispflichtige Kapitalverwaltungsgesellschaft. Dabei geht es jedoch weniger um die Qualifikation des Aufgabentyps, sondern um die Intermediäre: Erlaubnispflichtiges Unternehmen ist danach, wer die Letztverantwortung im Außenverhältnis für die Anlageverwaltungsfunktionen trägt. Dagegen geht es bei Ziffer 1 des BaFin-Q&A zu § 36 KAGB um den Aufgabenumfang der Kapitalverwaltungsgesellschaft und inwiefern sie dafür verantwortlich ist.

Obwohl die BaFin in beiden Fällen davon ausgeht, dass es sich um eine originäre Aufgabe handelt, soll es für die Qualifikation einer Aufgabe als Auslagerung oder bloßen Fremdbezug von Leistungen weiterhin auf die aufsichtsrechtliche Bedeutung der Aufgabe im Einzelfall ankommen.[734] Das Kriterium der aufsichtsrechtlichen Relevanz wird weiterhin von der BaFin in dem Rundschreiben zu den Mindestanforderungen an das Risikomanagement von Kapitalverwaltungsgesellschaften (KAMaRisk) verwendet: Demnach müsse die Kapitalverwaltungsgesellschaft auf der Grundlage einer Risikoanalyse eigenverantwortlich festlegen, welche Aufgaben unter Risikogesichtspunkten überhaupt ausgelagert werden können.[735] Ziffer 10.1 KAMaRisk erklärt sogar, dass der Vertrieb »typischerweise« nicht von der Kapitalverwaltungsgesellschaft erbracht werde und daher regelmäßig nicht auslagerungsfähig sei. Weiterhin verweist § 36 Abs. 10 KAGB i. V. m. Art. 82 Abs. 1 d) AIFM-Level-2-VO auf quantitative und qualitative Kriterien, um zu bewerten, ob Aufgaben von der Kapitalverwaltungsgesellschaft in einem solchen Ausmaß ausgelagert wurden, dass die Kapitalverwaltungsgesellschaft als unzulässige Briefkastenfirma anzusehen ist.[736] In der Auslegungsentscheidung vom 21. Dezember 2017 erklärt die BaFin, dass die »aufsichtsrechtliche Gewichtung« der Anlageverwaltungsfunktionen als »absolute Kernaufgaben« erfordere, dass der Auslagerungsvertrag in diesem Fall mit der Kapitalverwaltungsgesellschaft geschlossen werde.[737] Folglich sind die investmentrechtlichen Aufgabentypen anhand ihrer aufsichtsrechtlichen Relevanz zu unterscheiden.[738] Auch für die Bestimmung des Aufga-

---

734 BaFin, Häufige Fragen zum Thema Auslagerung gemäß § 36 KAGB, Geschäftszeichen WA 41-Wp 2137-2013/0036, 10. Juli 2013, zuletzt geändert am 15. November 2017, Ziffer 3.
735 BaFin, Rundschreiben 01/2017 (WA) – Mindestanforderungen an das Risikomanagement von Kapitalverwaltungsgesellschaften – »KAMaRisk« in der Fassung vom 10. Januar 2017, Ziffer 10.2.
736 Die Regelung betrifft zwar nicht die Nebenverwaltungsaufgaben, siehe unten 4. Teil B.VI.5.d. Sie bestätigt aber, dass der Gesetzgeber die Aufgaben anhand der aufsichtsrechtlichen Relevanz unterscheidet.
737 BaFin, Auslegungsentscheidung zu den Tätigkeiten einer Kapitalverwaltungsgesellschaft und der von ihr extern verwalteten AIF-Investmentgesellschaft, WA 41-Wp 2100-2016/0001, 21. Dezember 2017, Ziffer II.3.b.; zur von der BaFin vorgebrachten aufsichtsrechtlichen Entscheidungsmacht der Kapitalverwaltungsgesellschaft siehe BaFin, ibid, Ziffer II.3.a. sowie siehe unten 4. Teil C.II.; absolute Kernaufgaben sind nach hier vertretener Ansicht vielmehr die nicht-auslagerbaren Kontroll- und Leitungsaufgaben nach Art. 60, 57 ff. AIFM-Level-2-VO, während die Anlageverwaltungsfunktionen als relative Kernaufgaben bezeichnet werden sollten, da diese im Wege der Auslagerung auf Dritte übertragen werden dürfen, dazu siehe unten 4. Teil B.VI.4.; 6. Teil A.
738 Nach Erwägungsgrund 86 Level-2-AIFM-VO: »Bezieht sich die Übertragung von Aufgaben auf die Portfolioverwaltung oder das Risikomanagement, die das Kerngeschäft des AIFM bilden und daher in Bezug auf den Anlegerschutz und das Systemrisiko von hoher Relevanz sind [...]«.

benumfangs der Kapitalverwaltungsgesellschaft ist entscheidend, ob die Nebenverwaltungsaufgaben aufsichtsrechtlich so bedeutsam sind, dass sie bei der Kapitalverwaltungsgesellschaft liegen müssen. Welche Maßstäbe für eine solche Bewertung heranzuziehen sind, insbesondere, ob auf das hergebrachte Wesentlichkeitskriterium zurückgegriffen werden sollte, wird im folgenden Kapitel untersucht.

1. Aufsichtsrechtliche Relevanz (Wesentlichkeit)

Zu Zeiten des (aufgehobenen) InvG[739] wurden die auslagerungsfähigen Aufgaben von den lediglich unterstützenden Aufgaben (»bloßer Fremdbezug von Leistungen«) anhand des Wesentlichkeitskriteriums abgegrenzt.[740] § 16 Abs. 1 S. 1 Hs. 1 InvG regelte, dass Aufgaben, die für die Durchführung der Geschäfte der Kapitalanlagegesellschaft »wesentlich« sind, zum Zwecke einer effizienteren Geschäftsführung auf ein anderes Unternehmen (Auslagerungsunternehmen) ausgelagert werden können.[741] Zwar ist der Wesentlichkeitsbegriff derzeit weder in Art. 20 AIFM-RL noch § 36 KAGB niedergeschrieben. Allerdings beruht § 36 KAGB nach der Gesetzesbegründung zum KAGB auf § 16 InvG,[742] was darauf hinweisen könnte, dass das Wesentlichkeitskriterium auch unter dem Regime des KAGB weiterhin zu berücksichtigen ist.

Das Fehlen des Wortes »wesentlich« in § 36 KAGB führt nach Auffassung der BaFin zu einer Verschärfung der Auslagerungsregeln, wobei dies nicht bedeute, dass die Auslagerungsregeln pauschal auf alle Aufgaben anzuwenden seien:[743] Der BaFin zufolge ist »im Ergebnis [...] nicht jeder Fremdbezug von Leistungen als Auslagerung [...] zu qualifizieren«.[744] Nach Aufhebung der InvMaRisk (Mindestanforderungen an das Risikomanagement für Investmentgesellschaften)[745] erklärt die BaFin in den KAMaRisk, dass ein Fremd-

---

739 § 16 Abs. 1 Hs. 1 InvG; bereits zu § 25a KWG a.F., *Dieterich*, Outsourcing bei Kapitalgesellschaften, S. 103 ff., 335 ff.
740 BaFin, Häufige Fragen zum Thema Auslagerung gemäß § 36 KAGB, Geschäftszeichen WA 41-Wp 2137-2013/0036, 10. Juli 2013, in der Fassung vom 12. Mai 2014, Ziffer 12, sowie in der Fassung vom 15. November 2017, Ziffer 3.
741 § 36 Abs. 1 S. 1 KAGB reduziert den Wortlaut auf »Aufgaben«; Gesetzesbegründung zum KAGB, Bt-Dr. 17/12294, S. 220.
742 Aufgehoben: Gesetzesbegründung zum KAGB, Bt-Dr. 17/12294, S. 220 f.
743 BaFin, Häufige Fragen zum Thema Auslagerung gemäß § 36 KAGB, Geschäftszeichen WA 41-Wp 2137-2013/0036, 10. Juli 2013, zuletzt geändert am 15. November 2017, Ziffer 3 Abs. 1.
744 BaFin, Häufige Fragen zum Thema Auslagerung gemäß § 36 KAGB, Geschäftszeichen WA 41-Wp 2137-2013/0036, 10. Juli 2013, zuletzt geändert am 15. November 2017, Ziffer 3 Abs. 1; a.A. *Weiser/Hüwel*, BB 2013, 1091, 1094.
745 BaFin, aufghobenes Rundschreiben 5/2010 (WA) vom 30. Juni 2010 zu den Mindestanforderungen an das Risikomanagement für Investmentgesellschaften – InvMaRisk, Geschäftszeichen WA 41-Wp 2136-2008/0009, 30. Juni 2010.

bezug von Leistungen nicht als Auslagerung zu qualifizieren sei, wenn die Leistungen typischerweise von einem Unternehmen bezogen und aufgrund tatsächlicher Gegebenheiten oder rechtlicher Vorgaben regelmäßig weder zum Zeitpunkt des Fremdbezugs noch in der Zukunft von der Gesellschaft selbst erbracht werden oder erbracht werden können (z. B. die Nutzung von Clearingstellen im Rahmen des Zahlungsverkehrs und der Wertpapierabwicklung, die Einschaltung von Korrespondenzbanken oder der Vertrieb von Investmentanteilen).[746]

Eine Begrenzung der gesetzlichen Auslagerungsdefinition ist im internationalen Vergleich durchaus üblich: Insbesondere erklärte die ESMA, dass die strengen Auslagerungsregeln bei untergeordneten Aufgaben nicht gelten dürfen:[747] »It is not proportionate to require the AIFM to comply with requirements in Article 20 for each and every small task that is undertaken by a third party.« Weiterhin begrenzen das Vereinigte Königreich[748] und Österreich[749] sowie die Schweiz[750] die hiesigen Auslagerungsregeln. In Anlehnung an die MiFID (Markets in Financial Instruments Directive) werden teilweise die Kriterien »critical«

---

[746] BaFin, Rundschreiben 01/2017 (WA) – Mindestanforderungen an das Risikomanagement von Kapitalverwaltungsgesellschaften – »KAMaRisk« in der Fassung vom 10. Januar 2017, Ziffer 10.1.

[747] ESMA, Finale Entwurfsempfehlung an die EU-Kommission, ESMA/2011/379, 16. November 2011, S. 123.

[748] Auch nach der FCA unterfällt nicht jede Aufgabe den Delegationsregeln: Investment Funds Source Book, Ziffer 3.10.1.R. (S. 39): »This section applies to a fullscope UK AIFM of: (1) a UK AIF; (2) an EEA AIF; and (3) a non-EEA AIF in relation to the delegation of those AIFM management functions for which it is responsible, other than supporting tasks such as administrative or technical functions. [Note: recital 31 of AIFMD].«

[749] FMA-Q&A, S. 15: »Eine ›Auslagerung‹ der folgenden Tätigkeiten ist vorbehaltlich anderer Entwicklungen auf europäischer Ebene aus Sicht der FMA derzeit nicht anzeigepflichtig, so damit nicht eine Übertragung sämtlicher Aufgaben eines Bereichs des AIFM erfolgt: Tätigkeiten der Schneeräumung oder auch ein Engagement eines Elektroinstallateurs, logistische Unterstützungen in Form von Reinigungsdiensten, Catering, Beschaffung von Dienstleistungen oder Gütern des Grundbedarfs, Kauf handelsüblicher Standard-Software und Inanspruchnahme von Softwareanbietern für die Hilfe beim Betrieb handelsüblicher Systeme oder die Inanspruchnahme personeller Unterstützung durch Zeitarbeitskräfte oder die Durchführung der Lohn- und Gehaltsabrechnung.«

[750] Art. 66 Abs. 1 Kollektivanlagenverordnung (KKV-FINMA, 951.312): »Eine Delegation von Aufgaben im Sinne dieses Artikels liegt vor, wenn ein Bewilligungsträger nach Absatz 2 wesentliche Aufgaben an einen Dritten überträgt und sich dadurch die der Bewilligung zugrunde liegenden Umstände ändern.«; näher zur Schweizer Rechtslage 4. Teil F.IV.

and »important« herangezogen,⁷⁵¹ die erfüllt sind, wenn eine Nicht- oder Schlechtleistung solcher Aufgaben, den AIFM beim rechtskonformen Handeln erheblich beeinträchtigen würde.⁷⁵² Auch bezüglich der AIFM-RL führt der europäische Gesetzgeber in Erwägungsgrund 31 der AIFM-RL aus, dass »die Übertragung von *Hilfsaufgaben*, wie etwa vom AIFM als Teil seiner Leitungsaufgaben ausgeführte Verwaltungs- oder technische Funktionen, [...] nicht den in dieser Richtlinie festgelegten spezifischen Einschränkungen und Auflagen unterliegen [sollten].« Erwägungsgrund 82 AIFM-Level-2-VO stellt klar, dass die strengen Auslagerungsregeln nicht für lediglich unterstützende Aufgaben gelten sollen.

Im Lichte des Verhältnismäßigkeitsprinzips⁷⁵³ sollte in der Tat nicht jede Aufgabe den Auslagerungsregeln unterfallen, zumal ein abschließender Katalog an Tätigkeiten angesichts der individuellen und komplexen Fondsstrukturen kaum abschließend ermittelt werden kann.⁷⁵⁴ Nach Erwägungsgrund 31 AIFM-RL bezweckt die Aufgabenübertragung die Effizienz der Geschäftstätigkeit der Kapitalverwaltungsgesellschaft zu erhöhen und Kosten einzusparen.⁷⁵⁵ Wären die Auslagerungsregeln bei jeglicher Einbindung von Drittdienstleistern anzuwenden, würde dies zu steigenden Überwachungskosten und Haftungsrisiken

751 Vgl. Art. 13 Abs. 5 MiFID I (2004/39/EG); Art. 16 Abs. 5 MiFID II (2014/65/EG); ESMA, Finale Entwurfsempfehlung an die EU-Kommission, ESMA/2011/379, 16. November 2011, S. 123; etwa auch FSA, Implementation of the Alternative Investment Fund Managers Directive, Discussion Paper, DP12/1, Ziffer 4.44.
752 ESMA, Finale Entwurfsempfehlung an die EU-Kommission, ESMA/2011/379, 16. November 2011, S. 123; *Partsch/Mullmaier*, in Zetzsche, The Alternative Fund Managers Directive, 2012, S. 220.
753 Art. 5 Abs. 1 S. 1 EUV, Erwägungsgründe 10, 75 und 94 AIFM-RL; BaFin, Rundschreiben 01/2017 (WA) – Mindestanforderungen an das Risikomanagement von Kapitalverwaltungsgesellschaften – »KAMaRisk« in der Fassung vom 10. Januar 2017, Ziffer 1.2 »Grundsatz der Proportionalität«; vgl. BaFin-Rundschreiben 08/2015 (WA) – Aufgaben und Pflichten der Verwahrstelle nach Kapitel 1 Abschnitt 3 des Kapitalanlagegesetzbuches: »Dabei ist nur die Entscheidung über die grundsätzliche Aufnahme, den Umfang und die Einstellung der Anteilsausgabe in einem Fonds als originäre Aufgabe der Kapitalverwaltungsgesellschaft (KVG) anzusehen, welche unter den Voraussetzungen eines Auslagerungsverhältnisses bei Einhaltung der Divisionslösung auf die Verwahrstelle oder einen Dritten übertragen werden darf. Das im Rahmen dieser Vorgaben durchgeführte börsentägliche Geschäft der Entgegennahme einzelner Kundenaufträge und deren Bedienung dient der technischen Abwicklung und kann daher wie bisher üblich durch die Verwahrstellen durchgeführt werden, ohne dass es dazu der Begründung eines gesonderten Auslagerungsverhältnisses bedarf.«
754 *Tollmann*, in DJKT, AIFM-RL, Art. 20 Rn. 24.
755 Vgl. auch Art. 76 Abs. 1 Level-2-AIFM-VO; Erwägungsgrund 30 AIFM-RL; Erwägungsgrund 83 Level-2-AIFM-VO; Gesetzesbegründung zum KAGB, Bt-Dr. 17/12294, S. 220 i.V.m. § 16 Abs. 1 S. 1 InvG (aufgehoben) »zum Zwecke der effizienteren Geschäftsführung«; zu den Vor- Nachteilen der Auslagerung, *Zetzsche*, Prinzipien der kollektiven Vermögensverwaltung, S. 688 f.

führen[756] und der Richtlinienzweck konterkariert. Deshalb sollten § 36 Abs. 1 S. 1 KAGB und Art. 20 Abs. 1 S. 1 AIFM-RL einschränkend ausgelegt werden, sodass nicht jede Aufgabeübertragung den Auslagerungsregeln unterfällt. Mangels ausdrücklicher Abgrenzungskriterien zu solchen Aufgaben, die bei Übertragung auf einen Dritten als Auslagerung zu qualifizieren sind, sollte weiterhin auf die Wesentlichkeit der Aufgabe abgestellt werden.[757]

2. Wesentlichkeit der Aufgabe

Freilich handelt es sich bei der Wesentlichkeit einer Aufgabe um einen auslegungsbedürftigen Rechtsbegriff. Um das Wesentlichkeitskriterium zu konkretisieren sollen zunächst die von der BaFin aufgeführten beispielhaften Tätigkeiten betrachtet werden, die nicht als Auslagerung zu qualifizieren seien:[758]

»[...] Auch nicht als Auslagerung gilt die *Entgegennahme von Informationen oder Empfehlungen* Dritter in Bezug auf Vermögensgegenstände, die die Gesellschaft für Anlageentscheidungen benötigt [...] [zu Advisory-Modellen]).«

Weiterhin sei »zu berücksichtigen, inwieweit sich die Gesellschaft *einmalig und in geringem Umfang* Dienstleistern zur Unterstützung bedient (bspw. kleinere Reparaturen) oder laufend das Facility Management überträgt. Im Fall einer einmaligen Beauftragung kann dann auch ein blosser Fremdbezug von Dienstleistungen und keine Auslagerung vorliegen.

Ein blosser Fremdbezug von Dienstleistungen scheidet indes ungeachtet der vertraglich festgelegten *Dauer* der Leistungsbeziehung regelmäßig dann aus, wenn dem Vertragspartner hinsichtlich der Leistungserbringung ein *wesentlicher Entscheidungsspielraum* eingeräumt wird. In diesem Fall ist stets vom Vorliegen einer Auslagerung auszugehen.

Ggf. sind dann die betreffenden Tätigkeiten auch als *Portfolioverwaltung* anzusehen, so dass deren Übertragung zusätzlich auch den Anforderungen des § 36 Absatz 1 Nummer 3 KAGB genügen muss. In Betracht kommen hierbei Tätigkeiten *mit weitgehender Entscheidungsbefugnis bezüglich eines Vermögensgegenstands* mit möglicherweise *weitreichenden wirtschaftlichen Folgen* für den Fonds (z. B. bei Vermietung

---

756 Siehe unten 4. Teil B.III.3.
757 Im Ergebnis auch *Weiser/Hüwel*, BB 2013, 1091, 1094; *Döser/Herkströter*, in Beckmann/Scholtz/Vollmer, vor 405, Rn. 142; dadurch könne den im EU-Durchschnitt eher restriktiven Regulierungs- und Verwaltungsvorgaben in Deutschland im Einzelfall Rechnung getragen werden, vgl. nach *Hanten*, in Baur/Tappen, KAGB, § 36 Rn. 27 würde selbst eine Beibehaltung des Wesentlichkeitsmassstabs den derzeitigen europäischen Standard wahrscheinlich übertreffen; vgl. Art. 18 Law of 12 July 2013 on alternative investment fund managers (Luxemburger AIFM-UmsG); FCA, Investment Funds Sourcebook, 3.10.2.R; *Zetzsche*, Prinzipien der kollektiven Vermögensverwaltung, 687 mit rechtsvergleichendem Blick, S. 689 ff.
758 BaFin, Häufige Fragen zum Thema Auslagerung gemäß § 36 KAGB, Geschäftszeichen WA 41-Wp 2137-2013/0036, 10. Juli 2013, zuletzt geändert am 15. November 2017, Ziffer 3 Abs. 2, Ziffer 11, 12, 14, 15.

oder Sanierung von Objekten). Wenn diesbezügliche Entscheidungen hinsichtlich eines Vermögensgegenstandes nach eingehender eigener Prüfung (bspw. Entscheidung über die konkrete Vermietung nach Beratung von Dienstleistern, Entscheidung über eine Renovierungsmaßnahme nach Vorschlag von Architekten oder Planern) bei der Kapitalverwaltungsgesellschaft verbleiben, kann [...] ein sonstiger Fremdbezug einer Dienstleistung vorliegen und keine Auslagerung. Die Argumentation kann auch in Bezug auf *Dispositionsentscheidungen* bei anderen Sachwerten (bspw. bei Schiffen) herangezogen werden.

Eine ähnliche Argumentation greift bei der Nutzung von Dienstleistern zur Beratung über *Finanzierungen* von Sachwerten. *Wenn eine eingehende eigene Prüfung und Entscheidung bei der Gesellschaft verbleibt, muss keine Auslagerung der Portfolioverwaltung vorliegen.«*[759]

Das BaFin-Q&A zu § 36 KAGB nimmt auch Bezug auf Ziffer 10 der KAMaRisk:[760]

10.1.: »Eine Auslagerung liegt vor, wenn ein anderes Unternehmen mit der Wahrnehmung von Aufgaben beauftragt wird (Auslagerungsunternehmen), die zur Durchführung der Geschäfte der Gesellschaft wesentlich sind und die ansonsten von der Gesellschaft *selbst erbracht* würden.

10. 2.: »Die Gesellschaft muss auf der Grundlage einer *Risikoanalyse*[761] eigenverantwortlich festlegen, welche Aufgaben unter Risikogesichtspunkten überhaupt ausgelagert werden können.«[762]

»Sonstiger Fremdbezug von Leistungen: Nicht als Auslagerung zu qualifizieren sei der Fremdbezug von Leistungen, die *typischerweise* von einem Unternehmen bezogen und aufgrund tatsächlicher Gegebenheiten oder rechtlicher Vorgaben regelmässig weder zum Zeitpunkt des Fremdbezugs *noch in der Zukunft von der Gesellschaft selbst erbracht werden oder erbracht werden können* (z. B. die Nutzung von Clearingstellen im Rahmen des Zahlungsverkehrs und der Wertpapierabwicklung, die Einschaltung von Korrespondenzbanken oder der Vertrieb von Investmentanteilen). Für weitere Beispiele siehe auch Erwägungsgrund 82 der AIFM-Level-2-VO, wonach etwa die logistische Unterstützung in Form von Reinigungsdiensten, Catering und Beschaffung von Dienstleistungen oder Gütern des Grundbedarfs nicht als Übertragung der Aufgaben der AIF-Verwaltungsgesellschaft gelten soll. [...] Nicht als Auslagerung zu qualifizieren ist auch die *Ausführung von Aufträgen durch Dritte* (z. B. Broker oder Verwahrstelle), soweit sich der *Ermessensspielraum* des ausführenden Dritten auf die Sicherstellung der bestmöglichen

---

759 Hervorhebungen durch den Verfasser.
760 BaFin, Rundschreiben 01/2017 (WA) – Mindestanforderungen an das Risikomanagement von Kapitalverwaltungsgesellschaften – »KAMaRisk« in der Fassung vom 10. Januar 2017, Ziffer 10.
761 Vgl. BaKred Rundschreiben 11/2001 (aufgehoben) zum InvG: »bankaufsichtlich relevante Risiken, insbesondere Markt-, Kredit-, Ausfall-, Abwicklungs-, Liquiditäts- und Reputationsrisiken sowie operationelle und rechtliche Risiken für das Institut begründen oder sie nachhaltig beeinflussen können.«; bei der Risikoanalyse sind Art, Umfang, Intensität, Komplexität zu berücksichtigen, *Döser/Reu-Langer*, in Emde/Dornseifer/Dreibus/Hölscher, InvG, § 16 Rn. 43.
762 Hervorhebungen durch den Verfasser.

Ausführung und die Art und Weise der Ausführung (z. B. Timing der Ausführung oder Ausführungsplatz) im Rahmen der Ausführungsgrundsätze beschränkt und *keinen Einfluss auf die Anlagestrategie* hat.«[763]

Auch die *ESMA* geht auf die Abgrenzung zwischen Auslagerung und Dienstleistungen mit Fremdbezug ein:[764]

»1. The AIFM must comply with the provisions of Article 20 of the AIFMD prior to a third party performing a task which would otherwise be undertaken by the AIFM and which is *critical or important* for the proper performance of the functions it provides to an AIF.

2. A function or task shall be regarded as critical or important if a defect or failure in its performance would *materially impair the continuing compliance* of the AIFM with the conditions and obligations of its authorisation or its other obligations under the AIFMD, or its financial performance or the soundness or continuity of the functions it performs.

3. Without prejudice to the status of any other function or task, the following functions shall *not* be considered as critical or important for the purposes of paragraph 1 and 2:

(a) the provision to the firm of *advisory services*, and other services which do *not* form part of the functions which the AIFM may additionally provide in the course of the collective management of an AIF, including the provision of legal advice to the AIFM, the training of personnel of the AIFM, billing services and the security of the firm's premises and personnel;

(b) the purchase of standardised services, including market information services and the provision of price feeds.«[765]

Weiter heißt es dort wie folgt:

»There may be several tasks that need to be undertaken by AIFMs in performance of a function. The AIFM must perform at least investment management functions referred to in Annex I (1)(a) or (b) of [sic] but *may* also provide the functions listed at Annex I (2). *It is not proportionate to require the AIFM to comply with requirements in Article 20 for each and every small task that is undertaken by a third party.*

Recital 31 states that the delegation of other ›supporting tasks‹ should not be subject to the specific limitations and requirements set forth in this directive. It is important to be clear as to what 'supporting tasks' may mean and in this regard it may be appropriate to draw from the MiFID where it uses the term ›critical and important‹. It may be appropriate to conclude that if a task is not critical or important it is by default a supporting task.

It is difficult to set a list of types of tasks which will be critical or important for the proper performance of the AIFM functions. However, it is possible to categorise the following common arrangements or activities as unlikely to constitute delegation or, if they do constitute delegation, as unlikely to constitute delegation of critical and important functions:

---

763 Hervorhebungen durch den Verfasser.
764 ESMA, Finale Entwurfsempfehlung an die EU-Kommission, ESMA/2011/379, 16. November 2011, S. 123.
765 Hervorhebungen durch den Verfasser.

(a) Participation in securities settlement systems and payment systems;

(b) Provision of one-off, expert assistance with compliance, internal audit, accounting or risk management issues;

(c) Provision of logistical support, e.g. cleaning, catering and procurement of basic services/products, including property management services;

(d) Provision of human resources support, e.g. sourcing of temporary employees and processing of payroll;

(e) Buying standard software 'off-the-shelf'; and

(f) Reliance on software providers for ad-hoc operational assistance in relation to off-the-shelf systems.«[766]

3. Zwischenergebnis: Kriterien für die Auslagerungsfähigkeit

Zusammenfassend lassen sich anhand der europarechtlichen und nationalen Vorgaben folgende Kriterien für die Auslagerungsfähigkeit identifizieren:[767]

- Einfluss auf die Anlagestrategie;
- Dauer der Tätigkeit des Dritten (einmalig oder laufend);
- Umfang der Tätigkeit des Dritten;
- Risikogehalt und Komplexität der auszulagernden Aktivitäten und Prozesse;
- Schädigungspotenzial für die Rechtskonformität;
- typischerweise eine Tätigkeit, die von der Gesellschaft (Kapitalverwaltungsgesellschaft) selbst erbracht wird;
- kein wesentlicher Entscheidungsspielraum des Vertragspartners;
- keine bloße Entgegennahme von Informationen oder Empfehlungen (Anlageberatung, Advisory-Modelle).

---

766 Hervorhebungen durch den Verfasser.
767 Da diese Diskussion schon etwa schon bei § 25a Abs. 2 KWG a.F. bzw. derzeit bei § 25b KWG im Bankaufsichtsrecht geführt wurde, ließe sich die Liste in Anlehnung daran weiter auffächern, beispielsweise können weiterhin entscheidend sein, vgl. *Braun*, in Boos/Fischer/Schulte-Mattler, KWG, 4. Auflage 2012, § 25a Rn 895: »Erfordernis der zeitnahen Verfügbarkeit der Dienstleistung, Eignung und Zuverlässigkeit des Dienstleisters im Hinblick auf die Leistungserbringung, Möglichkeiten zur Substitution des Dienstleisters durch einen anderen Anbieter, Bonität des Dienstleisters (Gefahr des Ausfalls aufgrund von Insolvenz), Ertragskraft und Innovationsfähigkeit, z. B. im Hinblick die Entwicklung zukunftsorientierter Systeme, Möglichkeit der Einbeziehung des externen Dienstleisters in das interne Kontrollsystem, Reputationsrisiken bei Schlechtleistung, rechtliche Risiken (einschließlich ggf. anderer Rechtsraum des Auslagerungsunternehmens).«; EBA/GL/2019/02, 25. Februar 2019, Ziff. 26 ff. (outsourcing), 29 ff. (critical or important functions); vgl. auch *Döser/Reul-Langer*, in EDDG, § 16 Rn. 33 ff.; ausführlich *Lensdorf/Schneider*, WM 2002, 1949, 1949 ff.

Die Kriterien für die Auslagerungsfähigkeit verdeutlichen eine prinzipielle Unterscheidung der Aufgaben anhand ihrer aufsichtsrechtlichen Relevanz, die durch den Wesentlichkeitsbegriff und die damit verbundenen Erwägungen konkretisiert wird.

4. Subsumtion des Aufgabenspektrums anhand der aufsichtsrechtlichen Relevanz

Die Antwort auf die Frage, ob Nebenverwaltungsaufgaben und andere Aufgaben zwingend in den Zuständigkeitsbereich der Kapitalverwaltungsgesellschaft fallen, richtet sich danach, ob die Aufgabe dergestalt als aufsichtsrechtlich relevant qualifiziert werden kann, dass im Fall der Aufgabenübertragung auf einen Dritten, die Auslagerungsregeln greifen. Unter Anwendung der zuvor genannten Kriterien zur Auslagerungsfähigkeit ist dies für jede Aufgabe anhand der Umstände des Einzelfalls zu bewerten, wobei die folgenden Erwägungen bei den entsprechenden Aufgaben typischerweise zu berücksichtigen sein sollten. Das im Folgenden zu untersuchende Aufgabenspektrum umfasst zunächst die Anlageverwaltungsfunktionen (a.), insbesondere die Portfolioverwaltung (b.). Die Anlageverwaltungsfunktionen sind sodann von den Kontroll- und Leitungsaufgaben (c.) abzugrenzen. Anschließend werden die Nebenverwaltungsaufgaben betrachtet (5.).

a. Anlageverwaltungsfunktionen

Erbringt ein Unternehmen die Portfolioverwaltung oder das Risikomanagement (Anlageverwaltungsfunktion), wird es als Kapitalverwaltungsgesellschaft qualifiziert, § 17 Abs. 1 S. 2 KAGB, Art. 4 Abs. 1 b), w) AIFM-RL. Erst wenn die Anlageverwaltungsfunktionen kumulativ erbracht werden, ist die Kapitalverwaltungsgesellschaft erlaubnisfähig und darf den Geschäftsbetrieb aufnehmen, § 23 Nr. 9, 10 KAGB, Art. 6 Abs. 5 c), d) AIFM-RL. Für die hohe aufsichtsrechtliche Relevanz der Anlageverwaltungsfunktionen spricht auch Anhang I Nr. 1 AIFM-RL, dem zufolge ein AIFM die Portfolioverwaltung und das Risikomanagement erbringen »muss«. Nach Erwägungsgrund 86 AIFM-Level-2-VO bilden die Anlageverwaltungsfunktionen das »Kerngeschäft des AIFM [...] und sind daher in Bezug auf den Anlegerschutz und das Systemrisiko von hoher Relevanz«. Die BaFin bezeichnet die Portfolioverwaltung und das Risikomanagement als »absolute Kernaufgaben, wofür die Kapitalverwaltungsgesellschaft in besonderer Weise in Verantwortung steht.«[768]

---

768 BaFin, Auslegungsentscheidung zu den Tätigkeiten einer Kapitalverwaltungsgesellschaft und der von ihr extern verwalteten AIF-Investmentgesellschaft, WA 41-Wp 2100-2016/0001, 21. Dezember 2017, Ziffer II.3.b. Abs. 4; zur Relevanz auch Seidenschwann, Die Master-Kapitalverwaltungsgesellschaft, S. 272 ff.; absolute Kernaufgaben sind nach hier vertretener Ansicht eher die nicht-auslagerbaren Kontroll- und Leitungsaufgaben nach Art. 60, 57 ff. AIFM-Level-2-VO, während die Anlageverwaltungsfunktionen als relative Kernaufgaben bezeichnet werden sollten, da diese im Wege der Auslagerung auf Dritte übertragen werden dürfen.

Im Gegensatz zur Portfolioverwaltung wird das Risikomanagement durch die regulatorischen Vorgaben konkretisiert:[769] Nach § 29 Abs. 2 S. 1 KAGB i. V. m. Art. 38 ff. AIFM-Level-2-VO muss die Kapitalverwaltungsgesellschaft »über angemessene Risikomanagementsysteme verfügen, die insbesondere gewährleisten, dass die für die jeweiligen Anlagestrategien wesentlichen Risiken der Investmentvermögen jederzeit erfasst, gemessen, gesteuert und überwacht werden können.«[770] Das Risikomanagement ist dabei funktional und hierarchisch von den operativen Abteilungen und insbesondere von der Portfolioverwaltung zu trennen, § 29 Abs. 1 S. 1 KAGB.

b. Portfolioverwaltung

Der Rechtsbegriff »Portfolioverwaltung« wird in Anhang I Nr. 1 AIFM-RL sowie in § 1 Abs. 19 Nr. 24 KAGB genannt, jedoch weder in der AIFM-RL noch im KAGB definiert. Da die AIFM-RL die Portfolioverwaltung in Anhang I Nr. 1 a) separat vom Risikomanagement gemäß Anhang I Nr. 1 b) sowie von den Nebenverwaltungsaufgaben gemäß Anhang I Nr. 2 aufführt, ist davon auszugehen, dass die Portfolioverwaltung nicht die ebenfalls in Anhang I AIFM-RL genannten Aufgaben umfasst.[771]

Ausgehend von Art. 4 Abs. 1 Nr. 9 bzw. Nr. 8 MiFID-Regulierung ist Portfolioverwaltung »die Verwaltung von Portfolios auf Einzelkundenbasis mit einem Ermessensspielraum im Rahmen eines Mandats des Kunden, sofern diese Portfolios ein oder mehrere Finanzinstrumente enthalten.«[772] Ein AIFM ist demgegenüber für eine Vielzahl von Anlegern tätig,[773] sodass das Definitionsmerkmal »auf Einzelkundenbasis« bei der kollektiven Vermögensverwaltung nicht einschlägig ist. Auch sieht die AIFM-RL keine Begrenzung auf »Finanzinstrumente« vor.[774] Die Individualportfolioverwaltung unterscheidet sich

---

769 Ausführlich zum Risikomanagement nach dem KAGB: *Sprengnether/Wächter*, WM 2014, S. 877, 877 ff.
770 Vgl. § 9a InvG; Art. 15 AIFM-RL.
771 Gesetzesbegründung zum KAGB, Bt-Dr. 17/12294, S. 221; *Zetzsche*, in ders., The Alternative Fund Managers Directive, S. 161, 168, weshalb der Portfolioverwaltungsbegriff eng auszulegen sei; *Döser/Herkströter*, in Beckmann/Scholtz/Vollmer, Vor 405, Rn. 145 Absatz 2.
772 Art. 4 Abs. 1 Nr. 9 MiFID I (2004/39/EG) und Art. 4 Abs. 1 Nr. 8 MiFID II (2014/65/EG); *Hanten*, in Baur/Tappen, KAGB, § 36 Rn. 75.
773 § 1 Abs. 1 S. 1 KAGB.
774 *Hanten*, in Baur/Tappen, KAGB, § 36 Rn. 75; zuvor bereits *Zetzsche*, in ders., The Alternative Fund Managers Directive, S. 161; hingegen wird der Ermessensspielraum des AIFM durch die in den Anlagebedingungen festgelegte Anlagestrategie begrenzt, *Emde/Dreibus*, BKR 2015, 89, 93; *Wallach*, ZGR 2014, 289, 324; vgl. auch §§ 261 ff. KAGB.

insoweit von der kollektiven Form der Portfolioverwaltung im Sinne des Investmentrechts.[775]
Der Begriff Portfolioverwaltung wurde bereits im früheren § 16 Abs. 2 S. 1 InvG verwendet, wobei weder das InvG noch die zugehörigen Gesetzesmaterialien den Begriff definierten.[776] Unter dem von der AIFM-RL zu unterscheidenden Regime der OGAW-RL wird die »gemeinsame Portfolioverwaltung« sogar als Überbegriff für alle in Anhang II OGAW-RL genannten Aufgaben verwendet, der insbesondere die Anlageverwaltung sowie administrative Tätigkeiten umfasst.[777]

Da eine erlaubnispflichtige Kapitalverwaltungsgesellschaft vorliegt, wenn das Unternehmen die Verwaltung für ein Investmentvermögen erbringt, § 17 Abs. 1 S. 2 KAGB, stellt sich die Frage, ob sich aus der Definition des Investmentvermögens Schlüsse auf die Bedeutung der Portfolioverwaltung ziehen lassen. Gemäß § 1 Abs. 1 S. 1 KAGB ist ein Investmentvermögen »jeder Organismus für *gemeinsame* Anlagen, der von einer *Anzahl von Anlegern Kapital* einsammelt, um es gemäß einer festgelegten Anlagestrategie zum Nutzen dieser Anleger zu investieren und der kein operativ tätiges Unternehmen außerhalb des Finanzsektors ist.«[778] Demnach vereint oder »poolt« der einzelne Anleger sein Kapital (Vermögen) mit anderen Anlegern zu einem Organismus für gemeinsame Anlagen.[779] So werden beispielsweise rein kooperative Joint-Venture-Vereinbarungen nicht vom KAGB erfasst.[780] Mit dem Investmentvermögen entsteht ein »verselbständigtes gepooltes Vermögen«,[781] namentlich das kollektive Invest-

---

775 Siehe oben 4. Teil B.I.2. betreffend § 20 Abs. 2 Nr. 1, Abs. 3 Nr. 1, 2 KAGB; Gesetzesbegründung zum KAGB, Bt-Dr. 17/12294, S. 213: »[...] insbesondere die Portfolioverwaltung fremder Investmentvermögen wie bisher als ›Finanzportfolioverwaltung‹ (vormals ›individuelle Vermögensverwaltung‹) zu qualifizieren.«; zur Finanzportfolioverwaltung, § 1 Abs. 1a S. 2 Nr. 3 KWG, sowie BaFin, Merkblatt – Hinweise zum Tatbestand der Finanzportfolioverwaltung, Stand: Juni 2014, 3. Januar 2011, zuletzt geändert am 11. Juni 2014, Ziffer 1.
776 Gesetzesbegründung zum Investmentmodernisierungsgesetz, Bt-Dr. 15/1553, 2003, S. 82; Gesetzesbegründung zum Investment-ÄnderungsG, 2007, Bt-Dr. 16/5576, S. 1 ff., 60.
777 Siehe oben 4. Teil B.II. zur grammatikalischen Auslegung der AIFM-RL.
778 Hervorhebungen durch den Verfasser; Art. 4 Abs. 1 a) AIFM-RL »AIF«.
779 ESMA, Diskussionspapier, »Key concepts of the Alternative Investment Fund Managers Directive and types of AIFM«, ESMA/2012/117, 23. Februar 2012, Ziffer 28; *U. Schäfer*, in Assmann/Schütze, Handbuch des Kapitalanlagerechts, § 23 Rn. 3; *Tollmann*, in DJKT, AIFM-RL, Art. 4 Rn. 21 f., wonach der Anleger einen Anteil an der Bruchteilsgemeinschaft erlangt.
780 *Kloyer*, in Möllers, Rn. 231; BaFin, Auslegungsschreiben zum Anwendungsbereich des KAGB und zum Begriff des »Investmentvermögens«, Geschäftszeichen Q 31-Wp 2137-2013/0006, 14. Juni 2013, zuletzt geändert am 9. März 2015, Ziffer I. 1.
781 BaFin, Auslegungsschreiben zum Anwendungsbereich des KAGB und zum Begriff des »Investmentvermögens«, Geschäftszeichen Q 31-Wp 2137-2013/0006, 14. Juni 2013, zuletzt geändert am 9. März 2015, Ziffer I. 1.

mentvermögen.[782] Das KAGB geht von der Vermögensverwaltung für das Kollektiv der Anlegergemeinschaft aus, für die das Kapital »investiert« wird. Die Investitions- oder Dispositionsbefugnis, insbesondere das Treffen der Anlageentscheidung, ist somit ein zentraler Bestandteil der Portfolioverwaltung.[783] Nach der BaFin geht es etwa darum, ob und zu welchen Bedingungen Vermögensgegenstände erworben, veräussert oder belastet werden sollen.[784] Die konkreten Ausführungshandlungen – also der Erwerb, die Veräußerung oder die Belastung von Vermögensgegenständen – gehören dagegen nicht zur Kernkompetenz der Portfolioverwaltung.[785]

Der Portfolio- und Investmentmanagementprozess[786] umfasst den An- und Verkauf von Vermögensgegenständen sowie bereits die Auswahl der Anlageobjekte.[787] Die Portfolioverwaltung ist gewöhnlich keine singuläre Investitionsent-

---

782 Das kollektive Element ergibt sich aus dem Merkmal des Organismus für gemeinsame Anlagen, *Schneider*, in Möllers, Rn. 195; zur Kollektivität auch *Zetzsche/Preiner*, WM 2013, 2101, 2104.
783 BaFin, Häufige Fragen zum Thema Auslagerung gemäß § 36 KAGB, Geschäftszeichen WA 41-Wp 2137-2013/0036, 10. Juli 2013, zuletzt geändert am 15. November 2017, Ziffer 14 f.; *Weiser/Hüwel*, BB 2013, 1091, 1096; *Schücking*, in Moritz/Klebeck/Jesch, KAGB, § 17 Rn. 11 ff. vergleicht die Sprachfassungen; zum Treffen der Anlageentscheidung: BaFin, Rundschreiben 01/2017 (WA) – Mindestanforderungen an das Risikomanagement von Kapitalverwaltungsgesellschaften – »KAMaRisk« in der Fassung vom 10. Januar 2017, Ziffer 4.6.1; »Grundsätzliche Anlageentscheidung«, *Döser/Reul-Langer*, in Emde/Dornseifer/Dreibus/Hölscher, InvG, § 16 Rn. 53; *Zetzsche*, Prinzipien der kollektiven Vermögensverwaltung, S. 650, 667 ff.; »decision to buy, hold and sell assets«, *Zetzsche*, in ders., The Alternative Fund Managers Directive, S. 162; *Bußhalb/Unzicker*, BKR 2012, 309, 313; zur Anlagepflicht, *Steffen*, in Baur/Tappen, KAGB, § 26 Rn. 19.
784 BaFin, Auslegungsschreiben zu den Tätigkeiten einer Kapitalverwaltungsgesellschaft und der von ihr extern verwalteten AIF-Investmentgesellschaft, Konsultationsfassung, 3. Februar 2017, Ziffer 3 a); zum Begriff des Fondsmanagements, vgl. BaFin, Rundschreiben 01/2017 (WA) – Mindestanforderungen an das Risikomanagement von Kapitalverwaltungsgesellschaften – »KAMaRisk« in der Fassung vom 10. Januar 2017, Ziffer 4.6, 4.6.3 nennt die Vergabe von Gelddarlehen, Kreditaufnahme, Wertpapierdarlehens- oder Pensionsgeschäfte im Sinne der §§ 200 bis 203 KAGB.
785 BaFin, Auslegungsschreiben zu den Tätigkeiten einer Kapitalverwaltungsgesellschaft und der von ihr extern verwalteten AIF-Investmentgesellschaft, Konsultationsfassung, 3. Februar 2017, Ziffer 3 a); siehe unten 5. Teil A.V. zu dieser Unterscheidung im Rahmen der Verfügungsbefugnis.
786 *Aigner/Vöcking*, Investmentprozess, S. 23 f.
787 *Wagner*, Rödl & Partner Fondsbrief Dezember 2013, S. 5; *Winterhalder*, in Weitnauer/Boxberger/Anders, KAGB, § 17 Rn. 29; *Tollmann*, in DJKT, AIFM-RL, Art. 4 Rn. 33, Anhang I Rn. 10; *Bonertz*, DStR 2006, 932, 932 unterscheidet für die Konstellation des Sondervermögens in Planung/Analyse, Portfoliorealisation (Asset Allocation, Monitoring, Revision) und Portfoliokontrolle (Performancemessung, Attribution); *Müchler*, Die Investmentaktiengesellschaft mit veränderlichem Kapital, S. 300 überträgt diese Aufgaben unverändert auf die Investmentaktiengesell-

scheidung, sondern ein Investitionsvorgang, der auf eine gewisse Dauerhaftigkeit angelegt ist.[788] Unter Portfolioverwaltung kann demnach das Investieren von Geldern einer Anzahl von Anlegern im Rahmen der Anlagebedingungen nach eigenem Ermessen und von gewisser Dauer verstanden werden.[789] Der Aufgabenumfang variiert je nach der konkreten Fondsstruktur, den Arten der verwalteten Assetklassen und anderen Faktoren.[790]

Im Folgenden stellt sich die Frage, wie die als Kernkompetenz verstandene Portfolioverwaltung von den Leitungs- und Kontrollaufgaben einer Kapitalverwaltungsgesellschaft nach Art. 57 ff., 60 ff. AIFM-Level-2-VO abgegrenzt werden kann.

c. Kontroll- und Leitungsaufgaben

Gemäß Art. 60 Abs. 1, 2 AIFM-Level-2-VO muss der AIFM bei der internen Aufgabenverteilung sicherstellen, dass die Geschäftsleitung unter anderem die Verantwortung für folgende Tätigkeiten trägt:[791] (a) Die Umsetzung der Anlagepolitik anhand der Anlagebedingungen; (b) die Überwachung der Genehmigung der Anlagestrategien; (c) die Festlegung und Umsetzung der Bewertungsgrundsätze und der Vergütungspolitik; (d) dass der AIFM über eine dauerhafte und wirksame Compliance-Funktion verfügt, selbst wenn diese Funktion von einem Dritten ausgeübt wird; (e) die Kontrolle der ordnungsgemäßen Umsetzung der Anlagepolitik und Risikolimits (selbst wenn die Risikomanagement-Funktion von einem Dritten ausgeübt wird) sowie (f) die Billigung und regelmäßige Überprüfung der Grundsätze und Verfahren für das Risikomanagement (einschließlich der Risikolimits für jeden verwalteten AIF).[792]

Die Kontroll- und Leitungsaufgaben nach Art. 60 Abs. 2, 57 ff. AIFM-Level-2-VO werden entweder als eigenständige Anlageverwaltungsfunktionen eingeordnet oder als Teil der Portfolioverwaltung bzw. des Risikomanagements betrachtet.[793] Darüber hinaus könnte es sich weder um Anlageverwaltungs- noch um Nebenverwaltungsaufgaben, sondern – wie nach hier vertretener Auffassung –

---

schaft nach dem InvG; die BaFin spricht in Ziff. 2 b) des Auslegungsschreibens zu den Tätigkeiten einer Kapitalverwaltungsgesellschaft (Konsultationsfassung vom 3. Februar 2017) neuerdings von »ob« und »wie« der Entscheidung.

788 BaFin, Merkblatt – Hinweise zum Tatbestand der Finanzportfolioverwaltung, Stand: Juni 2014, 3. Januar 2011, zuletzt geändert am 11. Juni 2014, Ziffer 1.a.
789 Vgl. etwa *Emde/Dreibus*, BKR 2013, 89, 93; *Hanten*, in Baur/Tappen, KAGB, § 36 Rn. 75; *Seidenschwann*, Die Master-Kapitalverwaltungsgesellschaft, S. 93 ff.
790 Siehe oben 3. Teil B.III.2.d.iii.
791 Vergleichbare Regelung in Art. 9 OGAW-Durchführungsrichtlinie (2010/43/EU).
792 *Weiser/Hüwel*, BB 2013, 1091, 1097; zu § 16 InvG, *Döser/Reul-Langer*, in Emde/Dornseifer/Dreibus/Hölscher, InvG, § 16 Rn. 42.
793 *Tollmann*, in Möllers, Rn. 1077; *Weiser/Hüwel*, BB 2013, 1091, 1097; *Hanten*, in Baur/Tappen, KAGB, § 36 Rn. 122 (Fn. 94) »Kernbereiche«.

um einen eigenen übergeordneten Aufgabentyp handeln, der sich von der Portfolioverwaltung unterscheidet. Dies wird im Folgenden untersucht.

i. Auseinanderfallen von AIFM-Tätigkeit und Geschäftsleitung

Nach der Formulierung in Art. 60 Abs. 1, 2 AIFM-Level-2-VO soll der AIFM »sicherstellen [...], dass die »Geschäftsleitung« sich regelkonform verhält.[794] Da ein Unternehmen nach Art. 4 Abs. 1 b), w) AIFM-RL als AIFM zu qualifizieren ist, wenn dessen Geschäftstätigkeit darin besteht, die Portfolioverwaltung oder das Risikomanagement zu erbringen,[795] stellt sich die Frage, weshalb »AIFM« und »Geschäftsleitung« nach dem Wortlaut des Art. 60 Abs. 1, 2 AIFM-Level-2-VO auseinanderfallen.

Zunächst bestehen die Kontroll- und Leitungsaufgaben nach Art. 60 Abs. 1, 2 AIFM-Level-2-VO bei interner und externer Verwaltung durch eine Kapitalverwaltungsgesellschaft, sodass Art. 60 Abs. 1, 2 AIFM-Level-2-VO nicht die »Geschäftsleitung« einer extern verwalteten *Investmentkommanditgesellschaft* adressiert. Weiterhin kommt es nach der AIFM-RL bei der Qualifikation als AIFM grundsätzlich nicht auf Gesellschaftsstruktur an,[796] denn nicht die einzelnen Organe, sondern die Gesellschaft selbst ist der AIFM (organisatorischer Ansatz). Insoweit könnte Art. 60 Abs. 1, 2 AIFM-Level-2-VO wie folgt zu verstehen sein: Die Norm adressiert den AIFM auf Ebene der Organisationsform und verpflichtet ihn, innerhalb seiner internen Organisationsstruktur dafür Sorge zu tragen, dass die Aufgaben durch die handelnde Geschäftsleitung erfüllt werden.[797] Über die eher sperrige Formulierung bezieht die Vorschrift die Geschäftsleitung und somit ausdrücklich – und ausnahmsweise – die interne Organisationsstruktur des AIFM mit ein. Gleichzeitig wird durch die Formulierung in Art. 60 Abs. 1, 2 AFM-Level-2-VO der in der AIFM-RL bzw. AIFM-Level-2-VO vorherrschende Grundsatz gewahrt, dass der AIFM der »Regelungsadressat« ist,[798] und zwar unabhängig von der internen Aufgabenverteilung.

---

794 Die englische Sprachfassung lautet: »An AIFM shall ensure that its senior management [...]«; vgl. auch Verwahrstelle, § 80 Abs. 1 KAGB, Art. 21 Abs. 13 c) AIFM-RL.
795 Dementsprechend bei einer Kapitalverwaltungsgesellschaft, § 17 Abs. 1 S. 1, 2 KAGB.
796 *Kunschke/Klebeck*, in Beckmann/Scholtz/Vollmer, 405, KAGB, § 128 Rn. 24, 26; *Könnecke*, in Baur/Tappen, KAGB, § 153 Rn. 15; *Bentele*, in Baur/Tappen, KAGB, § 17 Rn. 27; *Weiser/Hüwel*, BB 2013, 1091, 1093; a.A. wohl noch *Krause/Klebeck*, BB 2012, 2063, 2064 f.
797 Darauf deutet auch die Definition der Geschäftsleitung in Art. 1 Abs. 3 Level-2-AIFM-VO i.Vm. Art. 8 Abs. 1 c) AIFM-RL: Geschäftsleitung sind solche Personen, die die Geschäfte des AIFM tatsächlich führen.
798 Regelungsadressaten der AIFM-RL sind den Rechtswirkungen nach die Mitgliedstaaten.

ii. Nichtauslagerbarkeit der Kontroll- und Leitungsaufgaben

Da die Portfolioverwaltung nur unter Anwendung der Auslagerungsregeln gemäß § 36 KAGB ausgelagert werden kann, stellt sich im Zuge der Aufgabenabgrenzung die Frage, ob und unter welchen Voraussetzungen die Kontroll- und Leitungsaufgaben im Sinne des Art. 60 Abs. 2 AIFM-Level-2-VO auf Dritte übertragen werden können. Entsprechend dem Kontroll- und Leitungscharakter beeinflussen die Aufgaben nach Art. 60 Abs. 2 d) Hs. 1 AIFM-Level-2-VO das Risikomanagement und die Geschäftspolitik der Kapitalverwaltungsgesellschaft. Sie sind deshalb von übergeordneter Bedeutung. Beispielsweise soll der AIFM sicherstellen, dass die Geschäftsleitung nach Art. 60 Abs. 2 a) AIFM-Level-2-VO »die Verantwortung dafür trägt, dass die allgemeine Anlagepolitik, wie sie gegebenenfalls in den Vertragsbedingungen, der Satzung, dem Prospekt oder in den Emissionsunterlagen festgelegt ist, bei jedem verwalteten AIF umgesetzt wird«, oder nach h) »die Verantwortung für die Festlegung und Anwendung einer Vergütungspolitik im Einklang mit Anhang II der Richtlinie 2011/61/EU trägt.« Würde die Kapitalverwaltungsgesellschaft solche Aufgaben der Unternehmenssteuerung und Unternehmenskontrolle auslagern,[799] könnte sie wichtige strategische Themen nicht mehr selbst unmittelbar gestalten und ihren Überwachungspflichten nicht effizient nachkommen.[800]

Für eine Auslagerbarkeit der Kontroll- und Leitungsaufgaben scheint auf den ersten Blick Art. 60 Abs. 2 d) AIFM-Level-2-VO zu sprechen.[801] Nach dieser Vorschrift stellt ein AIFM sicher, dass »die Geschäftsleitung die Verantwortung dafür trägt [Hs. 1], dass der AIFM über eine dauerhafte und wirksame Compliance-Funktion verfügt, selbst wenn diese Funktion von einem Dritten ausgeübt wird [Hs. 2].« Dabei betrifft nur Hs. 1 die übergeordnete Compliance-Verantwortung, die auch die Verantwortung dafür umfasst, für eine wirksame operative Compliance-Funktion zu sorgen.[802] Hs. 2 meint dagegen die Ausübung der operativen Compliance-Funktion im Sinne des Nr. 2 a) iv) Anhang I AIFM-RL, die auch von Dritten ausgeübt werden kann. Neben dem Wortlaut spricht für diese Unterscheidung, dass die übergeordnete Compliance-Verantwortung aus

---

799 Vgl. bereits BaFin, Anlage 1, Erläuterungen zu den MaRisk in der Fassung vom 15. Dezember 2010, S. 23, danach gehören zu den nicht auslagerbaren Kontroll- und Leitungsaufgaben der Geschäftsleitung zählen die Unternehmensplanung, -koordination, -kontrolle und die Besetzung der Führungskräfte.
800 *Müchler*, Die Investmentaktiengesellschaft mit veränderlichem Kapital, S. 293; vgl. bereits BaFin, Rundschreiben 5/2010 (WA) vom 30. Juni 2010 zu den Mindestanforderungen an das Risikomanagement für Investmentgesellschaften – InvMaRisk, Geschäftszeichen WA 41-Wp 2136-2008/0009, 30. Juni 2010, Ziffer 9.3.
801 Die folgenden Ausführungen gelten analog bei der Risikomanagement-Funktion nach Art. 60 Abs. 2 e) Level-2-AIFM-VO.
802 Vgl. zum aufgehobenen InvG, *Beckmann*, in Beckmann/Scholtz/Vollmer, 410, InvG, § 16 Rn. 31, 34.

aufsichtsrechtlicher Sicht typischerweise eine Aufgabe der Geschäftsführung der Kapitalverwaltungsgesellschaft ist, während die operative Compliance-Funktion weniger von der Geschäftsführung selbst, sondern von untergeordneten Mitarbeitern oder beauftragen Unternehmen durchgeführt wird, die für spezielle Fondsbereiche oder Geschäftsbeziehungen zuständig sind. Nach Art. 61 Abs. 2 AIFM-Level-2-VO muss »eine permanente und wirksame *unabhängig* arbeitende Compliance-Funktion« eingerichtet werden. Somit lassen sich folgende Aufgabenebenen der Kapitalverwaltungsgesellschaft unterscheiden: Auf der obersten Stufe befinden sich die übergeordneten Kontroll- und Leitungsaufgaben der Geschäftsleitung gemäß Art. 60 Abs. 2 d) Hs. 1 AIFM-Level-2-VO (übergeordnete Compliance-Verantwortung).[803] Darunter befindet sich die operative Compliance-Funktion gemäß Anhang I Nr. 2 a) iv) AIFM-RL i. V. m. Art. 60 Abs. 2 d) Hs. 2, Art. 61 Abs. 2 AIFM-Level-2-VO, die als Nebenverwaltungsaufgabe von der Kapitalverwaltungsgesellschaft selbst oder durch Dritte ausgeübt werden kann.[804] Im Fall der Wahrnehmung von aufsichtsrechtlich relevanten Aufgaben durch Dritte bestehen auf einer weiteren Stufe die Überwachungspflichten nach § 36 Abs. 1 S. 1 Nr. 7, 8 KAGB.[805]

Bezüglich der Kontroll- und Leitungsaufgaben, etwa der übergeordneten Compliance-Verantwortung, könnte sich aus dem sogenannten Verbot der Briefkastenfirma nach § 36 Abs. 5 KAGB ergeben, dass diese Aufgaben nicht ausgelagert werden dürfen. Gemäß § 36 Abs. 5 KAGB darf die Kapitalverwaltungsgesellschaft »Aufgaben nicht in einem Umfang übertragen, der dazu führt, dass sie nicht länger als Verwaltungsgesellschaft angesehen werden kann und zu einer Briefkastenfirma wird.« Für die weiteren Umstände, unter denen die Kapitalverwaltungsgesellschaft ihre »Funktionen in einem Umfang übertragen hat, der sie zu einer Briefkastenfirma werden lässt«, verweist § 36 Abs. 10 KAGB auf Art. 75 bis 82 AIFM-Level-2-VO.

Nach Art. 82 Abs. 1 *b)* AIFM-Level-2-VO ist es unzulässig, wenn der AIFM (nach dem KAGB die »Kapitalverwaltungsgesellschaft«) »in zentralen Angelegenheiten, die in die Zuständigkeit der Geschäftsleitung fallen, keine Entscheidungsgewalt mehr [hat] oder – insbesondere im Zusammenhang mit der Umsetzung der allgemeinen Anlagepolitik und der Anlagestrategien – nicht mehr

---

803 § 17 Abs. 3 KAGB; § 28 Abs. S. 1 KAGB; darüber hinaus regeln die AIFM-RL und das KAGB die Unteilbarkeit der Pflicht zur Regelkonformität (Art. 5 Abs. 1 S. 1, Erwägungsgrund 11 AIFM-RL; § 17 Abs. 3 KAGB); mithin kann nur eine Kapitalverwaltungsgesellschaft für die institutionelle d.h. organisatorische Compliance-Verantwortung (Art. 60 Abs. 2 d) Hs. 1 Level-2-AIFM-VO) zuständig sein.
804 Siehe unten 4. Teil B.VII.1. zur operativen Compliance-Funktion.
805 Dabei ist es nicht ausgeschlossen, dass Teilaufgaben lediglich unterstützende Tätigkeiten mit bloßem Fremdbezug darstellen; siehe unten 4. Teil B.VII. und 4. Teil B.VI.4.c.i.zur Reichweite der übergeordneten Compliance-Verantwortung.

befugt [ist], *Geschäftsleitungsfunktionen* auszuüben.« Diese Formulierung betrifft die Leitungs- und Kontrollaufgaben und ist enger als die Regelung betreffend die Anlageverwaltungsfunktionen nach Art. 82 Abs. 1 *d)* AIFM-Level-2-VO: Der AIFM wird danach zu einer Briefkastenfirma, wenn er »*Funktionen der Anlageverwaltung* in einem Umfang [überträgt], der die Wahrnehmung solcher Funktionen durch den AIFM selbst deutlich überschreitet.« Während Art. 82 Abs. 1 *d)* AIFM-Level-2-VO betreffend die Anlageverwaltungsfunktionen eine Übertragung der Aufgaben in den genannten Grenzen ermöglicht, fehlt eine solche Möglichkeit in Art. 82 Abs. 1 *b)* AIFM-Level-2-VO betreffend die Geschäftsleitungsfunktionen. Dies bedeutet, dass die Kontroll- und Leitungsaufgaben auch nach § 36 Abs. 10 KAGB i. V. m. Art. 82 Abs. 1 b) AIFM-Level-2-VO generell nicht ausgelagert werden dürfen.

Allerdings könnten die Kontroll- und Leitungsaufgaben bei der Bewertung der Auslagerungsstruktur im Sinne des zuvor genannten Art. 82 Abs. 1 *d)* AIFM-Level-2-VO betreffend die Anlageverwaltungsfunktionen zu berücksichtigen sein.[806] Die Formulierung »Funktionen der Anlageverwaltung« in Art. 82 Abs. 1 d) AIFM-Level-2-VO deutet auf die Anlageverwaltungsfunktionen im Sinne des Anhangs I Nr. 1 AIFM-RL hin, also die Portfolioverwaltung und das Risikomanagement.[807] Die Kontroll- und Leitungsaufgaben könnten dagegen ein eigenständiger Aufgabentyp sein, der von den Anlageverwaltungsfunktionen zu unterscheiden ist.[808] Dafür spricht zunächst, dass sich die beiden Aufgabentypen inhaltlich unterscheiden. Denn während die Portfolioverwaltung insbesondere das Treffen der Anlageentscheidung und das Risikomanagement insbesondere das jederzeitige Erfassen und Steuern wesentlicher Risiken der jeweiligen Anlagestrategie einzelner Fonds umfasst,[809] geht es bei den Kontroll- und Leitungsaufgaben um die Umsetzung und Kontrolle der allgemeinen Anlagepolitik. Weiterhin werden beide Aufgabentypen in Erwägungsgrund 91 AIFM-Level-2-VO separat genannt: Demnach muss »der AIFM [...] selbst *Anlageverwaltungsfunktionen* wahrnehmen« und darüber hinaus »die Entscheidungsgewalt in Angelegenheiten, die in die Zuständigkeit der Geschäftsleitung fallen, behalten *und Geschäftsleitungsfunktionen* ausüben, was die Umsetzung der allgemeinen Anlagepolitik und der Anlagestrategien einschließen könnte.«[810] Schließlich wurde festgestellt, dass Art. 82 Abs. 1 b) AIFM-Level-2-VO eine spezielle Briefkasten-

---

806 Art. 20 Abs. 3 Hs. 2 AIFM-RL, Erwägungsgrund 83 AIFM-RL verweist auf Level-2-AIFM-VO: Art. 82 Level-2-AIFM-VO, Erwägungsgrund 91 Level-2-AIFM-VO; Deutschland: § 36 Abs. 5 und 10 KAGB mit Verweis auf Art. 75 ff. Level-2-AIFM-VO.
807 *Görke/Ruhl*, BKR, 2013, 142, 148.
808 Zu der Problematik: *Weiser/Hüwel*, BB 2013, 1091, 1097; nicht zu berücksichtigen sind hingegen die Nebenverwaltungsaufgaben, siehe unten 4. Teil B.VI.5.d.
809 Siehe oben 4. Teil B.VI.4.b. zur Portfolioverwaltung; siehe oben 4. Teil B.VI.4.a. und § 29 KAGB zum Risikomanagement.
810 Hervorhebungen durch den Verfasser.

regelung bezüglich der Kontroll- und Leitungsaufgaben vorsieht, die unabhängig und neben der Briefkastenregelung nach Art. 82 Abs. 1 d) AIFM-Level-2-VO bezüglich der Anlageverwaltungsfunktionen existiert. Folglich sind die auslagerbaren Anlageverwaltungsfunktionen (Portfolioverwaltung und Risikomanagement), gesondert von den nicht-auslagerbaren Kontroll- und Leitungsaufgaben zu begreifen.

iii. Zwischenergebnis

Bei den Kontroll- und Leitungsaufgaben der Kapitalverwaltungsgesellschaft nach Art. 60 Abs. 2, 57 ff. AIFM-Level-2-VO handelt es sich im Ergebnis um Aufgaben von aufsichtsrechtlicher Maximalwertung, die zwingend bei der Kapitalverwaltungsgesellschaft liegen und nicht ausgelagert werden können. Sie bilden keine eigenständigen Anlageverwaltungsfunktionen und gehören nicht zu deren Kernbereich. Vielmehr stellen sie Leitungsaufgaben dar, die von den Aufgaben im Sinne des Anhangs I AIFM-RL, insbesondere von den Anlageverwaltungsfunktionen »Portfolioverwaltung und Risikomanagement«, zu unterscheiden sind. So werden die Kontroll- und Leitungsaufgaben vom »Briefkastenverbot« nach Art. 82 Abs. 1 b) AIFM-Level-2-VO erfasst, das keine Übertragung dieser Aufgaben vorsieht. Art. 82 Abs. 1 d) AIFM-Level-2-VO betrifft dagegen die Anlageverwaltungsfunktionen und ermöglicht in Grenzen eine Übertragung dieser Aufgaben auf Dritte. Die Kontroll- und Leitungsaufgaben sind übergeordnete bzw. institutionelle Aufgaben der Kapitalverwaltungsgesellschaft und keine (operativen) Anlageverwaltungsfunktionen. Zum Beispiel ist die operative Risikomanagementfunktion im Sinne des Anhangs I Nr. 1 b) AIFM-RL auf Dritte übertragbar (relative Kernaufgaben),[811] während die maximal bedeutsamen Kontroll- und Leitungsaufgaben, für eine wirksame und dauerhafte Risikomanagementfunktion zu sorgen (Art. 60 Abs. 2 e) Level-2- AIFM-VO), stets bei der Kapitalverwaltungsgesellschaft verbleiben müssen (absolute Kernaufgaben).

5. Aufsichtsrechtliche Relevanz der Nebenverwaltungsaufgaben

Im Zuge der investmentrechtlichen Aufgabenzuordnung stellt sich die Frage, ob – neben den zuvor untersuchten Anlageverwaltungsfunktionen und Geschäftsleitungsfunktionen – auch die Nebenverwaltungsaufgaben aufsichtsrechtlich derart relevant sind, dass diese Aufgaben zwingend bei der Kapitalverwaltungsgesellschaft liegen sollten. Anhang I Nr. 2 AIFM-RL nennt mindestens 19 unterschiedliche Aufgaben. Die einzelnen Tätigkeiten umfassen regelmäßig mehrere Ebenen, etwa Entscheidung, Durchführung, Kontrolle. Jede Aufgabe

---

811 Siehe oben 4. Teil B.VI.4.a. zur aufsichtsrechtlichen Gewichtung der Anlageverwaltungsfunktionen.

ist in weitere Teilaufgaben aufspaltbar. Das gilt für die administrativen Tätigkeiten gemäß Nr. 2 a), den Vertrieb gemäß Nr. 2 b) und die Tätigkeiten im Zusammenhang mit den Vermögenswerten des AIF gemäß Anhang I Nr. 2 c) AIFM-RL.[812]

a. Administrative Tätigkeiten nach Anhang I Nr. 2 a) AIFM-RL

i. Ausgabe und Rücknahme von Anteilen und Gewinnausschüttung

Gemäß Anhang I Nr. 2 a) vii) AIFM-RL kann der AIFM die »Ausgabe und Rücknahme von Anteilen« übernehmen. Der Wortlaut orientiert sich anscheinend an offenen (OGAW-)Fonds und berücksichtigt nicht, dass sich die Fondsbeteiligung bei der Investmentkommanditgesellschaft durch die Aufnahme und Kündigung[813] von Gesellschaftern vollzieht.[814] Weiterhin scheidet bei geschlossenen Investmentvermögen eine »Rücknahme von Anteilen« oder eher das vereinbarungsgemäße Ausscheiden der Anlegerkommanditisten gänzlich aus.[815] Die tatsächliche Durchführung der Ausgabe und Rücknahme von Anteilen wird nur bei OGAW-Sondervermögen von der Verwahrstelle übernommen, was sich aus § 71 Abs. 1 KAGB ergibt.[816] Eine solche Regelung fehlt für die AIF-Verwahrstelle, die nach § 83 KAGB lediglich eine Kontrollfunktion innehat.[817] Diese Kontrollfunktion haben nach § 76 KAGB auch OGAW-Verwahrstellen. Im Fall des *Sondervermögens* gilt daher Folgendes: Die Entscheidungen, wie beispielsweise über die Ausgabe von Anteilen, trifft die externe Kapitalverwaltungsgesellschaft.[818] Die Durchführungstätigkeit wird, ohne, dass es sich dabei

---

812 Die administrativen Tätigkeiten werden typischerweise und häufig nicht von der Kapitalverwaltungsgesellschaft erbracht, *Tollmann*, in DJKT, AIFM-RL, Anhang I Rn. 5, 11.
813 Nur bei der offenen Investmentkommanditgesellschaft.
814 Da es sich bei personengesellschaftsrechtlichen Fondsanteilen nicht um Aktien handelt, entfallen die Pflichten nach des § 269 Abs. 1 i.V.m. § 165 Abs. 2 Nr. 25 KAGB zur Verbriefung in Globalurkunden, Ausgabe von Anteilscheinen oder Einzelurkunden, die Angaben, ob die Anteile auf den Inhaber oder auf den Namen lauten, sowie die Angabe einer Stückelung; vgl. § 255 KAGB für Immobilien-Sondervermögen.
815 Zum Kündigungsrecht aus wichtigem Grund, *Schlitt/Maier-Reinhardt*, in Reichert, GmbH & Co. KG, § 30 Rn. 36 ff.; *Jaletzke*, in MüHa, Band 2, § 65 Rn. 14 ff.
816 Nicht als Auslagerung zu qualifizieren, *Klusak*, in Weitnauer/Boxberger/Anders, KAGB, § 71 Rn. 4.
817 *Herring*, in Baur/Tappen, KAGB, § 83 Rn. 2 ff.
818 Die Übertragung auf die Verwahrstelle stellt einen Auslagerungssachverhalt dar, BaFin, Rundschreiben 08/2015 (WA) – Aufgaben und Pflichten der Verwahrstelle nach Kapitel 1 Abschnitt 3 des Kapitalanlagegesetzbuches, Geschäftszeichen WA 41-Wp 2137-2013/0068, Bonn/Frankfurt a. M., 7. Oktober 2015, Ziffer 9.

um einen Auslagerungsfall handelt, regelmäßig auf die Verwahrstelle übertragen,[819] der auch die Kontrollfunktion auf zukommt. Da die Anleger der Investmentkommanditgesellschaft gleichzeitig Gesellschafter sind und sich die Aufnahme von Neu-Gesellschaftern grundsätzlich durch die bisherigen Gesellschafter vollzieht, stellt sich die Frage, ob die tatsächliche Durchführung und Entscheidung über die Aufnahme von Gesellschaftern – anstatt bei der externen Kapitalverwaltungsgesellschaft – bei der Investmentkommanditgesellschaft angesiedelt sind. Die gesellschaftsrechtliche Ausgangslage lässt sich wie folgt zusammenfassen:[820] Bei der Investmentkommanditgesellschaft gelten mangels spezieller Regelungen im KAGB die Vorschriften des HGB, § 149 Abs. 1 S. 2 KAGB.[821] Danach erfordert die Aufnahme eines neuen Gesellschafters eine Änderung des Gesellschaftsvertrages, also den Abschluss eines Aufnahmevertrages zwischen den bisherigen Gesellschaftern und dem Neu-Gesellschafter.[822] Die Aufnahme ist grundsätzlich eine Gesellschaftsvertragsänderung und damit eine Gesellschafterangelegenheit.[823] Dasselbe gilt für das vereinbarungsgemäße Ausscheiden aus der Gesellschafterstellung.[824] Vereinfachungen wie der Abschluss von Beitrittsverträgen mittels eines Treuhandkommanditisten im Namen aller Gesellschafter sind etwa für die geschlossene

---

819 BaFin, Rundschreiben 08/2015 (WA) – Aufgaben und Pflichten der Verwahrstelle nach Kapitel 1 Abschnitt 3 des Kapitalanlagegesetzbuches, Geschäftszeichen WA 41-Wp 2137-2013/0068, Bonn/Frankfurt a. M., 7. Oktober 2015, Ziffer 9 »Das im Rahmen dieser Vorgaben durchgeführte börsentägliche Geschäft der Entgegennahme einzelner Kundenaufträge und deren Bedienung dient der technischen Abwicklung und kann daher wie bisher üblich durch die Verwahrstellen durchgeführt werden, ohne dass es dazu der Begründung eines gesonderten Auslagerungsverhältnisses bedarf.«
820 Siehe unten 5. Teil näher zum Ganzen.
821 Für die offene oder gar geschlossene Investmentkommanditgesellschaft findet sich auch keine Ausgabe-Regelung wie für bei der Investmentaktiengesellschaft m.v.K., § 115 KAGB.
822 BGH, NJW 1998, 1225, 1226; BGH, NJW 1978, 1000; BGH, NZG 2011, 551, 553; *Kindler*, in Koller/Kindler/Roth/Morck, HGB, § 105 Rn. 57; *Könnecke*, in Baur/Tappen, KAGB, § 152 Rn. 22; insoweit wohl nicht differenzierend und für den Fall der Sondervermögens: *Boxberger*, in Weitnauer/Boxberger/Anders, KAGB, § 83 Rn. 5 letzter Satz; auch *Herring*, in Baur/Tappen, KAGB, § 83 Rn. 4 geht davon aus, dass es sich dabei um eine Aufgabe der Kapitalverwaltungsgesellschaft handelt. Die Sonderregeln gem. § 255 KAGB gelten nur bei Immobilien-Sondervermögen, §§ 230 ff. KAGB.
823 Siehe unten 5. Teil D.I. und D.II.15.; BGH, NJW 1980, 1463, 1464; *Habersack*, in Staub, HGB, § 126 Rn. 13, 14; *Klimke*, in Häublein/Hoffmann-Theinert, HGB, § 105 Rn. 183 ff.; *Roth*, in Baumbach/Hopt, HGB, § 114 Rn. 3.
824 *Kindler*, in Koller/Kindler/Roth/Morck, HGB, § 105 Rn. 59; von Relevanz bei offenen Fonds, § 1 Abs. 4 Nr. 2 KAGB.

Publikumsinvestmentkommanditgesellschaft in § 152 Abs. 1 S. 2, 3 KAGB ausdrücklich vorgesehen.[825]

Nach Ziffer 1 Abs. 1 des BaFin-Q&A zu § 36 KAGB würden jedoch alle administrativen Aufgaben – also auch die Ausgabe und Rücknahme von Anteilen – originär bei der externen Kapitalverwaltungsgesellschaft liegen. Dasselbe ergibt sich aus dem Verwahrstellen-Rundschreiben (08/2015), wonach »die Entscheidung über die grundsätzliche Aufnahme, den Umfang und die Einstellung der Anteilsausgabe in einem Fonds als originäre Aufgabe der KVG (Kapitalverwaltungsgesellschaft) anzusehen [ist]«.[826] Im BaFin-Seminar vom 6. Oktober 2014 heißt es dagegen, dass die »*Entscheidung* über Ausgabe und Rücknahme von Anteilen« bei der »Geschäftsführung« der Investmentkommanditgesellschaft verbleibt.[827] Gleichermaßen äußerte sich die BaFin im September des Jahres 2015 hinsichtlich der »Ausgabe und Rücknahme von Anteilsscheinen.«[828] Die Aussage, dass es sich dabei um eine Aufgabe der Investmentkommanditgesellschaft handelt, fehlte jedoch zwei Monate später im BaFin-Seminar zum Investmentrecht vom 25. November 2015.[829]

Obwohl die BaFin im BaFin-Q&A zu § 36 KAGB nach wie vor für eine originäre Zuständigkeit der externen Kapitalverwaltungsgesellschaft hinsichtlich der »Ausgabe und Rücknahme von Anteilen« plädiert,[830] erkennt sie – dazu scheinbar im Widerspruch – die mittelbare Beteiligungsform durch einen Treuhandkommanditisten an anderer Stelle an.[831] Der Umstand, dass der Gesetzgeber in § 152 Abs. 1 S. 2 KAGB die Möglichkeit des Treuhandkommanditisten ausdrücklich zugelassen hat, spricht gerade dafür, die Aufgabe »Ausgabe und Rücknahme von Anteilen« bei der Investmentkommanditgesellschaft zu verorten. Denn die Aufnahme neuer Gesellschafter findet dementsprechend in der Sphäre der Investmentkommanditgesellschaft durch einen Treuhandkomman-

---

825 Nicht jedoch für offene Spezial-AIF, kritisch dazu *Wallach*, ZGR 2014, 289, 305; zum Treuhandmodell, *Könnecke*, in Baur/Tappen, KAGB, § 152 Rn. 24 ff.; *Oetker*, in Oetker, HGB, § 161 Rn. 206 ff.; *Stari/Beuster*, DStR 2014, 271, 271 ff.; kritisch auch zur Treugeberstellung, *Wiedemann*, NZG 2013, 1041, 1044.
826 BaFin, Rundschreiben 08/2015 (WA) – Aufgaben und Pflichten der Verwahrstelle nach Kapitel 1 Abschnitt 3 des Kapitalanlagegesetzbuches, Geschäftszeichen WA 41-Wp 2137-2013/0068, Bonn/Frankfurt a. M., 7. Oktober 2015, Ziffer 9; allerdings wird wohl nicht auf die Konstellation einer extern verwalteten Investmentkommanditgesellschaft eingegangen.
827 BaFin-Seminar in Q&A, 6. Oktober 2014, S. 11.
828 BaFin KAGB-Seminar, 21. September 2015, S. 20.
829 BaFin-Seminar zum Investmentrecht, Q&A, 25. November 2015, S. 17, wobei dort im Gegensatz zu vorherigen Verlautbarungen die Handlungsfähigkeit der Investmentkommanditgesellschaft betont wird.
830 Siehe oben 4. Teil B.VI.5.a., 4. Teil C.II.
831 BaFin, Musterbausteine für Kostenklauseln geschlossener Publikumsinvestmentvermögen, Geschäftszeichen WA 41-Wp-2137-2013/0026, Stand 30. September 2014, S. 12, 6.

ditisten statt.[832] Das KAGB geht also davon aus, dass diese Aufgabe nicht im Bereich der externen Kapitalverwaltungsgesellschaft liegt, sondern bei der Investmentkommanditgesellschaft.[833] Die Formulierung »Ausgabe und Rücknahme von Anteilen« sollte im Fall der Investmentkommanditgesellschaft hin zu »Aufnahme und Kündigung der Gesellschafter« ausgelegt werden. Die Entscheidung über die Aufnahme neuer Anlegerkommanditisten muss nach gesellschaftsrechtlichen Grundsätzen bei der extern verwalteten Investmentkommanditgesellschaft verbleiben. Dasselbe gilt mit Blick auf die tatsächliche Durchführung dieser Aufgabe bei einer unmittelbaren Beteiligung und im Fall eines Treuhandkommanditisten. Allerdings kann und sollte in der Praxis schuldrechtlich vereinbart werden, dass die externe Kapitalverwaltungsgesellschaft eine Aufnahmekompetenz haben soll. In diesem Fall werden die Aufnahmebefugnisse soweit rechtlich zulässig von den Gesellschaftern auf die Kapitalverwaltungsgesellschaft übertragen, ohne, dass die gesellschaftsrechtliche Stellung der Anleger übergangen wird. Insoweit bleibt es dabei, dass der Aufnahmevertrag mit den Gesellschaftern bzw. der Investmentkommanditgesellschaft vertreten durch die Geschäftsführung zu schließen ist.[834] Die Aufgabe der »Ausgabe und Rücknahme von Anteilen« nach Anhang I Nr. 2 a) vii) AIFM-RL ist eine Angelegenheit der extern verwalteten Investmentkommanditgesellschaft, insbesondere der Gesellschafter.[835]

Dasselbe trifft auf die Aufgabe der »Gewinnausschüttung« nach Anhang I Nr. 2 a) vi) AIFM-RL zu: Zum einen steht diese Tätigkeit im Zusammenhang mit der eher technisch geprägten Fondsbuchhaltung.[836] Zum anderen handelt sich dabei um eine Gewinnverwendung, also eine Angelegenheit, die alle Gesellschafter der Investmentkommanditgesellschaft betrifft, §§ 167, 120 HGB.[837] Weil das Kommanditanlagevermögen bei der Investmentkommanditgesellschaft

---

832 *Könnecke*, in Baur/Tappen, KAGB, § 152 Rn. 26.
833 Siehe unten 4. Teil.C.II. zur nach Ansicht der BaFin bestehenden Entscheidungsmacht der Kapitalverwaltungsgesellschaft, vgl. BaFin, Auslegungsentscheidung zu den Tätigkeiten einer Kapitalverwaltungsgesellschaft und der von ihr extern verwalteten AIF-Investmentgesellschaft, WA 41-Wp 2100-2016/0001, 21. Dezember 2017, Ziffer II.3.a.; dasselbe gilt im Übrigen hinsichtlich der Führung des Anlegerregisters gemäß Nr. 2 a) ix) Anhang I AIFM-RL; *Herring*, in Baur/Tappen, KAGB, § 83 Rn. 6; vgl. Zulässigkeit des »Registertreuhänders« BaFin-Seminar zum Investmentrecht, Q&A, 25. November 2015, S. 16; a.A. BaFin, Rundschreiben 08/2015 (WA) – Aufgaben und Pflichten der Verwahrstelle nach Kapitel 1 Abschnitt 3 des Kapitalanlagegesetzbuches, Geschäftszeichen WA 41-Wp 2137-2013/0068, Bonn/Frankfurt a. M., 7. Oktober 2015, Ziffer 9.
834 Siehe unten 5. Teil.D.II.15.
835 Siehe unten 5. Teil.D.II.15., sowie 5. Teil.C.I. zur schuldrechtlichen Ausgestaltung des Bestellungsvertrags.
836 Siehe unten 4. Teil.B.VI.5.a.iv.
837 Siehe unten 5. Teil.D.II.8. zum Auszahlungsanspruch der Kommanditisten, § 169 Abs. 1 S. HGB.

liegt, erfolgt auch die Gewinnausschüttung dort. Dass die Aufgaben »Ausgabe und Rücknahme von Anteilen« sowie die »Gewinnausschüttung« nach der Ba-Fin-Ansicht originär und undifferenziert bei der externen Kapitalverwaltungsgesellschaft angesiedelt sein sollen, kann im Fall einer extern verwalteten Investmentkommanditgesellschaft nicht überzeugen.

ii. Überwachung der Einhaltung der Rechtsvorschriften

Nach Art. 60 Abs. 2 d), Art. 61 Abs. 2 AIFM-Level-2-VO stellt ein AIFM sicher, dass die Geschäftsleitung die Verantwortung dafür trägt, dass der AIFM über eine dauerhafte und wirksame Compliance-Funktion verfügt, selbst wenn diese Funktion von einem Dritten ausgeübt wird. Daraus lässt sich der Schluss ziehen, dass die Aufgabe »Überwachung der Einhaltung der Rechtsvorschriften« nach Anhang I Nr. 2 a) iv) AIFM-RL (operative Compliance-Funktion) in Abgrenzung zur übergeordneten Compliance-Verantwortung nach Art. 60 Abs. 2 d) Hs. 1 AIFM-Level-2-VO auf Dritte übertragen werden kann.[838] Die englische Sprachfassung verwendet in Anhang I Nr. 2 a) iv) AIFM-RL die Bezeichnung »regulatory compliance monitoring«. Gemeint sind damit unter anderem die Überwachung und regelmäßige Bewertung der Angemessenheit und Wirksamkeit der durch die Kapitalverwaltungsgesellschaft festgelegten Massnahmen, Grundsätze und Verfahren, sowie der Schritte, die zur Beseitigung etwaiger Defizite *des AIFM* bei der Einhaltung *seiner* Verpflichtungen unternommen wurden«.[839] Dazu gehört auch die »*Beratung* der für Dienstleistungen und Tätigkeiten zuständigen relevanten Personen und deren Unterstützung im Hinblick auf die Erfüllung der in der Richtlinie 2011/61/EU für AIFM festgelegten Pflichten«.[840]

Im Gegensatz zur übergeordneten Compliance-Verantwortung nach Art. 60 Abs. 2 d) Hs. 1 AIFM-Level-2-VO auf Geschäftsleiterebene ist die operative Compliance-Funktion (wie etwa dem Compliance-Beauftragten) aufsichtsrechtlich weniger gewichtig und darf daher unter Anwendung der Auslagerungsregeln auf Dritte übertragen werden.[841] Bei der operativen Compliance-Funktion nach Anhang I Nr. 2 a) iv) AIFM-RL handelt es sich trotzdem um eine risikorelevante Tätigkeit, die für das tägliche Geschäft von erheblicher Bedeutung ist. Nach Ziffer 11 KaMaRisk »impliziert eine dauerhafte Compliance-Funktion [...],

---

838 Siehe oben 4. Teil B.VI.4.c.ii. sowie unten 4. Teil B.VII. zur Compliance-Funktion.
839 Hervorhebungen durch den Verfasser; Art. 61 Abs. 2 a) Level-2-AIFM-VO.
840 Hervorhebungen durch den Verfasser; Art. 61 Abs. 2 b) Level-2-AIFM-VO; im WpHG a.F. ist die Compliance-Funktion ein Bestandteil des internen Kontrollsystems nach § 25a Abs. 1 S. 3 Nr. 3 KWG; der Verweis auf § 25a KWG wurde im InvG gestrichen, da nicht alle Änderungen auf § 16 InvG automatisch durchschlagen sollten, vgl. Gesetzesbegründung zum Investment-ÄnderungsG, 2007, Bt-Dr. 16/5576, S. 62.
841 Siehe oben 4. Teil B.VI.4.c.ii.

dass Überwachungshandlungen nicht nur anlassbezogen, sondern regelmäßig erfolgen. In Überwachungshandlungen sind alle wesentlichen Bereiche unter Berücksichtigung des Risikogehalts der Geschäftsbereiche regelmäßig einzubeziehen. Gleichwohl können die Maßnahmen und Verfahren für die internen Kontrollen entsprechend dem Umfang und der Art der Geschäfte der Gesellschaft durchgeführt werden. So kann es bei kleineren Gesellschaften unter Umständen gerechtfertigt sein, weniger Ressourcen für die Einrichtung einer Compliance-Funktion bereitzustellen als bei großen Gesellschaften.«[842] Laufende Compliance-Anforderungen bestehen beispielsweise bezüglich der Durchführung und Aufrechterhaltung der Investmentprozesse, bei denen Aufgaben der Compliance-Funktion nach Fondsart und -struktur variieren. Beispielsweise existieren spezielle Anforderungen bei Investments in Immobilien (§§ 230 ff. KAGB) oder bei Hedgefonds (§ 225 ff. KAGB). Auch die Aufnahme und Steuerung vom Kundenbeziehungen wie etwa »Know your customer (KYC)«-Prozesse sind Teilaufgaben einer der Compliance-Funktion. Einerseits ist die Compliance-Funktion somit aufsichtsrechtlich bedeutsam, andererseits existieren auf Teilaufgaben, die lediglich als unterstützende Aufgabe mit bloßem Fremdbezug zu qualifizieren sind. So besteht die operative Compliance-Tätigkeit auch aus automatisierten IT-Prozessen.[843] Nach Erwägungsgrund 82 Level-2-AIFM-VO soll beispielsweise der Kauf oder die einmalige Verwendung von Software-Anbietern beim Betrieb handelsüblicher Software nicht pauschal als auslagerungsrelevant eingestuft werden.[844] Die Überwachung der Einhaltung der Rechtsvorschriften gemäß Anhang I Nr. 2 a) iv) AIFM-RL stellt somit tendenziell eine wesentliche Aufgabe dar, die in eher geringen Teilbereichen nur als unterstützende Aufgabe mit bloßem Fremdbezug zu qualifizieren ist.

iii. Rechtliche Dienstleistungen

»Rechtliche Dienstleistungen« nach Anhang I Nr. 2 a) i) Alt. 1 AIFM-RL können insbesondere rechtliche Beratungsleistungen umfassen.[845] Da die »Befug-

---

842 Die KaMaRisk scheint in Ziffer 11 mit »Compliance-Funktion« die übergeordnete Compliance-Funktion nach Art. 60 Abs. 2 d) Hs. 1 AIFM-Level-2-VO zu meinen oder zumindest nicht weiter zu differenzieren. Diese Erwägungen sind jedoch allgemein gehalten und sollten aus Verhältnismäßigkeitsgründen für beide Funktionen gelten.
843 *Sethe*, Anlegerschutz im Recht der Vermögensverwaltung, S. 30.
844 Erwägungsgrund 82 Level-2-AIFM-VO; vgl. BaFin, Rundschreiben 11/2019 Kapitalverwaltungsaufsichtliche Anforderungen an die IT (KAIT), Ziff. 63 ff. in der Fassung vom 1. Oktober 2019, dem zufolge auch »die Personalgestellung zu Gunsten der KVG ist in der Regel als sonstiger Fremdbezug einzustufen, wenn die Tätigkeit auf den Systemen der KVG und nach deren Weisung und unter ihrer Kontrolle erfolgt.«
845 Zur Abwehr von Ansprüchen gegen das Investmentvermögen, OLG München, BeckRS 2015, 17529 Ziffer 14 (2.2.5.).

nis, in der Bundesrepublik Deutschland außergerichtliche Rechtsdienstleistungen zu erbringen« von dem Rechtsdienstleistungsgesetz (RDG) geregelt wird, stellt sich Frage, ob eine Kapitalverwaltungsgesellschaft überhaupt zur Erbringung von rechtlichen Dienstleistungen berechtigt ist.[846] Im RDG wird im Einzelnen festgelegt, wie und durch wen die »selbständige Erbringung außergerichtlicher Rechtsdienstleistungen« erfolgen darf, § 3 RDG.

Nach § 2 Abs. 1 RDG ist eine Rechtsdienstleistung jede Tätigkeit in konkreten fremden Angelegenheiten, sobald sie eine rechtliche Prüfung des Einzelfalls erfordert. Eine Kapitalverwaltungsgesellschaft erbringt jedenfalls die Portfolioverwaltung und das Risikomanagement und hat darüber hinaus wichtige Kontroll- und Leistungsaufgaben zu erfüllen, die auch rechtliche Prüfungen im Einzelfall erfordern. Zum Beispiel sind beim Erwerb von Vermögensgegenständen zahlreiche aufsichtsrechtliche Regelungen zu beachten.[847] Die Kapitalverwaltungsgesellschaft handelt gemäß § 26 Abs. 1 KAGB dabei ausschließlich im Interesse der Anleger und wird im Fall der Verwaltung einer Investmentkommanditgesellschaft mittels des Bestellungsvertrages zur Erbringung der Anlageverwaltungsfunktionen, insbesondere auch der Portfolioverwaltung, beauftragt, §§ 17 Abs. 1 S. 2, Abs. 2 Nr. 1, § 23 Nr. 9, 10 KAGB.[848] Auch wenn der Geschäftsbetrieb dazu führt, dass eine Kapitalverwaltungsgesellschaft auch in eigenen Angelegenheiten tätig wird, erbringt die Kapitalverwaltungsgesellschaft zumindest auch Tätigkeiten in konkreten fremden Angelegenheiten (der Anleger oder des Investmentvermögens), die eine rechtliche Prüfung des Einzelfalls erfordern.

Nach § 1 Abs. 2, § 3 RDG ist grundsätzlich eine Befugnis zur Erbringung von Rechtsdienstleistung notwendig, die sich auch aus anderen Gesetzen ergeben kann. Das KAGB sieht eine solche Befugnis jedoch nicht vor. Allerdings gestattet § 5 Abs. 1 RDG Rechtsdienstleistungen im Zusammenhang mit einer anderen Tätigkeit, wenn sie als Nebenleistung zum Berufs- oder Tätigkeitsbild gehören.[849] Ob eine Nebenleistung vorliegt, ist nach ihrem Inhalt, Umfang und dem sachlichen Zusammenhang mit der Haupttätigkeit sowie unter Berücksichtigung der Rechtskenntnisse zu beurteilen, die für die Haupttätigkeit erforderlich sind.[850] Die Kapitalverwaltungsgesellschaft nimmt im Rahmen ihrer Haupttätigkeit – namentlich der Portfolioverwaltung, des Risikomanagements sowie der Leitungs- und Kontrollaufgaben – auch rechtliche Prüfungen im Einzelfall vor, sodass ein enger Zusammenhang mit der Erbringung von Rechtsdienstleistun-

---

846 § 3 RDG; bereits BGH, BB 2005, 1701, 1701 ff.
847 Beispielsweise beim Erwerb von Immobilien, §§ 230 ff. KAGB.
848 Siehe unten 4. Teil C.II. zur Diskussion, in welchen Namen die Kapitalverwaltungsgesellschaft handelt; BaFin, Auslegungsentscheidung zu den Tätigkeiten einer Kapitalverwaltungsgesellschaft und der von ihr extern verwalteten AIF-Investmentgesellschaft, WA 41-Wp 2100-2016/0001, 21. Dezember 2017, Ziffer II.3., II.5.
849 Konzernprivileg nach § 2 Abs. 3 Nr. 6 RDG i.V.m. § 15 AktG.
850 *Henssler*, in Deckenbrock/Henssler, RDG, Einl. Rn. 52., § 5 Rn. 29 ff.

gen im Sinne des § 2 Abs. 1 RDG vorliegt. Bei den genannten Aufgaben bilden die rechtlichen Prüfungen nicht den Schwerpunkt der Tätigkeit, denn die Vermögensverwaltung erfordert insbesondere wirtschaftliche Prüfungen und das Treffen von Anlageentscheidungen. Somit stehen wirtschaftliche und nicht rechtliche Aspekte im Vordergrund der beruflichen Gesamttätigkeit einer Kapitalverwaltungsgesellschaft.[851] Sofern eine Kapitalverwaltungsgesellschaft zur Erbringung von rechtlichen Dienstleistungen nach Anhang I Nr. 2 a) i) Hs. 1 AIFM-RL beauftragt wird, handelt es sich in Abhängigkeit vom konkreten Einzelfall somit um eine erlaubte Nebenleistung der Kapitalverwaltungsgesellschaft nach dem RDG.[852]

Rechtliche Dienstleistungen im Bereich der Rechts- und Steuerberatung sind tendenziell von hoher Relevanz für den wirtschaftlichen Erfolg des Fonds. Insbesondere können sich die damit verbundene Einschätzung der Rechtslage und -risiken sowie Steuervorteile und -nachteile auf den Erfolg oder Misserfolg der Kapitalanlage auswirken. Allerdings stellen die rechtlichen Dienstleistungen im Fall einer Kapitalverwaltungsgesellschaft lediglich Nebenleistungen dar, die gemessen an der Haupttätigkeit »Vermögensverwaltung« eine untergeordnete Bedeutung haben. Weiterhin erscheint es aufgrund berufsständischer Verpflichtungen bedenklich, jede Beauftragung eines Rechtsanwalts als aufsichtsrechtliche Auslagerung zu qualifizieren, da Rechtsberatungsverträge in der Folge den strengen Auslagerungsanforderungen nach § 36 KAGB sowie Art. 75 ff. AIFM-Level-2-VO unterliegen würden. Insbesondere müsste der beauftragte Rechtsanwalt bzw. Steuerberater der externen Kapitalverwaltungsgesellschaft sowie der BaFin weitreichende Kontroll-, Zugriffs- und Weisungsrechte vertraglich einräumen, Ziffer 10.4 KaMaRisk. Nach § 43a Abs. 1 Bundesrechtsanwaltsordnung (BRAO) darf der Rechtsanwalt jedoch keine Bindungen eingehen, die seine berufliche Unabhängigkeit gefährden, sodass solche Eingriffsmöglichkeiten etwa aus berufsständischen Gründen problematisch wären.

Obwohl die rechtliche Prüfung von Einzelfällen je nach Umfang und Komplexität des Sachverhalts aufsichtsrechtlich relevant sind, handelt es sich im Fall der Kapitalverwaltungsgesellschaft lediglich um Nebenleistungen. Typischerweise werden Rechtsdienstleistungen als Hauptleistungen von unabhängigen Rechtsanwälten erbracht, deren Beauftragung durch eine Kapitalverwaltungsgesellschaft grundsätzlich keinen Auslagerungsfall im Sinne des § 36 KAGB dar-

---

851 Vgl. zum RBerG: BGH, NJW 2006, 2981, 2981 f.: »Verträge, durch die ein in der Form einer GbR betriebener Immobilienfonds die Führung seiner Geschäfte umfassend einer GmbH, die keine Erlaubnis nach dem Rechtsberatungsgesetz besitzt, überträgt, fallen nicht in den Anwendungsbereich des § 1 Abs. 1 RBerG.« Dafür spricht der wirtschaftliche Bezug der Tätigkeit durch den Geschäftsbesorger.
852 Je nach Konstellation könnte auch schon § 2 Abs. 3 Nr. 6 RDG i.V.m. § 15 AktG greifen, *Krause/Klebeck*, BB 2012, 2063, 2065, Fn. 40, vgl. auch § 4 Nr. (4 und) 5 StBerG.

stellt. »Rechtliche Dienstleistungen« nach Anhang I Nr. 2 a) i) Alt. 1 AIFM-RL können in geringem Umfang von der Kapitalverwaltungsgesellschaft erbracht werden.

iv. Weitere administrative Tätigkeiten nach Anhang I Nr. 2 a) i) AIFM-RL

Anhang I Nr. 2 a) i) Alt. 2 und 3 AIFM-RL umfassen weiterhin die Dienstleistungen »Fondsbuchhaltung« und »Rechnungslegung«. Dabei weist die BaFin darauf hin, dass der Jahresabschluss und der Lagebericht von der Geschäftsführung der Investmentkommanditgesellschaft aufzustellen sind.[853] Die Fondsbuchhaltung ist eine klassische Back-Office-Tätigkeit und umfasst zunächst die Buchung der Zu- und Abflüsse sowie weiterer Kapitalmaßnahmen.[854] Der Fondspreis wird laufend neu berechnet und erfordert aufgrund des komplexen Informationsflusses eine umfangreiche IT-Ausstattung.[855] Die Fondsbuchhaltung ist technischer und administrativer Natur, sie hat im Vergleich etwa zur Portfolioverwaltung keinen strategischen Einfluss auf die Anlagestrategie oder Anlageentscheidung und ist daher aufsichtsrechtlich von untergeordneter Bedeutung.

Weitere administrative Tätigkeiten sind »Kontraktabrechnungen« (Anhang I Nr. 2 a) viii) Hs. 1 AIFM-RL), die Bearbeitung von »Kundenanfragen« (Anhang I Nr. 2 a) ii) Hs. 1 AIFM-RL) und die »Führung von Aufzeichnungen« (Record keeping) (Anhang I Nr. 2 a) ix) Hs. 1 AIFM-RL). Diese Aufgaben erfordern keine Dispositionsbefugnis über das Fondsvermögen, haben keinen Einfluss auf die Anlagestrategie und sind im Verhältnis zu den Anlageverwaltungsfunktionen nicht risikointensiv oder besonders schadensträchtig. Aufgrund ihrer geringen aufsichtsrechtlichen Relevanz sollte kein Auslagerungssachverhalt gegeben sein, wenn die genannten Aufgaben von Dritten erbracht werden. Sie müssen wertungsmäßig nicht zwingend bei der Kapitalverwaltungsgesellschaft liegen.

v. Bewertung der Vermögensgegenstände

Zu den administrativen Aufgaben nach Anhang I Nr. 2 a) iii) AIFM-RL zählt auch die »Bewertung«. Die Regelung nach § 216 Abs. 7 S. 1 KAGB besagt, dass die Kapitalverwaltungsgesellschaft für die Bewertung der Vermögensgegenstände des Publikums-AIF verantwortlich bleibt, wenn sie einen externen

---

853 BaFin, Auslegungsentscheidung zu den Tätigkeiten einer Kapitalverwaltungsgesellschaft und der von ihr extern verwalteten AIF-Investmentgesellschaft, WA41-Wp 2100-2016/0001, 21. Dezember 2017, Ziffer II.2. Absatz 2.
854 *Hanten*, ZBB 291, 291 f.
855 *Seidenschwann*, Die Master-Kapitalverwaltungsgesellschaft, S. 124 f.

Bewerter bestellt hat.[856] Demnach liegt die Aufgabenverantwortlichkeit kraft gesetzlicher Zuordnung zwingend bei der Kapitalverwaltungsgesellschaft.
Da die Bewertung im Tätigkeitskatalog nach Anhang I Nr. 2 a) iii) AIFM-RL aufgelistet ist, könnte daraus der Schluss gezogen werden, dass die Nebenverwaltungsaufgaben insgesamt zum zwingenden Verantwortungsbereich der Kapitalverwaltungsgesellschaft gehören.[857] Das ist jedoch nicht überzeugend, wenn man sich vor Augen führt, dass der Gesetzgeber, anstatt auf die für Auslagerungen geltende Verantwortungsregel nach § 36 Abs. 4 KAGB zu verweisen,[858] eine Sonderregelung für die Bewertung geschaffen hat. Ein Grund dafür könnte sein, dass die Durchführung der Bewertungsaufgabe und die Tätigkeit des Bewerters funktional unabhängig von der KVG-Tätigkeit sein müssen.[859] Da die Unabhängigkeit des externen Bewerters dazu führt, dass die Kapitalverwaltungsgesellschaft keinen Einfluss auf die Bewertungsaufgabe nehmen darf, könnte dies bedeuten, dass die Kapitalverwaltungsgesellschaft von der Verantwortlichkeit für die Bewertungsaufgabe frei würde. Die Vorschrift nach § 216 Abs. 7 S. 1 KAGB verhindert dies, indem die Kapitalverwaltungsgesellschaft trotz der Unabhängig des Bewerters für die externe Bewertung durch einen Dritten verantwortlich gezeichnet wird.

Somit beschreibt die gesetzliche Verantwortungsregel nach § 216 Abs. 7 S. 1 KAGB keinen Auslagerungssachverhalt im Sinne des § 36 KAGB, sondern kodifiziert eine auslagerungsähnliche Rechtsfolge.[860] Dafür spricht, dass der Bewerter – ebenso wie die externe Kapitalverwaltungsgesellschaft nach

---

856 § 216 Abs. 7 KAGB gilt für offene Publikums-AIF, und ist über § 271 Abs. 4 KAGB geschlossene Publikums-AIF, sowie über § 278 und § 286 Abs. 1 KAGB für Spezial-AIF anwendbar; zum Bewertungsverfahren, *Kobabe*, in Möllers, Rn. 985 ff.; *Hübner*, WM 2014, 109, 111; vgl. auch Art. 60 Abs. 2 c), Art. 67 Abs. 1 S. 1 Level-2-AIFM-VO; Erwägungsgrund 29 AIFM-RL; *Seidenschwann*, Die Master-Kapitalverwaltungsgesellschaft, S. 124 f.
857 So BaFin, Häufige Fragen zum Thema Auslagerung gemäß § 36 KAGB, Geschäftszeichen WA 41-Wp 2137-2013/0036, 10. Juli 2013, zuletzt geändert am 15. November 2017, Ziffer 1 Abs. 1; *Hüwel*, in Baur/Tappen, KAGB, § 129 Rn. 38.
858 § 36 Abs. 4 KAGB: »Die Kapitalverwaltungsgesellschaft hat ein Verschulden des Auslagerungsunternehmens in gleichem Umfang zu vertreten wie eigenes Verschulden.«
859 § 216 Abs. 1 S. 1 Nr. 2 KAGB: »Die Bewertung der Vermögensgegenstände ist durchzuführen von der AIF-Kapitalverwaltungsgesellschaft selbst, vorausgesetzt die Bewertungsaufgabe ist von der Portfolioverwaltung und der Vergütungspolitik funktional unabhängig und die Vergütungspolitik und andere Massnahmen stellen sicher, dass Interessenkonflikte gemindert und ein unzulässiger Einfluss auf die Mitarbeiter verhindert werden.«
860 Vgl. auch in § 216 Abs. 2 Nr. 2 KAGB wird auf § 36 Abs. 1, 2 und 10 KAGB verwiesen; § 36 KAGB, Art. 20 AIFM-RL; *Tollmann*, in DJKT, AIFM-RL, Art. 19 Rn. 137, 175; nach *Wülfert*, in Baur/Tappen, KAGB, § 216 Rn. 20 eine »Ausprägung allgemeiner Auslegungsgrundsätze«, vgl. aber Rn. 14 »entsprechend anwendbar«.

§ 17 Abs. 2 Nr. 1 KAGB – dem Wortlaut nach »bestellt« wird, wohingegen die anderen Aufgaben »ausgelagert« (§ 36 Abs. 1 S. 1 KAGB), im Wege der Auslagerung »übertragen«[861] oder »delegiert«[862] werden. Die auslagerungsähnliche Rechtsfolge des § 216 Abs. 7 S. 1 KAGB wird durch die Gesetzesbegründung bestätigt. Demnach sind »bei der Bestellung des externen Bewerters [...] neben bestimmten qualitativen Anforderungen, die an den externen Bewerter zu stellen sind, bestimmte Regelungen, die für die Auslagerung gelten, [lediglich] *entsprechend* anwendbar.«[863]

Im Ergebnis verdeutlicht § 216 Abs. 7 S. 1 KAGB, dass die in Anhang I Nr. 2 AIFM-RL genannten Aufgaben grundsätzlich keine originären Aufgaben der Kapitalverwaltungsgesellschaft sind. Eine Ausnahme davon bildet die Bewertungsaufgabe, wofür die Kapitalverwaltungsgesellschaft gemäß § 216 Abs. 7 S. 1, Abs. 1 S. 1 Nr. 2 KAGB ausnahmsweise die Letztverantwortung trägt. Die Vorschrift wäre hingegen überflüssig, wenn es sich bei den in Anhang I Nr. 2 AIFM-RL genannten Aufgaben ohnehin um originäre Aufgaben der Kapitalverwaltungsgesellschaft im Sinne des § 36 KAGB handeln würde. Die externe Bewertung wird daher erst kraft gesetzlicher Anordnung nach § 216 Abs. 7 S. 1 KAGB zu einer zwingenden Aufgabe der Kapitalverwaltungsgesellschaft und darf daher nicht bei der Investmentkommanditgesellschaft verbleiben.[864]

Anhang I Nr. 2 a) iii) Anhang I AIFM-RL umfasst daneben die Aufgabe »Steuererklärungen«. Die Steuererfüllungs- und Erklärungspflicht trägt jedoch die Geschäftsführung der Investmentkommanditgesellschaft.[865] Somit handelt es sich nicht um eine »originäre« oder zwingende Aufgabe der externen Kapitalverwaltungsgesellschaft.

b. Tätigkeiten im Zusammenhang mit den Vermögenswerten Anhang I Nr. 2 c) AIFM-RL

Die Tätigkeiten im Zusammenhang mit den Vermögenswerten des AIF gemäß Anhang I Nr. 2 c) AIFM-RL liegen nach der BaFin-Ansicht originär und zwin-

---

861 Art. 82 Abs. 1 d) Level-2-AIFM-VO, Erwägungsgrund 82 Level-2-AIFM-VO; § 36 X 1 KAGB.
862 § 216 Abs. 4 KAGB »delegieren« und nicht »weiter übertragen« wie bei der Unterauslagerung, § 36 Abs. 6 KAGB; vgl. auch die englische Fassung des Art. 20 AIFM-RL lautet auf »Delegation«.
863 Hervorhebungen durch den Verfasser; Gesetzesbegründung zum KAGB, Bt-Dr. 17/12294, S. 263.
864 Auch im Fall der internen Bewertung, § 216 Abs. 1 S. 1 Nr. 1 KAGB, trägt die Kapitalverwaltungsgesellschaft dafür die Verantwortung und führt die Tätigkeit der Bewertung darüber hinaus auch selbst durch.
865 Siehe unten 4. Teil D.III.8. zur Steuererfüllungs- und Erklärungspflicht.

gend bei der externen Kapitalverwaltungsgesellschaft.[866] Anhang I Nr. 2 c) AIFM-RL umfasst mehrere teilweise sehr unterschiedliche Aufgabenarten, nämlich »Dienstleistungen, die zur Erfüllung der treuhänderischen Pflichten des AIFM [Kapitalverwaltungsgesellschaft] erforderlich sind, das Facility Management, die Immobilienverwaltung, [sowie] die Beratung von Unternehmen über die Kapitalstruktur, die industrielle Strategie und damit verbundene Fragen, Beratungs- und Dienstleistungen im Zusammenhang mit Fusionen und dem Erwerb von Unternehmen und [daneben] weitere Dienstleistungen in Verbindung mit der Verwaltung der AIF und der Unternehmen und anderer Vermögenswerte, in die die AIF investiert haben.«

Sowohl das Facility Management, wie etwa technische Verwaltung und hausmeisterähnliche Tätigkeiten,[867] als auch die Immobilienverwaltung berühren regelmäßig nicht die Dispositionsbefugnis der Vermögensverwerte. Mit diesen Tätigkeiten sind im Vergleich zur Portfolioverwaltung typischerweise keine weitreichenden wirtschaftlichen Folgen für den Fonds verbunden.[868] Allein der Bezug zu den Vermögensgegenständen (wie dies etwa beim Facility Management der Fall ist) begründet keine Wesentlichkeit der Aufgabe, insbesondere dann nicht, wenn es sich lediglich um geringfügige Aufgaben handelt, die kurzfristig auch von anderen Dienstleistern übernommen werden können.[869] Dazu gehören beispielsweise die Wartung technischer Geräte oder sonstige allgemeine Service- und Unterstützungsleistungen, wie Hausmeisterdienste, Gartenpflegearbeiten, Kantine, Reinigungsdienst, Sicherheitsdienst, Brandschutz etc.[870] Diese Tätigkeiten werden in der Praxis regelmäßig nicht von der Kapitalverwaltungsgesellschaft, sondern von externen Dienstleistern erbracht.[871] Dagegen kann beispielsweise die Entscheidung über die Vermietung des Fondsobjekts an einen Großmieter oder die Sanierung von Großimmobilien ein Bestandteil

---

866 BaFin, Häufige Fragen zum Thema Auslagerung gemäß § 36 KAGB, Geschäftszeichen WA 41-Wp 2137-2013/0036, 10. Juli 2013, zuletzt geändert am 15. November 2017, Ziffer 1.
867 *Escher*, Bankrechtstag 2013, 123, 128.
868 Kein Fall der Portfolioverwaltung, § 36 Abs. 1 Nr. 3 KAGB.
869 BaFin, Häufige Fragen zum Thema Auslagerung gemäß § 36 KAGB, Geschäftszeichen WA 41-Wp 2137-2013/0036, 10. Juli 2013, zuletzt geändert am 15. November 2017, Ziffer 15.
870 *Volhard/Jang*, in Weitnauer/Boxberger/Anders, KAGB, § 36 Rn. 9.
871 *Tollmann*, in DJKT, AIFM-RL, Anhang I Rn. 23, 24; *Partsch/Mullmaier*, in Zetzsche, The Alternative Fund Managers Directive, 2012, S. 221; würde die Kapitalverwaltungsgesellschaft die aufsichtsrechtliche Verantwortung dafür tragen, müsste sie dazu aber in der Lage sein und diese Aufgabe im Falle der Nichterbringung durch den Dritten sofort selbst durchführen, wozu die Kapitalverwaltungsgesellschaft kaum im Stande sein wird, vgl. *Bentele*, in Baur/Tappen, KAGB, § 17 Rn. 30; *Verfürth/Emde*, in Emde/Dornseifer/Dreibus, KAGB, § 1 Rn. 310.

der Portfolioverwaltung und somit von der Kapitalverwaltungsgesellschaft zu treffen ist.[872]

i. Beratungsdienstleistungen

Anhang I Nr. 2 c) AIFM-RL nennt außerdem Beratungsdienstleistungen bezüglich Kapitalstruktur, industrieller Strategie sowie im Zusammenhang mit Fusionen und dem Erwerb von Unternehmen. In Abgrenzung zu den »rechtlichen Dienstleistungen sowie Dienstleistungen der Fondsbuchhaltung und Rechnungslegung« nach Anhang I Nr. 2 a) i) AIFM-RL steht ausdrücklich die Beratungstätigkeit im Vordergrund, und zwar nicht nur in rechtlicher, sondern auch in unternehmerischer Hinsicht.

Beratungsleistungen können sowohl den einfachen Anlagevorschlag als auch das Anheimstellen einer vorgefertigten Anlageentscheidung umfassen.[873] Im Unterschied zur Portfolioverwaltung kommt es nach der BaFin für die Abgrenzung zwischen Beratung und Anlageentscheidung bei »Advisory-Modellen« darauf an, ob »die qualifizierte Anlageentscheidung von der Kapitalverwaltungsgesellschaft auf Basis der eigenen Analyse der Anlage für das Investmentvermögen beruht.«[874] Dabei reiche es nicht aus, dass die Anlageempfehlung lediglich einer formalen Kontrolle unterzogen wird, zum Beispiel auf Einhaltung von Anlagegrenzen, und die Gesellschaft die Empfehlung ohne eigene Beurteilung der Anlage durchführt.[875] Nicht näher erläutert wird, wie die eigene Analyse der Kapitalverwaltungsgesellschaft ausgestaltet sein muss. Je nach Bedeutsamkeit der Anlageentscheidung müsse nicht immer eine vollumfängliche und gänzlich autonome Analyse der eigentlichen Anlagefrage erfolgen.[876] Es sollte ausreichen, die eingekaufte Anlageempfehlung zu überprüfen, um dann die Anlageentscheidung selbstständig und unter Betrachtung der materiellen Gesamtsituation zu treffen.

Die bloße Beratungstätigkeit kann im Gegensatz zur Portfolioverwaltung auch am anderen Ende der Skala liegen, nämlich in der Nähe der lediglich unterstützenden Aufgaben.[877] Mit Blick auf die Gesetzgebungshistorie ist zu berücksichtigen, dass einige der in Anhang I Nr. 2 c) AIFM-RL genannten Aufgaben ursprünglich nicht der kollektiven Anlageverwaltung entstammen, sondern

---

872 *Koch*, in Moritz/Klebeck/Jesch, KAGB, § 36 Rn. 98
873 *Campbell*, ZBB 2008, 148, 148 ff.; *Hanten*, in Baur/Tappen, KAGB, § 36 Rn. 28.
874 *Tollmann*, in Möllers, Rn. 1081 ff.; *ders.*, DJKT, AIFM-RL, Art. 20 Rn. 133; *Volhard/Jang*, in Weitnauer/Boxberger/Anders, KAGB, § 36 Rn. 7.
875 BaFin, Häufige Fragen zum Thema Auslagerung gemäß § 36 KAGB, Geschäftszeichen WA 41-Wp 2137-2013/0036, 10. Juli 2013, zuletzt geändert am 15. November 2017, Ziffer 11.
876 *Hanten*, in Baur/Tappen, KAGB, § 36 Rn. 28.
877 *Partsch/Mullmaier*, in Zetzsche, The Alternative Fund Managers Directive, 2012, S. 222.

dem Katalog der Nebendienstleistungen im Sinne der MiFID.[878] Gemäß Anhang I Abschnitt B Nr. 3 umfasst die Erlaubnis nach Art. 6 Abs. 1 MiFID I folgende Nebendienstleistungen:

»Beratung von Unternehmen hinsichtlich der Kapitalstrukturierung, der branchenspezifischen Strategie und damit zusammenhängender Fragen sowie Beratung und Dienstleistungen bei Unternehmensfusionen und -aufkäufen«

Die Formulierung entspricht weitgehend dem Wortlaut nach Anhang I Nr. 2 c) AIFM-RL, sodass die bisher unter einer MiFID-Erlaubnis zugelassenen investment-advisor-Tätigkeiten (MiFID-Beratungsaufgaben) auch unter einer AIFM-Zulassung fortgeführt werden können.[879] Allerdings werden diese Tätigkeiten üblicherweise von Geschäftsbanken und nicht von einem Fondsverwalter erbracht.[880] Auch die Erlaubnisvorschriften nach Art. 6 AIFM-RL und § 20 Abs. 3, §§ 17, 23 KAGB sowie die dort genannten Versagungsgründe nennen die MiFID-Beratungsaufgaben nicht, sodass diese Tätigkeiten für das Erlaubnisverfahren nach dem KAGB keine Rolle spielen und insoweit aufsichtsrechtlich von untergeordneter Bedeutung sind. Da die MiFID-Beratungsaufgaben ursprünglich aus der MiFID zur Ergänzung der zugelassenen Tätigkeiten eines AIFM in den Anhang I AIFM-RL übernommen wurden, sollte diese Aufgaben als optionaler Annex allein bei dem Erlaubnisträger Kapitalverwaltungsgesellschaft angesiedelt sein und dürfen nicht durch Investmentkommanditgesellschaft erbracht werden.

Anhang I Nr. 2 c) AIFM-RL nennt außerdem die »weiteren Dienstleistungen, [die] in Verbindung mit der Verwaltung der AIF und der Unternehmen und anderer Vermögenswerte [stehen], in die die AIF investiert haben«. Diese Formulierung bedeutet, dass Private Equity Fonds, die Kontrolle über ein Beteiligungsunternehmen ausüben, Manager einsetzen und absetzen sowie Einfluss auf das strategische und operative Geschäft nehmen können.[881] Dies ergibt sich bereits aus Art. 26 ff. AIFM-RL betreffend »Pflichten von AIFM, die AIF verwalten, die die Kontrolle über nicht börsennotierte Unternehmen und Emittenten erlangen,«[882] was Anhang I Nr. 2 c) AIFM-RL insoweit klarzustellen scheint. Diese »weiteren Dienstleistungen« nach Anhang I Nr. 2 c) AIFM-RL zählen ebenso wie das Facility Management und die Immobilienverwaltung nicht zum Kernbestand der investmentrechtlichen Anlageverwaltung und werden üblicherweise von Drittdienstleistern erbracht.[883] Dies spricht gegen die aufsichtsrechtliche Relevant dieser Aufgaben.

---

878 MiFID I (2004/39/EG) und unverändert in MiFID II (2014/65/EG).
879 Art. 4 Abs. 1, 6 Abs. 1 MiFID I (2004/39/EG); *Tollmann*, in DJKT, AIFM-RL, Anhang I Rn. 23.
880 *Tollmann*, in DJKT, AIFM-RL, Anhang I Rn. 5.
881 *Tollmann*, in DJKT, AIFM-RL, Anhang I Rn. 25.
882 §§ 287 ff. KAGB; *Bärenz/Steinmüller*, in DJKT, AIFM-RL, Art. 26 Rn. 11.
883 *Tollmann*, in DJKT, AIFM-RL, Anhang I Rn. 24.

ii. Operative Tätigkeiten nach § 1 Abs. 1 S. 1 KAGB

Das Auslegungsschreiben der BaFin zum Anwendungsbereich des KAGB und zum Begriff »Investmentvermögen« könnte Aufschluss darüber geben, ob operative Tätigkeiten außerhalb des Finanzsektors, wie etwa das Facility Management, nach Ansicht der BaFin aufsichtsrechtlich subordinierte Aufgaben im Sinne des § 1 Abs. 1 S. 1 KAGB sind.[884] Nach § 1 Abs. 1 S. 1 KAGB ist ein Investmentvermögen »jeder Organismus für gemeinsame Anlagen, der von einer Anzahl von Anlegern Kapital einsammelt, um es gemäß einer festgelegten Anlagestrategie zum Nutzen dieser Anleger zu investieren und der kein operativ tätiges Unternehmen außerhalb des Finanzsektors ist.«[885] Am Beispielfall der Immobilie führt die BaFin zum Tatbestandsmerkmal »kein operativ tätiges Unternehmen außerhalb des Finanzsektors« Folgendes aus:

»Der Betrieb einer Immobilie (z. B. eines Hotels oder einer Pflegeeinrichtung) ist als *operative* Tätigkeit anzusehen. Auch die Projektentwicklung (Konzeption, Ankauf, Entwicklung der Immobilie und anschließender Verkauf der selbst entwickelten Immobilie) ist als operative Tätigkeit anzusehen. Ferner sind ›facility management‹, Makler- und Bewertungstätigkeiten oder Finanzierungsberatung im Zusammenhang mit dem Kauf oder Verkauf einer Immobilie als operative Tätigkeiten anzusehen. Dagegen stellen der Erwerb, die Vermietung, die Verpachtung, die Verwaltung sowie der Verkauf von Immobilien *keine* operativen Tätigkeiten dar.«[886]

---

[884] BaFin, Auslegungsschreiben zum Anwendungsbereich des KAGB und zum Begriff des »Investmentvermögens«, Geschäftszeichen Q 31-Wp 2137-2013/0006, 14. Juni 2013, zuletzt geändert am 9. März 2015, Ziffer I.7.a., II.1. angelehnt an ESMA, Final report, Guidelines on key concepts of the AIFMD, ESMA/2013/600, 24 May 2013, S. 29.

[885] Das Tatbestandsmerkmal findet sich nicht in Art. 4 Abs. 1 a) AIFM-RL.

[886] Hervorhebungen durch den Verfasser; BaFin, Auslegungsschreiben zum Anwendungsbereich des KAGB und zum Begriff des »Investmentvermögens«, Geschäftszeichen Q 31-Wp 2137-2013/0006, 14. Juni 2013, zuletzt geändert am 9. März 2015, Ziffer I.7.(a.): »Wenn ein operatives Unternehmen zusätzlich zu der operativen Tätigkeit noch Investitionen zu Anlagezwecken tätigt (z.B. Anlage in Finanzinstrumente), ist das unschädlich, solange diese lediglich untergeordnete Neben- oder Hilfstätigkeiten darstellen.«; *Loritz/Uffmann*, WM 2013, 2193, 2201; *Zetzsche/ Preiner*, WM 2013, 2101 2108 ff., vgl. 2110: »Beabsichtigt ist wohl eine Unterscheidung, wonach die ganze Struktur bei Selbstausübung solcher Tätigkeiten zum operativen Unternehmen, bei vollständiger Auslagerung aber zum AIF wird. Eine solche Abgrenzung ist weder praktisch tauglich, noch in den AIF-Merkmalen verankert.«; *Schneider*, in Möllers, Rn. 216 ff., 219; vgl. Schweiz: »Zur Abgrenzung einer gesellschaftsrechtlich organisierten kollektiven Kapitalanlage von einer operativen Gesellschaft mit unternehmerischer Tätigkeit ist eine Gesamtbetrachtung im Einzelfall erforderlich. Diese Gesamtbetrachtung trägt verschiedenen Elementen Rechnung. Auch die Anzahl der Anleger und deren subjektive Auffassung über den Verwendungszweck ihrer Vermögenswerte können dabei als Hilfskriterien eine Rolle spielen.« Schweizer Bundesgerichtsentscheidung vom 5. November 2010, Rs. 2 C 571/2009.

Zunächst ist festzuhalten, dass in dem BaFin-Rundschreiben nicht die operativen Tätigkeiten von den nicht-operativen Tätigkeiten abgegrenzt werden, sondern die operativen Tätigkeiten außerhalb des Finanzsektors von den operativen Tätigkeiten innerhalb des Finanzsektors. Letztere werden dabei verkürzt als »keine operative Tätigkeit« bezeichnet.[887] Die von der BaFin genannten Aufgaben, wie der Betrieb einer Immobilie, die Projektentwicklung oder das Facility Management, sind demnach als operative Tätigkeiten *außerhalb* des Finanzsektors anzusehen. Solche Unternehmen werden daher nicht als Investmentvermögen nach § 1 Abs. 1 S. 1 KAGB qualifiziert.[888]

Nach der Gesetzesbegründung bezweckt das Tatbestandsmerkmal »kein operativ tätiges Unternehmen außerhalb des Finanzsektors« fonds*un*spezifische Unternehmen auszusondern, deren Regulierung schon nach der AIFM-RL nicht vorgesehen ist. Die Gesetzesbegründung führt dazu aus:

»Durch die von der Richtlinie 2011/61/EU vorgegebenen, sehr weiten Merkmale der Definition von Investmentvermögen besteht die Gefahr, dass auch produzierende und andere operativ tätige Unternehmen in den Anwendungsbereich des Gesetzes fallen könnten, *die keine Fonds sind und deren Regulierung nicht mit der Richtlinie 2011/61/EU bezweckt wurde*. Aus diesem Grund wird in [§ 1] Satz 1 klargestellt, dass operativ tätige Unternehmen ausserhalb des Finanzsektors nicht als Organismen für gemeinsame Anlagen gelten.«[889]

Somit handelt es sich bei den genannten operativen Aufgaben gemäß Ziffer I.7.a., II.1. des BaFin-Rundschreibens zum Investmentvermögen, wie dem Betrieb einer Immobilie, der Projektentwicklung oder dem Facility Management, um nicht-fondsspezifische Tätigkeiten, deren Regulierung nach Ansicht des Gesetzgebers von der AIFM-RL nicht bezweckt ist.

Die zuletzt genannten Tätigkeiten entsprechen weitgehend den Tätigkeiten im Zusammenhang mit den Vermögenswerten des AIF nach Anhang I Nr. c) AIFM-RL, die nach der BaFin-Ansicht jedoch originär bei der externen Kapitalverwaltungsgesellschaft liegen würden.[890] In der Konsequenz würden die »nicht-fondsspezifischen Tätigkeiten«, wie etwa das Facility Management oder die Projektentwicklung, zwingend bei der fondsspezifisch tätigen Kapital-

---

[887] BaFin, Auslegungsschreiben zum Anwendungsbereich des KAGB und zum Begriff des »Investmentvermögens«, Geschäftszeichen Q 31-Wp 2137-2013/0006, 14. Juni 2013, zuletzt geändert am 9. März 2015, Ziffer I.7.a. und Ziffer II.1.

[888] BaFin, Auslegungsschreiben zum Anwendungsbereich des KAGB und zum Begriff des »Investmentvermögens«, Geschäftszeichen Q 31-Wp 2137-2013/0006, 14. Juni 2013, zuletzt geändert am 9. März 2015, Ziffer II.1.

[889] Hervorhebungen durch den Verfasser; Gesetzesbegründung zum KAGB, Bt-Dr. 17/12294, S. 201.

[890] BaFin, Häufige Fragen zum Thema Auslagerung gemäß § 36 KAGB, Geschäftszeichen WA 41-Wp 2137-2013/0036, 10. Juli 2013, zuletzt geändert am 15. November 2017, Ziffer 1.

Verwaltungsgesellschaft liegen.[891] Die BaFin würde eine nicht-fondsspezifische operative Tätigkeit zwingend bei der Kapitalverwaltungsgesellschaft ansiedeln, welche in Anlehnung an die Gesetzesbegründung mangels fondsspezifischer Relevanz nicht zu einer Qualifikation als Investmentvermögen führen würde. Die Sichtweise der BaFin verdeutlicht, dass die nicht-fondsspezifischen Tätigkeiten aufsichtsrechtlich von untergeordneter Bedeutung sind, da sie nicht zur Qualifikation als Investmentvermögen führen. Dazu im Widerspruch steht scheinbar die ebenfalls von der BaFin vertretene Ansicht, dass diese Aufgaben zwingend »originär« bei der Kapitalverwaltungsgesellschaft liegen sollen. Da es sich nach dem Auslegungsschreiben der BaFin zum Anwendungsbereich des KAGB und zum Begriff »Investmentvermögen« jedenfalls um nicht-fondsspezifische Tätigkeiten handeln soll, liegt im Ergebnis eine aufsichtsrechtliche Subordination und damit eine lediglich optionale Aufgabenerbringung durch die Kapitalverwaltungsgesellschaft näher als eine – scheinbar wertungsmäßig geschuldete – zwingende Zuständigkeit.

c. Vertrieb nach Anhang I Nr. 2 b) AIFM-RL

Aufsichtsrechtlich gewichtige Aufgaben fallen in den Zuständigkeitsbereich der Kapitalverwaltungsgesellschaft, was auch auf die Vertriebsaufgabe nach Anhang I Nr. 2 b) AIFM-RL zutreffen könnte. Nach der gesetzlichen Definition bedeutet Vertrieb gemäß § 293 Abs. 1 S. 1 KAGB, Art. 4 Abs. 1 x) der AIFM-RL »das direkte oder indirekte, auf Initiative des AIFM oder in dessen Auftrag erfolgende Anbieten oder Platzieren von Anteilen an einem vom AIFM verwalteten AIF an Anleger oder bei Anlegern mit Wohnsitz oder Sitz in der Union.«[892] Unter den Begriff »Anbieten« fallen Angebote im juristischen und im weiteren Sinne, wie etwa eine invitatio ad offerendum[893] oder auch bereits das Werben für ein Investmentvermögen.[894] Die Vertriebsaufgabe wird typischerweise nicht von der Kapitalverwaltungsgesellschaft selbst erbracht, da sie in der Regel über kein (international) ausgeprägtes Vertriebsnetz verfügt. Spezialisierte Drittunternehmen übernehmen den Vertrieb von Investmentanteilen und können dabei auf eine entsprechende Expertise und Ressourcen zurückgreifen.[895] Auch wenn

---

891 Siehe oben 2. Teil C.II.1.b., 2. Teil D.I.6. zur Kapitalverwaltungsgesellschaft als zentralem Regelungsadressaten.
892 Zum Ende der Privatplatzierung, *Voigt*, in Möllers, Rn 156 ff.; *Zingel*, in Baur/Tappen, KAGB, § 293 Rn. 2, 9 ff.; näher zum Vertrieb, *Wallach*, ZBB 2016, 287, 290.
893 BaFin, Häufige Fragen zum Vertrieb und Erwerb von Investmentvermögen nach dem KAGB, Geschäftszeichen WA 41-Wp 2137-2013/0293, 4. Juli 2013, zuletzt geändert am 20. März 2015, Ziffer 1.1.
894 Kritisch dazu *Weitzel/Herkströter*, in Beckmann/Scholtz/Vollmer, vor 405, Rn. 205; zum einschränkenden Kriterium der Produktbezogenheit, *Zingel*, in Baur/Tappen, KAGB, § 293 Rn. 5, sowie 14 ff.
895 *Tollmann*, in DJKT, AIFM-RL, Anhang I Rn. 5.

der Vertrieb kein Teil der Portfolioverwaltung ist, hat die Vertriebsorganisation andererseits einen erheblichen Einfluss auf den Anlageerfolg des Fonds.[896] Die Vertriebskette erfordert einen großen personellen Aufwand. Insbesondere bei grenzüberschreitenden Sachverhalten, wie sie in der Praxis häufig anzutreffen sind, werden komplexe Vertragsstrukturen geschaffen und aufrechterhalten.[897] Dass der Gesetzgeber den Vertrieb für bedeutsam hält, veranschaulichen die detaillierten Vertriebsanforderungen nach §§ 293 ff. KAGB. Allerdings beschränkt sich die AIFM-RL in Art. 43 darauf, die Regulierung des Vertriebs an Kleinanleger den Mitgliedstaaten zu überlassen,[898] was eher gegen eine aufsichtsrechtliche Relevanz dieser Tätigkeit im Sinne der AIFM-RL spricht. Die Vertriebsaufgabe berührt auch nicht die Disposition der Vermögensgegenstände und ist keine Tätigkeit, die in der Nähe zur Anlageentscheidung steht. Es handelt sich vielmehr um eine Tätigkeit, die die davon zu trennende Portfolioverwaltung und das Investment insgesamt vermarktet.

Die BaFin behielt sich lange Zeit eine Entscheidung darüber vor, ob der Vertrieb zu den originären Tätigkeiten der Kapitalverwaltungsgesellschaft zählt: In Ziffer 10.1 KAMaRisk vom 10. Januar 2017 war bereits zu vernehmen, dass der Vertrieb von Investmentanteilen typischerweise keine Tätigkeit sei, die von der Kapitalverwaltungsgesellschaft selbst erbracht würde.[899] In dem BaFin-Q&A zu § 36 KAGB vom 15. November 2017 wird nun in Übereinstimmung mit der KaMaRisk klargestellt, dass der »Vertrieb von Investmentanteilen durch Intermediäre [Vertriebspartner] regelmäßig kein Fall der Auslagerung«, sondern bloßer Fremdbezug von Leistungen, darstelle.[900]

Indem die BaFin im BaFin-Q&A zu § 36 KAGB neuerdings den Begriff der originären Aufgaben in Ziffer 1 auch auf solche Aufgaben erweitert hat, die einen bloßen Fremdbezug von Leistungen darstellen,[901] kann sie den Vertrieb vordergründig weiterhin als »originäre« Aufgabe einer Kapitalverwaltungsgesellschaft einordnen, obwohl bei deren Drittwahrnehmung regelmäßig keine Auslagerungsregeln greifen sollen.

Der von der BaFin ursprünglich vertretene Universalzuständigkeit im Sinne einer umfassenden Auslagerungsverantwortlichkeit für alle in Anhang I Nr. 2

---

896 A.A. *Partsch/Mullmaier*, in Zetzsche, The Alternative Fund Managers Directive, 2012, S. 221 »not crucial or important«, sowie *Zetzsche*, in *ders.*, S. 166, 167.
897 *Müchler*, Die Investmentaktiengesellschaft mit veränderlichem Kapital, S. 301 f. weist die fehlenden Organisationsanforderungen der tradierten Investmentaktiengesellschaft hin.
898 Siehe oben 2. Teil D.I.3.a.i. zum Vertrieb an Kleinanleger.
899 BaFin, Rundschreiben 01/2017 (WA) – Mindestanforderungen an das Risikomanagement von Kapitalverwaltungsgesellschaften – »KAMaRisk« in der Fassung vom 10. Januar 2017, Ziffer 10.1.
900 BaFin, Häufige Fragen zum Thema Auslagerung gemäß § 36 KAGB, Geschäftszeichen WA 41-Wp 2137-2013/0036, 10. Juli 2013, zuletzt geändert am 15. November 2017, Ziffer 1.
901 Siehe oben 4. Teil B.VI. zum bloßen Fremdbezug von Dienstleistungen.

AIFM-RL genannten Aufgaben wird damit durchbrochen:[902] Die Vertriebsaufgabe nach Anhang I Nr. 2 b) AIFM-RL ist nach Ansicht der BaFin der Zuständigkeit der Kapitalverwaltungsgesellschaft im Sinne einer Auslagerungsverantwortlichkeit entzogen, denn die BaFin kommt – unabhängig von der rein begrifflichen Einordnung als originäre Aufgabe – zu dem Schluss, dass die Kapitalverwaltungsgesellschaft für den Vertrieb regelmäßig keine Auslagerungsverantwortlichkeit trägt und die Vertriebsaufgabe von untergeordneter aufsichtsrechtlicher Relevanz ist.

Diese Sichtweise erscheint aufgrund der obigen Ausführungen zur aufsichtsrechtlichen Relevanz der Vertriebsaufgabe mit guten Gründen vertretbar und stimmt auch mit den bisherigen Untersuchungsergebnissen bezüglich der anderen in Anhang I AIFM-RL genannten – regelmäßig weniger gewichtigen – Aufgaben überein.[903] Allerdings ist die Bedeutung des Vertriebs für das Investment nicht unerheblich und es drängt sich die Frage auf, aus welchen Gründen beispielsweise das Facility Management, deren Drittwahrnehmung nach der BaFin weiterhin ein Auslagerungsfall darstellen soll, gewichtiger sein soll als die Vertriebsaufgabe. Indem die BaFin sogar die nicht gänzlich unerhebliche Aufgabe des Vertriebs als aufsichtsrechtlich untergeordnete Aufgabe qualifiziert, deren Erbringung durch ein Drittunternehmen einen bloßen Fremdbezug von Leistungen darstellen soll, wird der zuvor vertretene Grundsatz der Universalzuständigkeit der Kapitalverwaltungsgesellschaft durchbrochen. Es wäre wünschenswert, wenn die BaFin ihre Einschätzung bezüglich der Vertriebsaufgabe auch bezüglich der anderen in Anhang I Nr. 2 AIFM-RL genannten Aufgaben mit der Folge angleichen würde, dass diese Aufgaben im Fall der Übertragung auf Dritte regelmäßig keinen Auslagerungssachverhalt darstellen.[904]

d. Briefkastenregelung

Um die Effektivität der Binnenmarktaufsicht über Kapitalverwaltungsgesellschaften sicherzustellen, fordert Art. 82 Abs. 1 AIFM-Level-2-VO i. V. m. § 36 Abs. 5, Abs. 10 S. 1 KAGB, dass die Kapitalverwaltungsgesellschaft als Erlaubnisträgerin ein bestimmtes Maß an investmentrechtlich relevanten Aufga-

---

902 Siehe oben 4. Teil B. zum Ansatz der Universalzuständigkeit der Kapitalverwaltungsgesellschaft.
903 Siehe oben 4. Teil B.VI.4. zur Subsumtion des Aufgabenspektrums anhand der aufsichtsrechtlichen Relevanz; *Herring*, WM 2016, 298, 298 ff.; vgl. auch § 33 KAGB, dem zufolge auf die »Werbung von extern verwalteten Investmentgesellschaften« das BaFin-Interventionsrecht nach § 23 KWG entsprechend anzuwenden ist.
904 Zu den Ausnahmen, siehe oben: Bewertungsaufgabe nach Anhang I Nr. 2 a) iii) AIFM-RL i.V.m. § 216 Abs. 7 S. 1 KAGB (4. Teil B.VI.5.a.v.) sowie zu den für die Kapitalverwaltungsgesellschaft optional erbringbaren »investment-advisor«-Tätigkeiten nach Anhang I Nr. 2 c) AIFM-RL (4. Teil B.VI.5.b).

ben erbringt. Die Kapitalverwaltungsgesellschaft darf Aufgaben nicht in einem Umfang übertragen, der dazu führt, dass sie nicht länger als Verwaltungsgesellschaft angesehen werden kann und zu einer Briefkastenfirma wird.[905] Art. 82 Abs. 1 AIFM-Level-2-VO i. V. m. § 36 Abs. 5, Abs. 10 S. 1 KAGB erfordert ein Mindestmaß an Aufgabenerbringung durch die Kapitalverwaltungsgesellschaft und stellt dabei auf solche Aufgabentypen ab, die für das Briefkastenverbot relevant sind, nämlich solche Aufgaben, deren Nichterbringung dazu führen würde, dass die Kapitalverwaltungsgesellschaft nicht mehr als Verwalter angesehen wird. Sofern die Nebenverwaltungsaufgaben nach Anhang I Nr. 2 AIFM-RL von der Briefkastenregelung erfasst werden, würde dies dafürsprechen, dass die diese Aufgaben aufsichtsrechtlich gewichtig sind.

Zunächst betreffen Art. 82 Abs. 1 *a)* AIFM-Level-2-VO lediglich die Fachkenntnisse und Ressourcen der Kapitalverwaltungsgesellschaft und Art. 82 Abs. 1 *c)* AIFM-Level-2-VO den Verlust von vertraglichen Eingriffsrechten der Kapitalverwaltungsgesellschaft gegenüber ihren Vertragspartnern. Somit geht es in beiden Fällen nicht um den Aufgabenumfang. Die Vorschrift nach Art. 82 Abs. 1 *b)* AIFM-Level-2-VO stellt allein auf die Leitungs- und Kontrollaufgaben nach Art. 57 ff. AIFM-Level-2-VO und nicht auf die Nebenverwaltungsaufgaben ab.[906]

Weiterhin darf die Kapitalverwaltungsgesellschaft gemäß Art. 82 Abs. 1 *d)* AIFM-Level-2-VO »Funktionen der Anlageverwaltung« nicht in einem Umfang übertragen, der die Wahrnehmung solcher Funktionen durch den AIFM selbst deutlich überschreitet. Bei dieser Bewertung der Auslagerungsstruktur könnte möglicherweise berücksichtigt werden, inwieweit die Nebenverwaltungsaufgaben auf Dritte übertragen wurden. Der Begriff »Funktionen der Anlageverwaltung« umfasst dem Wortlaut nach jedoch allein die Anlageverwaltungsfunktionen »Portfolioverwaltung und Risikomanagement« nach Anhang I Nr. 1 AIFM-RL und nicht die »anderen Aufgaben« (Nebenverwaltungsaufgaben) nach Anhang Nr. 2 AIFM-RL. Außerdem stellt Art. 82 Abs. 1 AIFM-Level-2-VO darauf ab, dass die Kapitalverwaltungsgesellschaft dann nicht mehr als »Verwalter« angesehen werden kann; dies ist nach der europäischen und deutschen Erlaubnissystematik nur dann der Fall, wenn die Anlageverwaltungsfunktionen nicht erbracht werden.[907] Der Gesetzeswortlaut und die gesetzliche Wertung sprechen

---

905 Zu den Kapitalverwaltungsgesellschaft-Modellen: Advisory-Modelle (zulässig); Multi-Manager-Fonds (unzulässig, § 17 Abs. 3 KAGB); White (Private)-Labeling-Modelle, Master-KAG-Modell unzulässig, *Volhard/Jang*, in Weitnauer/Boxberger/Anders, KAGB, § 36 Rn. 7; a.A. *Schücking*, in Moritz/Klebeck/Jesch, KAGB, § 17 Rn. 55, der auf ein Fortbestehen im Rahmen des § 36 KAGB verweist, die Modelle seien nach *Tollmann*, in Möllers, Rn. 1081 ff.; *ders*, DJKT, AIFM-RL, Art. 5 Rn. 11 f.; Art. 20 Rn. 132 ff. weiterhin in abgewandelter Form zulässig.
906 Siehe oben 4. Teil B.VI.4.c.ii. zur Nichtauslagerbarkeit der Kontroll- und Leitungsaufgaben.
907 Erwägungsgrund 91 Level-2-AIFM-VO; Erlaubnisanforderungen, § 23 Nr. 9 und 10 KAGB bzw. Art. 6 Abs. 5 AIFM-RL.

somit dafür, dass die Nebenverwaltungsaufgaben im Rahmen des Art. 82 Abs. 1 d) AIFM-Level-2-VO keine Berücksichtigung finden.
Diese Ansicht wird in Ziffer 11 des BaFin-Q&A zu § 36 KAGB in der Verwaltungspraxis bestätigt. Demnach bezieht sich die Beurteilung nach Art. 82 Abs. 1 d) AIFM-Level-2-VO »jedoch auch in quantitativer Hinsicht ausschließlich auf die Anlageverwaltungsfunktionen, d. h. auf die Portfolioverwaltung und das Risikomanagement (vgl. Anhang I Nummer 1 der AIFM-RL). Die administrativen Tätigkeiten können das ausgelagerte Portfolio- und Risikomanagement daher nicht aufwiegen bzw. können für die quantitative Beurteilung im Sinne des Artikels 82 Absatz 1 Buchstabe d der AIFM-VO nicht herangezogen werden.«[908]
Somit liegt eine Briefkastenfirma nach Art. 82 Abs. 1 d) AIFM-Level-2-VO nur dann vor, wenn die Anlageverwaltungsfunktionen – also die Portfolioverwaltung und das Risikomanagement – übermäßig, sprich nach Maßgabe der in Art. 82 Abs. 1 d) AIFM-Level-2-VO genannten Aspekte wie etwa der Art der Aufgabe oder dem Risikoprofil der Kapitalverwaltungsgesellschaft, an Dritte ausgelagert werden. Hingegen ist es zulässig, alle oder einzelne Nebenverwaltungsaufgaben nach Anhang I Nr. 2 AIFM-RL durch Dritte ausüben zu lassen, ohne dass das Substanzerfordernis verletzt wird.[909] Die Nebenverwaltungsaufgaben sind daher nach der gesetzlichen Wertung generell von untergeordneter Bedeutung.

6. Zwischenergebnis zur aufsichtsrechtlichen Relevanz der Aufgaben

Die investmentrechtlichen Aufgabentypen lassen sich anhand ihrer aufsichtsrechtlichen Relevanz unterscheiden. Im Gegensatz zu aufsichtsrechtlich weniger gewichtigen Aufgaben dürfen wesentliche Aufgaben ausschließlich im Wege der Auslagerung auf Dritte übertragen werden. Das Kriterium der aufsichtsrechtlichen Relevanz stellt eine Ausprägung des in der AIFM-RL angelegten Verhältnismäßigkeitsgrundsatzes dar und sollte durch das tradierte Wesentlichkeitskriterium konkretisiert werden:
Da die *Leitungs- und Kontrollaufgaben* nach Art. 60 f., 57 ff. AIFM-Level-2-VO von aufsichtsrechtlicher Maximalbedeutung sind, können diese Aufgaben nicht ausgelagert werden, sondern sind stets von der Geschäftsleitung der Kapitalverwaltungsgesellschaft auszuüben (absolute Kernaufgaben). Die *Anlageverwaltungsfunktionen* nach Anhang I Nr. 1 AIFM-RL, also die Portfolioverwaltung und das Risikomanagement, müssen erbracht werden, um eine KVG-Erlaubnis

---

908 BaFin, Häufige Fragen zum Thema Auslagerung gemäß § 36 KAGB, Geschäftszeichen WA 41-Wp 2137-2013/0036, 10. Juli 2013, zuletzt geändert am 15. November 2017, Ziffer 11.
909 BaFin, Häufige Fragen zum Thema Auslagerung gemäß § 36 KAGB, Geschäftszeichen WA 41-Wp 2137-2013/0036, 10. Juli 2013, zuletzt geändert am 15. November 2017, Ziffer 11; sich anschließend *Tollmann*, in Möllers, Rn. 1078.

zu erlangen und sind aufsichtsrechtlich von großer Relevanz. Sie gehören zu den Kernaufgaben der Kapitalverwaltungsgesellschaft und können unter strengen Voraussetzungen auf Dritte ausgelagert werden, § 36 Abs. 1 Nr. 3 KAGB (relative Kernaufgaben).

Die *Nebenverwaltungsaufgaben* nach Anhang I Nr. 2 AIFM-RL lassen sich dagegen nicht pauschal als aufsichtsrechtlich relevant qualifizieren, sodass die Wahrnehmung solcher Aufgaben durch Dritte oftmals keinen Auslagerungssachverhalt darstellt. Sie sind von untergeordneter Bedeutung. Dies wird dadurch bestätigt, dass die Nebenverwaltungsaufgaben bei der Bewertung, ob eine Briefkastenfirma vorliegt, außer Betracht bleiben. Weiterhin sollten und müssen die Nebenverwaltungsaufgaben teilweise von Dritten, insbesondere auch von der Investmentkommanditgesellschaft, erbracht werden.[910] Maßgeblich sind jedoch die Umstände des Einzelfalls; insbesondere können Umfang und Intensität der (Teil-)Aufgaben beispielsweise aufgrund der Komplexität der konkreten Fondsstruktur variieren.

– *Kontraktabrechnungen, Kundenanfragen* sowie die *Führung von Aufzeichnungen* haben gewöhnlich keinen Einfluss auf die Anlagestrategie. Sie sind risikoarm, nicht übermäßig komplex und sollten nicht zwingend bei der Kapitalverwaltungsgesellschaft liegen. Auch *Fondsbuchhaltung und Rechnungslegung* sind reine administrative Aufgaben, die aufsichtsrechtlich von untergeordneter Bedeutung sind.

– Die *Überwachung der Einhaltung der Rechtsvorschriften* meint die operative Compliance-Funktion, die von der übergeordneten Compliance-Funktion der Geschäftsführung nach Art. 60 Abs. 2 d) Hs. 1 AIFM-Level-2-VO, § 17 Abs. 3 KAGB zu unterscheiden ist. Die operative Compliance-Funktion stellt tendenziell eine wesentliche Aufgabe dar, die jedoch in Teilbereichen, etwa bei der einmaligen Verwendung handelsüblicher Software, nur als bloßer Fremdbezug von Leistungen zu qualifizieren ist.

– Die Aufgabe der *Ausgabe und Rücknahme von Anteilen* sowie die *Gewinnausschüttung* ist im Fall einer extern verwalteten Investmentkommanditgesellschaft eine Angelegenheit der InvKG-Gesellschafter bzw. der die Investmentkommanditgesellschaft vertretenden Geschäftsführer, was eine schuldrechtliche Einbindung der Kapitalverwaltungsgesellschaft, beispielsweise im Wege einer Vollmacht zur Aufnahme von neuen Anlegerkommanditisten, nicht ausschließt.

– *Rechtliche Dienstleistungen* dürfen als Nebenleistungen von der Kapitalverwaltungsgesellschaft erbracht werden.

– Die *Bewertungsaufgabe* ist – als Ausnahme zu den anderen in Anhang I Nr. 2 AIFM-RL genannten Aufgaben – eine gesetzlich zwingende Aufgabe

---

910 Siehe unten 5. Teil D.II.15. zur Ausgabe und Rücknahme von Anteilen, 4. Teil D.III.8. zur Steuererfüllungs- und Erklärungspflicht.

der Kapitalverwaltungsgesellschaft, die ihr kraft gesetzlicher Sonderzuweisung nach § 216 Abs. 7 S. 1 KAGB obliegt und nur im Wege der Auslagerung auf Dritte übertragen werden kann.

- Die *Steuererklärungen* betreffend die Investmentkommanditgesellschaft sind von der InvKG-Geschäftsführung und nicht von der Kapitalverwaltungsgesellschaft abzugeben.

- *Tätigkeiten im Zusammenhang mit den Vermögenswerten*, wie etwa das Facility Management, stehen außerhalb der Kerntätigkeit einer Kapitalverwaltungsgesellschaft. Es handelt sich um fonds*un*spezifische Tätigkeiten außerhalb des Richtlinienzwecks, die aufsichtsrechtlich von untergeordneter Bedeutung sind. Die MiFID-*Beratungsaufgaben* dürfen als Annex zur KVG-Erlaubnis von der Kapitalverwaltungsgesellschaft zusätzlich erbracht werden, ohne dass dafür eine Sondererlaubnis erforderlich ist. Beratungsdienstleistungen sind unter Wesentlichkeitsgesichtspunkten eher als unterstützende Tätigkeiten einzustufen, auch wenn sie im Einzelfall einen erheblichen Einfluss auf die Anlagestrategie haben können.

- Der *Vertrieb* wird typischerweise nicht von der Kapitalverwaltungsgesellschaft selbst erbracht. Nach der geänderten Verwaltungspraxis stellt der Vertrieb von Investmentanteilen im Fall der Drittwahrnehmung regelmäßig keine Auslagerung dar und muss nicht zwingend von der Kapitalverwaltungsgesellschaft erbracht werden.

Indem die BaFin erklärt, dass die Vertriebstätigkeit durch Dritte regelmäßig keine Auslagerung darstellt, stellt sie fest, dass die Kapitalverwaltungsgesellschaft grundsätzlich nicht für diese Aufgaben im Sinne einer Auslagerungsverantwortlichkeit zuständig ist.[911] Die Untersuchung hat gezeigt, dass auch die anderen administrativen Tätigkeiten und Aufgaben im Zusammenhang mit den Vermögenswerten des AIF nach Anhang I Nr. 2 AIFM-RL überwiegend risikoärmer im Vergleich zu den Anlageverwaltungsfunktionen oder den Geschäftsleitungsfunktionen sind bzw. typischerweise nicht von der Kapitalverwaltungsgesellschaft selbst erbracht werden. Die Verwaltungspraxis sollte daher – wie beim Vertrieb – klarstellen, dass auch die anderen in Anhang I Nr. 2 AIFM-RL genannten Nebenverwaltungsaufgaben aufsichtsrechtlich von untergeordneter Bedeutung sind und ihre Wahrnehmung durch Dritte regelmäßig keinen Auslagerungssachverhalt darstellt.[912]

---

911 Siehe unten 4. Teil B.VII. zur Verantwortung der Kapitalverwaltungsgesellschaft für den sonstigen Fremdbezug von Leistungen.
912 Vorbehaltlich einer Einzelfallbetrachtung; zu den Ausnahmen, siehe oben: Bewertungsaufgabe nach Anhang I Nr. 2 a) iii) AIFM-RL i.V.m. § 216 Abs. 7 S. 1 KAGB (4. Teil B.VI.5.a.v.) sowie zu »investment-advisor«-Tätigkeiten nach Anhang I Nr. 2 c) AIFM-RL (4. Teil B.VI.5.b).

4. Teil Investmentrechtliche Aufgabenzuordnung

VII. Übergeordnete Compliance-Verantwortung der Kapitalverwaltungsgesellschaft (§ 17 Abs. 3 KAGB)

Über die zuvor betrachtete aufsichtsrechtliche Relevanz einzelner Aufgaben hinaus könnte die übergeordnete Compliance-Verantwortung der Kapitalverwaltungsgesellschaft dazu führen, dass alle Aufgaben nach Anhang I Nr. 2 AIFM-RL bei der Kapitalverwaltungsgesellschaft liegen müssen.

1. Typen von Verantwortung

In dem BaFin-Q&A zu § 36 KAGB begründet die BaFin die Universalzuständigkeit der Kapitalverwaltungsgesellschaft wie folgt:

»§ 17 Absatz 3 KAGB (Artikel 5 Absatz 1 der AIFM-RL) [sieht] vor, dass die Kapitalverwaltungsgesellschaft für die Einhaltung aller Anforderungen des Gesetzes verantwortlich ist (vgl. Anhang I Nr. 2 Buchstabe iv) der AIFM-RL).«[913]

Zunächst wird in dem BaFin-Q&A zu § 36 KAGB nicht zwischen der übergeordneten Compliance-Verantwortung im Sinne des § 17 Abs. 3 KAGB, Art. 5 Abs. 1 AIFM-RL und der Aufgabe »Überwachung der Einhaltung der Rechtsvorschriften« im Sinne des Anhangs I Nr. 2 iv) der AIFM-RL (operative Compliance-Funktion) differenziert: Die übergeordnete Compliance-Verantwortung nach § 17 Abs. 3 KAGB, Art. 60 Abs. 2 d) Hs. 1 AIFM-Level-2-VO ist von aufsichtsrechtlicher Maximalbedeutung und darf nicht ausgelagert werden.[914] Dagegen gehört die (operative) »Überwachung der Einhaltung der Rechtsvorschriften« zu den administrativen Tätigkeiten nach Anhang I Nr. 2 a) AIFM-RL, die auch gemäß Art. 60 Abs. 2 d) Hs. 2 AIFM-Level-2-VO auf Dritte übertragen werden können.[915]

Dabei sollte die Auslagerungsverantwortlichkeit nach § 36 KAGB nicht mit der Compliance-Verantwortung nach § 17 Abs. 3 KAGB gleichgesetzt werden, da es sich wesensmäßig um unterschiedliche Verantwortungsarten handelt: Eine Auslagerungsverantwortlichkeit entsteht, wenn eine aufsichtsrechtlich bedeutsame Aufgabe von einem Dritten ausgeübt wird und kein bloßer Fremdbezug von Leistungen vorliegt. Die Abgrenzung zwischen Auslagerung und bloßem

---

913 BaFin, Häufige Fragen zum Thema Auslagerung gemäß § 36 KAGB, Geschäftszeichen WA 41-Wp 2137-2013/0036, 10. Juli 2013, zuletzt geändert am 15. November 2017, Ziffer 1.
914 Siehe oben 4. Teil B.VI.4.c., 4. Teil B.VI.5.a.ii.; neben Art. 60 Abs. 2 d) Hs. 1 Level-2-AIFM-VO ist auch die Allgemeine Organisationsverantwortung nach Art. 57 Level-2-AIFM-VO zu beachten.
915 Aus der Fassung bis zum 15. November 2017 ließ sich aus BaFin, Häufige Fragen zum Thema Auslagerung gemäß § 36 KAGB, Geschäftszeichen WA 41-Wp 2137-2013/0036, 10. Juli 2013, zuletzt geändert am 15. November 2017, Ziffer 1 ableiten, dass alle in Anhang I AIFM-RL genannten Aufgaben nur im Wege der Auslagerung auf Dritte übertragen werden können, dazu siehe oben 4. Teil B.

Fremdbezug von Leistungen vollzieht sich anhand der aufsichtsrechtlichen Relevanz der Aufgabe im Einzelfall (vgl. etwa Einfluss auf die Anlagestrategie, Nähe zur Dispositionsbefugnis etc.) und zwar unabhängig vom Bestehen einer übergeordneten Compliance-Verantwortung.[916] Indem die BaFin erklärt, dass die Ausübung des Vertriebs durch Dritte regelmäßig keine Auslagerung darstellt und die Kapitalverwaltungsgesellschaft dafür trotzdem eine – davon verschiedene – Verantwortung im Sinne des § 17 Abs. 3 KAGB trägt,[917] unterscheidet die BaFin selbst zwischen der Auslagerungsverantwortlichkeit und der übergeordneten Compliance-Verantwortung. Bei einem Gleichlauf der Verantwortungsarten wären alle Tätigkeiten, für welche die Kapitalverwaltungsgesellschaft die übergeordnete Compliance-Verantwortung hat, gleichzeitig Aufgaben, für die die Auslagerungsregeln gelten würden. Die Auslagerungsregeln sind auf die übergeordneten Organisations- und Compliance-Verantwortlichkeiten jedoch nicht anwendbar, da diese Aufgaben der Geschäftsführung von höchster aufsichtsrechtlicher Bedeutung sind und nicht ausgelagert werden dürfen.[918] Weiterhin sind eine Uferlosigkeit der strengen Auslagerungsregeln sowie eine unverhältnismäßige Belastung der Kapitalverwaltungsgesellschaft nach dem Willen des Gesetzgebers und nach Ansicht der Aufsichtsbehörden zu vermeiden.[919] Somit sollte die übergeordnete Compliance-Verantwortung nach § 17 Abs. 3 KAGB, Art. 5 Abs. 1 AIFM-RL und Art. 57 ff., 60 Abs. 2 AIFM-Level-2-VO nicht als Begründung für eine Auslagerungsverantwortlichkeit herangezogen werden, da dies bereits den gesetzlich vorgegebenen Aufgaben- und Verantwortungsarten nicht gerecht würde.

2. Reichweite der übergeordneten Compliance-Verantwortung

In der Auslegungsentscheidung der BaFin vom 21. Dezember 2017 heißt es wie folgt:

»Wird eine externe Kapitalverwaltungsgesellschaft beauftragt, eine AIF-Investmentgesellschaft zu verwalten, ist sie somit nicht nur für die Portfolioverwaltung und das Risikomanagement, sondern auch für die anderen im Anhang I der AIFM-RL geschilderten Tätigkeiten verantwortlich. Für dieses Verständnis spricht [...] insbesondere § 17 Abs. 3 KAGB, der Art. 5 Abs. 1 AIFM-RL umsetzt. Danach ist die Kapitalverwaltungsgesellschaft bei

---

916 Siehe 4. Teil B.VI.3. zu den Wesentlichkeitskriterien.
917 BaFin, Häufige Fragen zum Thema Auslagerung gemäß § 36 KAGB, Geschäftszeichen WA 41-Wp 2137-2013/0036, 10. Juli 2013, zuletzt geändert am 15. November 2017, Ziffer 1 Abs. 1.
918 Siehe oben 4. Teil B.VI.4.c.zu den Kontroll- und Leitungsaufgaben.
919 Erwägungsgrund 31 der AIFM-RL, Erwägungsgrund 82 Level-2-AIFM-VO; BaFin, Häufige Fragen zum Thema Auslagerung gemäß § 36 KAGB, Geschäftszeichen WA 41-Wp 2137-2013/0036, 10. Juli 2013, zuletzt geändert am 15. November 2017, Ziffer 3 Abs. 1; ESMA, Finale Entwurfsempfehlung an die EU-Kommission, ESMA/2011/379, 16. November 2011, S. 123; *Herring/Kunschke*, WM 2017, 298, 302 verweisen auf das Grundrecht der Berufsfreiheit.

jedem Investmentvermögen für die Einhaltung der Anforderungen nach dem KAGB verantwortlich. Die Kapitalverwaltungsgesellschaft kann dieser Verantwortung nur dann nachkommen, wenn sie die Aufgaben, die zur kollektiven Vermögensverwaltung gehören, tatsächlich auch selbst wahrnehmen kann.«[920]

Zur Beantwortung der Frage, ob die Kapitalverwaltungsgesellschaft für alle in Anhang I AIFM-RL genannten Aufgaben verantwortlich ist, verweist die BaFin auf die übergeordnete Compliance-Verantwortung der Kapitalverwaltungsgesellschaft (§ 17 Abs. 3 KAGB, Art. 5 Abs. 1 AIFM-RL),[921] die (alle) Aufgaben der kollektiven Vermögensverwaltung umfassen würde. Welche Aufgaben zum Verantwortungsbereich einer Kapitalverwaltungsgesellschaft gehören, insbesondere ob die Nebenverwaltungsaufgaben davon umfasst sind, steht jedoch in Frage. Da die BaFin auf § 17 Abs. 3 KAGB verweist, um damit eine Universalzuständigkeit der Kapitalverwaltungsgesellschaft zu begründen, wird im Folgenden untersucht, ob und inwieweit diese Vorschrift verlangt, dass die Kapitalverwaltungsgesellschaft alle in Anhang I AIFM-RL genannten Aufgaben erbringen muss: Zunächst kann nach § 17 Abs. 3 KAGB für jedes Investmentvermögen nur eine Kapitalverwaltungsgesellschaft zuständig sein, die für die Einhaltung der Anforderungen dieses Gesetzes verantwortlich ist. Die Vorschrift setzt Art. 5 Abs. 1 S. 1 AIFM-RL[922] in nationales Recht um und wird durch die Organisationsanforderungen nach Art. 57 ff., 60 f. AIFM-Level-2-VO inhaltlich konkretisiert.[923] Speziell zur übergeordneten Compliance-Verantwortung nach Art. 60 Abs. 2 d) Hs. 1 AIFM-Level-2-VO heißt es in Art. 61 Abs. 1 AIFM-Level-2-VO:

»AIFM legen angemessene Grundsätze und Verfahren fest, die darauf ausgelegt sind, jedes Risiko einer etwaigen Missachtung der in der Richtlinie 2011/61/EU *festgelegten Pflichten durch den betreffenden* AIFM sowie die damit verbundenen Risiken aufzudecken, setzen diese um und erhalten sie aufrecht, und führen angemessene Massnahmen und Verfahren ein, um dieses Risiko auf ein Mindestmass zu beschränken und die zuständigen Behörden in die Lage zu versetzen, ihre Befugnisse im Rahmen dieser Richtlinie wirksam auszuüben. Die AIFM tragen der Art, dem Umfang und der Komplexität

---

920 BaFin, Auslegungsentscheidung zu den Tätigkeiten einer Kapitalverwaltungsgesellschaft und der von ihr extern verwalteten AIF-Investmentgesellschaft, WA 41-Wp 2100-2016/0001, 21. Dezember 2017, Ziffer II.2.
921 Die »Einhaltung der Anforderungen nach dem KAGB verantwortlich« in BaFin, Auslegungsentscheidung zu den Tätigkeiten einer Kapitalverwaltungsgesellschaft und der von ihr extern verwalteten AIF-Investmentgesellschaft, WA 41-Wp 2100-2016/0001, 21. Dezember 2017, Ziffer II.2. deutet eher auf Art. 60 Abs. 2 d) Hs. 1 Level-2-AIFM-VO als auf die allgemeine Organisationsverantwortung nach Art. 57 Level-2-AIFM-VO.
922 Gesetzesbegründung zum KAGB, Bt-Dr. 17/12294, S. 212.
923 So wird in der KAMaRisk unter Ziffer 3 »Gesamtverantwortung der Geschäftsleitung« bezüglich der Risikomanagement-Funktion auf die die Kontroll- und Leitungsaufgaben nach Art. 60 Abs. 2 g) Level-2-AIFM-VO und Art. 60 Abs. 2 e) Level-2-AIFM-VO verwiesen.

ihrer Geschäfte sowie der Art und dem Spektrum der im Zuge dieser Geschäfte erbrachten Dienstleistungen und Tätigkeiten Rechnung.«[924]

Demnach muss eine Kapitalverwaltungsgesellschaft zwar Grundsätze und Verfahren festlegen, damit die anwendbaren rechtlichen Anforderungen eingehalten werden. Um die Compliance-Pflichten nicht zu überspannen, stellt Art. 61 Abs. 1 AIFM-Level-2-VO klar, dass dies nur für solche Pflichten gilt, die die Kapitalverwaltungsgesellschaft überhaupt *betreffen*, sowie für die mit diesen Pflichten verbundenen Risiken. Ob und inwieweit eine Pflicht der Kapitalverwaltungsgesellschaft besteht, die Nebenverwaltungsaufgaben wahrzunehmen, muss nach der Gesetzeslage beurteilt werden. Maßgebend für den Aufgabenumfang der Kapitalverwaltungsgesellschaft sind etwa die Regelungen des KAGB sowie Anhang I und die weiteren Vorschriften gemäß der AIFM-RL und der AIFM-Level-2-VO.[925] Da der Umfang der von der übergeordneten Compliance-Verantwortung erfassten Pflichten und Aufgaben der Kapitalverwaltungsgesellschaft zunächst voraussetzt, dass die Pflichten und Aufgaben der Kapitalverwaltungsgesellschaft überhaupt obliegen (»betreffen«), sollte der Aufgabenumfang eines AIFM bzw. eine etwaige Universalzuständigkeit für alle in Anhang I AIFM-RL genannten Aufgaben zur Vermeidung eines Zirkelschlusses nicht pauschal mit dem Verweis auf die übergeordnete Compliance-Verantwortung begründet werden.

3. Sonstiger Fremdbezug von Leistungen

Entgegen der BaFin-Ansicht spricht bisher viel dafür, dass die Kapitalverwaltungsgesellschaft nicht alle Nebenverwaltungsaufgaben tatsächlich selbst wahrnehmen können muss.[926] Neben der »kann«-Formulierung in Anhang I Nr. 2 AIFM-RL verlangen auch die Erlaubnisanforderungen nach Art. 6 Abs. 5 AIFM-RL, § 23 Nr. 9, 10 KAGB von der Kapitalverwaltungsgesellschaft lediglich, dass sie bezüglich der Anlageverwaltungsfunktionen die Fähigkeit hat, diese Aufgaben auszuüben zu können.[927] Die Nebenverwaltungsaufgaben sind aufsichtsrechtlich subordiniert und bei der Briefkastenregelung nach Art. 82 Abs. 1 b), d) AIFM-Level-2-VO nicht zu berücksichtigen.

---

924 Nach Art. 61 Abs. 2 Level-2-AIFM-VO muss der AIFM eine permanente und wirksame unabhängig arbeitende Compliance-Funktion einrichten und bestimmten Aufgaben betrauen. Die Ausübung dieser operativen Compliance-Funktion entspricht der Nebenverwaltungsaufgabe nach Anhang I Nr. 2 iv) AIFM-RL, siehe oben 4. Teil B.VI.4.c.
925 Siehe unten 4. Teil C. zur zusammenfassenden Würdigung.
926 BaFin, Auslegungsentscheidung zu den Tätigkeiten einer Kapitalverwaltungsgesellschaft und der von ihr extern verwalteten AIF-Investmentgesellschaft, WA 41-Wp 2100-2016/0001, 21. Dezember 2017, Ziffer II.2.
927 Gesetzesbegründung zum KAGB, Bt-Dr. 17/12294, S. 216.

Da die Kapitalverwaltungsgesellschaft für die Nebenverwaltungsaufgaben regelmäßig keine Auslagerungsverantwortung tragen sollte, stellt sich die Frage, ob und inwieweit eine Kapitalverwaltungsgesellschaft für den sonstigen Fremdbezug von Leistungen verantwortlich ist. Nach den KAMaRisk hat die Kapitalverwaltungsgesellschaft bezüglich solcher Aufgaben die allgemeinen Anforderungen an die Ordnungsmäßigkeit der Geschäftsorganisation gemäß § 28 KAGB zu beachten.[928] § 28 KAGB verweist in Absatz 3 auf die Art. 57 ff. AIFM-Level-2-VO. Im Rahmen der übergeordneten Organisations- und Compliance-Verantwortung sind daher Grundsätze und Verfahren festzulegen, welche die Aufgabenübertragung angemessen in der Geschäftsorganisation berücksichtigen. Dabei darf die Verantwortung für den sonstigen Fremdbezug von Leistungen aus Verhältnismäßigkeitsgründen nicht so groß wie bei einer Auslagerung sein,[929] denn es handelt es sich um Aufgaben von untergeordneter Bedeutung, für die keine Auslagerungsverantwortlichkeit besteht.

Indem die BaFin in Ziffer 1 des BaFin-Q&A zu § 36 KAGB die Auffassung vertritt, dass die Kapitalverwaltungsgesellschaft sowohl im Auslagerungsfall als auch beim bloßen Fremdbezug von Leistungen »für die ordnungsgemäße Erfüllung dieser Aufgaben durch den Dritten verantwortlich« bleibt, könnte sie – bewusst oder unbewusst – die Auslagerungsverantwortung auf den bloßen Fremdbezug von Leistungen ausgedehnt haben. Dies widerspräche jedoch Ziffer 3 des BaFin-Q&A zu § 36 KAGB, da die BaFin dort erkennt, dass »auch zukünftig nicht jeder Fremdbezug von Leistungen als Auslagerung im Sinne des § 36 KAGB zu qualifizieren« ist. Erwägungsgrund 82 AIFM-Level-2-VO stellt überdies klar, dass ein AIFM nur im Auslagerungsfall »für die ordnungsgemäße Ausführung der übertragenen Aufgaben allzeit in vollem Umfang verantwortlich« bleibt. Beim bloßen Fremdbezug von Leistungen bleibt die Kapitalverwaltungsgesellschaft hingegen *nicht* vollumfänglich »für die ordnungsgemäße Erfüllung dieser Aufgaben durch den Dritten« verantwortlich.[930] Weiterhin treffen die Kapitalverwaltungsgesellschaft im Fall des bloßen Fremdbezugs von Leistungen keine Überwachungspflichten nach § 36 Abs. 1 Nr. 7 KAGB und sie trägt keine Letztverantwortung im Sinne des § 36 Abs. 4 KAGB.[931] Somit be-

---

928 BaFin, Rundschreiben 01/2017 (WA) – Mindestanforderungen an das Risikomanagement von Kapitalverwaltungsgesellschaften – »KAMaRisk« in der Fassung vom 10. Januar 2017, Ziffer 10.1.
929 Siehe oben 4. Teil B.VII.1.–3. bereits dazu; sowie 4. Teil B.X. zu einer Interessen- und Güterabwägung.
930 Nicht zwischen den Verantwortungsarten differenzierend: BaFin, Häufige Fragen zum Thema Auslagerung gemäß § 36 KAGB, Geschäftszeichen WA 41-Wp 2137-2013/0036, 10. Juli 2013, zuletzt geändert am 15. November 2017, Ziffer 1.
931 Nach Erwägungsgrund 11 AIFM-RL hat die Kapitalverwaltungsgesellschaft sogar bei in der AIFM-RL angelegten Aufgaben, wie etwa der Bestellung der Verwahrstelle durch die Investmentgesellschaft, »keine letztendliche Kontrolle« darüber, ob die Aufgabe tatsächlich gesetzeskonform durchgeführt wird; siehe unten 4. Teil D.III.1. zur Bestellung der Verwahrstelle.

stehen beim sonstigen Fremdbezug von Leistungen verhältnismäßig geringe Organisations- und Compliance-Pflichten.

VIII. Verlautbarungen der ESMA und der EU-Kommission

Die BaFin verweist in Ziffer 1 BaFin-Q&A zu § 36 KAGB weiterhin auf die Verlautbarungen der ESMA. In der Finalen Entwurfsempfehlung an die EU-Kommission (ESMA/2011/379) formuliert die ESMA Folgendes:[932]

»There may be several tasks that need to be undertaken by AIFMs in performance of a function. The AIFM must perform at least investment management functions referred to in Annex I (1) (a) or (b) of but *may also provide* the functions listed at Annex I (2).«[933]

Demnach muss der AIFM mindestens die Anlageverwaltungsfunktionen ausüben, während er die Nebenverwaltungsaufgaben zusätzlich übernehmen kann (»may also provide«). In Ziffer 10 des Diskussionspapiers zu »Key concepts of the Alternative Investment Fund Managers Directive and types of AIFM« (ESMA/2012/117) weicht die ESMA teilweise von der obigen Formulierung wie folgt ab:[934]

»Notwithstanding the fact that the AIFM *may choose not to perform* itself the additional functions set out in Annex I of the AIFMD, ESMA believes that in such a case these functions *should be considered as having been delegated by the AIFM to a third party*. Therefore, the AIFM should be responsible for the activities carried out by the delegated entity in relation to the functions set out under Annex I of the AIFMD, in compliance with both the rules on liability in case of delegation set out under Article 20(3) of the AIFMD and the principle expressed under Article 5(1) of the Directive according to which the single *AIFM appointed for an AIF is responsible for the compliance with the AIFMD (i.e. also for the additional functions under Annex I)*.«[935]

Die ESMA bestätigt zunächst, dass der AIFM sich entscheiden kann, weitere oder keine weiteren Nebenverwaltungsaufgaben im Sinne des Anhangs I Nr. 2 AIFM-RL zu übernehmen. Allerdings geht die ESMA im letzten Halbsatz davon aus, dass die allgemeine Pflicht des AIFM zur Einhaltung der Richtlinie pauschal die Verantwortung für die Nebenverwaltungsaufgaben umfassen würde.[936]

---

932 ESMA, Finale Entwurfsempfehlung an die EU-Kommission, ESMA/2011/379, 16. November 2011, S. 123.
933 Hervorhebungen durch den Verfasser.
934 ESMA, Diskussionspapier, »Key concepts of the Alternative Investment Fund Managers Directive and types of AIFM«, ESMA/2012/117, 23. Februar 2012, Ziffer 10; a.A. *Tollmann*, in DJKT, AIFM-RL, Art. 20 Rn. 27, 127.
935 Hervorhebungen durch den Verfasser; ESMA, Diskussionspapier, »Key concepts of the Alternative Investment Fund Managers Directive and types of AIFM«, ESMA/2012/117, 23. Februar 2012, Ziffer 10.
936 »[…] the principle expressed under Article 5(1) of the Directive according to which the single AIFM appointed for an AIF is responsible for the compliance with the AIFMD (i.e. also for the additional functions under Annex I).«, ESMA/2012/117, Ziffer 10.

Der Argumentation liegt insoweit ein Zirkelschluss zugrunde:[937] Der unterstellte Auslagerungssachverhalt (»[...] these functions should be considered as having been delegated by the AIFM to a third party«) soll demnach auf die Verantwortlichkeit des AIFM schließen lassen (»Therefore, the AIFM should be responsible for the activities [...]«), die wiederum als Begründung für dessen Auslagerungsverantwortlichkeit herangezogen wird (angedeutet in: »[...] and the principle expressed under Article 5(1) of the Directive according to which the single AIFM appointed for an AIF is responsible for the compliance with the AIFMD (i.e. also for the additional functions under Annex I)«). Obwohl sich dies nicht aus dem Gesetz ergibt und ohne dies zu begründen, nimmt die ESMA im ersten Glied dieser Kausalkette an (»ESMA believes«), dass die Nebenverwaltungsaufgaben als ausgelagert zu betrachten sind, wenn der AIFM diese Aufgaben nicht selbst übernimmt. Diese Argumentation ist als Zirkelschluss abzulehnen.

Im Q&A (34-32-352), Sec. VIII, Question 2 vom 5. Oktober 2017 komprimiert die ESMA ihre vorherigen Aussagen. Dort heißt es nun:

»*Question 2:* Where the AIFM does not itself perform the functions set out in Annex I of the AIFMD, does this release the AIFM from its responsibility to ensure compliance of the relevant function(s) with the AIFMD?

Answer 2: No. Where a third party performs a function stated in Annex I of the AIFMD, this function should be considered as having been delegated by the AIFM to the third party. Therefore, the AIFM should be responsible for ensuring compliance with the requirements on delegation set out in Article 20 of the AIFMD and the principle expressed in Article 5(1) of the Directive according to which the single AIFM appointed for an AIF is responsible for ensuring compliance with the AIFMD. For the avoidance of doubt, this applies to all functions stated in point 1 and point 2 of Annex I of the AIFMD.«

Demgegenüber scheint die EU-Kommission eine andere Auffassung zu vertreten, indem sie in dem Q&A vom 25. März 2013 auf eine Frage der ESMA wie folgt antwortet (S. 4):[938]

»[Questions, *ESMA*]:

According to ESMA's Discussion Paper on technical standards on the one hand i) in order to be appointed as the AIFM for an AIF, it is not necessary for the AIFM to perform the additional functions set out in Annex I, and on the other hand ii) if the AIFM may choose not to perform itself the additional functions set out in Annex I of the AIFMD, ESMA believes that in such a case these functions should be considered as having been delegated by the AIFM to a third party (retaining the responsibility).

One authority is of the opinion that to delegate any function, first, it has to be provided by the AIFM. For instance to delegate the administration (an addition [sic] function according to Annex I) the AIFM has to provide this function because one cannot delegate a function

---

937 Siehe oben 4. Teil B.VII.2. zur BaFin-Ansicht in diesem Zusammenhang.
938 Q&A ESMA, EU-Kommission, S. 4 (ID 1158); vgl. S. 19 (ID 1159): »It depends on the fund structure – see answer above. In any case the AIFM is responsible for ensuring compliance with the Directive, even if it is the AIF or another entity on its behalf that performs an activity (see Article 5, recital 11).«

for which it has not been authorised. In this sense, in the case of an AIF that lacks legal personality, a single AIFM has to be appointed to perform the functions of portfolio management, risk management, administration and marketing (even if some function are further delegated). In the case of an AIF with legal personality, it would be possible to appoint an AIFM to perform the portfolio management and risk management (even if one of these is delegated) and also to appoint other entities to carry out the remaining functions (such as the administration).

[Answer, *EU-Kommission*]:

There is no clear cut answer. The fund structure appears to be mostly relevant when considering which functions have been attributed to the AIFM and therefore can be also subject to delegation by the AIFM. In any case, the AIFM is responsible for ensuring compliance with the AIFMD, even if it is the AIF or another entity on its behalf that is responsible for performing that activity (see Article 5, recital 11).«

Nach Ansicht der EU-Kommission ist ein AIFM auch dann für die Einhaltung der umgesetzten AIFM-RL verantwortlich, wenn der *AIF* selbst oder ein Drittunternehmen im Auftrag des AIF diese Tätigkeit ausübt (»is responsible for ensuring compliance with the AIFMD, even if it is the AIF or another entity on its behalf that is responsible for performing that activity«). Verwiesen wird in dem Q&A ausdrücklich auf Art. 5 und Erwägungsgrund 11 AIFM-RL, nicht jedoch auf die Auslagerungsregeln nach Art. 20 AIFM-RL.[939] Dies lässt zunächst darauf schließen, dass die EU-Kommission davon ausgeht, dass der AIFM nicht für alle in Anhang I AIFM-RL genannten Aufgaben die Auslagerungsverantwortung im Sinne des Art. 20 AIFM-RL trägt und diese Aufgaben insoweit nicht zwingend bei dem AIFM liegen müssen.

Erwägungsgrund 11 AIFM-RL erläutert, dass mehrere Bestimmungen der Richtlinie (den Mitgliedstaaten vorgeben) AIFM (zu) verpflichten, »die Einhaltung von Anforderungen sicherzustellen, für die die AIFM bei einigen Fondsstrukturen *nicht* verantwortlich sind. Ein Beispiel hierfür sind Fondsstrukturen, bei denen der AIF oder ein anderes im Namen des AIF handelndes Unternehmen für die Bestellung der Verwahrstelle zuständig ist.«[940] In diesen Fällen hat der AIFM ausweislich Erwägungsgrund 11 AIFM-RL keine letztendliche Kontrolle darüber, ob die Aufgabe tatsächlich gesetzeskonform durchgeführt wird.[941] Im Gegensatz zu der in Erwägungsgrund 11 AIFM-RL beschriebenen

---

939 A.A. wohl BaFin, Häufige Fragen zum Thema Auslagerung gemäß § 36 KAGB, Geschäftszeichen WA 41-Wp 2137-2013/0036, 10. Juli 2013, zuletzt geändert am 15. November 2017, Ziffer 1 Abs. 3.
940 Hervorhebungen durch den Verfasser.
941 Erwägungsgrund 11 AIFM-RL; auch der AIF kann und muss nach der Gesetzeslage Verantwortung für bestimmte Aufgaben tragen, siehe unten 4. Teil D., 5. Teil D.II.; Q&A ESMA, EU-Kommission, S. 4 (ID 1158): »[…] even if it is the AIF or another entity on its behalf that is responsible for performing that activity«; beispielsweise die Bestellung der Verwahrstelle, vgl. Art. 21 AIFM-RL, Art. 83 Abs. 1 Level-2-AIFM-VO, Erwägungsgrund 11 AIFM-RL.

Situation hat der AIFM bei Auslagerungssachverhalten jedoch Kontrollbefugnisse über den Dritten und ist für die übertragene Aufgabe weiterhin verantwortlich, Art. 20 AIFM-RL. Schließlich nennt Erwägungsgrund 11 AIFM-RL beispielhaft die Beauftragung der Verwahrstelle, die gerade keine auslagerungsfähige Aufgabe des AIFM ist, Art. 21 Abs. 1 AIFM-RL. Die Antwort der EU-Kommission[942] bezieht sich somit nicht auf die Auslagerungsverantwortlichkeit der Kapitalverwaltungsgesellschaft, sondern auf die übergeordnete Kontroll- und Leitungsverantwortlichkeit, die ein AIFM im Umfang der auf ihn anwendbaren Pflichten zu tragen hat.[943]

Die EU-Kommission verweist außerdem auf Art. 5 AIFM-RL: Nach Art. 5 Abs. 1 S. 1 AIFM-RL[944] darf für einen AIF nur ein AIFM zuständig sein, der für die Einhaltung der AIFM-RL verantwortlich ist. Der Gesetzeswortlaut bezieht sich dort auf die übergeordnete Compliance-Verantwortung, die von der Auslagerungsverantwortlichkeit im Sinne des Art. 20 AIFM-RL zu unterscheiden ist,[945] sodass die EU-Kommission mit dem Verweis auf Art. 5 AIFM-RL gerade nicht die Auslagerungsverantwortlichkeit meint. Art. 5 Abs. 1 S. 2 a) und b) AIFM-RL beschreiben, unter welchen Voraussetzungen ein externer bzw. interner AIFM vorliegt. Entscheidend sind dafür allein die Portfolioverwaltung bzw. das Risikomanagement.[946] Eine (Auslagerungs-)Verantwortlichkeit für die Nebenverwaltungsaufgaben lässt sich daraus ebenfalls nicht ableiten.

Die genannte Passage auf S. 4 des Q&A (ID 1158) sowie die ähnlich lautende Antwort auf S. 19 (ID 1159)[947] beziehen sich im Ergebnis auf die übergeordnete Compliance-Verantwortung und sehen nicht vor, dass die Kapitalverwaltungsgesellschaft für alle in Anhang I Nr. 2 AIFM-RL genannten Aufgaben pauschal die Auslagerungsverantwortung trägt. Vielmehr kommt es nach Ansicht der EU-Kommission für die Frage, ob der AIFM für die administrativen Tätigkeiten

---

942 ESMA, EU-Kommission, Q&A, S. 4 (ID 1158), S. 19 (ID 1159).
943 Siehe oben 4. Teil B.VII. zur übergeordneten Compliance-Verantwortung der Kapitalverwaltungsgesellschaft; 4. Teil B.VI.4.c. zu den Kontroll- und Leitungsaufgaben.
944 § 17 Abs. 3 KAGB.
945 Siehe oben 4. Teil B.VII.1. zu den Verantwortungstypen; 4. Teil B.VI.4.c. zu den Kontroll- und Leitungsaufgaben.
946 In Verbindung mit Art. 4 Abs. 1 w) AIFM-RL.
947 Frage der ESMA: »What are the views on whether an AIFM retains responsibility for administrative functions? This responsibility is clearly stipulated in Article 19 of level 1 for the valuation tasks, but much less clearly in the case of a delegation of administrative tasks for example under Article 20 (3) of level 1.« Antwort der EU-Kommission: »It depends on the fund structure – see answer above. In any case the AIFM is responsible for ensuring compliance with the Directive, even if it is the AIF or another entity on its behalf that performs an activity (see Article 5, recital 11).«

verantwortlich bleibt, stets auf die konkrete Fondsstruktur an.[948] Die Aussage »The fund structure appears to be mostly relevant when considering which functions have been attributed to the AIFM and therefore can be also subject to delegation by the AIFM.« zeigt, dass die EU-Kommission davon ausgeht, dass die Aufgaben nur in dem Umfang auf die Kapitalverwaltungsgesellschaft übertragen werden, wie dies im Bestellungsvertrag vereinbart wurde.[949] Auslagerbar sind nur solche Aufgaben, die dem AIFM übertragen wurden. Dies indiziert entgegen den obengenannten Verlautbarungen der ESMA, dass die Nebenverwaltungsaufgaben nicht pauschal und zwingend von der Kapitalverwaltungsgesellschaft erbracht werden müssen.[950]

IX. Richtlinienkonformität des § 154 Abs. 1 S. 2 KAGB

Wie eingangs gezeigt, steht die Definition der kollektiven Vermögensverwaltung in einem Spannungsverhältnis mit § 154 Abs. 1 S. 2 KAGB:[951] Denn gemäß § 154 Abs. 1 S. 2 KAGB obliegt der Kapitalverwaltungsgesellschaft »insbesondere die Anlage und Verwaltung« des Kommanditanlagevermögens und nicht die »kollektive Vermögensverwaltung«. Bereits dem Wortlaut nach ist die Kapitalverwaltungsgesellschaft für die »Anlage und Verwaltung« zuständig, nicht jedoch für die Nebenverwaltungsaufgaben. Es wurde bereits festgestellt, dass das Wort »Anlage« in dem Begriffspaar »Anlage und Verwaltung« verdeutlicht, dass die investmentrechtliche Anlageverwaltung im Sinne der Erlaubnisfähigkeit gemeint ist (Portfolioverwaltung und Risikomanagement).[952] Dies wird durch die Einordnung als öffentlich-rechtliche Klarstellungsnorm zu

---

948 Q&A ESMA, EU-Kommission, S. 4 (ID 1158), S. 19 (ID 1159): »It depends on the fund structure«.
949 Siehe oben 4. Teil B.V. zur privatautonom-faktischen Funktionsweise der Aufgabenübertragung.
950 Dagegen spricht auch nicht Q&A ESMA, EU-Kommission, ID 1161: Die EU Kommission verlautet dort lediglich, dass die Auslagerungsvorschriften für alle Aufgaben gelten, die von der Kapitalverwaltungsgesellschaft übernommen wurden: »[...] the provisions apply to any delegation by an AIFM, within the limits described in the Level 2 Regulation.« Darüber hinaus wird zumindest eine Eingrenzung der Auslagerungsregeln auch von der BaFin gestützt, BaFin, Häufige Fragen zum Thema Auslagerung gemäß § 36 KAGB, Geschäftszeichen WA 41-Wp 2137-2013/0036, 10. Juli 2013, zuletzt geändert am 15. November 2017, Ziffer 3; liberaler die CSSF, Frequently Asked Questions, version 11, 6. Juli 2017, concerning the Luxembourg Law of 12 July 2013 on alternative investment fund managers, Ziffer 9.
951 Siehe oben 4. Teil A.
952 Siehe oben 4. Teil A.; 2. Teil D.I.6. zum Erlaubnisverfahren; vgl. Art. 4 Abs. 1 b), w) und Art. 6 Abs. 5 AIFM-RL.

§ 23 Nr. 9, 10 KAGB bestätigt:[953] Demnach stellt § 154 Abs. 1 S. 2 KAGB für den Fall einer extern verwalteten Investmentkommanditgesellschaft klar, dass weiterhin der Kapitalverwaltungsgesellschaft die Anlageverwaltungsfunktionen (Portfolioverwaltung und Risikomanagement) obliegen, die notwendig sind, um eine KVG-Erlaubnis zu erlangen. § 154 Abs. 1 S. 2 KAGB betrifft allein die AIF-Investmentkommanditgesellschaft und ist somit nicht nach Maßgabe der OGAW-RL, aber in Übereinstimmung mit der AIFM-RL auszulegen.

Die AIFM-RL enthält grundsätzlich keine Vorgaben für AIF, sondern überlässt dies nach Erwägungsgrund 10 AIFM-RL den Mitgliedstaaten.[954] Der deutsche Gesetzgeber setzt die Richtlinienvorgaben mit den Vorschriften zur Investmentkommanditgesellschaft nach §§ 139, 149 ff., §§ 91, 124 ff. KAGB somit in zulässiger Weise über die europäischen Mindestvorgaben hinaus um. Die nationalen Vorschriften sind nach dem Willen des europäischen und des deutschen Gesetzgebers einheitlich am Maßstab der AIFM-RL auszulegen.[955] Insbesondere bezieht sich § 154 Abs. 1 S. 2 KAGB als öffentlich-rechtliche Klarstellungsnorm auf die Erlaubnisanforderungen nach § 23 Nr. 9, 10 KAGB und fällt damit in die von der AIFM-RL vorgegebene Verwalterregulierung. Für diesen Bereich sieht die AIFM-RL sogar eine Vollharmonisierung vor, sodass § 154 Abs. 1 S. 2 KAGB jedenfalls der Pflicht zur richtlinienkonformen Auslegung unterliegt.[956] Das Begriffspaar »Anlage und Verwaltung« umfasst somit – insbesondere in Übereinstimmung mit Art. 6 Abs. 5 c) und d), Anhang I AIFM-RL – nur die Anlageverwaltungsfunktionen, weshalb der Kapitalverwaltungsgesellschaft von Gesetzes wegen (§ 154 Abs. 1 S. 2 KAGB) nicht die Nebenverwaltungsaufgaben obliegen.

X. Interessen- und Güterabwägung

Würde von Gesetzes wegen oder durch die BaFin angeordnet, dass alle Nebenverwaltungsaufgaben nach Anhang I Nr. 2 AIFM-RL von der Kapitalverwaltungsgesellschaft zwingend zu erbringen wären, könnte dies schützenswerte Interesse wie die Berufsausübungsfreiheit sowie die Freiheit der wirtschaftlichen Tätigkeit von Anlegern, Kapitalverwaltungsgesellschaften und Investmentgesellschaften beschränken.

---

953 Siehe oben 3. Teil B.I.1.b.
954 Siehe oben 2. Teil D.I.3. zu den Harmonisierungsgraden.
955 Siehe oben 2. Teil D.I.3. zu den Begriffen der verschärfenden und überschießenden Umsetzung.
956 Siehe oben 2. Teil D.I.3. zur Richtlinienkonformität der §§ 139, 149 ff. KAGB; siehe oben 2. Teil C.II.1.d. allg. zur richtlinienkonformen Auslegung.

Nach Art. 12 Abs. 1 GG i.V.m. Art. 19 Abs. 3 GG haben Unternehmen »das Recht, Beruf, Arbeitsplatz und Ausbildungsstätte frei zu wählen«, wobei »die Berufsausübung durch Gesetz oder auf Grund eines Gesetzes geregelt werden [kann]«. Art. 12 Abs. 1 GG gewährleistet die Freiheit der Berufsausübung, welche die Art und Weise, aber auch Inhalt und Umfang, beruflicher Betätigung zum Gegenstand hat.[957] Insbesondere zielt Art. 12 Abs. 1 GG darauf ab, die mit der Berufsausübungsfreiheit verbundenen Tätigkeiten möglichst »unreglementiert« zu lassen.[958] Daneben gewährt Art. 2 Abs. 1, Art. 19 Abs. 3 GG die Freiheit der wirtschaftlichen Tätigkeit.[959] Dem zufolge haben Kapitalverwaltungsgesellschaften, Investmentkommanditgesellschaften und Anleger das Recht, die Aufgabenverteilung innerhalb des gesetzlich zulässigen Rahmens frei zu gestalten und effizient zu organisieren; dies gilt insbesondere aber nicht nur bei (semi-)professionellen Anlegern. Würde von gesetzlicher oder behördlicher Seite jedoch geregelt, dass alle Nebenverwaltungsaufgaben zwingend von der Kapitalverwaltungsgesellschaft erbracht werden müssen, würde dies Inhalt und Umfang der beruflichen Betätigung von Kapitalverwaltungsgesellschaften und Investmentgesellschaften beschränken und somit in die Berufsausübungsfreiheit sowie die Freiheit der wirtschaftlichen Tätigkeit eingreifen. Dabei ist neben Gesetzgebung und Rechtsprechung auch die BaFin als Teil der vollziehenden Gewalt gemäß Art. 1 Abs. 3, Art. 20 Abs. 3 GG an das Grundgesetz gebunden.

Ein solcher Eingriff könnte jedoch gerechtfertigt sein: Die Handlungsfreiheit nach Art. 2 Abs. 1 GG wird nur gewährt, soweit »nicht die Rechte anderer verletzt und nicht gegen die verfassungsmäßige Ordnung oder das Sittengesetz« verstoßen wird.[960] Wird in die Berufsausübungsfreiheit nach Art. 12 Abs. 1 GG eingegriffen, hat das Bundesverfassungsgericht entschieden, dass solche Eingriffe durch »vernünftige Gründe des Allgemeinwohls« gerechtfertigt sein können.[961] In Betracht kommen vorliegend insbesondere die Schutzzwecke der AIFM-RL und des KAGB, dazu gehören neben dem Anlegerschutz auch die

---

957 BVerfG, NJW 1961, 2299, 2299; BVerfG, NJW 1971, 1255, 1256; vgl. Art. 12 Abs. 1 S. 2 GG, Art. 12a Abs. 6 S. 1 GG: *Wolff*, in Hömig/Wolff, Grundgesetz, Art. 12 Rn. 2 ff., 8 f.
958 BVerfG, NJW 2004, 1305, 1307.
959 Art. 2 Abs. 1 GG: »Jeder hat das Recht auf die freie Entfaltung seiner Persönlichkeit, soweit er nicht die Rechte anderer verletzt und nicht gegen die verfassungsmäßige Ordnung oder das Sittengesetz verstößt.«; BVerfG, NJW 1994, 36, 38, wonach alle Beteiligten des Zivilverkehrs den Schutz des Art. 2 Abs. 1 GG genießen; siehe oben 3. Teil B.III.1. zur Vertragsfreiheit; zur wirtschaftlichen Betätigungsfreiheit, vgl. BVerfG, NJW 1961, 1395, 1395.
960 Sogenannte »Schrankentrias«, vgl. *Fabio*, in Maunz/Dürig, GG, Art. 2 Rn. 37 ff.
961 Zur Stufentheorie des Bundesverfassungsgerichts, vgl. etwa BVerfG, NJW 2010, 833, 850.

Stabilität und Integrität des Finanzmarkts.[962] Zunächst ermöglicht der Finanzmarkt, dass Unternehmen aus der Realwirtschaft oder aus der Finanzwirtschaft sowie Privatleute einen Kapital(markt)zugang erhalten und Investitionen tätigen können. Die Stabilität und die Integrität des Finanzmarkts sind somit generell vernünftige Gründe des Allgemeinwohls.[963] Da die Kapitalverwaltungsgesellschaft der zentrale Regelungsadressat des Investmentrechts ist, liegt es auf den ersten Blick nahe, dass sie auch die Nebenverwaltungsaufgaben nach Anhang I Nr. 2 AIFM-RL ausübt. Dies könnte die Aufsichtstätigkeit der BaFin vereinfachen, da eine Kapitalverwaltungsgesellschaft für alle in Anhang I AIFM-RL verantwortlich wäre. Allerdings müssen die Nebenverwaltungsaufgaben nicht erbracht werden, um eine Erlaubnis zu erhalten, § 23 Nr. 9, 10 KAGB. Sie sind für das Erlaubnisverfahren nicht relevant. Auch die aufsichtsrechtlichen Befugnisse der BaFin wie etwa ein Einschreiten gegen unerlaubte Investmentgeschäfte nach § 15 KAGB oder das Erlöschen und die Aufhebung der Erlaubnis nach § 39 KAGB beziehen sich nur auf die Anlageverwaltungsfunktionen nach Anhang I Nr. 1 AIFM-RL.[964] Die Nebenverwaltungsaufgaben nach Anhang I Nr. 2 AIFM-RL stehen – abseits einer Auslagerung von wesentlichen Aufgaben – nicht im Fokus der Aufsicht durch die BaFin. Die Effektivität der Aufsicht ist zwar ein Aspekt, der zur Finanzmarktstabilität beiträgt, dies kann hinsichtlich der Nebenverwaltungsaufgaben jedoch nur eingeschränkt gelten.

Nach der AIFM-RL sollen die mit der Fondsverwaltung zusammenhängenden Risiken sowie die Gefahr einer Risikoverbreitung im Finanzsektor reduziert werden.[965] So stehen die Portfolioverwaltung und das Risikomanagement mit der gesetzgeberisch bezweckten Risikoabwehr im engen Zusammenhang und sind Gegenstand des aufsichtsrechtlichen Erlaubnisverfahrens für Kapitalverwaltungsgesellschaften.[966] Demgegenüber sind die Nebenverwaltungsaufgaben nach Anhang I Nr. 2 AIFM-RL, wie etwa Kontraktabrechnungen, Bearbeiten von Kundenanfragen, Immobilienverwaltung oder die Vertriebstätigkeit, lediglich zusätzliche Tätigkeiten der Kapitalverwaltungsgesellschaft, die nicht zum Kern der Vermögenverwaltungstätigkeit gehören und mit weniger Risiken verbunden sind.[967] In dem Fall, dass die Kapitalverwaltungs-

---

962 Erwägungsgrund 1 ff. und 12 AIFM-RL; Art. 67 Abs. 6, 68 Abs. 6 AIFM-RL; zur Harmonisierung des europäischen Binnenmarktes für Fonds, vgl. Erwägungsgründe 2, 4 und 92 AIFM-RL; Gesetzesbegründung zum KAGB, Bt-Dr. 17/12294, S. 2, 187.
963 Vgl. zur Sicherung der Finanzmarktatabilität, vgl. Finanzmarktstabilisierungsergänzungsgesetz (FMStErgG) vom 7. April 2009; § 1 Abs. 1 Rettungsübernahmegesetz vom 9. April 2009.
964 Siehe oben 4. Teil B.I.1. zu § 15 KAGB.
965 Erwägungsgrund 1, 2 und 3 AIFM-RL.
966 §§ 17, 20 ff. KAGB; Art. 4, 6 AIFM-RL.
967 Siehe oben 4. Teil B.VI. zur aufsichtsrechtlichen Relevanz der Aufgaben.

gesellschaft im Bestellungsvertrag verpflichtet wird, nur ausgewählte Nebenverwaltungsaufgaben zu erbringen, werden diese gesetzgeberischen Ziele nicht beeinträchtigt.

Weiterhin haben die Anleger sowie die anderen an einer Fondsstruktur beteiligten Akteure wie etwa Kapitalverwaltungsgesellschaften ein Interesse an robusten und effizienten Fondsstrukturen mit denen die Anlageziele und Renditen erreicht werden können.[968] Fondsstrukturen, bei denen die Aufgabenverteilung nicht effektiv gesteuert wird, und die an Organisationsmängeln leiden, verursachen laufende Kosten und gefährden das Investment, was auch zu Verlusten der Anleger führen kann.[969] So können Organisations- und Effizienzgründe dafürsprechen, dass bestimmte Nebenverwaltungsaufgaben aufgrund der Eigenschaften des Fonds bzw. seiner Vermögensgegenstände überhaupt nicht erbracht und dafür auch keine Ressourcen vorgehalten werden sollten. Beispielsweise hat die Ausgabe und Rücknahme von Investmentanteilen bei geschlossenen Fondsstrukturen keinen Anwendungsbereich, da die Anteile über die Laufzeit des Investments nicht neu ausgegeben und nicht zurückgegeben werden.[970] Bei Investmentvermögen, die nicht in Immobilien investieren, kann die Immobilienverwaltung oder des Facility Managements nicht durchgeführt werden. Auch die Vertriebstätigkeit wird typischerweise von Drittunternehmen und nicht von der Kapitalverwaltungsgesellschaft erbracht, da sie über kein ausgeprägtes Vertriebsnetz verfügt.

In anderen Fällen kann im Bestellungsvertrag vereinbart werden, dass bestimmte Nebenverwaltungsaufgaben, wie etwa die Ausgabe und Rücknahme von Anteilen, die Bearbeitung von Kundenanfragen, die Kontraktabrechnungen oder die Immobilienverwaltung, allein von der Kapitalverwaltungsgesellschaft erbracht werden sollen; zum Beispiel, wenn sie besondere Kompetenzen im Bereich der Immobilienverwaltung oder der Durchführung von administrativen Aufgaben besitzt. Daneben kann es im Interesse eines effektiven Fondsinvestments sein, dass die Investmentkommanditgesellschaft bestimmte Tätigkeiten erbringt.[971] So etwa wenn eine besondere sachliche oder örtliche Nähe zu den Vermögensgegenständen wie Immobilien besteht, oder dies aus rechtlichen Gründen erforderlich ist, wie beispielsweise bei der Aufnahme neuer Gesellschafter oder dem Abschluss von Miet- oder Darlehensverträgen.[972]

---

968 Kapitalverwaltungsgesellschaften, Investmentgesellschaften und Verwahrstellen sind ausschließlich dem Anlegerinteresse verpflichtet, vgl. § 26 Abs. 1, Abs. 2 Nr. 2, § 153 Abs. 1 S. 2 Nr. 1 KAGB, § 85 Abs. 1 KAGB.
969 Siehe oben 4. Teil B.III.3. zu Kosten- und Nutzenaspekten; 3. Teil B.III.2.d.iii. zur Komplexität des Kapitalanlagegeschäfts.
970 Siehe oben 4. Teil B.VI.5.a.i. zur Aufgabe der Ausgabe und Rücknahme von Anteilen.
971 Siehe unten 4. Teil D. und 6. Teil A. zum verbleibenden Aufgabenumfang der Investmentkommanditgesellschaft sowie sowie unten 5. Teil A.V.3. zum Darlehens- und Mietvertrag.
972 Ibid; siehe unten 4. Teil D.II.4. zur sachlichen Nähe.

Schließlich können Drittunternehmen damit beauftragt werden, bei der Fondsverwaltung oder bei administrativen Aufgaben zu unterstützen.[973] Spezialisierte Dienstleister verfügen über besondere Kenntnisse und Fähigkeiten und können die Dienstleistung unter Umständen auch kosteneffizienter erbringen. Da die Nebenverwaltungsaufgaben im Vergleich zur Portfolioverwaltung und Risikomanagement aufsichtsrechtlich von untergeordneter Bedeutung sind, stellt eine Übertragung der Nebenverwaltungsaufgaben auf Drittdienstleister nach hier vertretener Auffassung regelmäßig keine Auslagerung dar, sodass die damit verbundenen strengen Anforderungen bei diesen aufsichtsrechtlich weniger gewichtigen Aufgaben im Regelfall nicht einzuhalten sind. Dadurch werden Kostenersparnisse etwa im Bereich Personal, Organisation und IT erreicht, was die Effektivität des Fonds steigert und auch den Anlegern über reduzierte Verwaltungskosten zu Gute kommen kann. Im Fall, dass aufsichtsrechtlich gewichtige Nebenverwaltungsaufgaben auf Dritte übertragen werden, greifen jedoch die strengen Auslagerungsregeln, sodass keine Schutzlücke entsteht.[974]

In diesem Kapitel wurde deutlich, dass eine Regelung, wonach eine Kapitalverwaltungsgesellschaft in jedem Fall alle Nebenverwaltungsaufgaben erbringen muss in die Berufsausübungs- und wirtschaftliche Freiheit eingreift. Dieser Eingriff kann bezogen auf die Nebenverwaltungsaufgaben kaum mit der Effektivität der Aufsicht sowie den gesetzgeberischen Zielen des Anlegerschutzes und der Finanzmarktstabilität gerechtfertigt werden. Insbesondere sind die schützenswerten Interessen der an der Fondsstruktur beteiligten Anleger und Unternehmen sowie der Wille des Gesetzgebers (objektiv) nicht darauf gerichtet, dass eine Kapitalverwaltungsgesellschaft in jedem Fall alle Nebenverwaltungsaufgaben zwingend erbringen muss.

C. Zusammenfassende Würdigung

Im Ergebnis muss die Kapitalverwaltungsgesellschaft nicht alle in § 1 Abs. 19 Nr. 24 KAGB genannten Tätigkeiten der kollektiven Vermögensverwaltung erbringen. Zwar ist sie verpflichtet, die »Anlage und Verwaltung« im Sinne des § 154 Abs. 1 S. 2 KAGB (Portfolioverwaltung und Risikomanagement) zu erbringen, um eine Erlaubnis zu erhalten. Diese Tätigkeiten dürfen nicht bei der Investmentkommanditgesellschaft erbracht werden. Entgegen der BaFin-Ansicht können die Nebenverwaltungsaufgaben im Sinne des Anhangs I Nr. 2 AIFM-RL jedoch in gesetzes- und richtlinienkonformer Auslegung der § 1

---

973 Siehe oben 4. Teil B.III.3. zu Kosten- und Nutzenaspekten.
974 Siehe oben 4. Teil B.VI.1. zum Kriterium der Wesentlichkeit einer Aufgabe.

Abs. 19 Nr. 24, § 154 Abs. 1 S. 2 KAGB optional von der Kapitalverwaltungsgesellschaft übernommen werden:[975]

Für ein Aufgabenwahlrecht der Kapitalverwaltungsgesellschaft spricht zunächst der Wortlaut des Anhangs I AIFM-RL. Während § 1 Abs. 19 Nr. 24 KAGB die Aufgaben bzw. die in Anhang I AIFM-RL genannten Oberbegriffe abstrakt bzw. undifferenziert nacheinander aufzählt, gibt Anhang I AIFM-RL den Mitgliedstaaten vor, dass die externe Kapitalverwaltungsgesellschaft zwar die Anlageverwaltungsfunktionen nach Anhang I Nr. 1 AIFM-RL übernehmen »muss«, die Nebenverwaltungsaufgaben nach Anhang I Nr. 2 AIFM-RL hingegen ausüben »kann«. Der Blick auf andere Wahlrechte innerhalb der AIFM-RL zeigte, dass Anhang I Nr. 2 AIFM-RL keinen mitgliedstaatlichen Umsetzungsspielraum einräumt, sondern den Mitgliedstaaten vorgibt, ein Aufgabenwahlrecht des AIFM in nationales Recht umzusetzen. Da der europäische Gesetzgeber ausdrücklich das Ziel verfolgt, die Fondsverwalter zu regulieren, knüpfen die Erlaubnispflicht und die Erlaubnisfähigkeit allein an die Anlageverwaltungsfunktionen an, nicht jedoch an die Nebenverwaltungsaufgaben. Diese Wertung hat auch der deutsche Gesetzgeber übernommen, indem er die Erlaubnissystematik im Einklang mit der AIFM-RL in § 23 Nr. 9, 10, § 154 Abs. 1 S. 2 KAGB umgesetzt hat. Die Gesetzgebungsmaterialien der AIFM-RL lassen den Schluss zu, dass die am Gesetzgebungsverfahren beteiligten Organe die Nebenverwaltungsaufgaben als optionale Aufgaben verstanden und aktiv ausgestaltet haben. Dies zeigt sich seit dem Ersten Kompromissvorschlag anhand der heute geltenden Definition der »Verwaltung von AIF«, dem Erwägungsgrund 21 AIFM-RL, der Aufgaben- und Erlaubnissystematik sowie der »kann«-Formulierung aus dem Dritten Kompromissvorschlag vom 12. Oktober 2010. Weiterhin sind die Nebenverwaltungsaufgaben aufsichtsrechtlich von untergeordneter Bedeutung, sodass deren Wahrnehmung durch Dritte regelmäßig keinen Auslagerungssachverhalt darstellt. Vorbehaltlich einer Einzelfallbetrachtung sind diese Aufgaben typischerweise risikoarm bzw. werden nicht von der AIF-Kapitalverwaltungsgesellschaft selbst erbracht. Die aufsichtsrechtliche Subordination der Nebenverwaltungsaufgaben entspricht außerdem der gesetzgeberischen Wertung: Zunächst setzt das Erlaubnisverfahren für Kapitalverwaltungsgesellschaften nicht voraus, dass die Nebenverwaltungsaufgaben erbracht werden, §§ 20 ff. KAGB. Auch bei der Bewertung, ob eine Kapitalverwaltungsgesellschaft Aufgaben »in einem Umfang übertragen [hat], der dazu führt, dass sie nicht länger als Verwaltungsgesellschaft angesehen werden kann und zu einer Briefkastenfirma wird«, bleiben die Nebenverwaltungsaufgaben unberücksichtigt (Art. 82 Abs. 1 AIFM-

---

975 Zu den Ausnahmen, siehe oben: Bewertungsaufgabe nach Anhang I Nr. 2 a) iii) AIFM-RL i.V.m. § 216 Abs. 7 S. 1 KAGB (4. Teil B.VI.5.a.v.) sowie zu den für die Kapitalverwaltungsgesellschaft optional erbringbaren »investment-advisor«-Tätigkeiten nach Anhang I Nr. 2 c) AIFM-RL (4. Teil B.VI.5.b).

Level-2-VO). Diese gesetzliche Wertung spricht dafür, dass die Nebenverwaltungsaufgaben aufsichtsrechtlich von untergeordneter Bedeutung sind. Außerdem werden die Aufgaben nicht pauschal oder automatisch per Gesetz auf die Kapitalverwaltungsgesellschaft übertragen, sondern können von ihr regelmäßig in dem Umfang übernommen werden, wie dies im Bestellungsvertrag mit der extern verwalteten Investmentkommanditgesellschaft vereinbart wurde (privatautonom-faktische Aufgabenzuordnung).

Während die ESMA annimmt, dass ein AIFM (Kapitalverwaltungsgesellschaft) für alle Aufgaben nach Anhang I AIFM-RL stets die Auslagerungsverantwortlichkeit tragen würde, betont die EU-Kommission, dass es auf die konkrete Fondsstruktur ankomme, für welche Aufgaben der AIFM zuständig sei. Denn die übergeordnete Organisations- und Compliance-Verantwortung der Kapitalverwaltungsgesellschaft ist von der Auslagerungsverantwortlichkeit nach § 36 KAGB zu unterscheiden: Erstere umfasst insbesondere, dass die Kapitalverwaltungsgesellschaft Grundsätze und Verfahren festlegt, damit die Anforderungen des Gesetzes eingehalten werden. Dies kann jedoch nur für solche Aufgaben und die damit verbundenen Risiken gelten, für welche die Kapitalverwaltungsgesellschaft rechtlich zuständig ist. Das Aufgabenspektrum der Kapitalverwaltungsgesellschaft ist somit nach der Gesetzeslage zu bestimmen und ergibt sich nicht pauschal aus der übergeordneten Organisations- und Compliance-Verantwortung nach § 17 Abs. 3 KAGB, Art. 5 Abs. 1 AIFM-RL.

I. Auslegung der »kollektiven Vermögensverwaltung« nach § 1 Abs. 19 Nr. 24 KAGB

Die deutsche Umsetzungsnorm § 1 Abs. 19 Nr. 24 KAGB nennt lediglich abstrakt einige Oberbegriffe aus Anhang I AIFM-RL bzw. Anhang II OGAW-RL und steht aufgrund der undifferenzierten Normwortlauts im Konflikt zum Rest des KAGB sowie der AIFM-RL:

Eine Kapitalverwaltungsgesellschaft ist nach dem KAGB und in Übereinstimmung mit der AIFM-RL verpflichtet, allein die Anlageverwaltungsfunktionen zu erbringen, um eine KVG-Erlaubnis zu erhalten, nicht jedoch die gesamte kollektive Vermögensverwaltung im Sinne des § 1 Abs. 19 Nr. 24 KAGB.[976] Für den Fall einer extern verwalteten Investmentkommanditgesellschaft stellt § 154 Abs. 1 S. 2 KAGB nach hier vertretener Ansicht klar, dass einer externen Kapitalverwaltungsgesellschaft insbesondere die »Anlage und Verwaltung« obliegt, sprich die erlaubnisrelevanten Tätigkeiten Portfolioverwaltung und Risikomanagement, nicht jedoch die Nebenverwaltungsaufgaben. Der deutsche Gesetzgeber hat die Erlaubnissystematik und das differenzierte Aufgabenverständnis nach Art. 4 Abs. 1 w), b), Art. 5, Anhang I AIFM-RL in das KAGB übernommen. Auch vor diesem Hintergrund sollte der Begriff »kollektive Ver-

---

976 §§ 17, 23 Nr. 9, 10, § 154 Abs. 1 KAGB; Art. 4 Abs. 1 b, w), Art. 5 AIFM-RL.

mögensverwaltung« an den wenigen Stellen, an denen das KAGB diesen Begriff aufgreift (etwa § 15 Abs. 1, § 339 Abs. 1 Nr. 1, Nr. 2, § 20 Abs. 3, Abs. 4 KAGB) einschränkend dahingehend ausgelegt werden, dass davon nur die Portfolioverwaltung und das Risikomanagement umfasst ist.[977] Folglich hat der in § 1 Abs. 19 Nr. 24 KAGB definierte Begriff der kollektiven Vermögensverwaltung keine eigenständige Bedeutung für Kapitalverwaltungsgesellschaften und ist dem Rest des KAGB insoweit fremd.

In der AIFM-RL wird der Begriff der kollektiven Vermögensverwaltung nicht gebraucht:[978] Die AIFM-RL verwendet im Definitionsteil den Begriff »Verwaltung von AIF«, Art. 4 Abs. 1 w) AIFM-RL, der ebenso wie Art. 6 Abs. 5 c) und d) AIFM-RL direkt auf Anhang I Nr. 1 AIFM-RL verweist, also auf die Portfolioverwaltung und das Risikomanagement. Hingegen werden die Nebenverwaltungsaufgaben nach Anhang I Nr. 2 AIFM-RL im Definitionskatalog der AIFM-RL nicht erwähnt. Diese Definitionstechnik steht im Einklang mit der europarechtlichen und deutschen Erlaubnissystematik, wonach es für die Qualifikation als Kapitalverwaltungsgesellschaft sowie für die Aufnahme der KVG-Tätigkeit allein auf die Portfolioverwaltung und das Risikomanagement ankommt. Demgegenüber entspricht die undifferenzierte Formulierung in § 1 Abs. 19 Nr. 24 KAGB nicht vollständig den Richtlinienvorgaben. Der deutsche Gesetzgeber ist an dieser Stelle von der Definitionstechnik der AIFM-RL sowie der europäischen und auch der eigenen Erlaubnissystematik abgewichen.

In der Folge hat der Begriff der kollektiven Vermögensverwaltung im Sinne des § 1 Abs. 19 Nr. 24 KAGB weder im KAGB noch in der AIFM-RL eine eigenständige Bedeutung und ist daher als systemfremd einzustufen.[979] Nach der Gesetzesbegründung soll das KAGB sowohl die AIFM-RL als auch die

---

977 Siehe oben 4. Teil B.I.
978 Auch die Level-2-AIFM-VO spricht lediglich von »Vermögensverwaltungstätigkeit« und verwendet den Begriff »kollektive Vermögensverwaltung« nicht; in der OGAW-RL wird der Begriff ebenfalls nicht verwendet.
979 A.A. *Verfürth/Emde*, in Emde/Dornseifer/Dreibus, KAGB, § 1 Rn. 315, denen zufolge der Begriff eine »ähnlich zentrale Bedeutung wie der des Investmentvermögens« habe. Zwar verweisen die Verfasser zunächst ebenfalls darauf, dass der Begriff nur in wenigen Normen des KAGB ausdrücklich verwendet wird. Allerdings »erhelle« § 1 Abs. 19 Nr. 24 KAGB das Zusammenspiel mit den §§ 17, 20 und § 36 KAGB. So werde »in der Zusammenschau der genannten Bestimmungen deutlich,« dass (i) mindestens eine der beiden Anlageverwaltungsfunktionen betrieben werden muss, um als Kapitalverwaltungsgesellschaft im Sinne des § 17 KAGB zu qualifizieren und (ii) dass eine Kapitalverwaltungsgesellschaft als solche eine Erlaubnis für den Geschäftsbetrieb nach § 20 benötigt. Diese Erkenntnisse ergeben sich nach hier vertretener Ansicht jedoch nicht aus § 1 Abs. 19 Nr. 24 KAGB selbst, sondern allein aus den genannten §§ 17 Abs. 1 S. 2 KAGB und § 20 Abs. 1 S. 1 KAGB. Eine »Zusammenschau« mit anderen Normen vermag § 1 Abs. 19 Nr. 24 KAGB daher keinen Bedeutungsgehalt beizubringen, sondern zeigt vielmehr dessen Bedeutungslosigkeit.

OGAW-RL umsetzen und das bis dahin bestehende InvG in einem »in sich geschlossenen Regelwerk im Investmentbereich« zusammenfassen.[980] Aufgrund der unterschiedlichen Aufgabenkataloge in den Anhängen der OGAW-RL und der AIFM-RL hat sich der Gesetzgeber möglicherweise dazu entschlossen, lediglich die dort genannten Oberbegriffe wie beispielsweise »administrative Tätigkeiten« aus den Richtlinien zu verwenden. Das Ziel beiden Richtlinien gerecht zu werden, könnte zu der undifferenzierten und mehrdeutigen Formulierung in § 1 Abs. 19 Nr. 24 KAGB geführt haben. Um Rechtssicherheit und Rechtsklarheit über den einer Kapitalverwaltungsgesellschaften obliegenden Aufgabenumfang zu schaffen, sollte der deutsche Gesetzgeber im Interesse der das Gesetz anwendenden Akteure, wie etwa Gerichte und Verwaltungsbehörden, sowie Anleger und der in diesem Bereich tätigen Unternehmen,[981] klarstellen, dass sich der Aufgabenumfang einer AIF-Kapitalverwaltungsgesellschaft nach Anhang I AIFM-RL und der Aufgabenumfang einer OGAW-Kapitalverwaltungsgesellschaft nach Anhang II OGAW-RL richtet.

Bis zu einer Gesetzesänderung muss dieses Ergebnis im Wege der Auslegung gewährleistet werden: Die erlaubnis- und aufgabenrelevanten Vorschriften nach der AIFM-RL (Art. 4 Abs. 1 w), b), Art. 6 Abs. 5 d), Anhang I AIFM-RL) sowie dem KAGB (§ 1 Abs. 19 Nr. 24, § 17, § 23 Nr. 9, 10, § 154 Abs. 1 S. 2 KAGB) betreffen den Fondsverwalter und fallen in den Bereich, für den die AIFM-RL eine Vollharmonisierung bezweckt. Demnach darf über die Richtlinienvorgaben nicht hinausgegangen werden, und die die AIFM-RL umsetzenden Regelungen des KAGB müssen so weit wie möglich im Lichte der AIFM-RL interpretiert werden.[982] In Übereinstimmung mit der Systematik des KAGB und um der AIFM-RL zur Wirkung zu verhelfen, sind § 1 Abs. 19 Nr. 24 KAGB sowie § 154 Abs. 1 S. 2 KAGB gesetzes- und europarechtskonform dahingehend auszulegen, dass sich der Aufgabenumfang einer AIF-Kapitalverwaltungsgesellschaft nach Maßgabe des Anhangs I AIFM-RL und der einer OGAW-Kapitalverwaltungsgesellschaft nach Anhang II OGAW-RL richtet. Dies bedeutet, dass eine AIF-Kapitalverwaltungsgesellschaft die Aufgaben nach Anhang I Nr. 2 AIFM-RL optional übernehmen kann und im Fall der Drittwahrnehmung solcher zusätzlicher Aufgaben regelmäßig keine Auslagerungsverantwortung trägt.[983]

Im Übrigen wurde in diesem 4.Teil bisher festgestellt, dass der Gesetzgeber die Formulierung »neben der Ausführung der allgemeinen Verwaltungstätig-

---

980 Gesetzesbegründung zum KAGB, Bt-Dr. 17/12294, S. 1, 2.
981 Siehe oben 4. Teil B.X. zur Interessen- und Güterabwägung.
982 Siehe oben 2. Teil D.3. zur Richtlinienkonformität; siehe oben 4. Teil B.IX. zu § 154 Abs. 1 S. 2 KAGB.
983 Zu den Ausnahmen, siehe oben: Bewertungsaufgabe nach Anhang I Nr. 2 a) iii) AIFM-RL i.V.m. § 216 Abs. 7 S. 1 KAGB (4. Teil B.VI.5.a.v.) sowie zu den für die Kapitalverwaltungsgesellschaft optional erbringbaren »investment-advisor«-Tätigkeiten nach Anhang I Nr. 2 c) AIFM-RL (4. Teil B.VI.5.b).

keit« in §§ 112, 144 KAGB streichen sollte.[984] Weiterhin sollten die Gesetzesformulierungen »kollektive Vermögensverwaltung« gemäß § 15 Abs. 1 KAGB, »Geschäftsbetrieb einer Kapitalverwaltungsgesellschaft« gemäß § 339 Abs. 1 Nr. 1 KAGB sowie »Geschäft einer dort genannten AIF-Kapitalverwaltungsgesellschaft« nach § 339 Abs. 1 Nr. 2 KAGB durch die Formulierung »Portfolioverwaltung oder Risikomanagement« ersetzt werden.[985] In § 20 Abs. 4 KAGB sollte der Begriff »kollektive Vermögensverwaltung« durch »Portfolioverwaltung und Risikomanagement« ersetzt werden. Bis zu einer Gesetzesänderung gebietet sich dieses Ergebnis im Wege der Auslegung.

II. Auffassung der Aufsichtsbehörden

Die Aufsichtsbehörden vertreten die Rechtsauffassung, dass die Kapitalverwaltungsgesellschaft für alle in Anhang I Nr. 2 AIFM-RL genannten Aufgaben zwingend zuständig ist,[986] für die ordnungsgemäße Erfüllung dieser Aufgaben die Verantwortung trägt[987] und diese Aufgaben tatsächlich selbst wahrnehmen können muss.[988] Dies widerspricht der Systematik des KAGB sowie den Vorgaben der AIFM-RL und sollte daher als gesetzes- und europarechtswidrig angesehen werden. Inzwischen geht die deutsche Verwaltungspraxis davon aus, dass der Vertrieb von Investmentanteilen in Ziffer 1 des BaFin-Q&A zu § 36 KAGB nicht zwingend von der Kapitalverwaltungsgesellschaft erbracht werden muss und die Drittwahrnehmung regelmäßig keinen Fall der Auslagerung darstellt.

---

984 Siehe oben, 4. Teil A.I.
985 Dieselben Erwägungen gelten hinsichtlich der Formulierung »Geschäft einer dort genannten AIF-Kapitalverwaltungsgesellschaft« nach § 339 Abs. 1 Nr. 2 KAGB.
986 BaFin, Häufige Fragen zum Thema Auslagerung gemäß § 36 KAGB, Geschäftszeichen WA 41-Wp 2137-2013/0036, 10. Juli 2013, zuletzt geändert am 15. November 2017, Ziffer 1; BaFin, Auslegungsentscheidung zu den Tätigkeiten einer Kapitalverwaltungsgesellschaft und der von ihr extern verwalteten AIF-Investmentgesellschaft, WA 41-Wp 2100-2016/0001, 21. Dezember 2017, Ziffer II.1., II.2.; siehe oben 4. Teil B.
987 Siehe oben 4. Teil B.VII. zur Auslagerungsverantwortung und auch 4. Teil B. zur zwingenden bzw. originären Universalzuständigkeit der Kapitalverwaltungsgesellschaft sowie in BaFin, Häufige Fragen zum Thema Auslagerung gemäß § 36 KAGB, Geschäftszeichen WA 41-Wp 2137-2013/0036, 10. Juli 2013, zuletzt geändert am 15. November 2017, sowie in der Fassung vom 12. Mai 2014, Ziffer 1.; siehe oben 4. Teil B.VIII. zur ESMA, etwa ESMA, Q&A (34-32-352), Section VIII, Question 2 vom 5. Oktober 2017.
988 BaFin, Auslegungsentscheidung zu den Tätigkeiten einer Kapitalverwaltungsgesellschaft und der von ihr extern verwalteten AIF-Investmentgesellschaft, WA 41-Wp 2100-2016/0001, 21. Dezember 2017, Ziffer II.2.

Diese Sichtweise sollte auch auf die anderen Aufgaben nach Anhang I Nr. 2 AIFM-RL erweitert werden.[989]

Nach Ziffer II.3 und 5 der Auslegungsentscheidung der BaFin vom 21. Dezember 2017 darf die Kapitalverwaltungsgesellschaft wählen,[990] ob sie bei der Beauftragung eines Dritten zivilrechtlich im eigenen Namen oder im Namen der Investmentkommanditgesellschaft handelt. Aus der Möglichkeit zu einem Handeln im Namen der Investmentkommanditgesellschaft lässt sich der Schluss ziehen, dass die Nebenverwaltungsaufgaben nach Ansicht der BaFin zumindest zivilrechtlich und faktisch nicht von der Kapitalverwaltungsgesellschaft erbracht werden müssen; vielmehr betreffen die Vertragsrechte und -pflichten sowie die Leistungserbringung und -annahme folglich das Verhältnis zur Investmentkommanditgesellschaft.[991] Die zivilrechtliche Verantwortung für die Nebenverwaltungsaufgaben wird demzufolge von der Investmentkommanditgesellschaft getragen werden und muss nicht bei der Kapitalverwaltungsgesellschaft liegen.

Davon zu trennen sei eine aufsichtsrechtliche Restverantwortung, die nach Ansicht der BaFin weiterhin bei der Kapitalverwaltungsgesellschaft liege.[992] Nach Ziffer 1 der revidierten Fassung des BaFin-Q&A zu § 36 KAGB vom 15. November 2017 umfasst die Qualifikation als »originäre« Aufgabe nun auch den bloßen Fremdbezug von Leistungen.[993] Daraus lässt sich ableiten, dass die Kapitalverwaltungsgesellschaft nicht mehr in jedem Fall die Auslagerungsverantwortlichkeit für alle Nebenverwaltungsaufgaben tragen muss.[994] Im Fall des bloßen Fremdbezugs von Leistungen trägt die Kapitalverwaltungsgesellschaft weiterhin eine übergeordnete Compliance-Verantwortung, die im Vergleich zur Auslagerungsverantwortung nach § 36 KAGB i.V.m. Art. 75 ff. AIFM-Level-2-VO zu geringeren Organisations- und Compliance-Pflichten führt.[995] Unbeschadet einer zivilrechtlichen Verschuldenszurechnung nach § 278 BGB, trägt die Kapitalverwaltungsgesellschaft beim bloßen Fremdbezug von Leistungen nicht die Letztverantwortung im Sinne des § 36 Abs. 4 KAGB und muss diese Aufgaben auch nicht selbst wahrnehmen können.

---

989 Zu den Ausnahmen, siehe oben: Bewertungsaufgabe nach Anhang I Nr. 2 a) iii) AIFM-RL i.V.m. § 216 Abs. 7 S. 1 KAGB (4. Teil B.VI.5.a.v.) sowie zu den für die Kapitalverwaltungsgesellschaft optional erbringbaren »investment-advisor«-Tätigkeiten nach Anhang I Nr. 2 c) AIFM-RL (4. Teil B.VI.5.b).
990 Das Wahlrecht bestünde nur außerhalb der Anlageverwaltungsfunktionen.
991 Siehe unten 4. Teil B.–D. zur Frage, ob die Investmentkommanditgesellschaft die Nebenverwaltungsaufgaben selbst ausüben darf.
992 BaFin, Auslegungsentscheidung zu den Tätigkeiten einer Kapitalverwaltungsgesellschaft und der von ihr extern verwalteten AIF-Investmentgesellschaft, WA 41-Wp 2100-2016/0001, 21. Dezember 2017, Ziffer II.1., II.2., II.3.
993 Ziffer 1 der revidierten Fassung des BaFin-Q&A zu § 36 KAGB vom 15. November 2017.
994 Siehe oben 4. Teil B.VI.1. zur aufsichtsrechtlichen Relevanz (Wesentlichkeit) einer Aufgabe.
995 Siehe oben 4. Teil B.VII.

Die BaFin geht in Ziffer II.3.a der Auslegungsentscheidung vom 21. Dezember 2017 außerdem davon aus, dass die Kapitalverwaltungsgesellschaft die Entscheidungsmacht darüber behalten müsse, wem welche Aufgaben übertragen werden.[996] Dies wird zunächst mit der »aufsichtsrechtlichen Verantwortung gemäß § 17 Abs. 2 Nr. 1 KAGB« begründet. Nach § 17 Abs. 2 Nr. 1 KAGB ist eine externe Kapitalverwaltungsgesellschaft eine solche, »die vom Investmentvermögen oder im Namen des Investmentvermögens bestellt ist und auf Grund dieser Bestellung für die Verwaltung des Investmentvermögens verantwortlich ist.« Nach § 17 Abs. 1 S. 2 KAGB umfasst die Verwaltung des Investmentvermögens in Übereinstimmung mit den Erlaubnisvorschriften nach § 23 Nr. 9, 10 KAGB die Portfolioverwaltung und das Risikomanagement, nicht jedoch die Nebenverwaltungsaufgaben. Eine Entscheidungsmacht der Kapitalverwaltungsgesellschaft bezüglich der Nebenverwaltungsaufgaben kann somit nicht mit § 17 Abs. 2 Nr. 1 KAGB begründet werden. Das Gegenteil ist der Fall. Dafür spricht auch, dass das Erbringen der Aufgaben nach Anhang I Nr. 2 AIFM-RL keine Voraussetzung für eine KVG-Erlaubnis ist und diese Nebenverwaltungsaufgaben aufsichtsrechtlich weniger gewichtig sind als die Anlageverwaltungsfunktionen.[997] Weiterhin ist zu berücksichtigen, dass sich die Kapitalverwaltungsgesellschaft im Bestellungsvertrag das Recht zusichern lassen kann, bestimmte Nebenverwaltungsaufgaben oder andere Aufgaben zu einem bestimmten Zeitpunkt oder in bestimmten Situationen an sich zu ziehen. Übt die Kapitalverwaltungsgesellschaft bestimmte Nebenverwaltungsaufgaben aus, kann sie sich zudem Weisungsrechte im Bestellungsvertrag in einem Umfang einräumen lassen, wie dies erforderlich ist, um die Anforderungen des KAGB zu erfüllen.[998] Weiterhin obliegt es nach § 153 Abs. 1 Nr. 1 KAGB ohnehin der Geschäftsführung der Investmentkommanditgesellschaft, im ausschließlichen Anlegerinteresse zu handeln und Interessenkonflikte zu vermeiden, § 153 Abs. 1 Nr. 3 KAGB. Daher kann die InvKG-Geschäftsführung im Einzelfall aufsichtsrechtlich verpflichtet sein, sich mit der Kapitalverwaltungsgesellschaft über die Erbringung der verbleibenden Nebenverwaltungsaufgaben und die Einschaltung von Drittdienstleistern abzustimmen.[999] Es besteht hinsichtlich der Nebenver-

---

996 BaFin, Auslegungsentscheidung zu den Tätigkeiten einer Kapitalverwaltungsgesellschaft und der von ihr extern verwalteten AIF-Investmentgesellschaft, WA 41-Wp 2100-2016/0001, 21. Dezember 2017.
997 Siehe oben 4. Teil B.VI.4.; nicht auslagerbar sind die Kontroll- und Leitungsaufgaben, 4. Teil B.VI.4.c.
998 Siehe unten 5. Teil C.I.4. zu den Weisungsrechten im Zusammenhang mit gesellschafts- und zivilrechtlichen Grundprinzipien.
999 In der Praxis wird die Investmentkommanditgesellschaft oftmals von der Kapitalverwaltungsgesellschaft initiiert, sodass die Geschäftsführer »im gleichen Lager« stehen oder personenidentisch sind. Dabei unterliegt die InvKG-Geschäftsführung nach § 153 KAGB eigenen Pflichten, insbesondere dem Handeln im Anlegerinteresse, die den Pflichten der KVG-Geschäftsführung weitgehend entsprechen; siehe unten 4. Teil D.II.3. zu Anforderungen an die Geschäftsführer.

waltungsaufgaben, und gegenüber den Anlageverwaltungsfunktionen, ein reduziertes (Schutz-)Bedürfnis nach einer aufsichtsrechtlichen Entscheidungsmacht der Kapitalverwaltungsgesellschaft.

Da die Kapitalverwaltungsgesellschaft, insbesondere in Abhängigkeit von den Vereinbarungen im Bestellungsvertrag, die Nebenverwaltungsaufgaben weder zivilrechtlich noch aufsichtsrechtlich zwingend ausüben muss,[1000] sollte die BaFin vollständig dem gesetzes- und richtlinienkonformen Optionsansatz folgen: Es sollte wie auch beim Vertrieb klargestellt werden, dass auch die anderen in Anhang I Nr. 2 AIFM-RL genannten Nebenverwaltungsaufgaben im Fall der Wahrnehmung durch Dritte regelmäßig keinen Auslagerungssachverhalt darstellen.[1001] Der Ansatz einer »originären« und zwingenden Universalzuständigkeit der Kapitalverwaltungsgesellschaft für alle in Anhang I Nr. 2 AIFM-RL genannten Aufgaben sollte auch aus Gründen der Rechtssicherheit und -klarheit aufgegeben werden.

Im Folgenden wird der Optionsansatz weitergeführt und danach gefragt, ob die Nebenverwaltungsaufgaben bei der Investmentkommanditgesellschaft zur Selbstausübung verbleiben dürfen (D.). Anschließend geht es darum, inwieweit Aufgaben von der Investmentkommanditgesellschaft auf Dritte übertragen werden können (E.).

D. Verbleibender Aufgabenumfang bei der Investmentkommanditgesellschaft

I. Restzuständigkeit nach der BaFin-Ansicht und Aufgabentypen

Die Investmentkommanditgesellschaft führt nach Ziffer 2 des BaFin-Q&A zu § 36 KAGB »die per Gesetz vorgesehenen Aufgaben der Organe« durch.[1002] Eine solche Umschreibung der Restzuständigkeit ist unkonkret und der Terminus »Gesetz« umfasst nicht nur das KAGB, sondern etwa auch das HGB, die

---

1000 Siehe oben 4. Teil B.VII. zur Restverantwortung beim bloßen Fremdbezug von Leistungen.
1001 Vorbehaltlich einer Einzelfallbetrachtung; zu den Ausnahmen, siehe oben: Bewertungsaufgabe nach Anhang I Nr. 2 a) iii) AIFM-RL i.V.m. § 216 Abs. 7 S. 1 KAGB (4. Teil B.VI.5.a.v.) sowie zu »investment-advisor«-Tätigkeiten nach Anhang I Nr. 2 c) AIFM-RL (4. Teil B.VI.5.b).
1002 BaFin, Häufige Fragen zum Thema Auslagerung gemäß § 36 KAGB, Geschäftszeichen WA 41-Wp 2137-2013/0036, 10. Juli 2013, zuletzt geändert am 15. November 2017, Ziffer 2; BaFin-Seminar in Q&A, 6. Oktober 2014, S. 12 »Anders als beim Sondervermögen verbleiben bei den Organen der extern verwalteten Investmentkommanditgesellschaft jedoch Restkompetenzen, die ihnen vom KAGB explizit zugewiesen werden […].«

D. Verbleibender Aufgabenumfang bei der Investmentkommanditgesellschaft

Abgabenordnung (AO), die Insolvenzordnung (InsO) oder das Geldwäschegesetz (GwG).

Laut des BaFin-Q&A zum KAGB von 2014, S. 11 würden folgende Aufgaben der Investmentkommanditgesellschaft obliegen:[1003]

»Einberufung der Gesellschafterversammlung, Beschlussfassung, Entscheidung über die Auflegung und Schliessung von Teilgesellschaftsvermögen, Entscheidung über die Ausgabe und Rücknahme von Anteilen, dagegen keine Rechtsgeschäfte mit Dritten (Ausnahme: Verwahrstellen- und Fremdverwaltungsvertrag).«

Ein Jahr später wurde im KAGB-Seminar vom September 2015, S. 20 erklärt, dass folgende Tätigkeiten nach Ansicht der BaFin für den extern verwalteten AIF verbleiben würden:[1004]

»Gesellschaftsrechtliche Massnahmen, Entscheidung zu Teilgesellschaftsvermögen, Aufstellung von Jahresabschlüssen, Buchführung, Ausgabe und Rücknahme von Anteilsscheinen.«

In den Vortragsunterlagen zum BaFin-Seminar zum Investmentrecht vom November 2015 heißt es:[1005]

»Investmentkommanditgesellschaft kann selbst wirksam handeln, darf es aber nur in Ausnahmefällen: Kapitalverwaltungsgesellschaft-Bestellung, Verwahrstelle, Abschlüsse, Buchführung, Auflage/Schliessung von TGV.«

In der Auslegungsentscheidung vom 21. Dezember 2017 ist Folgendes zu lesen:[1006]

»Nur dort, wo das KAGB ausdrücklich die Zuständigkeit für einzelne Aufgaben der AIF-Investmentgesellschaft zuweist, darf und muss die AIF-Investmentgesellschaft diese Aufgaben weiterhin selbst wahrnehmen. So gehören zwar grundsätzlich nach Anhang I der AIFM-RL die Fondsbuchhaltung und Rechnungslegung zu den administrativen Tätigkeiten und damit zur kollektiven Vermögensverwaltung. Den Jahresabschluss und Lagebericht hat jedoch der gesetzliche Vertreter der AIF-Investmentgesellschaft aufzustellen.«

1003 BaFin, Häufige Fragen zum Kapitalanlagegesetzbuch (KAGB), Seminar zum KAGB, 2014, abrufbar unter <http://www.bafin.de/SharedDocs/Downloads/DE/Rede_Vortrag/dl_141006_KAGB-Seminar_Vortrag1.pdf?__blob=publicationFile&v=2>.

1004 BaFin, WM-Seminar, KAGB und geschlossene Fonds: Erfahrungen gut zwei Jahre nach dem Inkrafttreten des Gesetzes, 21. September 2015.

1005 BaFin, BaFin-Seminar zum Investmentrecht am 30. November 2015, Rede/Vortrag vom 26. November 2015, Investmentrecht: Häufig gestellte Fragen zum KAGB, abrufbar unter <http://www.bafin.de/SharedDocs/Downloads/DE/Rede_Vortrag/dl_151130_Seminar-Investmentrecht_H%C3%A4ufige%20Fragen.pdf?__blob=publicationFile&v=6>.

1006 BaFin, Auslegungsentscheidung zu den Tätigkeiten einer Kapitalverwaltungsgesellschaft und der von ihr extern verwalteten AIF-Investmentgesellschaft, WA 41-Wp 2100-2016/0001, 21. Dezember 2017, Ziffer II.2.

Die BaFin geht somit von einer Restzuständigkeit der Investmentkommanditgesellschaft für gesetzlich vorgesehene Aufgaben innerhalb und auch außerhalb des KAGB aus. Dabei können folgende *Aufgabentypen* unterschieden werden:

(1) *Nebenverwaltungsaufgaben* nach Nr. 2 Anhang AIFM-RL;

(2) *Weitere Aufgaben gemäß dem KAGB, aber außerhalb* der investmentrechtlichen Anlageverwaltung bzw. kollektiven Vermögensverwaltung, die einen

   a) investmentrechtlichen Bezug (z. B. Verwahrstellen- und Bestellungsvertrag); oder

   b) gesellschaftsrechtlichen Bezug aufweisen (z. B. Protokollübersendungspflicht, § 150 Abs. 3 Nr. 2 KAGB; Auflösung und Bildung TGV; Aufnahme von Gesellschaftern über Treuhandkommanditistin, vgl. § 152 Abs. 1 S. 2 KAGB);

(3) Aufgaben *außerhalb des KAGB*: etwa sonstige Pflichten auf Grundlage der AO, der InsO, des GwG, sowie *spezifische gesellschaftsrechtliche Tätigkeiten* (HGB, § 149 Abs. 1 S. 2 KAGB), die außerhalb des KAGB und der investmentrechtlichen Aufgabenzuweisung stehen.[1007]

Daneben existieren die nicht-auslagerbaren Kontroll- und Leitungsaufgaben nach Art. 57 ff., 60 Abs. 1 und 2 AIFM-Level-2-VO sowie die nach § 36 KAGB qualifiziert auslagerbaren Anlageverwaltungsfunktionen nach § 23 Nr. 9, 10 KAGB, § 154 Abs. 1 S. 2 KAGB. Diese Aufgabentypen müssen aufgrund ihrer Bedeutung im Erlaubnisverfahren, § 23 Nr. 9, 10 KAGB, des Briefkastenverbots, § 36 Abs. 5, Abs. 10 KAGB sowie der aufsichtsrechtlichen Gewichtung bei der Kapitalverwaltungsgesellschaft liegen und dürfen nicht bei der Investmentkommanditgesellschaft verbleiben.[1008] Der Frage, ob auch die Nebenverwaltungsaufgaben bei der Investmentkommanditgesellschaft verbleiben können, wird im Folgenden nachgegangen.

II. Nebenverwaltungsaufgaben

Weder das KAGB noch die AIFM-RL verbieten ausdrücklich, dass die Nebenverwaltungsaufgaben bei der Investmentkommanditgesellschaft verbleiben, wobei auch keine Regelungen existieren, die eine solche Restzuständigkeit ausdrücklich erlauben.

1007 Die Frage, ob es sich dabei um eine Geschäftsführungs- oder Gesellschaftertätigkeit handelt, wird im gesellschaftsrechtlichen Teil der Untersuchung behandelt. Diese Aufgaben können wegen § 149 Abs. 1 S. 2 KAGB formal auch als Aufgaben des KAGB angesehen werden.

1008 Siehe oben 4. Teil B.VI.4.c.iii.

D. Verbleibender Aufgabenumfang bei der Investmentkommanditgesellschaft

1. § 154 Abs. 1 S. 2 KAGB betreffend die Investmentkommanditgesellschaft

Zunächst könnte § 154 Abs. 1 S. 2 KAGB dafürsprechen, dass die Nebenverwaltungsaufgaben bei der Investmentkommanditgesellschaft verbleiben können. Danach obliegt der externen Kapitalverwaltungsgesellschaft insbesondere die Anlage und Verwaltung des Kommanditanlagevermögens. Mit der Regelung stellt der deutsche Gesetzgeber klar, dass die Portfolioverwaltung und das Risikomanagement auch im Fall einer externen Verwaltung bei der Kapitalverwaltungsgesellschaft liegen, obwohl die Investmentkommanditgesellschaft diese Tätigkeiten kraft eigener Rechtspersönlichkeit und handelnd über ihre Organe gesellschaftsrechtlich selbst ausüben könnte.[1009] Durch § 154 Abs. 1 S. 2 KAGB wird sichergestellt, dass die erlaubnisrelevanten Anlageverwaltungsfunktionen im Sinne des § 23 Nr. 9 und 10 KAGB von der externen Kapitalverwaltungsgesellschaft erbracht werden. Im Umkehrschluss könnten die Nebenverwaltungsaufgaben als nicht-erlaubnisrelevante Aufgaben bei der Investmentkommanditgesellschaft verbleiben. Dieses Argument wird dadurch verstärkt, dass sich § 154 Abs. 1 S. 2 KAGB im Abschnitt 5, Unterabschnitt 1 des KAGB befindet und somit zu den Vorschriften gehört, die unmittelbar die Investmentkommanditgesellschaft, also den AIF betreffen. Denn hätte der deutsche Gesetzgeber gewollt, dass die externe Kapitalverwaltungsgesellschaft alle in § 1 Abs. 19 Nr. 24 KAGB genannten Aufgaben erbringen muss und keine Aufgaben bei der Investmentkommanditgesellschaft verbleiben dürfen, wäre es naheliegend gewesen, dies in den Vorschriften betreffend AIF ausdrücklich festzuhalten. Insbesondere hätte das Gesetz anstatt des Begriffs »Anlage und Verwaltung« den Begriff »kollektive Vermögensverwaltung« verwendet.[1010] Auch im umgekehrten Fall – wenn der Gesetzgeber nicht gewollt hätte, dass die Investmentkommanditgesellschaft die Nebenverwaltungsaufgaben übernimmt – wäre es naheliegend gewesen, dies in den Vorschriften betreffend AIF zu regeln. Somit spricht § 154 Abs. 1 S. 2 KAGB für eine Restzuständigkeit der Investmentkommanditgesellschaft.

2. Bisherige Erwägungen zum Optionsansatz

Weiterhin könnten die bereits oben im Rahmen des Optionsansatzes diskutierten Aspekte für eine solche Restzuständigkeit sprechen:[1011] Es wurde festgestellt, dass eine gesetzes- und richtlinienkonforme Auslegung der § 1 Abs. 19 Nr. 24, § 154 Abs. 1 S. 2 KAGB dazu führt, dass die Kapitalverwaltungsgesell-

---

1009 Siehe oben 3. Teil B.I.1.b. und 3. Teil C. zu § 154 Abs. 1 S. 2 KAGB als öffentlich-rechtliche Klarstellungsnorm.; siehe unten 5. Teil A. zu den zivilrechtlichen Befugnisarten.
1010 Siehe oben 4. Teil B.IX.
1011 Siehe oben 4. Teil B. und 4. Teil C.

schaft die in Anhang I Nr. 2 AIFM-RL genannten Aufgaben ausüben kann, aber nicht muss (Optionsansatz).[1012] Auch wenn die AIFM-RL keine unmittelbaren Regelungen zu AIF trifft und dies den Mitgliedstaaten überlässt,[1013] deuten der »kann«-Wortlaut in Anhang I AIFM-RL sowie die europäische und deutsche Erlaubnissystematik nach der AIFM-RL und dem KAGB darauf hin, dass diese Aufgaben bei einem rechtsfähigen AIF (Investmentkommanditgesellschaft) verbleiben dürfen.[1014] Die Nebenverwaltungsaufgaben spielen bei der KVG-Erlaubnis und bei der Bewertung der Auslagerungsstruktur nach Art. 82 AIFM-Level-2-VO keine Rolle und sind aufsichtsrechtlich von untergeordneter Bedeutung.[1015] Da der Kapitalverwaltungsgesellschaft regelmäßig die im Bestellungsvertrag benannten Aufgaben übertragen werden (privatautonom-faktische Aufgabenübertragung), können die nicht übertragenen Nebenverwaltungsaufgaben bei der Investmentkommanditgesellschaft verbleiben.[1016]

3. Geschäftsführungsanforderungen, § 153 KAGB

§ 153 KAGB stellt bestimmte Verhaltens- und Organisationsanforderungen an die Geschäftsführung der Investmentkommanditgesellschaft.[1017] Die Geschäftsführung ist nach § 153 Abs. 1 S. 3 und 4 KAGB[1018] »verpflichtet, bei der Ausübung ihrer *Tätigkeit* im ausschließlichen Interesse der Gesellschafter und der Integrität des Marktes zu handeln [sowie] ihre Tätigkeit mit der gebotenen Sachkenntnis, Sorgfalt und Gewissenhaftigkeit im besten Interesse des von ihr verwalteten Vermögens und der Integrität des Marktes auszuüben und sich um die Vermeidung von Interessenkonflikten zu bemühen«; bei »der Wahrnehmung ihrer *Aufgaben* hat sie unabhängig von der Verwahrstelle zu han-

---

1012 Siehe oben 4. Teil C.
1013 Siehe oben 2. Teil D.I.3.; 4. Teil B.II.3. zum Umsetzungsspielraum der Mitgliedstaaten.
1014 Siehe oben 4. Teil B.I.–III. und 4. Teil B.VI.5.d. sowie zusammenfassend 4. Teil C.
1015 Siehe oben 4. Teil B.VI.4. zur aufsichtsrechtlichen Relevanz der Nebenverwaltungsaufgaben.
1016 Zu den Ausnahmen, siehe oben: Bewertungsaufgabe nach Anhang I Nr. 2 a) iii) AIFM-RL i.V.m. § 216 Abs. 7 S. 1 KAGB (4. Teil B.VI.5.a.v.) sowie zu den für die Kapitalverwaltungsgesellschaft optional erbringbaren »investment-advisor«-Tätigkeiten nach Anhang I Nr. 2 c) AIFM-RL (4. Teil B.VI.5.b).
1017 So auch BaFin-Seminar in Q&A, 6. Oktober 2014, S. 12; § 128 KAGB; das Merkblatt der BaFin, Merkblatt zu den Geschäftsleitern gemäß KWG, ZAG und KAGB, 4. Januar 2016, Ziffer III., verweist erstaunlicherweise nicht auf § 153 KAGB bzw. die InvKG-Geschäftsführung, obwohl die Anforderungen sich gleichen; vgl. zur Investmentaktiengesellschaft nach dem InvG, *Müchler*, Die Investmentaktiengesellschaft, S. 300; Parallelregelungen in § 128 Abs. 1 S. 1 sowie §§ 119 Abs. 1 S. 1, 147 Abs. 1 S. 1 KAGB.
1018 § 128 Abs. 1 S. 3 KAGB für die offene Investmentkommanditgesellschaft.

D. Verbleibender Aufgabenumfang bei der Investmentkommanditgesellschaft

deln.«[1019] Nach § 153 Abs. 2 KAGB müssen die Mitglieder der Geschäftsführung weiterhin »zuverlässig sein und die zur *Leitung* der geschlossenen Investmentkommanditgesellschaft erforderliche fachliche Eignung haben«.[1020] Im Fall einer extern verwalteten Investmentkommanditgesellschaft gilt § 153 KAGB für die InvKG-Geschäftsführung und daneben § 26 KAGB für die KVG-Geschäftsführung. Nach der Gesetzesbegründung haben die Anforderungen nach § 153 KAGB im Fall einer extern verwalteten Investmentkommanditgesellschaft daher einen eigenständigen Regelungsgehalt,[1021] wohingegen die Geschäftsführung von Investmentkommanditgesellschaft und Kapitalverwaltungsgesellschaft bei einer intern verwalteten Investmentkommanditgesellschaft zusammenfallen, sodass dort allein § 26 KAGB gilt.

Die gesetzlichen Anforderungen an die InvKG-Geschäftsführung lassen darauf schließen, dass die Geschäftsführer für einen Aufgabenbereich zuständig sind und dafür eine aufsichtsrechtliche Verantwortung tragen.[1022] Über die Tätigkeits-, Zuverlässigkeits- und Eignungsanforderungen hinaus hat die BaFin das Recht, die InvKG-Geschäftsführung ebenso wie die KVG-Geschäftsführung abzuberufen, § 153 Abs. 5, § 40 Abs. 1 KAGB.[1023] Der BaFin ist weiterhin anzuzeigen, wenn ein InvKG-Geschäftsführer ausscheidet oder ein neuer Geschäftsführer bestellt wird, § 153 Abs. 2 S. 2 KAGB. Dabei ist

---

1019 Hervorhebungen durch den Verfasser; *Kunschke/Klebeck*, in Beckmann/Scholtz/Vollmer, 405, KAGB, § 128 Rn. 33 gehen von einer Weiterexistenz der Pflicht zum Gesellschaftsinteresse aus, wohingegen *Zetzsche*, in Möllers, Rn. 370 allein auf das Anlegerinteresse abstellt. Der Wortlaut des § 153 Abs. 1 KAGB ist hier nicht eindeutig, da es einerseits ausschließlich auf das Anlegerinteresse ankommen soll (Nr. 1), andererseits aber auch das Interesse des Investmentvermögens zu berücksichtigen sei (Nr. 2); *Lorenz*, in Weitnauer/Boxberger/Anders, KAGB, § 119 Rn. 6 weist auf die Frage hin, inwiefern sich die Interessen der Anleger von denen des Investmentvermögens unterscheiden sollen.
1020 Hervorhebungen durch den Verfasser.
1021 Gesetzesbegründung zum KAGB, Bt-Dr. 17/12294, S. 243 zu § 128 Abs. 2 KAGB, vgl. S. 251 i.V.m. S. 243 zu § 153 KAGB; bereits bei § 106 InvG wurde diskutiert, ob das Anforderungsprofil im Gegensatz zur internen Verwaltung niedriger anzusetzen ist, *Fischer/Steck*, in BSL, InvG, § 106 Rn. 2; *Dornseifer*, in Emde/Dornseifer/Dreibus/Hölscher, InvG, § 106 Rn. 7.
1022 Vgl. bereits BaFin-Seminar in Q&A, 6. Oktober 2014, S. 12: Auch nach Ansicht der BaFin verbleiben – anders als beim Sondervermögen – »bei den Organen der extern verwalteten Investmentkommanditgesellschaft Restkompetenzen, die es erforderlich machen, dass die Geschäftsleiter geeignet und zuverlässig sind.«; § 128 KAGB; das Merkblatt der BaFin, Merkblatt zu den Geschäftsleitern gemäß KWG, ZAG und KAGB, 4. Januar 2016, Ziffer III., verweist erstaunlicherweise nicht auf § 153 KAGB bzw. die InvKG-Geschäftsführung, obwohl die Anforderungen sich gleichen; vgl. zur Investmentaktiengesellschaft nach dem InvG, *Müchler*, Die Investmentaktiengesellschaft mit veränderlichem Kapital, S. 300.
1023 Siehe unten 5. Teil D.II.2.

der Pflichtenkanon der InvKG-Geschäftsführung weitgehend an die strengen Pflichten der KVG-Geschäftsführung gemäß §§ 26 ff. KAGB angelehnt, die ihren Ursprung wiederum in Art. 12 Abs. 1 a), b) und Art. 8 Abs. 1 c) AIFM-RL haben.[1024]

Die Ähnlichkeit der Anforderungen, die das KAGB an die Geschäftsführung von Investmentkommanditgesellschaften und Kapitalverwaltungsgesellschaften stellt, erstaunt auf den ersten Blick, da die Kapitalverwaltungsgesellschaft die erlaubnisrelevanten Anlageverwaltungsfunktionen erbringen muss, sodass für sie weitaus strengere Vorgaben als für diie InvKG-Geschäftsführung gelten könnten.[1025] So gilt die Kapitalverwaltungsgesellschaft aufgrund ihrer risikorelevanten Tätigkeiten als zentraler Regelungsadressat der AIFM-RL und des KAGB. Aus dem Umstand, dass § 153 KAGB dem Wortlaut nach vergleichbare Anforderungen an die InvKG-Geschäftsführung wie an die KVG-Geschäftsführung stellt, könnte gefolgert werden, dass der InvKG-Geschäftsführung auch vergleichbare Aufgaben obliegen.

Würde die Investmentkommanditgesellschaft jedoch die Anlageverwaltungsfunktionen erbringen, wäre sie als intern verwaltete Investmentkommanditgesellschaft selbst erlaubnispflichtig und damit nicht mehr als extern verwaltete Investmentkommanditgesellschaft zu qualifizieren, § 17 Abs. 2 Nr. 2 KAGB. Die wichtigen Kontroll- und Leitungsaufgaben müssen zwingend bei der Kapitalverwaltungsgesellschaft liegen[1026] und dürfen daher nicht von der Investmentkommanditgesellschaft ausgeübt werden. Demgegenüber sind die Nebenverwaltungsaufgaben von untergeordneter Bedeutung und müssen auch nicht aufgrund der Erlaubnisanforderungen von der Kapitalverwaltungsgesellschaft erbracht werden.[1027] Vielmehr *kann* die Kapitalverwaltungsgesellschaft diese Aufgaben optional übernehmen, muss es aber nicht. Folglich sollten diese Nebenverwaltungsaufgaben bei der Investmentkommanditgesellschaft verbleiben können. Zwar gelten die Anforderungen nach § 153 KAGB bereits dann, wenn die InvKG-Geschäftsführung die gesellschaftsrechtsspezifischen Tätigkeiten ausübt, wie beispielsweise die Einberufung und Durchführung der Gesellschafterversammlung, sowie wenn sie etwa den Verwahrstellen- oder

---

1024 Sowohl die Pflichten der Geschäftsführung der Investmentkommanditgesellschaft als auch der Kapitalverwaltungsgesellschaft sind den europarechtlichen Pflichten für AIFM gemäß Art. 12 Abs. 1 a), b), Art. 8 Abs. 1 c) AIFM-RL nachgebildet, Gesetzesbegründung zum KAGB, Bt-Dr. 17/12294, S. 212; *Kunschke/Klebeck*, in Beckmann/Scholtz/Vollmer, 405, KAGB, § 128 Rn. 31.
1025 So gelten für die Kapitalverwaltungsgesellschaft insbesondere die an anderer Stelle geregelten Kontroll- und Leitungsaufgaben nach Art. 60 Abs. 1, 2, Art. 59 ff. AIFM-VO.
1026 Siehe oben 4. Teil B.VI.4.c.
1027 Siehe oben 4. Teil C.

den Bestellungsvertrag abschließt.[1028] Allerdings sprechen die ähnlich strengen Anforderungen wie bei der Kapitalverwaltungsgesellschaft dafür, dass die InvKG-Geschäftsführung darüber hinaus auch die Nebenverwaltungsaufgaben ausüben darf. Die Tätigkeits-, Zuverlässigkeits- und Eignungsanforderungen an die InvKG-Geschäftsführung haben somit einen adäquaten Anwendungsbereich, wenn die Geschäftsführung der Investmentkommanditgesellschaft die Nebenverwaltungsaufgaben erbringt, die nicht bereits auf die externe Kapitalverwaltungsgesellschaft übertragen wurden. Da der Aufgabenumfang der InvKG-Geschäftsführung weder die Anlageverwaltungsfunktionen noch die Leitungs- und Kontrollaufgaben nach Art. 60 AIFM-Level-2-VO umfasst, sollten die Anforderungen an die InvKG-Geschäftsführung verhältnismäßig weniger streng sein.

4. Sachliche Nähe und Verantwortlichkeit des AIF

Da die Vermögensgegenstände im Eigentum der Investmentkommanditgesellschaft stehen, kann sie sachlich und örtlich näher an den Vermögensgegenständen als die Kapitalverwaltungsgesellschaft sein. Die assetbezogenen Tätigkeiten, wie etwa die Bewirtschaftung und Instandhaltung der eigenen Immobilie,[1029] sollten daher von der Investmentgesellschaft erbracht werden können.[1030] Es kann sachdienlich sein, dass die zur Ausführung der Tätigkeit erforderlichen Verträge in diesem Fall zwischen dem Drittdienstleister und der Investmentkommanditgesellschaft, also innerhalb der Leistungsbeziehung, abgeschlossen werden.[1031]

Weiterhin gehen die europäischen und deutschen Regelungen generell davon aus, dass eine Investmentgesellschaft für bestimmte Tätigkeiten verantwortlich

---

1028 Siehe unten 4. Teil D.III; *Kunschke/Klebeck*, in Beckmann/Scholtz/Vollmer, 405, KAGB, § 128 Rn. 29 zumindest »Residualpflichten«; *Paul*, in Weitnauer/Boxberger/Anders, KAGB, § 154 Rn. 8; für die InvKG-Geschäftsführung gelte ein geringerer Maßstab hinsichtlich der fachlichen Eignung, *Hüwel*, in Baur/Tappen, KAGB, § 128 Rn. 20; a.A. BaFin-Seminar in Q&A, 6. Oktober 2014, S. 12; in der Praxis besteht oftmals Personenidentität zwischen den Geschäftsführern der extern verwalteten Investmentkommanditgesellschaft und der Kapitalverwaltungsgesellschaft; *Winterhalder*, in Weitnauer/Boxberger/Anders, KAGB, § 17 Rn. 46.
1029 BaFin, Auslegungsschreiben zum Anwendungsbereich des KAGB und zum Begriff des »Investmentvermögens«, Geschäftszeichen Q 31-Wp 2137-2013/0006, 14. Juni 2013, zuletzt geändert am 9. März 2015, Ziffer I.7.a., II.1.
1030 So nun auch BaFin, Auslegungsentscheidung zu den Tätigkeiten einer Kapitalverwaltungsgesellschaft und der von ihr extern verwalteten AIF-Investmentgesellschaft, WA 41-Wp 2100-2016/0001, 21. Dezember 2017, Ziffer II.5.
1031 BaFin, Auslegungsentscheidung zu den Tätigkeiten einer Kapitalverwaltungsgesellschaft und der von ihr extern verwalteten AIF-Investmentgesellschaft, WA 41-Wp 2100-2016/0001, 21. Dezember 2017, Ziffer 3; siehe oben 4. Teil C.II.

ist. So beruht § 18 Abs. 6 S. 1 KAGB auf Art. 5 Abs. 2 S. 1 AIFM-RL und lautet wie folgt:

»In den Fällen, in denen eine externe AIF-Kapitalverwaltungsgesellschaft nicht in der Lage ist, die Einhaltung der Anforderungen dieses Gesetzes sicherzustellen, für die der *AIF* oder eine andere in seinem Namen [AIF] handelnde Stelle verantwortlich ist, unterrichtet die externe AIF-Kapitalverwaltungsgesellschaft unverzüglich die Bundesanstalt und, sofern anwendbar, die zuständigen Behörden des betreffenden EU-AIF.«[1032]

Dazu erläutert Erwägungsgrund 11 AIFM-RL, dass mehrere Bestimmungen dieser Richtlinie AIFM verpflichten, die Einhaltung von Anforderungen sicherzustellen, für die die AIFM bei einigen Fondsstrukturen nicht verantwortlich sind. Ein Beispiel hierfür sind Fondsstrukturen, bei denen der AIF oder ein anderes im Namen des AIF handelndes Unternehmen für die Bestellung der Verwahrstelle zuständig ist. In diesen Fällen habe der AIFM keine letztendliche Kontrolle darüber, ob tatsächlich eine Verwahrstelle bestellt wird. Folglich gehen das KAGB und die AIFM-RL davon aus, dass die Investmentkommanditgesellschaft bzw. ihre Geschäftsführung für bestimmte Aufgaben verantwortlich sein kann. Dies gilt dem Wortlaut nach auch für solche Aufgaben, die ein Drittunternehmen im Namen der Investmentkommanditgesellschaft erbringt.

5. Auffassungen von EU-Kommission und ESMA

Zugunsten einer Aufgabenverantwortlichkeit der Investmentkommanditgesellschaft äußert sich die EU-Kommission wie folgt:[1033]

»In any case, the AIFM is responsible for ensuring compliance with the AIFMD, even if it is *the AIF or another entity on its behalf that is responsible* for *performing* that activity (see Article 5, recital 11).«[1034]

Die EU-Kommission geht somit ausdrücklich davon aus, dass ein AIF, also nach der deutschen Umsetzung auch eine Investmentkommanditgesellschaft, für die Aufgabenausübung verantwortlich sein kann.

Dagegen antwortet die ESMA im Q&A on the Application of the AIFMD vom 5. Oktober 2017 (ESMA, 34-32-352) in Section VIII Delegation wie folgt:

»*Question 3*

Can an externally-managed AIF itself perform the investment management functions set out in point 1 of Annex I or functions set out in point 2 of Annex I of the AIFMD or would it be possible that the external AIFM delegates the performance of these functions to the governing body or any other internal resource of the externally-managed AIF?

1032 Hervorhebungen durch den Verfasser.
1033 ESMA, EU-Kommission, Q&A, S. 4 (ID 1158).
1034 Hervorhebungen durch den Verfasser; vgl. Fragestellung der ESMA: »In the case of an AIF with legal personality, it would be possible to appoint an AIFM to perform the portfolio management and risk management (even if one of these is delegated) and also to appoint other entities to carry out the remaining functions (such as the administration).«

D. Verbleibender Aufgabenumfang bei der Investmentkommanditgesellschaft

Answer

No. Externally-managed AIFs are not regulated as AIFM. The performance of the functions stated in Annex I of the AIFMD is only permitted for AIFs which are internally-managed pursuant to Article 5(1) (b) of the AIFMD. Where the AIF appoints an external AIFM pursuant to Article 5 (1) (a), the external AIFM is through its appointment as AIFM of the AIF responsible for providing the functions stated in Annex I of the AIFMD. The external AIFM may delegate to third parties the task of carrying out functions on its behalf in accordance with Article 20 of the AIFMD. The AIF is, however, not a ›third party‹ in accordance with Article 20(1) of the AIFMD.«

Nach Auffassung der ESMA würden alle in Anhang I AIFM-RL genannten Aufgaben bei dem AIFM liegen.[1035] Wie bereits dargelegt wurde, widerspricht diese Sichtweise den Vorgaben des KAGB und der AIFM-RL.[1036] Insbesondere kann nicht überzeugend auf die AIFM-Erlaubnis verwiesen werden, da dafür gerade keine Nebenverwaltungsaufgaben erbracht werden müssen, Art. 6 Abs. 5 AIFM-RL, Anhang I Nr. 2 AIFM-RL.

Nach der ESMA darf ein AIFM keine Nebenverwaltungsaufgaben auf einen AIF, wie die Investmentkommanditgesellschaft, »zurückdelegieren«. Dies begründet sie damit, dass ein AIF nicht »Dritter« im Sinne des Art. 20 Abs. 1 AIFM-RL sei. Gegen diese Argumentation spricht zunächst, dass sich Art. 20 Abs. 1 AIFM-RL bzw. die deutsche Umsetzungsnorm nach § 36 KAGB an den AIFM bzw. die Kapitalverwaltungsgesellschaft richten, sodass »Dritter« im Sinne der Vorschrift grundsätzlich jeder außer dem AIFM bzw. der Kapitalverwaltungsgesellschaft ist.[1037] Dazu gehört dann auch der AIF bzw. die extern verwaltete Investmentgesellschaft. Die AIFM-RL und das umsetzende KAGB betrachten den rechtsfähigen AIF bzw. die Investmentkommanditgesellschaft einerseits und den externen AIFM bzw. die externe Kapitalverwaltungsgesellschaft andererseits als separate Organisationen, die durch den Bestellungsvertrag miteinander verbunden sind, Art. 5 Abs. 1 a) AIFM-RL, § 17 Abs. 2 Nr. 1 KAGB.

Um eine Erlaubnis zu erhalten, müssen lediglich die Anlageverwaltungsfunktionen im Wege des Bestellungsvertrages auf die Kapitalverwaltungsgesellschaft übertragen werden (privatautonom-faktische Funktionsweise der Aufgabenzuordnung). Demzufolge leuchtet es formal betrachtet ein, die Auslagerungsregeln nicht anzuwenden, wenn ein AIF die Nebenverwaltungsaufgaben ausübt, da diese Aufgaben bereits nicht auf die Kapitalverwaltungsgesellschaft übertragen wurden. Die Nebenverwaltungsaufgaben verbleiben bei der Investmentkommanditgesellschaft, sodass kein Übertragungsakt, kein Rückübertragungsakt und damit kein Auslagerungssachverhalt vorliegen. Die Auslagerungs-

---

1035 »[…] through its appointment as AIFM of the AIF responsible for providing the functions stated in Annex I of the AIFMD.«
1036 Siehe oben 4. Teil B.IX.
1037 Zur Unbestimmtheit des Begriffs des Auslagerungsunternehmens im Sinne des § 36 Abs. 1 KAGB, *Hanten*, in Baur/Tappen, § 36 Rn. 19.

regeln (Art. 20 AIFM-RL, § 36 KAGB) sind daher im Verhältnis zwischen der Kapitalverwaltungsgesellschaft und der Investmentkommanditgesellschaft nicht anzuwenden. Dabei sollte daraus nicht der Schluss gezogen werden, dass die Investmentkommanditgesellschaft keine Nebenverwaltungsaufgaben ausüben darf.

Die ESMA führt an, dass eine Investmentgesellschaft nicht wie ein AIFM reguliert sei. Dem kann nur eingeschränkt gefolgt werden, da die InvKG-Geschäftsführung nach § 153 Abs. 1 S. 3 und 4 KAGB ähnlich strengen Anforderungen unterliegt wie die Kapitalverwaltungsgesellschaft. Die BaFin hat das Recht, die InvKG-Geschäftsführung ebenso wie die KVG-Geschäftsführung abzuberufen, § 153 Abs. 5, § 40 Abs. 1 KAGB. Aus dem fehlenden Zulassungserfordernis für eine extern verwaltete Investmentkommanditgesellschaft sollte lediglich gefolgert werden,[1038] dass die erlaubnisrelevanten Anlageverwaltungsfunktionen nicht durch die Investmentkommanditgesellschaft erbracht werden dürfen. Dagegen besteht schon keine investmentrechtliche Erlaubnispflicht der Kapitalverwaltungsgesellschaft, wenn die Nebenverwaltungsaufgaben erbracht werden,[1039] was – aufgrund der aufsichtsrechtlich untergeordneten Bedeutung der Nebenverwaltungsaufgaben – auch gilt, wenn die Investmentkommanditgesellschaft diese Aufgaben ausübt. Außerdem wird dem Anlegerschutz durch das umfangreiche Aufsichts- und Regulierungsregime des KAGB bzw. der AIFM-RL Rechnung getragen. Denn weder die Kapitalverwaltungsgesellschaft noch die Investmentgesellschaften, wie etwa die Investmentkommanditgesellschaft, bewegen sich in einem »aufsichtsfreien Raum«: Die BaFin kann gegen die Investmentkommanditgesellschaft und ihre Geschäftsleiter vorgehen und ist ausweislich § 5 Abs. 6 KAGB berechtigt, alle erforderlichen Anordnungen zu treffen, um die Einhaltung des Gesetzes und der maßgeblichen Vertragsbestimmungen durchzusetzen. Für ein engmaschiges Aufsichtssystem zum Schutz der Anleger sowie die Finanzmarktstabilität sorgen darüber hinaus die BaFin, die Verwahrstelle sowie (externe) Bewerter und Abschlussprüfer.[1040]

6. Eigenkapitalanforderungen

Gegen eine Aufgabenzuständigkeit der Investmentkommanditgesellschaft könnte sprechen, dass das KAGB keine Eigenkapitalanforderungen für Investmentgesellschaften festlegt.[1041] Allerdings gelten die gesellschaftsrechtlichen Anforderungen an die Mindestkapitalisierung, sodass nach § 5 Abs. 1 GmbHG das Stammkapital regelmäßig mindestens 25.000 Euro bei der Komplementär-

---

1038 Vgl. aber noch die tradierte Investmentaktiengesellschaft, Gesetzesbegründung zum Investment-ÄnderungsG, 2007, Bt-Dr. 16/5576, S. 83.
1039 Siehe oben 4. Teil B.I.2. zu den Nebendienstleistungen.
1040 Erwägungsgründe 1, 2, 3, 4, 12, 92 AIFM-RL; Patz BKR 2015, 193, 193.
1041 BaFin KAGB-Seminar, 21. September 2015, S. 21; vgl. zur tradierten Investmentaktiengesellschaft, § 96 Abs. 5 InvG (aufgehoben).

GmbH betragen wird.[1042] Die Rechtsprechung wendet zudem die Kapitalerhaltungsvorschriften nach §§ 30 ff. GmbHG analog auf die GmbH & Co. KG an, falls Leistungen der KG bei der Komplementär-GmbH zu einer materiellen Unterkapitalisierung führen.[1043] Außerdem reduziert das KAGB die gewöhnliche Haftung der Kommanditisten und geht aus Anlegerschutzgründen sogar über die Rechtsprechung zur Publikumspersonengesellschaft hinaus.[1044] Dies spricht ebenfalls dafür, dass die Investmentkommanditgesellschaft eigene Aufgaben wahrnehmen darf.

Fraglich ist, ob sich die Eigenkapitalanforderungen der Kapitalverwaltungsgesellschaft überhaupt auf die Investmentkommanditgesellschaft übertragen lassen. Die aufsichtsrechtlichen Eigenkapitalanforderungen gemäß § 25 KAGB sollen nach Erwägungsgrund 23 sicherstellen, dass »AIFM ihre *Verwaltungsdienste für AIF* kontinuierlich und regelmäßig erbringen.«[1045] Die AIFM-RL bestätigt, dass das aufsichtsrechtliche Eigenkapital »nur« als Haftungsmasse für Schadensersatzansprüche aufgrund von Schlechtleistungen aus dem Bereich der KVG-Tätigkeit dient:[1046]»Um sicherzustellen, dass AIFM ihre Verwaltungsdienste für AIF kontinuierlich und regelmäßig erbringen und um die potenziellen Risiken von AIFM im Rahmen ihrer Berufshaftpflicht hinsichtlich all ihrer Tätigkeiten abzudecken, einschließlich der Verwaltung von AIF im Rahmen einer Aufgabenübertragung, ist es notwendig, die Anwendung von Mindesteigenkapitalanforderungen vorzusehen.« Bezweckt ist somit keine vollständige Schadenskompensation von Anlegern in Schadensfällen, bei denen sich das unternehmerische Risiko verwirklicht hat.[1047] Es wäre »ökonomisch nicht zu rechtfertigen«,[1048] Eigenkapital für den Misserfolg der unternehmerischen Beteiligung vorzuhalten. Aufgrund des bestehenden Regulierungs-, Aufsichts- und Kontrollrahmens (Verwahrstelle, BaFin) bezwecken die Eigenkapitalanforderungen primär die »Sicherung der Dienstleistungsqualität« der Kapitalverwaltungsgesellschaft,[1049] das heißt nach der Systematik des Aufsichtsrechts vor

---

1042 Beachte aber auch das ggf. geringere Stammkapital einer Unternehmergesellschaft.
1043 *Winterhalder*, in Weitnauer/Boxberger/Anders, KAGB, § 18 Rn. 8; BGH, NJW 1973, 1036.
1044 Vgl. § 152 Abs. 2, 4,5,6 KAGB.
1045 Hervorhebungen durch den Verfasser; Erwägungsgrund 23 AIFM-RL; Gesetzesbegründung zum KAGB, Bt-Dr. 17/12294, S. 216 verweist auf Art. 9 AIFM-RL.
1046 *Volhard/Jang*, in DJKT, AIFM-RL, Art. 9 Rn. 3; *Bentele*, in Baur/Tappen, KAGB, § 25 Rn. 2.
1047 *Bentele*, in Baur/Tappen, KAGB, § 25 Rn. 2; *Steck/Gringel*, in BSL, InvG, § 11 Rn. 3; *Engert*, Der Konzern 2007, 477, 480; *Simmering*, in Emde/Dornseifer/Dreibus/Hölscher, InvG, § 11 Rn. 1.
1048 Derartige Risiken lassen sich jedoch gegebenenfalls durch den Abschluss spezieller Versicherungspolicen beggenen, *Bentele*, in Baur/Tappen, KAGB, § 25 Rn. 2; auch zur »Seriösitätsschwelle«, *Engert*, Der Konzern 2007, 477, 480.
1049 *Engert*, Der Konzern 2007, 477, 478; *Beckmann*, in Beckmann/Scholtz/Vollmer, 410, InvG, § 11 Rn. 2.

allem die Portfolioverwaltung und das Risikomanagement. Vorliegend geht es jedoch um die Frage, ob die Nebenverwaltungsaufgaben von der Investmentkommanditgesellschaft selbst ausgeübt werden können. Bezüglich solcher aufsichtsrechtlich subordinierter Aufgaben ist es daher überzeugend, dass der Gesetzgeber keine (aufsichtsrechtlichen) Eigenkapitalanforderungen geschaffen hat.

7. Rückauslagerung, Haftungsaspekte und Wahlrecht der Kapitalverwaltungsgesellschaft

In Ziffer II.4. der Auslegungsentscheidung vom 21. Dezember 2017 äußert sich die BaFin zur Rückauslagerung auf die AIF-Investmentgesellschaft wie folgt:

»Eine extern verwaltete AIF-Investmentgesellschaft kann keine Tätigkeiten der kollektiven Vermögensverwaltung durchführen, wenn sie eine externe Kapitalverwaltungsgesellschaft damit beauftragt hat. Die kollektive Verwaltung der AIF-Investmentgesellschaft obliegt ausschließlich der externen Kapitalverwaltungsgesellschaft, die gemäss § 17 Abs. 2 Nr. 1 und Abs. 3 KAGB hierfür verantwortlich ist. Eine Übertragung der Aufgaben der externen Kapitalverwaltungsgesellschaft ›wieder zurück‹ auf die AIF-Investmentgesellschaft widerspricht dieser gesetzlichen Wertung.«

Es wurde bereits gezeigt, dass eine Kapitalverwaltungsgesellschaft nach hier vertretener Auffassung die Aufgaben nach Anhang I Nr. 2 AIFM-RL optional übernehmen kann und im Fall der Drittwahrnehmung solcher zusätzlicher Aufgaben regelmäßig keine Auslagerungsverantwortung trägt.[1050] Dafür sprechen der Gesetzeswortlaut der AIFM-RL und des KAGB sowie der Umstand, dass das aufsichtsrechtliche Erlaubnisverfahren nicht erfordert, dass eine Kapitalverwaltungsgesellschaft die Nebenverwaltungsaufgaben erbringt, die nach der gesetzlichen Wertung von untergeordneter Bedeutung sind.[1051] Die in der Auslegungsentscheidung erwähnte »gesetzliche Wertung« spricht daher nicht für, sondern dagegen, dass die Nebenverwaltungsaufgaben zwingend von der Kapitalverwaltungsgesellschaft übernommen werden müssen.[1052] Der Verweis auf die Verantwortung der Kapitalverwaltungsgesellschaft nach § 17 Abs. 3 KAGB kann ebenfalls nicht überzeugen, da sie nur für solche Aufgaben aufsichtsrechtlich verantwortlich sein kann, für die sie die Verantwortung übernommen hat oder für die sie gesetzlich verantwortlich gezeichnet wurde.[1053] Dies ist bezüglich der Nebenverwaltungsaufgaben nicht zwingend der Fall, da diese nach hier vertretener Auffassung optional ausgeübt werden können.

1050 Zu den Ausnahmen, siehe oben: Bewertungsaufgabe nach Anhang I Nr. 2 a) iii) AIFM-RL i.V.m. § 216 Abs. 7 S. 1 KAGB (4. Teil B.VI.5.a.v.) sowie zu den für die Kapitalverwaltungsgesellschaft optional erbringbaren »investment-advisor«-Tätigkeiten nach Anhang I Nr. 2 c) AIFM-RL (4. Teil B.VI.5.b).
1051 Siehe oben 4. Teil B.VI.6.
1052 Siehe oben 4. Teil C.
1053 Siehe oben 4. Teil B.VII., 4. Teil C. zur aufsichtsrechtlichen Restverantwortung.

Weiterhin heißt es in der Auslegungsentscheidung vom 21. Dezember 2017:
»Aber auch haftungsrechtliche Gesichtspunkte sprechen gegen die Möglichkeit solcher Auslagerungen. Im Falle einer ‚Rückauslagerung' von Aufgaben auf die AIF-Investmentgesellschaft könnte die externe Kapitalverwaltungsgesellschaft u. U. ihrer Haftung entgehen, weil die AIF-Investmentgesellschaft den Schaden, den sie gegenüber der externen Kapitalverwaltungsgesellschaft geltend machen möchte, selbst als Auslagerungsunternehmen verursacht hätte und somit von der externen Kapitalverwaltungsgesellschaft in Regress genommen werden könnte. Damit würde letztendlich die AIF-Investmentgesellschaft den Schaden tragen und nicht die externe Kapitalverwaltungsgesellschaft, obwohl die Verantwortung für die kollektive Vermögensverwaltung gerade auf die externe Kapitalverwaltungsgesellschaft übertragen wurde. Ein solches Ergebnis wäre mit den Interessen der Anleger der AIF-Investmentgesellschaft nicht vereinbar.«

Diese Argumentation geht davon aus, dass die Kapitalverwaltungsgesellschaft alle in § 1 Abs. 19 Nr. 24 KAGB genannten Aufgaben von Gesetzes wegen erbringen muss, was jedoch nicht gesetzes- und richtlinienkonform ist.[1054] Hat die Investmentkommanditgesellschaft beispielsweise nur einige der Nebenverwaltungsaufgaben auf die Kapitalverwaltungsgesellschaft übertragen, scheidet eine »Rückauslagerung« der nicht-übertragenen Aufgaben begrifflich aus.[1055] In den Fällen, in denen die Investmentkommanditgesellschaft bestimmte Aufgaben auf die Kapitalverwaltungsgesellschaft übertragen hat und die Kapitalverwaltungsgesellschaft diese Aufgaben »zurückdelegiert« hat, geht die BaFin außerdem von einem Auslagerungsverhältnis zwischen Kapitalverwaltungsgesellschaft und Investmentkommanditgesellschaft aus.[1056] Ein Auslagerungsverhältnis kann jedoch nur dann vorliegen, wenn die Kapitalverwaltungsgesellschaft eine aufsichtsrechtlich bedeutsame Aufgabe auf die Investmentkommanditgesellschaft »zurückdelegiert« hat.[1057] Die Übertragung der Nebenverwaltungsaufgaben stellt regelmäßig keinen Fall der Auslagerung, sondern einen bloßen Fremdbezug von Leistungen dar, sodass kein Auslagerungsverhältnis vorliegt.[1058] In diesen Fällen ist die Kapitalverwaltungsgesellschaft nicht gemäß § 36 Abs. 4 KAGB für die Tätigkeit eines Drittunternehmens verantwortlich, sodass die Kapitalverwaltungsgesellschaft nicht in dem Umfang, wie dies eine Anwendung des § 36 Abs. 4 KAGB ermöglichen würde, bei der Investmentkommanditgesellschaft Regress nehmen kann. Es ist ohnehin zweifelhaft, warum eine pflichtgemäß handelnde Kapitalverwaltungsgesellschaft für eine pflichtwidrig handelnde Investmentkommanditgesellschaft haften sollte, wenn Pflichtverletzung und Schaden außerhalb der investmentrechtlichen Anlageverwaltung und außerhalb des

---

1054 Siehe oben 4. Teil C.
1055 Siehe oben 4. Teil B.V. zur privatautonom-faktische Funktionsweise.
1056 Die ESMA (Q&A 34-32-352 on the Application of the AIFMD, 5. Oktober 2017) in Section VIII) geht demgegenüber davon aus, dass ein AIF nicht Dritter im Sinne des Art. 20 Abs. 1 AIFM-RL sei; siehe oben 4. Teil D.II.5.
1057 Siehe oben 4. Teil B.VI.2.
1058 Siehe oben 4. Teil C.

der Kapitalverwaltungsgesellschaft übertragenen Aufgabenkreises liegen.[1059] Ein weiterer haftungsrechtlicher Aspekt ist, dass sich die Geschäftsführer einer Investmentkommanditgesellschaft nicht im pflicht- oder haftungsfreien Raum bewegen: Sie unterliegen, ebenso wie die Geschäftsführer einer Kapitalverwaltungsgesellschaft, bestimmten Verhaltens- und Organisationsanforderungen und sind verpflichtet, ausschließlich im Anlegerinteresse zu handeln.[1060] Verletzen die Geschäftsführer einer Investmentkommanditgesellschaft ihre Pflichten, kommen Schadensersatzansprüche der Gesellschaft und der Anleger in Betracht.[1061] Demnach führen die von der BaFin genannten haftungsrechtlichen Aspekte nicht dazu, dass eine Erbringung der Nebenverwaltungsaufgaben durch die Investmentkommanditgesellschaft unvereinbar mit dem Anlegerinteresse ist.

Schließlich soll die Kapitalverwaltungsgesellschaft nach der Auslegungsentscheidung der BaFin vom 17. Dezember 2017 wählen dürfen, ob sie bei der Beauftragung eines Dritten zivilrechtlich im eigenen Namen oder im Namen der Investmentkommanditgesellschaft handelt.[1062] Auch wenn sich das Wahlrecht der Kapitalverwaltungsgesellschaft nicht auf die aufsichtsrechtliche Verantwortung auswirken soll, verdeutlicht die BaFin damit, dass die Investmentkommanditgesellschaft außerhalb der Anlageverwaltungsfunktionen Leistungen von Dritten beziehen, Vertragspflichten unterliegen und operationellen Risiken ausgesetzt sein kann. Die zivilrechtliche Verantwortung für die Nebenverwaltungsaufgaben kann somit nach Ansicht der BaFin von der Investmentkommanditgesellschaft getragen werden. Dies spricht dafür, dass auch die Nebenverwaltungsaufgaben von ihr selbst ausgeübt werden dürfen.

8. Operativ tätige Gesellschaft und Risiken

Ferner handelt es sich nach der BaFin »bei einer extern verwalteten Investmentgesellschaft [...] um ein Fondsvehikel und nicht gleichzeitig um eine operativ tätige Gesellschaft (die die Verwaltung erbringt). Der Anleger soll daher – ähnlich dem Anleger des Sondervermögens – keinen wesentlichen operationellen Risiken ausgesetzt sein.«[1063] Bei der Frage, ob der Investmentkommanditgesellschaft »operative« Tätigkeiten obliegen, ist zu berücksichtigen, dass das Gesetz stellenweise ausdrücklich anordnet, dass die Investmentkommanditgesellschaft

---

1059 Siehe oben 4. Teil D.II.6. zum Zweck der Eigenkapitalanforderungen einer Kapitalverwaltungsgesellschaft.
1060 Siehe unten 4. Teil D.II.3. zu Geschäftsführungsanforderungen nach § 153 KAGB.
1061 Siehe unten zur 5. Teil D.III.1. actio pro socio.
1062 BaFin, Auslegungsentscheidung zu den Tätigkeiten einer Kapitalverwaltungsgesellschaft und der von ihr extern verwalteten AIF-Investmentgesellschaft, WA 41-Wp 2100-2016/0001, 21. Dezember 2017, Ziffer II.3, II.5; siehe oben 4. Teil C.II.
1063 BaFin, Häufige Fragen zum Thema Auslagerung gemäß § 36 KAGB, Geschäftszeichen WA 41-Wp 2137-2013/0036, 10. Juli 2013, zuletzt geändert am 15. November 2017, Ziffer 2; BaFin KAGB-Seminar, 21. September 2015, S. 21.

für eine Reihe von Tätigkeiten zuständig ist.[1064] Weiterhin sind die operativen Risiken als gering einzustufen, da die Anlageverwaltungsfunktionen bei der externen Kapitalverwaltungsgesellschaft liegen, sodass bei der Investmentkommanditgesellschaft nach dem hier vertretenen Optionsansatz lediglich die Nebenverwaltungsaufgaben und sonstige Aufgaben verbleiben können. Es entspricht dem Anlegerschutz, wenn die Kapitalverwaltungsgesellschaft den aufsichtsrechtlich reglementierten Teil der kollektiven Vermögensverwaltung erbringt, während die nicht-anlagespezifischen,[1065] aufsichtsrechtlich subordinierten Nebenverwaltungsaufgaben und die sonstigen gesetzlich vorgesehenen Aufgaben bei der Geschäftsführung der Investmentkommanditgesellschaft verbleiben können. Es ist zu beachten, dass die Kapitalverwaltungsgesellschaft zwar für die Anlageverwaltung und die übernommenen Aufgaben verantwortlich ist. Allerdings entspricht es einer unternehmerischen Fondsbeteiligung, dass die Anleger und die Investmentkommanditgesellschaft die Markt- und Investitionsrisiken tragen müssen. Beispielsweise sollten die Mietverträge bei einer Immobilienanlage nicht mit der Kapitalverwaltungsgesellschaft geschlossen werden, sondern mit der Investmentkommanditgesellschaft, die etwa das (unternehmerische) Risiko eines Mietausfalls zu tragen hat.[1066] Insoweit hat die Investmentkommanditgesellschaft nicht nur kein »operatives Risiko« zu tragen, sondern muss es kraft Gesetzes sogar.[1067]

9. Betriebsvermögen einer extern verwalteten Investmentkommanditgesellschaft

Nach § 156 Abs. 1 S. 1 und 2 KAGB darf »die intern verwaltete geschlossene Investmentkommanditgesellschaft bewegliches und unbewegliches Vermögen erwerben. Hierfür hat sie ein Betriebsvermögen zu bilden, das rechnerisch bei den Kapitalanteilen der geschäftsführenden Gesellschafter zu erfassen ist.« Aus

---

1064 Beispielsweise Beauftragung Verwahrstelle, Bestellungsvertrag, Erstellen der Anlagebedingungen; § 153 KAGB; vgl. auch bereits § 130 S. 2, § 155 S. 2; § 132 Abs. 7 S. 1 KAGB.
1065 *Zetzsche/Preiner*, WM 2013, 2101, 2103.
1066 Siehe unten 5. Teil A.V.3.
1067 In diese Richtung zu deuten wohl BaFin, Auslegungsentscheidung zu den Tätigkeiten einer Kapitalverwaltungsgesellschaft und der von ihr extern verwalteten AIF-Investmentgesellschaft, WA 41-Wp 2100-2016/0001, 21. Dezember 2017, Ziffer II.5: »Würden sie dagegen im Namen der externen KVG abgeschlossen werden, wäre die AIF-Investmentgesellschaft wegen eines Durchgangserwerbs der externen KVG u.U. dem Insolvenzrisiko der externen KVG ausgesetzt. Da ein solches Ergebnis mit den Interessen der Anleger nicht vereinbar wäre, ist es in der Regel geboten, dass die externe KVG Erwerbs- und Veräußerungsgeschäfte oder sonstige Geschäfte, die im Zusammenhang mit den Vermögensgegenständen der AIF-Investmentgesellschaft stehen, direkt im Namen der AIF-Investmentgesellschaft abschließt.«

dem Umstand, dass sich die Norm dem Wortlaut nach nur auf die intern verwaltete Investmentkommanditgesellschaft bezieht, wird in der Literatur vereinzelt der Schluss gezogen, dass eine extern verwaltete Investmentkommanditgesellschaft kein eigenes Betriebsvermögen bilden dürfe.[1068]
Dieser Schluss scheint nicht zwingend. Zunächst ist festzuhalten, dass der Wortlaut des § 156 KAGB gerade nicht verbietet, dass die extern verwaltete Investmentkommanditgesellschaft ein eigenes Betriebsvermögen bildet. Aus der Gesetzesbegründung wird deutlich, dass § 156 KAGB dazu dient, dass das Anlagevermögen und das Betriebsvermögen »wie bei der externen Kapitalverwaltungsgesellschaft das Anlagevermögen vom Betriebsvermögen der Kapitalverwaltungsgesellschaft zu trennen.«[1069] »Da die intern verwaltete geschlossene Investmentkommanditgesellschaft zugleich Kapitalverwaltungsgesellschaft und Investmentvermögen ist,«[1070] liegen das Anlagevermögen und das Betriebsvermögen in einer Gesellschaft. Für diesen Fall wollte der Gesetzgeber sicherstellen, dass die Vermögenstrennung auch bei einer internen Verwaltung weiter aufrechterhalten wird. Es sollte aber offenbar keine Aussage darüber getroffen werden, inwiefern eine extern verwaltete Investmentkommanditgesellschaft ein eigenes Betriebsvermögen bilden darf, welches sich von dem Betriebsvermögen der Kapitalverwaltungsgesellschaft und dem Anlagevermögen unterscheidet.

Für ein Betriebsvermögen bei der extern verwalteten Investmentkommanditgesellschaft lässt sich außerdem anführen, dass der Geschäftsführung einer extern verwalteten Investmentkommanditgesellschaft, auch abseits der optionalen Nebenverwaltungsaufgaben nach Anhang I AIFM-RL, zahlreiche Aufgaben nach dem KAGB, GwG, InsO und anderen Gesetzen verbleiben.[1071] Nach § 153 KAGB bestehen strenge Tätigkeits-, Zuverlässigkeits- und Eignungsanforderungen,[1072] sodass die Geschäftsführer über eine angemessene Organisationseinheit und ein Betriebsvermögen verfügen sollten, um die gesetzlichen Anforderungen zu erfüllen.[1073] In Betracht kommen Ausgaben für Büroausstattung, Computer und Software, Papier, Druck etc., aber auch Kosten für außergerichtliche oder gerichtliche Auseinandersetzungen der Investmentkommanditgesellschaft[1074] sowie Kosten für weitere gesellschaftsrechtliche Maßnahmen, etwa

---

1068 *Schewe*, Kommanditgesellschaften im Regelungsbereich des Investmentrechts, S. 108; so zunächst *Wallach*, ZGR 2014, 289, 309, dann abweichend *ders.*, in Assmann/Wallach/Zetzsche, KAGB, § 154 Rn. 46 ff.; vgl. auch zur Möglichkeit der Bildung eines Betriebsvermögens: *Jessen*, in Baur/Tappen, KAGB, § 135 Rn 39; *Könnecke*, in Baur, KAGB, § 156 Rn. 5; *Schneider*, in Baur/Tappen, KAGB, § 120 Rn. 37 »Jede Investmentaktiengesellschaft kann Betriebsvermögen bilden«.
1069 Gesetzesbegründung zum KAGB, S. 252.
1070 Ibid.
1071 Siehe oben 4. Teil C.; siehe unten 4. Teil D.III. und 5. Teil D.II.
1072 Siehe oben 4. Teil D.II.3.
1073 *Mohr*, Die offene Investmentkommanditgesellschaft, S. 113.
1074 OLG München, BeckRS 2015, 17529 Ziffer 13 (1.).

D. Verbleibender Aufgabenumfang bei der Investmentkommanditgesellschaft

die Buchführung oder die Aufstellung des Jahresabschlusses.[1075] Bei der Investmentkommanditgesellschaft handelt es sich nach § 149 Abs. 1 S. 2 KAGB um eine investmentrechtlich modifizierte Gesellschaftsrechtsform, die von Gesetzes wegen über eine eigene Rechtspersönlichkeit verfügt und über ihre Geschäftsführungsorgane handeln kann.[1076] Die Fähigkeit zur Bildung eines Betriebsvermögens fügt sich somit in die Gesetzessystematik ein.

III. Weitere Aufgaben der Investmentkommanditgesellschaft

Abseits der in § 1 Abs. 19 Nr. 24 KAGB und Anhang I Nr. 2 AIFM-RL genannten Nebenverwaltungsaufgaben liegen folgende Aufgaben von Gesetzes wegen bei der Investmentkommanditgesellschaft.

1. Auswahl, Beauftragung und Überprüfung der Verwahrstelle

Nach § 80 Abs. 1 KAGB hat die AIF-Kapitalverwaltungsgesellschaft sicherzustellen, dass für jeden von ihr verwalteten AIF eine Verwahrstelle beauftragt wird.[1077] Die Gesetzesbegründung führt aus, dass der Begriff »sicherstellen« verdeutlichen soll, dass auch in den Fällen, in denen die Verwahrstelle nicht von der AIF-Kapitalverwaltungsgesellschaft beauftragt wird, sondern von der extern verwalteten Investmentgesellschaft, die AIF-Kapitalverwaltungsgesellschaft dafür verantwortlich ist, dass eine Beauftragung stattfindet.[1078] Demnach muss die Kapitalverwaltungsgesellschaft die Verwahrstelle nicht selbst bestellen. Dies kann auch durch die Investmentkommanditgesellschaft geschehen, was in mehreren investmentrechtlichen Regelungen klargestellt wird:[1079] Beispielsweise verweist Art. 21 Abs. 13 c) AIFM-RL auf den schriftlichen Vertrag zwischen Verwahrstelle und AIF. Auch Erwägungsgrund 11 AIFM-RL nennt die Bestellung der Verwahrstelle durch den »AIF oder ein anderes im Namen des AIF

1075 Siehe unten 5. Teil D.II.; *Mohr*, Die offene Investmentkommanditgesellschaft, S. 114 f. geht von einer Haftungsseparierung aus und verweist darauf, dass solche Kosten aus dem Anlagevermögen zu begleichen wären, wenn kein Betriebsvermögen gebildet würde. Dies würde die Anlegerkommanditisten gegenüber den Anlegern eines Sondervermögens benachteiligen.
1076 Siehe oben 2. Teil D.I.1. zur Rechtsform; siehe unten 5. Teil A.VI. zusammenfassend zu den Organbefugnissen.
1077 Art. 21 Abs. 1 AIFM-RL.
1078 Gesetzesbegründung zum KAGB, Bt-Dr. 17/12294, S. 231, 212: Der Verwahrstellenvertrag wird in der Regel zwischen der extern verwalteten Investmentaktiengesellschaft mit veränderlichem Kapital und der Verwahrstelle und nicht zwischen der externen Kapitalverwaltungsgesellschaft und der Verwahrstelle geschlossen.
1079 BaFin in Q&A, Seminar zum KAGB vom 6. Oktober 2014, S. 11; BaFin KAGB-Seminar, 21. September 2015, S. 21; BaFin-Seminar zum Investmentrecht, Q&A, 25. November 2015, S. 17.

handelndes Unternehmen«. Dies bedeutet, dass ein AIF bzw. eine Investmentkommanditgesellschaft die Verwahrstelle aussuchen und den Verwahrstellenvertrag aushandeln darf. Nach dem in den Mitgliedstaaten unmittelbar geltenden Art. 83 AIFM-Level-2-VO muss der Vertrag Folgendes regeln: die von der Verwahrstelle zu erbringenden Dienstleistungen, Laufzeit und Bedingungen für Änderungen und die Kündigung des Vertrages, Geheimhaltungspflichten sowie insbesondere »die Mittel und Verfahren, mit denen die Verwahrstelle dem AIFM oder *dem AIF* alle einschlägigen Informationen übermittelt, die dieser zur Erfüllung *seiner Aufgaben, einschließlich der Ausübung etwaiger mit Vermögenswerten verbundener Rechte*, benötigt, sowie die Mittel und Verfahren, die dem AIFM und *dem AIF* den Zugang zu zeitnahen und genauen Informationen über die Konten des AIF ermöglichen«.[1080] Art. 83 Abs. 1 r) AIFM-Level-2-VO legt außerdem fest, dass der Verwahrstellenvertrag bestimmte Verfahrensbeschreibungen enthalten muss, »mit denen der AIFM *und/oder der AIF* die Leistung der Verwahrstelle in Bezug auf deren vertragliche Verpflichtungen überprüfen kann.«[1081] Schließt die Investmentkommanditgesellschaft den Verwahrstellenvertrag ab, ist sie somit verpflichtet, die Verwahrstelle zu überwachen.

2. Bestellung der externen Kapitalverwaltungsgesellschaft

Gemäß § 154 Abs. 1 S. 1 KAGB kann die Investmentkommanditgesellschaft eine externe Kapitalverwaltungsgesellschaft bestellen.[1082] Dies entspricht § 17 Abs. 2 Nr. 1 KAGB, Art. 5 Abs. 1 a) AIFM-RL und Erwägungsgrund 20 AIRM-RL, wonach eine Kapitalverwaltungsgesellschaft als extern verwaltet gelten soll, wenn eine externe juristische Person von der Investmentkommanditgesellschaft zum Verwalter bestellt worden ist. Die Investmentkommanditgesellschaft kann somit das Auswahlverfahren und die Auswahlentscheidung hinsichtlich der Kapitalverwaltungsgesellschaft durchführen und fungiert als Vertragspartei des Bestellungsvertrages. Gestaltungsraum bietet etwa die Vergütung der Verwaltungstätigkeit,[1083] Aufwendungsersatz, Haftungsthemen, Vertraulichkeitsklauseln, vertragsbeendigende Tatbestände und deren Folgen, und nicht zuletzt der konkret geschuldete Leistungsumfang sowie etwa die Erteilung von Vollmachten etc.[1084] Es ist außerdem möglich, dass der Investmentkommanditgesellschaft – außerhalb der Anlageverwaltungsfunktionen – ein Mit-

---

1080 Hervorhebungen durch den Verfasser.
1081 Hervorhebungen durch den Verfasser.
1082 BaFin in Q&A, Seminar zum KAGB vom 6. Oktober 2014, S. 11; BaFin KAGB-Seminar, 21. September 2015, S. 21; BaFin-Seminar zum Investmentrecht, Q&A, 25. November 2015, S. 17; *Oetker*, in Oetker, HGB, § 164 Rn. 75; zur Binnenzuständigkeit und der Frage, ob sich dabei um ein gewöhnliches, außergewöhnliches oder Grundlagengeschäft handelt, siehe unten 5. Teil D.II.13.
1083 § 37 KAGB.
1084 Siehe unten 5. Teil C.I.

spracherecht etwa bei Übertragungen von Aufgaben oder der Abberufung von Drittdienstleistern eingeräumt wird.[1085] In der Praxis wird eine Investmentkommanditgesellschaft jedoch häufig von einer Kapitalverwaltungsgesellschaft aufgelegt. In diesem Fällen reduziert sich die tatsächliche Verhandlungsmacht der Investmentkommanditgesellschaft (z.b. Initiatoren), sodass sie je nach Fondsstruktur und Geschäftsmodell nur eingeschränkt in der Lage ist, den Bestellungsvertrag mit der externen Kapitalverwaltungsgesellschaft auszuhandeln.

3. Umwandlung und Benennung, § 154 Abs. 2 Nr. 1 KAGB

Erlischt das Recht der Kapitalverwaltungsgesellschaft, ein Investmentvermögen zu verwalten, § 154 Abs. 2 Nr. 1, § 100 ff. KAGB, geht das Verfügungsrecht über das Gesellschaftsvermögen auf die Verwahrstelle über. Die Verwahrstelle hat das Vermögen dann abzuwickeln.[1086] Dies wird vermieden, wenn sich die extern verwaltete Investmentkommanditgesellschaft in eine intern verwaltete Investmentkommanditgesellschaft umwandelt oder eine andere externe Kapitalverwaltungsgesellschaft benennt.[1087] Sowohl die Umwandlungsentscheidung als auch die Benennung – gemeint die Bestellung im Sinne des § 154 Abs. 1 S. 1 KAGB – ist eine Aufgabe der Investmentkommanditgesellschaft.[1088]

4. Ausgestaltung der Anlagebedingungen

Die Genehmigung der Anlagebedingungen sind von der Kapitalverwaltungsgesellschaft zu beantragen, § 267 Abs. 1 S. 2 KAGB. Die Anlagebedingungen regeln gemäß § 266 Abs. 1 Nr. 2 KAGB jedoch das »Rechtsverhältnis dieser Investmentkommanditgesellschaft zu ihren Anlegern«, weshalb die Anlagebedingungen von der Investmentkommanditgesellschaft initiiert oder zumindest beeinflusst werden können.[1089] Davon abzugrenzen ist die Geschäftsleitungs-

---

1085 *Hüwel*, in Baur/Tappen, KAGB, § 129 Rn. 42; siehe unten 5. Teil C.I., III.
1086 Vgl. § 100b KAGB (in Kraft getreten, 18. März 2016), dem zufolge ein Wechsel der Kapitalverwaltungsgesellschaft auch ohne eine Kündigung zulässig ist.
1087 Die vorherige Fassung verlangte noch eine »offene« Investmentkommanditgesellschaft, was durch Art. 2 Nr. 2 KAGB-Reparaturgesetz berichtigt wurde; Gesetzesbegründung zum KAGB, Bt-Dr. 17/12294, S. 251.
1088 Gesetzesbegründung zum KAGB, Bt-Dr. 17/12294, S. 251 erfordert einen Beschluss der Investmentkommanditgesellschaft (»beschließt«); siehe unten 5. Teil D.II.14. zur Binnenzuständigkeit innerhalb der Investmentkommanditgesellschaft.
1089 Art. 7 Abs. 3 c) AIFM-RL; § 266 KAGB ging als Produktregelung über die AIFM-RL hinaus; *Klebeck/Kunschke*, in Beckmann/Scholtz/Vollmer, 405, KAGB, § 129 Rn. 30; *Hüwel*, in Baur/Tappen, KAGB, § 129 Rn. 42; zum InvAG-Vorstand, *Lorenz*, in Weitnauer/Boxberger/Anders, KAGB, § 111 Rn. 6, 8; bereits zur Investmentaktiengesellschaft nach InvG, *Dornseifer*, in Emde/Dornseifer/Dreibus/Hölscher, InvG, § 96 Rn. 69; in der Praxis tritt die Kapitalverwaltungsgesellschaft häufig als Fondsinitiatorin auf und gibt die Anlagebedingungen vor.

funktion nach Art. 60 Abs. 2 b) AIFM-Level-2-VO, der zufolge die Kapitalverwaltungsgesellschaft die Anlagestrategien und damit die Anlagebedingungen zu überwachen hat.[1090] Denn im Gegensatz zu Art. 60 Abs. 2 b) AIFM-Level-2-VO geht es bei der Ausgestaltung der Anlagebedingungen nicht um das Überwachen der Anlagebedingungen durch die Kapitalverwaltungsgesellschaft, sondern darum, dass die Investmentkommanditgesellschaft als Vertragspartei die Anlagebedingungen und den Bestellungsvertrag unmittelbar beeinflussen kann.[1091] Die Erstellung der Anlagebedingungen muss nicht bei der Investmentkommanditgesellschaft verbleiben und liegt in der Praxis regelmäßig bei der externen Kapitalverwaltungsgesellschaft.[1092]

5. Auskunftserteilung, § 14 KAGB

Das KAGB statuiert in § 14 S. 1 KAGB i. V. m. § 44 KWG umfassende Auskunfts- und Vorlagepflichten der extern verwalteten Investmentkommanditgesellschaft gegenüber der BaFin. Die Vorschrift richtet sich an die Investmentkommanditgesellschaft als Rechtsform, wobei die Verweisung auf § 44 Abs. 1 KWG dazu führt, dass Organe und Beschäftigte auskunftspflichtig sind.[1093] Als gesetzlicher Vertreter obliegt diese Aufgabe bzw. Pflicht insbesondere der InvKG-Geschäftsführung.

6. Abschluss des Treuhandvertrages und Treuhandtätigkeit

Gemäß § 152 Abs. 1 S. 2 KAGB dürfen sich die Anleger mittelbar über einen Treuhandkommanditisten an einer geschlossenen Publikumsinvestmentkommanditgesellschaft beteiligen. Die Aufnahme neuer Gesellschafter findet dementsprechend in der Sphäre der Investmentkommanditgesellschaft statt.[1094] Der Treuhandkommanditist wird von den Gesellschaftern mit den Rechten ausgestattet, die zum Abschluss von Treuhandverträgen mit den Treugebern erforderlich sind.[1095] Dazu gehören etwa die Annahme von Zeichnungsscheinen bzw.

1090 Siehe oben 4. Teil B.VII. zur übergeordneten Compliance-Verantwortung.
1091 Siehe unten 5. Teil C.I.6., 5. Teil D.IV.; *Paul*, in Weitnauer/Boxberger/Anders, KAGB, § 154 Rn. 8 geht auch wegen der Anlagebedingungen, § 266 Abs. 1 Nr. 2 KAGB, von einer originären Verantwortung der Organe der Investmentkommanditgesellschaft aus.
1092 Dies kann auch außerhalb des Bestellungsvertrags im Rahmen von Projektverträgen geschehen, *Hüwel*, in Baur/Tappen, KAGB, § 129 Rn. 42.
1093 *Schneider*, in Baur/Tappen, KAGB, § 14 Rn. 3; *Baumann*, in Weitnauer/Boxberger/Anders, KAGB, § 14 Rn. 2; vgl. auch *Beckmann*, in Beckmann/Scholtz/Vollmer, 405, KAGB, § 14 Rn. 17.
1094 Siehe oben 4. Teil B.VI.5.a.i. zur Ausgabe und Rücknahme von Anteilen.
1095 Zur Treugeberstellung, § 153 Abs. 1 S. 3 KAGB; *Oetker*, in Oetker, HGB, § 171 Rn. 79, § 161 Rn. 208 »Quasigesellschafter«; *Windblicher*, Gesellschaftsrecht, S. 195.

Beitrittserklärungen oder die Vornahme von Handelsregisteranmeldungen.[1096] Im Treuhandvertrag wird der Treuhänder verpflichtet, den individuellen Kommanditanteil im Interesse der Treugeber zu halten und deren Mitgliedschaftsrechte entsprechend auszuüben.[1097] Verletzt der Treuhandkommanditist seine Pflichten, macht er sich schadensersatzpflichtig.[1098] Im Übrigen kann die externe Kapitalverwaltungsgesellschaft gleichzeitig die Rolle als Treuhandkommanditistin übernehmen, sodass auch insofern eine optionale Ausübung der Tätigkeit nach Nr. 2 a) vii) Anhang I AIFM-RL möglich ist.

7. Auflösung und Bildung des Teilgesellschaftsvermögens

Die Auflösung des Teilgesellschaftsvermögens erfolgt durch Beschluss der Geschäftsführung der offenen Investmentkommanditgesellschaft, § 132 Abs. 7 S. 1 KAGB.[1099] Gemeint ist hier die InvKG-Geschäftsführung und nicht die externe Kapitalverwaltungsgesellschaft.[1100] Dies wurde bereits zu Zeiten des InvG bei der Investmentaktiengesellschaft so gesehen[1101] und ergibt sich systematisch aus der Stellung der Vorschrift im Abschnitt 5 Unterabschnitt 3 des KAGB, der auch die allgemeinen Vorschriften für geschlossene Investmentkommanditgesellschaften umfasst. Obwohl der Wortlaut des § 132 Abs. 1 S. 1 KAGB nur vorgibt, dass der Gesellschaftsvertrag die *Bildung* von Teilgesellschaftsvermögen enthalten soll, fällt die Beschlusszuständigkeit hierfür – als Kehrseite der Auflösungsbefugnis nach § 132 Abs. 7 S. 1 KAGB – ebenfalls in den Aufgabenbereich der InvKG-Geschäftsführung.[1102]

8. Steuererfüllungs- und Erklärungspflicht

Nach § 34 Abs. 1 AO haben die gesetzlichen Vertreter natürlicher und juristischer Personen sowie die Geschäftsführer von nicht rechtsfähigen Personenvereinigungen und Vermögensmassen deren steuerliche Pflichten zu erfül-

---

1096 Aufklärungspflichten BGH, NJW 1980, 1162; siehe unten 5. Teil D.II.12. zum Handelsregister.
1097 Etwa Stimm- und Kontrollrechte, *Könnecke*, in Baur/Tappen, KAGB, § 152 Rn. 26, 38.
1098 § 306 KAGB; *Horbach*, in MüHa, Band 2, § 69 Rn. 82–84; *Windblicher*, Gesellschaftsrecht, S. 195; BGH, WM 2012, 1298, 1299; *Wagner*, in Assmann/Schütze, § 17 Rn. 195 ff.; BGH, NJW-RR 2003, 1342; *Stari/Beuster*, DStr 2014, 271 ff.
1099 § 117 Abs. 8 1 KAGB bei Investmentaktiengesellschaft m.v.K.; BaFin-Seminar in Q&A, 6. Oktober 2014, S. 11. Inzwischen wurde diese Strukturierungsmöglichkeit auf geschlossene Fondsstrukturen erweitert, vgl. Bt.-Dr. 19/17139.
1100 *Kunschke/Klebeck*, in Beckmann/Scholtz/Vollmer, 405, KAGB, § 132 Rn. 28.
1101 *Dornseifer*, in Emde/Dornseifer/Dreibus/Hölscher, InvG, § 96 Rn. 69.
1102 *Wallach*, ZGR 2014, 289, 300; *Dornseifer*, in Emde/Dornseifer/Dreibus/Hölscher, InvG, § 96 Rn. 69 »Auflage«; BaFin-Seminar in Q&A, 6. Oktober 2014, S. 11.

len.[1103] Gemeint sind diejenigen Personen, die die Geschäfte tatsächlich führen und nach außen auftreten, was sich primär aus dem Gesellschaftsvertrag ergibt.[1104] Somit haben zunächst die Geschäftsführer der Investmentkommanditgesellschaft die Steuerpflicht zu erfüllen.[1105] Das Bundesministerium führt dazu aus: »Mangels einer spezialgesetzlichen Regelung in § 1 Absatz 2a Satz 3 Investmentsteuergesetz (InvStG) hat nach § 34 Absatz 1 Satz 1 AO der Geschäftsführer die steuerlichen Pflichten einer Investmentkommanditgesellschaft zu erfüllen. Sofern im Gesellschaftsvertrag keine anderweitigen Abreden getroffen wurden, steht nach § 164 HGB die Geschäftsführung bei einer Kommanditgesellschaft dem Komplementär zu. Aus den Vorschriften des Kapitalanlagegesetzbuchs, insbesondere aus § 154 KAGB ergeben sich keine davon abweichenden Rechtsfolgen.«[1106]

Darüber hinaus stellt die Vorschrift jedoch nicht allein auf die gesellschaftsrechtliche Organstellung ab, sondern auch darauf, wer die Geschäfte *tatsächlich* führt. Da die Kapitalverwaltungsgesellschaft zumindest für die Anlageverwaltungsfunktionen zuständig ist, sollte je nach Ausgestaltung des Gesellschafts- und Bestellungsvertrages auch die externe Kapitalverwaltungsgesellschaft als Steuerverpflichtete in Betracht gezogen werden.[1107]

Durch die Steuerpflicht wird ein eigenständiges *Pflichtenverhältnis* der (Investmentkommanditgesellschaft-)Geschäftsführung zur Finanzbehörde begründet.[1108] Gemäß § 69 S. 1 AO haften die in den § 34 AO bezeichneten Personen, soweit etwa Ansprüche aus dem Steuerschuldverhältnis pflichtwidrig nicht oder nicht rechtzeitig festgesetzt oder erfüllt werden. Die InvKG-Geschäftsführung ist ferner für die Abgabe und Unterzeichnung von Steuererklärungen gemäß § 149 Abs. 1 S. 1, Abs. 2 S. 1, § 150 Abs. 2, 3 i. V. m. § 181 Abs. 2 S. 2 Nr. 4, § 34 Abs. 1 S. 1 Alt. 2 AO verantwortlich.[1109]

1103 Vgl. zu den Verfahrensvorschriften für die gesonderte Feststellung, Feststellungsfrist, Erklärungspflicht, § 181 II, 180 AO.
1104 BFH BStBl 99, 237; *Rüsken*, in Klein, AO, § 34 Rn. 9; handelt die externe Kapitalverwaltungsgesellschaft als Verfügungsberechtigte im Sinne des § 185 Abs. 1 BGB ist an § 35 AO zu denken.
1105 *Rüsken*, in Klein, AO, § 34 Rn. 8.
1106 Bundesfinanzministerium, Auslegungsfragen zu § 18 InvStG, GZ IV C 1 – S 1980 – 1/14/10004; DOK 2015/0127359.
1107 *Schewe*, Kommanditgesellschaften im Regelungsbereich des Investmentrechts, S. 254 ff., 262.
1108 *Rüsken*, in Klein, AO, § 34 Rn. 1.
1109 *Mardini*, DB 2014, DB0662555; *Hüwel*, in Baur/Tappen, KAGB, § 129 Rn. 42; eigenhändige Unterschrift hat wegen der elektronischen Übermittlung nur noch einen eingeschränkten Anwendungsbereich, *Rätke*, in Klein, AO, § 150 Rn. 9.

9. Mitteilungspflicht zum Transparenzregister

Nach § 20 Abs. 1 S. 1 GwG haben eingetragene Personengesellschaften bestimmte Angaben zu den wirtschaftlich Berechtigten dieser Vereinigungen einzuholen, aufzubewahren, auf aktuellem Stand zu halten und der registerführenden Stelle unverzüglich zur Eintragung in das Transparenzregister mitzuteilen.[1110] Da es sich bei der Investmentkommanditgesellschaft um eine eingetragene Personengesellschaft handelt, sind dessen gesetzliche Vertreter verpflichtet, dem Transparenzregister die wirtschaftlich Berechtigten mitzuteilen.[1111] Nach § 56 Abs. 1 Nr. 53 GwG handelt ordnungswidrig, wer vorsätzlich oder leichtfertig entgegen § 20 Abs. 1 GwG Angaben zu den wirtschaftlich Berechtigten nicht einholt, gar nicht, nicht richtig oder nicht vollständig aufbewahrt, auf dem aktuellen Stand hält oder der registerführenden Stelle mitteilt. Dabei kann ein Verstoß gegen die Mitteilungspflicht nach § 56 Abs. 2 S. 1 GwG mit einer Geldbuße bis zu einer Million Euro oder Geldbuße bis zum Zweifachen des aus dem Verstoß gezogenen wirtschaftlichen Vorteils geahndet werden, wenn es sich um einen schwerwiegenden, wiederholten oder systematischen Verstoß handelt.[1112]

10. Antrag auf Eröffnung eines Insolvenzverfahrens

Die Antragspflicht auf Eröffnung eines Insolvenzverfahrens über das Vermögen der Investmentkommanditgesellschaft richtet sich gemäß § 15a Abs. 1 S. 1 InsO an die persönlich haftenden Gesellschafter der Investmentkommanditgesellschaft. Da bei der typischen Investmentkommanditgesellschaft in Form der GmbH & Co. KG keine natürliche Person dem unbeschränkten Haftungsrisiko ausgesetzt ist, verpflichtet § 15a Abs. 1 S. 2, Abs. 2 InsO die Geschäftsführer der Komplementär-GmbH, also die InvKG-Geschäftsführung, den Eröffnungs-

---

1110 § 20 Abs. 1 GwG dient der Umsetzung von Art. 30 Abs. 1 UA. 1 der Vierten Geldwäscherichtlinie, Richtlinie (EU) 2015/849 des Europäischen Parlaments und des Rates vom 20. Mai 2015 zur Verhinderung der Nutzung des Finanzsystems zum Zwecke der Geldwäsche und der Terrorismusfinanzierung; wirtschaftlich Berechtigter ist nach § 3 Abs. 2 GwG jede natürliche Person, die unmittelbar oder mittelbar mehr als 25 Prozent der Kapitalanteile hält, mehr als 25 Prozent der Stimmrechte kontrolliert oder auf vergleichbare Weise Kontrolle ausübt; von der Mitteilungspflicht zum Transparenzregister sind die sonstigen Geldwäschepflichten zu unterscheiden, die nur für die in § 2 GwG genannten Verpflichteten gelten; Investmentgesellschaften sind aber keine Verpflichteten im Sinne des § 2 Abs. 1 GWG.
1111 *Dietrich/Malsch*, WpG 2018, 297, 302; *Rieg*, BB 2017, 2310, 2311; näher zu den Pflichten einer Kapitalverwaltungsgesellschaft, die eine Investmentkommanditgesellschaft verwaltet, *Paul*, ZIP 2018, 1571, 1571 ff.
1112 § 9 Abs. 1, § 30 Abs. 1 Nr. 3 OWiG: noch schärfer können die Sanktionen bestimmte Verpflichtete treffen, § 56 Abs. 2 S. 3, 4 GwG.

antrag zu stellen.[1113] Maßgeblich ist dabei die organschaftliche Vertretungsbefugnis,[1114] nicht jedoch eine etwaige rechtsgeschäftliche Vertretungsmacht wie beispielsweise zugunsten der externen Kapitalverwaltungsgesellschaft. § 15 Abs. 3 InsO räumt der InvKG-Geschäftsführung das Antragsrecht ein, damit sie ihrer Antragspflicht gemäß § 15a InsO nachkommen kann.

Ein Verstoß gegen die Insolvenzantragspflicht kann gewichtige Konsequenzen für die InvKG-Geschäftsführung haben und zu einer persönlichen Haftung des Organmitglieds führen.[1115] Zudem wird mit Freiheitsstrafe bis zu drei Jahren oder mit Geldstrafe bestraft, wer pflichtwidrig einen Eröffnungsantrag nicht, nicht richtig oder nicht rechtzeitig stellt (Insolvenzverschleppung).[1116] Der BGH erwartet von dem Geschäftsführer einer GmbH, dass »er sich über die wirtschaftliche Lage der Gesellschaft stets vergewissert. Hierzu gehört insbesondere die Prüfung der Insolvenzreife. Wenn der Geschäftsführer erkennt, dass die GmbH zu einem bestimmten Stichtag nicht in der Lage ist, ihre fälligen und eingeforderten Verbindlichkeiten vollständig zu bedienen, hat er die Zahlungsfähigkeit der GmbH anhand einer Liquiditätsbilanz zu überprüfen. Er handelt fahrlässig, wenn er sich nicht rechtzeitig die erforderlichen Informationen und die Kenntnisse verschafft, die er für die Prüfung benötigt, ob er pflichtgemäß Insolvenzantrag stellen muss. Dabei muss sich der Geschäftsführer, sofern er nicht über ausreichende persönliche Kenntnisse verfügt, gegebenenfalls fachkundig beraten lassen.«[1117]

11. Zustimmungsrechte der Anleger, § 267 Abs. 3 S. 1, § 152 Abs. 2 S. 1 KAGB

Die Gesellschafter einer Publikumsinvestmentkommanditgesellschaft haben ein Zustimmungsrecht, wenn sich die Anlagebedingungen ändern. Nach § 267 Abs. 3 S. 1 KAGB ändern sich die Anlagebedingungen, wenn sie mit den bisherigen Anlagegrundsätzen des geschlossenen Publikums-AIF nicht vereinbar

---

1113 Zu diesem Aspekt siehe unten 5. Teil D.II.11; *Lieder*, in Oetker, HGB, § 114 Rn. 48; *Klöhn*, in MüKo, InsO, Band 1, § 15 Rn. 55; § 153 Abs. 1 S. 2 KAGB; im Fall der Insolvenz einer Kapitalverwaltungsgesellschaft gilt das Antragsmonopol der BaFin, § 43 Abs. 1 KAGB.
1114 *Klöhn*, in MüKo, InsO, Band 1, § 15a Rn. 98.
1115 § 280 Abs. 1 BGB i.V.m. Geschäftsführeranstellungsvertrag; § 43 Abs. 2 GmbHG; § 823 Abs. 2 BGB; dazu instruktiv *Leinekugel/Skauradszun*, GmbHR 2011, 1121, 1122; *Leithaus*, in Andres/Leithaus, InsO, § 15a Rn. 11; gravierend auch die Erstattungspflicht nach § 64 GmbHG, dem zufolge die GmbH-Geschäftsführer zum Ersatz von Zahlungen verpflichtet sind, die nach Eintritt der Zahlungsunfähigkeit der Gesellschaft oder nach Feststellung ihrer Überschuldung geleistet werden; vgl. auch § 130a HGB.
1116 Vgl. die Strafvorschriften, §§ 283, 266, 263 StGB; *Klöhn*, in MüKo, InsO, Band 1, § 15a Rn. 322.
1117 BGH, WM 2012 Heft 24, 1124, 1126; vgl. zu den Anforderungen an eine wirksame Ressortaufteilung auf der Ebene der Geschäftsführung WM 2019, 265, 265 ff.

sind (1)[1118] oder zu einer Änderung der Kosten (2) oder der wesentlichen Anlegerrechte (3) führen.[1119] Eine solche Änderung erfordert die Zustimmung einer qualifizierten Anlegermehrheit.[1120] Die Anlagebedingungen und Änderungen der Anlagebedingungen bedürfen außerdem der Genehmigung der BaFin. Sie erteilt die Genehmigung gewöhnlich unter der aufschiebenden Bedingung der Anlegerzustimmung, was das gesetzliche Mitbestimmungsrecht der Anleger zusätzlich unterstreicht.[1121] Daneben darf auch eine Einlagenrückgewähr nur mit Zustimmung der betroffenen Anleger erfolgen, § 152 Abs. 2 S. 1 KAGB.

12. Gesellschaftsrechtsspezifische Aufgaben

Es existieren gesellschaftsrechtsspezifische Aufgaben der Investmentkommanditgesellschaft.[1122] Dazu gehören: Einberufung und Durchführung der Gesellschafterversammlung, § 150 Abs. 3 KAGB; Aufstellung und Feststellung des Jahresabschlusses, Erstellung des Jahresberichts und Wahl des Abschlussprüfers sowie Buchführung und Bilanzeid, §§ 158, 159 i. V. m. §§ 135 f. KAGB. Gemäß § 160 Abs. 4 KAGB hat die geschlossene Publikumsinvestmentkommanditgesellschaft den Jahresbericht bei der BaFin einzureichen. Innerhalb der Organisation der Investmentkommanditgesellschaft findet auch die Aufnahme und Kündigung von Gesellschaftern statt.[1123] Die InvKG-Geschäftsführung vertritt die Investmentkommanditgesellschaft nach § 51 Abs. 1 ZPO in Zivilprozessen, was zwei Urteile des OLG München klarstellen.[1124] Schließlich ergeben sich eine Reihe weiterer Rechte aus dem gesellschaftsrechtlichen Minderheitenschutz, beispielsweise Stimm- und Teilnahmerechte sowie Informationsrechte der Anlegerkommanditisten. Den gesellschaftsrechtsspezifischen Aufgaben der Investmentkommanditgesellschaft wird im Kapitel D. des 5. Teils weiter nachgegangen.

1118 Etwa eine wesentliche Änderung der Anlagestrategie, eine Verlagerung des Anlageschwerpunktes um mehr als 50 Prozent, vgl. *Steffen*, in Baur/Tappen, KAGB, § 34 Rn. 15.
1119 Siehe unten 5. Teil D.III.4. zu § 267 Abs. 3 KAGB.
1120 § 43 Abs. 3 InvG (aufgehoben) enthielt diese Regelung nicht. Handelt es sich bei dem geschlossenen Publikums-AIF um eine geschlossene Investmentkommanditgesellschaft, bei der sich die Anleger mittelbar über einen Treuhandkommanditisten beteiligen, so darf der Treuhandkommanditist sein Stimmrecht nur nach vorheriger Weisung durch den Anleger ausüben.
1121 Gesetzesbegründung zum KAGB, Bt-Dr. 17/12294, S. 272; als wichtiger Grund i.S.d. § 161 Abs. 1 S. 2 KAGB, *Zetzsche*, S. 779; siehe unten 5. Teil D.III. auch zum Verhältnis zur gesellschaftsrechtlichen Kernbereichslehre.
1122 Siehe unten 5. Teil D. zu den Angelegenheiten der Gesellschafter und der Geschäftsführung der Investmentkommanditgesellschaft.
1123 Siehe unten 5. Teil D.II.15.
1124 OLG München, BeckRS 2015, 17529, Ziffer 12, 14 (2.3).

IV. Zusammenfassende Würdigung

Bei der extern verwalteten Investmentkommanditgesellschaft können nach dem KAGB und der AIFM-RL verschiedene Aufgaben verbleiben und von den Organen der Investmentkommanditgesellschaft selbst ausgeübt werden.[1125] Die strengen Tätigkeits-, Zuverlässigkeits- und Eignungsanforderungen an die InvKG-Geschäftsführung sprechen dafür, dass die Geschäftsleiter die Nebenverwaltungsaufgaben selbst erbringen können. Im Fall der Ausgabe und Rücknahme von Anteilen nach Anhang I Nr. 2 vii) AIFM-RL und weiteren gesellschaftsrechtsnahen Aufgaben wird ein Aufgabenverbleib bei der Investmentkommanditgesellschaft bzw. eine Tätigkeit der InvKG-Geschäftsführer auch von der Verwaltungspraxis anerkannt. Aufgrund ihrer Eigentümerstellung kann die Investmentkommanditgesellschaft sachlich oder örtlich näher an den Vermögensgegenständen sein als die externe Kapitalverwaltungsgesellschaft, sodass die assetbezogenen Tätigkeiten wie das Facility Management in der Regel effektiver von ihr durchgeführt werden können. Weiterhin beziehen sich die gesetzlichen Zulassungserfordernisse nach § 23 Nr. 9, 10 KAGB, Art. 6 Abs. 5 AIFM-RL sowie der Zweck der Eigenkapitalanforderungen nach § 25 KAGB auf die Anlageverwaltungsfunktionen, sodass die zusätzlichen Aufgaben nach Anhang I Nr. 2 AIFM-RL keine erlaubnisrelevanten Aufgaben sind. § 154 Abs. 1 S. 2 KAGB fordert, dass der externen Kapitalverwaltungsgesellschaft insbesondere die Anlage und Verwaltung obliegt, nicht jedoch die kollektive Vermögensverwaltung. Somit können die nicht-erlaubnisrelevanten Nebenverwaltungsaufgaben nach der gesetzlichen Wertung bei der Investmentkommanditgesellschaft verbleiben; dies gilt aufgrund des geringeren Schutzbedürfnisses insbesondere bei Spezialfonds.

Dem Gesetz ist die Aufgabenerbringung durch die Investmentkommanditgesellschaft generell nicht fremd.[1126] Denn neben spezifisch gesellschaftsrechtlichen Tätigkeiten setzen das deutsche und europäische Investmentrecht in § 18 Abs. 7 S. 1 KAGB, Art. 5 Abs. 2 S. 1 AIFM-RL und in Erwägungsgrund 11 AIFM-RL voraus, dass dem AIF bzw. der Investmentkommanditgesellschaft bestimmte Aufgaben eigenverantwortlich obliegen können: der Abschluss des Verwahrstellenvertrages, die Bestellung der externen Kapitalverwaltungsgesellschaft oder die Ausgestaltung der Anlagebedingungen. Weiterhin müssen die fondsspezifischen Markt- und Investitionsrisiken abseits der Risiken aus der KVG-Tätigkeit von den Anlegern bzw. der Investmentkommanditgesellschaft getragen werden. Die Anleger sind haftungsmäßig nicht benachteiligt, da das gesellschafts-

---

1125 Zu den Ausnahmen, siehe oben: Bewertungsaufgabe nach Anhang I Nr. 2 a) iii) AIFM-RL i.V.m. § 216 Abs. 7 S. 1 KAGB (4. Teil B.VI.5.a.v.) sowie zu den für die Kapitalverwaltungsgesellschaft optional erbringbaren »investment-advisor«-Tätigkeiten nach Anhang I Nr. 2 c) AIFM-RL (4. Teil B.VI.5.b); im Ergebnis auch *Mohr*, Die Investmentkommanditgesellschaft, S. 88; siehe unten 6. Teil A. zu den verbleibenden Aufgaben aus investmentrechtlicher und gesellschaftsrechtlicher Sicht.
1126 A.A. ESMA, vgl. oben 4. Teil D.II.5.

rechtliche Haftungssystem greift und die Anlegerkommanditisten anders als beim Sondervermögen die Rechte aus ihrer Gesellschafterstellung besitzen.

E. Aufgabenübertragung durch die Investmentkommanditgesellschaft auf Dritte

Nach hier vertretener Ansicht dürfen die Nebenverwaltungsaufgaben optional von der Kapitalverwaltungsgesellschaft ausgeübt werden oder bei der Investmentkommanditgesellschaft verbleiben, sodass sich die Frage stellt, ob die bei der Investmentkommanditgesellschaft verbleibenden Aufgaben auf Dritte übertragen werden dürfen und ob es sich dabei um einen Fall der Auslagerung handeln kann.

Zunächst geht die EU-Kommission in dem Q&A mit der ESMA davon aus, dass der AIF (Investmentkommanditgesellschaft) bestimmte Aufgaben auf Dritte übertragen kann:[1127] »In any case, the AIFM is responsible for ensuring compliance with the AIFMD, *even if it is the AIF or another entity on its behalf* that is responsible for performing that activity (see Article 5, recital 11).«[1128] Weiterhin hat der deutsche Gesetzgeber die Vorgaben aus Art. 5 Abs. 2 S. 1 AIFM-RL gleichlautend wie folgt in § 18 Abs. 6 S. 1 KAGB umgesetzt: »In den Fällen, in denen eine externe AIF-Kapitalverwaltungsgesellschaft nicht in der Lage ist, die Einhaltung der Anforderungen dieses Gesetzes sicherzustellen, für die der AIF oder *eine andere in seinem [AIF] Namen handelnde Stelle* verantwortlich ist, unterrichtet die externe AIF-Kapitalverwaltungsgesellschaft unverzüglich die Bundesanstalt und, sofern anwendbar, die zuständigen Behörden des betreffenden EU-AIF.«[1129]

Bezüglich der Nebenverwaltungsaufgaben erklärt die BaFin in der neueren Auslegungsentscheidung vom 21. Dezember 2017, dass es der externen Kapitalverwaltungsgesellschaft grundsätzlich freistehe, ob sie Rechtsgeschäfte mit Dritten, derer sie sich zur Erfüllung ihrer Verwaltungsaufgaben bediene, im eigenen Namen oder im Namen der AIF-Investmentgesellschaft abschließe.[1130] Bei Geschäften, die einen Bezug zu den Vermögensgegenständen der AIF-Investmentgesellschaft aufweisen (zum Beispiel Anschaffung und Veräußerung von Vermögensgegenständen, Belastung dieser Gegenstände, Abschluss von Miet-, Leasing- oder Pachtverträgen), geht die BaFin davon aus, dass solche Rechtsgeschäfte »in der Regel – ob durch die externe Kapitalverwaltungsgesellschaft selbst oder einen von ihr delegierten Dritten als Dienstleister – im Namen

---

1127 Siehe unten 5.Teil zum Handeln der Investmentkommanditgesellschaft durch ihre gesetzlichen Organe.
1128 ESMA-Q&A, S. 19 (ID 1159).
1129 Hervorhebungen durch den Verfasser.
1130 Siehe oben 4. Teil C.II.; BaFin, Auslegungsentscheidung zu den Tätigkeiten einer Kapitalverwaltungsgesellschaft und der von ihr extern verwalteten AIF-Investmentgesellschaft, WA 41-Wp 2100-2016/0001, 21. Dezember 2017, Ziffer II.3.

der AIF-Investmentgesellschaft zu tätigen [wären]. Würden sie dagegen im Namen der externen Kapitalverwaltungsgesellschaft abgeschlossen werden, wäre die AIF-Investmentgesellschaft wegen eines Durchgangserwerbs der externen Kapitalverwaltungsgesellschaft u. U. dem Insolvenzrisiko der externen Kapitalverwaltungsgesellschaft ausgesetzt. Da ein solches Ergebnis mit den Interessen der Anleger nicht vereinbar sei, wäre es in der Regel geboten, dass die externe Kapitalverwaltungsgesellschaft Erwerbs- und Veräusserungsgeschäfte oder sonstige Geschäfte, die im Zusammenhang mit den Vermögensgegenständen der AIF-Investmentgesellschaft stehen, direkt im Namen der AIF-Investmentgesellschaft abschließt.«[1131] Demnach geht auch die BaFin inzwischen davon aus, dass es aufgrund der sachlichen und örtlichen Nähe der Investmentgesellschaft zu den Vermögensgegenständen zweckmäßig sein kann, dass die zur Ausführung der Tätigkeit erforderlichen Verträge in diesem Fall zwischen dem Drittdienstleister und der Investmentkommanditgesellschaft, also innerhalb der Leistungsbeziehung, abgeschlossen werden. So kann die Investmentkommanditgesellschaft Dienste von Rechtsanwälten und Steuerberatern, aber auch Dienstleistungen bei der Instandhaltung der Immobilie oder dem operativen Facility Management in Anspruch nehmen und bloß unterstützende Aufgaben wie Fensterputzen, die Beauftragung eines Elektroinstallateurs oder auch das Catering bei Gesellschafterversammlungen oder das Drucken der Ladungen von Dritten durchführen lassen.[1132]

Gemäß § 36 Abs. 1 KAGB kann nur die Kapitalverwaltungsgesellschaft ihre Aufgaben auslagern,[1133] wobei weder nationale noch europarechtliche Regelungen eine Auslagerung durch den AIF bzw. die Investmentgesellschaft vorsehen.[1134]

[1131] BaFin, Auslegungsentscheidung zu den Tätigkeiten einer Kapitalverwaltungsgesellschaft und der von ihr extern verwalteten AIF-Investmentgesellschaft, WA 41-Wp 2100-2016/0001, 21. Dezember 2017, Ziffer II.5.; siehe unten 5. Teil A.V.2. zum Durchgangserwerb.

[1132] Vgl. BaFin, Häufige Fragen zum Thema Auslagerung gemäß § 36 KAGB, Geschäftszeichen WA 41-Wp 2137-2013/0036, 10. Juli 2013, zuletzt geändert am 15. November 2017, Ziffer 3; auch zur Tätigkeit der Schneeräumung, vgl. Ö-FMA-Q&A, S. 15.

[1133] Vgl. Art. 20 AIFM-RL; dies betrifft in jedem Fall die Anlageverwaltungsfunktionen (§ 36 Abs. 1 Nr. 3 KAGB) sowie die übernommenen Nebenverwaltungsaufgaben, sofern es sich um wesentliche Aufgaben handelt, die keinen bloßen Fremdbezug von Leistungen darstellen (§ 36 Abs. 1 Nr. 1 KAGB).

[1134] § 36 KAGB, Art. 20 AIFM-RL; Erwägungsgrund 30 AIFM-RL; *Tollmann*, in Möllers, Rn. 1077; missverständlich BaFin, Auslegungsentscheidung zu den Tätigkeiten einer Kapitalverwaltungsgesellschaft und der von ihr extern verwalteten AIF-Investmentgesellschaft, WA 41-Wp 2100-2016/0001, 21. Dezember 2017, Ziffer 3.b., wonach die Kapitalverwaltungsgesellschaft bei den Anlageverwaltungsfunktionen ausnahmsweise den Auslagerungsvertrag im eigenen Namen schließen müsse. Dies könnte darauf deuten, dass die Kapitalverwaltungsgesellschaft bei den Nebenverwaltungsaufgaben in der Regel einen Auslagerungsvertrag im Namen der Investmentkommanditgesellschaft schließt. Dies sollte jedoch verneint

E. Aufgabenübertragung durch die Investmentkommanditgesellschaft auf Dritte

Überträgt eine Investmentkommanditgesellschaft Aufgaben auf Dritte, stellt sich die Frage, ob dadurch Anlegerrechte verletzt werden. In Abgrenzung zu den Anlageverwaltungsfunktionen handelt es sich bei den Nebenverwaltungsaufgaben nicht um Kernaufgaben, die wertungsmäßig oder gesetzlich bei der externen Kapitalverwaltungsgesellschaft liegen müssten. Sie sind von untergeordneter Bedeutung und müssen nicht erbracht werden, um eine KVG-Erlaubnis nach §§ 20 ff. KAGB, Art. 6 Abs. 5 AIFM-RL zu erlangen.

Vor dem Hintergrund, dass keine vertragliche Beziehung zwischen den Anlegern und dem Drittunternehmen besteht, könnten die Anleger bei einer Pflichtverletzung durch den von der Investmentkommanditgesellschaft beauftragten Dritten benachteiligt sein.[1135] Es ist jedoch zu berücksichtigen, dass die Investmentkommanditgesellschaft und das durch sie beauftragte Drittunternehmen vertraglich verbunden sind, sodass etwaige Ansprüche von der Investmentkommanditgesellschaft gegen das Drittunternehmen geltend gemacht werden müssen. Aufgrund der Pflicht zum Handeln im Anlegerinteresse nach § 153 Abs. 1 S. 3 Nr. 1 KAGB sind die Geschäftsführer zur Geltendmachung solcher Ansprüche verpflichtet. Eine Kompensation erfolgt dann in das Gesellschaftsvermögen, wodurch das Interesse der Anlegerkommanditisten hinreichend gewahrt ist. Überträgt die Investmentkommanditgesellschaft bestimmte Aufgaben auf Drittunternehmen, liegt auch aufgrund der aufsichtsrechtlich untergeordneten Bedeutung regelmäßig kein einem Auslagerungsfall vergleichbarer Fall vor.[1136]

---

werden, da es sich zumindest beim Vertrieb laut dem BaFin-Q&A zu § 36 KAGB, Ziffer 1, regelmäßig um keinen Fall der Auslagerung handelt, und hier vertretener Auffassung auch für die anderen Nebenverwaltungsaufgaben gelten sollte.

1135 *Tollmann*, in DJKT, AIFM-RL, Anhang I Rn. 17; betreffend die Aufgaben nach Anhang I Nr. 2 c) AIFM-RL verweist *Wallach*, in Assmann/Wallach/Zetzsche, KAGB, § 154 Rn. 35 auf die Zulässigkeit von Direktbeauftragungen durch Investmentkommanditgesellschaften an Dritte trotz Beschreiten eines »aufsichtsrechtlichen Vakuums«.

1136 Dem Anlegerschutz wird außerdem durch das ohnehin umfangreiche Aufsichts- und Regulierungsregime des KAGB bzw. der AIFM-RL Rechnung getragen, siehe oben 4. Teil B.III.2.; Erwägungsgrund 2 und 3 AIFM-RL; selbst wenn man entgegen der hier vertretenen Ansicht zu dem Ergebnis gelangt, dass bei einer Aufgabenübertragung durch die Investmentkommanditgesellschaft auf Drittunternehmen, die Auslagerungsregeln Beachtung finden sollten, führt dies nicht dazu, dass eine solche Aufgabenübertragung unzulässig ist. Denn es besteht die Möglichkeit, dass sich die Kapitalverwaltungsgesellschaft in dem Vertrag zwischen der Investmentkommanditgesellschaft und dem Drittdienstleister die Überwachungs- und Auslagerungsrechte im Sinne der § 36 KAGB i.V.m. Art. 75 ff. Level-2-AIFM-VO zusichern lässt und somit die strengen Auslagerungsregeln auch in diesen Fällen gewahrt werden; zwingend erforderlich ist eine solche vertragliche Verpflichtung des Dritten gegenüber der Kapitalverwaltungsgesellschaft nach hier vertretener Auffassung jedoch nicht; *Bentele*, in Baur/Tappen, KAGB, § 17 Rn. 30; bereits zur tradierten Investmentaktiengesellschaft, *Fischer/Steck*, in BSL, InvG, § 99 Rn. 23.

Die Nebenverwaltungsaufgaben und weitere Aufgaben dürfen und müssen teilweise bei der Investmentkommanditgesellschaft verbleiben.[1137] Sie können von der InvKG-Geschäftsführung selbst erbracht oder auf Dritte übertragen werden. Auch unter Wahrung der Anlegerinteressen handelt es sich dabei um keinen Fall der Auslagerung.

F. Rechtsvergleichender Rundblick

Form und Mittel der Richtlinienumsetzung werden gemäß Art. 288 Abs. 3 AEUV den einzelnen Mitgliedstaaten überlassen, sodass sich die Frage stellt, wie andere EU-Staaten die AIFM-RL umgesetzt haben. Im Folgenden wird zunächst die Rechtslage in Luxemburg und im Vereinigten Königreich untersucht. Darüber hinaus orientieren sich auch Nicht-EU-Staaten wie die Schweiz an den europäischen Vorgaben, um über Drittstaatenregelungen einen Zugang zum europäischen Binnenmarkt der Vermögensverwaltung zu erlangen.[1138]

I. Vereinigtes Königreich[1139]

Das Fondsvermögen im Vereinigten Königreich beträgt laut der European Fund and Asset Management Association (EFAMA) zum 1. Quartal 2019 1.621,026 Mio. Euro.[1140] Dies entspricht 10% des europaweiten Fondsvolumens.[1141] AIF lassen sich im Vereinigten Königreich auf insgesamt 447,404 Mio. Euro beziffern, was 7.2% des europaweiten Fondsvolumens entspricht.[1142] Die Anzahl der britischen Vermögensverwalter beläuft sich nach der EFAMA auf 1.050 und in Deutschland auf 325,[1143] wodurch die Bedeutung des britischen Asset Management-Markts unterstrichen wird.[1144]

1137 Siehe oben 4. Teil D.IV.
1138 Instruktiv zur Rechtsvergleichung in der Schweiz, *Kunz*, in Festschrift für Bucher 2009, 455, 457 ff.; *ders*., LeGes 2012/3, 265 ff.
1139 Seit dem 31. Januar 2020 (24.00 MEZ) ist das Vereinigte Königreich nicht mehr Mitglied der Europäischen Union. Bis zum voraussichtlichen Ende der Übergangsfrist am 31. Dezember 2020 verbleibt das Vereinigte Königreich noch im Binnenmarkt und in der Zollunion.
1140 EFAMA Quarterly Statistical Release N°77, First quarter of 2019, S. 11, 13.
1141 Inkl. AIF, UCITS, vgl. EFAMA Quarterly Statistical Release N°77, First quarter of 2019, S. 13.
1142 EFAMA Quarterly Statistical Release N°77, First quarter of 2019, S. 11.
1143 Asset Management in Europe, 10th Edition of facts and figures, September 2018: Schweiz, S. 190.
1144 Zu den Auswirkungen des Brexit auf das Vereinigte Königreich, vgl. *Zetzsche*, AG 2018, 651, 651 ff.

1. Gesetzeslage vor und nach Umsetzung der AIFM-RL

Bis zur Umsetzung der AIFM-RL bildete der Financial Services and Markets Act vom 14. Juni 2000 (FSMA 2000) zusammen mit der Financial Services and Markets Act 2000 Order 2001 (RAO) den wichtigsten legislativen Baustein für den britischen Finanz- und Investmentfondsmarkt. Das FSMA 2000 enthält unter anderem Vorschriften zu Erlaubnisanforderungen von regulierten Tätigkeiten, zur Vergütung, zur Corporate Governance sowie zu Eingriffsbefugnissen der Aufsichtsbehörden.[1145] Die Gesetzesvorgaben werden durch die Financial Conduct Authority (FCA) sowie die Prudential Regulation Authority in umfangreichen Schreiben konkretisiert.[1146] Beispielsweise hat die FCA das Collective Investment Schemes Sourcebook erlassen, das insbesondere zu OGAW-Strukturen Stellung nimmt.[1147]

Am 22. Juli 2013 wurde die AIFM-RL im Vereinigten Königreich durch die Alternative Investment Fund Managers Regulation 2013 (AIFMG-UK) in nationales Recht umgesetzt.[1148] Das AIFMG-UK regelt die Anforderungen für AIFM und passt das bestehende Regelwerk, insbesondere das FSMA 2000, an die europäischen Vorgaben an, um eine mit der AIFM-RL übereinstimmende Gesetzeslage herzustellen.[1149] Die FCA hat zugleich ein neues Investment Funds Sourcebook (FUND) geschaffen, in dem die mit der Umsetzung der AIFM-RL zusammenhängenden nationalen Gesetzesvorgaben konkretisiert werden.[1150] Das Collective Investment Schemes Sourcebook und das FUND sind nebeneinander anwendbar, wobei die Vorgaben des FUND den Vorgaben des Collective Investment Schemes Sourcebook vorgehen.[1151] Außerdem formulierte die FCA das umfangreiche Perimeter Guidance Manual (PERG), welches auf 836 Seiten

---

1145 Part 1A FSMA 2000: Financial Conduct Authority (FCA), Prudential Regulation Authority (PRA).
1146 FCA Handbook; PRA Rulebook.
1147 Collective Investment Schemes Sourcebook, FCA Handbook, Release 39, June 2019: »This chapter helps in achieving the statutory objective of protecting consumers by laying down minimum standards for the investments that may be held by an authorised fund.«
1148 Statutory Instruments, 2013, No. 1773.
1149 AIFMG-UK Schedule 1 Part 1 no. 1 ff. (Regulation 80); Part 5 enthält auch Vorschriften zu AIF.
1150 Investment Funds Sourcebook, FCA Handbook, Release 39, June 2019.
1151 FUND 1.1.3.G »A full-scope UK AIFM of an authorised AIF is subject to the requirements in FUND and COLL. The effect of n FUND 1.1.2 R is that if a rule in COLL which applies to a UK AIFM, an ICVC that is an AIF, or a UK depositary of an AIF conflicts with either a rule in FUND transposing AIFMD or the AIFMD level 2 regulation, the COLL rule is modified to the extent necessary to be compatible with the FUND rule or the AIFMD level 2 regulation.«

zu finanzmarktrechtlichen Erlaubnisanforderungen und speziell in Kapitel 16 zum AIFMG-UK Stellung nimmt.[1152]

2. Umsetzungsaspekte der AIFM-RL

Im Folgenden werden einige der für die Kompetenzabgrenzung bei der extern verwalteten Investmentgesellschaft besonders relevanten Aspekte im Vereinigten Königreich näher betrachtet.

a. Collective investment schemes (CIS)

Zentral für die Fondsregulierung vor Umsetzung der AIFM-RL war die Definition des »collective investment schemes« (CIS) nach dem FSMA 2000.[1153] Von Gesetzes wegen existieren vier Arten von CIS: Collective Investment Schemes, Authorised Unit Trust Schemes, Authorised Open-ended Investment Companies, Authorised Contractual Schemes and Recognised Overseas Schemes.[1154] Ein AIF wird nach dem AIFM-UK definiert als »a collective investment undertaking, including investment compartments of such an undertaking, which (a) raises capital from a number of investors, with a view to investing it in accordance with a defined investment policy for the benefit of these investors; and (b) does not require authorisation pursuant to Article 5 of the UCITS directive.« Diese Definition entspricht Artikel 4 Abs. 1 a) AIFM-RL und ist im Vergleich zu der zuvor genannten Definition der collective investment schemes (CIS) einerseits enger, da OGAW (UCITS) ausgenommen werden, und andererseits weiter, da geschlossene Fondstypen davon umfasst sind.[1155]

Auch wenn sich die Definitionen von CIS und AIF teilweise überlappen, bedeutet dies nicht, dass jeder CIS auch ein AIF ist. Von der FCA wird beispielhaft angeführt, dass geschlossene AIF in Gesellschaftsrechtsform keine CIS

1152 FCA, The Perimeter Guidance manual, Policy Statement PS16/13 (PERG), FCA Handbook, Release 39, Jun 2019, S. 798.
1153 Pt. XVII, s. 235 ff. FSMA 2000, s. 235 (1): »›Collective investment scheme‹ means any investment arrangements with respect to property of any description, including schemes, money, the purpose or effect of which is to enable persons taking part in the arrangements (whether by becoming owners of the property or any part of it or otherwise) to participate in or receive profits or income arising from the acquisition, holding, management or disposal of the property or sums paid out of such profits or income.«
1154 Als fünfte CIS-Art können die von der englischen Aufsichtsbehörde eingeführte »unregulated collective investment schemes – UCIS« verstanden werden, Conduct of Business Sourcebook (COBS) 4.12.3R ff. »non-mainstream pooled investments«.
1155 *Siena/Eckner*, in Zetzsche, The Alternative Fund Managers Directive, 2015, S. 796.

sind.[1156] Dies ist bei der Erlaubnisbeantragung zu berücksichtigen, da für die Tätigkeit »establishing, operating or winding up a collective investment scheme [CIS]« grundsätzlich eine gesonderte Erlaubnispflicht besteht.[1157] Nach Kapitel 16.5, Question 5.2 PERG existieren von dieser gesonderten Erlaubnispflicht jedoch Ausnahmen, wenn etwa ein AIFM die Tätigkeit in Bezug auf einen AIF durchführt und weitere dort genannte Voraussetzungen vorliegen.[1158]

Aufgrund der weiterhin geltenden Fondsregulierung durch das FSMA 2000 existieren im Vereinigten Königreich einige Besonderheiten, wie beispielsweise CIS-Strukturen und die damit verbundenen erlaubnispflichtigen Tätigkeiten, welche bei der Integration der europäischen Vorgaben in das nationale Recht von dem britischen Gesetzgeber zu berücksichtigen waren: Anstatt die bestehende Fondsregulierung vollständig zu ersetzen, wurde mit dem AIFMG-UK ein seperates Gesetzeswerk geschaffen, welches das FSMA 2000 ergänzen soll.

b. Erlaubnisverfahren/Options-Ansatz

Im Vereinigten Königreich besteht nach Art. 19 Abs. 1 FSMA 2000 ein grundsätzliches Verbot, regulierte Tätigkeiten auszuüben, es sei denn, es wurde eine Erlaubnis erteilt oder es liegt ein Ausnahmetatbestand vor. Unter der regulierten Tätigkeit der »Verwaltung eines AIF« (Managing an AIF) wird alternativ die Erbringung des Risikomanagements oder der Portfolioverwaltung verstanden, 51ZC Abs. 2 RAO, § 5 Abs. 1 AIFMG-UK. Die Notwendigkeit für eine sogenannte »Part 4A permission« besteht,[1159] sobald eine der beiden genannten Anlageverwaltungsfunktionen erbracht wird.[1160] Da die Portfolioverwaltung und das Risikomanagement nach 1.4.4.R. (3), (4) FUND kumulativ erbracht werden müssen, um eine AIFM-Erlaubnis zu erhalten (Erlaubnisfähigkeit), werden diese

---

1156 16.5 Question 5.2 PERG.
1157 51ZE of the Financial Services and Markets Act 2000 (Regulated Activities) Order 2001 (SI 2001/544), Art. 19 FSMA 2000.
1158 »There are two important exclusions. (1) If a person has a Part 4A permission to manage an AIF, activities carried on by that person in connection with or for the purposes of managing an AIF are excluded from all other regulated activities. (2) A person (A) does not carry on the regulated activity of establishing, operating or winding up a collective investment scheme if A carries on that activity in relation to an AIF, and: (a) at the time A carries on the activity, the AIF is managed by: (i) a person with a Part 4A permission to manage an AIF (who may be a third party or A itself); or (ii) a person registered as a small registered UK AIFM because the conditions in regulation 10(4) of the AIFMD UK Regulation are met in respect of that AIF; or (b) no more than 30 days have passed since the AIF was managed by a person with that permission or registration.«
1159 »Part 4A permission« nach Part 2 des AIFMG-UK »Authorisation of full-scope UK AIFMs«.
1160 § 5 Abs. 1 AIFMG-UK und 51ZC Financial Services and Markets Act 2000 Order 2001 (RAO); 1.4.4.R FUND.

beiden Aufgaben von der FCA als »core functions« bezeichnet.[1161] Diese Vorgaben zur Erlaubnispflicht und Erlaubnisfähigkeit stimmen mit der AIFM-RL und dem deutschen KAGB überein.[1162]

Auch mit Blick auf die Frage, ob ein AIFM die anderen Aufgaben nach Anhang I Nr. 2 AIFM-RL (Nebenverwaltungsaufgaben) optional übernehmen darf, könnte nach britischem Recht ein richtlinienkonformer Optionsansatz vorliegen. So werden im Schedule 7 AIFMG-UK i.V.m. Art. 51ZC Abs. 2, Abs. 4 a), Abs. 5 FSMA 2000 die »anderen Aufgaben« aufgeführt, die ein AIFM zusätzlich ausüben kann, aber nicht muss. Der britische Gesetzgeber übernimmt damit den Wortlaut des Anhangs I Nr. 2 AIFM-RL und bezieht sich auf die dort genannten Nebenverwaltungsaufgaben, die sich auch nach dem AIFMG-UK von den Anlageverwaltungsfunktionen (Portfolioverwaltung, Risikomanagement) unterscheiden. Schedule 7 AIFMG-UK betrifft allein die Nebenverwaltungsaufgaben und umfasst – anders als Anhang I AIFM-RL – nicht die Anlageverwaltungsfunktionen nach Anhang I Nr. 1 AIFM-RL. Diese Separierung verdeutlicht das differenzierte Aufgabenverständnis des britischen Gesetzgebers, dem zufolge zwischen »core functions« und optionalen »non-core functions« unterschieden werden kann.[1163] Es entspricht auch den europäischen Vorgaben, die zwischen »muss«- und »kann«-Aufgaben unterscheiden.[1164]

Untersucht werden soll, ob die britische Finanzmarktaufsichtsbehörde (FCA) dieses differenzierte Aufgabenverständnis teilt. In 1.4.7.G FUND werden die Anlageverwaltungsfunktionen (»investment management functions«) von den Nebenverwaltungsaufgaben (»other functions«) wie folgt abgegrenzt:

»AIFM management functions are set out in Annex I of AIFMD as follows:

(1) the AIFM investment management functions of:

    (a) portfolio management; and

    (b) risk management; and

(2) other functions that an AIFM may additionally perform in the course of the collective management of an AIF:

    a) administration: (i) legal and fund management accounting services; (ii) customer enquiries; (iii) valuation and pricing (including tax returns); [...]

    b) marketing; and

    (c) activities related to the assets of AIFs, namely: (i) services necessary to meet the fiduciary duties of the AIFM;

[...] [Note: Annex I of AIFMD]«

1161 »AIFM's core functions« nach 16.3 Question 3.7 i.V.m. 3.1, 3.2 PERG.

1162 Erlaubnispflicht: Art. 4 Abs. 1 b), w) AIFM-RL, § 17 KAGB; Erlaubnisfähigkeit: Art. 6 Abs. 5 c) und d) AIFM-RL; § 23 Abs. 1 Nr. 9, 10 KAGB,

1163 *Siena/Eckner*, in Zetzsche, The Alternative Fund Managers Directive, 2015, S. 802.

1164 Siehe oben 4. Teil C.I. zur richtlinienkonformen Auslegung des § 1 Abs. 19 Nr. 24 KAGB.

Die FCA bezieht sich ausdrücklich auf die AIFM-RL (»Annex I of AIFMD«, »AIFMD«) und übernimmt eins-zu-eins den Wortlaut des Anhangs I AIFM-RL. Auf die im FUND gestellte Frage, welche zusätzlichen Aktivitäten ein AIFM im Rahmen der Verwaltung eines AIF ausüben darf, stellt die FCA in Kapitel 16.3 Question 3.4 PERG ebenfalls auf den Katalog nach Anhang I Nr. 2 AIFM-RL ab.[1165]

Weiterhin wird in Kapitel 16.3 Question 3.5 PERG klargestellt, dass sich die erlaubnisrelevante Verwaltung eines AIF darauf beschränkt, die beiden Anlageverwaltungsfunktionen zu erbringen. Die Nebenverwaltungsaufgaben sind dagegen nicht Bestandteil des Erlaubnisverfahrens, was für deren optionale Ausübung spricht:

»Does anyone carrying on only the activities listed in the answer to Question 3.4 [Nebenverwaltungsaufgaben] carry on the regulated activity of managing an AIF?

No. Those activities *only* involve managing an AIF for a particular AIF if the person doing them is carrying on, for that AIF, the part of the regulated activity of managing an AIF described in the answer to Question 3.1. [risk management or portfolio management] [...]«[1166]

In Kapitel 16.3 Question 3.7 PERG wird ergänzt, dass die Erbringung der zusätzlichen Nebenverwaltungsaufgaben nicht zur erlaubnispflichtigen Verwaltungstätigkeit gehört:

»What effect does delegation have?

If the delegation relates to the *additional services* described in the answer to Question 3.4 [Nebenverwaltungsaufgaben] [...] the delegate *will not be managing an AIF*, for the reason in the answer to Question 3.5 (Does anyone carrying on only the activities listed in the answer to Question 3.4 carry on the regulated activity of managing an AIF?).«[1167]

Daraus lässt sich der Schluss ziehen, dass ein AIFM auch nach Ansicht der FCA die Nebenverwaltungsaufgaben zusätzlich übernehmen kann (optional), dies aber in Übereinstimmung mit den nationalen und europäischen Vorgaben nicht muss.[1168]

c. General Partner als externer AIFM

Im Vereinigten Königreich wird, wie auch in Deutschland, oftmals auf eine Personengesellschaft als Gesellschaftsform des Fonds gewählt.[1169] Nach dem

---

1165 »What are the additional activities referred to paragraph (1) of the answer to Question 3.3? They are as follows: (1) administration: (a) legal and fund management accounting services; (b) customer inquiries; (c) valuation and pricing (including tax returns); [...]«.
1166 Hervorhebungen durch den Verfasser.
1167 Hervorhebungen durch den Verfasser.
1168 1.4.7.G FUND: »other functions that an AIFM may additionally perform«; 1.3.4.G (4) FUND.
1169 Zur Flexibilität und den steuerrechtlichen Vorteilen, siehe oben 2. Teil D.I.1.

Limited Partnerships Acts 1907 besteht eine Limited Partnership aus mindestens einem Limited Partner, der nicht in die Geschäftsführungstätigkeit einbezogen ist und nur beschränkt auf die Höhe seiner erbrachten Einlage haftet.[1170] Erforderlich ist weiterhin die Beteiligung eines General Partner, der aktiv die Geschäfte führt und für die Verbindlichkeiten der Gesellschaft unbeschränkt haftet.[1171] Diese Struktur entspricht der einer Kommanditgesellschaft (KG) nach deutschem Recht.[1172] Eine Besonderheit gegenüber der sich in diesem Punkt bisher zurückhaltenden BaFin ist, dass die FCA es ausdrücklich für zulässig hält, dass der General Partner einer Limited Partnership (AIF) als externer AIFM bestellt wird.[1173] Der General Partner kann sich als externer AIFM an der »eigenen« Limited Partnership (AIF) beteiligen, ohne, dass dies zur Qualifikation als interner AIFM führen würde. Die Argumentation lautet nach Kapitel 16.3 Question 3.16 PERG wie folgt:

»[...] in our view, the roles of the limited and general partners are sufficiently *distinct* for one to be able to say that the limited partnership does not manage itself. The distinction between the two roles does *not* stem from the fact that the general partner manages the partnership, *but* from the facts that:

(1) the *roles* of general and limited partner are provided for by the legislation under which limited partnerships are formed; and

(2) the legislation, in practice, *prevents the limited partners from managing the partnership* (because for as long as a limited partner takes part in the management of the partnership business, it is liable for the partnership's debts as though it were a general partner).«[1174]

Verwiesen wird demnach auf die unterschiedlichen Rechte und Pflichten eines Limited Partner im Vergleich zu denen eines General Partner: Im Limited Partnerships Acts 1907 sind die Rechte und Pflichten niedergelegt, die – ähnlich wie im deutschen Recht zwischen Kommanditisten und Komplementären – zu einer unterschiedlichen Gesellschafterstellung führen. Die Tätigkeit des General Partner besteht in der Unternehmensführung der Limited Partnership (»management of the partnership« nach sec. 6 (1) Limited Partnerships Acts 1907).[1175] Würde ein General Partner die AIFM-Tätigkeit bezogen auf einen AIF erbringen, an dem er selbst als General Partner beteiligt ist, würde der AIFM als General Partner grundsätzlich in vollem Umfang und mit seinem gesamten Vermögen für die Verbindlichkeiten der Limited Partnership (AIF) haften, Section 4 (2) des Limited Partnerships Acts 1907. Dadurch würde sich die Risikolage des (externen) AIFM verschlechtern, sodass eine solche Stellung des AIFM

1170 Section 4 (2A) Limited Partnerships Acts 1907.
1171 Section 4 (2) Limited Partnerships Acts 1907.
1172 *Krebs/Stiegler*, in Jung/Krebs/Stiegler, § 12 Rn. 149.
1173 Kapitel 16.3 Question 3.16 PERG.
1174 Hervorhebungen durch den Verfasser.
1175 *Krebs/Stiegler*, in Jung/Krebs/Stiegler, § 12 Rn. 151.

als General Partner aus Gründen eines adäquaten Risikomanagements vermieden werden sollte.[1176]

Weiterhin unterscheiden das AIFMG-UK und die AIFM-RL organisatorisch zwischen dem Investmentvermögen (collective investment undertaking) einerseits und dem AIFM andererseits:[1177] So regelt das § 4 Abs. 1 AIFMG-UK, dass es sich bei einem AIFM um eine »legal person« handelt, deren Geschäftsbetrieb in der Verwaltung eines oder mehrer AIF besteht. Die organisatorische Trennung ergibt sich auch aus den §§ 5 ff. AIFMG-UK, welche die gesetzlichen Voraussetzungen für die Erteilung einer AIFM-Erlaubnis darlegen. Demgegenüber werden AIF im AIFMG-UK und der AIFM-RL nur vereinzelt reguliert.[1178] Die AIFM-RL macht den Mitgliedstaaten primär Vorgaben zur Regulierung von AIFM und nicht von AIF.[1179] Eine Bestellung des General Partners als AIFM konfligiert im Ergebnis mit der organisatorischen Trennung zwischen AIF und AIFM sowie der ebenfalls in der AIFM-RL und dem AIFMG-UK angelegten Unterscheidung zwischen externer und interner Verwaltung.[1180]

d. Neue Private Fund Limited Partnership – »White list«

Der britische Gesetzgeber führte mit der Private Fund Limited Partnerships Order 2017 eine Sonderform der Limited Partnership ein, um den Standort für das Private Equity- und Investmentgesellschaften attraktiv zu halten.[1181] Auf die Private Fund Limited Partnership findet das Recht der (einfachen) Limited Partnership grundsätzlich Anwendung,[1182] wobei sich die beiden Gesellschaftsfor-

---

1176 Die Bestellung des persönlich haftenden Komplementärs einer Investmentkommanditgesellschaft als AIFM wird an anderer Stelle in dieser Arbeit kritisch betrachtet, siehe unten 5. Teil C.I.7.; Literatur zur Rechtslage bei der extern verwalteten Investmentgesellschaft nach dem KAGB: *Kracke*, in Baur/Tappen, KAGB, § 128 Rn. 8, 9; *Bentele*, in Baur/Tappen, § 20 Rn. 78; zu berücksichtigen sind nach *Wallach*, ZGR 2014, 289, 302 die potentiellen Folgekosten aus einer Komplementärstellung wie etwa im Rahmen der Berufshaftpflichtversicherung. Allerdings kann ein General Partner die Rechtsform einer haftungsbeschränkten Kapitalgesellschaft haben, wodurch das tatsächliche Haftungsrisiko reduziert wird.
1177 Zur Definition des AIF nach § 3 Abs. 1 AIFMG-UK.
1178 »Part 5: AIFs which acquire control of non-listed companies and issuers« in §§ 34 ff. AIFMG-UK sowie die Definition des AIF in § 3 (1) AIFMG-UK; siehe unten im nächsten Abschnitt zur Private Fund Limited Partnership.
1179 Vgl. Erwägungsgründe 1, 6, 10 AIFM-RL.
1180 Art. 5 AIFM-RL; § 4 Abs. 3 AIFMG-UK; siehe unten 5. Teil C.I.7.
1181 The Legislative Reform (Private Fund Limited Partnerships) Order 2017; Legislative Reform Order on the Limited Partnership Act: explanatory document, S. 7; *Krebs/Stiegler*, in Jung/Krebs/Stiegler, § 12 Rn. 178.
1182 Section 3 Limited Partnership Act: »Private fund limited partnership« means a limited partnership that is designated under section 8(2) as a private fund limited partnership.

men unter anderem bei Fragen der Haftung und Organisation unterscheiden: So wird – wie bei dem Verbot der Nachschusspflicht für Kommanditisten einer Investmentkommanditgesellschaft nach deutschem Recht –[1183] auch bei einer Private Fund Limited Partnership gesetzlich vorgegeben, dass die Limited Partner grundsätzlich nicht über das Kapital oder Eigentum der Gesellschaft hinaus für Gesellschaftsverbindlichkeiten haften, Section 4 (IIb) Limited Partnership Act 1907.[1184] In organisatorischer Hinsicht ist der Limited Partner einer Limited Partnership – wie auch der Kommanditist einer KG – nicht vertretungsberechtigt und grundsätzlich auch nicht zur Geschäftsführung befugt.[1185] Sobald ein Limited Partner jedoch an der Geschäftsführung teilnimmt, haftet er zivilrechtlich für Gesellschaftsverbindlichkeiten wie ein General Partner.[1186]

Section 6A Abs. 2 des Limited Partnership Acts 1907 begrenzt die Reichweite dieses Grundsatzes und listet zahlreiche Tätigkeiten auf, die ein Limited Partner ausüben darf, ohne dadurch in die Managementkompetenzen des General Partner einzugreifen, sodass das Haftungsprivileg des Limited Partners erhalten bleibt:[1187]

»(2) The actions are

(a) taking part in a decision about

(i) the variation of, or waiver of a term of, the partnership agreement or associated documents;

(ii) whether the general nature of the partnership business should change;

(iii) whether a person should become or cease to be a partner;

(iv) whether the partnership should end or the term of the partnership should be extended;

(b) appointing a person to wind up the partnership pursuant to section 6(3B);

(c) enforcing an entitlement under the partnership agreement, provided that the entitlement does not involve a limited partner taking part in the management of the partnership business;

1183 § 127 Abs. 3, § 152 Abs. 3 S. 2–5 KAGB.
1184 »A limited partner in a private fund limited partnership a) is under no obligation to contribute any capital or property to the partnership unless otherwise agreed between the partners, and b) is not liable for the debts or obligations of the firm beyond the amount of the partnership property which is available to the general partners to meet such debts or obligations.«
1185 Section 6 Abs. 1 Limited Partnership Acts 1907.
1186 Section 6 Abs. 1 S. 3 Limited Partnership Act 1907: »If a limited partner takes part in the management of the partnership business he shall be liable for all debts and obligations of the firm incurred while he so takes part in the management as though he were a general partner.«
1187 Legislative Reform Order on the Limited Partnership Act: explanatory document, S. 4; vorbehaltlich der Vorgaben im Gesellschaftsvertrag der Limited Partnership.

(d) entering into, or acting under, a contract with the other partners in the partnership, provided that the contract does not require, or the action under the contract does not involve, a limited partner taking part in the management of the partnership business;

(e) providing surety or acting as guarantor for the partnership;

(f) approving the accounts of the partnership;

(g) reviewing or approving a valuation of the partnership's assets;

(h) discussing the prospects of the partnership business;

(i) consulting or advising with a general partner or any person appointed to manage or advise the partnership about the affairs of the partnership or about its accounts;

(j) taking part in a decision regarding changes in the persons responsible for the day-to-day management of the partnership;

(k) acting, or authorising a representative to act, as a director, member, employee, officer or agent of, or a shareholder or partner in
  (i) a general partner in the partnership; or
  (ii) another person appointed to manage or advise the partnership in relation to the affairs of the partnership,
  provided that this does not involve a limited partner taking part in the management of the partnership business or authorising a representative to take any action that would involve taking part in the management of the partnership business if taken by a limited partner;

(l) appointing or nominating a person to represent the limited partner on a committee, authorising such a person to take any action in that capacity that would not involve taking part in the management of the partnership business if taken by the limited partner, or revoking such an appointment or nomination;

(m) taking part in a decision about how the partnership should exercise any right as an investor in another collective investment scheme as defined in section 8D(4) (»master fund«), provided that the partnership's exercise of the right would not cause the partnership to be liable for the debts or obligations of the master fund beyond the amount contributed, or agreed to be contributed, by the partnership to the master fund;

(n) taking part in a decision approving or authorising an action proposed to be taken by a general partner or another person appointed to manage the partnership, including in particular a proposal in relation to
  (i) the disposal of all or part of the partnership business or the acquisition of another business by the partnership;
  (ii) the acquisition or disposal of a type of investment or a particular investment by the partnership;
  (iii) the exercise of the partnership's rights in respect of an investment;
  (iv) the participation by a limited partner in a particular investment by the partnership;
  (v) the incurring, extension, variation or discharge of debt by the partnership;
  (vi) the creation, extension, variation or discharge of any other obligation owed by the partnership.«

Diese umfangreiche »white list«[1188] ist nach Section 6A Abs. 4 des Limited Partnership Acts 1907 nicht abschließend.[1189] Laut britischem Gesetzgeber soll den Anlegern, insbesondere Private Equity Managern oder hochvermögenden Anlegern, weitreichende Mitspracherechte in einer Private Fund Limited Partnership gewährt werden.[1190] Im Vordergrund steht das Anliegen, Klarheit darüber zu schaffen, welche Maßnahmen der Limited Partner ergreifen darf, ohne dadurch sein Haftungsprivileg zu verlieren.[1191]

Die in der »white list« aufgeführten Maßnahmen betreffen zunächst organisatorische Maßnahmen innerhalb der Gesellschaft wie etwa die Genehmigung des Jahresabschlusses und die Überprüfung bzw. Genehmigung der Bewertung der Vermögensgegenstände der Limited Partnership.[1192] Die Limited Partner dürfen außerdem einen Insolvenzverwalter bestellen (wenn der General Partner nicht verfügbar ist), Ansprüche aus dem Gesellschaftsvertrag durchsetzen sowie den General Partner in Belangen der Gesellschaft, also bei Geschäftsangelegenheiten, beraten.[1193] Darüber hinaus wird einem Limited Partner ausdrücklich gestattet, an bestimmten Entscheidungen teilzunehmen, obgleich über bloße gesellschaftsrechtliche bzw. organisatorische Umsetzungs- oder Beratungsmaßnahmen hinausgehen und zumindest in der Nähe zu Managemententscheidungen stehen. Dazu gehören Entscheidungsbeteiligungen bei Wechseln von Personen, die für das Tagesgeschäft verantwortlich sind (Managementwechsel) sowie die Ausübung von Investorenrechten, wenn sich die Private Fund Limited Partnership an anderen Investmentvermögen beteiligt (Mater-

---

1188 Legislative Reform Order on the Limited Partnership Act: explanatory document, S. 6.
1189 »Nothing in this section (a) limits the circumstances in which a limited partner in a private fund limited partnership is not to be regarded as taking part in the management of the partnership business; or (b) affects the circumstances in which a limited partner in a limited partnership that is not a private fund limited partnership may, or may not, be regarded as taking part in the management of the partnership business.«
1190 Legislative Reform Order on the Limited Partnership Act: explanatory document, S. 7; *Stiegler*, RIW 2018, 803, 808; die Vergleichbarkeit ist mit dt. Spezial-AIF naturgemäß eher gegeben als mit Publikums-AIF.
1191 Legislative Reform Order on the Limited Partnership Act: explanatory document, S. 4; vorbehaltlich der Vorgaben im Gesellschaftsvertrag der Limited Partnership.
1192 Section 6A (2)(f), (g) Limited Partnerships Act 1907.
1193 Section 6A (2)(b), (c), (i) Limited Partnerships Act 1907; Legislative Reform Order on the Limited Partnership Act: explanatory document, S. 8: »The distinction between taking part in the management of the business and advising in the capacity of a limited partner is based around the day to day running of the business. For example, with respect to making a specific investment, the general partner is responsible for researching and selecting investments, and representing the partnership in respect of dealings with the investee company. The limited partner is only able to advise the general partner and consent to specific investments, but cannot be involved in the selection process or execution of the investment.«

Fonds-Strukturen).[1194] Insbesondere darf ein Limited Partner auch über vom General Partner vorgeschlagene Geschäftsführungsmaßnahmen mitentscheiden.[1195] Dies betrifft beispielsweise (i) die vollständige oder teilweise Veräußerung des Gesellschaftsvermögens/-betriebs; (ii) die Ausübung der Rechte der Partnerschaft in Bezug auf eine Investition; (iii) die Entstehung, Erweiterung, Änderung oder Befreiung von Verbindlichkeiten durch die Limited Partnership; sowie (iv) die Schaffung, Ausweitung, Änderung oder Erfüllung sonstiger Verpflichtungen der Limited Partnership. Der Wortlaut der Section 6A Abs. 2 des Limited Partnership Acts 1907 sieht nicht vor, dass diese Aufgaben nur vereinzelt oder in beschränktem Umfang wahrgenommen werden dürfen, sodass ein Limited Partner alle in der »white list« genannten Tätigkeiten kumulativ ausüben darf.

Im Vergleich zu einer personengesellschaftsrechtlichen Investmentgesellschaft (insb. Spezial-Investmentkommanditgesellschaft) nach dem KAGB ist der Aufgabenkreis einer Private Fund Limited Partnership von Gesetzes wegen klarer definiert, da es im KAGB an einer derart umfassenden Gesetzesvorschrift fehlt: Zwar ordnen das AIFMG-UK als auch das KAGB der Investmentgesellschaft bestimmte Kompetenzen zu.[1196] Die zulässigen Aufgaben der Limited Partner ergeben sich im Fall der Private Fund Limited Partnership allerdings unmittelbar aus der »white list«, wohingegen im Fall der Gesellschafter einer Investmentkommanditgesellschaft kein gesetzlicher Aufgabenkatalog existiert. Die Zuständigkeiten der Gesellschafterversammlung sind vielmehr durch das Zusammenlesen einzelner Vorschrift und durch Auslegung zu ermitteln.[1197] Im Ergebnis erscheint der Kompetenzumfang einer Private Fund Limited Partnership jedoch stark an den einer Investmentgesellschaft angenähert zu sein, da auch den Kommanditisten einer Investmentkommanditgesellschaft bestimmte Aufgaben von Gesetzeswegen oder nach Maßgabe des Gesellschaftsvertrages zugewiesen werden. Dazu gehören etwa die Aufnahme und Kündigung von Gesellschaftern, die Feststellung des Jahresabschlusses, die Wahl des Abschlussprüfers und bestimmte Zustimmungsrechte bei wichtigen Geschäftsführungsmaßnahmen.[1198]

Für den Fall, dass die Private Fund Limited Partnership von einem externen AIFM verwaltet wird, der nicht Gesellschafter des verwalteten AIF ist (Dritter), sehen die gesetzlichen Vorgaben auch in diesem Fall grundsätzlich keine Einschränkungen der Managementbefugnisse des General Partner sowie der »white list«-Kompetenzen des Limited Partner vor. Insbesondere bleibt die Geschäfts-

---

1194 Section 6A (2)(j), (m) Limited Partnerships Act 1907; zur Frage, ob ein Limited Partner nach Section 6A (2)(k) Limited Partnerships Acts 1907 auch Teil des Fondsmanagements sein kann (»dual role«), Repiquet ALF 2018, Ziffer III.
1195 Section 6A (2)(n) Limited Partnerships Acts 1907.
1196 Siehe oben 4. Teil D.
1197 Zu den Kompetenzen der Gesellschafterversammlung: Siehe unten 5. Teil D., 6. Teil A.
1198 Siehe unten 5. Teil D.; 6. Teil A.

führungs- und Vertretungsbefugnis des General Partner im Grundsatz erhalten.[1199] Weiterhin ermöglicht der gesetzlich vorgegebene – nicht abschließende – Aufgabenkanon, dass zahlreiche Tätigkeiten bei einer (extern verwaltete) Private Fund Limited Partnership verbleiben können, was in der Folge auch für die optionalen Nebenverwaltungsaufgaben nach Anhang I Nr. 2 AIFM-RL gelten sollte.

II. Luxemburg

Das Großherzogtum Luxemburg ist der größte Fondsstandort in Europa und rangiert mit einem Fondsvermögen von 4.350,449 Mio. Euro weltweit auf Platz 2 hinter den USA.[1200] Der Schwerpunkt liegt dort bei den über 10.000 aufgelegten OGAW-Fonds, während sich die 4.532 AIF im März 2019 auf einen Betrag von 737,214 Mio. Euro summierten.[1201] Die Anzahl der Asset Manager beträgt ausweislich der CSSF-Datenbank in Luxemburg 836 (AIFM) und 380 (UCITS-Management Companies et al.).[1202] Die Zahlen zeigen, dass Luxemburg im Bereich der Fondsverwaltung sowie als Sitz für Fondsstrukturen eine herausgehobene Bedeutung hat.

1. Gesetzeslage vor und nach Umsetzung der AIFM-RL

Vor Inkrafttreten der AIFM-RL existieren in Luxemburg drei wesentliche Gesetzeswerke, die – anders als in Deutschland – nicht nur offene Fondsstrukturen, sondern auch geschlossene Fonds erfassten: Dazu gehört zunächst das Gesetz über die Investmentgesellschaft zur Anlage in Risikokapital (*société d'investissement en capital à risque* – SICAR) vom 15. Juni 2004 (SICAR-Gesetz). Der Gesetzgeber reagierte mit dem SICAR-Gesetz insbesondere auf die Anforderungen institutioneller Anleger aus dem Bereich Private Equity und Venture Capital.[1203] Der Gesetzeszweck liegt darin, Investitionen durch SICAR in Unternehmen zu fördern, um den Zielunternehmen auf diese Weise Kapital zur Verfügung zu stellen, Art. 1 Abs. 2 SICAR-Gesetz.[1204] Private Equity- und Venture Capital-Beteiligungen zeichnen sich außerdem dadurch aus, Zielunternehmen

---

1199 Siehe unten 5. Teil A.VI.; siehe oben 4. Teil F.I.2.d.
1200 Inclusive AIF, UCITS, vgl. EFAMA Quarterly Statistical Release N°77, First quarter of 2019, S. 13; *Bartnik/Aldinger*, in Jesch/Klebeck/Dobrauz, Investmentrecht, S. 503; zur Entwicklung des Luxemburger Rechts auch *Zetzsche*, Prinzipien der kollektiven Vermögensverwaltung, S. 370 ff.
1201 EFAMA Quarterly Statistical Release N°77, First quarter of 2019, S. 11.
1202 Abruf 25. Juli 2019; laut der BaFin-Unternehmesdatenbank sind in Deutschland 518 Kapitalverwaltungsgesellschaften gemeldet.
1203 Art.1 Abs. 2 SICAR-Gesetz: »Investment in risk capital means the direct or indirect contribution of assets to entities in view of their launch, development or listing on a stock exchange.«; CSSF, Rundschreiben, 06/241, S. 2.
1204 CSSF, Rundschreiben, 06/241, S. 2.

aktiv weiterzuentwickeln.[1205] Im Einzelfall greifen die Kapitalgeber auch unterschiedlich stark in die Unternehmensführung ein, um dadurch den Wert des Unternehmens und somit der eigenen Beteiligung zu steigern.[1206]

Nach Art. 1 Abs. 1 SICAR-Gesetz darf ein nach diesem Gesetz regulierter Fonds ausschließlich in Gesellschaftsform aufgelegt werden.[1207] Ähnlich wie in Deutschland oder dem Vereinigten Königreich wird auch in Luxemburg für geschlossene Fonds auf die Kommanditgesellschaft zurückgegriffen.[1208] Die Luxemburger Kommanditgesellschaft (*société en commandite simple* – SCS) basiert auf dem Gesetz über Handelsgesellschaften vom 10. August 1915 (Gesetz von 1915)[1209] und besteht nach Art. 310-1 des Gesetzes von 1915 aus mindestens einem Limited Partner (beschränkt haftender Gesellschafter) und einem General Partner (persönlich haftender Gesellschafter).[1210] Ähnlich einer deutschen GmbH & Co. KG wird auch die Stellung des General Partner einer SCS regelmäßig von einer Kapitalgesellschaft mit beschränkter Haftung (*Société à responsabilité limitée* – SARL) wahrgenommen.[1211] Schließlich werden SICAR bereits nach dem SICAR-Gesetz von der *Commission de Surveillance du Secteur Financier* (CSSF) beaufsichtigt und stehen nur sachkundigen Anlegern zur Verfügung.[1212]

1205 Art. 1 Abs. 2 SICAR-Gesetz; CSSF, Rundschreiben, 06/241, S. 2.
1206 CSSF, Rundschreiben, 06/241, S. 2: »In accordance with the legislator's intention, the SICAR's primary objective should be to contribute to the development of the entities in which it invests. The concept of development is construed in the broad sense as value creation at the level of the portfolio companies. This value creation can take different forms.«
1207 Art. 1 Abs. 1 SICAR-Gesetz: »For the purpose of this law, an investment company in risk capital 1, in abbreviation ›SICAR‹, shall be any company: that has adopted the legal form of a limited partnership, special limited partnership, a partnership limited by shares, a cooperative in the form of a public limited company, a limited company or a public limited company governed by Luxembourg law, […].«
1208 *Marx*, Auswirkungen der AIFM-Richtlinie auf geschossene Fonds in Luxemburg und Deutschland, S. 59; dagegen sei dies nur »selten« der Fall, vgl. *Neugebauer/Fort*, IStR 2014, 247, 247.
1209 In der überarbeiteten Fassung des Gesetzes über Handelsgesellschaften vom 10. August 1915 (15. Dezember 2017) finden sich die Vorschriften für die SCS nun in den Art. 310-1 ff. Abschnitt III, Kapitel I des Gesetzes von 1915 (zuvor Art. 16 ff.).
1210 Art. 310-1 Abs. 1 des Gesetzes von 1915: »La société en commandite simple est celle que contractent, pour une durée limitée ou illimitée, un ou plusieurs associés commandités indéfiniment et solidairement responsables des engagements sociaux, avec un ou plusieurs associés commanditaires qui n'engagent qu'une mise déterminée, constitutive de parts d'intérêts, représentées ou non par des titres conformément aux modalités prévues par le contrat social.«
1211 *Marx*, Auswirkungen der AIFM-Richtlinie auf geschossene Fonds in Luxemburg und Deutschland, S. 59.
1212 Art. 11, Art. 1 SICAR-Gesetz.

Das ebenfalls vor dem Inkrafttreten der AIFM-RL bestehende Gesetz über sogenannte spezialisierte Investmenfonds (*Specialised investment funds* – SIF) vom 13. Februar 2007 (SIF-Gesetz) erfasst Fonds, deren »ausschließlicher Zweck darin besteht, die ihnen zur Verfügung stehenden Mittel nach dem Grundsatz der Risikomischung für gemeinsame Rechnung in Vermögenswerte anzulegen und den Anlegern das Ergebnis der Verwaltung ihrer Vermögenswerte zukommen zu lassen.« Das SIF-Gesetz verlangt in Übereinstimmung mit dem SICAR-Gesetz, dass nur sachkundige Anleger (»well-informed«) in solche Fonds investieren dürfen.[1213] Anders als bei SICAR sind die erwerbbaren Vermögensgegenstände bei SIF von Gesetzes wegen zwar nicht beschränkt, allerdings muss eine Risikodiversifikation eingehalten werden, was wiederum bei SICAR nicht erforderlich ist. Ein geschlossener Investmentfonds kann nach dem SIF-Gesetz in Gesellschaftsform aufgelegt werden; beispielsweise als SCS in Form einer Gesellschaft mit fixem Kapital (*Société d'Investissement à Capital Fixe* – SICAF).[1214] Für SIF des offenen Typs kann dagegen auch die Rechtsform der Investmentgesellschaft mit variablem Kapital (*Société d'investissement à capital variable* – SICAV) gewählt werden.[1215]

Schließlich richtet sich das Gesetz vom 17. Dezember 2010 über Organismen für gemeinsame Anlagen (OGA-Gesetz) in Teil I an offene OGAW im Sinne der OGAW-Richtlinie und in Teil II auch an geschlossene Fonds, die »nach dem Grundsatz der Risikomischung für Rechnung seiner Gesamthandseigentümer zusammengesetzt und verwaltet [werden], wobei die Haftung der Eigentümer auf ihre Einlage beschränkt ist und ihre Rechte in Anteilen verkörpert werden, die zum Vertrieb im Wege eines öffentlichen Angebotes oder einer Privatplatzierung bestimmt sind.«[1216] Im Gegensatz zur SICAR und SIF können sich Kleinanleger an Teil II-OGA beteiligen, da keine Vorgaben zu den Anlegereigenschaften, wie etwa deren Sachkunde oder Anlageerfahrung, gemacht werden.[1217] Teil II-OGA des geschlossenen Typs können beispielsweise als SCS oder in Vertragsform als *fonds commun de placement* (FCP) aufgelegt werden, das mit dem deutschen Sondervermögen vergleichbar ist.[1218]

Am 12. Juli 2013 wurde die AIFM-RL in Luxemburg durch das Gesetz über Verwalter alterantiver Investmentfonds in nationales Recht umgesetzt (AIFMG-Lux).[1219] Der luxemburger Gesetzgeber entschied sich für eine nahezu wortglei-

---

1213 Art. 1 Abs. 1 SIF-Gesetz, Art. 1 Abs. 1 SICAR-Gesetz.
1214 Art. 38 SIF-Gesetz; *Marx*, Auswirkungen der AIFM-Richtlinie auf geschossene Fonds in Luxemburg und Deutschland, S. 63.
1215 Art. 25 SIF-Gesetz.
1216 Nicht OGAW-richtlinienkonforme Investmentfonds.
1217 *Marx*, Auswirkungen der AIFM-Richtlinie auf geschossene Fonds in Luxemburg und Deutschland, S. 63.
1218 *Marx*, Auswirkungen der AIFM-Richtlinie auf geschossene Fonds in Luxemburg und Deutschland, S. 58, 64.
1219 Law of 12 July 2013 on alternative investment fund managers.

che Umsetzung der AIFM-RL in einem separaten Regelwerk.[1220] Im Gegensatz zur Gesetzeslage in Deutschland wurde von der Befugnis nach Art. 43 Abs. 1 AIFM-RL keinen Gebrauch gemacht und keine strengere Bestimmungen oder Auflagen für Kleinanleger geschaffen.[1221] Weiterhin werden die bereits vor Umsetzung der AIFM-RL geltenden Gesetze betreffend SICAR, SIF und OGA nicht abgelöst, sondern an die Vorgaben der AIFM-RL bzw. des AIFMG-Lux angepasst.

Das revidierte SICAR-Gesetz, SIF-Gesetz und OGA-Gesetz bestehen nun jeweils aus zwei Teilen: Der erste Teil enthält weitgehend die bislang bestehenden Vorschriften betreffend SICAR, SIF und OGA.[1222] Der zweite Teil regelt die Bestimmungen für SICAR, SIF bzw. Teil II-OGA, die als AIF zu qualifizieren sind. Unter Veweis auf das AIFMG-Lux werden dort etwa Regelungen zur Bestellung eines AIFM[1223] und zur Bestellung einer Verwahrstelle getroffen.[1224] Die Zweiteilung der Gesetzeswerke verdeutlicht, dass nicht jeder SICAR oder SIF auch ein AIF ist und somit nicht zwangsläufig in den Anwendungsbereich des AIFMG-Lux fällt. Allerdings stellt jeder Teil II-OGA gemäß Art. 88-1 OGA-Gesetz einen AIF dar.

2. Umsetzungsaspekte der AIFM-RL

a. Erlaubnisverfahren und Options-Ansatz

Das Erlaubnisverfahren für AIFM erfolgt ähnlich wie in Deutschland durch Beantragung einer AIFM-Erlaubnis gemäß Art. 5–10 AIFMG-Lux.[1225] Ein Unternehmen wird als AIFM erlaubnispflichtig, wenn mindestens die Portfolioverwaltung oder das Risikomanagement für einen AIF erbracht werden.[1226] Um eine Erlaubnis zu erlangen, muss der AIFM nach Art. 5 Abs. 2, 4 AIFMG-LUX kumulativ die Portfolioverwaltung und das Risikomanagement erbringen.[1227] Dies entspricht den europäischen Vorgaben der AIFM-RL sowie dem deutschen KAGB.[1228]

1220 *Dietrich*, in Baur/Tappen, KAGB, Band 3, S. 225.
1221 *Marx*, Auswirkungen der AIFM-Richtlinie auf geschossene Fonds in Luxemburg und Deutschland, S. 117; Art. 46 AIFMG-Lux; siehe oben 2. Teil D.I.3.a.i.
1222 Art. 1–45 SICAR-Gesetz; Art. 1–78 SIF-Gesetz; Art. 1–86 OGA-Gesetz.
1223 Art. 47 SICAR-Gesetz; Art. 80 SIF-Gesetz; Art. 88-2 OGA-Gesetz.
1224 Art. 48 SICAR-Gesetz; Art. 81 SIF-Gesetz; Art. 88-3 OGA-Gesetz; siehe auch zur Bewertung von Vermögensgegenständen, Art. 49 SICAR-Gesetz.
1225 Detailliert zur Antragsstellung und Verfahren *Bartnik/Aldinger*, in Jesch/Klebeck/Dobrauz, Investmentrecht, S. 511; querschnittsartiger Überblick in *Zetzsche*, ZBB 2014, 22, 22 ff.
1226 Art. 1 (49), (59) AIFMG-Lux.
1227 CSSF, Frequently Asked Questions, version 13, 11. April 2019, concerning the Luxembourg Law of 12 July 2013 on alternative investment fund managers, Ziffer 9.
1228 Siehe oben 4. Teil C.

Weiterhin setzt der luxemburger Gesetzgeber die Richtlinienvorgaben hinsichtlich der anderen Aufgaben nach Anhang I Nr. 2 AIFM-RL (Nebenverwaltungsaufgaben) wortlautgetreu in Anhang I Nr. 2 AIFMG-Lux um. Demnach müssen die Portfolioverwaltung und das Risikomanagement übernommen werden (»shall«), während die Nebenverwaltungsaufgaben ausgeübt werden können (»may additionally perform«).[1229] In Abgrenzung zur undifferenzierten Umsetzung des deutschen Gesetzgebers in § 1 Abs. 19 Nr. 24 KAGB[1230] lässt das AIFMG-Lux den eindeutigen Schluss zu, dass ein luxemburger AIFM die Nebenverwaltungsaufgaben optional ausüben kann, aber nicht muss.

Die luxemburger Aufsichtsbehörde (CSSF) hat bereits am 18. Juni 2013 ein ausführliches Q&A erlassen, das zuletzt am 11. April 2019 aktualisiert worden ist. In dem Q&A heißt es unter Ziffer 9 Absatz 1 und 2 wie folgt:[1231]

»An AIFM has the *option* to perform *part or all* of the functions listed under section (2) of Annex I of the Law of 2013. *Each fund structure* is to be assessed on a *case-by-case basis* when considering which functions have been *attributed to the AIFM* and therefore can also be subject to delegation by the AIFM.«[1232]

Nach Satz 1 des Q&A vertritt die luxemburger Aufsichtsbehörde ausdrücklich die Auffassung, dass die Nebenverwaltungsaufgaben nach Anhang I Nr. 2 AIFMG-Lux/AIFM-RL optional ausgeübt werden dürfen. In Satz 2 stellt die CSSF auf die Umstände im Einzelfall ab, wenn es darum geht, welche Aufgaben einem AIFM zugewiesen wurden (»attributed to the AIFM«). Die CSSF scheint an dieser Stelle die von der EU-Kommission geäußerte Auffassung aufzugreifen, wonach für die Aufgabenzuordnung zum AIFM ebenfalls auf die konkrete Fondsstruktur ankommt:[1233]

»The fund structure appears to be mostly relevant when considering which functions have been attributed to the AIFM and therefore can be also subject to delegation by the AIFM.«

Die CSSF bestätigt somit in Übereinstimmung mit der EU-Kommission die richtlinienkonforme Umsetzung der AIFM-RL, derzufolge die Nebenverwaltungsaufgaben optional vom AIFM ausgeübt werden können. Außerdem vertritt

---

1229 »Other functions that an AIFM may additionally perform in the course of the collective management of an AIF: [...]«; daneben können die Nebendienstleistungen (»ancillary services« bzw. »non-core services«) nach Art. 5 Abs. 4 b) AIFMG-Lux ganz oder teilweise von dem externen AIFM ausgeführt werden. Dazu zählt beispielsweise die Investmentberatung (»investment advice«). Gemeint sind die Beratungsleistungen, die bereits nach der MiFID zulässig waren und ihren Niederschlag in Nr. 2 c) Anhang I AIFM-RL gefunden haben.
1230 Siehe oben 4. Teil C.
1231 CSSF, Frequently Asked Questions, version 13, 11. April 2019, concerning the Luxembourg Law of 12 July 2013 on alternative investment fund managers, Ziffer 9; *Dietrich*, in Baur, AIFM-Gesetz, Luxembourg, Rn. 84.
1232 Hervorhebungen durch den Verfasser.
1233 Q&A ESMA, EU-Kommission, S. 4 (ID 1158); dazu bereits siehe oben 4. Teil B.VIII.

die CSSF durch die Wortwahl (»functions have been attributed to the AIFM«) auch eine privatautonom-faktische Aufgabenübertragung, wonach die Aufgaben von den Vertragsparteien im Bestellungsvertrag zugeordnet werden.[1234]

b. Neue Spezialkommanditgesellschaft (SCSp) – »White list«

Der luxemburgische Gesetzgeber schuf durch Art. 182 ff. AIFMG-Lux die neue Rechtsform der Spezialkommanditgesellschaft (*société en commandite spéciale* – SCSp) und modifizierte die bereits bestehende »einfache« Kommanditgesellschaft (SCS).[1235] Im Vordergrund standen dabei die Effizienz und Flexibilität der steuerrechtlichen[1236] und handelsrechtlichen[1237] Ausgestaltung der AIF-Strukturen.[1238] SCSp und SCS unterscheiden sich unter anderem dadurch, dass allein die SCS über eine eigene Rechtspersönlichkeit verfügt.[1239]

Ein AIFM in Form einer SCS/SCSp-Struktur kann der Geschäftsführer (*gérant*), ein Dritter oder aber auch der Komplementär (General Partner) sein.[1240] Da ein General Partner nach dem luxemburger Gesellschaftsrecht persönlich und unbeschränkt haftet,[1241] ist eine solche Beteiligung des AIFM an einem AIF aus Gründen eines adäquaten Risikomanagements kritisch zu sehen. Im Gegensatz zur britischen Aufsichtsbehörde (FCA) begründet die CSSF ihre Rechtsauffassung in dem Q&A jedoch nicht. Da gleichgelagerte Haftungsrisiken bestehen

---

1234 Siehe oben 4. Teil B.V.
1235 *Neugebauer/Fort*, IStR 2014, 247 ff.; *Jesch*, RdF 2014, 180, 186.
1236 Zu gewerbesteuerlichen Aspekten *Elicker/Rech*, RdF 2014, 106, 111, sowie zum Gewerbebegriff durch die AIFM-RL, *Neugebauer/Fort*, IStR 2014, 247, 249.
1237 Stärkung der Vertragsfreiheit, insbesondere bei der gesellschaftsrechtlichen Strukturierung, *Neugebauer/Fort*, IStR 2014, 247, 248.
1238 Zur gewerbesteuerlichen Aspekten, Stärkung der Vertragsfreiheit bei der gesellschaftsrechtlichen Strukturierung, sowie zu den Änderungen im Code de Commerce, va. Art. 189 AIFMG-Lux, *Elicker/Rech*, RdF 2014, 106, 111; *Neugebauer/Fort*, IStR 2014, 247.
1239 Vgl. Art. 189 AIFMG-Lux: Art. 320-1 Abs. 2 Gesetz von 1915.16 bzw. 22-1 des Gesetzes über Handelsgesellschaften v. 10. 8. 1915 (neugefasst).
1240 CSSF, Frequently Asked Questions, version 13, 11. April 2019, concerning the Luxembourg Law of 12 July 2013 on alternative investment fund managers, Ziffer 1 e) »(A) With respect to AIFs structured as limited partnership established as either a société en commandite par action or as a société en commandite simple: The AIFM of such AIF is in principle an External AIFM, who can be the managing general partner or the gérant or any other External AIFM designated by the gérant of the limited partnership. A limited partnership can also opt to qualify as an Internal AIFM in case the purpose of the gérant is limited to the gérance of the given limited partnership. (B) With respect to AIFs structured as limited partnership established as a société en commandité spéciale: Such AIF cannot qualify as Internal AIFM but necessarily has to appoint an External AIFM. The External AIFM can be the general partner or the gérant or an external AIFM appointed by the gérant.«
1241 Art. 320-1 Abs. 1, Art. 310-1 Abs. 1 Gesetz von 1915.

und die Richtlinienvorgaben auch für das Vereinigte Königreich gelten, ist davon auszugehen, dass in Luxemburg ähnliche Überlegungen angestellt wurden wie bezüglich der Limited Partnership nach britischem Recht und der Investmentkommanditgesellschaft nach deutschem Recht.[1242]

Der Limited Partner einer luxemburger Personengesellschaft ist wie nach britischem und deutschem Recht nicht vertretungsbefugt[1243] und haftet grundsätzlich nur bis zur Höhe seiner Einlage.[1244] Die Unternehmensführung ist grundsätzlich dem General Partner überlassen,[1245] wobei die durch das AIFMG-Lux neu eingeführte »white list« umfangreiche Maßnahmen enthält, die ein Limited Partner ergreifen darf, ohne, dass dadurch ins Management des General Partners im Sinne luxemburger Personengesellschaftsrechts eingegriffen wird. Entsprechend dem britischen Recht bleibt das Haftungsprivileg des Limited Partners bei solchen Maßnahmen erhalten,[1246] sodass er nicht wie ein General Partner haftet, Art. 310-3 Abs. 5, 6, Art. 320-4 Abs. 5, 6 des Gesetzes von 1915:

»[V] Do not constitute the acts of management for which limited partner has unlimited liability, the exercise of partnership prerogatives, providing of opinions or advice to the special limited partnership, to its affiliates or to their managers, carrying out of any control or supervisory measures, the granting of loans, guarantees or securities or the giving of any other type of assistance to the special limited partnership or its affiliates, and giving of any authorisation to the managers in the cases provided for in the partnership agreement for acts outside their powers.

[VI] The limited partner as a member may act as a member of the management body or as agent of a manager of the partnership, even if that manager is an unlimited partner, or may execute documents on the manager's behalf under the latter's corporate signature, even acting in the capacity of a representative of the partnership, without incurring as a result unlimited and joint and severable liability for the obligations of the limited partnerships, provided the capacity of representative in which he achts is indicated.«

Die »white list« umfasst nach dem Gesetz von 1915 bestimmte Maßnahmen des Limited Partners, insbesondere die Ausübung von Gesellschafterrechten und Kontrollaufgaben, die Erbringung von Beratungsleistungen sowie die Gewährung von rückzahlbaren finanziellen Mitteln zu Gunsten der Gesellschaft. Im Vergleich mit der »white list« der britischen Private Fund Limited Partnership sind die im Gesetz von 1915 genannten Aufgaben weniger umfangreich und der Aufgabenkatalog ist abschließend formuliert.[1247]

1242 Siehe oben 4. Teil F.I.; siehe unten 5. Teil C.I.7.
1243 Art. 310-3 Abs. 2, Art. 320-3 Abs. 2 Gesetz von 1915.
1244 *Neugebauer/Fort*, IStR 2014, 247, 247.
1245 Art. 310-2 Abs. 1, 2, Art. 320-3 Abs. 1, 2 Gesetz von 1915.
1246 Art. 310-4 Abs. 3, 4, Art. 320-4 Abs. 3, 4, Gesetz von 1915: »A partner shall be jointly and severally liable vis-à-vis third parties for any obligations of the limited partnership in which he participated […].«
1247 Repiquet ALF 2018, Ziffer IV; die Vergleichbarkeit ist mit dt. Spezial-AIF naturgemäß eher gegeben als bzgl. Publikums-AIF.

Art. 310-3 Abs. 6, Art. 320-4 Abs. 6 des Gesetzes von 1915 stellt daneben klar, dass einem Limited Partner auch rechtsgeschäftliche Vertretungsmacht erteilt werden darf, wie dies auch nach deutschem Recht möglich ist.[1248] Eine solche Klarstellung findet sich allerdings nicht im Gesetz betreffend die britische Private Fund Limited Partnership;[1249] das luxemburger Recht ist in diesem Punkt deutlicher formuliert.[1250]

In dem Fall, dass die SCSp/SCS (AIF) von einem externen AIFM verwaltet wird, der nicht an der SCSp/SCS (AIF) als Gesellschafter beteiligt ist, schränken weder das Gesetz von 1915 noch das AIFMG-Lux oder eines der drei Spezialgesetze die Managementbefugnisse des General Partners ausdrücklich ein.[1251] Wie nach britischem und deutschem Recht sollte der General Partner bei einer Verwaltung durch einen externen, gesellschaftsfremden AIFM grundsätzlich weiter geschäftsführungs- und vertretungsbefugt bleiben.[1252] Außerdem weist das Gesetz von 1915 der SCSp/SCS (AIF) ausdrücklich Kompetenzen zu, die auch im Fall der Verwaltung durch einen externen AIFM von den Limited Partners wahrgenommen werden können. Aus dem Umstand, dass die genannten Aufgaben und Befugnisse bei einer extern verwalteten SCSp/SCS (AIF) verbleiben, lässt sich der Schluss ziehen, dass auch die Nebenverwaltungsaufgaben nach Anhang I Nr. 2 AIFM-RL/AIFMG-Lux von der extern verwalteten Investmentgesellschaft ausgeübt werden dürfen. Dies folgt auch daraus, dass die Nebenverwaltungsaufgaben nach dem AIFMG-Lux optional von dem AIFM ausgeübt werden können, sofern dem AIFM diese Aufgaben von der SCSp/SCS (AIF) übertragen wurden.

Im folgenden Teil soll schließlich die Rechtslage in der Schweiz als Nicht-EU-Land beleuchtet werden.

III. Schweiz

Die Schweiz ist traditionell ein bedeutender Standort für das Management und den Vertrieb ausländischer Fonds.[1253] Sie ist kein Mitgliedstaat der EU und deshalb auch nicht zur Umsetzung der AIFM-RL verpflichtet. Trotzdem ist

---

1248 § 170 HGB schließt Kommanditisten allein von der organschaftlichen Vertretungsmacht aus.
1249 Private Fund Limited Partnerships Order 2017 und Limited Partnership Act.
1250 Repiquet ALF 2018, Ziffer IV.
1251 Art. 310-2 Abs. 1, 6, Art. 320-3 Abs. 1, 6 Gesetz von 1915.
1252 Siehe unten 5. Teil A.VI.; siehe oben 4. Teil F.I.2.d.
1253 Vgl. Assets under Management zum 31. März 2018: 1.106.622 Mio. CHF, laut Swiss Fund Market Statistics, abrufbar unter <http://www.swissfunddata.ch/sfdpub/fondsmarkt-statistiken>; *Gähweiler/Schott*, in Möllers, Rn. 683; *Dobrauz-Saldapenna*, in Zetzsche, The Alternative Fund Managers Directive, 2012, S. 645; *Zetzsche*, Prinzipien der kollektiven Vermögensverwaltung, S. 389 ff.; *Jutzi/Feuz*, Jusletter 2016 S. 8 f.; siehe oben 2. Teil B. zur Historie des Investmentrechts.

die Schweiz »keine juristische Insel«,[1254] denn es besteht ein starker Einfluss der europäischen Gesetzgebung auf das schweizerische Investmentrecht.[1255] So erlauben Drittstaatenregeln wie Art. 34 ff., 42, 67 AIFM-RL[1256] den Zutritt zum EU-Binnenmarkt durch Vermögensverwalter aus Nicht-EU-Staaten.[1257]

Voraussetzung für den Marktzutritt eines Schweizer Asset Managers ist nach Art. 37 Abs. 2 S. 1 AIFM-RL, dass dieser die Vorgaben der AIFM-RL einhält.[1258] Von diesem Grundsatz besteht nach Art. 37 Abs. 2 S. 2 AIFM-RL eine Ausnahme: Falls die Einhaltung der AIFM-RL mit der Einhaltung nationaler Rechtsvorschriften des Drittstaats unvereinbar ist, wird der Nicht-EU-AIFM von der Pflicht zur Einhaltung der AIFM-RL insoweit befreit, wenn er unter anderem »belegen« kann,[1259] dass die nationalen Rechtsvorschriften des Drittstaats »eine gleichwertige Bestimmung mit dem gleichen Regelungszweck und dem gleichen Schutzniveau für die Anleger des betreffenden AIF enthalten« und diese gleichwertigen Bestimmungen von dem Nicht-EU-AIFM erfüllt werden (Äquivalenzprinzip).[1260] Die ESMA untersuchte zu diesem Zweck die regulatorischen Gegebenheiten in sechs Nicht-EU-Staaten anhand der Kriterien Anlegerschutz, Wettbewerb, Marktstörungen und Überwachung von System-

---

1254 *Kunz*, in Festschrift für *Bucher*, 2009, 455, 462.
1255 Generell zum »System der Berücksichtigung«, *Kunz*, EWS 2009, 1, 1; sowie instruktiv und auch am Beispiel des Schweizer Kollektivanlagerecht, *ders.*, FS Bucher 2009, 455, 466 ff.; *ders.*, LeGes 2012/3, 265, 267 ff., 271; siehe oben 2. Teil B. zur historischen Verbindung zwischen deutschem und schweizerischem Investmentrecht.
1256 Erwägungsgrund 4 AIFM-RL; Erwägungsgrund 134 f. Level-2-AIFM-VO; §§ 24, 54, 295 ff., 321 ff., 331 ff. KAGB; zur Entstehung und Zulässigkeit der Drittstaatenregulierung, *Klebeck*, in DJKT, AIFM-RL, Art. Vor Kap. VII Rn. 41 ff.; *Voigt*, in Möllers, Rn. 159 ff.; *Frick*, in Gericke, Private Equity III, 77, 83 ff., 93 ff.; auch Passporting, *Wilkowski/Grulke*, in Weitnauer/Boxberger/Anders, KAGB, § 53 Rn. 1.
1257 Zu den möglichen Konstellationen, *Gähweiler/Schott*, in Möllers, Rn. 692 ff.; *Jutzi/Feuz*, Jusletter 2016, 1 ff.; Jutzi AJP/PJA 1/2015, 1, 3 f. bis zur Geltung des Drittstaatenpasses dürfen die EU-Mitgliedstaaten den Sachverhalte mit Drittstaatenbezug national regeln, beispielsweise in Deutschland § 330 KAGB (national private placement regime, »NPPR«).
1258 Mit Ausnahme des Kapitels VI AIFM-RL »Vertrieb an Kleinanleger«; vgl. auch zur Genehmigung des Referenzmitgliedsstaats, Art. 37 Abs. 1 AIFM-R; die deutschen Umsetzungsgesetze sind in §§ 56 ff., § 344 Abs. 1 KAGB zu finden.
1259 Schriftlichen Belege erfolgen etwa durch Rechtsgutachten, vgl. dazu *Klebeck/Frick* in DJKT, AIFM-RL, Art. 37 Rn. 162 f.
1260 Art. 37 Abs. 2 b), c) AIFM-RL; zum Äquivalenzprinzip in der EU, *Jutzi/Feuz*, Jusletter 2016, 1, 23; *Zetzsche/Marte*, in The Alternative Fund Managers Directive, 2015, S. 470 ff.; kritisch zum Äquivalenzbegriff, da AIFM die AIFM-RL grundsätzlich vollumfänglich einhalten müssen, *Wymeersch*, 2018, 209, 249; *Ceyssens/Tarde*, EuZW 2019, 805, 810.

risiken.[1261] Obgleich beispielsweise die Vergütungssysteme im schweizerischen Recht nicht so detailliert geregelt sind wie in der AIFM-RL,[1262] kam die ESMA in ihrer Empfehlung vom 12. September 2016 zu dem Ergebnis, dass die Drittstaatenregelungen grundsätzlich auf die Schweiz angewendet werden können.[1263] Im weiteren Verlauf ist die EU-Kommission angehalten, einen entsprechenden delegierten Rechtsakt zu erlassen.[1264]

Anders als bei Finanzmarktregularien wie der Markets in Financial Instruments Regulation (MiFIR) und der European Market Infrastructure Regulation (EMIR)[1265] greift die auf dem Äquivalenzprinzip basierende Befreiung von der Einhaltung der AIFM-RL gemäß Art. 37 Abs. 2 S. 2 AIFM-RL erst, wenn die Einhaltung einer Bestimmung der AIFM-RL mit der Einhaltung relevanter Rechtsvorschriften des Drittstaats für den Nicht-EU-AIFM unvereinbar ist; zunächst sind vielmehr die Anforderungen der AIFM-RL *und* die nationalen Vorgaben einzuhalten.[1266] *Jutzi* und *Wess* machen mit Blick auf Schweizer Asset-

---

1261 ESMA, Advice, ESMA's advice to the European Parliament, the Council and the Commission on the application of the AIFMD passport to non-EU AIFMs and AIFs, ESMA/2015/1236, 30 July 2015, S. 4, 6 ff.; *Jutzi/Wess*, SZW/RSDA 5/2018, 496, 500 weisen darauf hin, dass nicht die Gleichwertigkeit im jeweiligen Drittland zu bewerten ist, sondern, »ob die Gewährung der Passerleichterungen an Nicht-EU-AIFM zu Hindernissen im Hinblick auf den Anlegerschutz [et al.] führen kann.«

1262 ESMA/2016/1140, S. 48.

1263 ESMA/2016/1140, abrufbar unter <https://www.esma.europa.eu/press-news/esma-news/esma-publishes-letter-european-commission-aifmd-passport>; bereits zu diesem Thema SFAMA, Medienmitteilung, Botschaft zum Finanzdienstleistungs- und Finanzinstitutsgesetz, FIDLEG und FINIG: Eine Chance für den Schweizer Finanzplatz, 4. November 2015.

1264 Art. 67 Abs. 5 AIFM-RL; bis dahin gelten die sog. national private placement regimes (NPPR), Art. 36, 42 AIFM-RL; *Jutzi/Wess*, SZW/RSDA 5/2018, 496, 499 zur dreimonatigen Frist Art. 67 Abs. 3 AIFM-RL und zu möglichen Hintergründen der Verzögerung (z.B. Überprüfung des Drittstaatenregimes aufgrund des Brexits); *Luchsinger/Gähweiler*, in Möllers, Rn. 695 ff.; zum status quo der Europakompatibilität, vgl. *Jutzi*, AJP/PJA 1/2015, 1, 1 ff.; zur Bedeutung des Marktzugangs der ausführliche Europabericht 2006 vom 28. Juni 2006, 06.064, abrufbar unter <https://www.admin.ch/opc/de/federal-gazette/2006/6815.pdf>, S. 6905, 6932, 6951; vgl. wenn auch noch zum alten KAG: *Zetzsche*, ZBB 2014, 22, 23, 24 verweist beispielsweise auf die Nichtäquivalenz des Art. 18 KAG, sowie die die Regelung nach Art. 13 Abs. 3, Art. 2 Abs. 3 KAG.

1265 Art. 47 Abs.1 und 2 i.V.m. Art. 47 Abs. 1 Markets in Financial Instruments (MiFIR, Verordnung (EU) Nr. 600/2014 vom 15. Mai 2014); Art. 47 Abs. 3 i.V.m. Abs. 1 MiFIR; Art. 13 Abs. 2, 3 EMIR (Verordnung (EU) Nr. 648/2012 vom 27. Juli 2012).

1266 Art. 37 Abs. 2 S. 1, Art. 35 Abs. 2, Art. 36, 38 AIFM-RL; zur Schweiz *Jutzi/Feuz*, Jusletter 2016 S. 1 ff., 26 ff.; *Jutzi*, ZVglRWiss 2013, 226, 226 ff.; jeweils in Bezug auf managerbezogene und drittstaatenbezogene Voraussetzungen, *Klebeck/Brocker*, in DJKT, AIFM-RL, Art. 35 Rn. 34 ff.; *Pauls/Schatz*, in ders., Art. 35

manager darauf aufmerksam, dass die betroffenen Finanzmarktakteure aufgrund der Zulassung und Überwachung durch die Eidgenössische Finanzmarktaufsicht (FINMA) sowie aufgrund der Genehmigung der zuständigen Behörden ihres Referenzmitgliedstaats grundsätzlich (im Fall des Art. 37 Abs. 2 S. 1 AIFM-RL) sowohl die Anforderungen des schweizerischen Kollektivanlagenrechts als auch diejenigen der AIFM-RL beachten müssen.[1267] Neben erhöhten Compliance-Kosten ergebe sich daraus grundsätzlich ein Spannungsverhältnis, da Schweizer Nicht-EU-AIFM »doppelten oder gar kollidierenden Anforderungen im Hinblick auf Zulassung, Aufsicht und Durchsetzung unterstehen könnten.«[1268] Allerdings ist zu berücksichtigen, dass die »doppelte« Einhaltung von gleichwertigen Anforderungen nach schweizerischem und europäischen Maßstäben durch die Befreiungsmöglichkeit nach Art. 37 Abs. 2 S. 2 AIFM-RL vermieden werden kann.[1269] Folglich sind allein solche Anforderungen der AIFM-RL einzuhalten, die sich nicht mit der nationalen Vorschrift verbinden lassen und für die kein schweizerisches Äquivalent besteht.[1270] Obwohl die europäische AIFM-RL eine reine Managerregulierung ist und einen höheren Detailgrad als die schweizerische Produkt- und Managerregulierung nach dem KAG-CH aufweist,[1271] kommen *Jutzi* und *Wess* zu dem Schluss, dass die untersuchten europäischen und schweizerischen Vorgaben, wie etwa Wohlverhaltensregeln und organisatorische Anforderungen, »im Wesentlichen gleichwertig« sind.[1272] Letztlich gilt, dass umso höher die Kongruenz zwischen den europäischen und schweizerischen Vorgaben ist, desto eher wird eine Pflichtenkumulierung vermieden und der Marktzugang für Schweizer Assetmanager unter dem Äquivalenzmechanismus der AIFM-RL spürbar erleichtert.

Die aufgezeigten Markzutrittsanforderungen führen dazu, dass die Schweizer Fondsgesetzgebung fortwährend an die EU-Gesetzgebung angepasst

---

Rn. 34 ff., sowie Art. 36 Rn. 21 ff.; *Klebeck/Frick*, in *ders.*, Art. 37 Rn. 70 ff., 164 ff.; mögliche Bewertungskriterien für die Äquivalenz sind neben dem Schutzweck der Regelung (*Jutzi*, AJP/PJA 1/2015, 1, 4 Fn. 23, sowie *Sethe*, SZW/RSDA 6/2014, 615, 620 ff., 624) beispielsweise (a) Praxis der Aufsichtsbehörden hinsichtlich der tatsächlichen Anwendung und Durchsetzung; (b) ausreichende Kooperation zwischen den Aufsichtsbehörden; (c) funktionierende Geldwäschebekämpfung; (d) sowie z.B. angemessene Zusammenarbeit in Steuerfragen.

1267 *Jutzi/Wess*, SZW/RSDA 5/ 2018, 496, 500.
1268 Ibid; »Verdopplung des zu beachtenden Aufsichtsrechts« bei Unternehmen ohne speziellen Drittstaatenzugang, *Zetzsche/Lehmann*, AG 2017, 651, 653.
1269 *Jutzi/Wess*, SZW/RSDA 5/ 2018, 496, 500; *Klebeck/Frick*, in DJKT, AIFM-RL, Art. 37 Rn. 154 ff.
1270 Die nationale (schweizerische Vorschrift) muss vom Nicht-EU-AIFM auch erfüllt werden; zu den weiteren Voraussetzungen, vgl. Art. 37 Abs. 2 S. 2 AIFM-RL.
1271 ESMA/2016/1140, S. 48.
1272 *Jutzi/Wess*, SZW/RSDA 5/ 2018, 496, 501 ff., 516.

wird[1273] und in der Vergangenheit mehrfach revidiert worden ist:[1274] Die Inhalte der European Market Infrastructure Regulation (EMIR) wurden in dem neuen Finanzmarktinfrastrukturgesetz (FinfraG) zum 1. Januar 2016 berücksichtigt, und auch die MiFID-Prinzipien wurden durch das Finanzdienstleistungsgesetz (FIDLEG) in das Schweizerische Recht transformiert.[1275] Das neue Finanzinstitutsgesetz (FINIG) regelt daneben »die Aufsicht über sämtliche Finanzdienstleister, welche in irgendeiner Form das Vermögensverwaltungsgeschäft betreiben, in einem einheitlichen Erlass«.[1276] FIDLEG und FINIG wurden am 15. Juni 2018 von den eidgenössischen Räten verabschiedet und traten am 1. Januar 2020 in Kraft.

Das FINIG führt eine differenzierte Aufsichtsregelung für Vermögensverwalter, Verwalter von Kollektivvermögen, Fondsleitungen und Wertpapierhäusern ein und sieht eine nach Tätigkeit abgestufte und differenzierte Aufsichtsregelung für bewilligungspflichtige Finanzinstitute vor.[1277] Es bezweckt den Schutz der Anleger und der Kunden von Finanzinstituten, die Funktionsfähigkeit des Finanzmarkts und die Stabilität des Finanzsystems.[1278] Neu sind vor allem die Regelungen zur einfachen Vermögensverwaltung, wohingegen die Verwaltung kollektiver Anlagen bereits vom derzeit geltenden schweizerischen Fondsrecht erfasst wird.[1279]

1273 Vgl. revidierte Anlagefondsgesetzgebung von 1995, Kollektivanlagengesetzgebung von 2006, revidierte Kollektivanlagengesetzgebung von 2013, sowie revidierte KKV-FINMA (1. Januar 2015); *Zetzsche*, Prinzipien der kollektiven Vermögensverwaltung, S. 389 ff.; Botschaft über die Änderung des Kollektivanlagengesetzes (KAG) vom 2. März 2012, 12.037, S. 3640 f. (2 f.); *Kunz*, Die Volkswirtschaft 2014, 18, 18 ff.; »Abkehr vom bisherigen Säulenmodel zugunsten einer konzeptionell auf Regulierungsebenen aufbauenden Systematik«, PWC, Neue Regeln für den Schweizer Finanzplatz durch FIDLEG und FINIG, November 2015, S. 3.
1274 »Die damit vorgenommene Totalrevision des Anlagefondsgesetzes verfolgte unter anderem das Ziel, die Attraktivität des schweizerischen Fondsplatzes zu steigern, dessen Wettbewerbsfähigkeit zu fördern und die Vereinbarkeit der schweizerischen Anlagefondsgesetzgebung mit der Regelung der Europäischen Union wiederherzustellen.«, Botschaft über die Änderung des Kollektivanlagengesetzes (KAG) vom 2. März 2012, 12.037, S. 3644 (1); siehe oben 2. Teil B. zur Historischen Entwicklung des Investmentmarktes und -rechts.
1275 Das FIDLEG enthält »sektorübergreifende Verhaltensregeln für Finanzdienstleister«, Erläuternder Bericht zur Vernehmlassungsvorlage, FINIG, FIDLEG, S. 12; PWC, Neue Regeln für den Schweizer Finanzplatz durch FIDLEG und FINIG, November 2015, S. 3.
1276 Erläuternder Bericht zur Vernehmlassungsvorlage, FINIG, FIDLEG, S. 3; FINIG vom 18. Januar 2020 (954.1).
1277 Eidgenössisches Finanzdepartement, Internetadresse wie zuvor; KPMG, Financial Services, 31. Juli 2015, abrufbar unter <http://blog.kpmg.ch/aifmd-pass-bald-auch-fur-schweizer-asset-manager/>; *Abegglen/Huber*, GesKR 2016, 320, 320 ff.
1278 Art. 1 Abs. 2 FINIG.
1279 Art. 17 ff. FINIG.

1. KAG-CH: Zulassungs- und Aufgabensystematik

Bis zum 1. Januar 2020 galten allein das Kollektivanlagegesetz (KAG-CH),[1280] die Kollektivanlagenverordnung (KKV-CH)[1281] und die Kollektivanlagenverordnung der Eidgenössischen Finanzmarktaufsicht (KKV-FINMA).[1282] Die Änderungen durch das FINIG werden im Folgenden nicht im Detail berücksichtigt, sondern es wird stellenweise darauf verwiesen. Nach Art. 2 Abs. 1 KAG-CH a.F. fallen in den Anwendungsbereich unabhängig von der Rechtsform schweizerische kollektive Kapitalanlagen und Personen, die diese »verwalten, aufbewahren oder vertreiben«.[1283] »Kollektive Kapitalanlagen« sind definiert als Vermögen, die von Anlegerinnen und Anlegern zur gemeinschaftlichen Kapitalanlage aufgebracht und für deren Rechnung verwaltet werden (Art. 7 Abs. 1 S. 1 KAG-CH). Ebenso wie in der EU kann zwischen offenen und geschlossenen Fondsstrukturen unterschieden werden: Geschlossene Fondsstrukturen können in der Schweiz – ähnlich wie in Deutschland – als »Kommanditgesellschaft für kollektive Kapitalanlagen« (KmGK) gemäß Art. 98 ff. KAG-CH[1284] oder als »Investmentgesellschaft mit festem Kapital« gemäß Art. 110 ff. KAG-CH aufgelegt werden.[1285] Offene kollektive Kapitalanlagen weisen entweder die Form des vertraglichen Anlagefonds[1286] oder die Form der Investmentgesellschaft mit variablem Kapital (SICAV, Art. 36 ff. KAG-CH) auf.

Zulassungspflichtig ist das Fondsmanagement und gemäß Art. 13 KAG-CH a.F. (Art. 6 FINIG) jede Person, die eine kollektive Kapitalanlage verwaltet, aufbewahrt oder an nicht qualifizierte Anlegerinnen und Anleger vertreibt. Eine Bewilligung beantragen müssen daher die Fondsleitung, die SICAV, die SICAF, die Kommanditgesellschaft für kollektive Kapitalanlagen, die Depotbank und der Vermögensverwalter kollektiver Kapitalanlagen.[1287] Dieser mehrteiligen Bewilligungssystematik liegt ein »kaskadischer« Stufenaufbau zugrunde:[1288]

1280 Bundesgesetz über die kollektiven Kapitalanlagen (Kollektivanlagengesetz, KAG) vom 23. Juni 2006 (Stand am 1. Juli 2016), Nr. 951.31.
1281 Verordnung über die kollektiven Kapitalanlagen (Kollektivanlagenverordnung, KKV) vom 22. November 2006 (Stand am 1. Januar 2015), Nr. 951.311.
1282 Auf das FINIG wird im Folgenden stellenweise Bezug genommen.
1283 Vgl.: Seit 1. Januar 2020 enthalten Art. 24 ff.; 17 ff. FINIG die Regeln für Vermögensverwalter.
1284 Die FINMA nutzt das Akronym »KGK«, vgl. <https://www.finma.ch/de/bewilligung/institute-und-produkte-nach-kollektivanlagengesetz/kommanditgesellschaften-f%C3%BCr-kollektive-kapitalanlagen/>.
1285 Art. 9 Abs. 1 KAG; *Kunz*, Entwicklungen im Gesellschaftsrecht IV, 2009, 45 ff., 52 ff.
1286 Art. 25 ff. KAG-CH.
1287 *Frick*, in Gericke, Private Equity III, 77, 122.
1288 *Derungs/Dobrauz-Saldapenna*, in Jesch/Klebeck/Dobrauz-Saldapenna, Investmentrecht, S. 960; so auch ausdrücklich in Art. 5 FINIG »Bewilligungskaskade«; erläuternder Bericht zur Vernehmlassungsvorlage, FINIG, FIDLEG, S. 3, 12, 22; Anders

Wer beispielsweise eine Bewilligung zur Fondsleitung hat, ist nach Art. 8 Abs. 1 Hs. 2 Kollektivanlagenverordnung (KKV-CH) von der Bewilligungspflicht für Vermögensverwalter kollektiver Kapitalanlagen, Vertriebsträger und für Vertreter ausländischer kollektiver Kapitalanlagen befreit.[1289]

2. Fondsleitung

Gemäß Art. 29 f. KAG-CH übt die Fondsleitung das Fondsgeschäft aus und verwaltet den Anlagefonds für Rechnung der Anlegerinnen und Anleger selbstständig und in eigenem Namen. Insbesondere entscheidet sie über die Ausgabe von Anteilen, die Anlagen (Anlageentscheidung) und deren Bewertung. Sie berechnet den Nettoinventarwert, setzt die Ausgabe- und Rücknahmepreise sowie die Gewinnausschüttungen fest und macht alle zum Anlagefonds gehörenden Rechte geltend. Daneben obliegen der Fondsleitung ausdrücklich folgende Aufgaben (Art. 46 KKV-CH): die Vertretung ausländischer kollektiver Kapitalanlagen; der Erwerb von Beteiligungen an Gesellschaften, deren Hauptzweck das kollektive Kapitalanlagengeschäft ist; die Führung von Anteilskonten; der Vertrieb von kollektiven Kapitalanlagen; das Erbringen von administrativen Dienstleistungen für kollektive Kapitalanlagen und ähnliche Vermögen wie interne Sondervermögen, Anlagestiftungen und Investmentgesellschaften. Obwohl diese Aufgaben teilweise den Nebenverwaltungsaufgaben im Sinne des Anhangs I Nr. 2 AIFM-RL ähneln, findet sich im Schweizer Recht keine Regelung darüber, dass diese Aufgaben lediglich optional von der Fondsleitung erbracht werden können.

3. Vermögensverwalter kollektiver Kapitalanlagen

Art. 18a Abs. 1 KAG-CH (Art. 26 FINIG)[1290] besagt zunächst, dass der Vermögensverwalter kollektiver Kapitalanlagen die Portfolioverwaltung und das Risikomanagement sicherstellen muss. Der Schweizer Gesetzgeber orientierte bei dem Katalog der Tätigkeiten, die von einem Vermögensverwalter kollektiver Kapitalanlagen zu erbringen sind, ausdrücklich an der AIFM-RL.[1291] Nach

---

das FINIG, »Neu erfasst dieses kaskadenhafte Bewilligungssystem ausdrücklich auch die Bewilligung für Wertpapierhäuser sowie für Vertreter ausländischer kollektiver Kapitalanlagen. Keinen Teil der Bewilligungskaskade bildet dagegen die Bewilligung für die Tätigkeit als Fondsleitung.«, Erläuternder Bericht zur Vernehmlassungsvorlage, FINIG, FIDLEG, S. 22.

1289 Vgl. Art. 13 Abs. 3 KAG-CH, dazu *Zetzsche*, ZBB 2014, 22, 24.
1290 Vorbildregelung war die Regelungen für Verwalter im Sinne des Art. 13 Abs. 1 g) OGAW-Richtlinie; vgl. Art. 26 FINIG; Erläuternder Bericht zur Vernehmlassungsvorlage, FINIG, FIDLEG, S. 131.
1291 Botschaft über die Änderung des Kollektivanlagegesetzes (KAG) vom 2. März 2012, 12.037, S. 3668 (30).

Art. 18a Abs. 2, 3 KAG-CH a.F. i. V. m. Art. 24a KKV-CH a.F. (Art. 26 Abs. 3 FINIG) hat der Vermögensverwalter kollektiver Kapitalanlagen die Portfolioverwaltung und das Risikomanagement sicherzustellen, wohingegen er die administrativen Tätigkeiten »zusätzlich« ausführen »kann« bzw. »darf«.[1292] Daneben dürfen weitere Nebendienstleistungen erbracht werden, wie etwa die individuelle Verwaltung einzelner Portfolios, Anlageberatung und der Vertrieb kollektiver Kapitalanlagen. Somit regelt Art. 18a Abs. 2 KAG-CH a.F. (Art. 26 Abs. 3 FINIG), dass administrative Tätigkeiten zusätzlich und optional ausgeführt werden können. Die Gesetzesbegründung zu § 18a KAG-CH (Botschaft, S. 3668) konkretisiert den nicht ganz klaren Gesetzeswortlaut wie folgt:

»Im Rahmen der ihm gesetzlich zugewiesenen Tätigkeit nach Absatz 1 *kann* der Vermögensverwalter kollektiver Kapitalanlagen *auch* administrative Tätigkeiten ausüben, welche nicht einer Fondsleitung vorbehalten sind (Abs. 2). Die Regelung der zulässigen Tätigkeiten erfolgt in *Anlehnung an den Anhang I der AIFMD*. Administrative Tätigkeiten im Sinne von Absatz 2 *umfassen* z. B. Dienstleistungen für die Fondsbuchhaltung und Rechnungslegung, Bewertungen und Preisfestsetzung, die Erledigung von Kundenanfragen, die Überwachung der Einhaltung von Rechtsvorschriften oder die Gewinnausschüttung. Bei Immobilienfonds ist die technische Verwaltung der Immobilien im herkömmlichen Sinne nicht Bestandteil des Risikomanagements.«[1293]

Da die genannten administrativen Aufgaben erkennbar den Nebenverwaltungsaufgaben nach Anhang I Nr. 2 AIFM-RL entsprechen, ist davon auszugehen, dass das KAG-CH insoweit einen der AIFM-RL entsprechenden Optionsansatz kodifiziert.[1294] Demnach kann der Vermögensverwalter kollektiver Kapitalanlagen die administrativen Tätigkeiten bzw. die Nebenverwaltungsaufgaben zusätzlich übernehmen, muss es aber nicht. Dies sollte ausblicksweise auch nach Inkrafttreten des FINIG gelten.[1295] Die administrativen Tätigkeiten liegen allerdings zunächst bei der Fondsleitung,[1296] die vom Vermögensverwalter kollektiver Kapitalanlagen zu unterscheiden ist, vgl. Art. 13 Abs. 2 a., f. KAG-CH a.F.

1292 Art. 18a Abs. 2 KAG-CH; vgl. Art. 29, 30 KAG-CH; vorbehalten bleibt Art. 31 KAG-CH.
1293 Hervorhebungen durch den Verfasser; Botschaft über die Änderung des Kollektivanlagengesetzes (KAG) vom 2. März 2012, 12.037, S. 3778 (30).
1294 *Jutzi/Feuz*, Jusletter 2016 S. 55 f., 56; *Jutzi*, AJP/PJA 1/2015, 1, 54 »[…] ermächtigt, weitere damit verbundene Aufgaben adminitstrativer Natur zu übernehmen, soweit diese Aufgaben nicht der Fondsleitung vorbehalten sind«.
1295 Art. 26 FINIG: Abs. 1: »Der Verwalter von Kollektivvermögen stellt für die ihm anvertrauten Vermögenswerte die Portfolioverwaltung und das Risikomanagement sicher.«; Abs. 3: »Er kann im Rahmen dieser Aufgaben zusätzlich administrative Tätigkeiten ausführen.«
1296 Art. 28 ff. KAG-CH a.F.; Art. 46 KKV-CH a.F.

4. AIFM: Vermögensverwalter kollektiver Kapitalanlagen oder Fondsleitung

Da der Vermögensverwalter kollektiver Kapitalanlagen die Portfolioverwaltung und das Risikomanagement sicherstellen muss und die administrativen Tätigkeiten optional übernehmen kann, wohingegen die Fondsleitung das Fondsgeschäft ausübt, stellt sich die Frage, ob die Fondsleitung oder der Vermögensverwalter kollektiver Kapitalanlagen als AIFM im Sinne der AIFM-RL zu betrachten ist. Die Tatsache, dass die Regelung der zulässigen Tätigkeiten der Vermögensverwalter kollektiver Kapitalanlagen nach der Gesetzesbegründung zu § 18a KAG-CH (Botschaft, S. 3668) ausdrücklich »in Anlehnung an den Anhang I der AIFMD« erfolgt ist, spricht zwar dafür, dass die Vermögensverwalter kollektiver Kapitalanlagen als AIFM gelten sollen. Allerdings gehen die BaFin und die FINMA in der Gleichwertigkeitsvereinbarung zwischen der FINMA und der BaFin gemäß § 296 KAGB vom 20. Dezember 2013[1297] davon aus, dass die Kapitalverwaltungsgesellschaften gemäß § 17 KAGB der Fondsleitung gemäß Art. 28 ff. KAG-CH entsprechen.[1298] Für diese Einordnung lässt sich anführen, dass die Fondsleitung ausweislich des KAG-CH den Anlagefonds auf Rechnung der Anleger verwaltet und insbesondere über die Anlagen entscheidet.[1299] Ausgehend von der Fondsleitung kann die Anlageentscheidung an den Vermögensverwalter kollektiver Kapitalanlagen delegiert werden (Art. 31 Abs. 1, 3 KAG-CH), der sodann die Portfolioverwaltung und das Risikomanagement sicherstellen muss und darüber hinaus administrative Tätigkeiten ausführen kann (Art. 18a Abs. 1, 2 KAG-CH). Demnach liegt ein Delegationsverhältnis zwischen der Fondsleitung als Auftraggeber und dem Vermögensverwalter kollektiver Kapitalanlagen als Auftragnehmer vor, was nach Art. 31 Abs. 6 KAG-CH dazu führt, dass die Fondsleitung für die Handlungen des Beauftragten wie für eigenes Handeln haftet.[1300] Die Fondsleitung bleibt daher weiterhin für die delegierten Aufgaben verantwortlich.[1301] Dies ähnelt den Auslagerungsregeln nach § 36 KAGB bzw. Art. 20 AIFM-RL.

[1297] <https://www.bafin.de/SharedDocs/Downloads/DE/Merkblatt/WA/dl_140116_vereinbarung_finma_bafin.html>, Punkt 1.12 Gleichwertigkeitsvereinbarung bezieht sich auf OGAW.

[1298] Dass demnach auch die SICAV gemäß Art. 36 ff. des KAG-CH einer Kapitalverwaltungsgesellschaft entsprechen soll, erscheint problematisch, da die SICAV auch fremdverwaltet werden kann, Art. 51 Abs. 2 KKV-CH.

[1299] *Jutzi*, ZVglRWiss 2013, 226, 235.

[1300] Art. 31 Abs. 6 KAG-CH a.F. (Art. 68 FINIG); ein Vermögensverwalter kollektiver Kapitalanlagen scheint somit eher einem externen Portfoliomanager nach § 36 Abs. 1 Nr. 3 KAGB zu entsprechen.

[1301] Mit Blick auf Art. 31 Abs. 1 KAG-CH a.F. (Art. 35 Abs. 1 FINIG) »Teilaufgaben« sowie Art. 18 Abs. 2 KAG-CH a.F. »Vorbehalten bleibt Artikel 31« sollen nach der Gesetzeslage auch die administrativen Tätigkeiten unter die Auslagerungsregeln fallen. Anders liest sich dagegen Art. 24a KKV-CH a.F., der die Aufgaben des Vermögensverwalters kollektiver Kapitalanlagen beschreibt, ohne auf die Delegation Bezug zu nehmen.

Im Ergebnis kann festgestellt werden, dass das Schweizer Recht mit dem deutschen bzw. europäischen Regelungsansatz teilweise übereinstimmt. Der Schweizer Gesetzgeber hat insbesondere den Aufgabenkatalog für AIFM, inklusive des in der AIFM-RL angelegten Optionsansatzes, mit Blick auf den Vermögensverwalter kollektiver Kapitalanlagen autonom nachvollzogen.[1302] Nach der gesetzlichen Ausgangslage liegen die Entscheidungsbefugnisse über die Anlage jedoch bei der Fondsleitung. Dies spricht dafür, die Fondsleitung im Sinne der AIFM-RL als AIFM zu qualifizieren.

5. Verbleibender Aufgabenumfang auf Fondsebene

Um zu klären, ob Aufgaben auf Fondsebene verbleiben können, wird die Konstellation einer extern verwalteten Fondsstruktur nach dem Schweizer Recht betrachtet:[1303] Die Kommanditgesellschaft für kollektive Kapitalanlagen (KmGK) ist, wie die Investmentkommanditgesellschaft, ein personengesellschaftsrechtliches Gesamthandverhältnis, bei dem das Kollektivanlagenrecht dem Obligationenrecht über Kommanditgesellschaften vorgeht, Art. 99 KAG-CH.[1304] Allerdings sind nach Aussage der FINMA »Institut und Produkt« untrennbar miteinander verbunden,[1305] sodass eine fremdverwaltete KmGK nicht vorgesehen ist. Die Anlageverwaltung übernimmt gewöhnlich der Komplementär nach dem Vorbild des General Partners der englischen Limited Partnership, Art. 98–100,

---

1302 Ein Vermögensverwalter kollektiver Kapitalanlagen ist insofern vergleichbar mit einem externen Portfoliomanager im Sinne des § 36 Abs. 1 Nr. 3 KAGB; in der Botschaft über die Änderung des Kollektivanlagengesetzes (KAG) vom 2. März 2012, 12.037, S. 3668 (30) findet sich ein ausdrücklicher Bezug auf die AIFM-RL, weshalb nicht lediglich eine elektische Anregung anzunehmen ist, vgl. auch zum autonomen Nachvollzug, *Jutzi*, AJP/PJA 1/2015, 1, 5 Fn. 42 mit Verweis auf Kunz, Instrumente (Fn 38), 54; *Jutzi*, AJP/PJA 1/2015, 1, 54 »[...] ermächtigt, weitere damit verbundene Aufgaben administrativer Natur zu übernehmen, soweit diese Aufgaben nicht der Fondsleitung vorbehalten sind«.
1303 Das KAG-CH sieht eine Verantwortlichkeit und eine Haftung der SICAV, SICAF und KmGK und deren Organe vor, Art. 145 Abs. 1, 4, 5 KAG-CH, dazu *Pelli*, Die Delegation von Aufgaben bei offenen kollektiven Kapitalanlagen gemäß KAG, S. 111 ff.
1304 *Kunz*, Entwicklungen im Gesellschaftsrecht IV, 2009, 45, 52; *ders.*, Entwicklungen im Gesellschaftsrecht VII, 2012, 171, 195 ff., auch zur verbleibenden Gestaltungsfreiheit, S. 180, 197.
1305 FINMA, Internetseite, abrufbar unter <https://www.finma.ch/de/bewilligung/institute-und-produkte-nach-kollektivanlagengesetz/kommanditgesellschaften-f%C3%BCr-kollektive-kapitalanlagen/>; Art. 102 Abs. 1 i) KAG-CH, Art. 119 Abs. 1 KKV-CH: Die Komplementäre können die Anlageentscheide sowie weitere Tätigkeiten delegieren, soweit dies im Interesse einer sachgerechten Verwaltung liegt.

104 KAG-CH.[1306] Komplementäre müssen Aktiengesellschaften mit Sitz in der Schweiz sein und dürfen nur in einer einzigen KmGK als Komplementär tätig sein.[1307]

Allein hinsichtlich der Investmentgesellschaft mit variablem Kapital (SICAV, Art. 36 ff. KAG-CH) erwähnt das Gesetz eine externe Verwaltung und trifft in Art. 51 KKV-CH folgende Unterscheidung:

»(I) Die *selbstverwaltete* SICAV führt die Administration selber aus. Sie darf die Portfolioverwaltung nach Art. 36 Absatz 3 des Gesetzes an einen Vermögensverwalter kollektiver Kapitalanlagen delegieren, der einer anerkannten Aufsicht untersteht.

(II) Die *fremdverwaltete* SICAV delegiert die Administration an eine bewilligte Fondsleitung. Die Administration beinhaltet auch den Vertrieb der SICAV. Zusätzlich delegiert die fremdverwaltete SICAV die Portfolioverwaltung an dieselbe Fondsleitung oder an einen Vermögensverwalter kollektiver Kapitalanlagen, der einer anerkannten Aufsicht untersteht.«[1308]

Demnach muss die fremdverwaltete SICAV die Administration an die Fondsleitung delegieren, sodass diese Aufgaben nicht bei der SICAV angesiedelt sein können. Allerdings dürfen gemäß Art. 64 Abs. 1 a–c, Abs. 2 KKV-CH die nicht-delegierbaren Aufgaben des Verwaltungsrats nach Art. 716a des Obligationenrechts bei der SICAV verbleiben.[1309] Dazu gehören die Oberleitung der Gesellschaft und die Erteilung der nötigen Weisungen; die Festlegung der Organisation; die Ausgestaltung des Rechnungswesens, der Finanzkontrolle und der Finanzplanung, sofern diese für die Führung der Gesellschaft notwendig ist; die Ernennung und Abberufung der mit der Geschäftsführung und der Vertretung betrauten Personen; die Oberaufsicht über die mit der Geschäftsführung betrauten Personen, namentlich im Hinblick auf die Befolgung der Gesetze, Statuten, Reglemente und Weisungen; die Erstellung des Geschäftsberichtes sowie die Vorbereitung der Generalversammlung und die Ausführung ihrer Beschlüsse sowie die Festlegung der Grundsätze der Anlagepolitik und die Bezeichnung der Depotbank.

1306 Vgl. Art. 98 Abs. 2 S. 2 KAG-CH; es liegt damit kein Fall des autonomen Nachvollzugs im Bereich der geschlossenen Kapitalanlagen vor, sodass keine europarechtskonforme Auslegung angezeigt ist, *Jutzi*, AJP/PJA 1/2015, 1, 14; *Kunz*, in Festschrift für Bucher 2009, 455, 469; *ders.*, Entwicklungen im Gesellschaftsrecht IV, 2009, 45, 48 »elektrische Anregungen«; *ders.*, EWS 2009, 1, 1; die KmGK ist auch der GmbH & Co. KG nachgebildet, *Kunschke/Klebeck*, in Beckmann/Scholtz/Vollmer, 405, KAGB, § 149 Rn. 76; zum Vorbild der angelsächsischen Partnership für KmGK, vgl. *Kühne/Schunk/Keller*, Schweizerisches Recht der kollektiven Kapitalanlagen, S. 13, 80 ff.
1307 Art. 98 Abs. 2 KAG-CH.
1308 Hervorhebungen durch den Verfasser.
1309 FINMA, Rundschreiben 2008/37, Delegation durch Fondsleitung/SICAV, Rn. 34 f.; *Pelli*, Die Delegation von Aufgaben bei offenen kollektiven Kapitalanlagen gemäß KAG, S. 16, 192 ff., 284 ff.; siehe oben zur »white list« nach britischem Recht 4. Teil F.I.2.d., luxemburger Recht 4. Teil F.II.2.b.

Dabei ist zu beachten, dass das Schweizer Recht und das deutsche Recht zwar vergleichbar, aber nicht identisch sind. Der verbleibende Aufgabenumfang bei der fremdverwalteten SICAV ist vor dem Hintergrund zu betrachten, dass die Investmentgesellschaften selbst (SICAV, SICAF, KmGK) Bewilligungsvoraussetzungen zu erfüllen haben, wohingegen dies im KAGB nicht vorgesehen ist.[1310] Schließlich ist die KmGK auch nur qualifizierten Anlegern zugänglich und kann gemäß Art. 98 Abs. 3, 103 KAG-CH nicht als Publikumsfonds ausgestaltet werden, während nach dem KAGB die Schaffung einer geschlossenen Publikums-Investmentkommanditgesellschaft möglich ist, § 152 KAGB.

IV. Zusammenfassende Würdigung

Während der deutsche Gesetzgeber die AIFM-RL zum Anlass genommen hat, die gesamte Fondsgesetzgebung einem Regelwerk (KAGB) zusammenzufassen, wurde in Luxemburg und im Vereinigten Königreich ein von den bestehenden Fondsgesetzen (UK FSMA 2000, Lux SICAR-, SIF-, OGA-Gesetz) separates Umsetzungsgesetz geschaffen. In der Schweiz werden die bestehende Fondsgesetzgebung (KAG-CH, KKV-CH) zwar nicht eins-zu-eins an die europäischen Vorgaben angepasst, allerdings orientiert sich das schweizerische Recht auch an AIFM-RL, um einen erleichterten Drittstaatenzugang zu erhalten.

Der Blick auf die ausgewählten EU-Staaten hat gezeigt, dass die europarechtlich vorgegebene Aufgabenzuordnung dort in größerer Übereinstimmung mit dem Richtlinienwortlaut umgesetzt wurde als in Deutschland. So haben sich etwa Luxemburg und das Vereinigte Königreich dazu entschlossen, die Aufgaben ausdrücklich als »kann«- und »muss«-Aufgaben in den jeweiligen Umsetzungsgesetzen auszugestalten. Dem deutschen KAGB entsprechend ergibt sich aus den länderspezifischen Umsetzungsgesetzen, dass die Erlaubnissystematik richtlinienkonform umgesetzt wurde, sodass lediglich die Portfolioverwaltung und das Risikomanagement erbracht werden müssen, um eine AIFM-Erlaubnis zu erhalten. Auf die Nebenverwaltungsaufgaben nach Anhang I Nr. 2 AIFM-RL kommt es dagegen für die Erlaubniserteilung nicht an, was auf eine optionale Übernahme dieser Aufgaben durch den AIFM deutet. Im Besonderen geht die luxemburger Aufsichtsbehörde (CSSF) – ähnlich wie die EU-Kommission – ausdrücklich davon aus, dass ein AIFM die Option hat, die Nebenverwaltungsaufgaben nach Anhang I Nr. 2 AIFMG-Lux/AIFM-RL auszuüben.

Weiterhin benennen das britische und luxemburger Gesellschaftsrecht die zulässigen Aufgaben eines (institutionellen) Limited Partners in einer sogenannten

---

1310 Art. 13 Abs. 1 KAG-CH, vor allem Art. 36 ff. KAG-CH; *Weibel/Iseli*, Jusletter 2016, 1, 4; *Kunz*, in Festschrift für Bucher 2009, 455, 469; das ändert sich auch nicht mit dem FINIG, da die SICAV, wie auch die KmGK weiter im KAG geregelt bleiben; kritisch dazu PWC, Neue Regeln für den Schweizer Finanzplatz durch FIDLEG und FINIG, November 2015, S. 8.

»white list«. Im Vergleich zur luxemburger SCSp/SCS ist der Aufgabenkatalog der britischen Private Fund Limited Partnership deutlich umfangreicher und nicht abschließend geregelt. Die genannten nationalen Gesetze definieren damit einen weitreichenden Kompetenzbereich der beschränkt haftenden Gesellschafter (Limited Partner) gegenüber den Managementkompetenzen des persönlich haftenden Gesellschafters (General Partner) bzw. externen AIFM. In Übereinstimmung mit der optionalen Übertragung der Nebenverwaltungsaufgaben auf einen AIFM lässt dies darauf schließen, dass über die gesellschaftsrechtlich möglichen Aufgaben der »white list« hinaus auch die (aufsichtsrechtlich optional zu erbringenden) Nebenverwaltungsaufgaben bei einer extern verwalteten Investmentgesellschaft (SCSp/SCS, Private Fund Limited Partnership) verbleiben können.

Die Schweizer Rechtsordnung sieht vor, dass die administrativen Tätigkeiten, welche den Nebenverwaltungsaufgaben im Sinne des Anhangs I Nr. 2 AIFM-RL entsprechen, von dem Vermögensverwalter kollektiver Vermögensanlagen zusätzlich ausgeführt werden können. Der Aufgabenkatalog für AIFM, inklusive des in der AIFM-RL angelegten Optionsansatzes, wurde demnach mit Blick auf den Vermögensverwalter kollektiver Kapitalanlagen autonom nachvollzogen. Von Gesetzes wegen liegen die Entscheidungsbefugnisse über die Anlagetätigkeit jedoch grundsätzlich bei der Fondsleitung, weshalb nicht der Vermögensverwalter kollektiver Vermögensanlagen, sondern die Fondsleitung als AIFM im Sinne der AIFM-RL zu qualifizieren ist. Im Gegensatz zur AIFM-RL ist für den AIFM bzw. die Fondsleitung im Sinne des Schweizer Rechts kein explizites Optionsrecht bezüglich der Nebenverwaltungsaufgaben vorgesehen, wodurch von der AIFM-RL abgewichen wird. Bezogen auf die von einem AIFM verwalteten SICAV lässt sich festhalten, dass ein SICAV-Verwaltungsrat bestimmte unübertragbare Aufgaben hat, die nicht entzogen werden dürfen und somit bei der Investmentgesellschaft verbleiben.

Im Ergebnis orientiert sich das Schweizer Kollektivanlagerecht teilweise an den europäischen Vorgaben. Unterschiede bestehen jedoch insbesondere mit Blick auf die (mehrteilige) Zulassungs- und Aufgabensystematik sowie die Organisation der Fondsstruktur, die mitunter von der AIFM-RL und dem deutschen, britischen und luxemburger Recht abweichen.

5. Teil Kompetenzzuordnung aus zivil- und gesellschaftsrechtlicher Sicht

Der externen Kapitalverwaltungsgesellschaft obliegt die Anlage und Verwaltung des Kommanditanlagevermögens, wobei das KAGB nicht ausdrücklich regelt, wie sich die investmentrechtliche Aufgabenzuordnung (4. Teil) auf die Binnenorganisation einer extern verwalteten Investmentkommanditgesellschaft auswirkt.

Die Geschäftsführungs-, Vertretungs- und Verfügungsbefugnisse könnten bei der externen Kapitalverwaltungsgesellschaft liegen oder bei den Organen der Investmentkommanditgesellschaft verbleiben, was in Kapitel A. untersucht wird. In den Kapiteln B. und C. werden die zivil- und gesellschaftsrechtlichen Grenzen aufgezeigt, die bei der Einflussnahme der externen Kapitalverwaltungsgesellschaft auf eine Investmentkommanditgesellschaft zu beachten sind. In Kapitel D. wird innerhalb der Organisation einer extern verwalteten Investmentkommanditgesellschaft der Frage nachgegangen, inwieweit die Kompetenzzuordnung durch die Zuständigkeiten der Gesellschaftergesamtheit und den gesellschaftsrechtlichen Minderheitenschutz beeinflusst wird.

A. Befugnisstruktur bei der extern verwalteten Investmentkommanditgesellschaft

Die geschlossene Investmentkommanditgesellschaft verfügt als Investmentvermögen in Gesellschaftsrechtsform über eine eigene Geschäftsführung, was von den investmentrechtlichen Regelungen aufgegriffen wird.[1311] So regelt § 153 Abs. 1 S. 1, 3 KAGB, dass die Geschäftsführung der Investmentkommanditgesellschaft aus mindestens zwei Personen bestehen muss und bestimmte Organisations- und Verhaltensanforderungen »bei Ausübung ihrer Tätigkeit« einzuhalten hat.[1312]

Die Geschäftsführung umfasst jede tatsächliche oder rechtliche Tätigkeit, die den Gesellschaftszweck unmittelbar oder mittelbar fördern soll und nicht die

---

1311 Siehe oben 2. Teil D.I.1. zur investmentrechtlich modifizierten Gesellschaftsrechtsform; siehe unten 4. Teil D.III. zu Aufgaben der Investmentkommanditgesellschaft.
1312 Siehe oben 4. Teil D.II.3. näher zu § 153 KAGB; Parallelregelungen zu § 153 Abs. 1 KAGB in § 128 Abs. 1 sowie § 119 Abs. 1, § 147 Abs. 1 KAGB.

Grundlagen der Gesellschaft betrifft.[1313] Eine Geschäftsführungsmaßnahme kann entweder Innenwirkung oder (kumulativ) Außenwirkung haben.[1314] Die »Führung der Geschäfte der Gesellschafter« (§§ 114 Abs. 1, 116 HGB) betrifft das Innenverhältnis (Geschäftsführungsbefugnis), während sich die »Vertretung der Gesellschaft« (§ 125 Abs. 1 HGB) auf das Außenverhältnis (Vertretungsbefugnis) bezieht. Jede Vertretungsmaßnahme im Außenverhältnis ist gleichsam eine Handlung der Geschäftsführung im Innenverhältnis, aber nicht umgekehrt.[1315] Die Geschäftsführung umfasst gewöhnliche und ungewöhnliche Geschäfte, § 116 HGB, nicht jedoch Grundlagengeschäfte. Letztere betreffen die Grundlagen der Gesellschaft, wie etwa die Änderung des Gesellschaftsvertrages, und sind – nach gesellschaftsrechtlichen Grundsätzen – nur durch die Gesellschafter als »Herren der Gesellschaft« zulässig.[1316]

Zu unterscheiden ist die Vertretungsbefugnis zum Abschluss von Rechtsgeschäften im Namen der Gesellschaft von der sogenannten Verfügungsbefugnis.[1317] Die Verfügungsbefugnis besteht entweder von Gesetzes wegen (z. B. § 80 InsO) oder kraft Verfügungsermächtigung (§ 185 Abs. 1 BGB)[1318] und meint die Befugnis, durch Rechtsgeschäft im eigenen Namen unmittelbar auf ein Recht einzuwirken, es zu verändern, aufzuheben oder zu übertragen.[1319] Dabei kann nach der Rechtsprechung nicht zwingend von der Verfügungsbefugnis auf das Bestehen einer gesetzlichen Vertretungsmacht geschlossen werden, sodass beide Befugnisarten getrennt zu untersuchen sind.[1320]

Die Investmentkommanditgesellschaft wird regelmäßig in Form einer GmbH & Co. KG aufgelegt.[1321] Dabei handelt es sich um eine investmentrechtlich modifizierte Gesellschaftsrechtsform, die sich nach dem Willen des Gesetzgebers in die bestehenden Regelwerke des HGB einfügen soll.[1322] Sofern das KAGB keine abweichenden Regelungen enthält, resultieren die genannten Befugnisse

---

1313 *v. Ditfurth*, in MüHa, GesR, Band 1, § 7 Rn. 3; *Spitze*, Geschäftsführung in der Personengesellschaft, S. 31 m.w.N.; *Schulze-Osterloh*, in FS für Hadding, S. 639.
1314 *Schulze-Osterloh*, in FS für Hadding, S. 639.
1315 *Spitze*, Geschäftsführung in der Personengesellschaft, S. 31.
1316 *v. Ditfurth*, in MüHa, GesR, Band 1, § 7 Rn. 5; *Schürnbrand*, Organschaft im Recht der privaten Verbände, S. 76; *Wiedemann*, GesR, Band 2, S. 293 ff., 329 ff. zur Zweiteilung von Geschäftsführer- und Gesellschafterangelegenheiten.
1317 *Paul*, in Weitnauer/Boxberger/Anders, KAGB, § 154 Rn. 12; zur Begrifflichkeiten vgl. etwa *Wiedemann*, GesR, Band 2, S. 333, 330: Der Begriff Vertretungsmacht umfasst danach die Verpflichtungs- und Verfügungsbefugnis.
1318 *Welter*, in MüKo, HGB, Band 5, § 366 Rn. 36 ff.; BGH, NJW 1992, 2570, 2575.
1319 *Bayreuther*, in MüKo, BGB, Band 1, § 185 Rn. 3; *Anders*, in Weitnauer/Boxberger/Anders, KAGB, § 93 Rn. 1.
1320 OLG München, BeckRS 2015, 17529 Ziffer 14 (2.2.3., 2.2.6.); a.A. *Böhme*, BB 2014, 2380, 2384 sieht in der Verfügungsbefugnis daher das »stärkere Recht«.
1321 Siehe oben 1. Teil.
1322 Gesetzesbegründung zum KAGB, Bt-Dr. 17/12294, S. 249, 333; siehe oben 2. Teil D.I.1.

gemäß § 149 Abs. 1 S. 2 KAGB aus der Mitgliedschaft in der Personengesellschaft (KG):[1323] Die Komplementärin ist zur Geschäftsführung und Vertretung der Gesellschaft berechtigt, §§ 114, 125 Abs. 1, 161 Abs. 2 HGB, wohingegen die Kommanditisten nach herrschender Meinung von der organschaftlichen Vertretungsmacht ausgeschlossen sind, §§ 164, 170 HGB.[1324] Komplementärin ist eine GmbH, die als juristische Person mittels ihrer Organe – also der Geschäftsführer – handelt (§ 149 Abs. 1 S. 2 KAGB i. V. m. § 125 Abs. 1, § 170, § 161 Abs. 2 HGB i. V. m. § 35 GmbHG).[1325] Die Geschäftsführer einer Komplementär-GmbH werden also mittelbar für die KG tätig, da sich deren Rechtshandlungen zunächst auf die GmbH und von dort kraft Komplementärstellung auf KG-Ebene auswirken.[1326]

Bei der intern verwalteten Investmentkommanditgesellschaft befinden sich die Geschäftsführungs-, Vertretungs- und Verfügungsbefugnisse bei einer »einzigen« Geschäftsführung. Im Fall einer extern verwalteten Investmentkommanditgesellschaft obliegen die Kernaufgaben »Portfolioverwaltung und Risikomanagement« nach § 23 Nr. 9, 10, § 154 Abs. 1 S. 2 KAGB allerdings der externen Kapitalverwaltungsgesellschaft. Daher könnte mit den Regelungen eine gesetzliche Befugnisanordnung einhergehen und der Investmentkommanditgesellschaft keine Befugnisse verbleiben.

I. Rechtsauffassung der BaFin und Rechtsprechung

Vor der Auslegungsentscheidung vom 21. Dezember 2017 hat die BaFin die Ansicht vertreten, dass die Investmentkommanditgesellschaft keine Rechtsgeschäfte mit Dritten, außer dem Verwahrstellen- und Bestellungsvertrag, abschließen dürfe.[1327] Die BaFin ging von einem Handeln der Kapitalverwaltungsgesellschaft im eigenen Namen aus, sodass nach der BaFin-Ansicht nicht

---

1323 Allgemein dazu *K. Schmidt*, GesR, § 21 Abs. 1, S. 601 ff., § 16 II 2b, S. 454; Geschäftsführungsbefugnis als »gesellschaftliches Verwaltungsrecht« BGH, NJW 1962, 738, 739; kritisch zur organschaftlichen Leitungsbefugnis als Mitgliedschaftsrecht, *Weipert*, in MüHa, GesR, Band 2, § 12 Rn. 9; *v. Ditfurth*, in MüHa, GesR, Band 1, § 7 Rn. 11 ff. »Recht und Pflicht«.
1324 *Gummert*, in MüHa, GesR, Band 2, § 52 Rn. 1, 10; a.A. *Bergmann*, ZIP 2006, 2064 ff., auch zum Zusammenhang mit dem Prinzip der Selbstorganschaft, *ders.* S. 2065 ff.
1325 Zur Drittorganschaft, *Weber*, Privatautonomie und Außeneinfluss im Gesellschaftsrecht, S. 78.
1326 *Gummert*, in MüHa, GesR, Band 2, § 52 Rn. 1; *Scheel*, in MüHa, Band 2, § 7 Rn. 81; zum Zusammenspiel der beiden Gesellschafterversammlungen, *Wiedemann*, GesR, Band 2, S. 777 KG-Gesellschafterversammlung als »Zentrum«; zu den Reflexwirkungen, *Liebscher*, in Sudhoff, GmbH & Co. KG, § 17 Rn. 32 ff.
1327 BaFin in Q&A, Seminar zum KAGB vom 6. Oktober 2014, S. 11; BaFin KAGB-Seminar, 21. September 2015, S. 20, 21.

nur die Geschäftsführungs- und Vertretungsbefugnis, sondern auch die Verfügungsbefugnis bereits kraft Gesetzes bei der externen Kapitalverwaltungsgesellschaft liegen würde (»im eigenen Namen«).[1328] Mit der »originären« Zuständigkeit der Kapitalverwaltungsgesellschaft für alle in Anhang I genannten Aufgaben würde gleichsam eine gesetzliche Befugnis einhergehen.

Dieser Auffassung trat das OLG München in seinen Entscheidungen vom Oktober 2015 entgegen:[1329] Das Gericht kam zu dem Schluss, dass das KAGB keine explizite Abgrenzung der Kompetenzen der externen Kapitalverwaltungsgesellschaft zu denen der Organe der Investmentkommanditgesellschaft enthalte. Vielmehr handele es sich bei der gesetzlichen Vertretungsbefugnis »gerade um eine durch Gesetz zugewiesene Aufgabe der Organe der Investmentgesellschaft«.[1330]

Im November 2015 erklärte die BaFin, dass ein unmittelbarer Eigentumserwerb durch die Investmentkommanditgesellschaft nun zulässig sei.[1331] Abseits dessen handele die externe Kapitalverwaltungsgesellschaft jedoch weiterhin in der Regel im eigenen Namen auf Rechnung der Investmentkommanditgesellschaft.[1332] In der Auslegungsentscheidung vom 21. Dezember 2017 vertritt die BaFin die Ansicht, dass die Investmentkommanditgesellschaft durch ihre gesetzlichen Organe vertreten wird und die Kapitalverwaltungsgesellschaft mangels gesetzlicher Vertretungsbefugnis eine rechtsgeschäftliche Vollmacht benötige.[1333] Außerdem soll die Kapitalverwaltungsgesellschaft nun entscheiden können, ob sie Rechtsgeschäfte (i) im Zusammenhang mit den Nebenverwaltungsaufgaben sowie (ii) mit unmittelbarem Bezug zu Vermögensgegenständen im Namen der Investmentkommanditgesellschaft abschließt.[1334] Es sei sogar »in der Regel geboten, dass die externe Kapitalverwaltungsgesellschaft Erwerbs- und Veräußerungsgeschäfte oder sonstige Geschäfte, die im Zusammenhang mit

---

1328 BaFin in Q&A, Seminar zum KAGB vom 6. Oktober 2014, S. 8, 9 »im Namen der externen Kapitalverwaltungsgesellschaft«.
1329 OLG München, BeckRS 2015, 17529, Ziffer 14 (2.2.5.).
1330 Ibid.
1331 BaFin-Seminar zum Investmentrecht, Q&A, 25. November 2015, S. 17.
1332 BaFin-Seminar zum Investmentrecht, Q&A, 25. November 2015, S. 17; BaFin-Seminar in Q&A, 6. Oktober 2014, S. 8, 9; Ermächtige braucht nicht kenntlich zu machen, dass er über ein fremdes Recht verfügt, Palandt, BGB, § 185 Rn. 7.
1333 BaFin, Auslegungsentscheidung zu den Tätigkeiten einer Kapitalverwaltungsgesellschaft und der von ihr extern verwalteten AIF-Investmentgesellschaft, WA 41-Wp 2100-2016/0001, 21. Dezember 2017, Ziffer I. Absatz 2; II.1. Absatz 4, Ziffer II.3.a.; die BaFin vertritt dort weiterhin die Ansicht, dass die kollektive Vermögensverwaltung alle in Anhang I AIFM-RL genannten Aufgaben umfasst und allein die Kapitalverwaltungsgesellschaft dafür zuständig bleibt, siehe oben 4. Teil C.II.
1334 BaFin, Auslegungsentscheidung zu den Tätigkeiten einer Kapitalverwaltungsgesellschaft und der von ihr extern verwalteten AIF-Investmentgesellschaft, WA 41-Wp 2100-2016/0001, 21. Dezember 2017, Ziffer II.3.a., II.5.

den Vermögensgegenständen der AIF-Investmentgesellschaft stehen, direkt im Namen der AIF-Investmentgesellschaft abschließt.«[1335]

Vor dem Hintergrund, dass jede Geschäftsführungsmaßnahme im Außenverhältnis gleichzeitig das Innenverhältnis betrifft,[1336] wird im Folgenden zunächst die Vertretungsbefugnis bei der Investmentkommanditgesellschaft betrachtet.

II. Vertretungsbefugnis im KAGB

Indem der externen Kapitalverwaltungsgesellschaft gemäß § 154 Abs. 1 S. 2 KAGB insbesondere die Anlage und Verwaltung des Kommanditanlagevermögens obliegen, könnte diese Vorschrift eine gesetzliche Befugniszuweisung enthalten. Allerdings werden die Begriffe Geschäftsführung, Vertretung und Verfügung nicht verwendet. Es wurde bereits erörtert, dass »Anlage« und »Verwaltung« als Begriffspaar zu betrachten sind und die investmentrechtliche Anlageverwaltung, sprich die Portfolioverwaltung und das Risikomanagement, umfasst.[1337] Das Wort »insbesondere« in § 152 Abs. 1 S. 2 KAGB bedeutet, dass die Kapitalverwaltungsgesellschaft über die »Anlage und Verwaltung« hinaus noch weitere Aufgaben optional übernehmen kann, wozu die Nebenverwaltungsaufgaben nach Anhang I Nr. 2 AIFM-RL und die Nebendienstleistungen nach § 20 Abs. 3 KAGB gehören.[1338] Bei § 154 Abs. 1 S. 2 KAGB handelt es sich um eine investmentrechtliche Mindestvorgabe,[1339] die auch nach Ansicht des OLG München keine gesellschaftsrechtlichen Befugnisse umfasst.[1340]

Es könnte sich aus den Gesetzgebungsmaterialien ein Hinweis auf die Vertretungsbefugnis der Investmentkommanditgesellschaft ergeben. Die Gesetzesbegründungen zu den Parallelvorschriften des § 154 KAGB enthalten einen Verweis auf § 96 Abs. 4 InvG (aufgehoben).[1341] Diesbezüglich erläutert der Gesetzgeber Folgendes:[1342]

»Die Fremdverwaltung lässt im Übrigen die Organisationsstruktur der Investmentaktiengesellschaft, aber auch die allgemeinen Rechte und Pflichten der Organe der Gesellschaft

---

1335 Ibid, II.5.
1336 *Spitze*, Geschäftsführung in der Personengesellschaft, Geschäftsführung in der Personengesellschaft, S. 30 f.; zum Zusammenhang zwischen Geschäftsführungs- und Vertretungsbefugnis: *Weipert*, in EBJS, HGB, § 164 Rn. 4 f.
1337 Vgl. Erlaubnisanforderungen gemäß Art. 4 Abs. 1 w), 6 Abs. 1 d) AIFM-RL; § 23 Nr. 9 und 10 KAGB; siehe oben 3. Teil B.I.1.b., 4. Teil A.I.–III.
1338 Ibid; siehe oben 4. Teil A.III., 4. Teil B.IX., 4. Teil C.
1339 Siehe oben 3. Teil B.I.1.b. und 3. Teil C. zur Einordnung des § 154 Abs. 1 S. 2 KAGB als öffentlich-rechtliche Klarstellungsnorm ohne unmittelbare Zivilrechtswirkung.
1340 Ibid; OLG München, BeckRS 2015, 17529, Ziffer 14 (2.2.1.).
1341 §§ 112, 129, 144 KAGB; Gesetzesbegründung zum KAGB, Bt-Dr. 17/12294, S. 251, 248, 243, 238.
1342 Gesetzesbegründung zum Investment-ÄnderungsG, 2007, Bt-Dr. 16/5576, S. 85.

unberührt; die benannte Kapitalanlagegesellschaft übernimmt auch keine aktienrechtlichen oder sonstigen allgemeinen Zuständigkeiten und Aufgaben der Investmentaktiengesellschaft, *insbesondere nicht deren Vertretung.*«[1343]

Für eine rechtsgeschäftliche Befugnisübertragung anstatt einer gesetzlichen Befugnisanordnung könnte ferner die Existenz des privatrechtlichen Bestellungsvertrages zwischen Investmentkommanditgesellschaft und Kapitalverwaltungsgesellschaft sprechen.[1344] Der Bestellungsvertrag wird durch zwei übereinstimmende Willenserklärungen geschlossen, sodass die Investmentkommanditgesellschaft und die Kapitalverwaltungsgesellschaft mittels ihrer Organe entscheiden können, ein Bestellungsverhältnis zu begründen und schuldrechtliche Befugnisse, wie etwa Vollmachten, zu übertragen.[1345] Die Entscheidungskompetenz auf Seiten der Investmentkommanditgesellschaft bestätigt § 17 Abs. 2 Nr. 2 KAGB, wonach eine interne Kapitalverwaltungsgesellschaft vorliegt, wenn sich »der Vorstand oder die Geschäftsführung des Investmentvermögens *entscheidet*, keine externe Kapitalverwaltungsgesellschaft zu bestellen«.[1346]

Folglich indizieren die genannten Regelungen des KAGB, dass die Vertretungsbefugnis bei der Investmentkommanditgesellschaft liegt, ohne dazu eine ausdrückliche Regelung zu treffen. Mangels spezieller gesetzlicher Vorgaben richtet sich die Vertretungsbefugnis bei der Investmentkommanditgesellschaft nach dem HGB, § 149 Abs. 1 S. 2 KAGB, sodass die Investmentkommanditgesellschaft von ihren Organen vertreten wird.[1347] Dies gilt auch bei gerichtlichen Auseinandersetzungen, sodass nicht die externe Kapitalverwaltungsgesellschaft, sondern die InvKG-Geschäftsführung die Investmentkommanditgesellschaft im Sinne des § 51 Abs. 1 ZPO in Zivilprozessen vertritt.[1348] Da die Investmentkommanditgesellschaft regelmäßig in der Rechtsform der GmbH & Co. KG strukturiert ist, können die Geschäftsführer der Komplementär-GmbH die Investmentkommanditgesellschaft gegenüber Dritten vertreten, § 125 Abs. 1, § 170, § 161 Abs. 2 HGB i. V. m. § 35 GmbHG.[1349] Daneben kann die Investmentkommanditgesellschaft der externen Kapitalverwaltungsgesellschaft oder

---

1343 Hervorhebungen durch den Verfasser.
1344 OLG München, BeckRS 2015, 17529 Ziffer 14 (2.2.2.).
1345 Siehe oben 2. Teil D.I.5.b. zum Bestellungsvertrag; *Paul*, in Weitnauer/Boxberger/Anders, KAGB, § 154 Rn. 8 geht aufgrund der Anlagebedingungen, § 267 Abs. 1 S. 2 KAGB, von einer originären Verantwortung der Organe der Investmentkommanditgesellschaft aus, auch erlange die Kapitalverwaltungsgesellschaft ihre Befugnis »derivativ«; *Mohr*, Die Investmentkommanditgesellschaft, S. 88.
1346 Hervorhebungen durch den Verfasser.
1347 OLG München, BeckRS 2015, 17529, Ziffer 14 (2.2.5.); *Casper*, ZHR 2015, 44, 76 f., 82.
1348 OLG München, BeckRS 2015, 17529, Ziffer 12 14 (2.3).
1349 Die Kommanditisten sind dagegen zwingend von der Vertretungsbefugnis ausgeschlossen, § 170 HGB.

einem geschäftsführenden Kommanditisten auf schuldrechtlichem Weg Vertretungsbefugnisse einräumen.[1350]

III. Geschäftsführungsbefugnis im KAGB

Hinsichtlich der Geschäftsführungsbefugnis fehlt es ebenfalls an einer ausdrücklichen Regelung im KAGB. § 154 Abs. 1 S. 2 KAGB enthält keine gesellschaftsrechtliche Befugnisanordnung zugunsten der Kapitalverwaltungsgesellschaft, also auch nicht zur Geschäftsführungsbefugnis.[1351]
In dem Auslegungsschreiben zu § 18 InvStG (Personen-Investitionsgesellschaften)[1352] vom 12. Februar 2015 führt das Bundesfinanzministerium aus:

»Mangels einer spezialgesetzlichen Regelung in § 1 Absatz 2a Satz 3 InvStG hat nach § 34 Absatz 1 Satz 1 AO der Geschäftsführer die steuerlichen Pflichten einer Investmentkommanditgesellschaft zu erfüllen. Sofern im Gesellschaftsvertrag keine anderweitigen Abreden getroffen wurden, steht nach § 164 HGB die Geschäftsführung bei einer Kommanditgesellschaft dem Komplementär zu. Aus den Vorschriften des Kapitalanlagegesetzbuchs, insbesondere aus § 154 KAGB ergeben sich keine davon abweichenden Rechtsfolgen.«

Im Ergebnis gelten nach § 149 Abs. 1 S. 2 KAGB die Vorschriften für Kommanditgesellschaften nach § 161 Abs. 2, §§ 114 ff. HGB, sodass die Komplementär-GmbH geschäftsführungsbefugt ist, während die Kommanditisten aufgrund des dispositiven § 164 HGB davon ausgeschlossen sind.[1353] Darüber hinaus darf die Investmentkommanditgesellschaft der externen Kapitalverwaltungsgesellschaft schuldrechtliche Geschäftsführungsbefugnisse im Bestellungsvertrag einräumen.

IV. Einzel- oder Gesamtbefugnis bei der Investmentkommanditgesellschaft

Die investmentrechtlichen Regelungen könnten vorgeben, dass die Geschäftsführer entweder jeweils alleine oder gemeinsam handeln dürfen. So besteht die

---

1350 § 164 HGB ist im Gegensatz zu § 170 HGB dispositiv.
1351 Anklingend bei *Wagner*, ZfBR 2015, 113, 115 f.; wohl auch *Rüber/Reiff*, BB 2014, 1634, 1635; a.A. *Böhme*, BB 2014, 2380, 2382, Fn. 20; *Krause*, NZG 2019, 170, 172.
1352 Bundesfinanzministerium, Auslegungsschreiben zu § 18 InvStG, GZ IV C 1 – S 1980 – 1/14/10004; DOK 2015/0127359, abrufbar unter <http://www.bundesfinanzministerium.de/Content/DE/Downloads/BMF_Schreiben/Steuerarten/Investmentsteuer/2015-02-12-auslegungsfragen-zu-personen-investitionsgesellschaften.pdf?__blob=publicationFile&v=1>.
1353 § 164 HGB ist dispositiv; siehe unten 5. Teil B.II. zur gewerblichen Entprägung durch die Einsetzung eines geschäftsführenden Kommanditisten.

Geschäftsführung der Investmentkommanditgesellschaft nach § 153 Abs. 1 S. 1 KAGB aus mindestens zwei Personen. Dies gilt auch dann, wenn die Geschäftsführung eine juristische Person ist, deren Geschäftsführung ihrerseits von zwei (natürlichen) Personen wahrgenommen wird. Damit ist jedoch nichts darüber gesagt, ob die Geschäftsführer nur gemeinsam im gesellschaftsrechtlichen Sinn handeln dürfen.[1354] Mangels spezieller Regelungen im KAGB sind die Geschäftsführer nach § 125 Abs. 1 HGB i. V. m. § 149 Abs. 1 S. 2 KAGB grundsätzlich einzel*vertretungsbefugt*. Dafür sprechen zwar Praktikabilitätsgründe, da einzelvertretungsberechtigte Geschäftsführer die Handlungsfähigkeit der Investmentkommanditgesellschaft im Rechtsverkehr erhöhen.[1355]

Gegen eine Einzelvertretungsbefugnis der InvKG-Geschäftsführer könnten jedoch Anlegerschutzgründe angeführt wurden.[1356] Denn nur wenn beide Geschäftsführer gemeinsam rechtswirksam handeln können, kontrollieren sich die Geschäftsführer gegenseitig (Vier-Augen-Prinzip).[1357] Weiterhin ist § 153 KAGB an die Vorschrift zur Investmentaktiengesellschaft gemäß § 106 InvG (aufgehoben) nachgebildet:[1358] Im Zusammenhang mit der Verweisvorschrift gemäß § 99 Abs. 1 InvG (aufgehoben) deutet dies auf eine Anwendung des nachrangigen § 78 Abs. 2 S. 1 AktG, dem zufolge Gesamtvertretung angeordnet wird.[1359] Eine Anwendung der Vorschriften für die körperschaftlich strukturierte Investmentaktiengesellschaft auf die personengesellschaftsrechtliche Investmentkommanditgesellschaft ist jedoch aufgrund der aufgezeigten Gesetzeslage nicht angezeigt und im praktisch häufigsten Fall der Investmentkommanditgesellschaft als GmbH & Co. KG außerdem nicht relevant: Denn auf Ebene der Komplementär-GmbH gilt die Vorschrift gemäß § 35 Abs. 2 S. 1 GmbHG, sodass auch die Geschäftsführer der Investmentkommanditgesellschaft nur gemeinschaftlich zur *Vertretung* der Gesellschaft befugt sind, es sei denn, der Gesellschaftsvertrag bestimmt etwas anderes. Die Anwendung der gesetzlichen Regeln führt somit regelmäßig zu einem Gleichlauf der Vertretungsregeln bei den Investmentgesellschaften und hängt im Einzelfall von der jeweiligen Fondsstruktur ab.[1360]

Hinsichtlich der Verteilung der *Geschäftsführungsbefugnis* fehlt es im KAGB ebenfalls an einer ausdrücklichen Regelung. Auf Ebene der Kommanditgesell-

---

1354 Nach *Kunschke/Klebeck*, in Beckmann/Scholtz/Vollmer, 405, KAGB, § 128 Rn. 21 deute die »Wahrnehmung« der Geschäftsführung auf eine gemeinschaftliche Ausübung.
1355 *Lorenz*, in Weitnauer/Boxberger/Anders, KAGB, § 128 Rn. 6 Gesamtvertretung sei als »unpraktikabel« abzulehnen.
1356 *Freitag*, NZG 2013, 329, 334.
1357 *Scheel*, in MüHa, § 7 Rn. 66.
1358 Das InvG ist seit dem 22. Juli 2013 außer Kraft; Gesetzesbegründung zum KAGB, Bt-Dr. 17/12294, S. 251.
1359 Dies gilt im KAGB auch hinsichtlich der Investmentaktiengesellschaft m.f.K., da § 140 Abs. 1 S. 2 KAGB mangels spezieller Vorschriften auf § 78 Abs. 2 S. 1 AktG verweist; davon kann nach § 77 Abs. 1 S. 2 Hs. 1 AktG abgewichen werden.
1360 *Könnecke*, in Baur/Tappen, KAGB, § 153 Rn. 21, 24.

schaft ist daher im Grundsatz von Einzelgeschäftsführungsbefugnis auszugehen, § 115 Abs. 1 Hs. 1, § 170, § 161 Abs. 2 HGB i. V. m. § 149 Abs. 1 S. 2 KAGB. Mit Blick auf die Komplementär-GmbH[1361] darf zwar nicht unmittelbar auf § 35 Abs. 2 S. 1 GmbHG betreffend die Vertretungsbefugnis zurückgegriffen werden. Im Gleichlauf mit der Aktiengesellschaft nach dem AktG sollen mehrere Geschäftsführer einer GmbH ebenfalls gesamtgeschäftsführungsbefugt sein, was letztlich auch für die als GmbH & Co. KG strukturierte Investmentkommanditgesellschaft gelten sollte.[1362] Dies entspricht nach §§ 108, 140 KAGB i. V. m. § 77 Abs. 1 S. 1 AktG der Rechtslage bei der Investmentaktiengesellschaft, sodass die Vertretungs- und Geschäftsführungsbefugnis bei der Investmentkommanditgesellschaft und der Investmentaktiengesellschaft im Ergebnis gleichlaufend geregelt sind.

V. Verfügungsbefugnis im KAGB

Im Folgenden wird untersucht, ob das KAGB eine Regelung zur Verfügungsbefugnis im Fall der extern verwalteten Investmentkommanditgesellschaft trifft.

1. Vorschriften mit Bezug zur Verfügungsbefugnis

Weder § 154 Abs. 1 S. 2 KAGB noch Anhang I AIFM-RL treffen dem Wortlaut nach eine Regelung zur Verfügungsbefugnis.[1363] Allein für den Fall der Verwaltung von Sondervermögen existiert eine gesetzliche Verfügungsbefugnis in § 93 Abs. 1 KAGB. Danach ist die externe Kapitalverwaltungsgesellschaft »berechtigt, im eigenen Namen über die zu einem Sondervermögen gehörenden Gegenstände zu verfügen und alle Rechte aus ihnen auszuüben.« Während eine gesetzliche Verfügungsbefugnis der externen Kapitalverwaltungsgesellschaft bei Sondervermögen mangels eigener Rechtspersönlichkeit unentbehrlich ist,[1364] fehlt eine solche Vorschrift bei den rechtsfähigen Investmentgesellschaften.[1365]

1361 Oder auch geschäftsführende Kommanditist-GmbH, *Könnecke*, in Baur/Tappen, KAGB, § 153 Rn. 25 ff.
1362 *Zöllner/Noack*, in Baumbach/Hueck, GmbHG, § 37 Rn. 29 spricht sich für eine analoge Anwendung des § 77 Abs. 1 AktG aus; *Stephan/Tieves*, in MüKo, GmbHG, Band 2, § 37 Rn. 78; *Kunschke/Klebeck*, in Beckmann/Scholtz/Vollmer, 405, KAGB, § 128 Rn. 21; § 153 Rn. 18.
1363 Siehe oben 5. Teil A.II. sowie 3. Teil C.
1364 Deklaratorische Bedeutung, *A. München*, in Baur § 93 Rn. 3.
1365 OLG München, BeckRS 2015, 17529 Ziffer 14 (2.2.6.); *Paul*, in Weitnauer/Boxberger/Anders, KAGB, § 154 Rn. 11; *Böhme*, BB 2014, 2380, 2381, 2383; *Casper*, ZHR 2015, 44, 59; *Boxberger*, in Moritz/Klebeck/Jesch, KAGB, § 112 Rn. 17 ff.

Dies bestätigt § 149 Abs. 2 KAGB. Dort wird allein Absatz 7 des § 93 KAGB für entsprechend anwendbar erklärt,[1366] nicht jedoch Absatz 1, nämlich die Berechtigung der Kapitalverwaltungsgesellschaft, über fremde Gegenstände zu verfügen.[1367]

Eine gesetzliche Verfügungsbefugnis könnte sich jedoch aus den Abwicklungsvorschriften des KAGB ableiten lassen: Gemäß § 154 Abs. 2, § 100 KAGB geht das »Verfügungsrecht über das Gesellschaftsvermögen« auf die Verwahrstelle zur Abwicklung über, sofern sich die Investmentkommanditgesellschaft nicht in eine intern verwaltete Investmentkommanditgesellschaft umwandelt oder eine andere externe Kapitalverwaltungsgesellschaft bestellt. Mit Blick auf § 154 Abs. 1 S. 2 KAGB meint »Gesellschaftsvermögen« im Fall der Investmentkommanditgesellschaft das »Kommanditanlagevermögen«, das rechtlich zur Investmentkommanditgesellschaft gehört. § 154 Abs. 2 KAGB nennt lediglich das Übertragungsziel »Verwahrstelle«, wobei unklar bleibt, von welcher Entität das Verfügungsrecht übergeht.[1368] Die Vorschrift trifft eine Regelung für den Fall, dass der Erlaubnisträger »Kapitalverwaltungsgesellschaft« wegfällt, und trägt Sorge dafür, dass der Fonds abzuwickeln ist, wenn keine (interne oder externe) Kapitalverwaltungsgesellschaft die Anlageverwaltungsfunktionen übernimmt. Insoweit kommt es dort nicht auf die Frage an, von welcher Entität das Verfügungsrecht übergeht; dies wird von der Vorschrift nicht geregelt. Die genannten Vorschriften ordnen demnach keine Verfügungsbefugnis der Investmentkommanditgesellschaft an.[1369]

In Betracht kommt eine analoge Anwendung des § 93 Abs. 1 KAGB, was eine planwidrige Regelungslücke voraussetzt: Wenn das KAGB keine abweichenden Regelungen trifft, ist jedoch zunächst auf die Vorschriften des HGB zurückzugreifen, § 149 Abs. 1 S. 2 KAGB. Aus §§ 124 Abs. 1, 161 Abs. 1 HGB ergibt sich das Recht einer Kommanditgesellschaft, »Eigentum« sowie Rechte jeder Art zu erwerben und folglich auch darüber zu verfügen.«[1370] Eine analoge Anwendung des § 93 Abs. 1 KAGB scheidet daher mangels planwidriger Regelungslücke aus.[1371]

1366 § 93 Abs. 7 KAGB: »Sind Anteile in den Verkehr gelangt, ohne dass der Anteilswert dem Sondervermögen zugeflossen ist, so hat die Kapitalverwaltungsgesellschaft aus ihrem eigenen Vermögen den fehlenden Betrag in das Sondervermögen einzulegen.«
1367 *Paul*, in Weitnauer/Boxberger/Anders, KAGB, § 154 Rn. 12; Gesetzesbegründung zum KAGB, Bt-Dr. 17/12294, S. 249.
1368 *Paul*, in Weitnauer/Boxberger/Anders, KAGB, § 154 Rn. 12; OLG München, BeckRS 2015, 17529 Ziffer 14 (2.2.4.); *Böhme*, BB 2014, 2380, 2381.
1369 *Schewe*, Kommanditgesellschaften im Regelungsbereich des Investmentrechts, S. 172.
1370 OLG München, BeckRS 2015, 17529 Ziffer 14 (2.2.6.).
1371 *Paul*, in Weitnauer/Boxberger/Anders, KAGB, § 154 Rn. 12, § 150 Rn. 8; so übernommen in OLG München, BeckRS 2015, 17529 Ziffer 14 (2.2.4.); siehe oben 2. Teil D.I.1. zur investmentrechtlich modifizierten Gesellschaftsform.

Weiterhin geht der Bundesverband deutscher Banken von einem Handeln der externen Kapitalverwaltungsgesellschaft *im Namen der Investmentkommanditgesellschaft* aus und antizipiert damit eine Verfügungsbefugnis der *Investmentkommanditgesellschaft*.[1372] In Ziffer 7 Abs. 1 der Muster-Mantelvereinbarung für Finanzgeschäfte mit Kapitalverwaltungsgesellschaften (Mantelvereinbarung) heißt es:[1373]

»Beabsichtigt die Gesellschaft [Kapitalverwaltungsgesellschaft], Finanzgeschäfte für Rechnung von extern verwalteten Investmentgesellschaften abzuschliessen, so handelt sie als Vertreterin im Namen der betreffenden extern verwalteten Investmentgesellschaft.«

Die BaFin erklärte bis zur Auslegungsentscheidung vom 21. Dezember 2017, dass die externe Kapitalverwaltungsgesellschaft grundsätzlich »im eigenen Namen, aber für fremde Rechnung« handeln müsse.[1374] Nach der revidierten BaFin-Ansicht stehe es der externen Kapitalverwaltungsgesellschaft außerhalb der Anlageverwaltungsfunktionen nun frei, im eigenen Namen oder im Namen der Investmentkommanditgesellschaft Rechtsgeschäfte mit Dritten abzuschließen.[1375] Allerdings müsse die externe Kapitalverwaltungsgesellschaft Auslagerungsverträge, die im Zusammenhang mit der Auslagerung der Portfolioverwaltung und des Risikomanagements stehen, im eigenen Namen abschließen. Die BaFin begründet dies damit, dass es sich bei den Anlageverwaltungsfunktionen um »absolute Kernaufgaben« handele, die von erheblichem aufsichtsrechtlichem Gewicht seien.[1376] Diese Ausführungen der BaFin können so verstanden werden, dass für die Geschäfte im Zusammenhang mit den Anlageverwaltungsfunktionen eine gesetzliche Verfügungsbefugnis der externen Kapitalverwaltungsgesellschaft bestünde. In Ziffer II.1. der Auslegungsentscheidung vom 21. Dezember 2017 erklärt die BaFin allerdings, dass das KAGB keine gesetzliche *Vertretungs*befugnis der Kapitalverwaltungsgesellschaft enthält und die externe Kapitalverwaltungsgesellschaft grundsätzlich keine gesellschaftsrechtlichen

---

1372 Ziffer 2 I: »Finanzgeschäft« jedes Derivat, Wertpapierdarlehen, Wertpapierpensionsgeschäft oder sonstige Finanzgeschäft, das unter den in Anlage 1, Spalten 3 bis 7 genannten Rahmenverträgen abgeschlossen werden kann.
1373 Abrufbar unter <https://bankenverband.de/media/contracts/Anl01-2014-06-03-Muster-Mantelvereinbarung.pdf>.
1374 Siehe oben 4. Teil C.II.; BaFin-Seminar in Q&A, 6. Oktober 2014, S. 8, 9; BaFin-Seminar zum Investmentrecht, Q&A, 25. November 2015, S. 17; BaFin, Auslegungsentscheidung zu den Tätigkeiten einer Kapitalverwaltungsgesellschaft und der von ihr extern verwalteten AIF-Investmentgesellschaft, WA 41-Wp 2100-2016/0001, 21. Dezember 2017, Ziffer II.2. Absatz 2.
1375 BaFin, Auslegungsentscheidung zu den Tätigkeiten einer Kapitalverwaltungsgesellschaft und der von ihr extern verwalteten AIF-Investmentgesellschaft, WA 41-Wp 2100-2016/0001, 21. Dezember 2017, Ziffer II.3.
1376 BaFin, Auslegungsentscheidung zu den Tätigkeiten einer Kapitalverwaltungsgesellschaft und der von ihr extern verwalteten AIF-Investmentgesellschaft, WA 41-Wp 2100-2016/0001, 21. Dezember 2017, Ziffer II.3.b. nennt auch das »Risiko einer verkürzten Haftung«.

Zuständigkeiten übernimmt. Die Kapitalverwaltungsgesellschaft benötige vielmehr »entsprechende Vollmachten«. Obwohl die BaFin auf den ersten Blick nur die Vertretungsbefugnis zu adressieren scheint, spricht die funktionelle Nähe zur Verfügungsbefugnis dafür, dass der Begriff »Vollmachten« auch rechtsgeschäftliche Verfügungsermächtigungen nach § 185 Abs. 1 BGB umfasst.[1377] Die BaFin scheint somit nicht mehr von einer gesetzlichen Verfügungsbefugnis der Kapitalverwaltungsgesellschaft auszugehen.

2. Durchgangserwerb, Veräußerung, Belastung und Grundbuchangelegenheiten

Weiterhin könnte sich ein Handeln der Kapitalverwaltungsgesellschaft im eigenen Namen nachteilig für die Investmentkommanditgesellschaft auswirken, da außerhalb der »Übereignungen für den, den es angeht«, also bei Gleichgültigkeit des Vertragspartners bzw. bei Bargeschäften des täglichen Lebens,[1378] nur ein Durchgangs*erwerb* zur Investmentkommanditgesellschaft stattfindet:[1379] In diesem Fall – der sogenannten mittelbaren Stellvertretung – schließt die externe Kapitalverwaltungsgesellschaft im eigenen Namen, aber für Rechnung der Investmentkommanditgesellschaft Rechtsgeschäfte ab.[1380] Da zunächst der Handelnde berechtigt und verpflichtet wird,[1381] wäre die externe Kapitalverwaltungsgesellschaft zumindest für eine juristische Sekunde Eigentümerin der Vermögensgegenstände, sodass etwaige Gläubiger der externen Kapitalverwaltungsgesellschaft darauf zugreifen und belasten könnten.[1382] Dasselbe gilt bei Vereinbarung eines antizipierten Besitzkonstituts.[1383] Um diese mit einem

---

1377 Zur funktionellen Nähe der Befugnisarten: *Koller*, in Staub, HGB, § 366 Rn. 23; Welter in MüKo, HGB, Band 5, § 366 Rn. 42; die Vertretungsmacht ist personenbezogen, die Verfügungsbefugnis gegenstandsbezogen, *Schubert*, in MüKo, BGB, Band 1, § 164 Rn. 59.
1378 *Martinek*, in Oetker, HGB, § 383 Rn. 41; *Koller*, in Staub, HGB, § 383 Rn. 182.
1379 §§ 929 ff. BGB; *Koller*, in Staub, HGB, § 383 Rn. 176; zum Fall einer offenen Stellvertretung des Kommittenten, *Hopt*, in Baumbach/Hopt, HGB, § 383 Rn. 27; Kapitalverwaltungsgesellschaft ist auch nicht Besitzdiener, § 855 BGB, da es an einem entsprechend engen Weisungsverhältnis mangelt; inzwischen auch von der BaFin berücksichtigt: BaFin, Auslegungsentscheidung zu den Tätigkeiten einer Kapitalverwaltungsgesellschaft und der von ihr extern verwalteten AIF-Investmentgesellschaft, WA 41-Wp 2100-2016/0001, 21. Dezember 2017, Ziffer II.5.
1380 Vgl. BaFin-Seminar in Q&A, 6. Oktober 2014, S. 8, 9; BaFin-Seminar zum Investmentrecht, Q&A, 25. November 2015, S. 17; das Handeln für fremde Rechnung als Unterfall der sog. »mittelbaren Stellvertretung«, Häuser in MüKo, HGB, Band 5, § 383 Rn. 67.
1381 *Füller*, in EBJS, HGB, § 383 Rn. 38 f.
1382 *Füller*, in EBJS, HGB, § 383 Rn. 53; Risiko der Insolvenz des Partners des Ausführungsgeschäfts, Häuser in MüKo, HGB, Band 5, § 383 Rn. 61.
1383 *Koller*, in Staub, HGB, § 383 Rn. 180.

Durchgangserwerb verbundenen Risiken zu vermeiden, sollte die Investmentkommanditgesellschaft im Wege des Direkterwerbs unmittelbar berechtigt und verpflichtet werden.[1384] Dies erfordert ein Handeln der externen Kapitalverwaltungsgesellschaft im (fremden) Namen der Investmentkommanditgesellschaft, nicht aber im eigenen Namen. Es liegt dann ein Fall der unmittelbaren bzw. offenen Stellvertretung vor, §§ 164 ff. BGB, wozu die Investmentkommanditgesellschaft der externen Kapitalverwaltungsgesellschaft rechtsgeschäftliche Vertretungsmacht einräumen kann.

Bei der *Veräußerung* von Vermögensgegenständen trifft eine (gesetzliche oder rechtsgeschäftliche) Verfügungsermächtigung zugunsten der Kapitalverwaltungsgesellschaft nicht auf dieselben Risiken wie in der Erwerbskonstellation. Denn wäre die externe Kapitalverwaltungsgesellschaft ermächtigt, über die fremden Gegenstände (der Investmentkommanditgesellschaft) im eigenen Namen zu verfügen, würde der Erwerber unmittelbar das Eigentum erwerben, ohne dass die Vermögensgegenstände, wie im Erwerbsfall, belastet werden könnten.[1385]

Besondere Anforderungen an ein Handeln der Parteien stellen registerrechtliche Vorgänge. Gemäß § 19 Grundbuchordnung (GBO) erfolgt eine Eintragung, wenn derjenige die Eintragung bewilligt, dessen Recht von ihr betroffen wird. Im Fall der Veräußerung oder Belastung von Immobilien kann die Investmentkommanditgesellschaft als Eigentümerin des Kommanditanlagevermögens die Eintragungsbewilligung vornehmen.[1386] Solche registerrechtlichen Vorgänge kommen in der Sachwert- bzw. Immobilienbranche recht häufig vor[1387] und könn-

---

1384 So nun auch BaFin-Seminar zum Investmentrecht, Q&A, 25. November 2015, S. 17.
1385 Mittelbare Stellvertretung, § 185 Abs. 1 BGB, vgl. *Kindl*, in Bamberger/Roth/ Hau/Poseck, BGB, § 929 Rn. 17; in diesem Fall finden die §§ 164 ff. BGB gerade keine Anwendung, da die Kapitalverwaltungsgesellschaft im eigenen Namen – wenn auch für fremde Rechnung – tätig wird, *Schubert*, in MüKo, BGB, Band 1, § 164 Rn. 40, 58; der Dritte erwirbt das Eigentum von der Kapitalverwaltungsgesellschaft, sofern eine Anwendung des § 185 Abs. 1 BGB im Rahmen der dinglichen Einigung abgelehnt wird; denn das Offenkundigkeitsprinzip gilt auch bei der dinglichen Einigung; nach anderer Ansicht ersetzt § 185 Abs. 1 BGB das Offenkundigkeitsprinzip bei der dinglichen Einigung, sodass der Dritte Eigentum von der Investmentkommanditgesellschaft erwirbt (Erwerbsermächtigung); gänzlich abgelehnt wird im Übrigen eine Verpflichtungsermächtigung, also dass § 185 Abs. 1 BGB auch auf schuldrechtlicher Ebene das Offenkundigkeitsprinzip zu ersetzen vermag.
1386 Zum Verhältnis des dinglichen bzw. materiell-rechtlichen Einigung zur formellen Bewilligung, vgl. *Holzer*, in Hügel, GBO, § 19 Rn. 8; *Schöne/Schröder*, Grundbuchrecht, Rn. 95 f.; beachte aber § 20 GBO.
1387 Beispielsweise sind auch die Eigentümer von Schiffen verpflichtet ihre Schiffe bei dem Schiffsregister anzumelden (§ 9 S. 1, 10 Abs. 1 S. 1 SchRegO) und Eigentumsübertragungen eintragen zu lassen (§ 3 SchiffRG beim Binnenschiffsregister).

ten als Bestandteil der Portfolioverwaltung betrachtet werden,[1388] da sie einen Bezug zum Anlagevermögen aufweisen.[1389] Allerdings betreffen registerrechtliche Vorgänge, wie etwa beim Grundbuchamt, nicht die eigentliche Investitionsentscheidung und haben eher Umsetzungscharakter. Diese Tätigkeiten sind aufsichtsrechtlich wenig gewichtig und müssen daher nicht von der Kapitalverwaltungsgesellschaft erbracht, sondern können von der Investmentkommanditgesellschaft vorgenommen werden.[1390] Um einen Gleichlauf mit der formellen Grundbuchlage (Eigentümerin »Investmentkommanditgesellschaft«), der nach § 19 GBO erforderlichen Eintragungsbewilligung und mit der ebenfalls nachzuweisenden, aber davon zu unterscheidenden dinglichen Einigungserklärung nach § 873 Abs. 1 BGB zu erreichen,[1391] sollten alle registerrelevanten Rechtsgeschäfte zumindest im Namen der Investmentkommanditgesellschaft abgeschlossen werden.

Dies mag mittels einer Verfügungsermächtigung zwar anders konstruierbar sein, hätte aber ohnehin nur einen reduzierten Anwendungsbereich: Um die Risiken eines Durchgangserwerbs zu vermeiden, scheidet ein Handeln der externen Kapitalverwaltungsgesellschaft im eigenen Namen mittels einer Verfügungsermächtigung im *Erwerbs*fall aus.[1392] In Betracht kommt eine Verfügungsermächtigung (§ 185 Abs. 1 BGB) zugunsten der Kapitalverwaltungsgesellschaft bei *Veräußerungen oder Belastungen*, weil die Risiken eines Durchgangs*erwerbs* dann nicht bestehen. In der Folge würde die Kapitalverwaltungsgesellschaft selbst Einigungspartei und die Bewilligungsberechtigung der Eigentümerin »Investmentkommanditgesellschaft« (§ 19 GBO) durch eine rechtsgeschäftlich eingeräumte Verfügungs- und Bewilligungsbefugnis ersetzt.[1393] Das erscheint im Ergebnis jedoch widersprüchlich,[1394] da stets die Investmentkommandit-

---

1388 *Wallach*, ZGR 2014, 289, 324.
1389 Falls die externe Kapitalverwaltungsgesellschaft nicht von Gesetzes wegen zur Verfügung über das Vermögen der Investmentkommanditgesellschaft berechtigt sein sollte, kann die Kapitalverwaltungsgesellschaft dazu rechtsgeschäftlich bevollmächtigt werden, § 15 Abs. 1 GBO. Der Notar kann im Namen eines Antragsberechtigten die Eintragung beantragen, wenn die zu einer Eintragung erforderliche Erklärung vorher beurkundet oder beglaubigt worden ist, § 15 Abs. 2 GBO.
1390 BaFin, Auslegungsschreiben zu den Tätigkeiten einer Kapitalverwaltungsgesellschaft und der von ihr extern verwalteten AIF-Investmentgesellschaft, Konsultationsfassung, 3. Februar 2017, Ziffer 3 a).
1391 § 20 GBO.
1392 *Paul*, in Weitnauer/Boxberger/Anders, KAGB, § 154 Rn. 14; BaFin, Auslegungsschreiben zu den Tätigkeiten einer Kapitalverwaltungsgesellschaft und der von ihr extern verwalteten AIF-Investmentgesellschaft, Konsultationsfassung, 3. Februar 2017, Ziffer 3 a).
1393 *Holzer*, in Hügel, GBO, § 19 Rn. 75, 95 ff.; § 185 Abs. 1 BGB analog.
1394 Anschein des Auseinanderfallens vom formellen und materiellen Recht, dazu generell *Holzer*, in Hügel, GBO, § 19 Rn. 12; vgl. auch zur Legalitätspflicht und Prüfungspflichten des Grundbuchamts, *ders.*, in Hügel, GBO, § 19 Rn. 13 f.

gesellschaft als Eigentümerin der Immobilien im Grundbuch eingetragen ist.[1395] Vor allem bei Sachverhalten mit Auslandsbezug wäre eine Eintragung der Kapitalverwaltungsgesellschaft als Eigentümerin schwer im Rechtsverkehr umsetzbar.[1396] Es ist daher interessengerechter, wenn – wie im Fall des Erwerbs – der Eigentumsverlust oder die Eigentumsbelastung unmittelbar durch die Investmentkommanditgesellschaft durchgeführt wird, die sich nach § 15 Abs. 1 GBO dabei durch die externe Kapitalverwaltungsgesellschaft vertreten lassen kann.

3. Entscheidungs- und Umsetzungsebene: Darlehens- und Mietvertrag

Bei Rechtsgeschäften mit Bezug zu Vermögensgegenständen könnte differenziert werden zwischen der Entscheidung über einen Vertragsabschluss, etwa von Miet- oder Darlehensverträgen, als Teil der Portfolioverwaltung durch die bevollmächtigte Kapitalverwaltungsgesellschaft einerseits und der Umsetzung dieser Entscheidung durch die verfügungsbefugte Eigentümerin Investmentkommanditgesellschaft (also dem Abschluss des Vertrages) andererseits:[1397] Soll beispielsweise ein Darlehen zu Finanzierung eines Vermögensgegenstandes aufgenommen werden, ist denkbar, dass dies entweder durch die externe Kapitalverwaltungsgesellschaft oder durch die Investmentkommanditgesellschaft erfolgt. Zwar liegt die Entscheidung über den Abschluss eines Kreditvertrages bei der externen Kapitalverwaltungsgesellschaft, die als Vermögensverwalterin die Portfolioverwaltung erbringt. Da Zahlungsströme und der Fremdkapitalzufluss jedoch auf Ebene der Investmentkommanditgesellschaft stattfinden,[1398] sollte die Investmentkommanditgesellschaft Partei des Kreditvertrages und damit Kreditschuldnerin sein (Umsetzungsebene). Die Formulierung in § 263 Abs. 1 KAGB, dass der Kredit »für« die Investmentkommanditgesellschaft auf-

---

[1395] *Boxberger*, in Weitnauer/Boxberger/Anders, KAGB, 1. Auflage, 2014, § 80 Rn. 2, § 89 Rn. 5.
[1396] *Boxberger*, in Weitnauer/Boxberger/Anders, KAGB, 1. Auflage, 2014, § 80 Rn. 2; hingewiesen wird ferner auf die negativen grunderwerbssteuerlichen Konsequenzen im Falle eines Wechsels der Verfügungsbefugnis, etwa bei einem Wechsel der Kapitalverwaltungsgesellschaft; unter anderem Verweis auf § 1 Abs. 2 GrEStG, vgl. *Böhme*, BB 2014, 2380, 2384; nach *Casper*, ZHR 2015, 44, 60 ist eine »Personengesellschaft nur bedingt als Vehikel für das Investmentrecht geeignet«.
[1397] Ähnlich, BaFin, Auslegungsentscheidung zu den Tätigkeiten einer Kapitalverwaltungsgesellschaft und der von ihr extern verwalteten AIF-Investmentgesellschaft, WA 41-Wp 2100-2016/0001, 21. Dezember 2017, Ziffer II.5.
[1398] Auch das Währungsrisiko liegt bei der Investmentkommanditgesellschaft, § 261 Abs. 4 KAGB; Gesetzesbegründung zum KAGB, Bt-Dr. 17/12294, S. 271: § 261 Abs. 4 KAGB ist an § 67 Abs. 5 InvG (aufgehoben) angelehnt, dazu *Klusak*, in BSL, InvG, § 67 Rn. 30; im Ergebnis jetzt auch BaFin, Auslegungsschreiben zu den Tätigkeiten einer Kapitalverwaltungsgesellschaft und der von ihr extern verwalteten AIF-Investmentgesellschaft, Konsultationsfassung, 3. Februar 2017, Ziffer 3 a).

genommen wird, ist an den Wortlaut der Regelungen zum Sondervermögen angelehnt, §§ 221, 254 KAGB, schließt aber nicht aus, dass die Kapitalverwaltungsgesellschaft hier als Vertreterin für die Investmentkommanditgesellschaft auftritt. Die Mittelaufnahme muss – anders als beim Sondervermögen – nicht zwangsläufig durch die externe Kapitalverwaltungsgesellschaft erfolgen, da die Investmentkommanditgesellschaft über eine eigene Rechtspersönlichkeit verfügt und über ihre Organe handeln kann. Die Umsetzungsebene betrifft folglich die Investmentkommanditgesellschaft, wohingegen die Entscheidung über die Mittelaufnahme im Rahmen der Portfolioverwaltung weiterhin der externen Kapitalverwaltungsgesellschaft obliegt.[1399]

Dasselbe könnte bei Mietverträgen gelten: Der Abschluss von Mietverträgen könnte als Teil der Portfolioverwaltung betrachtet werden, sodass die externe Kapitalverwaltungsgesellschaft Vermieterin wäre, ohne Eigentümerin zu sein. Dafür spricht die hohe wirtschaftliche Bedeutung der Erträge aus der Miete für den Erfolg des Fonds. Der Nutzen der Anleger liegt gerade in der Generierung von Einnahmen über die Vermietung der Immobilien oder sonstiger Sachwerte. Das Forderungsmanagement und die Handhabung von Pfandrechten haben unmittelbare Auswirkungen auf die Rentabilität des Fonds. Es handelt sich weiterhin um eine laufende Tätigkeit, die mit bestimmten Vermieterpflichten verbunden ist, §§ 535 ff. BGB.

Würde die externe Kapitalverwaltungsgesellschaft den Mietvertrag abschließen, entstünde das Vermieterpfandrecht zu ihren Gunsten, obwohl die Investmentkommanditgesellschaft Eigentümerin des Vermögensgegenstandes wäre. Zwar werden die Mietverträge im gesetzlichen Regelfall des BGB durch den Eigentümer mit dem Mieter geschlossen, §§ 535, 566 BGB. Dies ist jedoch nicht zwingend, sodass die dingliche Eigentümer- und Vermietereigenschaft zivilrechtlich auseinanderfallen können.[1400] Dies ergibt sich aus dem Sinn und Zweck des § 562 Abs. 1 S. 1 BGB, wonach der Vermieter für seine Forderungen aus dem Mietverhältnis ein Pfandrecht an den eingebrachten Sachen des Mieters haben soll.[1401]

Allerdings kann das Auseinanderfallen von Eigentümerstellung und Vermietereigenschaft widersprüchlich erscheinen und zu Praktikabilitätsproblemen im internationalen Rechtsverkehr führen.[1402] Es ist außerdem zweifelhaft, ob die externe Kapitalverwaltungsgesellschaft nach der Gesetzeslage dazu bestimmt ist, das Risiko eines Mietausfalls oder Risiken im Zusammenhang mit einer

---

1399 So auch BaFin, Auslegungsschreiben zu den Tätigkeiten einer Kapitalverwaltungsgesellschaft und der von ihr extern verwalteten AIF-Investmentgesellschaft, Konsultationsfassung, 3. Februar 2017, Ziffer 3 a).
1400 BGH, NJW-RR 2004, 657, 658; BGH, NJW-RR 2010, 1095, 1095 ff.
1401 Dies würde ebenso hinsichtlich des Verpächterpfandrechts nach §§ 581 Abs. 2, 562 Abs. 1 S. 1 BGB gelten.
1402 *Böhme*, BB 2014, 2380, 2384.

Darlehensaufnahme zu tragen.[1403] Es wurde bereits festgestellt, dass der primäre Zweck der Eigenkapitalanforderungen gemäß § 25 KAGB, Art. 9 AIFM-RL darin liegt, die Risiken aus einem pflichtwidrigen Verhalten der Kapitalverwaltungsgesellschaft im Rahmen der Anlageverwaltung abzusichern.[1404] Die externe Kapitalverwaltungsgesellschaft sollte hingegen nicht die marktbezogenen Chancen und Risiken aus der Investitionsentscheidung tragen und muss grundsätzlich keine Verluste des Fonds ausgleichen.[1405] Das Anlegen von Geldern in Investmentfonds ist eine unternehmerische Kapitalanlage, sodass die Markt- und Investitionsrisiken bei den Anlegern und der Investmentkommanditgesellschaft liegen.[1406] Dazu gehören auch die Risiken aus Darlehens- und Mietverträgen. Andernfalls würde sich die externe Kapitalverwaltungsgesellschaft – bildlich gesehen – zwischen die Anleger bzw. die Investmentkommanditgesellschaft und den Kreditgeber oder den Mieter schieben und das unternehmerische Risiko einer Fondsbeteiligung quasi absichern. Dies widerspräche der gesetzlichen Wertung, dass die Kapitalverwaltungsgesellschaft nur für die KVG-Tätigkeit verantwortlich ist.

Somit sollte differenziert werden zwischen der Entscheidung über den Abschluss von Miet- oder Darlehensverträgen als Teil der Portfolioverwaltung durch die Kapitalverwaltungsgesellschaft einerseits und der Umsetzung dieser Entscheidung durch die verfügungsbefugte Eigentümerin »Investmentkommanditgesellschaft«, also dem Abschluss der Miet- und Darlehensverträge.

4. Zwischenergebnis: Verfügungsbefugnis

Das KAGB regelt keine gesetzliche Verfügungsbefugnis der Kapitalverwaltungsgesellschaft über die Vermögensgegenstände der extern verwalteten Investmentkommanditgesellschaft. Somit gelten die § 124 Abs. 1, § 161 Abs. 2 HGB i. V. m. § 149 Abs. 1 S. 2 KAGB. Die Investmentkommanditgesellschaft kann unter ihrer Firma Rechte erwerben und Verbindlichkeiten eingehen, Eigentum und andere dingliche Rechte an Grundstücken erwerben, vor Gericht klagen und verklagt werden. Als Gesamthandsgesellschaft ist die Investmentkommanditgesellschaft (teil)rechtsfähig,[1407] insolvenzfähig und Trägerin von

---

1403 In diese Richtung zu deuten wohl BaFin, Auslegungsentscheidung zu den Tätigkeiten einer Kapitalverwaltungsgesellschaft und der von ihr extern verwalteten AIF-Investmentgesellschaft, WA 41-Wp 2100-2016/0001, 21. Dezember 2017, Ziffer II.5.
1404 Siehe oben 4. Teil D.II.6. zu den Eigenkapitalanforderungen.
1405 *Bentele*, in Baur/Tappen, KAGB, § 25 Rn. 2; *Engert*, Der Konzern 2007, 477, 480; *Simmering*, in Emde/Dornseifer/Dreibus/Hölscher, InvG, § 11 Rn. 1.
1406 Siehe oben 2. Teil A. zum Investmentgeschäft.
1407 § 14 Abs. 2 BGB; BGH, BB 2001, 374, 376; *K. Schmidt*, in MüKo, HGB, Band 1, § 124 Rn. 1; im Gegensatz zu juristischen Personen erfolge durch die Eintragung der Gesellschaft in das Handelsregister aber keine uneingeschränkte Loslösung von den Anteilseignern, *Jaeger*, in Ehricke, InsO, § 11 Rn. 58 f.

Grundrechten.[1408] Sie ist ferner grundbuchfähig[1409] und auch sonst registerfähig. Weil die Investmentkommanditgesellschaft Eigentümerin sein kann, steht ihr im Ausgangspunkt auch die aus dem Eigentumsrecht resultierende Verfügungsbefugnis über die Gegenstände des Kommanditanlagevermögens zu.[1410] Es ist allerdings möglich, eine rechtsgeschäftliche Verfügungsermächtigung gemäß § 185 Abs. 1 BGB zu erteilen, sodass die externe Kapitalverwaltungsgesellschaft im eigenen Namen und auf Rechnung der Investmentkommanditgesellschaft tätig wird.[1411]

Im Falle des Erwerbs der Vermögensgegenstände für das Kommanditanlagevermögen ist zur Vermeidung der Risiken eines Durchgangserwerbs allein eine Vollmachterteilung zweckmäßig, während eine Verfügungsmacht der Kapitalverwaltungsgesellschaft gerade nicht erforderlich ist. Dasselbe gilt angesichts der grundbuchrechtlichen Anforderungen bei der Veräußerung und der Belastung von Vermögensgegenständen, sodass die Investmentkommanditgesellschaft der Kapitalverwaltungsgesellschaft nur selten eine Verfügungsermächtigung (§ 185 Abs. 1 BGB) erteilen wird. Vielmehr entspricht es der Rechts- und Handlungsfähigkeit der Investmentkommanditgesellschaft sowie dem im Stellvertretungsrecht vorherrschenden Offenkundigkeitsprinzip, § 164 Abs. 1, 2 BGB, dass die Kapitalverwaltungsgesellschaft *im fremden* Namen handelt. Dies dient auch der Praktikabilität im Rechtsverkehr. Weiterhin hat die Kapitalverwaltungsgesellschaft zwar das Risiko aus der »Kapitalverwaltungsgesellschaft-Dienstleistung« zu tragen, nicht aber die mit der unternehmerischen Beteiligung verbundenen Markt- und Investitionsrisiken. Ein Handeln der externen Kapitalverwaltungsgesellschaft im eigenen Namen ist daher unter Zugrundelegung der gesetzlichen Risikoverteilung abzulehnen.

VI. Zusammenfassende Würdigung

Da die Geschäftsführungs-, Vertretungs- und Verfügungsbefugnisse unter Anwendung des HGB bei den Organen der Investmentkommanditgesellschaft verbleiben, füllt das Gesellschaftsrecht bildlich gesehen die Lücken im Invest-

---

1408 *Steitz*, in Henssler/Strohn, HGB, § 124 Rn. 12 für die OHG.
1409 Zur Grundbuchfähigkeit der BGB-Gesellschaft, BGH, ZIP 2001, 1003.
1410 §§ 903 ff. BGB; § 156 Abs. 2 KAGB; § 149 Abs. 1 S. 2 KAGB i.V.m. § 124 Abs. 1, § 161 Abs. 2 HGB; *Könnecke*, in Baur/Tappen, KAGB, § 157 Rn. 24; vgl. auch Gesetzesbegründung zum KAGB, Bt-Dr. 17/12294, S. 252; *Paul*, in Weitnauer/Boxberger/Anders, KAGB, § 149 Rn. 8, § 154 Rn. 10; die KG kann Rechte jeder Art durch Rechtsgeschäft oder Gesetz erwerben, *K. Schmidt*, in MüKo, HGB, Band 2, § 124 Rn. 3.
1411 Allgemein zur gesetzlichen und rechtsgeschäftlichen Verfügungsbefugnis, *Welter*, in MüKo, HGB, Band 5, § 366 Rn. 36 ff.; BGH, NJW 1992, 2570, 2575; *Mohr*, Die Investmentkommanditgesellschaft, S. 84; siehe unten 5. Teil A.V. und C.II.2.

mentrecht: Um eine Erlaubnis nach § 17 Abs. 1 Nr. 2, §§ 20, 23 KAGB zu erhalten, muss eine Kapitalverwaltungsgesellschaft die Portfolioverwaltung und das Risikomanagement erbringen, sodass ihr schuldrechtlich Geschäftsführungsaufgaben bzw. Geschäftsführungsbefugnisse aufgrund des Bestellungsvertrages eingeräumt werden können.[1412] Die Vertretungsbefugnis wird mittels einer Vollmacht ebenfalls schuldrechtlich übertragen, § 167 Abs. 1 BGB. Da eine externe Kapitalverwaltungsgesellschaft nach dem KAGB keine Verfügungsbefugnis über das Vermögen einer Investmentkommanditgesellschaft hat, darf der externen Kapitalverwaltungsgesellschaft eine entsprechende rechtsgeschäftliche Verfügungsermächtigung nach § 185 Abs. 1 BGB erteilt werden.

B. Gesellschaftsrechtliche Grundprinzipien und zivilrechtliche Aspekte

Die organschaftlichen Befugnisse verbleiben demnach bei der Investmentkommanditgesellschaft, wobei die externe Kapitalverwaltungsgesellschaft weitreichende schuldrechtliche Befugnisse erlangt, um die Anlage und Verwaltung des Kommanditanlagevermögens erbringen zu können. Das Zivil- und Gesellschaftsrecht erfordert allerdings ein gewisses Maß an Eigenständigkeit der Gesellschaft und ihrer Organe, sodass die investmentrechtlich geforderten Befugnisse der externen Kapitalverwaltungsgesellschaft mit den zivil- und gesellschaftsrechtlichen Vorgaben konfligieren könnten. Die Frage, ob und inwieweit Dritte einen zulässigen Einfluss auf eine Personengesellschaft ausüben, beurteilte der Bundesgerichtshof (BGH) anhand des Prinzips der Selbstorganschaft.[1413] Eine unbotmäßige Einflussnahme Dritter auf den Verband soll außerdem durch den Grundsatz der Verbandsautonomie, den Grundsatz der (beschränkten) Allzuständigkeit der Gesellschafter,[1414] das zivilrechtliche Verfügungsverbot gemäß § 137 S. 1 BGB und das Verbot der verdrängenden Generalvollmacht verhindert werden.[1415] Die genannten Rechtsinstitute werden überwiegend als

---

1412 Keine Verpflichtung zur Einräumung der Vertretungsbefugnis, *Casper*, ZHR 2015, 44, 60.
1413 BGH, NJW 1982, 1817, 1817; *Löffler*, NJW 1983, 2920, 2921 f.
1414 *Schäfer*, in Staub, HGB, § 109 Rn. 30; *Weber*, Privatautonomie und Außeneinfluss im Gesellschaftsrecht, S. 48 ff.; zur Allzuständigkeit der Gesellschafter, *Liebscher*, in Reichert, GmbH & Co. KG, § 17 Rn. 60.
1415 Siehe unten 5. Teil C.II. zu den zivilrechtlichen Instituten; diese sind nicht trennscharf auseinanderzuhalten, vgl. *Schlegelberger*, in Martens, HGB, § 109 Rn. 8 versteht sie als ergänzende Elemente; »kein wirklicher Gleichklang«, *Weber*, Privatautonomie und Außeneinfluss im Gesellschaftsrecht, S. 81, 89.

zwingend betrachtet,[1416] wobei fraglich ist, ob dies auch unter dem vorrangigen Regime des KAGB gilt.

I. Weitergeltung zivil- und gesellschaftsrechtlicher Grundprinzipien

Gemäß § 149 Abs. 1 S. 2 KAGB sind die Bestimmungen des HGB anzuwenden, soweit sich aus dem KAGB nichts anderes ergibt. Wie bereits festgestellt wurde, enthält das KAGB keine Regelungen zur Geschäftsführungs-, Vertretungs- und Verfügungsbefugnis, sodass auf die Vorschriften des HGB und die damit verbundenen Grundprinzipien zurückzugreifen ist, § 149 Abs. 1 S. 1, 2 KAGB.[1417] Zwar wurde bereits in der Literatur diskutiert, ob die Kompetenzübertragung auf die externe Kapitalverwaltungsgesellschaft gegen das Prinzip der Selbstorganschaft bei der Investmentkommanditgesellschaft verstößt und ob ein solcher Verstoß gerechtfertigt ist.[1418] Allerdings sollte berücksichtigt werden, dass das Investmentrecht dem Gesellschaftsrecht nur im Konfliktfall vorgeht. Eine reine Verstoßprüfung greift somit zu kurz, wenn sich die beiden Regelungsregime bei genauerer Betrachtung miteinander vereinbaren lassen.

1416 *Mutter*, in MüHa, Band 2, § 8 Rn. 13; zur Selbstorganschaft: *Westermann*, Vertragsfreiheit und Typengesetzlichkeit im Recht der Personengesellschaften, S. 133, 136, 148 ff., 328 ff.; *Weber*, Privatautonomie und Außeneinfluss im Gesellschaftsrecht, S. 76 ff., 79 f., 89; *Hecht*, Die fremdbestimmte Verbandsentscheidung, S. 141 f.; *Zinn*, Abschied vom Grundsatz der Selbstorganschaft bei Personengesellschaften, S. 65 f.; zur Verbandsautonomie: *Flume*, Personengesellschaft, S. 207 ff; *Weber*, Privatautonomie und Außeneinfluss im Gesellschaftsrecht, S. 48 f., kritisch S. 203; *Schubel*, Verbandssouveränität und Binnenorganisation der Handelsgesellschaften, S. 462, 553 ff.; *Wiedemann* NZG 2013, 1041, 1044; *Hecht*, Die fremdbestimmte Verbandsentscheidung, S. 140; *Zinn*, Abschied vom Grundsatz der Selbstorganschaft bei Personengesellschaften, S. 61; *Reichert/Ullrich*, in Reichert, GmbH & Co. KG, § 19 Rn. 63; ungeschriebene Schranken der Vertragsfreiheit, *Ulmer*, in Staub, HGB, § 109 Rn. 1.
1417 Gesetzesbegründung zum KAGB, Bt-Dr. 17/12294, S. 249 »Mit der Einführung dieser organisationsrechtlichen Form wird keine neue Gesellschaftsform geschaffen. Absatz 1 regelt vielmehr, dass geschlossene Investmentkommanditgesellschaften Kommanditgesellschaften im Sinne des Handelsgesetzbuchs sind«; OLG München, BeckRS 2015, 17529, Ziffer 14 (2.1., 2.3.).
1418 *Wallach*, ZGR 2014, 289, 322 ff.; *Rüber/Reiff*, BB 2014, 1634, 1636; *Escher*, WM 2013, 1437, 1442 ff.; *ders.*, Bankrechtstag 2013, 123, 142–145; *Casper*, ZHR 2015, 44, 60 konstatiert, dass insbesondere eine gesetzliche Befugniszuordnung in Konflikt mit dem Prinzip der Selbstorganschaft stehe, wohingegen die hier vertretene rechtsgeschäftliche Befugniszuordnung damit eher vereinbar sei; *Seitz*, Die InvestmentKG, S. 188 ff.; *Schewe*, Kommanditgesellschaften im Regelungsbereich des Investmentrechts, S. 207 ff.

Die im Zusammenhang mit § 149 Abs. 1 S. 2 KAGB zu beantwortende Frage lautet, ob und inwieweit die Kompetenzübertragung auf die externe Kapitalverwaltungsgesellschaft und der Kompetenzverbleib bei der extern verwalteten Investmentkommanditgesellschaft unter aufsichtsrechtlichen sowie zivil- und gesellschaftsrechtlichen Aspekten in Einklang gebracht werden können. Den Regelungsregimen könnte damit zur größtmöglichen Wirkung verholfen und gleichzeitig der verbleibende Gestaltungsspielraum der Parteien ausgelotet werden.[1419] Zum Beispiel kann das Prinzip der Selbstorganschaft dafür sprechen, dass der Investmentkommanditgesellschaft im Bestellungsvertrag bestimmte Kündigungsrechte oder Einsichts- und Kontrollbefugnisse gegenüber der externen Kapitalverwaltungsgesellschaft eingeräumt werden sollten. Die Koordination zwischen KAGB und HGB könnte die Vorgaben des KAGB konkretisieren, sodass im Einzelfall kein Konflikt im Sinne des § 149 Abs. 1 S. 2 KAGB vorliegt und nicht auf die Vorrangregelung zurückgegriffen werden muss.[1420]

Darüber hinaus bezwecken das Verbot der verdrängenden Vollmacht und das Verbot der unwiderruflichen Generalvollmacht, § 137 S. 1, § 138 BGB, den Rechtsinhaber vor einer unzulässigen Einflussnahme durch Dritte zu schützen. Damit die Kapitalverwaltungsgesellschaft die Vermögensverwaltung für das Investmentvermögen erbringen kann, räumt die Investmentkommanditgesellschaft der Kapitalverwaltungsgesellschaft schuldrechtliche Vertretungsbefugnisse ein, sodass fraglich ist, ob die genannten zivilrechtlichen Schranken unter dem KAGB weiter anwendbar sind. Es könnte vertreten werden, dass § 149 Abs. 1 S. 2 KAGB lediglich eine Konkurrenzregelung zulasten des HGB treffen würde, sodass die Normen des BGB weiterhin uneingeschränkt gelten. Allerdings dient das Aufsichtsrecht als Gewerbeaufsichtsrecht der Gefahrenabwehr und dem öffentlichen Interesse, sodass auch abseits der lex-specialis-Regelung in § 149 Abs. 1 S. 2 KAGB eine generelle Vorrangwirkung des KAGB gegenüber dem Zivil- und Gesellschaftsrecht besteht.[1421] Somit sind die zivilrechtlichen Schranken als subsidiär gegenüber dem KAGB zu beachten.

1419 Siehe unten 6. Teil B.
1420 Siehe oben 1. Teil B. zum methodischen Ansatz.
1421 Siehe oben 1. Teil B.II.; etwa *Dreher*, ZGR 2010, 496, 502, Fn. 27; *Weber-Rey*, ZGR 2010, 543, 547, 550; insoweit hat § 149 Abs. 1 S. 2 HGB nur klarstellenden Charakter, da mit der Investmentkommanditgesellschaft keine neue Gesellschaftsform geschaffen wurde und grundsätzlich die Vorschriften für Kommanditgesellschaften im HGB anzuwenden sind, vgl. Gesetzesbegründung zum KAGB, Bt-Dr. 17/12294, S. 249.

II. Leitlinien und Begründung des Prinzips der Selbstorganschaft

Das Prinzip der Selbstorganschaft ist als »zwingendes Organisationsprinzip jeder Gesamthand« anerkannt.[1422] In seiner Ausprägung ist es jedoch unscharf und wird vom Gesetz nicht ausdrücklich angeordnet. Ausgangspunkt ist, dass die Personengesellschaft durch ihre Organe handelt,[1423] namentlich ihre Gesellschafter, §§ 709 ff. BGB, §§ 114, 125, 170 HGB. Dabei werden die Organe – anders als bei juristischen Personen die Geschäftsführer – nicht in einem gesonderten Rechtsakt benannt, sondern existieren aus sich heraus als »geborene Organe« der Personengesellschaft.[1424] Das Prinzip der Selbstorganschaft besagt

---

1422 BGH, NJW 1960, 1997, 1997 ff.; BGH, DStR 1993, 1918, 1919; BGH, NJW 1982, 1817 ff.; *Rawert*, in MüKo, HGB, Band 2, § 114 Rn. 24; »Rechtsgrundsatz der Selbstorganschaft«, BGH, NJW 1982, 877, 878; *Buss*, in Sudhoff, Personengesellschaften, § 9 Rn. 4; »Typusmerkmal«, Westermann, Vertragsfreiheit und Typengesetzlichkeit im Recht der Personengesellschaften, S. 133, 136, 148 ff.; zur Publikumspersonengesellschaft, *Schäfer*, in MüKo, BGB, Band 6, § 709 Rn. 5 f.; BGH, NJW 1982, 2495, 2495; *Westermann*, in Erman, BGB, Band 1, § 709 Rn. 3 f.; *Werra*, Zum Stand der Diskussion um die Selbstorganschaft, S. 109 ff.; kritisch *Arlt*, NZG 2002, 407 ff.; zur Abgrenzung von der Fremdorganschaft, vgl. *Zinn*, Abschied vom Grundsatz der Selbstorganschaft bei Personengesellschaften, S. 9, sowie zur Publikumspersonengesellschaft, S. 21 ff.; *Wiedemann*, GesR, Band 2, S. 333 ff.; *Schubel*, Verbandssouveränität und Binnenorganisation der Handelsgesellschaften, S. 439; »zwingend«, *Westermann*, in Erman, BGB, Band 1, § 709 Rn. 3; *Schäfer*, in Staub, HGB, Bd. 3, § 109 Rn. 33; die Vermischung von Personengesellschaft und Kapitalgesellschaft wurde zunächst bei der GmbH & Co. KG wegen der Verlagerung der Befugnisse auf den (unbeteiligten) Geschäftsführer der GmbH als problematisch betrachtet: Wiedemann, GesR, Band 2, S. 335; zur »Grundtypenvermischung«, *Liebscher*, in Reichert, GmbH & Co. KG, § 1 Rn. 3 ff., 10 m.w.N.; die Vereinbarkeit auch mit dem Prinzip der Selbstorganschaft ist jedoch inzwischen anerkannt: *Ulmer*, in Staub, HGB, § 114 Rn. 9; vgl. §§ 19 Abs. 2, 125a Abs. 1 S. 2, 129a, 130a, 130b, 172 Abs. 6, 177a HGB; Rechtsfolge etwa Nichtigkeit des Geschäftsbesorgungsvertrags bzw. Unwirksamkeit des Gesellschaftsvertrags, *Altmeppen*, in MüKo, AktG, Band 5, § 292 Rn. 154; *Werra*, Zum Stand der Diskussion um die Selbstorganschaft, S. 106; BGH, JurionRS 1981, 12046, Rn. 1 ff., zur Vereinbarkeit mit dem Abspaltungsverbot, *Seitz*, Die InvestmentKG, S. 207 ff., 212; kritisch *Osterloh-Konrad*, ZGR 2019, 271, 288, 298 ff., die für eine Trennung von Nichteinmischungsgebot der Kommanditisten einerseits und der Selbstorganschaft andererseits plädiert.

1423 *Spitze*, Geschäftsführung in der Personengesellschaft, Geschäftsführung in der Personengesellschaft, S. 31 ff.; Art. 16 Abs. 1 EWIV-VO; kritisch zum Organbegriff, *Westermann*, Vertragsfreiheit und Typengesetzlichkeit im Recht der Personengesellschaften, S. 149 f.; zur Gesellschafterversammlung als Organ, *Wiedemann*, GesR, Band 2, S. 296.

1424 *Flume*, Personengesellschaft, S. 130; Arlt NZG 2002, 407, 407; *K. Schmidt*, in MüKo, HGB, Band 2, § 125 Rn. 6.

somit, dass die organschaftliche Geschäftsführungs- und Vertretungsbefugnis den Gesellschaftern vorbehalten ist.

Zur Begründung wird unter anderem auf § 709 BGB[1425] und das Abspaltungsverbot, § 717 S. 1 BGB, verwiesen,[1426] wonach die Geschäftsführungs- und Vertretungsbefugnis nicht von dem Gesellschaftsanteil abgekoppelt werden können.[1427] Das Prinzip der Selbstorganschaft bezweckt den Schutz der Gesellschafter und des Rechtsverkehrs,[1428] indem ein Gleichlauf von Herrschaft und Haftung verlangt wird.[1429] Nach dem Flume'schen Begründungsansatz kann sich eine rechts- und handlungsfähige Personengesellschaft genauso wenig selbst entmachten wie eine natürliche Person, § 138 Abs. 1 BGB.[1430] Aus diesem Grund ist die Gesamtheit der Gesellschafter stets geschäftsführungs- und vertretungsbefugt.[1431] Vor allem ist es nach dem Prinzip der Selbstorganschaft unzulässig, alle Gesellschafter von den organschaftlichen Befugnissen auszuschließen, denn dann wäre die Gesellschaft handlungsunfähig.[1432]

Die organschaftliche Befugnis ist eine gesetzliche Rechtsmacht, §§ 114 ff., §§ 125 ff. HGB,[1433] die auf der Organstellung beruht und durch den Gesellschaftsvertrag modifiziert werden kann.[1434] Demgegenüber stehen rechtsgeschäft-

---

1425 *Spitze*, Geschäftsführung in der Personengesellschaft, Geschäftsführung in der Personengesellschaft, S. 37.
1426 *Ulmer*, in Staub, HGB, § 114 Rn. 9; zum Abspaltungsverbot in Treuhandkonstellationen, Arlt NZG 2002, 407, 410 mit Verweis auf BGH, NJW 1991, 2906 ff.
1427 BGH, NJW 1962, 738: »Bei dieser Befugnis handelt es sich um ein echtes gesellschaftliches Verwaltungsrecht, das, ähnlich wie das Stimmrecht, nicht von dem Gesellschaftsanteil abgespalten und nicht ohne diesen auf einen Dritten übertragen werden kann.«; BGH, NJW 1970, 468; *Scheel*, in MüHa, Band 2, § 7 Rn. 16, 18; *Weipert*, in EBJS, HGB, § 163 Rn. 11; *Schäfer*, in Staub, HGB, § 119 Rn. 68 f.; zu den Begründungsansätzen, *Osterloh-Konrad*, ZGR 2019, 271, 280 f.
1428 *Ulmer*, in Staub, HGB, § 114 Rn. 9.
1429 Bindung der Mitgliedschaft an die Leitungsbefugnis, *Spitze*, Geschäftsführung in der Personengesellschaft, S. 37 ff.; Prinzip der Selbstorganschaft sei rechtsformbedingt, *Weipert* in EBJS, HGB, § 164 Rn. 3.
1430 *Flume*, Personengesellschaft, S. 240; *Spitze*, Geschäftsführung in der Personengesellschaft, S. 41; *Hecht*, Die fremdbestimmte Verbandsentscheidung, S. 225; siehe unten 5. Teil B.III. zur Verbandsautonomie.
1431 *Spitze*, Geschäftsführung in der Personengesellschaft, S. 41; auch »Verfügungsmacht«, *Wiedemann*, GesR, Band 2, S. 333; *Zinn*, Abschied vom Grundsatz der Selbstorganschaft bei Personengesellschaften, S. 10.
1432 BGH, BKR 2010, 373, 376; BGH, NJW-RR 1994, 98, 98; BGH, NJW 1982, 2495, 2495; BGH, NJW 1982, 2495, 2495; BGH, NJW 1960, 1997 ff.; *Wiedemann*, GesR, Band 2, S. 333.
1433 Kritisch zum Begriff, *Beuthien*, NJW 1999, 1142, 1142 ff.; *Scheel*, in MüHa, Band 2, § 9 Rn. 2.
1434 Beruht auf Gesellschaftsvertrag: *Boesche*, in Oetker, HGB, § 127 Rn. 3; *Grunewald*, in MüKo, HGB, Band 3, § 164 Rn. 22; *K. Schmidt*, in MüKo, HGB, Band 2, § 125 Rn. 6.

liche Befugnisse außerhalb des Gesellschaftsverhältnisses und unterliegen nicht den gesellschaftsrechtlichen Besonderheiten wie etwa der gesellschaftsrechtlichen Treuepflicht.[1435] Gesellschaftsfremden Dritten können daher nur nichtorganschaftliche Befugnisse in Form von rechtsgeschäftlichen Befugnissen derivativ eingeräumt werden.[1436] Damit die beauftragte Kapitalverwaltungsgesellschaft die Vermögensverwaltung erbringen kann, überträgt die Investmentkommanditgesellschaft mittels des Bestellungsvertrages rechtsgeschäftliche Geschäftsführungs- und Vertretungsbefugnisse. Bei der Bestellung einer externen Kapitalverwaltungsgesellschaft handelt es sich nicht um eine organschaftliche Bestellung, sondern es werden von der Investmentkommanditgesellschaft abgeleitete Befugnisse auf die externe Kapitalverwaltungsgesellschaft übertragen.[1437]

Vereinzelt wurde daher vorgebracht, dass kein Konflikt mit dem Prinzip der Selbstorganschaft bestehe, weil es sich bei den auf die Kapitalverwaltungsgesellschaft übertragenen Befugnissen lediglich um nicht-organschaftliche Rechte handele, wohingegen das Prinzip der Selbstorganschaft nur organschaftliche Rechte schütze.[1438] Diese rein formale Sichtweise lässt jedoch außer Betracht, dass mit der rechtsgeschäftlichen Aufgaben- und Befugnisübertragung auf die externe Kapitalverwaltungsgesellschaft die organschaftlichen Rechte inhaltlich und tatsächlich beeinträchtigt werden.[1439]

Teilweise wird im rechtswissenschaftlichen Schrifttum vertreten, dass das Prinzip der Selbstorganschaft schon gelten würde, weil der gesetzlich festgelegte Unternehmensgegenstand der Investmentkommanditgesellschaft, § 150 Abs. 2 S. 1 KAGB, sowie die tätigkeitsbezogene Erlaubnispflicht, §§ 17, 20, 23 KAGB, eine »freie Organschaft« ausschließen würden.[1440] Dabei führe ein »speziell

---

1435 BGH, NJW 1962, 738; *Scheel*, in MüHa, Band 2, § 7 Rn. 18; *Seitz*, Die InvestmentKG, S. 221 sieht § 26 KAGB als gesetzliches Treuepflichtsurrogat der externen Kapitalverwaltungsgesellschaft.
1436 BGH, NJW 1962, 739; *Sudhoff*, § 9 Rn. 4.
1437 Siehe oben 2. Teil D.I.5.b. zum Bestellungsvertrag; 5. Teil A.VI. zu den verbleibenden Befugnisse bei der Investmentkommanditgesellschaft.
1438 *Wagner*, ZfBR 2105, 113, 116; *ders.*, BKR 2015, 410, 411; »Die organschaftliche Geschäftsführungsbefugnis und Vertretungsmacht des Komplementärs bzw. eine organschaftliche Geschäftsführungsbefugnis von Komplementär bzw. des mit Geschäftsführungsbefugnissen ausgestatteten Kommanditisten im Übrigen bleiben dagegen unberührt.«; dazu auch *Sedlak*, GWR 2015, 497, 497 und bezüglich BGH, NJW 1982, 1817 ff. bereits *Altmeppen*, in MüKo, AktG, Band 5, § 292 Rn. 154, der auf einen Verstoß der Privatautonomie abstellt (Flume).
1439 Siehe oben 5. Teil A.VI., siehe unten 5. Teil C.; BGH, NJW 1982, 1817 ff.
1440 *Escher*, Bankrechtstag 2013, 123, 142 ff., 143 »besteht bereits gar kein Grundsatz der Selbstorganschaft«; zustimmend *Mohr*, Die Investmentkommanditgesellschaft, S. 96: ähnlich *Wallach*, in Assmann/Wallach/Zetzsche, KAGB, § 154 Rn. 60, dem zufolge »mit der Übertragung der alleinigen und ausschließlichen Verantwortung der KVG für die kollektive Vermögensverwaltung ein aufsichtsrechtlicher Schutzmechanismus zugunsten der Anleger installiert wird, der nach der Konzeption des KAGB den Grundsatz der Selbstorganschaft verdrängt.«, *ders.* erklärt relativierend,

gewählter mithin aufsichtsgeprägter Verbandszweck« dazu, dass das Prinzip der Selbstorganschaft nicht anzuwenden sei.[1441] Das KAGB ermögliche durch die Regelungen zur externen Anlageverwaltung gemäß § 17 Abs. 2 Nr. 1, § 23 Nr. 9, 10, 154 Abs. 1 S. 2 KAGB eine legale und spezielle »gesellschaftsrechtliche Organfunktion«. Gegen diesen Ansatz lässt sich einwenden, dass § 149 Abs. 1 S. 2 KAGB die Vorschriften des HGB ausdrücklich für anwendbar erklärt, sofern sich keine Abweichungen aus dem KAGB ergeben. Im KAGB sind die Vorschriften zur Anlageverwaltung, insbesondere der Begriff der Portfolioverwaltung, nicht abschließend geregelt und es existieren keine Vorschriften zur Geschäftsführungs- oder Vertretungsbefugnis, sodass auf die zivil- bzw. gesellschaftsrechtlichen Regelungen zurückzugreifen ist.[1442] Die organschaftlichen Befugnisse verbleiben – auch nach Ansicht der Rechtsprechung – somit bei den Organen der Investmentkommanditgesellschaft, wohingegen Geschäftsführungs- und Vertretungsbefugnisse schuldrechtlich auf die externe Kapitalverwaltungsgesellschaft übertragen werden können.[1443] Eine »freie Organschaft« wird somit in der Investmentkommanditgesellschaft gesetzlich nicht ausgeschlossen, sondern nach § 149 Abs. 1 S. 2 KAGB im Grundsatz anerkannt.

Nach *Schewe* bleibe das Prinzip der Selbstorganschaft zwar anwendbar, wobei schon im Ansatz kein Konfliktfall im Sinne des § 149 Abs. 1 S. 2 KAGB vorliege.[1444] Denn der Aufgabenbereich der Organe einer extern verwalteten Investmentkommanditgesellschaft werde nicht schuldrechtlich übertragen, sondern die »Organstellung« sei »von vornherein gesetzlich entwertet«.[1445] Gegen diese Ansicht spricht, dass für eine »gesetzliche Entwertung« der Organbefugnisse keine gesetzliche Grundlage existiert. Vielmehr erklärt die Vorschrift des § 149 Abs. 1 S. 2 KAGB die gesellschaftsrechtlichen Grundsätze im Prinzip für anwendbar, was eher für als gegen eine gesellschaftsrechtliche Organstellung spricht.[1446] Die Vorschriften betreffend die investmentrechtliche Aufgabenzuordnung nach §§ 17, 20, 23, § 154 Abs. 1 S. 2 KAGB haben nach hier vertretener Ansicht außerdem einen öffentlich-rechtlichen Normcharakter und entfalten keine unmittelbare Zivilrechtswirkung,[1447] sodass die Aufgaben- und Befugnisse

---

       dass die kollektive Vermögensverwaltung nicht gesamthaft übertragen werden muss (Rn. 28), sodass »fraglich ist, ob überhaupt eine Entmachtung der Geschäftsführer tatbestandlich vorliegt.« (Rn. 58).
1441 *Escher*, Bankrechtstag 2013, 123, 144.
1442 Siehe oben 5. Teil A.I.–VI.
1443 OLG München, BeckRS 2015, 17529, Ziffer 14 (2.2.5.).
1444 *Schewe*, Kommanditgesellschaften im Regelungsbereich des Investmentrechts, S. 225; darüber hinaus zu den Zielen und Schutzzwecken des Prinzips der Selbstorganschaft, S. 226 ff.
1445 *Schewe*, Kommanditgesellschaften im Regelungsbereich des Investmentrechts, S. 225, 230 f.
1446 Siehe oben 1. Teil B.II.; *Schewe*, Kommanditgesellschaften im Regelungsbereich des Investmentrechts, S. 144.
1447 Siehe oben 3. Teil C.

nicht kraft Gesetzes zugeordnet, sondern durch die Vertragsparteien im Bestellungsvertrag schuldrechtlich übertragen werden.[1448] Eine *gesetzliche* Entwertung der Organbefugnisse findet durch die Regelungen des KAGB insoweit nicht statt: Mit Blick auf den gesetzlich unbestimmten Portfolioverwaltungsbegriff und die optional von der Kapitalverwaltungsgesellschaft auszuübenden Nebendienstleistungen (§ 20 Abs. 3 KAGB) sowie Nebenverwaltungsaufgaben (§ 1 Abs. 19 Nr. 24 KAGB, Anhang I Nr. 2 AIFM-RL) obliegt es den Parteien, ein detailliertes Leistungsverzeichnis über die – zahlreichen oder weniger zahlreichen – Dienstleistungen der Kapitalverwaltungsgesellschaft zu vereinbaren.[1449] Eine von vornherein bestehende gesetzliche Entwertung der gesellschaftsrechtlichen Organstellung liegt nach hier vertretener Ansicht nicht vor.

Aus steuerrechtlicher Sicht wird diskutiert, ob im Fall einer extern verwalteten Investmentkommanditgesellschaft gegen das Prinzip der Selbstorganschaft verstoßen wird.[1450] Denn sofern der externen Kapitalverwaltungsgesellschaft umfassende Aufgaben und Befugnisse zugeordnet werden, verbleiben womöglich keine relevanten Geschäftsführungsbefugnisse mehr bei den Kommanditisten der Investmentkommanditgesellschaft, sodass eine gewerbliche Entprägung gemäß § 15 Abs. 3 Nr. 2 EStG durch einen geschäftsführenden Kommanditisten nicht möglich wäre. Da im Steuerrecht die Regeln des Gesellschaftsrechts gelten, §§ 1 Abs. 1c, §§ 18 ff. InvStG,[1451] wird bei der gewerblichen Entprägung auf die organschaftliche Geschäftsführungsbefugnis abgestellt, sodass eine gewerbliche Entprägung im Wege einer schuldrechtlichen Bestellung der externen Kapitalverwaltungsgesellschaft nicht möglich ist.[1452] Ob eine gewerbliche Entprägung durch einen geschäftsführenden Kommanditisten trotz der Bestellung einer externen Kapitalverwaltungsgesellschaft möglich ist, wird anhand des verbleibenden Aufgaben- und Befugnisumfangs der InvKG-Geschäftsführung zu beurteilen sein.

1448 Siehe oben 5. Teil A.VI.
1449 Siehe oben 3. Teil B.III.2.d.iii. zum erforderlichen Detailgrad; 4. Teil C.I. zu den optionalen Nebenverwaltungsaufgaben, sowie siehe oben 4. Teil B.V. zur privatautonom-faktischen Funktionsweise der Aufgabenzuordnung.
1450 Zu diesem Problem: *Rüber/Reiff*, BB 2014, 1634, 1635 ff.; *Wagner*, ZfBR 2015, 113, 116; *Lechner/Johann*, RdF 2015, 229, 231 ff.; *Könnecke*, in Baur/Tappen, KAGB, § 153 Rn. 29; *Zetzsche*, Prinzipien der kollektiven Vermögensverwaltung, S. 490; bei der offenen Investmentkommanditgesellschaft, § 1 If Nr. 2, § 11 Abs. 1 InvStG.
1451 *Kracke*, in Baur/Tappen, KAGB, § 128 Rn. 11.
1452 *Levedag*, in MüHa, Band 2, § 57 Rn. 48; siehe unten 5. Teil D. zur Unterscheidung zwischen Geschäftsführungs- und Gesellschafterangelegenheiten.

III. Verbandssouveränität und Verbot der verdrängenden Vollmacht

Neben dem Prinzip der Selbstorganschaft verfolgt auch der Grundsatz der Verbandssouveränität das Ziel, eine übermäßige Einflussnahme Außenstehender auf den Verband zu unterbinden.[1453] Der Grundsatz der Verbandssouveränität besagt, dass das Schicksal des Verbandes in den Händen der Gesellschafter liegen muss, da nur sie als Eigentümer dazu bestimmt sind, die Grundlagen des Verbandes zu gestalten.[1454] Er verankert mehrere prinzipielle Wertungen, denen zufolge ein Mindestmass an Funktionsfähigkeit der Gesellschaft gesichert werden soll.[1455] Es handelt sich um einen rechtsformübergreifenden Grundsatz, der nicht nur bei Kapitalgesellschaften, sondern auch bei Personengesellschaften gilt.[1456] Während das Prinzip der Selbstorganschaft hinsichtlich Inhalt und Begründung eher formal geprägt ist,[1457] wird der Verbandsautonomie generell ein größerer Anwendungsbereich zugesprochen, der vor allem materielle Aspekte einschließt.[1458] Umfasst sind nicht nur – wie beim Prinzip der Selbstorganschaft – die Geschäftsführungs-, Vertretungs- und Verfügungsbefugnisse, sondern auch die Zuständigkeit der Gesellschaftergesamtheit.[1459] Auch bezüglich des Prinzips der Selbstorganschaft hält die Rechtsprechung an materiellen Aspekten

---

1453 *Schubel*, Verbandssouveränität und Binnenorganisation der Handelsgesellschaften, S. 461; »Herrschaft und Haftung« sowie »Schutz der Gesellschafterautonomie«, vgl. *Weber*, Privatautonomie und Außeneinfluss im Gesellschaftsrecht, S. 81.
1454 *Uffmann*, NZG 2015, 169, 175; »bunter Strauss von Begründungen«, vgl. *Wedemann*, Gesellschafterkonflikte in geschlossenen Kapitalgesellschaften, S. 320.
1455 *Schubel*, Verbandssouveränität und Binnenorganisation der Handelsgesellschaften, S. 565.
1456 *Mutter*, in MüHa, Band 2, § 8 Rn. 13; *Werra*, Zum Stand der Diskussion um die Selbstorganschaft, S. 101; *Zinn*, Abschied vom Grundsatz der Selbstorganschaft bei Personengesellschaften, S. 52 f., 61 ff.
1457 *Schubel*, Verbandssouveränität und Binnenorganisation der Handelsgesellschaften, S. 461, Fn. 250; *Weber*, Privatautonomie und Außeneinfluss im Gesellschaftsrecht, S. 89; vgl. aber BGH, JurionRS 1981, 12046, Rn. 1 ff.
1458 *Weber*, Privatautonomie und Außeneinfluss im Gesellschaftsrecht, S. 47.
1459 *Reichert/Ullrich*, in Reichert, GmbH & Co. KG, § 19 Rn. 63; *Schubel*, Verbandssouveränität und Binnenorganisation der Handelsgesellschaften, S. 567, 571 f.; »auf Grundlagengeschäfte beschränkte Allzuständigkeit«, *Gummert*, in MüHa, Band 2, § 50 Rn. 93, zur Verzahnung Rn. 100; *Uffmann*, NZG 2015, 169, 175 vgl. Kernbereich; *Bastian*, Wirtschaftliche Risiken in geschlossenen Immobilienfonds, S. 174 »verbandsrechtliche Leitungsmacht der Gesellschafterversammlung«; »Dispositionsbefugnis« werden von Verbandssouveränität umfasst, *Hecht*, Die fremdbestimmte Verbandsentscheidung, S. 140; zur Verfügungsbefugnissen: *Weber*, Privatautonomie und Außeneinfluss im Gesellschaftsrecht, S. 218 ff., dann aber im Zusammenhang mit § 137 BGB.

fest.[1460] Die Brücke zwischen formellen und materiellen Inhalten schlägt der BGH über die Formulierung, dass »die Organstellung nicht nur rechtlich unangetastet bleiben muss, sondern auch faktisch noch so zum Tragen kommen muss, dass sie in ihrem Wesensgehalt nicht beeinträchtigt ist.[1461]

Darüber hinaus sollten schuldrechtliche Kompetenzverlagerungen, wie die Bestellung einer externen Kapitalverwaltungsgesellschaft, im Folgenden nicht nur an den gesellschaftsrechtlichen Prinzipien gemessen werden, sondern auch an den allgemeinen Schranken der Privatautonomie und der Verbandssouveränität:[1462] Nach § 137 S. 1 BGB kann die Befugnis zur Verfügung über ein veräußerliches Recht nicht durch Rechtsgeschäft ausgeschlossen oder beschränkt werden. Abhängig davon, welche Befugnisse die Investmentkommanditgesellschaft der externen Kapitalverwaltungsgesellschaft überträgt, könnte es sich dabei um eine unwiderrufliche Generalvollmacht oder eine verdrängende Vollmacht handeln, die zivilrechtlich verboten ist, um den Rechtsinhaber bzw. die Gesellschaft vor einer unzulässigen Fremdbestimmung zu schützen.[1463]

Die folgenden Ausführungen orientieren sich zunächst an dem Prüfungsansatz des BGH: Vor dem Hintergrund des Prinzips der Selbstorganschaft wird gefragt, inwieweit die Kapitalverwaltungsgesellschaft einen gesellschaftsrechtlich zulässigen Einfluss auf die extern verwaltete Investmentkommanditgesellschaft ausübt (C. I.). Anschließend werden die allgemeinen zivilrechtlichen

---

1460 BGH, NZG 2015, 321, 321; BGH, NJW-RR 2005, 119, 119; BGH, NJW-RR 2010, 1402, 1406; *Wagenhals*, Der Betriebsführungsvertrag, S. 22; das Prinzip der Selbstorganschaft umfasst jedenfalls nicht die Zuständigkeiten der Gesellschaftergesamtheit, sondern nur die Organbefugnisse.

1461 Im Zusammenhang mit dem Grundsatz der Selbstorganschaft: BGH, NJW 1982, 1817, 1817; *Löffler*, NJW 1983, 2920, 2921 f.

1462 *Schürnbrand*, Organschaft im Recht der privaten Verbände, S. 264 f.: »methodischer Ansatz« der Rechtsprechung sei wenig »glücklich«, es sei vielmehr zu fragen, ob ein beherrschungsähnliches Verhältnis vorliegt, § 308 AktG, dazu siehe unten 5. Teil C.I.1.; *Hecht*, Die fremdbestimmte Verbandsentscheidung, S. 133; *Casper*, ZHR 2015, 44, 60 verweist auf Verbandsautonomie; andere diskutieren die Anforderungen wie die Rechtsprechung in BGH, NJW 1982 1817 f. unter dem Gesichtspunkt der Selbstorganschaft, vgl. *Zinn*, Abschied vom Grundsatz der Selbstorganschaft bei Personengesellschaften, S. 125 ff., 171 ff. »unzulässige Drittorganschaft«; dazu auch *Wallach*, ZGR 2014, 289, 322 ff.; *Rüber/Reiff*, BB 2014, 1634, 1636; *Köhn*, Der Konzern 2011, 530, 544.

1463 Nach *Armbrüster*, in MüKo, BGB, Band 1, § 137 Rn. 5 schirmt § 137 S. 1 BGB auch die Typen des Gesellschaftsrechts ab; zu den Begründungsansätzen des Verbots einer unwiderruflichen verdrängenden Vollmacht, vgl. *Schubert*, in MüKo, BGB, Band 1, § 168 Rn. 21: Aufhebung der Privatautonomie, der Wahrung wirtschaftlicher Entscheidungsfreiheit oder missbilligte Kommerzialisierung; *Weber*, Privatautonomie und Außeneinfluss im Gesellschaftsrecht, S. 203, 211 ff., vor allem 89 ff. i.V.m. 216 ff., 218 zum »Verbot der Selbstentmündigung«; *Altmeppen*, in MüKo, AktG, Band 5, § 292 Rn. 153 zur unwiderruflichen Generalvollmacht und Selbstorganschaft.

Schranken betrachtet, insbesondere das Verbot der unwiderruflichen Generalvollmacht und das Verbot der verdrängenden Vollmacht (C. II.). Daneben wird in der Literatur vertreten, dass es für die Grenzen des zulässigen Außeneinflusses auf das Konzernrecht insbesondere auf die Frage ankommt, ob ein beherrschungsähnliches Verhältnis im Sinne der § 292 Abs. 1 Nr. 3, § 308 AktG vorliegt (C. III.).[1464] Schließlich wird der Frage nachgegangen, inwieweit die Zuständigkeiten der Gesellschaftergesamtheit und der gesellschaftsrechtliche Minderheitenschutz bei der extern verwalteten Investmentkommanditgesellschaft zu beachten sind (D.).

C. Grenzen durch die Rechtsprechung (Prinzip der Selbstorganschaft)

Nach dem BGH soll eine Übertragung von Geschäftsführungsaufgaben durch schuldrechtlichen Vertrag und die Erteilung umfassender Vollmachten an einen Nichtgesellschafter möglich sein.[1465] Darin liege kein Verstoß gegen das Prinzip der Selbstorganschaft, da es sich lediglich um eine von den Gesellschaftern »abgeleitete« Befugnis handele.[1466] Darüber hinaus erfordere das Prinzip der Selbstorganschaft, dass die Gesellschafter »selber die organschaftliche Geschäftsführungs- und Vertretungsbefugnis behalten.«[1467] Über die formelle Unterscheidung zwischen organschaftlicher und schuldrechtlicher Befugnis hinaus existieren nach der Rechtsprechung eine Reihe materieller Kriterien, die zur (faktischen) Wahrung des »Wesensgehalts« der »Organstellung« zu beachten sind.[1468]

Im Urteil vom 16. November 1981 (II ZR 213/80) judizierte der 2. Zivilsenat des BGH wie folgt:[1469]

»Die gesellschaftliche Geschäftsführung und Vertretung ist bei der Gesamtheit der Gesellschafter [der Publikumsgesellschaft] geblieben. Diese Würdigung findet ihre Bestätigung darin, dass die Geschäftsführungs- und Vertretungsbefugnisse der Kl. *im Gesellschaftsvertrag im einzelnen festgelegt worden sind* und die Gesellschafter [...] ein

---

1464 Vgl. *Schürnbrand*, Organschaft im Recht der privaten Verbände, S. 264 f.; *Koch*, in Hüffer/Koch, AktG, § 292 Rn. 24 stellt auf Einflussmöglichen die § 308 AktG entsprechen ab.
1465 BGH, NJW 2006, 2980, 2981; BGH, NJW-RR 1994, 98, 98; BGH, NJW 1982, 2495, 2495; BGH, NJW 1982, 877, 878; *Habersack*, BB 2005, 1695, 1696; BGH, NJW 1962, 738 f.
1466 BGH, NJW 1982, 877, 878; BGH, NJW 1962, 738 f.; »abgeleitete Natur«, OLG München, NJW-RR 2002, 519, 521.
1467 BGH, NJW 2006, 2980, 2981; BGH, NJW-RR 1994, 98, 98; BGH, NJW 1982, 2495, 2495.
1468 BGH, NJW 1982, 1817, 1817; abweichend etwa *Altmeppen*, in MüKo, AktG, Band 5, § 292 Rn. 154, der eher einen Verstoß gegen den Grundsatz der Privatautonomie sieht; *Huber*, ZHR 1988, 1, 12.
1469 BGH, NJW 1982, 877, 878 ff.

weitgehendes *Weisungsrecht* und neben dem Recht zur *fristlosen Kündigung aus wichtigem Grunde* ein *ordentliches Kündigungsrecht* haben.«[1470]

»Die vorliegende Gesellschaft ist als Massen- und Publikumsgesellschaft organisiert und darauf angelegt, zur Kapitalansammlung eine unbestimmte Vielzahl von Gesellschaftern aufzunehmen. Die Gesellschafter stehen untereinander in keinerlei persönlichen Beziehungen und sind durch das gemeinsame Kapitalanlageinteresse verbunden. In Fällen dieser Art bestehen jedenfalls dann keine Bedenken gegen die Bevollmächtigung eines Dritten, *wenn* dieser, wie hier, in besonderer Weise mit der Gesellschaft und den Gesellschaftern *verbunden* ist und der Gesellschaftsvertrag die *Grenzen* der Ermächtigung insbesondere *kapitalmässig festlegt*.«[1471]

Im Urteil des BGH vom 22. September 1993 (II ZR 204/92) heißt es:[1472]

»Die Bezeichnung des Verfügungsberechtigten als Treuhänder, die *Bindung seiner Verfügungen an den Pool-Beirat* und die *Möglichkeit des jederzeitigen Widerrufs*[1473] seiner Stellung zeigen, dass eine echte Geschäftsführerstellung des Treuhänders nicht gewollt war, sondern seine Position von den Gesellschaftern der BGB-Gesellschaft *abhängig* war. Damit stand ihm die Geschäftsführung nicht als eigenständiges, sondern nur als abgeleitetes Recht zu.«[1474]

Weiterhin ist laut dem Urteil vom 22. März 1982 (II ZR 74/81) »die *Abberufung aus wichtigem Grunde* des durch kein Sonderrecht gehaltenen Fremdgeschäftsführers« zwar zulässig, darf aber »in der Publikumsgesellschaft nicht durch eine *qualifizierte Mehrheit* [der Gesellschafterversammlung] erschwert werden«.[1475]

Für Aufsehen sorgte vor allem die Holiday-Inn-Entscheidung des BGH vom 5. Oktober 1981 (II ZR 203/80),[1476] die bereits im Zusammenhang mit der extern verwalteten Investmentkommanditgesellschaft diskutiert worden ist.[1477]

1470 Hervorhebungen durch den Verfasser.
1471 Ibid.
1472 BGH, NJW-RR 1994, 98, 98.
1473 Nach BGH, NJW 1982, 1817 f. genügt ein wichtiger Grund ausreicht.
1474 Hervorhebungen durch den Verfasser.
1475 Ibid; BGH, NJW 1982, 2495, 2496; dazu *Habersack*, BB 2005, 1695, 1696 »Zwar hat es der II. Zivilsenat zugelassen, die Vollmacht des Drittgeschäftsführers an den Fortbestand des Anstellungs- oder Geschäftsbesorgungsvertrags zu koppeln und hierdurch das Recht zum jederzeitigen Widerruf der Vollmacht einzuschränken; gleichzeitig hat er aber betont, dass das Recht der Gesellschafter zur Abberufung des ›Fremdgeschäftsführers‹ und zum Widerruf der Vollmacht aus wichtigem Grund nicht von einem mit qualifizierter Mehrheit gefassten Gesellschafterbeschluss abhängig gemacht werden könne.«
1476 BGH, JurionRS 1981, 12046, Rn. 1 ff.; verkürzt in BGH, NJW 1982, 1817 ff.; zu diesem Urteil: *Löffler*, NJW 1983, 2920 ff.; *Arlt*, NZG 2002, 407, 410; *Roth*, in Baumbach/Hopt, HGB, § 114 Rn. 24; *Schäfer*, in Staub, HGB, Bd. 3, § 109 Rn. 34; *v. Ditfurth*, in MüHa, Band 1, § 53 Rn. 24; kritisch: *Schürnbrand*, Organschaft im Recht der privaten Verbände, S. 247; *Wiedemann*, GesR, Band 2, S. 335 f. »bleibt vom Prinzip nur die Form übrig.«; »quasi-organschaftliche Zuständigkeit«, *Rawert*,

C. Grenzen durch die Rechtsprechung (Prinzip der Selbstorganschaft)

Dem Sachverhalt nach[1478] hat ein in der Hotelbranche weltweit tätiges Unternehmen mit einer Familien-KG und Eigentümerin eines Hotels einen »Managementvertrag« abgeschlossen. Der Manager erhielt das Recht, im Namen und für Rechnung der Familien-KG – die auch die erforderlichen Betriebsmittel zur Verfügung zu stellen hatte – den Hotelbetrieb zu führen. Er sollte das Hotel als »Holiday Inn« gemäss den Vertragsbestimmungen und ihren internationalen Normen weisungsfrei betreiben. Der Vertrag galt für die Dauer von 20 Jahren und konnte vom Manager dreimal um zehn Jahre verlängert werden.

Nach Art. IV Abschn. 4 b des Vertrags war der Manager berechtigt, im Namen und für Rechnung des Eigentümers und auf seine Kosten alle Verträge abzuschließen und Vereinbarungen zu treffen, die nach Meinung des Managers für den Betrieb, die Versorgung und Instandhaltung des Anwesens erforderlich sind. Dabei konnte der Manager etwa die Preisgestaltung frei ausüben, die Personalführung übernehmen und das Hotel nach freiem Ermessen an Werbeaktionen beteiligen.

Als Gegenleistung für die Betriebsführung sollte der Manager verschiedene teils auf Umsatz-, teils auf Gewinnbasis zu berechnende Verwaltungsgebühren erhalten. Die Familien-KG errichtete ein auf ihren Namen lautendes Sonderkonto, über das der Manager allein verfügungsberechtigt war. Die Familien-KG und ihre Gesellschafter hatten sich zudem verpflichtet, »den täglichen Betrieb des Unternehmens weder zu stören noch sich in irgendeiner Form einzumischen«. Der Eigentümergesellschaft waren Mitwirkungsbefugnisse bei baulichen Veränderungen, das Recht auf monatliche Geschäftsaufstellung sowie das Recht auf jederzeitige Einsichtnahme und Prüfung der Bücher und Aufzeichnungen geblieben. Darüber hinaus bestand ein Sonderkündigungsrecht nur für den Manager, während die Familien-KG für eine Kündigung auf das Vorliegen eines wichtigen Grundes beschränkt war.

Ausschlaggebend dafür, dass die Grenzen des Prinzips der Selbstorganschaft in der vorgenannten Entscheidung eingehalten wurden, war für den BGH,[1479] dass der Familien-KG (KG) die Verantwortung für das Betreiben des Hotels geblieben ist.[1480] Die KG sei nach dem Managementvertrag zwar nicht berechtigt, dem externen Manager bei der Führung des Hotels Einzelweisungen zu erteilen; letzterer sei vielmehr im Rahmen des Vertrages in der Unternehmensleitung

---

in MüKo, HGB, Band 2, § 114 Rn. 26; »nicht nachvollziehbar«, *Arlt*, NZG 2002, 407, 410; *Zinn*, Abschied vom Grundsatz der Selbstorganschaft bei Personengesellschaften, S. 125 ff., 173 ff.; »nicht zu halten«, *Westermann*, in Erman, BGB, Band 1, § 709 Rn. 3 f. auch zur Abdingbarkeit des Grundsatzes.

1477 Dazu bereits *Wallach*, ZGR 2014, 289, 324 ff.; *Rüber/Reiff*, BB 2014, 1634, 1636; *Seitz*, Die InvestmentKG, S. 194.
1478 Darstellung vgl. *Löffler*, NJW 1983, 2920, 291; stark verkürzt in BGH, NJW 1982, 1817 ff.; ausführlicher auf BGH, JurionRS 1981, 12046, abrufbar unter < https://www.jurion.de/Urteile/BGH/1981-10-05/II-ZR-203_80>.
1479 BGH, JurionRS 1981, 12046, Rn. 17, 14 f., 24.
1480 Die Rechtsprechung hält das Prinzip der Selbstorganschaft auch bei Publikumsgesellschaften für gewahrt, obwohl die Vielzahl von Anlegern vom personengesellschaftsrechtlichen Leitbild abweichen, BGH, NJW 2006, 2980, 2981; BGH, NJW 1982, 2495, 2495.

völlig selbstständig. Das bedeute aber nicht, dass der Manager in der Lage sei, die Art und Weise der Betriebsführung frei zu bestimmen und beispielsweise an eigenen Interessen auszurichten. Es gelte der Grundsatz der pflichtgemäßen Ermessensausübung. Der vertraglich festgelegte Maßstab für die Hotelführung in Verbindung mit den Holiday-Inn-Normen verpflichte den Manager, im Interesse der KG tätig zu werden.

Nach Ansicht des BGH sei das Prinzip der Selbstorganschaft nicht durchbrochen worden, da die KG neben den Erfüllungsansprüchen und Leistungsstörungsrechten auch Mitwirkungs-, Kontroll- und Einsichtsrechte sowie Kündigungsmöglichkeiten gegenüber den externen Managern hatte. Die KG habe sich der eigenverantwortlichen Leistung des Gesellschaftsunternehmens nicht begeben. Der Abschluss des Managementvertrages sei vielmehr Ausfluss der Rechte und Pflichten der Geschäftsführungsorgane und eine Maßnahme im Rahmen ihrer Organstellung. Die Planungs- und Entscheidungsbefugnis über die grundsätzlichen Fragen der Geschäftsführung sei damit nicht in die Organisation des Managers verlagert worden; der Manager habe nur Rechte zur laufenden Geschäftsführung innerhalb der die Unternehmenspolitik der KG verwirklichenden Richtlinien des Managementvertrages gehabt.

I. Übertragung auf extern verwaltete Investmentkommanditgesellschaft

Im folgenden Abschnitt werden die von der Rechtsprechung aufgezeigten Kriterien auf die Konstellation einer extern verwalteten Investmentkommanditgesellschaft übertragen. Ebenso wie der Manager in der Holiday-Inn-Entscheidung wird die externe Kapitalverwaltungsgesellschaft als Managerin im Wege des Bestellungsvertrages von der Investmentkommanditgesellschaft – vergleichbar mit der KG – beauftragt, eine Dienstleistung – hier die investmentrechtliche Anlageverwaltung – zu erbringen.[1481] Zu diesem Zweck werden der externen Kapitalverwaltungsgesellschaft rechtsgeschäftliche Geschäftsführungs- und Vertretungs- sowie möglicherweise auch Verfügungsbefugnisse eingeräumt. Dies könnte dazu führen, dass die Organstellung seitens der Investmentkommanditgesellschaft wesentlich beeinträchtigt wird und somit ein Verstoß gegen das Prinzip der Selbstorganschaft vorliegt.

1481 Siehe oben 2. Teil D.I.5. zur Bestellung der externen Kapitalverwaltungsgesellschaft sowie 5. Teil A.VI. zu den gesellschaftsrechtlichen Befugnissen; a.A. *Schewe*, Kommanditgesellschaften im Regelungsbereich des Investmentrechts, S. 218.

1. Betriebsführungsvertrag

Der BGH qualifizierte den Holiday-Inn-Managementvertrag als Betriebsführungsvertrag.[1482] Fraglich ist, ob dies auch für den Bestellungsvertrag zutrifft. Im Rahmen eines Betriebsführungsvertrages beauftragt ein Unternehmen den »Betriebsführer« damit, dessen gesamtes Unternehmen oder einen Betrieb oder Teilbetrieb für ihn und auf dessen Rechnung umfassend zu führen.[1483] Betriebsführungsverträge unterteilen sich in solche mit und ohne Weisungsbefugnis[1484] sowie in solche, die ein Handeln des Betriebsführers im eigenen oder im fremden Namen vorsehen.[1485]

Wird eine externe Verwaltung von den Fondsbeteiligten angestrebt, kann die Investmentkommanditgesellschaft eine ihrem Unternehmensgegenstand entsprechende Kapitalverwaltungsgesellschaft bestellen, § 154 Abs. 1 S. 1 KAGB. Da der gesellschaftsvertraglich festgelegte Unternehmensgegenstand der Investmentkommanditgesellschaft ausschließlich in der Anlage und Verwaltung des Kommanditanlagevermögens besteht (§ 150 Abs. 2 S. 1 KAGB) und die externe Kapitalverwaltungsgesellschaft gerade mit dieser Tätigkeit beauftragt werden soll (§ 154 Abs. 1 S. 2 KAGB), findet eine weitreichende Kompetenzübertragung auf die Kapitalverwaltungsgesellschaft statt. Über die Kerntätigkeit der investmentrechtlichen Anlageverwaltung hinaus können die Nebenverwaltungsaufgaben sowie entsprechende Geschäftsführungs-, Vertretungs- und Verfügungsbefugnisse von der Investmentkommanditgesellschaft auf die Kapitalverwaltungsgesellschaft derivativ übertragen werden.[1486] Dies deutet auf eine beim Betriebsführungsvertrag vergleichbare Gefährdungslage in Bezug auf Fremdbestimmung und Kontrollverlust hin.[1487]

[1482] BGH, NJW 1982, 1817, 1817; zum Betriebsführungsvertag im Allgemeinen *Rieble*, NZA 2010, 1145 ff., danach agiert der Betriebsführer beim unechten oder atypischen Betriebsführungsvertrag im eigenem Namen, S. 1146; zu den Ansätzen hinsichtlich der Zulässigkeit von Betriebsführungsverträgen, *Fleischer*, in Spindler/Stilz, AktG, § 76 Rn. 72 f.

[1483] *Wagenhals*, Der Betriebsführungsvertrag, S. 11; Abgrenzung zu Betriebspacht- und Betriebsüberlassungsvertrag, *Poschos*, in Henssler/Strohn, AktG, § 292 Rn. 11 ff.; *Veil*, in Spindler/Stilz, AktG, § 292 Rn. 52.

[1484] *Altmeppen*, in MüKo, AktG, Band 5, § 292 Rn. 153 ff.

[1485] Unechter und echter Betriebsführungsvertrag, *Rieble*, NZA 2010, 1145 ff.; *Paschos*, in Henssler/Strohn, AktG, § 292 Rn. 14.

[1486] Siehe oben 4. Teil C., 5. Teil A.

[1487] Etwa Fremdinteresse, *Veil*, in Spindler/Stillz, AktG, § 292 Rn, 56; bedroht sei die Richtigkeitsgewähr der verbandsinternen Willensbildung und die unternehmerische Autonomie der Gesellschaft, sowie Gefahr des Fremdmissbrauchs zu eigenen gesellschaftsfremden Zwecken, *Habersack*, in Emmerich/Habersack, AktG, § 311 Rn. 1; vgl. oben 5. Teil B.II. zum Zweck des Prinzips der Selbstorganschaft und der Verbandsautonomie.

Dabei ist jedoch zu beachten, dass die Kapitalverwaltungsgesellschaft keine umfassende Betriebsführung schuldet, sondern die im Bestellungsvertrag definierte Dienstleistung »Vermögensverwaltung«.[1488] Der Umfang der aufsichtsrechtlich erforderlichen KVG-Tätigkeit ist auf die Portfolioverwaltung und das Risikomanagement beschränkt.[1489] Außerdem können schon nach bisherigem Erkenntnisstand eine Reihe investmentrechtlicher Aufgaben bei der Investmentkommanditgesellschaft verbleiben, wie etwa die Bestellung und Auswahl der Kapitalverwaltungsgesellschaft, die Beauftragung der Verwahrstelle, die Ausgestaltung und Anpassung der Anlagebedingungen sowie die Durchführung der Treuhandkommanditisten-Aufgaben etc.[1490] Über die noch nicht abschließend ermittelten spezifisch gesellschaftsrechtlichen Aufgaben und Zuständigkeiten hinaus hat die Kapitalverwaltungsgesellschaft nach hier vertretener Ansicht die Option, die Nebenverwaltungsaufgaben zu übernehmen.[1491] Dementsprechend wird nicht – wie bei Betriebsführungsverträgen üblich[1492] – eine umfassende Generalvollmacht erteilt,[1493] sondern eine begrenzte Vollmacht, die sich mindestens auf die Portfolioverwaltung und das Risikomanagement bezieht.[1494] Darüber hinaus können der Kapitalverwaltungsgesellschaft über die Vollmacht und den Bestellungsvertrag zusätzliche optionale Aufgaben und Befugnisse übertragen werden. Da die externe Kapitalverwaltungsgesellschaft gemäß § 26 Abs. 1 KAGB »ausschließlich im Interesse der Anleger« zu handeln hat, darf sie nicht – wie bei einem Beherrschungsvertrag üblich – ihre Interessen über die Gesellschafter der Investmentkommanditgesellschaft stellen.[1495] Der Bestellungsvertrag kann folglich nicht mit den typischen Gestaltungen eines Betriebsführungsvertrages gleichgesetzt werden und scheint in Fall einer extern verwalteten Investmentkommanditgesellschaft nicht vorzuliegen.

Weiterhin könnte bei der Qualifikation als Betriebsführungsvertrag zu berücksichtigen sein, dass § 112 Abs. 1 S. 3 Hs. 2 KAGB bei der Investmentaktiengesellschaft mit veränderlichem Kapital ausdrücklich festlegt, dass die Bestellung einer externen Kapitalverwaltungsgesellschaft »nicht als Unternehmensvertrag im Sinne des Aktiengesetzes anzusehen« ist. Aus dem Umstand, dass eine solche Regelung bezüglich der Investmentkommanditgesellschaft

---

1488 Siehe oben 4. Teil B.V.; *Paul*, in Weitnauer/Boxberger/Anders, KAGB, § 153 Rn. 4; *Bentele*, in Baur/Tappen, KAGB, § 17 Rn. 23 verbindet mit dem Betriebsführungsvertrag eine Übertragung »sämtlicher an sich den Organen der Gesellschaft zustehenden Befugnisse«.
1489 Siehe oben 4. Teil C.
1490 Siehe oben 4. Teil D.
1491 Siehe oben 4. Teil C.
1492 *Schubert*, in Oetker, HGB, § 48 Rn. 72.
1493 Siehe unten 5. Teil C.II. näher zur Handlungsvollmacht und zum Verbot der unwiderruflichen Generalvollmacht.
1494 Siehe oben 3. Teil B.I.1.b, 4. Teil A.III., 4. Teil B.IX., 4. Teil C. zur Bedeutung des Wortes »insbesondere« in § 154 Abs. 1 S. 2 KAGB.
1495 *Escher*, Bankrechtstag 2013, 123, 144 f.

nicht existiert, könnte der Schluss gezogen werden, dass der Bestellungsvertrag als Betriebsführungsvertrag im Sinne eines Unternehmensvertrages angesehen werden sollte.[1496] Allerdings sind die Vorschriften für Unternehmensverträge nach §§ 292 ff. AktG für Personengesellschaften nicht unmittelbar anwendbar und gelten grundsätzlich nur für Aktiengesellschaften. Es erscheint somit naheliegend, dass der Gesetzgeber davon ausging, dass eine Regelung wie in § 112 Abs. 1 S. 3 Hs. 2 KAGB nur im Fall der Investmentaktiengesellschaft erforderlich war und es bei der Investmentkommanditgesellschaft keiner solchen Vorschrift bedurfte.[1497] Allerdings wird vertreten, dass die Vorschriften für Unternehmensverträge gemäß §§ 292 ff. AktG analog auch für Personengesellschaften gelten sollen.[1498] Denn obwohl die GmbH & Co. KG personengesellschaftsrechtlich geprägt ist,[1499] sei das Haftungsrisiko für natürliche Personen eliminiert und es bestehe ein mit den Kapitalgesellschaften vergleichbares Schutzinteresse.[1500] Falls die §§ 292 ff. AktG analog auf Personengesellschaften anzuwenden wären, sollte auch § 112 Abs. 1 S. 3 Hs. 2 KAGB analog hinsichtlich extern verwalteten Investmentkommanditgesellschaften gelten, da kein Grund ersichtlich ist, warum der Bestellungsvertrag mit der Investmentkommanditgesellschaft abweichend zum Bestellungsvertrag mit der Investmentaktiengesellschaft als Unternehmensvertrag angesehen werden sollte. Eine analoge Anwendung würde allerdings eine Regelungslücke voraussetzen, die nur dann vorliegt, wenn die Verbindung zwischen der extern verwalteten Investmentkommanditgesellschaft und der externen Kapitalverwaltungsgesellschaft überhaupt einen Beherrschungsgrad im Sinne des § 292 Abs. 1 Nr. 3, § 308 AktG erreicht und daher dem Regelungsregime der Unternehmensverträge unterfällt.

1496 Zur analogen Anwendung der §§ 291 ff. AktG auf Betriebsführungsvertrag, vgl. *Koch*, in Hüffer, AktG, § 292 Rn. 20.

1497 Klarstellender Charakter bereits § 96 Abs. 4 S. 3 Hs. 2 InvG (aufgehoben), *Dornseifer*, in Emde/Dornseifer/Dreibus/Hölscher, InvG, § 96 Rn. 72; die Gesetzesbegründung zum KAGB, Bt-Dr. 17/12294, S. 238 verweist lediglich auf § 96 Abs. 4 InvG; unergiebig ist Gesetzesbegründung zum Investment-ÄnderungsG, 2007, Bt-Dr. 16/5576, S. 85; *Escher*, Bankrechtstag 2013, 123, 140 f.

1498 Zur Diskussion einer analogen Anwendung des § 291 AktG auf Personengesellschaften, vgl. *Altmeppen*, in MüKo, AktG, Band 5, § 291 Rn. 20 f.; *Deilmann*, in Hölters, AktG, § 291 Rn. 7; *Flume*, Personengesellschaft, S. 255; *Rieble*, NZA 2010, 1145, 1146.

1499 *Schäfer*, in Staub, HGB, § 105 Rn. 33: »Die Möglichkeit einer privatautonom vereinbarten, in ihren Wirkungen an §§ 319 ff. AktG ausgerichteten Eingliederung einer OHG/KG in das herrschende Unternehmen scheitert an der Unverzichtbarkeit allgemeiner personengesellschaftsrechtlicher Grundsätze wie Treuepflicht, Verbandsautonomie oder Selbstorganschaft.«

1500 BayObLG NJW 1993, 1804, 1805: »Handelt es sich allerdings wie hier um eine GmbH & Co. OHG, an der natürliche Personen als Gesellschafter nicht beteiligt sind, liegt es nahe, den Abschluss eines Beherrschungsvertrags mit der oHG nicht an deren Rechtsform scheitern zu lassen.«; *Liebscher*, in Reichert, GmbH & Co. KG, § 51 Rn. 46 f.

Dies hängt davon ab, wie intensiv und breit die Befugnisse und Bindungen im Einzelfall ausgestaltet sind,[1501] was im Folgenden untersucht wird.

2. Maßstab und Interessenbindung

Ebenso wie der Manager in der Holiday-Inn-Entscheidung des BGH an den Hotelführungsvertrag gebunden ist, könnte auch die externe Kapitalverwaltungsgesellschaft dazu verpflichtet sein, von ihrer Entscheidungsfreiheit pflichtgemäß Gebrauch zu machen. Eine Bindung der externen Kapitalverwaltungsgesellschaft ergibt sich zunächst aus dem Bestellungsvertrag selbst, insbesondere aus den Vereinbarungen über die von der Kapitalverwaltungsgesellschaft zu erbringenden Tätigkeiten und Modalitäten.[1502] Weiterhin ist sie an die Anlagebedingungen gebunden, da der Bestellungsvertrag regelmäßig darauf Bezug nimmt: Die Anlagebedingungen geben konkrete Leitlinien für das Handeln der Kapitalverwaltungsgesellschaft vor, deren Einhaltung von der Verwahrstelle überwacht wird.[1503] Sie enthalten beispielsweise Vorgaben zur Fondsverwaltung, zu Anlagegrundsätzen, Anlagegrenzen und zulässigen Vermögensgegenständen.[1504] Nach ESMA und BaFin muss die Anlagestrategie so ausgestaltet sein, dass die Anlagekriterien genau bestimmt sind und »die Handlungsspielräume des AIFM in den Anlagebedingungen, der Satzung oder im Gesellschaftsvertrag eingeschränkt sind.«[1505] Schließlich unterliegt die Kapitalverwaltungsgesellschaft der investmentrechtlichen Pflicht, ausschließlich im Interesse der Anleger zu handeln, § 26 Abs. 1, Abs. 2 Nr. 2 KAGB, wodurch die Entscheidungsfreiheit der Kapitalverwaltungsgesellschaft innerhalb und außerhalb der Anlageverwaltungsfunktionen ebenfalls eingeschränkt wird.

3. Primär- und Sekundäransprüche sowie Kündigungsrechte

Aufgrund des Bestellungsvertrages ist die Kapitalverwaltungsgesellschaft gegenüber ihrer Vertragspartnerin Investmentkommanditgesellschaft verpflichtet,

---

1501 *Rieble*, NZA 2010, 1145, 1146; zur Anwendung auf Personengesellschaften, vgl. Schürnbrand, Organschaft im Recht der privaten Verbände, S. 265; siehe unten 5. Teil C.III.
1502 Siehe oben 2. Teil D.I.5.b. zum Bestellungsvertrag.
1503 § 83 Abs. 1 Nr. 1, Abs. 5, Abs. 7 KAGB; »umfassende Überwachung sämtlicher anlegerbezogener Geschäfte [...] auf Gesetzes- und Vertragskonformität«, *Köndgen*, in BSL, InvG, § 27 Rn. 2; *Rüber/Reiff*, BB 2014, 1634, 1636; *Wallach*, ZGR 2014, 289, 324.
1504 §§ 162 Abs. 2, 261 ff., 266 Abs. 2 KAGB.
1505 BaFin, Auslegungsschreiben zum Anwendungsbereich des KAGB und zum Begriff des »Investmentvermögens«, Geschäftszeichen Q 31-Wp 2137-2013/0006, 14. Juni 2013, zuletzt geändert am 9. März 2015, Ziffer I. 5; ESMA, Diskussionspapier, »Key concepts of the Alternative Investment Fund Managers Directive and types of AIFM«, ESMA/2012/117, Ziffer 31.

die vereinbarten Leistungen und Pflichten zu erfüllen. Sofern sich die Kapitalverwaltungsgesellschaft vertragswidrig verhält, stehen der Investmentkommanditgesellschaft gegebenenfalls Unterlassungs- und Schadensersatzansprüche zu. Darüber hinaus könnte der Investmentkommanditgesellschaft ein vertragliches Kündigungsrecht zustehen. Zwar regeln § 154 Abs. 1 S. 4, 5, § 99 KAGB lediglich ein Kündigungsrecht zugunsten der externen Kapitalverwaltungsgesellschaft.[1506] Die Vorgängerregelungen gemäß §§ 96 Abs. 4 S. 4, § 38 InvG (aufgehoben) sowie die dazugehörige Gesetzesbegründung sehen jedoch ein Kündigungsrecht der Investmentaktiengesellschaft vor,[1507] sodass die Investmentkommanditgesellschaft keinem Kündigungsverbot unterliegt.[1508] Mangels spezieller Normen im KAGB gelten die Regeln für den Geschäftsbesorgungsvertrag. Somit sind die Kündigungsvorschriften des Vertragstyps anwendbar, aus dem die Verpflichtung zur Geschäftsbesorgung begründet wird, also vorliegend die dienst- und werkvertraglichen Regeln nach §§ 620 ff., § 649 BGB.[1509]

Dabei ist das Recht der Investmentkommanditgesellschaft zur *außerordentlichen* Kündigung nicht abdingbar, da es sich bei dem Bestellungsvertrag um ein Dauerschuldverhältnis handelt.[1510] Im Gesetz ist nicht abschließend vorgegeben, wann genau die Parteien zur außerordentlichen Kündigung berechtigt sind. Somit ist es eine Frage des Einzelfalls, ob ein wichtiger Kündigungsgrund vorliegt, §§ 154 Abs. 1 S. 5 Nr. 1 KAGB, § 314 Abs. 1 S. 2 BGB.[1511] Um diese Rechtsunsicherheit zu vermeiden, sollte ein außerordentliches Kündigungsrecht im Bestellungsvertrag individuell vereinbart und konkretisiert werden.[1512] Da

---

1506 Siehe oben 3. Teil B.I.2.a. zum Kündigungsrecht.
1507 Gesetzentwurf der Bundesregierung, Entwurf eines Gesetzes zur Umsetzung der Richtlinie 2009/65/EG zur Koordinierung der Rechts- und Verwaltungsvorschriften betreffend Organismen für gemeinsame Anlagen in Wertpapieren (OGAW-IV-Umsetzungsgesetz – OGAW-IV-UmsG), Drucksache 17/4510, 24. Januar 2011, S. 80 »[...] Kündigung des Verwaltungsvertrags durch eine Kapitalanlagegesellschaft oder Investmentaktiengesellschaft [...]«.
1508 Führt den Anlegerschutz an, *Kunschke/Klebeck*, in Beckmann/Scholtz/Vollmer, 405, KAGB, § 129 Rn. 16; *Rüber/Reiff*, BB 2014, 1634, 1636.
1509 *Heermann*, in MüKo, BGB, Band 5–2, § 675 Rn. 25; siehe oben 2. Teil D.I.5.b. zur Einordnung des Bestellungsvertrags; *Campbell/Müchler*, ILF 2009, 1, 3; *Einsele*, Bank- und Kapitalmarktrecht, § 10 Rn. 25.
1510 *Lorenz*, in Bamberger/Roth/Hau/Poseck, BGB, § 314 Rn. 28; *Kracke*, in Baur/Tappen, KAGB, § 125 Rn. 12.
1511 § 314 Abs. 1 2 BGB; *Klebeck/Kunschke*, in Beckmann/Scholtz/Vollmer, 405, KAGB, § 154 Rn. 45 f.
1512 Nach BGH, NJW-RR 1988, 1381 ff. »[...] sind in einem Vertrag die eine vorzeitige Vertragsbeendigung rechtfertigenden Gründe im einzelnen benannt, hängt die Berechtigung zu einer außerordentlichen Kündigung nicht davon ab, daß zusätzlich noch besondere Umstände vorliegen, die ein Festhalten am Vertrag unzumutbar machen.«; sachgerecht scheint im Ausgangspunkt ein Gleichlauf mit der Mindestfrist gemäß § 154 Abs. 1 5 Nr. 2 KAGB.

die Zivilrechtsvorschriften betreffend das ordentliche Kündigungsrecht abdingbar sind,[1513] sollte außerdem ein *ordentliches* Kündigungsrecht zugunsten der Investmentkommanditgesellschaft vereinbart werden.[1514] Dies würde auch die Organstellung der InvKG-Geschäftsführung im Sinne der Selbstorganschaft stärken.

4. Weisungsrecht und Zustimmungsvorbehalte

Im Folgenden wird der Frage nachgegangen, ob die Investmentkommanditgesellschaft gegenüber der externen Kapitalverwaltungsgesellschaft Weisungen erteilen darf und umgekehrt.

a. Weisungsrecht und Zustimmungsvorbehalte der Investmentkommanditgesellschaft

Nach der zivilrechtlichen Ausgangslage ist die externe Kapitalverwaltungsgesellschaft den schuldrechtlichen Weisungen der Investmentkommanditgesellschaft unterworfen, § 665 Abs. 5 i. V. m. § 675 Abs. 1 BGB,[1515] wobei die Investmentkommanditgesellschaft im Bestellungsvertrag darauf verzichten könnte.[1516] So erachtet der BGH im Holiday-Inn-Urteil sogar das gänzliche Fehlen einer Weisungsbefugnis in der Gesamtschau für zulässig, denn die dem Urteil gegenständliche Kommanditgesellschaft (KG) und ihre Gesellschafter hatten sich verpflichtet, »den täglichen Betrieb des Unternehmens weder zu stören noch sich in irgendeiner Form einzumischen.«[1517]

Es entspricht dem Sinn und Zweck des Bestellungsvertrages, dass die investmentrechtliche Anlageverwaltung durch die externe Kapitalverwaltungsgesellschaft erbracht wird, sodass kein Weisungsrecht der Investmentkommanditgesellschaft

---

1513 *Fuchs/Plum*, in Bamberger/Roth/Hau/Poseck, BGB, § 621 Rn. 5; *Mohr*, Die Investmentkommanditgesellschaft, S. 90.
1514 *Ewald/Jansen*, DStR 2016, 1784, 178 weisen auf möglichst kurze Kündigungsfristen hin.
1515 *Steffen*, in Baur/Tappen, KAGB, § 26 Rn. 29, 31 legt das Schweigen des Gesetzes dahingehend aus, dass keine Einwirkungsmöglichkeit der Anleger gegeben sein soll. Gleichzeitig verweist der Autor jedoch selbst auf § 665 BGB und hat zudem wohl die Konstellation des Sondervermögens im Sinn (weder »Versammlung noch Vertreter der Anteilsinhaber«); *Escher*, Bankrechtstag 2013, 123, 145.
1516 Es geht hier nicht um organschaftliche Weisungsrechte, vgl. zur rechtlichen Qualifikation, *Hecht*, Die fremdbestimmte Verbandsentscheidung, S. 65 ff., sowie Weisungsrechte bei der Personengesellschaft, insbesondere durch ein Fakultativorgan, *ders.* S. 125 ff., 133.
1517 BGH, NJW 1982, 1817, 1817 f.; *Veil*, in Spindler/Stilz, AktG, § 292 Rn. 57.

C. Grenzen durch die Rechtsprechung (Prinzip der Selbstorganschaft)

bezüglich der Portfolioverwaltung und des Risikomanagements besteht.[1518] Dies gebietet der Umstand, dass die Kapitalverwaltungsgesellschaft ihre Tätigkeiten für eine für eine Vielzahl von Anlegern erbringt und verpflichtet ist, für alle am Investmentvermögen Beteiligten einheitlich anhand der Anlagebedingungen zu handeln, was durch die Erteilung von Weisungen nicht gewährleistet wäre.[1519] Allerdings lässt sich dem Gesetz zumindest nicht ausdrücklich entnehmen, dass die Anleger bzw. die extern verwaltete Investmentgesellschaft gar keine Weisungsbefugnisse haben.[1520] Weil und sofern nicht die Rechte anderer Anleger verletzt werden,[1521] erscheint eine Einflussnahme der Anleger bei Spezialfonds mit nur einem oder sehr wenigen qualifizierten Anlegern im Einzelfall denkbar. Jedenfalls außerhalb der Anlageverwaltungsfunktionen, beispielsweise bezüglich der auf die Kapitalverwaltungsgesellschaft übertragenen Nebenverwaltungsaufgaben, wie etwa der Immobilienverwaltung, sollte ein Weisungsrecht der Investmentkommanditgesellschaft grundsätzlich zulässig sein, sofern gewährleistet werden kann, dass andere Anleger nicht benachteiligt werden.[1522]

Im Bestellungsvertrag können der Investmentkommanditgesellschaft außerdem Zustimmungsvorbehalte für bestimmte Geschäfte der Kapitalverwaltungsgesellschaft eingeräumt werden;[1523] beispielsweise bei Auslagerungen oder der Inanspruchnahme von Dienstleistungen Dritter. Dabei müssen der Kapitalverwaltungsgesellschaft aber das Letztentscheidungsrecht und der Entscheidungsspielraum hinsichtlich der Anlageverwaltungsfunktionen verbleiben, § 23 Nr. 9,

---

1518 *Wallach*, ZGR 2014, 289, 325 im »Verantwortungsbereich der Kapitalverwaltungsgesellschaft haben die Geschäftsführer überhaupt kein Weisungsrecht«; *Hoffert*, in Moritz/Klebeck/Jesch, KAGB, § 154 Rn. 9; a.A. *Lorenz*, in Weitnauer/Boxberger/Anders, KAGB, § 112 Rn. 8 »wohl« Weisungsrecht zu Gunsten der Investmentkommanditgesellschaft; *Campbell/Müchler*, ILF 2009, 1, 6 Fn. 19 »Weisungsabhängigkeit der Verwaltungsgesellschaft«; Schreiben des BaKred zum KAGG, 08.06.1989, V 4/51 sowie 29.09.1997, V 1/02-17/97; ESMA/2013/611, Guidelines on key concepts of the AIFMD, 13. August 2013, Ziffer VI.12.
1519 *U. Schäfer*, in Assmann/Schütze, Handbuch des Kapitalanlagerechts, § 23 Rn. 3; zur Unzulässigkeit von Weisungsrechten, Zustimmungsvorbehalten und Vetorechten bezüglich der Anlageverwaltungsfunktionen, vgl. *Stabenow*, in Assmann/Wallach/Zetzsche, KAGB, § 26 Rn. 28 ff., auch zu »Wünschen« der Anleger im Abgrenzung zu Weisungen, Rn. 36.
1520 *Stöber/Kleinert*, BB 2016, 278, 278 ff.
1521 OLG Frankfurt, BKR 2008, 341, 346.
1522 *Lorenz*, in Weitnauer/Boxberger/Anders, KAGB, § 112 Rn. 8; *Campbell/Müchler*, ILF 2009, 6 Fn. 19.
1523 *Dornseifer*, in Emde/Dornseifer/Dreibus/Hölscher, InvG, § 96 Rn. 72; »Vetorechte« laut *Tollmann*, in DJKT, AIFM-RL, Art. 4 Rn. 31; *Hüwel*, in Baur/Tappen, KAGB, § 129 Rn. 32; *Zetzsche*, Prinzipien der kollektiven Vermögensverwaltung, S. 92 f. lässt lediglich eine Indexbindung mit Blick auf die »Selbstständigkeit« der Geschäftsbesorgung zu; *Oetker*, in Oetker, HGB, § 164 Rn. 76; näher siehe unten 5. Teil D.III. zu den gesellschaftsrechtlich geschuldeten Zustimmungsvorbehalten.

10 KAGB.[1524] Außerhalb dessen kann jedoch eine Gesamtvertretung zwischen externer Kapitalverwaltungsgesellschaft und Investmentkommanditgesellschaft vereinbart werden.[1525] Letztlich sollten Empfehlungen, Zustimmungsvorbehalte und auch Weisungsbefugnisse gesetzlich zulässig sein, sofern die Letztentscheidung und -verantwortung hinsichtlich der Portfolioverwaltung und dem Risikomanagement bei der Kapitalverwaltungsgesellschaft verbleibt.

b. Weisungsrecht der externen Kapitalverwaltungsgesellschaft

Umgekehrt stellt sich die Frage, inwieweit die externe Kapitalverwaltungsgesellschaft Weisungsrechte gegenüber der Investmentkommanditgesellschaft haben kann. Sowohl das Recht zur Geschäftsbesorgung nach §§ 675 ff. BGB als auch das KAGB sehen hierzu keine Regelung vor. Um die gesellschaftsrechtlichen Befugnisse der Investmentkommanditgesellschaft nicht auszuhöhlen und das Prinzip der Selbstorganschaft sowie den Grundsatz der Verbandsautonomie zu wahren,[1526] sollte ein unbegrenztes Weisungsrecht eines Nicht-Gesellschafters vermieden werden. Es ist jedoch zulässig, der Kapitalverwaltungsgesellschaft ein einzelfallbezogenes und begrenztes Weisungsrecht einzuräumen, dies etwa beschränkt auf die Anlageverwaltungsfunktionen oder die im Bestellungsvertrag übertragene Verwaltungstätigkeit.[1527] Das Recht der Kapitalverwaltungsgesellschaft sollte dabei auf solche Weisungen beschränkt werden, die erforderlich sind, um die Anforderungen durch das KAGB zu erfüllen.

5. Kontrollpflichten und Einsichtsbefugnisse

Da es der Geschäftsführung gemäß § 153 Abs. 1 S. 3 KAGB obliegt, bei der Ausübung ihrer Tätigkeit im außschließlichen Interesse der Gesellschafter und der Integrität des Marktes zu handeln, die gebotene Sachkenntnis, Sorgfalt und Gewissenhaftigkeit walten zu lassen und sich außerdem um die Vermeidung von Interessenkonflikten zu bemühen, ist die InvKG-Geschäftsführung aufsichtsrechtlich verpflichtet, die externe Kapitalverwaltungsgesellschaft in an-

---

1524 *Tollmann*, in DJKT, AIFM-RL, Art. 4 Rn. 31, 33; ESMA, Diskussionspapier, »Key concepts of the Alternative Investment Fund Managers Directive and types of AIFM«, ESMA/2012/117, 23. Februar 2012, Ziffer 31: »The AIFM or internally-managed AIF must have responsibility for the management of the AIF's assets. Investors have day-to-day no discretion or control over these assets.«
1525 Vgl. *Böhme*, BB 2014, 2380, 2385; zur Gesamtvertretung und Strukturierungsmöglichkeiten, *Schwark*, NZG 2001, 529, 529 ff.
1526 Eine generelles Weisungsrecht sei unzulässig, *Hecht*, Die fremdbestimmte Verbandsentscheidung, S. 222 f.; a.A. BGH, NJW 1982, 1817, 1817 f.; *Müchler*, Die Investmentaktiengesellschaft mit veränderlichem Kapital, S. 286 sieht eine aufsichtsrechtliche Problematik.
1527 A.A. kein Weisungsrecht der Kapitalverwaltungsgesellschaft, vgl. *Lorenz*, in Weitnauer/Boxberger/Anders, KAGB, § 112 Rn. 8.

gemessenem Umfang zu kontrollieren und zu überwachen.[1528] Eine laufende Überwachungspflicht folgt außerdem aus dem Recht zur Kündigung, der Widerrufsmöglichkeit der Vollmacht sowie potenziellen Primär- und Sekundäransprüchen aufgrund des Bestellungsvertrages gegen die Kapitalverwaltungsgesellschaft. Hervorzuheben ist insbesondere die Antragspflicht der Geschäftsführung auf Eröffnung eines Insolvenzverfahrens, § 15a Abs. 1 S. 2, Abs. 2 InsO.[1529] Nach Ansicht des BGH handelt ein Geschäftsführer fahrlässig, wenn er nicht »rechtzeitig die erforderlichen Informationen und die Kenntnisse verschafft, die er für die Prüfung benötigt, ob er pflichtgemäß Insolvenzantrag stellen muss.«[1530] Die Geschäftsführung der Investmentkommanditgesellschaft kann ihre aufsichtsrechtlichen und organschaftlichen Pflichten somit nur ordnungsgemäß erfüllen, wenn sie die erforderlichen Informationen über die KVG-Tätigkeit erhält und Kontrollrechte ausüben kann. Dies umfasst beispielsweise das Recht, Einsicht in relevante Unterlagen zu nehmen.

Nach der gesetzlichen Ausgangslage ist der Beauftragte (externe Kapitalverwaltungsgesellschaft) verpflichtet, dem Auftraggeber (Investmentkommanditgesellschaft) die erforderlichen Nachrichten zu geben, auf Verlangen über den Stand des Geschäfts Auskunft zu erteilen und nach der Ausführung des Auftrags Rechenschaft abzulegen, § 666 i. V. m. § 675 Abs. 1 BGB.[1531] Diese Vorschriften sind dispositiv, sodass die konkreten Befugnisse der Investmentkommanditgesellschaft und Informationspflichten der Kapitalverwaltungsgesellschaft ausdrücklich im Bestellungsvertrag vereinbart werden sollten. Dies könnte das Recht auf monatliche Geschäftsaufstellung, Auskunftsrechte sowie das Recht auf eine regelmäßige Einsichtnahme und Prüfung bestimmter Auf-

---

1528 *Hüwel*, in Baur/Tappen, KAGB, § 129 Rn. 21, 42; *Kracke*, in Baur/Tappen, KAGB, § 128 Rn. 6; *Oetker*, in Oetker, HGB, § 164 Rn. 74 f.; *Mohr*, Die offene Investmentkommanditgesellschaft, S. 82; kritisch wegen Informationsdefiziten *Zetzsche*, AG 2013, 613, 621; verneinend *Eichhorn*, WM 2016, 145, 147; *ders.*, in Moritz/Klebeck/Jesch, KAGB, § 129 Rn. 5; zur Investmentaktiengesellschaft: *Beckmann/Scholtz/Vollmer*, 144, 15 »Kernpflichten der Geschäftsführung«; *Lorenz*, in Weitnauer/Boxberger/Anders, KAGB, § 112 Rn. 4 »selbstredend die Kontrolle« der Kapitalverwaltungsgesellschaft-Tätigkeit; zur tradierten Investmentaktiengesellschaft bejahend: *Fischer/Steck*, in BSL, InvG, § 96 Rn. 33; *Fischer/Friedrich*, ZBB 2013, 153, 155; *Dornseifer*, in Emde/Dornseifer/Dreibus/Hölscher, InvG, § 96 Rn. 69; *Mücher*, Die Investmentaktiengesellschaft mit veränderlichem Kapital, S. 304 zur tradierten Investmentaktiengesellschaft, keine umfassenden Überwachungsrechte, aber gewisse Kontroll- und Steuerungsrechte; *Schott*, in Emde/Dornseifer/Dreibus, KAGB, § 154 Rn.15 »Plausibilisierungs des Handelns der KVG« durch die Investmentkommanditgesellschaft.
1529 Siehe oben 4. Teil D.III.10; siehe unten 5. Teil D.II.11.
1530 BGH, WM 2012, 1124, 1126.
1531 »Kardinalpflichten einer jeden Geschäftsbesorgung«, *Schnauder*, Das Recht der Geschäftsbesorgung beim Vertrieb von Kapitalanlagen und Kreditvertragsprodukten, S. 45.

zeichnungen umfassen.[1532] Umfassende Kontroll- und Überwachungsrechte sind auch aufgrund der Kontrollfunktion der Verwahrstelle nicht zwingend und werden in der Praxis oftmals nicht vereinbart, wenn die Investmentkommanditgesellschaft auf Initiative der Kapitalverwaltungsgesellschaft geschaffen wird. Die vertragliche Verankerung von (begrenzten) Kontroll- und Überwachungsrechten der Investmentkommanditgesellschaft würde jedoch dazu beitragen, dass das Prinzip der Selbstorganschaft und insbesondere die höchstrichterlichen Vorgaben über den zulässigen Fremdeinfluss gewahrt bleiben.

6. Vertragsbeeinflussung und verbleibende Aufgaben

Je nach Fondsstruktur hat die Investmentkommanditgesellschaft im Stadium der Vertragsverhandlung mehr oder weniger Einflussmöglichkeiten. Beteiligen sich beispielsweise die Fondsinitiatoren an einer Investmentkommanditgesellschaft als Anleger, besteht regelmäßig ein höheres Interesse an einer einflussreichen Investmentgesellschaft als in den Fällen, in denen die Kapitalverwaltungsgesellschaft selbst die Fondsstruktur initiiert. Weiterhin ist zu berücksichtigen, dass der Wunsch nach Mitbestimmung bei einem kleineren Investorenkreis in der Regel höher ist als bei Publikumsfonds. So haben professionelle Anleger sowie Anleger eines Spezialfonds, auch aufgrund ihres eigenen Sachverstands, häufig ein ausgeprägtes Mitgestaltungsinteresse. Zunächst kann die Investmentkommanditgesellschaft den Auswahlprozess und die Auswahlentscheidung bezüglich der Kapitalverwaltungsgesellschaft durchführen, § 17 Abs. 2 Nr. 1 KAGB.[1533] Im Zuge der Vertragsverhandlungen kann sie etwa auf Verwaltervergütung,[1534] Aufwendungsersatz, Haftungsthemen und Vertraulichkeitsklauseln, und nicht zuletzt den konkret geschuldeten Leistungsumfang einwirken: Der Begriff der Portfolioverwaltung wird im KAGB nicht definiert und auch die Nebenverwaltungsaufgaben – anders als die Anlageverwaltungsfunktionen – können nach hier vertretener Auffassung optional von der Kapitalverwaltungsgesellschaft übernommen werden,[1535] sodass es den zu erbringenden Leistungsumfang im Bestellungsvertrag festzulegen gilt. Weiterhin können der externen Kapitalverwaltungsgesellschaft – je nach Interessenlage – Vorgaben zu ihren Auslagerungstätigkeiten gemacht werden, und auch die Vereinbarung eines Mitspracherechts der Investmentkommanditgesellschaft bei Übertragung von Aufgaben an Dritte und Abberufung von Drittdienstleistern ist möglich.[1536]

Der Geschäftsführung obliegen darüber hinaus die Auswahl, Beauftragung und Überprüfung der Verwahrstelle, die Bestellung der externen Kapitalverwaltungsgesellschaft nach § 154 Abs. 1 S. 1 KAGB, die Auskunfts- und Vorlage-

---

1532 BGH, NJW 1982, 1817, 1818.
1533 *Oetker*, in Oetker, HGB, § 164 Rn. 75.
1534 § 37 KAGB.
1535 Siehe oben 4. Teil C.
1536 *Hüwel*, in Baur/Tappen, KAGB, § 129 Rn. 42.

pflichten nach § 14 KAGB, eine Einflussnahme auf die Ausgestaltung der Anlagebedingungen, die Aufgaben des Treuhandkommanditisten, § 152 Abs. 1 S. 2 KAGB, sowie weitere Tätigkeiten innerhalb und außerhalb des KAGB.[1537]

7. Externe Kapitalverwaltungsgesellschaft als Komplementärin oder Kommanditistin

Sofern der Investmentkommanditgesellschaft nach der Bestellung einer externen Kapitalverwaltungsgesellschaft bestimmte Einflussmöglichkeiten verbleiben, spricht viel dafür, dass das Prinzip der Selbstorganschaft nicht nur formal gewahrt ist, sondern die Organstellung auch materiell nicht ausgehöhlt wird.[1538] Abseits dessen ist denkbar, dass die externe Kapitalverwaltungsgesellschaft einen Gesellschaftsanteil an der Investmentkommanditgesellschaft erwirbt und auf diesem Weg eine formale Organstellung erhält. In der Folge könnten der Kapitalverwaltungsgesellschaft weitreichende Kompetenzen eingeräumt werden, ohne dass die Organe der Investmentkommanditgesellschaft ausgehöhlt würden, da die Kapitalverwaltungsgesellschaft selbst ein Organ der Investmentkommanditgesellschaft wäre.

In Betracht kommt zunächst, dass sich die Kapitalverwaltungsgesellschaft als Komplementärin beteiligt. Eine *gesellschaftsvertragliche Übertragung* der mit der Fondsverwaltung verbundenen Aufgaben und Befugnisse auf die Komplementär(-GmbH) würde in einer internen Verwaltung münden, da die Handlungen der Komplementärin »Kapitalverwaltungsgesellschaft« der Investmentkommanditgesellschaft wie eigenes Handeln zuzurechnen wären.[1539] Die Beteiligung einer externen Kapitalverwaltungsgesellschaft als Komplementärin ist daher ausgeschlossen, wenn die Kapitalverwaltungsgesellschaft im Gesellschaftsvertrag mit der Fondsverwaltung betraut wird.

Allerdings könnten die mit der Fondsverwaltung verbundenen Aufgaben und Befugnisse auch im Wege des *schuldrechtlichen* Bestellungsvertrages, also außerhalb des Gesellschaftsvertrages, auf die Komplementärin (externe Kapitalverwaltungsgesellschaft) übertragen werden. Eine solche »nicht-organschaftliche« Tätigkeit der Komplementär-Kapitalverwaltungsgesellschaft würde der Investmentkommanditgesellschaft formal betrachtet nicht als eigene zugerech-

---

1537 Siehe oben 4. Teil D.II., III, siehe unten 5. Teil D.II.
1538 Siehe oben 5. Teil B.III., 5. Teil C. dazu, dass nach Ansicht des BGH die faktische Organstellung gewahrt werden muss.
1539 *Eichhorn*, WM 2016, 145, 147; *Weiser/Hüwel*, BB 2013, 1091, 1093; zwar sieht die Gesetzesbegründung zum KAGB, Bt-Dr. 17/12294 auf S. 251 f., 243 eine Aufnahme einer Kapitalverwaltungsgesellschaft als geschäftsführende Komplementärin vor, wobei dies im Zusammenhang mit der Umwandlung in einer interne Kapitalverwaltungsgesellschaft zu verstehen ist.

net.[1540] Die externe Kapitalverwaltungsgesellschaft hätte in diesem Fall eine Doppelfunktion, der zufolge sie die Dienstleistung »Vermögensverwaltung« sowie die geschäftsführungsnahen und gesellschaftsrechtlichen Komplementärstätigkeiten der extern verwalteten Investmentkommanditgesellschaft erbringen würde, für die teilweise unterschiedliche rechtliche Anforderungen gelten. Beispielsweise könnte die InvKG-Geschäftsführung – und damit die Komplementär-Kapitalverwaltungsgesellschaft – aufgrund des Bestellungsvertrages verpflichtet sein, für die Vertragserfüllung durch die externe Kapitalverwaltungsgesellschaft zu sorgen, Kündigungsrechte geltend zu machen, und im Fall einer Pflichtverletzung gegen die Kapitalverwaltungsgesellschaft vorzugehen.[1541] Je nach Inhalt des Bestellungsvertrages können außerdem bestimmte Auskunfts- und Informationsrechte der Investmentkommanditgesellschaft gegenüber der Kapitalverwaltungsgesellschaft bestehen, die ebenfalls durchgesetzt werden müssten. Würde eine Kapitalverwaltungsgesellschaft (i) als geschäftsführungsbefugte Komplementärin der extern verwalteten Investmentkommanditgesellschaft und (ii) zugleich als die sie verwaltende externe Kapitalverwaltungsgesellschaft tätig sein, müssten die Geschäftsführer der Kapitalverwaltungsgesellschaft somit Ansprüche gegen das eigene Unternehmen durchsetzen. Eine solche Doppelrolle birgt die Gefahr von Interessenkonflikten.

Weiterhin unterscheiden das KAGB und die AIFM-RL organisatorisch zwischen dem Investmentvermögen einerseits und der Kapitalverwaltungsgesellschaft andererseits. So trifft die AIFM-RL schon keine Regelungen für AIF, sondern nur für AIFM.[1542] Auch das KAGB regelt die organisatorischen Anforderungen an eine externe Kapitalverwaltungsgesellschaft getrennt von den Anforderungen an die Investmentgesellschaften. Beispielsweise dürfen externe Kapitalverwaltungsgesellschaften nach § 18 KAGB »nur in der Rechtsform der Aktiengesellschaft, der Gesellschaft mit beschränkter Haftung oder der Kommanditgesellschaft, bei der persönlich haftender Gesellschafter ausschließlich eine Gesellschaft mit beschränkter Haftung ist, betrieben werden.« Demgegenüber machen die §§ 149 ff., §§ 124 ff. KAGB Vorgaben an die Organisation der Investmentkommanditgesellschaft. Die organisatorische Trennung wird auch in § 17 Abs. 2 Nr. 1 KAGB deutlich, wonach ein Investmentvermögen eine externe Kapitalverwaltungsgesellschaft bestellen kann. Ist dagegen das Investmentvermögen selbst die Kapitalverwaltungsgesellschaft, liegt nach den gesetzlichen Vorgaben des KAGB und der AIFM-RL ein intern verwaltetes Investmentvermögen (AIF) vor, und keine externe Kapitalverwaltungsgesell-

---

1540 *Weiser/Hüwel*, BB 2013, 1091, 1093; *Kunschke/Klebeck*, in Beckmann/Scholtz/Vollmer, 405, KAGB, § 128 Rn. 17, 24, 26; *Bentele*, in Baur/Tappen, KAGB, § 17 Rn. 28; *Herring/Loff*, DB 2012, 2029, 2030; *Winterhalder*, in Weitnauer/Boxberger/Anders, KAGB, § 17 Rn. 64; so ist beispielsweise auch eine Prokuraerteilung an den Kommanditisten möglich, *Boesche*, in Oetker, HGB, § 125 Rn. 7.
1541 Siehe oben 5. Teil C.I.7.
1542 Vgl. Erwägungsgründe 1, 6 und 10 AIFM-RL.

C. Grenzen durch die Rechtsprechung (Prinzip der Selbstorganschaft)

schaft (AIFM).[1543] Auch wenn die Beteiligung einer externen Kapitalverwaltungsgesellschaft als Komplementärin aufgrund einer rein schuldrechtlichen Bestellung nicht zwingend zu einer intern verwalteten Investmentkommanditgesellschaft führen sollte, stünde eine solche Konstruktion im konzeptionellen Widerspruch zur organisatorischen Trennung zwischen Investmentvermögen und Kapitalverwaltungsgesellschaft sowie zwischen externer und interner Verwaltung.

Weiterhin ist zu beachten, dass wenn eine externe Kapitalverwaltungsgesellschaft gleichzeitig Komplementärin der von ihr verwalteten Investmentkommanditgesellschaft wäre, die Kapitalverwaltungsgesellschaft grundsätzlich in vollem Umfang und mit ihrem gesamten Vermögen für Verbindlichkeiten der Investmentkommanditgesellschaft haften würde, § 128 S. 1 HGB.[1544] Dadurch würde sich die Risikolage der externen Kapitalverwaltungsgesellschaft verschlechtern, sodass eine Komplementärstellung aus Gründen eines adäquaten Risikomanagements eher vermieden werden sollte.[1545]

Dies wird auch durch § 20 Abs. 6 KAGB bestätigt: Danach dürfen sich »externe Kapitalverwaltungsgesellschaften an Unternehmen beteiligen, wenn [i] der Geschäftszweck des Unternehmens gesetzlich oder satzungsmäßig im Wesentlichen auf die Geschäfte ausgerichtet ist, welche die externe Kapitalverwaltungsgesellschaft selbst betreiben darf und [ii] eine Haftung der externen Kapitalverwaltungsgesellschaft aus der Beteiligung durch die Rechtsform des Unternehmens beschränkt ist.« Zwar stimmt der Unternehmensgegenstand der Investmentkommanditgesellschaft nach § 150 Abs. 2 KAGB mit dem Unternehmensgegenstand der Kapitalverwaltungsgesellschaft nach § 17 Abs. 1 KAGB überein. Allerdings erhöht sich das Haftungsrisiko der Kapitalverwaltungsgesellschaft im Fall einer Komplementärstellung gemäß § 128 Abs. 1 HGB, sodass eine Bezugnahme auf § 20 Abs. 6 KAGB dazu führt, dass die externe Kapitalverwaltungsgesellschaft sich nicht als Komplementärin beteiligen darf.[1546] Das Haftungsargument gilt nur eingeschränkt, wenn sich die Kapitalverwaltungsgesellschaft als *Kommanditistin* beteiligt.[1547] Denn die externe Kapitalverwaltungsgesellschaft haftet dann nicht unbeschränkt, sondern nur bis zur Höhe

---

1543 Art. 5 AIFM-RL, § 17 Abs. 2 Nr. 1 KAGB.
1544 Im Fall des AIFM in der Rechtsform einer haftungsbeschränkten Kapitalgesellschaft (etwa einer GmbH) reduziert sich das Haftungsrisiko insoweit, § 18 Abs. 1 KAGB.
1545 *Kracke*, in Baur/Tappen, KAGB, § 128 Rn. 8, 9; *Bentele*, in Baur/Tappen, § 20 Rn. 78; zu berücksichtigen sind nach *Wallach*, ZGR 2014, 289, 302 die potentiellen Folgekosten aus einer Komplementärstellung wie etwa im Rahmen der Berufshaftpflichtversicherung; siehe unten 4. Teil F.I.2.d. zur Rechtslage im Fall der Bestellung des General Partner einer Limited Partnership im Vereinigten Königreich sowie zur Rechtslage in Luxemburg sowie siehe unten 4. Teil F.II.1. und 2.d. zur Rechtslage in Luxemburg.
1546 A.A. *Schewe*, Kommanditgesellschaften im Regelungsbereich des Investmentrechts, S. 130.
1547 *Herring/Loff*, DB 2012, 2029, 2030.

ihrer Einlage, § 176 HGB.[1548] Somit lässt § 20 Abs. 6 KAGB eine Kommanditbeteiligung der Kapitalverwaltungsgesellschaft an der Investmentkommanditgesellschaft zu.[1549] Für eine Beteiligungsmöglichkeit der Kapitalverwaltungsgesellschaft könnte Anhang II Nr. 1 m) AIFM-RL sprechen. Dem zufolge ist bei der Festlegung der Vergütungspolitik zu berücksichtigen, dass je nach der rechtlichen Struktur des AIF und seiner Vertragsbedingungen oder seiner Satzung »ein erheblicher Anteil der variablen Vergütungskomponente aus Anteilen des betreffenden AIF« bestehen muss.[1550] Dadurch soll übermäßig risikoreichem Verhalten der Kapitalverwaltungsgesellschaft durch eine diversifizierte Vergütungspolitik entgegengewirkt werden.[1551] Um dies zu erreichen, ist es nicht erforderlich, dass sich die Kapitalverwaltungsgesellschaft als persönlich haftende Komplementärin beteiligt, sondern es genügt eine wirtschaftliche Beteiligung in Form eines Kommanditanteils.[1552]

Im Ergebnis ist es überzeugend, dass sich die externe Kapitalverwaltungsgesellschaft aufgrund des im Vergleich zur Komplementärstellung reduzierten Haftungsrisikos als Kommanditistin an der Investmentkommanditgesellschaft beteiligen darf. Um eine Qualifikation der Investmentkommanditgesellschaft als interne Kapitalverwaltungsgesellschaft zu vermeiden, ist darauf zu achten, dass die externe Kapitalverwaltungsgesellschaft auf schuldrechtlichem Wege mit der Vermögensverwaltung beauftragt wird und ihr keine organschaftlichen Befugnisse im Wege des Gesellschaftsvertrages übertragen werden. Auch wenn § 164 Hs. 1 HGB (Geschäftsführung) im Gegensatz zu § 170 HGB (Vertretung) dispositiv ist,[1553] sollte die KVG-Tätigkeit allein auf dem Bestellungsvertrag gründen.[1554]

Wenn die Kapitalverwaltungsgesellschaft einen Kommanditanteil an der extern verwalteten Investmentkommanditgesellschaft übernimmt, stellt sich die Frage, wie sich die Beteiligung auf die mit dem Prinzip der Selbstorganschaft verbundenen Anforderungen auswirkt.[1555] Aufgrund der begrenzten Haftung der

---

1548 Dabei wird eine externe Kapitalverwaltungsgesellschaft, die einen Kommanditanteil hält, kaum als Anleger zu qualifizieren sein, *Kunschke/Klebeck*, in Beckmann/Scholtz/Vollmer, 405, KAGB, § 128 Rn. 17.
1549 *Bentele*, in Baur/Tappen, § 20 Rn. 78; § 153 Abs. 4 KAGB richtet sich allein an die InvKG-Geschäftsführung und nicht an die Geschäftsführung der Kapitalverwaltungsgesellschaft, vgl. Gesetzesbegründung zum KAGB, Bt-Dr. 17/12294, S. 251.
1550 *Kunschke/Klebeck*, in Beckmann/Scholtz/Vollmer, 405, KAGB, § 128 Rn. 17.
1551 Erwägungsgrund 24, Art. 13 AIFM-RL.
1552 Aufgrund des potentiellen Interessenkonflikts zwischen Kapitalverwaltungsgesellschaft und Anlegern, sollte mit der Kommanditistenstellung keine Anlegerrechte verbunden sein.
1553 § 163 HGB; *Weipert*, in EBJS, HGB, § 164 Rn. 19 f.
1554 Vgl. zum Zusammenhang zwischen Geschäftsführungs- und Vertretungsbefugnissen, *Weipert*, in EBJS, HGB, § 164 Rn. 4 f.
1555 Siehe oben 5. Teil B.II. zum Prinzip der Selbstorganschaft.

Kommanditisten und angesichts des zwingenden Ausschlusses von der organschaftlichen Vertretungsmacht, § 170 HGB, kann die mit dem Prinzip der Selbstorganschaft bezweckte Verhaltenssteuerung (»Herrschaft und Haftung«) durch eine Kommanditistenstellung nicht erreicht werden.[1556] Im Sinne der Selbstorganschaft gelten lediglich die Komplementäre als Organe, da sie auf die Geschicke der Gesellschaft Einfluss nehmen können und für die Verbindlichkeiten persönlich unbeschränkt haften.[1557] Beteiligt sich eine externe Kapitalverwaltungsgesellschaft als Kommanditistin an der von ihr verwalteten Investmentkommanditgesellschaft, liegt keine selbstorganschaftliche Verwaltung vor, sondern eine Tätigkeit außerhalb der Organbefugnisse,[1558] die zulässig sein sollte.

II. Zivilrechtliche Grenzen der schuldrechtlichen Kompetenzübertragung

Darüber hinaus sind bei der schuldrechtlichen Kompetenzübertragung auf die externe Kapitalverwaltungsgesellschaft die allgemein-zivilrechtlichen Grenzen der Privatautonomie zu beachten.[1559] So schützen das Verfügungsverbot gemäß § 137 S. 1 BGB und das Verbot der unwiderruflichen Generalvollmacht die Verfügungsmacht des Rechtsinhabers[1560] sowie den Verband vor unzulässiger Fremdbestimmung[1561] und gewährleisten dessen Handlungsfähigkeit.[1562]

1556 *Häublein*, in Häublein/Hoffmann-Theinert, HGB, § 170 Rn. 3; *Werra*, Zum Stand der Diskussion um die Selbstorganschaft, S. 55, 98.
1557 *K. Schmidt*, in MüKo, HGB, Band 2, § 125 Rn. 5; *Häublein*, in Häublein/ Hoffmann-Theinert, HGB, § 170 Rn. 2.
1558 *Winterhalder*, in Weitnauer/Boxberger/Anders, KAGB, § 17 Rn. 64.
1559 Im Zusammenhang mit dem Holiday-Inn-Urteil: *Schürnbrand*, Organschaft im Recht der privaten Verbände, S. 264; *Huber*, ZHR 1988, 1, 16; auf das Problem einer »unwiderruflichen isolierten Vollmacht« kommt es hier nicht an, da den Vollmachten der Investmentkommanditgesellschaft stets der Bestellungsvertrag mit der Kapitalverwaltungsgesellschaft zu Grunde liegt; zur isolierten Vollmacht vgl. *Schäfer*, in Bamberger/Roth/Hau/Poseck, BGB, § 168 Rn. 24; zur Unzulässigkeit dessen, *Altmeppen*, in MüKo, AktG, Band 5, § 292 Rn. 154.
1560 *Armbrüster*, in MüKo, BGB, Band 1, § 137 Rn. 3; BayObLG NJW 1978, 700, 701.
1561 Begründungen laut *Schubert*, in MüKo, BGB, Band 1, § 168 Rn. 21: Aufhebung der Privatautonomie, Wahrung wirtschaftlicher Entscheidungsfreiheit oder Vermeidung missbilligte Kommerzialisierung. *Weber*, Privatautonomie und Außeneinfluss im Gesellschaftsrecht, S. 203, 211 ff., vor allem 89 ff. i.V.m. 216 ff., 218 »Verbot der Selbstentmündigung«; zur unwiderruflichen Generalvollmacht und Selbstorganschaft, *Altmeppen*, in MüKo, AktG, Band 5, § 292 Rn. 154.
1562 *Mansel*, in Jauering, BGB, § 137 Rn. 2.

1. Verbot der unwiderruflichen Generalvollmacht

Bei Personengesellschaften ist es nach dem BGH möglich, dass Dritten eine umfassende Generalvollmacht eingeräumt wird.[1563] Die Generalvollmacht ist gesetzlich nicht speziell geregelt, sodass die allgemeinen Stellvertretungsvorschriften des BGB Anwendung finden.[1564] Die Generalvollmacht wird im Ausgangspunkt weit verstanden und berechtigt zur Vornahme aller Rechtsgeschäfte, sofern eine Vertretung zulässig ist.[1565] Der Umfang einer Generalvollmacht geht inhaltlich in der Regel über die handelsrechtlichen Vollmachten hinaus,[1566] variiert jedoch im Einzelfall[1567] und ergibt sich aus der Vollmachtserklärung des Vertretenen.[1568] Da das Gesetz den Vollmachtsumfang nicht festlegt, ist die Generalvollmacht nicht eintragungsfähig.[1569]

Im Fall der externen Verwaltung bevollmächtigt die Investmentkommanditgesellschaft die externe Kapitalverwaltungsgesellschaft in dem Umfang, wie dies für die Fondsverwaltung erforderlich ist, § 17 Abs. 1 S. 2, Abs. 2 Nr. 1, § 23 Nr. 9, 10, § 154 Abs. 1 S. 2 KAGB, und wie dies der individuellen Fondsstruktur im Anlegerinteresse dient.[1570] Zur Konkretisierung der KVG-Tätigkeit enthält der Bestellungsvertrag in der Regel ein detailliertes Verzeichnis über die von der Kapitalverwaltungsgesellschaft zu erbringenden Dienstleistungen.[1571] Eine entsprechende Vollmacht umfasst nicht pauschal den Betrieb eines Handelsgewerbes, sondern bezieht sich lediglich auf die umgrenzte Dienstleistung

---

[1563] BGH, NJW 1962, 738, 739; *Meyer*, in Häublein/Hoffmann-Theinert, BGB, § 48 Rn. 59; es handelt sich dabei weder um eine Prokura nach § 48 HGB noch eine Generalhandlungsvollmacht nach § 54 HGB; zu dem Problem auch *Krause*, NZG 2019, 170, 173 ff., der die Konstellation in eine Grauzone einordnet.
[1564] §§ 164 ff. BGB; *Schubert*, in Oetker, HGB, § 48 Rn. 72; BGH, NJW 1962, 738, 739; Erteilung der Generalvollmacht stellt ein außergewöhnliches Geschäft i.S.d. § 116 Abs. 2 HGB dar, *Meyer*, in Häublein/Hoffmann-Theinert, HGB, § 48 Rn. 59.
[1565] BGH, NJW-RR 1990, 931, 931; *Schubert*, in MüKo, BGB, Band 1, § 167 Rn. 65.
[1566] Nicht auf gewöhnliche Geschäfte begrenzt, *Schubert*, in Oetker, HGB, § 48 Rn. 72, § 8 Rn. 4; a.A. »grundsätzlich nur das laufende Management« *Krebs*, in MüKo, HGB, Band 1, Vorb. §§ 48 ff. Rn. 79.
[1567] *Schubert*, in Oetker, HGB, § 48 Rn. 72; *Meyer*, in Häublein/Hoffmann-Theinert, HGB, § 48 Rn. 56.
[1568] Im Zusammenhang mit Betriebsführungsverträgen, *Krebs*, in MüKo, HGB, Band 1, Vorb. §§ 48 ff. Rn. 79.
[1569] Zur Nicht-Eintragungsfähigkeit, OLG Hamburg, NZG 2009, 957, 957 f.; *Koch*, in Staub, HGB, § 8 Rn. 70; strittig vgl. *Hopt*, in Baumbach/Hopt, HGB, § 8 Rn. 5.
[1570] Siehe oben 4. Teil B.V. und 5. Teil A.VI.
[1571] Siehe oben 3. Teil B.III.2.d.iii.; KVG-Tätigkeit umfasst optional die Nebenverwaltungsaufgaben, siehe oben 4. Teil C.; vgl. auch BGH, NJW 1982, 877, 879: »Geschäftsführungs- und Vertretungsbefugnisse der Kl. im Gesellschaftsvertrag im Einzelnen festgelegt worden sind«.

»Vermögensverwaltung«.[1572] Einer externen Kapitalverwaltungsgesellschaft wird daher nur ausnahmsweise eine umfassende Generalvollmacht erteilt. Letztlich wäre aber auch die Erteilung einer Generalvollmacht für sich genommen zulässig, solange ihr nicht der Makel der Unwiderruflichkeit anhaftet.[1573]
Nach § 168 Abs. 1 S. 2 BGB ist eine Vollmacht bei dem Fortbestehen des Rechtsverhältnisses widerruflich, »sofern sich nicht aus diesem ein anderes ergibt.« Eine Vollmacht kann also unwiderruflich erteilt werden.[1574] Allerdings darf es nach der Rechtsprechung nicht zu einer mit der Rechtsordnung nicht in Einklang stehenden Fremdbestimmung zulasten des Vollmachtgebers kommen.[1575] Angeführt wird der Schutz der Privatautonomie und dass die Parteien sich nicht selbst entmündigen dürften.[1576] Eine zulässige Form der Fremdbestimmung liegt vor, wenn sich die Begrenzung der Widerruflichkeit aus dem Zweck der Vollmacht und der Interessenlage zwischen Vollmachtgeber und Vollmachtnehmer ergibt.[1577] So dürfen die Parteien vereinbaren, dass die Vollmacht nicht jederzeit widerrufen werden kann oder der Widerruf auf das Vorliegen eines wichtigen Grundes beschränkt wird, wenn sie ein eigenes Interesse daran haben.[1578] Es entspricht der Idee des Investmentgeschäfts, dass die Vermögensverwaltung durch eine für diesen Zweck bestellte sachkundige Kapitalverwaltungsgesellschaft erbracht wird.[1579] Die Interessen der Parteien sind darauf gerichtet, der Kapitalverwaltungsgesellschaft die erforderlichen Vollmachten zu erteilen, damit sie ihren Pflichten aus dem Bestellungsvertrag und den aufsichtsrechtlichen Anforderungen nachkommen kann. Eine umfassende und bindungsstarke Vollmacht liegt somit nicht nur im Interesse der Investmentkommandit-

---

1572 Allgemein dazu *Krebs*, in MüKo, HGB, Band 1, Vorb. §§ 48 ff. Rn. 80, wonach meist keine unbeschränkte Generalvollmacht erteilt würde; a.A. *Zetzsche*, AG 2013, 613, 621 »sachlich unbeschränkt bevollmächtigt«.
1573 Zum Grundsatz der Widerruflichkeit bei Generalvollmacht, BGH, NJW 2011, 66, 67 Rn. 16.
1574 Davon geht auch § 176 Abs. 3 BGB aus: »nicht widerrufen kann«.
1575 BGH, NJW-RR 1991, 439, 440 f.; *Schubert*, in MüKo, BGB, Band 1, § 168 Rn. 20 ff.
1576 *Schäfer*, in Bamberger/Roth/Hau/Poseck, BGB, § 168 Rn. 25; Verstoß gegen das »Verbot der Selbstentmündigung« aus Sicht des Vollmachtgebers, *Weber*, Privatautonomie und Außeneinfluss im Gesellschaftsrecht, S. 218; »allgemeine Schranke der Privatautonomie«, *Schürnbrand*, Organschaft im Recht der privaten Verbände, S. 264.
1577 *Schubert*. in MüKo, BGB, Band 1, § 168 Rn. 20, 22; *Gehrlein*. in Bamberger/Roth/Hau/Poseck, BGB, § 311b Rn. 16; BGH, NJW-RR 1991, 439, 440 f.; *Weber*, Privatautonomie und Außeneinfluss im Gesellschaftsrecht, S. 216 f.; restriktiver zum Vollmachtmissbrauch bei isolierter Vollmacht, BGH, NJW 2011, 66, 67 Rn. 15, 16 i.V.m. BGH, NJW 1988, 2603, 2303.
1578 BGH, NJW-RR 1991, 439, 440 »bestehende erhebliche wirtschaftliche Interesse des Bekl.« (Vertreter); *Krebs*, in MüKo, HGB, Band 1, Vorb. §§ 48 ff. Rn. 80; *Servatius*. in Henssler/Strohn, HGB, Anhang (Publikumsgesellschaften), Rn. 91.
1579 Siehe oben 1. Teil A., 2. Teil B.

gesellschaft, sondern auch im berechtigten Interesse der bevollmächtigten externen Kapitalverwaltungsgesellschaft, da sie nur auf diesem Wege ihre Aufgaben erfüllen kann, was zugleich auch im Anlegerinteresse liegt. Beide Geschäftsführungen sind sogar ausschließlich dem Anlegerinteresse verpflichtet, § 26 Abs. 1 und 2, § 153 Abs. 1 S. 3 KAGB, und gehalten, für eine stabile Vermögensverwaltung zu sorgen. Beide Parteien haben daher ein Interesse daran, dass die Vollmacht nicht jederzeit widerrufen werden kann.

Damit die Grenzen zulässigen Fremdeinflusses nicht überschritten werden, sollte eine Vollmacht allerdings vorsehen, dass die Investmentkommanditgesellschaft und die Kapitalverwaltungsgesellschaft die Vollmacht unter bestimmten Umständen widerrufen können. Es dürfte regelmäßig den Parteiinteressen entsprechen, dass die Vertragspartner im Einklang mit dem Kündigungsrecht im Bestellungsvertrag eine Widerrufsmöglichkeit vereinbaren. In Betracht kommt etwa eine Lösungsmöglichkeit aus »wichtigem Grund«.[1580] Auch wenn die Parteien des Bestellungsvertrages an einer bindungsstarken und längerfristigen Vertragsbeziehung interessiert sind, sollte (auch) der Investmentkommanditgesellschaft das Recht zur ordentlichen Kündigung des zugrunde liegenden Bestellungsvertrages und der Vollmacht eingeräumt werden.[1581] Schließlich könnte eine zeitliche Befristung vereinbart werden,[1582] was sich insbesondere bei geschlossenen Fonds anbieten kann, da der Auflösungszeitpunkt bereits zu Beginn festgelegt ist.

Im Ergebnis wird der Kapitalverwaltungsgesellschaft regelmäßig keine umfassende Generalvollmacht eingeräumt, da der Leistungsumfang auf die im Bestellungsvertrag näher spezifizierte Vermögensverwaltung begrenzt ist. Weiterhin sind die Parteien grundsätzlich in der Lage den Bestellungsvertrag und die Vollmachten so zu gestalten, dass eine zu unzulässigem Fremdeinfluss führende Unwiderruflichkeit vermieden wird.

2. Verbot der verdrängenden Vollmacht

Das Verbot der verdrängenden Vollmacht bedeutet, dass der Vollmachtgeber in dem von der Vollmacht erfassten Bereich handlungsfähig bleibt.[1583] Nach § 137 S. 1 BGB kann die Befugnis zur Verfügung über ein veräusserliches Recht nicht durch Rechtsgeschäft ausgeschlossen oder beschränkt werden. Diese Regelung betrifft allerdings nur die verdrängende *Verfügungs*ermächtigung[1584] und dient dem Zweck, dass Rechtszuständigkeit und Verfügungsbefugnis aus Sicht des

---

1580 *Schimansky*, WM 2005, 2209, 2209 f.
1581 Siehe oben 5. Teil C.I.3.
1582 20 Jahre bei BGH, JurionRS 1981, 12046, Rn. 32; BGH, NJW 2011, 66, 67 Rn. 16.
1583 *Weber*, Privatautonomie und Außeneinfluss im Gesellschaftsrecht, S. 218; *Bayreuther*, in MüKo, BGB, Band 1, § 185 Rn. 23.
1584 Es existiert kein Verbot einer verdrängenden Verpflichtungsvollmacht, *Armbrüster*, in MüKo, BGB, Band 1, § 137 Rn. 8, 17 (rechtlich unmöglich).

Rechtsverkehrs zusammenfallen.[1585] Vorliegend kann die Investmentkommanditgesellschaft der externen Kapitalverwaltungsgesellschaft rechtsgeschäftliche Verfügungsbefugnis einräumen, § 185 Abs. 1 BGB, die jedoch nicht dazu führen darf, dass die Investmentkommanditgesellschaft ihre Verfügungsbefugnis über ihr Vermögen (dinglich) verliert. Zwar kann eine schuldrechtliche Verpflichtung der Investmentkommanditgesellschaft, Verfügungen zu unterlassen, vereinbart werden, muss aber nicht. Eine Verfügungsermächtigung der externen Kapitalverwaltungsgesellschaft ist nach dem KAGB ebenfalls nicht erforderlich und wird lediglich zur Vermeidung eines Durchgangserwerbs sowie aufgrund der grundbuchrechtlichen Besonderheiten ausnahmsweise erteilt werden.[1586]

III. Zusammenfassende Würdigung

Je mehr Aufgaben und Befugnisse bei den Organen der Investmentkommanditgesellschaft verbleiben, desto eher werden die zivil- und gesellschaftsrechtlichen Grenzen gewahrt. Bei entsprechender Gestaltung des Bestellungs- und des Gesellschaftsvertrages spricht viel dafür, dass eine schuldrechtliche Befugnisübertragung auf die externe Kapitalverwaltungsgesellschaft weder gegen das Prinzip der Selbstorganschaft und den Grundsatz der Verbandsautonomie, noch gegen das Verbot der unwiderruflichen Generalvollmacht und das Verbot der verdrängenden Vollmacht verstößt.[1587] Die Anforderungen des Zivil- und Gesellschaftsrechts ergänzen und konkretisieren somit die vorrangigen Vorgaben des KAGB, ohne dass ein Normkonflikt vorliegt, der über die lex-specialis-Regelung nach § 149 Abs. 1 S. 2 KAGB aufzulösen wäre.[1588]

Folgende Gestaltungsaspekte können sich auf den Kompetenzumfang der Investmentkommanditgesellschaft und der Kapitalverwaltungsgesellschaft sowie damit auf die zivil- und gesellschaftsrechtliche Konformität der externen Verwaltung auswirken:

– Ausgestaltung des Bestellungsvertrages als Geschäftsbesorgungsvertrag und Klarstellung des Dienstleistungscharakters;

– Klarstellung des Verbleibs der organschaftlichen Befugnisse bei der Investmentkommanditgesellschaft;

– Verbleib der optionalen Nebenverwaltungsaufgaben bei der Investmentkommanditgesellschaft;

1585 *Weber*, Privatautonomie und Außeneinfluss im Gesellschaftsrecht, S. 226 f.; zu den Schutzzwecken, *Armbrüster*, in MüKo, BGB, Band 1, § 137 Rn. 2 ff., vor allem Numerus clausus der dinglichen Rechte.
1586 Siehe oben 5. Teil A.V. zur Verfügungsbefugnis.
1587 Siehe unten 5. Teil D.II. zu weiteren Aufgaben der InvKG-Geschäftsführung und zu den Gesellschafterangelegenheiten.
1588 Siehe unten 6. Teil B.

- detaillierte Leistungs- und Aufgabenzuweisung, d. h. klar umgrenzte Dienstleistungstätigkeit der Kapitalverwaltungsgesellschaft mit entsprechenden Vertretungsvollmachten und Verfügungsermächtigungen;
- Hinweis auf Erfüllungs- und Schadensersatzansprüche;
- Vereinbarung eines außerordentlichen Kündigungsrechts zugunsten der Investmentkommanditgesellschaft mit näherer Bestimmung eines wichtigen Grundes; zur Abberufung eines Geschäftsführers genügt bei Publikumsgesellschaften eine einfache Gesellschaftermehrheit;
- Vereinbarung eines ordentlichen Kündigungsrechts mit einer Mindestfrist von 12 Monaten;
- gleichlaufende Widerrufsrechte hinsichtlich der Vertretungs- und Verfügungsvollmachten;
- Weisungsbefugnisse der Investmentkommanditgesellschaft gegenüber der externen Kapitalverwaltungsgesellschaft abseits der Anlageverwaltungsfunktionen;
- Informations-, Einsichts- und Kontrollbefugnisse der Investmentkommanditgesellschaft, etwa das Recht auf monatliche Geschäftsaufstellung, Auskunftsrechte sowie das Recht auf jederzeitige Einsichtnahme und Prüfung der Bücher und Aufzeichnungen sowie die Vereinbarung entsprechender Berichts- und Vorlagepflichten der externen Kapitalverwaltungsgesellschaft;
- Zustimmungsvorbehalte und Mitspracherechte der Investmentkommanditgesellschaft zum Beispiel bei Auslagerungen oder Inanspruchnahme und Abberufung von Dienstleistern;
- falls möglich, Befristung des Bestellungsvertrages sowie der Vollmachten bzw. Ermächtigungen;
- Einflussnahme bei Vertragsverhandlungen hinsichtlich Auswahlprozess- und Auswahlentscheidung der Kapitalverwaltungsgesellschaft, Verwaltervergütung,[1589] Aufwendungsersatz, Haftungsthemen, Vertraulichkeitsklauseln, und nicht zuletzt der konkret geschuldeten Leistungsumfang, Vorgaben an die Auslagerungsstruktur etc.

Bei einer zivil- und gesellschaftsrechtskonformen Gestaltung liegt regelmäßig auch kein beherrschungsähnliches Verhältnis im Sinne des § 292 Abs. 1 Nr. 3, § 308 AktG vor. Die Betriebsführung wird nicht vollständig übertragen, sondern lediglich in einem klar umgrenzten Umfang. Ferner verbleiben der Investmentkommanditgesellschaft Einfluss- und Kontrollmöglichkeiten, sodass die Aufgaben- und Befugnisübertragung nicht uneingeschränkt, sondern durch ermessensbindende Vorgaben oder etwaige Zustimmungsvorbehalte begrenzt wird. Die Kapitalverwaltungsgesellschaft verwaltet die extern verwaltete Investment-

---

1589 Zu beachten sind die Vorgaben nach § 37 KAGB.

kommanditgesellschaft auch nicht allein in ihrem Interesse. Vielmehr ist sie durch die Vereinbarungen im Bestellungsvertrag, den Anlagebedingungen und aufgrund des aufsichtsrechtlichen Pflichtenkanons dem ausschließlichen Anlegerinteresse sowie der Marktintegrität verpflichtet, § 26 Abs. 1, 2 KAGB. Demnach sind die §§ 292 ff., 308 AktG mangels beherrschungsähnlichem Verhältnis auch nicht entsprechend auf die extern verwaltete Investmentkommanditgesellschaft anzuwenden, sodass eine analoge Anwendung des § 112 Abs. 1 S. 3 KAGB auf die Konstellation einer extern verwalteten Investmentkommanditgesellschaft nicht erforderlich ist.

D. Angelegenheiten der Gesellschafter und der Geschäftsführung der Investmentkommanditgesellschaft

Nachfolgend wird der Kompetenzumfang der extern verwalteten Investmentkommanditgesellschaft anhand der Zuständigkeiten der *Gesellschafter* und der Geschäftsführung weiter konkretisiert. Da die Gesellschafterangelegenheiten außerhalb der Geschäftsführungs- und Vertretungsbefugnis der InvKG-Geschäftsführung liegen,[1590] können solche zwingenden Gesellschafterangelegenheiten die organschaftliche Vertretungsbefugnis der Geschäftsführung gemäß § 126 HGB begrenzen, sodass solche Zuständigkeiten womöglich nicht auf die externe Kapitalverwaltungsgesellschaft übertragen werden dürfen.[1591]

Nach dem Grundsatz der Verbandsautonomie gilt,[1592] dass je mehr Zuständigkeiten den Gesellschaftern der Investmentkommanditgesellschaft obliegen, desto stärker ist die Stellung der Investmentkommanditgesellschaft im Sinne eines gesellschaftsrechtlich selbstständigen Verbandes.[1593] Zwar werden die Grundlagengeschäfte sowie die kernbereichsrelevanten Rechte der Gesellschaf-

---

1590 *Bredol/Natterer*, ZIP 2015, 1419, 1421.
1591 *v. Ditfurth*, in MüHa, Band I, § 53 Rn. 7; anders Beschlüsse nach § 116 Abs. 2 HGB.
1592 *Reichert/Ullrich*, in Reichert, GmbH & Co. KG, § 19 Rn. 63; *Schubel*, Verbandssouveränität und Binnenorganisation der Handelsgesellschaften, S. 567 f., 571 f.; *Gummert*, in MüHa, Band 2, § 50 Rn. 93, 100: »auf Grundlagengeschäfte beschränkte Allzuständigkeit«; *Uffmann*, NZG 2015, 169, 175 zu Beirat und Kernbereich; *Bastian*, Wirtschaftliche Risiken in geschlossenen Immobilienfonds, S. 174 spricht von der »verbandsrechtlichen Leitungsmacht der Gesellschafterversammlung«.
1593 Siehe oben 5. Teil B.III. und 5. Teil C.III. zur Verbandssouveränität; *Reichert/Ullrich*, in Reichert, GmbH & Co. KG, § 19 Rn. 63; *Schubel*, Verbandssouveränität und Binnenorganisation der Handelsgesellschaften, S. 461 ff., 567, 571 f.; *Hecht*, Die fremdbestimmte Verbandsentscheidung, S. 140: »Dispositionsbefugnis« werden von Verbandssouveränität umfasst; zur Verfügungsbefugnis, vgl. *Weber*, Privatautonomie und Außeneinfluss im Gesellschaftsrecht, S. 218 ff., sowie im Zusammenhang mit § 137 BGB; BGH, NJW 1982, 2495, 2496.

ter nicht von dem Prinzip der Selbstorganschaft erfasst. Allerdings müssen die Beschlüsse der Gesellschafter auf Ebene der InvKG-Geschäftsführung umgesetzt werden, was wiederum eine Geschäftsführungsangelegenheit im Sinne der Selbstorganschaft darstellt.[1594]

I. Gesellschaftsrechtliche Grundlagen

Im deutschen Gesellschaftsrecht wird zwischen Geschäftsführungsangelegenheiten und den Grundlagenentscheidungen auf Ebene der Gesellschafter unterschieden,[1595] wobei sich die Frage stellt, ob das KAGB davon abweichende Regelungen trifft, § 149 Abs. 1 S. 2 KAGB. Indem § 153 KAGB umfangreiche Tätigkeits-, Zuverlässigkeits- und Eignungsanforderungen für die »Geschäftsführung« der Investmentkommanditgesellschaft festlegt, verdeutlicht die Vorschrift, dass das KAGB die Geschäftsführung als ein Organ der Investmentkommanditgesellschaft anerkennt.[1596] Das KAGB verwendet außerdem den Begriff »Gesellschafterversammlung«: Nach § 132 Abs. 6 KAGB muss der Gesellschaftsvertrag einer offenen Investmentkommanditgesellschaft vorsehen, dass »über Angelegenheiten, die die offene Investmentkommanditgesellschaft insgesamt betreffen, in einer Gesellschafterversammlung entschieden wird, zu der die Anleger sämtlicher Teilgesellschaftsvermögen geladen werden.«[1597] Somit nimmt das KAGB auf die InvKG-Geschäftsführung und die Gesellschafterstellung der Anleger Bezug, ohne deren Kompetenzen abschließend zu regeln. Der Gesetzgeber stellt klar, dass mit der Einführung der Investmentkommanditgesellschaft keine neue Gesellschaftsform geschaffen wurde,[1598] sodass im Einklang mit § 149 Abs. 1 S. 2 KAGB auf die gesellschaftsrechtliche Unterscheidung zwischen Geschäftsführer- und Gesellschafterangelegenheiten zurückzugreifen ist.

Gemäß § 116 i. V. m. § 161 Abs. 2 HGB i. V. m. § 149 Abs. 1 S. 2 KAGB erstreckt sich die Befugnis zur Geschäftsführung auf alle Handlungen, die der gewöhnliche Betrieb des Handelsgewerbes der Gesellschaft mit sich bringt. Zur Vornahme von außergewöhnlichen Handlungen, die darüber hinausgehen, ist ein Beschluss sämtlicher Gesellschafter erforderlich, das heißt auch der nicht-

---

1594 *v. Ditfurth*, in MüHa, Band I, § 53 Rn. 8; *Schmitz*, Das Grundlagengeschäft in der Personengesellschaft, S. 53 f.; *Schulte*, in Sudhoff, Personengesellschaften, § 12 Rn. 51.
1595 *Wiedemann*, GesR, Band 2, S. 329, 294.
1596 Siehe oben 4. Teil D.II.3. zu § 153 KAGB sowie 5. Teil B.II. zum Organbegriff.
1597 Keine entsprechende Regelung in § 117 KAGB; *Lorenz*, in Weitnauer/Boxberger/Anders, KAGB, § 132 Rn. 20 verweist hinsichtlich solcher Angelegenheiten auf die Vertragsfreiheit, was nur eingeschränkt gilt, *ders.*, § 125 Rn. 10; § 136 Rn. 3; *Kunschke/Klebeck*, in Beckmann/Scholtz/Vollmer, 405, KAGB, § 132 Rn. 25 nennt Sitzverlegung, Umfirmierung und Änderungen des Gesellschaftsvertrags.
1598 Gesetzesbegründung zum KAGB, Bt-Dr. 17/12294, S. 249.

geschäftsführungsbefugten Anlegerkommanditisten, § 164 S. 1 Hs. 2, § 116 Abs. 2 HGB, § 149 Abs. 1 S. 2 KAGB.[1599] Von den gewöhnlichen und außergewöhnlichen Geschäftsführungsangelegenheiten sind die sogenannten Grundlagengeschäfte zu unterscheiden. Diese umfassen alle Maßnahmen, welche die Grundlagen der Gesellschaft, insbesondere den Gesellschaftsvertrag, die Struktur und Organisation betreffen.[1600] Solche Angelegenheiten sind – in Abgrenzung zu den Geschäftsführungsmaßnahmen – grundsätzlich der Gestaltung durch die *Gesamtheit der Gesellschafter* vorbehalten, § 119 HGB.[1601] Grundlagengeschäfte liegen außerhalb der Geschäftsführungs- und Vertretungsbefugnis[1602] und es gelten andere Zustimmungserfordernisse als bei Geschäftsführungsmaßnahmen; beispielsweise können sich die Gesellschafter (auch) von eigennützigen Interessen leiten lassen.[1603]

Die Gesellschafterversammlung ist bei Personengesellschaften – anders als bei Kapitalgesellschaften – kein gesetzlich notwendiges Organ.[1604] Sie kann jedoch als »erkorenes Organ« im Gesellschaftsvertrag errichtet werden.[1605] Bei der Investmentkommanditgesellschaft gilt nach § 164 Hs. 1 HGB, § 149 Abs. 1 S. 2 KAGB, dass die Kommanditisten grundsätzlich von der Geschäftsführung ausgeschlossen sind. Die Anlegerkommanditisten haben aufgrund ihrer primären Kapitalgeberstellung oftmals nur ein eingeschränktes Mitbestimmungsinte-

---

1599 *Roth*, in Baumbach/Hopt, HGB, § 164 Rn. 2; dabei handelt es sich aber nicht um ein Grundlagengeschäft, *Weipert*, in MüHa, Band 1, § 57 Rn. 29; dispositiv, vgl. *Grunewald*, in MüKo, HGB, Band 3, § 164 Rn. 29.
1600 *Schäfer*, in MüKo, BGB, Band 6, § 709 Rn. 10.
1601 Sofern nicht im Gesetz oder im Gesellschaftsvertrag etwas anderes vorgesehen ist, etwa Ermächtigung der Gesellschaft zur Aufnahme neuer Gesellschafter, § 119 HGB; *Drescher*, in EBJS, HGB, § 114 Rn. 6; *Schäfer*, in MüKo, BGB, Band 6, § 709 Rn. 10; Durchführung des Gesellschafterbeschlusses ist Geschäftsführung, vgl. *v. Ditfurth*, in MüHa, Band I, § 53 Rn. 8; *Rawert*, in MüKo, HGB, Band 2, § 114 Rn. 9.
1602 *Jickeli*, in MüKo, HGB, Band 2, § 114 Rn. 6; *Habersack*, in MüKo, HGB, Band 2, § 126 Rn. 12.
1603 *Krebs*, in MüKo, HGB, Band 1, § 49 Rn. 8; zum anderen kann § 116 Abs. 2 HGB vollständig abbedungen werden, während Grundlagengeschäfte den Grenzen der Mehrheitsmacht unterliegen, siehe unten 5. Teil D.; Zulassung von Mehrheitsquoren, *Klimke*, in Häublein/Hoffmann-Theinert, HGB, § 114 Rn. 6, § 119 Rn. 34 ff.; der Beschluss nach § 116 Abs. 2 HGB ist eine Geschäftsführungsmaßnahme, *Drescher*, in EBJS, HGB, § 116 Rn. 11.
1604 *Blaum*, in Wertenbruch/Westermann, Rn. 3224; *Wiedemann*, GesR, Band 2, S. 697.
1605 *Wiedemann*, GesR, Band 2, S. 775; *Dietrich*, Die Publikums-Kommanditgesellschaft, S. 71, 138; *Schürnbrand*, Organschaft im Recht der privaten Verbände, S. 123, 437; auf Grundlagengeschäfte beschränkte Allzuständigkeit der Personengesellschafter, *Liebscher*, in Sudhoff, GmbH & Co. KG, 6. Auflage 2005, § 16 Rn. 53.

resse,[1606] welches bei Spezialfonds mit professionellen und kompetenten Anlegern stärker ausgeprägt ist als bei Publikumsgesellschaften mit einer Vielzahl von Kleinanlegern.[1607]
Die Zuständigkeiten der Gesellschafterversammlung können grundsätzlich im Gesellschaftsvertrag festgelegt werden.[1608] Dabei können sich die Grundlagengeschäfte wie folgt kategorisieren lassen:[1609] Zunächst sind darunter (unmittelbare) Änderungen des Gesellschaftsvertrages zu verstehen.[1610] Die Gesellschafter fungieren hier als »Vertragspartner des die Gesellschaft konstituierenden Schuldverhältnisses«.[1611] Zu solchen Vertragsänderungen gehören Inhaltsänderungen sowie auch sonstige auf mehrseitigem Rechtsgeschäft beruhende *Grundlagenänderungen,* wie die Aufnahme oder das Ausscheiden eines Gesellschafters,[1612] die Zusammensetzung der Gesellschaftsorgane und deren Befugnisse[1613] sowie Beitragserhöhungen[1614] und die Umwandlung der Gesellschaft, § 43 Abs. 1, § 217 Abs. 1 Umwandlungsgesetz (UmwG) bzw. deren Auflösung.[1615]
Nicht abschließend geklärt ist die Kategorie der mittelbaren Grundlagengeschäften[1616] oder Strukturänderungen.[1617] Solche Maßnahmen beinhalten zwar formal keine Änderungen des Gesellschaftsvertrages, greifen jedoch faktisch in

---

1606 Bei Spezial-AIF kann hingegen ein Mitgestaltungsinteresse bestehen, *Hüwel,* in Baur/Tappen, KAGB, § 129 Rn. 33; *Seidenschwann,* Die Master-Kapitalverwaltungsgesellschaft, S. 69.
1607 *Scheel,* in MüHa, Band 2, § 7 Rn. 71.
1608 *Drescher,* in EBJS, HGB, § 114 Rn. 2, 6, 8; *Rawert,* in MüKo, HGB, Band 2, § 114 Rn. 14; siehe unten 5. Teil D.II.15. zur Aufnahme und Kündigung neuer Gesellschafter; 4. Teil D.III.6. zum Abschluss des Treuhandvertrags und Treuhandtätigkeit; etwa zur Ermächtigung der Gesellschaft neue Gesellschafter aufzunehmen, BGH, NJW 1978, 1000; zur mehrheitlichen Feststellung des Jahresabschlusses, vgl. BGH, DStR 2009, 1544; in Grenzen des gesellschaftsrechtlichen Minderheitenschutzes, siehe unten 5. Teil D.III. zur Kernbereichslehre.
1609 Vgl. etwa *Häublein,* in Häublein/Hoffmann-Theinert, HGB, § 164 Rn. 5 ff.
1610 *Habersack,* in Staub, HGB, § 126 Rn. 13.
1611 *Schürnbrand,* Organschaft im Recht der privaten Verbände, S. 94.
1612 *Habersack,* in Staub, HGB, § 126 Rn. 13, 14; zum Kündigungsrecht eines Komplementärs aus wichtigem Grund, *Schlitt/Maier-Reinhardt,* in Reichert, GmbH & Co. KG, § 30 Rn. 36 ff.; *Jaletzke,* in MüHa, Band 2, § 65 Rn. 14 ff.
1613 *Weipert,* in MüHa, Band 2, § 14 Rn. 44; *Klimke,* in Häublein/Hoffmann-Theinert, HGB, § 114 Rn. 7.
1614 *Schulze-Osterloh,* in FS für Hadding, S. 643.
1615 *Schäfer,* in MüKo, BGB, Band 6, § 709 Rn. 10, 53; *Klimke,* in Häublein/Hoffmann-Theinert, HGB, § 114 Rn. 7; beachte bei Auflösung, § 133 Abs. 1 HGB gilt nach § 161 Abs. 2 KAGB nicht.
1616 *Habersack,* in Staub, HGB, § 126 Rn. 13.
1617 *Priester,* DStR 2007, 28, 29; *Habersack,* in Staub, HGB, § 126 Rn. 13.

die Rechtspositionen der Gesellschafter ein.[1618] Dazu gehören Rechtsgeschäfte, die zwar ihrem Inhalt nach nicht auf eine Änderung des Gesellschaftsvertrages gerichtet sind, eine solche aber zwangsläufig zur Folge haben oder zu denen die Gesellschaft verpflichtet wird.[1619] Zum Beispiel eine zur Änderung des Gesellschaftszwecks führende Veräußerung des von der Gesellschaft betriebenen Unternehmens[1620] oder im Insolvenzantragsfall bei drohender Zahlungsunfähigkeit.[1621]

Die sogenannten »Organisationsakte«[1622] unterscheiden sich von den unmittelbaren und mittelbaren Grundlagengeschäften dadurch, dass sie den Gesellschaftsvertrag nicht berühren. Die Gesellschafter handeln hier als »oberstes Gesellschaftsorgan« und nicht in ihrer Rolle als Vertragspartner des Gesellschaftsvertrages.[1623] Gleichwohl stellen Organisationsakte keine Geschäftsführungsmaßnahmen im Sinne der §§ 114 ff. HGB dar, denn eine Geschäftsführungsbefugnis ist nicht erforderlich.[1624] Vielmehr geht es um wiederkehrende Maßnahmen der Gesellschafter im Verhältnis der Gesellschafter untereinander und zur Gesellschaft.[1625] Organisationsakte sind etwa die Feststellung des Jahresabschlusses oder die Wahl des Abschlussprüfers.[1626]

Im Folgenden wird untersucht, ob und inwieweit es sich bei den Aufgaben um Geschäftsführungs- oder Gesellschafterangelegenheiten handelt.

1618 BGH, NJW 2007, 1685, 1686 »ähnliche die Grundlagen der Gesellschaft berührende oder in Rechtspositionen der Gesellschafter eingreifende Maßnahmen«; *Rawert*, in MüKo, HGB, Band 2, § 114 Rn. 11.
1619 *Habersack*, in Staub, HGB, § 126 Rn. 13.
1620 Vgl. zu § 179a Abs. 1 S. 1 AktG (analog) auf Personengesellschaften, OLG Düsseldorf, WM 2018, 564, 569; BGH, NJW 1995, 596; *Habersack*, in Staub, HGB, § 126 Rn. 13, 16; kritisch *Bredol/Natterer*, ZIP 2015, 1419, 1421 f.; siehe unten 5. Teil D.II.16; siehe unten 5. Teil D.II.16.
1621 LG Frankfurt NZG 2013, 1064, 1066 f.
1622 *Weipert*, in MüHa, Band 1, § 57 Rn. 31; *ders.*, in MüHa, Band 2, § 14 Rn. 44; kritisch zur Bezeichnung als »Grundlagengeschäft«, *Häublein*, in Häublein/Hoffmann-Theiner, HGB, § 167 Rn. 3.
1623 *Schürnbrand*, Organschaft im Recht der privaten Verbände, S. 90 ff., 94; zu den Organisationsakten auf Geschäftsführungsebene abseits der Organbefugnis, *Schäfer*, in MüKo, BGB, Band 2, § 709 Rn. 11.
1624 *Weipert*, in MüHa, Band 1, § 57 Rn. 31.
1625 *Priester*, DStR 2007, 28, 29; Mehrheitsvereinbarung, *Weipert*, in MüHa, Band 2, § 14 Rn. 44; anders *Drescher*, in EBJS, HGB, § 114 Rn. 6; BGH, NJW 2007, 1685, 1685, 1687 »eine den Gesellschaftern obliegende Angelegenheit der laufenden Verwaltung.«
1626 *Priester*, DStR 2007, 28, 29; zur vierten Kategorie der Annextatbestände, *Habersack*, in Staub, HGB, § 126 Rn. 14, z. B. die Entgegennahme der Kündigung.

II. Aufgabenumfang der Investmentkommanditgesellschaft

1. Einberufung und Durchführung der Gesellschafterversammlung

Eine extern und intern verwaltete Investmentkommanditgesellschaft ist verpflichtet, den Anlegern eine Kopie des schriftlich anzufertigenden Protokolls der Gesellschafterversammlung zu übersenden, § 150 Abs. 3 Nr. 2 KAGB.[1627] Nach § 155 S. 2, § 25 KAGB hat die Geschäftsführung bei der intern verwalteten Investmentkommanditgesellschaft ausdrücklich das Recht, die Gesellschafterversammlung einzuberufen. Mangels weiterer Spezialregeln zur Ladungsfrist, Einberufungsrecht, Beschlussfassung oder Anfechtung der Beschlüsse obliegt die Einberufung und die Durchführung der Gesellschafterversammlung je nach Gesellschaftsvertrag der InvKG-Geschäftsführung,[1628] das heißt den Geschäftsführern der Komplementär-GmbH oder auch der geschäftsführenden Kommanditistin.[1629] Es handelt sich also um spezifisch gesellschaftsrechtliche Aufgaben, die außerhalb der investmentrechtlichen KVG-Tätigkeit[1630] und damit grundsätzlich bei der Investmentkommanditgesellschaft liegen. Da die externe Kapitalverwaltungsgesellschaft in der Praxis regelmäßig im Kontakt mit den Anlegern steht, kann sie von der Investmentkommanditgesellschaft zur technischen und organisatorischen Vorbereitung oder Durchführung der Gesellschafterversammlung beauftragt werden.[1631]

[1627] Ausweislich der Gesetzesbegründung zum KAGB, Bt-Dr. 17/12294, S. 249 dient das Schriftformerfordernis nach § 150 Abs. 1 KAGB »Transparenzgründen«, welche durch die Übersendung der Protokollkopie nach § 150 Abs. 3 Nr. 2 KAGB durch die sachkundigen und zuverlässigen Geschäftsführer gewahrt werden können: Denn das Protokoll enthält neben der Angabe des Versammlungsleiters und der Beschlussfähigkeit der Gesellschafterversammlung auch die Erledigung der Beschlussgegenstände. Diese müssen außerdem in der Ladung zur Gesellschafterversammlung nach § 150 Abs. 1 Nr. 1 KAGB angegeben werden und enthalten damit alle für die Anleger relevanten Informationen. Dadurch wird Transparenz geschaffen, der Anlegerschutz gewahrt. Auch aus Praktikabilitätsgründen kann zur Wirksamkeit der Änderung des Gesellschaftsvertrages kaum die Unterschrift aller Anleger erforderlich sein.

[1628] *Wallach*, ZGR 2014, 289, 300; *Kracke*, in Baur/Tappen, KAGB, § 125 Rn. 19; *Oetker*, in Oetker, HGB, § 161 Rn. 33; siehe unten 5. Teil D.III.1. zum Einberufungsrecht der Gesellschafter.

[1629] *Könnecke*, in Baur/Tappen, KAGB, § 150 Rn. 23 ff.

[1630] Vgl. Anhang I AIFM-RL, sowie oben 4. Teil D.I.

[1631] *Kracke*, in Baur/Tappen, KAGB, § 125 Rn. 13; keine höchstpersönliche Angelegenheit, vgl. § 245 HGB.

2. Umsetzung des Abberufungsverlangens, § 153 Abs. 5 KAGB

Gemäß § 153 Abs. 5 KAGB kann die BaFin die Abberufung der Geschäftsführung der Investmentkommanditgesellschaft verlangen und ihnen die Ausübung ihrer Tätigkeit untersagen, wenn Tatsachen vorliegen, aus denen sich ergibt, dass die Geschäftsführung oder Mitglieder der Geschäftsführung nicht zuverlässig sind oder die zur Leitung erforderliche fachliche Eignung nicht haben oder die Geschäftsführung nachhaltig gegen das KAGB oder das GwG verstößt. Da sich die (organschaftlichen) Befugnisse der InvKG-Geschäftsführer aus ihrer Gesellschafterstellung und dem Gesellschaftsvertrag ableiten, ist ein Beschluss der Gesellschaftergesamtheit erforderlich, um eine Abberufungsanordnung der BaFin umzusetzen.[1632] Bis dahin kann die BaFin den Geschäftsführern direkt und unmittelbar untersagen, ihre Tätigkeit auszuüben.[1633] Sowohl die Abberufungsanordnung der BaFin als auch das Tätigkeitsverbot gemäß § 153 Abs. 5 Alt. 2 KAGB lassen die Organstellung und -befugnisse der Komplementärin oder der (geschäftsführenden) Kommanditistin im Grundsatz jedoch unberührt.[1634]

3. Erstellung, Offenlegung und Einreichung des Jahresberichts

Nach § 158 S. 1 KAGB ist auf den Jahresbericht einer geschlossenen Investmentkommanditgesellschaft die Vorschrift nach § 135 KAGB anzuwenden. Dem zufolge müsste die »Kapitalverwaltungsgesellschaft« für die Investmentkommanditgesellschaft den Jahresbericht *erstellen*. Dies erscheint problematisch, da der Jahresbericht nicht die Kapitalverwaltungsgesellschaft, sondern die Investmentkommanditgesellschaft betrifft. Nach § 135 Abs. 1 S. 2 Nr. 3 KAGB ist sogar ausdrücklich, und insofern scheinbar im Widerspruch zu § 135 Abs. 1 S. 1 KAGB, der gesetzliche Vertreter der Investmentkommanditgesellschaft verpflichtet, die Richtigkeitsgewähr hinsichtlich des Jahresabschlusses (§ 264 Abs. 2 S. 3 HGB) und des Lageberichts (§ 289 Abs. 1 S. 5 HGB) abzugeben und dafür einzustehen.[1635] Auch bei der Investmentaktiengesellschaft gilt nach § 120 Abs. 1 KAGB, dass die »gesetzlichen Vertreter« der Investmentaktiengesellschaft zur Aufstellung des Jahresabschlusses und des Lageberichts verpflichtet sind.[1636]

1632 BGH, NJW-RR 2003, 533, 533; *Könnecke*, in Baur/Tappen, KAGB, § 153 Rn. 86; BayObLG BB 2000, 1211 ff.; *Jaletzke*, in MüHa, Band 2, § 66 Rn. 21.
1633 »Kann«, § 153 Abs. 5 KAGB.
1634 *Klebeck/Kunschke*, in Beckmann/Scholtz/Vollmer, 405, KAGB, § 153 Rn. 69 f.; *Holzapfel*, in Emde/Dornseifer/Dreibus/Hölscher, InvG, § 17a Rn. 5; *Casper*, ZHR 2015, 44, 62.
1635 Prinzip der höchstpersönlichen Verantwortungsübernahme beim unterzeichnungspflichtigen Personenkreis, *Poll/Ruppelt*, in Häublein/Hoffmann-Theiner, HGB, § 245 Rn. 20 f.
1636 So bereits § 110 InvG (aufgehoben).

In der Gesetzesbegründung heißt es, dass nicht die Kapitalverwaltungsgesellschaft, sondern die (offene) »Investmentkommanditgesellschaft« zur Erstellung des Jahresberichts verpflichtet ist.[1637] In diese Richtung deutet auch die Offenlegungsvorschrift nach § 160 Abs. 4 KAGB: Demnach hat »die geschlossene Publikumsinvestmentkommanditgesellschaft« der BaFin den Jahresbericht unverzüglich nach Erstellung »einzureichen«.[1638] Mangels abweichender Vorschriften im KAGB sind die Geschäftsführer der Investmentkommanditgesellschaft als deren gesetzlichen Vertreter anzusehen, sodass auch die Einreichung durch die Geschäftsführer erfolgt, § 149 Abs. 1 S. 2 KAGB i. V. m. §§ 161 Abs. 2, 170, 125 HGB, § 35 GmbHG. Auf Anfrage muss die Geschäftsführung der Investmentkommanditgesellschaft außerdem einem Anleger den Jahresbericht vorlegen, § 160 Abs. 3 KAGB. Im Sachzusammenhang mit der Erstellung des Jahresberichts stehen außerdem die Wahl des Abschlussprüfers sowie die Feststellung des Jahresabschlusses, die, wie unten näher erläutert wird, ebenfalls bei den InvKG-Gesellschaftern liegen.[1639] Im Ergebnis ist es aus teleologischen und systematischen Gründen überzeugend, dass sich § 135 KAGB im Fall einer extern verwalteten Investmentkommanditgesellschaft an die Investmentkommanditgesellschaft wendet, sodass deren Geschäftsführung den Jahresbericht zu erstellen hat.[1640]

4. Aufstellung des Jahresabschlusses und Lageberichts

Mangels spezieller Regelungen im KAGB ist der Jahresabschluss und der Lagebericht der Investmentkommanditgesellschaft von den Mitgliedern des vertretungsberechtigten Organs der vertretungsberechtigten Gesellschaften, also regelmäßig den Geschäftsführern der Komplementär-GmbH, für das vergangene Geschäftsjahr aufzustellen und den Gesellschaftern zur Billigung vorzulegen, § 158 S. 1, § 135 Abs. 2 S. 1 KAGB i. V. m. § 264a Abs. 1, 2, § 264 Abs. 1 S. 1, § 242, § 170, § 161 Abs. 2 HGB, § 149 Abs. 1 S. 2 KAGB. Die Aufstellung des Jahresabschlusses durch die InvKG-Geschäftsführung umfasst die Vorbereitung bis zur Beschlussreife, einschließlich der Bilanzierungsmaßnahmen,

---

1637 Gesetzesbegründung zum KAGB, Bt-Dr. 17/12294, S. 245.
1638 Bei der offenen Spezialinvestmentkommanditgesellschaft besteht kein vergleichbares Schutzbedürfnis, § 137 KAGB; vgl. aber § 123 Abs. 5 KAGB.
1639 Siehe unten 5. Teil D.II.4.–7.
1640 Anders als beim Sondervermögen, § 101 Abs. 1 KAGB, § 6 KARBV ist der Jahresbericht daher nicht zwangsläufig von der externen Kapitalverwaltungsgesellschaft zu erstellen, sondern obliegt der rechts- und handlungsfähigen Investmentkommanditgesellschaft; im Ergebnis auch *Eichhorn*, in Moritz/Klebeck/Jesch, KAGB, § 135 Rn. 3; so nun auch BaFin, Auslegungsentscheidung zu den Tätigkeiten einer Kapitalverwaltungsgesellschaft und der von ihr extern verwalteten AIF-Investmentgesellschaft, WA 41-Wp 2100-2016/0001, 21. Dezember 2017, Ziffer II.2. Absatz 2.

die der Darstellung der Vermögenslage dienen.[1641] Dabei sind die Aufstellung von Jahresabschluss und Lagebericht für sich genommen nicht auf die externe Kapitalverwaltungsgesellschaft übertragbar.[1642] Zwar können die geschäftsführenden Gesellschafter bei der Aufstellung des Jahresabschlusses Dienstleistungen von Dritten wie vor allem Wirtschaftsprüfern und Steuerberatern in Anspruch nehmen. Eine Aufstellung im Rechtssinne liegt aber erst vor, wenn die Geschäftsführer ihn mit dieser Eigenschaft verwenden, insbesondere den übrigen Gesellschaftern zur Billigung vorlegen. Die persönliche Verantwortung der geschäftsführenden Gesellschafter für den vorgelegten Jahresabschluss bleibt bestehen, sodass sie für die Richtigkeit, die gebotene Ausnutzung von Beurteilungsspielräumen und die Ausübung von Rechnungslegungswahlrechten haften.[1643] Die externe Kapitalverwaltungsgesellschaft hat im Übrigen einen eigenen Jahresbericht zu erstellen und prüfen zu lassen, § 38 Abs. 1 KAGB.

5. Buchführung und Versicherungserklärung

Mit der Pflicht, den Jahresabschluss aufzustellen, hängt die Buchführungspflicht zusammen. Der InvKG-Geschäftsführung obliegt es, die Bücher zu führen und in diesen ihre Handelsgeschäfte sowie die Lage ihres Vermögens nach den Grundsätzen ordnungsmäßiger Buchführung ersichtlich zu machen, § 238 Abs. 1 S. 1 HGB. Die Buchführung muss so beschaffen sein, dass sie einem sachverständigen Dritten innerhalb angemessener Zeit einen Überblick über die Geschäftsvorfälle und über die Lage des Unternehmens vermitteln kann. Die Bücher müssen dabei nicht höchstpersönlich geführt werden, sodass die externe Kapitalverwaltungsgesellschaft als Hilfsperson herangezogen werden darf.[1644] Die InvKG-Geschäftsführung ist dann aber zivil- und strafrechtlich weiterhin für die sorgfältige Auswahl und Überwachung verantwortlich.[1645]

Darüber hinaus hat die InvKG-Geschäftsführung nach bestem Wissen zu versichern, dass der Jahresabschluss ein den tatsächlichen Verhältnissen entsprechendes Bild vermittelt, § 135 Abs. 1 Nr. 3, § 158 S. 1 KAGB i. V. m. § 264 Abs. 2 S. 3 HGB. Dasselbe gilt mit Blick auf den Lagebericht, § 289 Abs. 1 S. 5 KAGB.

1641 Zur Feststellung des Jahresabschlusses einer Personengesellschaft, BGH, NJW 2007, 1685, 1686; zur KG, OLG Karlsruhe, NZG 1999, 878, 879; *Roth*, in Baumbach/Hopt, HGB, § 164 Rn. 3; *Jessen*, in Baur/Tappen, KAGB, § 135 Rn. 6; *Hüwel*, in Baur/Tappen, KAGB, § 129 Rn. 42; *Schulze-Osterloh*, in FS für Hadding, S. 641 f.
1642 Öffentlich-rechtliche Verpflichtung, vgl. *Ballwieser*, in MüKo, HGB, Band 3, § 242 Rn. 1.
1643 *Sangen-Emden*, in MüHa, Band 1, § 62 Rn. 60.
1644 *Morck*, in Koller/Kindler/Roth/Morck, HGB, § 238 Rn. 1a »keine höchstpersönliche Verpflichtung«.
1645 Zur Buchführung durch Hilfspersonen, vgl. *Merkt*, in Baumbach/Hopt, HGB, § 238 Rn. 11.

Aufgrund der höchstpersönlichen Natur des Bilanzeids ist eine Stellvertretung unzulässig.[1646]

6. Feststellung und Unterzeichnung des Jahresabschlusses

Der Jahresabschluss besteht gemäß § 242 Abs. 3 HGB aus der Bilanz und einer besonderen Gewinn- und Verlustrechnung. Ob es sich bei der Feststellung des Jahresabschlusses um ein Grundlagengeschäft handelt, wird in der Literatur nicht einheitlich beantwortet und variiert vor allem aufgrund des unterschiedlichen Begriffsverständnisses:[1647] Nach dem BGH ist die Feststellung des Jahresabschlusses »eine den Gesellschaftern obliegende Angelegenheit der laufenden Verwaltung.«[1648] Die herausgehobene Bedeutung der Feststellung des Jahresabschlusses liegt darin begründet, dass damit die Bilanz im Verhältnis zwischen den Gesellschaftern sowie gegenüber Dritten verbindlich erklärt wird.[1649] Die Bilanzfeststellung schafft die Grundlagen für die Berechnung der Gewinnansprüche der Gesellschafter.[1650] Die Feststellung des Jahresabschlusses sollte somit als Grundlagengeschäft in der Form des Organisationsaktes qualifiziert werden und bedarf der Zustimmung aller Gesellschafter einschließlich der Kommanditisten, sofern gesellschaftsvertraglich keine Mehrheitsentscheidung vorgesehen ist.[1651] Erst nach einem Feststellungsbeschluss aller Gesellschafter ist der Jahresabschluss von der InvKG-Geschäftsführung unter Angabe des Datums zu unterzeichnen, § 245 HGB. Dabei handelt es sich um eine höchstper-

---

1646 *Merkt*, in Baumbach/Hopt, HGB, § 264 Rn. 28; zur Höchstpersönlichkeit, *Krafka*, in MüKo, HGB, Band 1, § 12 Rn. 32.
1647 § 242 Abs. 3 HGB; *Schäfer*, in MüKo, BGB, Band 6, § 709 Rn. 11, dann aber Rn. 53; Grundlagengeschäft auch *Klimke*, in Häublein/Hoffmann-Theinert, HGB, § 114 Rn. 8; a.A. *Mutter*, in MüHa, Band 2, § 8 Rn. 30; generell: *Liebscher*, in *Reichert*, GmbH & Co. KG, § 17 Rn. 56; *Schulze-Osterloh*, in FS für Hadding, S. 647 f.
1648 BGH, NJW 2007, 1685, 1687; BGH, DStR 2009, 1544, 1544.
1649 Zur Rechtsnatur und für eine Qualifikation als »Organbeschluss«, *Roth*, in Baumbach/Hopt, HGB, § 164 Rn. 3; eingehend zum Verhältnis zwischen § 116 und § 164 HGB, *Beuthien*, NZG 2013, 967, 967 ff.
1650 BGH, NJW 2007, 1685, 1686.
1651 *Lorenz*, in Weitnauer/Boxberger/Anders, KAGB, § 136 Rn. 3; *Kracke*, in Baur/Tappen, KAGB, § 125 Rn. 14; BGH, NJW 2007, 1685, 1686; OLG Karlsruhe, NZG 1999, 878, 879; *Drescher*, in EBJS, HGB, § 114 Rn. 7; Mehrheit kann genügen, dazu auch *Heckschen/Bachmann*, NZG 2015, 531, 533; auch nach *Schürnbrand*, Organschaft im Recht der privaten Verbände, S. 90 ff. handelt die Gesellschafterversammlung lediglich rechtstechnisch und funktional als »oberstes Organ« der Gesellschaft.

sönliche Pflicht der Geschäftsführer, bei der keine Stellvertretung möglich ist.[1652]

7. Wahl des Abschlussprüfers für Jahresabschluss und Lagebericht

Die Prüfung des Jahresabschlusses und des Lageberichts ist gemäß § 159 S. 1 i. V. m. § 136 Abs. 1 S. 1 KAGB durch einen Abschlussprüfer durchzuführen. Darüber hinaus existiert im KAGB keine Regelung zur Auswahl des Abschlussprüfers,[1653] sodass über den Verweis in § 136 Abs. 1 S. 1 KAGB auf die Vorschriften nach §§ 316 ff. HGB, vor allem auf § 318 Abs. 1 S. 1 HGB zurückzugreifen ist.[1654] Dem zufolge hat die Gesellschafterversammlung der Investmentkommanditgesellschaft einen Abschlussprüfer auszuwählen,[1655] weshalb es sich kraft gesetzlicher Anordnung um ein Grundlagengeschäft im Sinne eines Organisationsakts handelt.[1656] Ein Vorschlagsrecht der InvKG-Geschäftsführung ist dadurch nicht ausgeschlossen. Im Fall einer GmbH & Co. Investment-KG sind zudem gesellschaftsvertragliche Abweichungen möglich, § 318 Abs. 1 S. 2, § 264a Abs. 1 HGB.

Für die Erteilung des Prüfungsauftrags, also den Abschluss des schuldrechtlichen Vertrages der Gesellschaft mit dem Abschlussprüfer, sind die vertretungsberechtigten Gesellschafter berechtigt und verpflichtet.[1657] Bei der Investmentkommanditgesellschaft sind dies also grundsätzlich die Geschäftsführer der Komplementär-GmbH, § 149 Abs. 1 S. 2 KAGB i. V. m. § 161 Abs. 2, § 170, § 125 Abs. 1 HGB, § 35 GmbHG oder ggf. die dazu bevollmächtigte externe Kapitalverwaltungsgesellschaft.

8. Gewinnverwendung und Gewinnauszahlung

Im Gegensatz zu den darstellungsbezogenen Aufstellungsbeschlüssen mit vorbereitendem Charakter können Bilanzierungsentscheidungen, die der Sache nach Ergebnisverwendungen sind, grundsätzlich nur durch alle Gesellschafter

---

1652 Beweisfunktion und Verantwortungsübernahmen, *Poll/Ruppelt*, in Häublein/Hoffmann-Theiner, HGB, § 245 Rn. 21, 11.
1653 *Lorenz*, in Weitnauer/Boxberger/Anders, KAGB, § 136 Rn. 3; *Zetzsche*, AG 2013, 613, 626.
1654 Vgl. auch § 6 Abs. 3 S. 1 PublG; BGH, NJW 1980, 1689; *Zetzsche*, AG 2013, 613, 626.
1655 *Lorenz*, in Weitnauer/Boxberger/Anders, KAGB, § 136 Rn. 3; *Kracke*, in Baur/Tappen, KAGB, § 125 Rn. 14; *Jessem*, in Baur/Tappen, KAGB, § 136 Rn. 3.
1656 *Schulze-Osterloh*, in FS für Hadding, S. 648 f.; *Schmitz*, Das Grundlagengeschäft in der Personengesellschaft, S. 92.
1657 *Jessen*, in Baur/Tappen, KAGB, § 136 Rn. 1, 3; *Mutter*, in MüHa, Band 2, § 8 Rn. 30.

gemeinschaftlich getroffen werden.[1658] Bei Gewinnverwendungsbeschlüssen handelt es sich um Grundlagengeschäfte im Sinne eines Organisationsaktes.[1659] Dabei steht den Kommanditisten anders als den Komplementären grundsätzlich kein (gewinnunabhängiges) Entnahmerecht im Sinne des § 122 HGB zu,[1660] allerdings haben sie einen Anspruch auf Auszahlung ihres Gewinnanteils, § 169 Abs. 1 S. Hs. 1 HGB.[1661] Der Gewinnauszahlungsanspruch entsteht bereits mit der Feststellung des Jahresabschlusses, der den Gewinn ausweist;[1662] eines gesonderten Gewinnverwendungsbeschlusses bedarf es insofern nicht.[1663]

9. Zustimmung bei Einlagenrückgewähr und Hinweispflicht,
§ 152 Abs. 2 KAGB

Eine Rückgewähr der (Haft-)Einlage oder eine Ausschüttung, die den Wert der Kommanditeinlage unter den Einlagebetrag herabmindert, darf gemäß § 152 Abs. 2 S. 1 KAGB nur mit Zustimmung des betroffenen Kommanditisten erfolgen, da ansonsten die Haftung gemäß § 174 Abs. 4 HGB wieder auflebt.[1664] Dies gilt gemäß § 152 Abs. 2 S. 4 KAGB auch für den mittelbar beteiligten Kommanditisten und erfasst die teilweise Rückgewähr sowie die Entnahme von Gewinnanteilen, wenn der Kapitalanteil des Kommanditisten durch Verluste unter den Betrag der geleisteten Einlage herabgemindert ist.[1665] Aufgrund der weitreichenden Folgen für den Anleger und angesichts des Risikos seiner persönlichen Inanspruchnahme wird es für unzulässig gehalten, dass der Komman-

---

[1658] Nach *Roth*, in Baumbach/Hopt, HGB, § 164 Rn. 3, § 120 Rn. 8 ist ein Mehrheitsbeschluss möglich, wenn der Gesellschaftsvertrag einen solchen zulässt; *Schulze-Osterloh*, in FS für Hadding, S. 641, Fn. 25 m.w.N.; *Häublein*, in Häublein/Hoffmann-Theiner, HGB, § 167 Rn. 6 f.

[1659] *Weipert*, in MDHD, Band 1, § 57 Rn. 31; *ders.*, in MüHa, Band 2, § 14 Rn. 44; BGH, NJW 2007, 1685, 1685 ff.; BGH, NJW 2007, 1685, 1687; *Priester*, DStR 2007, 28, 30 f.; § 168 HGB.

[1660] *Häublein*, in Häublein/Hoffmann-Theiner, HGB, § 169 Rn. 14; dispositiv, *Weipert*, in EBJS, HGB, § 169 Rn. 18 ff.; *v. Falkenhausen/H.C. Schneider*, in MüHa, Band 2, § 24 Rn. 2; § 152 Abs. 2–7 KAGB, § 172 Abs. 4 HGB.

[1661] »Zentrales Vermögensrecht«, *Häublein*, in Häublein/Hoffmann-Theiner, HGB, § 167 Rn. 1, § 169 Rn. 1; *Ihrig*, in Reichert, GmbH & Co. KG, § 43 Rn. 22; beachte § 152 Abs. 2–7 KAGB; zur Nichtgeltung von § 169 Abs. S. 2 Hs. 2 HGB wegen § 152 Abs. 3 S. 3–5 KAGB, *Oetker*, in Oetker, HGB, § 169 Rn. 29 f.

[1662] *Oetker*, in Oetker, HGB, § 169 Rn. 8.

[1663] LG Frankfurt NZG 2013, 1222, 1222 ff.

[1664] *Paul*, in Weitnauer/Boxberger/Anders, KAGB, § 152 Rn. 14; Ausschüttungen die nicht durch Gewinne gedeckt sind; *Klebeck/Kunschke*, in Beckmann/Scholtz/Vollmer, 405, KAGB, § 152 Rn. 60, 63; § 162 Abs. 1 HGB.

[1665] *Könnecke*, in Baur/Tappen, KAGB, § 152 Rn. 61; maßgeblich ist das für jeden Kommanditanteil zu führende Kapitalkonto.

ditist seine Zustimmung vorab im Gesellschaftsvertrag erteilt.[1666] Damit der Anleger das tatsächliche Risiko übersehen kann, soll er in einem engen zeitlichen Zusammenhang mit der Rückgewähr zustimmen können.[1667]
Dabei ist der Kommanditist laut § 152 Abs. 2 S. 2 KAGB vor der Zustimmung darauf hinzuweisen, dass er den Gläubigern der Gesellschaft unmittelbar haftet, soweit die Einlage durch die Rückgewähr oder Ausschüttung zurückbezahlt wird. Der Wortlaut sagt jedoch nichts darüber, wen die gesetzliche Hinweispflicht trifft. Aufgrund der systematischen Stellung des § 154 Abs. 2 S. 2 KAGB in den »allgemeinen Vorschriften für geschlossene Investmentkommanditgesellschaften« lässt sich schließen, dass die Investmentkommanditgesellschaft der Adressat der Vorschrift ist. Dafür spricht auch ein Blick auf § 160 Abs. 4 KAGB, wonach die geschlossene Publikumsinvestmentkommanditgesellschaft der BaFin in vergleichbarer Weise den Jahresbericht unverzüglich nach der Erstellung einzureichen hat. Somit handelt es sich um eine Aufgabe der Investmentkommanditgesellschaft.

10. Entlastung der Geschäftsführung

Die Geschäftsführer könnten von Ersatzansprüchen aus pflichtwidriger Geschäftsführung entlastet werden, die der Gesellschafterversammlung bei der Beschlussfassung bekannt oder bei sorgfältiger Prüfung erkennbar waren.[1668] Da sich im KAGB und im Personengesellschaftsrecht keine expliziten Regelungen wie bei Kapitalgesellschaften nach § 120 AktG, § 46 Nr. 5 GmbHG finden, gilt hinsichtlich der GmbH & Co. Investment-KG Folgendes: Wird der Geschäftsführer in der GmbH entlastet, entfallen zwar weitgehende Ansprüche der GmbH, nicht jedoch die Ansprüche der KG oder der Kommanditisten gegen die Geschäftsführer. Denn die Gesellschafter der GmbH können eine Entlastung nicht mit Wirkung für die KG oder die Kommanditisten durchführen.[1669] Vielmehr besteht neben der GmbH-Ebene auch auf Ebene der KG ein Interesse daran, die Geschäftsführungstätigkeit etwa für ein Geschäftsjahr zu billigen.[1670] Dabei handelt es sich naturgemäß nicht selbst um einen Akt der Geschäftsführung, sondern obliegt als Organisationsakt allen Gesellschaftern, sofern gesellschaftsvertraglich keine

---

1666 *Könnecke*, in Baur/Tappen, KAGB, § 152 Rn. 62; *Klebeck/Kunschke*, in Beckmann/Scholtz/Vollmer, 405, KAGB, § 152 Rn. 69.
1667 Eine nachträgliche Zustimmung (Genehmigung) ist rechtlich nach allgemeinen Zivilrechtsregeln ebenfalls möglich, § 184 BGB, so *Könnecke*, in Baur/Tappen, KAGB, § 152 Rn. 64; *Klebeck/Kunschke*, in Beckmann/Scholtz/Vollmer, 405, KAGB, § 152 Rn. 71; a.A. erfordert vorherige Zustimmung: *Casper*, in Staub, HGB, § 161 Rn. 271.
1668 *Karrer*, in Gummert, MAH, § 14 Rn. 165; BGH, NJW 1986, 2250, 2250 f.
1669 Auch zur Schutzwirkung zugunsten der KG, *Liebscher*, in Reichert, GmbH & Co. KG, § 17 Rn. 32 f.
1670 *Schulze-Osterloh*, in FS für Hadding, S. 649.

Mehrheit ausreicht.[1671] Die Entlastung der Geschäftsführung ist als gesellschaftsinterner Organisationsakt der Gesellschaftergesamtheit zu werten.

11. Stellung des Insolvenzantrags bei drohender Zahlungsunfähigkeit

Die Stellung des Insolvenzantrags obliegt grundsätzlich der Geschäftsführung, § 15a Abs. 1 S. 2, Abs. 2 InsO.[1672] Im Fall der drohenden Zahlungsunfähigkeit nach § 18 InsO ist die InvKG-Geschäftsführung nicht verpflichtet, aber berechtigt einen Insolvenzantrag zu stellen. In gesellschaftsrechtlicher Hinsicht müssen die Geschäftsführer vor einer Antragstellung einen Beschluss der Gesellschafterversammlung herbeiführen.[1673]

Das LG Frankfurt a. M. führt dazu aus:[1674] »Die Beantragung der Eröffnung eines Insolvenzverfahrens wegen drohender Zahlungsunfähigkeit ist keine unternehmerische Entscheidung, sondern ein gesellschaftsrechtliches Grundlagengeschäft, das im Verantwortungsbereich der Gesellschafter liegt [...]. Ein Geschäftsführer dürfe nämlich gegen den Willen der Gesellschafter keinen Insolvenzantrag wegen drohender Zahlungsunfähigkeit stellen. Ein solcher Gesellschafterbeschluss sei zwar im Außenverhältnis keine Voraussetzung der Antragstellung oder Verfahrenseröffnung. Im Innenverhältnis einer von Zahlungsunfähigkeit bedrohten Gesellschaft sei das antragsberechtigte Organ jedoch zur Einholung eines entsprechenden Beschlusses verpflichtet, da es sich nicht um eine Geschäftsführungsmaßnahme, sondern um ein den Gesellschaftszweck änderndes – mit Verfahrenseröffnung ende die werbende Tätigkeit der Gesellschaft – Grundlagengeschäft handele. Diese Grundsätze gelten auch für die GmbH & Co. KG, da diese im Hinblick auf die Insolvenzantragspflicht nach § 15a InsO bei Überschuldung und/oder Zahlungsunfähigkeit wie eine GmbH behandelt wird. Eine solche Gleichstellung der GmbH & Co. KG mit der GmbH ist wegen der atypischen Haftungssituation – keine unbeschränkte Haftung einer natürlichen Person – auch im Hinblick auf die Notwendigkeit einer Zustimmung der Gesellschafter der KG zum Insolvenzantrag bei drohender Zahlungsunfähigkeit gerechtfertigt.« Diese Ausführungen sollten mangels abweichender Vorschriften im KAGB im Grundsatz auch für die GmbH & Co. Investment-KG gelten.[1675]

1671 *Schäfer*, in MüKo, BGB, Band 6, § 709 Rn. 55: Kein Vertragscharakter des Beschlusses, sondern Handeln als »oberstes Gesellschaftsorgan«; *Kracke*, in Baur/Tappen, KAGB, § 125 Rn. 14; *Schürnbrand*, Organschaft im Recht der privaten Verbände, S. 90, 94.
1672 Zu diesem Aspekt siehe oben 4. Teil D.III.10.
1673 *Leinekugel/Skauradszun*, GmbHR 2011, 1121, 1128.
1674 LG Frankfurt NZG 2013, 1064, 1066 f.
1675 Beachte in diesem Zusammenhang die sogenannten »Sanieren oder Ausscheiden«-Entscheidungen des BGH etwa BGH, NJW 2010, 65, 65 ff., BGH, NZG 2015, 995, 995 ff.; kritisch zur Anwendbarkeit dieser Rechtsprechung im Fall einer Investmentkommanditgesellschaft, da die Nachschusspflicht der Anleger nach dem KAGB ausgeschlossen ist, *Casper*, ZHR 2015, 44, 67, 81.

12. Anmeldung zum Handelsregister

Mangels spezieller Regelungen gelten gemäß § 149 Abs. 1 S. 2 KAGB die gesellschaftsrechtlichen Vorschriften über die Anmeldung zum Handelsregister, §§ 162, 108 HGB. Gemäß § 108 HGB sind die Anmeldungen von sämtlichen Gesellschaftern zu bewirken, sodass auch die Kommanditisten anmeldepflichtig sind.[1676] Ein Anlegerkommanditist ist daher erst wirksam beigetreten, wenn er im Handelsregister eingetragen wurde, § 152 Abs. 4 KAGB, und eine Haftung nach § 176 Abs. 2 HGB damit ausgeschlossen ist. Um ein Grundlagengeschäft handelt es sich bei Handelsregisteranmeldungen, wenn der materielle Vorgang selbst ein Grundlagengeschäft ist.[1677] Keine durchgreifenden rechtlichen Bedenken bestehen nach dem BGH bei einer gesellschaftsvertraglichen Regelung einer Publikums-KG, der zufolge die Gesellschafter nach ihrer Wahl Handelsregisteranmeldungen zu unterzeichnen oder der Komplementärin eine nur aus wichtigem Grund widerrufbare General-Anmeldevollmacht zu erteilen haben.[1678] Die Gesellschafter können sich gemäß § 12 Abs. 1 S. 2 HGB i. V. m. § 10 Abs. 2 FamFG durch einen mit öffentlich beglaubigter Vollmacht ausgestatteten Bevollmächtigten vertreten lassen, was bereits im Gesellschaftsvertrag vereinbart werden kann.[1679] Obwohl grundlagenrelevante Handelsregisteranmeldungen eine Aufgabe der Investmentkommanditgesellschaft sind, ist unter den genannten Voraussetzungen eine rechtsgeschäftliche Spezialvollmacht zugunsten der externen Kapitalverwaltungsgesellschaft zulässig.[1680]

13. Bestellung einer externen Kapitalverwaltungsgesellschaft

Umstritten ist, ob die Bestellung einer externen Kapitalverwaltungsgesellschaft eine gewöhnliche oder eine außergewöhnliche Geschäftsführungsmaßnahme oder sogar ein Grundlagengeschäft der Gesellschafter ist.[1681] Dies beurteilt sich nach Inhalt, Zweck und Häufigkeit der Maßnahme sowie nach dem damit ver-

---

1676 Anmeldepflichtig sind weiterhin Vorgänge, welche die Struktur der Gesellschafter verändern, §§ 108, 125 Abs. 4, 143, 144, 148 Abs. 1, 150, 162 (i.V.m. § 161 Abs. 2) HGB; *Roth*, in Baumbach/Hopt, HGB, § 162 Rn. 3.
1677 *Krebs*, in MüKo, HGB, Band 1, § 49 Rn. 35; BGH, NJW 1992, 975, 975.
1678 BGH, NJW 2006, 2854; *Roth*, in Baumbach/Hopt, HGB, § 108 Rn. 3.
1679 KG Berlin, NZG 2005, 626; BGH, NJW 1992, 975, 975; auch zur Beschränkung des Widerrufs aus wichtigem Grund bei Publikumsgesellschaften, *Lieder*, in Oetker, HGB, § 108 Rn. 13–15.
1680 Keine höchstpersönliche Handlung, *Krafka*, in MüKo, HGB, Band 1, § 12 Rn. 32.
1681 *Klebeck/Kunschke*, in Beckmann/Scholtz/Vollmer, 405, KAGB, § 154 Rn. 9 ff.; a.A. *Hüwel*, in Baur/Tappen, KAGB, § 129 Rn. 24 ff.; *Oetker*, in Oetker, HGB, § 164 Rn. 75; für eine außergewöhnliche Geschäftsführungsmaßnahme ist grundsätzlich der Beschluss aller Gesellschafter erforderlich, § 164 S. 1 Hs. 2, § 116 Abs. 2 HGB, § 149 Abs. 1 S. 2 KAGB.

bundenen Risiko für die Gesellschaft.[1682] Maßgeblich ist die Typizität des konkreten Unternehmens und die Ausgestaltung des Gesellschaftsvertrages im Einzelfall.[1683] Gesellschaftsvertraglich festgelegter Unternehmensgegenstand der Investmentkommanditgesellschaft muss gemäß § 150 Abs. 2 S. 1 KAGB »ausschließlich die Anlage und Verwaltung ihrer Mittel nach einer festgelegten Anlagestrategie zur gemeinschaftlichen Kapitalanlage« zum Nutzen der Anleger sein.[1684] Die Formulierung »ausschließlich die Anlage und Verwaltung ihrer Mittel« könnte darauf deuten, dass der Gesetzgeber die intern verwaltete Investmentkommanditgesellschaft als gesetzliches Leitbild vor Augen hatte,[1685] sodass die Bestellung einer externen Kapitalverwaltungsgesellschaft untypisch wäre. Allerdings geht der Wortlaut des § 150 Abs. 2 S. 1 KAGB nicht ausdrücklich darauf ein, ob eine »interne« oder »externe« Verwaltung vorliegt. Der Unternehmensgegenstand sollte daher weit verstanden werden und sowohl die externe als auch die interne Verwaltung umfassen. Dafür spricht, dass die »Geschäftsführung« der Investmentkommanditgesellschaft gemäß § 17 Abs. 2 Nr. 2 KAGB wählen darf, ob sie eine externe Kapitalverwaltungsgesellschaft bestellen möchte oder ob das Investmentvermögen sich selbst intern verwalten soll.[1686] Der Wortlaut indiziert, dass es sich bei der Entscheidung über die Bestellung um eine Geschäftsführungsangelegenheit handelt,[1687] die als »selbstverständliche« und vom Gesetz vorgesehene Option auch die Bestellung einer externen Kapitalverwaltungsgesellschaft umfasst.[1688]

Ferner wird die externe Kapitalverwaltungsgesellschaft gemäß § 17 Abs. 2 Nr. 1 KAGB[1689] »vom Investmentvermögen oder im Namen des Investmentvermögens bestellt«. Eine rechtlich verselbstständigte Investmentgesellschaft handelt über die entsprechenden Geschäftsführungs- und Vertretungsorgane,

---

1682 BGH, NJW 1980, 1463, 1464; BGH, BB 1954, 143, 143 ff.; OLG Köln, NJW-RR 1995, 547, 548; *Jickeli*, in MüKo, HGB, Band 2, § 116 Rn. 17; *Grunewald*, in MüKo, HGB, Band 3, § 164 Rn. 9.
1683 *Drescher*, in EBJS, HGB, § 116 Rn. 3; gleichermaßen bei Publikumsgesellschaften, *Roth* in Baumbach/Roth, HGB, Anhang zu § 177a Rn. 74; siehe unten 5. Teil D.II.16. bei »Übertragung des ganzen Vermögens«; zur Investmentkommanditgesellschaft, *Hüwel*, in Baur/Tappen, KAGB, § 129 Rn. 25.
1684 Bei Personengesellschaften soll keine zwingende Unterscheidung in den allgemeinen Gesellschaftszweck und konkreteren Unternehmensgegenstand existieren, vgl. *Spitze*, Geschäftsführung in der Personengesellschaft, S. 75.
1685 *Kracke*, in Baur/Tappen, KAGB, § 128 Rn. 12; vgl. auch § 266 Abs. 1 Nr. 2 KAGB.
1686 Siehe oben 2. Teil D.I.5.
1687 Kritisch: *Hüwel*, in Baur/Tappen, KAGB, § 129 Rn. 29; *Kunschke/Klebeck*, in Beckmann/Scholtz/Vollmer, 405, KAGB, § 154 Rn. 12.
1688 *Hüwel*, in Baur/Tappen, KAGB, § 129 Rn. 29.
1689 Art. 5 Abs. 1 S. 2 a) AIFM-RL.

D. Angelegenheiten der InvKG-Gesellschafter und -Geschäftsführer

nicht jedoch über die Gesellschafterversammlung,[1690] sodass § 17 Abs. 2 KAGB die InvKG-Geschäftsführung gemeint haben könnte. Allerdings ist § 17 Abs. 2 KAGB Bestandteil der Vorschriften zum Erlaubnisverfahren, sodass nicht davon auszugehen ist, dass die Norm abschließend die personengesellschaftsrechtliche Binnenorganisation regelt.[1691] Das Wort »Geschäftsführung« in § 17 Abs. 2 Nr. 2 KAGB deutet somit auf ein Handeln der Geschäftsführung hin, schließt jedoch ein gesellschaftsrechtlich geschuldetes Handeln der Gesellschafter nicht aus. § 17 Abs. 2 Nr. 2 KAGB könnte ebenso bedeuten, dass, auch wenn es sich um ein zustimmungsbedürftiges Rechtsgeschäft handelt, es in jedem Fall der InvKG-Geschäftsführung obliegt, den Gesellschafterbeschluss umzusetzen.[1692]

Über den Wortlaut hinaus wird die Bedeutung einer »Bestellung« für die Parteien durch den Inhalt der Maßnahme bestimmt: Im Grundsatz vollzieht sich die Bestellung der externen Kapitalverwaltungsgesellschaft durch den Abschluss eines schuldrechtlichen Bestellungsvertrages verbunden mit der Erteilung rechtsgeschäftlicher Vollmachten und Befugnisse.[1693] Der Kapitalverwaltungsgesellschaft werden insbesondere die risikorelevanten Anlageverwaltungsfunktionen übertragen, die als absolute Kernaufgaben eingestuft werden und die für die Erlaubnis von übergeordneter Bedeutung sind, § 23 Nr. 9, 10 KAGB.[1694]

Daneben können allerdings zahlreiche andere Aufgaben bei der Investmentkommanditgesellschaft verbleiben und die Kapitalverwaltungsgesellschaft kann wählen, ob und in welchem Umfang sie optionale Nebendienstleistungen oder Nebenverwaltungsaufgaben übernimmt.[1695] Mit der Bestellung geht regelmäßig keine umfassende Generalvollmacht einher, sondern eine begrenzte Handlungsvollmacht, die auf die vertraglich und aufsichtsrechtlich definierte Dienstleistung »Vermögensverwaltung« beschränkt ist.[1696] Die Erteilung und der Widerruf einer Handlungsvollmacht wird grundsätzlich als gewöhnliches Rechtsgeschäft eingestuft, solange sie nicht für ungewöhnlich lange Zeit, unter Einräumung ungewöhnlicher Befugnisse oder mit dem Recht, sie zu übertragen, eingeräumt wird.[1697]

Allerdings sind die Nebenverwaltungsaufgaben investmentrechtlich weniger gewichtig und auch die anderen Restaufgaben der Investmentkommanditgesellschaft sind nicht in gleicher Weise risikorelevant wie die Portfolioverwaltung

---

1690 Siehe oben 5. Teil A.VI.
1691 *Kunschke/Klebeck*, in Beckmann/Scholtz/Vollmer, 405, KAGB, § 154 Rn. 12.
1692 *v. Ditfurth*, in MüHa, Band I, § 53 Rn. 8; *Rawert*, in MüKo, HGB, § 114 Rn. 9.
1693 Siehe oben 4. Teil D.III.2.; vgl. auch Kündigung, *Kunschke/Klebeck*, in Beckmann/Scholtz/Vollmer, 405, KAGB, § 129 Rn. 53 f.
1694 Siehe oben 4. Teil B.VI.4.a.
1695 Siehe oben 4. Teil C.
1696 Siehe oben 5. Teil C.II. zum Aufgabenumfang der Kapitalverwaltungsgesellschaft.
1697 Nach *Jickeli*, in MüKo, HGB, Band 2, § 116 Rn. 26 stellt die Erteilung einer Generalvollmacht ein außergewöhnliches Geschäft dar; *Drescher*, in EBJS, HGB, § 116 Rn. 5; *Schulte*, in Sudhoff, Personengesellschaften, § 12 Rn. 8.

oder das Risikomanagement. Die Aufgaben und Befugnisse der externen Kapitalverwaltungsgesellschaft sind – auch im Falle der Begrenzung auf die obligatorischen Anlageverwaltungsfunktionen – durchaus weitreichend, da ihr entsprechende Geschäftsführungs- und Vertretungsbefugnisse im Bestellungsvertrag eingeräumt werden.[1698] Weiterhin findet die Bestellung typischerweise nicht wiederkehrend oder häufig statt, sondern nur einmal.[1699] Auch wenn die Bestellung dazu führt, dass sich die regulatorischen Vorschriften primär auf die externe Kapitalverwaltungsgesellschaft fokussieren, legt das KAGB der InvKG-Geschäftsführung nach § 153 KAGB ebenfalls eine Reihe von Pflichten auf, die vergleichbar mit den Anforderungen an die Kapitalverwaltungsgesellschaft sind, § 26 KAGB.[1700] Insbesondere wenn eine Investmentkommanditgesellschaft als intern verwaltete Struktur aufgelegt und vertrieben wird, die Verwaltungsform jedoch später »unvorhergesehen« zu einer externen Verwaltung wechselt, sollte ein solcher Wechsel nicht ohne die Zustimmung der Gesellschafter vonstattengehen.[1701]

Im Ergebnis hängt die Qualifikation als Geschäftsführungs- oder Gesellschafterangelegenheit entscheidend von den gesellschaftsvertraglichen Vorgaben sowie der Ausgestaltung des Bestellungsverhältnisses betreffend den Aufgaben- und Befugnisumfang der Kapitalverwaltungsgesellschaft bzw. Investmentkommanditgesellschaft sowie den Lösungs- und Kontrollrechte etc. ab.[1702] Um die aufgezeigten Unsicherheiten zu vermeiden, sollte der Gesellschaftszweck regeln, ob die Investmentkommanditgesellschaft eine externe oder eine interne Verwaltung anstrebt.[1703] Ist die Bestellung einer – regelmäßig explizit benannten – externen Kapitalverwaltungsgesellschaft im Gesellschaftsvertrag vorgesehen, handelt es sich um eine Angelegenheit der InvKG-Geschäftsführung. Selbst wenn von einer außergewöhnlichen Geschäftsführungsmaßnahme im Sinne des § 164 Hs. 2 HGB oder sogar von einem Grundlagengeschäft ausgegangen wird, besteht die Möglichkeit, die Vorschrift nach § 164 Hs. 2 HGB im Gesellschaftsvertrag abzubedingen sowie die InvKG-Geschäftsführung zur Vornahme der Bestellung von den Gesellschaftern antizipiert zu ermächtigen.

1698 Siehe oben 5. Teil A.VI.
1699 Zum Kriterium der Häufigkeit, *Grunewald*, in MüKo, HGB, Band 3, § 164 Rn. 9.
1700 Siehe oben 4. Teil D.II.3.
1701 Die Bestellung könnte damit faktisch in die Rechtspositionen der Gesellschafter eingreifen; *Klebeck/Kunschke*, in Beckmann/Scholtz/Vollmer, 405, KAGB, § 154 Rn. 14; »Grundsatzentscheidung« *Oetker*, in Oetker, HGB, § 164 Rn. 75.
1702 Siehe oben 5. Teil C.I.-III.
1703 Keine Konkretisierung über das gebotene Maß hinaus, um Flexibilität zu erhalten, *Kunschke/Klebeck*, in Beckmann/Scholtz/Vollmer, 405, KAGB, § 150 Rn. 32, 34.

14. Umwandlungsentscheidung und Benennung einer anderen Kapitalverwaltungsgesellschaft, § 154 Abs. 2 Nr. 1 KAGB

Erlischt das Recht der Kapitalverwaltungsgesellschaft, ein Investmentvermögen zu verwalten, § 154 Abs. 2 Nr. 1, § 100 KAGB, geht das Verfügungsrecht über das Gesellschaftsvermögen auf die Verwahrstelle über. Dies kann vermieden werden, wenn sich die extern verwaltete Investmentkommanditgesellschaft (i) in eine intern verwaltete umwandelt oder (ii) eine andere externe Kapitalverwaltungsgesellschaft benennt. Für die Frage, ob es sich dabei um eine Geschäftsführungs- oder Gesellschafterangelegenheit handelt, kann zwischen der Benennung einer anderen externen Kapitalverwaltungsgesellschaft und der Umwandlung in eine interne Investmentkommanditgesellschaft differenziert werden:[1704]

Die Benennung einer anderen externen Kapitalverwaltungsgesellschaft nach § 154 Abs. 2 Nr. 1 Alt. 2 KAGB sollte insoweit wie deren Bestellung gemäß § 154 Abs. 1 S. 1 KAGB behandelt werden, sodass die obigen Erwägungen greifen und die InvKG-Geschäftsführung regelmäßig als zuständig anzusehen ist.[1705] Der Umstand, dass die Abwicklung droht, macht die Entscheidung zwar gewichtig, führt aber nicht in jedem Fall zu einer Zuständigkeit der Gesellschaftergesamtheit.[1706] Denn im Fall des § 154 Abs. 2 KAGB existierte bereits vor der Kündigung eine externe Verwaltungsform, sodass die bestehende Fondsstruktur und die vorhandene Gesellschafterstellung nicht grundlegend verändert werden. Etwas anderes könnte jedoch gelten, wenn das Bestellungsverhältnis mit der externen Kapitalverwaltungsgesellschaft in wesentlichen Punkten nun anders als zuvor geregelt wird. Beispielsweise könnten abweichende Vereinbarungen hinsichtlich des Umfangs der geschuldeten Vermögensverwaltung, Kündigungs- sowie Kontroll- und Informationsrechte der Investmentkommanditgesellschaft oder Vergütung der Kapitalverwaltungsgesellschaft getroffen werden.[1707] Maßgeblich für eine Einordnung als Geschäftsführungs- oder Gesellschafterangelegenheit sind die Vereinbarungen im Gesellschaftsvertrag. Insbesondere kommt es darauf an, in welchem Ausmaß eine Neubestellung der anderen Kapitalverwaltungsgesellschaft vom Gesellschaftsvertrag abweicht.

Weitaus gravierendere Konsequenzen hat eine Umwandlungsentscheidung hin zu einer internen Verwaltung, denn hier wird die vorhandene und ursprüngliche Fondsstruktur gänzlich verändert. Eine vormals extern verwaltete Investmentkommanditgesellschaft sieht sich dann den weitreichenden Pflichten von Kapitelverwaltungsgesellschaften gegenüber, die das KAGB an die Fondsverwaltung stellt. Erfüllt werden müssen etwa die allgemeinen Organisationspflichten sowie Melde- und Anzeigepflichten nach §§ 28 ff. KAGB, die Eigenmittelanforderungen nach § 25 KAGB sowie die Tätigkeiten der investmentrechtlichen Anlage-

---

1704 *Könnecke*, in Baur/Tappen, KAGB, § 154 Rn. 44 f.
1705 Siehe oben 5. Teil D.II.13.
1706 A.A. *Klebeck/Kunschke*, in Beckmann/Scholtz/Vollmer, 405, KAGB, § 154 Rn. 51.
1707 Siehe oben 5. Teil C.III.

verwaltung, § 23 Nr. 9, 10 KAGB. Eine Umwandlungsentscheidung sollte daher als mittelbares Grundlagengeschäft qualifiziert werden, das faktisch in die Rechtspositionen der Gesellschafter eingreift.[1708]

15. Aufnahme und Kündigung neuer Gesellschafter

Wie bereits gezeigt wurde, ist die Aufgabe nach Nr. 2 a) vii) Anhang I AIFM-RL »Ausgabe und Rücknahme von Anteilen« begrifflich unpassend und muss in Bezug auf die Investmentkommanditgesellschaft hin zu »Aufnahme und Kündigung der Gesellschafter« ausgelegt werden.[1709] Mangels spezieller Aufnahmeregeln im KAGB sind die gesellschaftsrechtlichen Vorschriften anzuwenden,[1710] sodass im Ausgangspunkt die Gesellschaftergesamtheit für das Grundlagengeschäft zuständig ist. Dasselbe gilt für das *vereinbarungsgemäße* Ausscheiden aus der Gesellschafterstellung.[1711] Insbesondere bei Publikumsgesellschaften kann die Aufnahme dadurch vereinfacht werden, dass einem Gesellschafter[1712] – etwa dem Treuhandkommanditisten – die Vollmacht erteilt wird, im Namen der anderen Gesellschafter den Beitrittsvertrag abzuschließen.[1713] Zudem erlaubt der BGH, dass die Gesellschaft selbst zum Abschluss des Aufnahmevertrages im eigenen Namen mit Wirkung für alle Gesellschafter »ermächtigt« werden kann.[1714] Die Gesellschafterangelegenheit wird in das Verhältnis zwischen Ge-

---

1708 *Klebeck/Kunschke*, in Beckmann/Scholtz/Vollmer, 405, KAGB, § 154 Rn. 51; da die Investmentkommanditgesellschaft jedoch nur selten die strengen Anforderungen an eine Kapitalverwaltungsgesellschaft wird einhalten können, ist eine solche Umwandlungsentscheidung in der Praxis selten.
1709 Siehe oben 4. Teil B.VI.5.a.i.
1710 Für die offene Investmentkommanditgesellschaft findet sich keine Regelung wie für die Investmentaktiengesellschaft m.v.K., § 115 KAGB.
1711 *Kindler*, in Koller/Kindler/Roth/Morck, HGB, § 105 Rn. 59; von Relevanz bei offenen Fonds, § 1 Abs. 4 Nr. 2 KAGB; zum Kündigungsrecht der Anlegerkommanditisten bei der geschlossenen Investmentkommanditgesellschaft, § 161 Abs. 1 S. 2 KAGB; vgl. auch zur Möglichkeit eines einseitigen Kündigungsrechts durch den Komplementär, *Schlitt/Maier-Reinhardt*, in Reichert, GmbH & Co. KG, § 30 Rn. 36 ff.
1712 *Roth*, in Baumbach/Hopt, HGB, § 105 Rn. 67; *Kindler*, in Koller/Kindler/Roth/Morck, HGB, § 105 Rn. 57 »nicht aber Außenstehende.«
1713 § 152 Abs. 1 S. 2 und 3 KAGB; *Klimke*, in Häublein/Hoffmann-Theinert, HGB, § 105 Rn. 184.
1714 Im Fall einer Publikumsgesellschaft: BGH, NJW 1978, 1000, 1000: »Der Eintritt soll sich dann unmittelbar durch Abschluss des Eintrittsvertrags vollziehen. Mit der im Rahmen des Gesellschaftsverhältnisses abgegebenen Einverständniserklärung hat der Gesellschafter zum Ausdruck gebracht, daß er seiner Gesellschaft und ihrer Geschäftsführung das notwendige Vertrauen entgegenbringt und ihnen das Recht einräumt, weitere Gesellschafter durch Abschluß entsprechender Verträge aufzunehmen.«; zustimmend etwa *Roth*, in Baumbach/Hopt, HGB § 105 Rn. 67; kritisch *Klimke*, in Häublein/Hoffmann-Theinert, HGB, § 105 Rn. 184.

sellschaft und Gesellschafter verlagert[1715] und wandelt sich dadurch zu einer Geschäftsführungsangelegenheit.[1716] Denn die Gesellschaft wird beim Abschluss des Beitrittsvertrages regelmäßig durch die Komplementär-GmbH und deren Geschäftsführer – sprich die InvKG-Geschäftsführung – vertreten.[1717] Bei Publikumsgesellschaften können Treuhandkommanditisten geschaffen werden, welche diese Aufgaben übernehmen können, § 152 Abs. 1 S. 2, 3 KAGB.[1718] Bei offenen Fonds könnte auf schuldrechtlichem Wege eine Entscheidungsbefugnis der externen Kapitalverwaltungsgesellschaft vereinbart werden.[1719] Dabei bleibt es dabei, dass der Aufnahmevertrag mit den Gesellschaftern bzw. der Investmentkommanditgesellschaft, vertreten durch die Geschäftsführung, zu schließen ist.[1720]

16. Übertragung des Gesellschaftsvermögens

Wenn das gesamte Gesellschaftsvermögen übertragen werden soll, müssen die Gesellschafter nach der Rechtsprechung des BGH zustimmen dürfen.[1721] Fehlt ein Gesellschafterbeschluss, sind die handelnden Geschäftsführer schuldrechtlich nicht vertretungsbefugt.[1722] Solche Geschäfte stellen formal zwar keine Än-

---

1715 Vgl. zur Auslegung hinzu einem Handeln im Namen der Gesellschafter, § 164 Abs. 1 S. 2 BGB, *Roth*, in Baumbach/Hopt, HGB, § 105 Rn. 68.
1716 *Schäfer*, in MüKo, Band 6, § 709 Rn. 10.
1717 *Schäfer*, in Staub, HGB, § 105 Rn. 207.
1718 Nicht jedoch für offene Spezial-AIF, kritisch dazu *Wallach*, ZGR 2014, 289, 305; zum Treuhandmodell, *Könnecke*, in Baur/Tappen, KAGB, § 152 Rn. 24 ff.; *Wiedemann*, NZG 2013, 1041, 1044; *Stari/Beuster*, DStR 2014, 271, 271 ff.; kritisch auch zur Treugeberstellung, *Wiedemann*, NZG 2013, 1041, 1044.
1719 Für geschlossenen Fonds scheidet eine Entscheidungsbefugnis generell aus, da eine Rücknahme- oder Kündigungsmöglichkeit dort nicht vorgesehen ist.
1720 Zur Ausgangslage nach HGB, *Kindler*, in Koller/Kindler/Roth/Morck, HGB, § 105 Rn. 57.
1721 BGH, NJW 1995, 596, 596 mit Verweis auf den Rechtsgedanken des § 179a Abs. 1 S. 1 AktG (vormals § 361 Abs. 1 AktG); OLG Düsseldorf, WM 2018, 564, 569; OLG Hamm, NZG 2008, 21; *Stellmann/Stoeckle*, WM 2011,1983 ff.; nicht von der Unwirksamkeit umfasst sind in den Fällen des § 179a Abs. S. 1 AktG die dinglichen Verfügungsgeschäfte, sodass nur das Verpflichtungsgeschäft schwebend unwirksam ist, BGH, NJW 1991, 2564; *Leitzen*, NZG 2012, 491, 492 zur Abgrenzung zur der im Aktienrecht entwickelten Holzmüller-Doktrin (BGH, NJW 1982, 1703 – Holzmüller, BGH, NJW 2004, 1860 – Gelantine); sowie zur Weitergeltung der Holzmüller-Doktrin bei der Investmentaktiengesellschaft, *Blenk*, Die Mitgliedschaft in der Investmentaktiengesellschaft, S. 93 ff., 101 f.; ggf. auch ein Fall des § 267 Abs. 3 Var. 2 KAGB, siehe unten 5. Teil D.III.4.
1722 *Leitzen*, NZG 2012, 491, 492; a.A. zur Anwendung der Regeln des Missbrauchs der Vertretungsmacht, *Schmitz*, Das Grundlagengeschäft in der Personengesellschaft, S. 122 ff.; die dingliche Ebene bleibt unberührt, BGH, NJW 1995, 596, 596; *Weber*, DNotZ 2018, 96, 97 f., 129.

derungen des Gesellschaftsvertrages dar, berühren aber den Kernbereich der Gesellschafterrechte derart, dass sie in ihren wirtschaftlichen Folgen faktisch zu einer Änderung der gesellschaftsvertraglichen Stellung führen.[1723]

Diskutiert wird, unter welchen Umständen in quantitativer Hinsicht nur noch verhältnismäßig geringe Vermögenswerte verbleiben und damit die Zustimmungsschwelle überschritten wird.[1724] Maßgeblich ist in qualitativer Hinsicht der gesellschaftsvertragliche Unternehmensgegenstand, also ob das Unternehmen das Geschäft noch fortführen kann oder nur noch ein wertmäßig unwesentlicher Teil des Gesellschaftsvermögens verbleibt.[1725] Gesetzlich vorgegebener Unternehmensgegenstand der Investmentkommanditgesellschaft ist gemäß § 150 Abs. 2 S. 1 KAGB die Anlage und Verwaltung ihrer Mittel, sodass beispielsweise der Grundstücksverkauf bei einem Ein-Objekt-Fonds ein zustimmungspflichtiges Rechtsgeschäft sein kann,[1726] während dies etwa bei häufigeren Verkäufen durch Beteiligungsgesellschaften (Private Equity Fonds) weniger der Fall sein wird.

1723 *Wagner* zu OLG Stuttgart, DStR 2004, 469, 470; *Schäfer*, in MüKo, BGB, Band 6, § 709 Rn. 10; es handelt sich dabei um ein »mittelbares Grundlagengeschäft« und nicht nur um eine außergewöhnliche Geschäftsführungsangelegenheit gemäß § 164 Hs. 2, § 116 Abs. 2 HGB; siehe unten 5. Teil D.III. zum Kernbereich der Gesellschafterrechte; siehe unten 5. Teil D.III.4. zum Zustimmungserfordernis der Anleger bei Änderung der Anlagebedingungen, § 267 Abs. 3 KAGB; die ESMA weist darauf hin, dass die Anleger keinen Einfluss auf das laufende Tagesgeschäft nehmen sollen, wodurch ein vereinzelter Zustimmungsvorbehalt der Gesellschafter im Fall einer Übertragung des gesamten Vermögens gerade nicht ausgeschlossen wird, vgl. »Day-to-day discretion or control«, ESMA/2013/611, Guidelines on key concepts of the AIFMD, 13. August 2013, Ziffer VI.12: Dabei ist es kritisch zu beurteilen, dass ein übermäßiger Anlegereinfluss dazu führen soll, das schon kein Investmentvermögen vorliegt. Ein übermäßiger Anlegereinfluss berührt vielmehr die Frage, ob ein unzulässiger Eingriff in die Kapitalverwaltungsgesellschaft-Tätigkeit vorliegt, § 26 ff., 23 Nr. 9, 10 KAGB.
1724 *Weber*, DNotZ 2018, 96, 100 ff.; *Hüren*, RNotZ 2014, 77, 80; *Leitzen*, NZG 2012, 491, 492; BGH, NJW 1982, 1703 – Holzmüller; BGH, NJW 2004, 1860 – Gelantine; AG Düsseldorf, 1994, 228, 231; OLG München, 1995, 232; OLG Stuttgart, BeckRS 2005, 08092; zum subjektiven Element, *Stellmann/Stoeckle*, WM 2011, 1983, 1986.
1725 *Bredol/Natterer*, ZIP 2015, 1419, 1419 f.; *Hüren*, RNotZ 2014, 77, 81, 84; BGH, NJW 1982, 1703, 1704 »Unternehmensziele«; zur Anwendbarkeit des § 311b Abs. 3 BGB, *Leitzen*, NZG 2012, 491, 495.
1726 OLG Hamm, NZG 2008, 21, 23; relevant OLG Stuttgart, DStR 2004, 469 (KGa.A.); OLG Stuttgart, BeckRS 2009, 23862.

III. Zustimmungsbeschluss und Kernbereichslehre

Grundsätzlich können die Gesellschafter über die Zuständigkeiten der Geschäftsführung und Gesellschafter bestimmen.[1727] Beispielsweise ist § 164 S. 1 Hs. 2 HGB dispositiv und durch den Gesellschaftsvertrag abdingbar, sodass außergewöhnliche Maßnahmen auch ohne Zustimmung der Gesellschafter von der Geschäftsführung ergriffen werden dürfen.[1728] Die Gestaltungsfreiheit der Gesellschafter findet jedoch dort ihre Grenzen, wo der gesellschaftsrechtliche Minderheitenschutz gilt und in den Kernbereich der Kommanditistenrechte eingegriffen wird.[1729]

Bei Personengesellschaften gilt unter den Gesellschaftern grundsätzlich das Einstimmigkeitsprinzip.[1730] In Publikumsgesellschaften existieren dagegen viele Anleger, sodass eine umfassende Beteiligung aller Gesellschafter in einer Gesellschafterversammlung praktisch kaum umsetzbar ist. Selbst bei solchen Vertragsänderungen, die im Interesse aller Gesellschafter liegen und bei denen es keinen Grund zum Widerspruch gibt, wäre es schwierig, ein solches Quorum zu erreichen.[1731] Daher finden sich in Gesellschaftsverträgen häufig Mehrheitsklauseln, § 119 Abs. 2 HGB.[1732] Solche Mehrheitsklauseln können einzelne Gesellschafter übervorteilen oder benachteiligen, weshalb sie nur unter bestimmten Voraussetzungen zulässig sind. Dazu gehören traditionell der (inzwischen wohl aufgegebene) Bestimmtheitsgrundsatz,[1733] dem zufolge Beschlussgegenstände detailliert in der Mehrheitsklausel zu bezeichnen sind,[1734] die Kernbereichslehre

---

1727 *Rawert*, in MüKo, HGB, § 114 Rn. 14; *Lorenz*, in Weitnauer/Boxberger/Anders, KAGB, § 132 Rn. 20; vgl. zur Treuepflicht der Anlegerkommanditisten zur Zustimmung, OLG Düsseldorf, WM 2018, 564, 570 m.w.N.
1728 *Roth*, in Baumbach/Hopt, HGB, § 164 Rn. 6; *Drescher*, in EBJS, HGB, § 116 Rn. 9; *Grunewald*, in MüKo, HGB, Band 3, § 164 Rn. 29, zum Beirat, § 161, Rn. 152 ff.
1729 BGH, NJW 2007, 1685, 1686 f.; *Servatius*, in Henssler/Strohn, HGB, Anhang (Publikumsgesellschaften), Rn. 62; *Rawert*, in MüKo, HGB, Band 2, § 114 Rn. 14; vgl. auch Treuepflicht, Gleichbehandlungsgrundsatz, Bestimmtheitsgebot.
1730 *Hüren*, RNotZ 2014, 77, 81, 89; *Servatius*, in Henssler/Strohn, HGB, Anhang (Publikumsgesellschaften), Rn. 59.
1731 BGH, NJW 1978, 1382, 1382.
1732 Vgl. auch § 119 Abs. 2 HGB: »Hat nach dem Gesellschaftsvertrage die Mehrheit der Stimmen zu entscheiden, so ist die Mehrheit im Zweifel nach der Zahl der Gesellschafter zu berechnen.«; *Freitag*, in EBJS, HGB, § 119 Rn. 65 verweist auf Praktikabilitätserwägungen.
1733 BGH, NZG 2014, 1296, 1300.
1734 *Roth*, in Baumbach/Hopt, HGB, Anhang nach § 177a Rn. 69a; BGH, NJW 1978, 1382, 1382; BGH, NJW 1995, 194, 195; zu den Besonderheiten des Bestimmtheitsgrundsatzes bei Publikumsgesellschaften, *Servatius*, in Henssler/Strohn, HGB, Anhang (Publikumsgesellschaften), Rn. 63; BGH, NJW-RR 1994, 491, 491 ff.; BGH, NJW 1976, 958; *Schäfer*, NZG 2014, 1401 ff.; ausführlich zum Bestimmtheitsgrundsatz bei Publikumsgesellschaften, *Glauer*, Minderheitenschutz, S. 85 ff., 89 ff.

und die Treuepflicht. Diese Institute haben sich vor allem aus der Rechtsprechung entwickelt und werden ständig modifiziert.[1735]
Bei der gesellschaftsinternen Zuständigkeitsverteilung zwischen Geschäftsführung und Gesellschafterversammlung spielt die Kernbereichslehre eine herausgehobene Rolle:[1736] Die Rechtsprechung unterscheidet, ob ein unzulässiger Eingriff in »schlechthin unverzichtbare« Mitgliedschaftsrechte vorliegt (absoluter Kernbereich) oder ob in »relativ unentziehbare« Mitgliedschaftsrechte eingegriffen wird, was mit gegebenenfalls antizipierter[1737] Zustimmung der betroffenen Gesellschafter oder aus wichtigem Grund zulässig ist (relativer Kernbereich).[1738] Welche Rechte genau zum absoluten und relativen Kernbereich der Mitgliedschaft gehören, ist umstritten.

1. Absoluter Kernbereich

Ausgenommen von dem relativen Kernbereich ist der absolute Kernbereich der unverzichtbaren Mitgliedschaftsrechte. Überwiegender Ansicht nach zählen folgende Rechte zum schlechthin unverzichtbaren Kernbereich, da sie außerhalb des privatautonomen Gestaltungsraums liegen:[1739]

Das *Teilnahmerecht* an der Gesellschafterversammlung[1740] samt Rede- und Antragsrecht,[1741] das wegen der Gleichstellungsregelung gemäß § 152 Abs. 1 S. 3 KAGB auch für mittelbar beteiligte Anleger gilt.[1742] Ohne diese Rechte könnten die Kommanditisten auf die gesellschaftsinterne Willensbildung praktisch keinen Einfluss mehr nehmen. Falls ein Komplementär dem Einberufungsverlangen aus wichtigem Grund nicht nachkommt, gehört zum absoluten

---

1735 *Freitag*, in EBJS, HGB, § 119 Rn. 66.
1736 *C. Schäfer*, ZGR 2013, 237, 238, 249 ff., 260; *ders.*, NZG 2014, 1401, 1404; *Roth*, in Baumbach/Hopt, HGB, § 119 Rn. 36; BGH, NJW 2007, 1685, 1686 – Otto; BGH, NZG 2009, 183 – Schutzgemeinschaft II; BGH, NZG 2014, 1296 ff.; ablehnend *Wertenbruch*, DB 2014, 2875, 2875 mit Verweis auf BGH, NJW 2015, 859 ff.; *Glauer*, Minderheitenschutz, S. 97, angesichts der Nichtgeltung des Bestimmtheitsgebots, sei die Kernbereichslehre besonders zu beachten; begrifflich distanzierend BGH, NJW 2015, 859, 862.
1737 BGH, NJW 1995, 194, 195; wird die Zustimmung im Vorhinein erteilt, geschieht dies gewöhnlich durch Aufnahme einer Mehrheitsklausel in den Gesellschaftsvertrag, *Goette/Goette*, DStR 2016, 74, 81; *Seidel/Wolf*, BB 2015, 2563, 2563.
1738 BGH, NJW 2007, 1685, 1686; dazu *C. Schäfer*, ZGR 2013, 237, 249 ff.; *ders.*, NZG 2014, 1401, 1404.
1739 *Freitag*, in EBJS § 119 Rn. 7 verweist auf §§ 134, 138 Abs. 1 BGB; *Lieder*, in Oetker, HGB, § 109 Rn. 35 ff.
1740 *Lorenz*, in Weitnauer/Boxberger/Anders, KAGB, § 125 Rn. 10; *Kindler*, in Kindler/Koller, HGB, § 109 Rn. 5; *Priester*, NZG 2015, 529, 530.
1741 *Enzinger*, in MüKo, HGB, Band 2, § 119 Rn. 68; differenzierend hinsichtlich Antragsrecht, *Oetker*, in Oetker, HGB, § 161 Rn. 34.
1742 *Oetker*, in Oetker, HGB, § 161 Rn. 208; *Wallach*, ZGR 2014, 289, 304.

Kernbereich der Kommanditisten das Recht gemäß § 50 Abs. 3 GmbHG, die Versammlung selbst einzuberufen (*Ersatzeinberufungsrecht*).[1743] Als unverzichtbar gilt außerdem das Recht auf Erhebung der *Kassationsklage* bei rechtswidrigen Beschlüssen.[1744]

Das Recht auf Erhebung einer *Gesellschafterklage (actio pro socio)* könnte ebenfalls zum absoluten Kernbereich gehören. Darunter versteht man das »Recht jedes Gesellschafters, von den Mitgesellschaftern die Erfüllung ihrer Verpflichtungen gegenüber der Gesellschaft aus dem Gesellschaftsverhältnis zu verlangen und im eigenen Namen Klage auf Leistung an die Gesellschaft zu erheben.«[1745] Solche Sozialansprüche der Gesellschaft entstehen insbesondere bei Verletzungen von Geschäftsführungspflichten.[1746] Aufgrund der Kontrollfunktion der *actio pro socio* handelt es sich um ein Schutzrecht, das als fester Bestandteil der Gesellschaftsrechtsordnung betrachtet werden sollte[1747] und nicht völlig abbedungen werden kann.[1748]

Ob und in welchem Umfang das *Stimmrecht* auf der Gesellschafterversammlung zum absoluten Kernbereich gehört, ist nicht abschließend geklärt.[1749] Es steht grundsätzlich allen Gesellschaftern zu, kann aber im Gesellschaftsvertrag

---

1743 Siehe oben 5. Teil D.II.1.; *Grunewald*, in MüKo, HGB, Band 3, § 161 Rn. 132.
1744 *Lieder*, in Oetker, HGB, § 109 Rn. 35 ff.; BGH, NJW 1995, 1218; *Priester*, NZG 2015, 529, 530.
1745 *Scheel*, in MüHa, Band 2, § 7 Rn. 94; BGH, NJW 1957, 1358, 1358 ff.; zum mitgliedschaftsrechtlichen Klagerecht des Gesellschafters, BGH, NJW 1992, 1890, 1892; nur für Sozialansprüche auf gesellschaftsvertraglicher Grundlage, *Buß*, in Sudhoff, Personengesellschaften, § 9 Rn. 28; *Schmidt*, in MüKo, HGB, Band 2, § 105 Rn. 198; vgl. auch zur streitigen Frage, ob die Kommanditisten einen Anspruch auf ordnungsgemäße Geschäftsführung haben, *Grunewald*, in MüKo, HGB, Band 3, § 164 Rn. 3; siehe unten 5. Teil D.III. zu den Kernbereichsrechten.
1746 *Klimke*, in Häublein/Hoffmann-Theinert, HGB, § 105 Rn. 172; *Schöne*, in Bamberger/Roth/Hau/Poseck, BGB, § 705 Rn. 115; zur Frage, ob die Pflichten aus § 153 Abs. 1 KAGB ebenfalls darunter fallen: *Kracke*, in Baur/Tappen, KAGB, § 128 Rn. 16; *Casper*, ZHR 2015, 44, 61 f. »rein investmentrechtlicher Charakter«, dann aber »Beispiel dafür, wie die investmentrechtlichen Vorgaben allgemeine gesellschaftsrechtliche Grundsätze überlagern.«
1747 *Wiedemann*, GesR, Band 2, S. 272; *Ulmer/Schäfer*, in MüKo, BGB, Band 6, § 705 Rn. 205; bei Publikumsgesellschaften, *Grunewald*, in MüKo, HGB, Band 3, § 161 Rn. 140.
1748 Strittig, vgl. *Enzinger*, in MüKo, HGB, Band 2, § 119 Rn. 68; *Schöne*, in Bamberger/Roth/Hau/Poseck, BGB, § 705 Rn. 122; *Ulmer/Schäfer*, in MüKo, BGB, Band 3, § 705 Rn. 209; als schlechthin unverzichtbares Recht, *Klimke*, in Häublein/Hoffmann-Theinert, HGB, § 119 Rn. 48 f.; dagegen lediglich »unentziehbar«, KG Berlin BeckRS 2013, 22285; offen bei BGH, NJW 1985, 2830, 2831; bei Publikumsgesellschaften und zur Abhängigmachung von Quoren, *Grunewald* in MüKo, HGB, Band 3, § 161 Rn. 140.
1749 *Enzinger*, in MüKo, HGB, Band 2, § 119 Rn. 68; ausführlich etwa *Weipert*, in MüHa, Band 1, § 57 Rn. 6 ff.

auf einen Treuhänder übertragen werden.[1750] Das Stimmrecht ist jedenfalls schlechthin unverzichtbar, soweit es sich auf Beschlüsse bezieht, die ihrerseits den absoluten Kernbereich der Mitgliedschaft berühren.[1751] Darüber hinaus kann nicht auf die Wahrung des *Gleichbehandlungsgrundsatzes*[1752] oder das *Notgeschäftsführungsrecht der Gesellschafter*[1753] verzichtet werden. Das *Austrittsrecht aus wichtigem Grund* ist in § 161 Abs. 1 S. 2 KAGB sogar investmentgesetzlich verankert.[1754]

2. Relativer Kernbereich bzw. Interesse-Zumutbarkeits-Abwägung

Die jüngere Rechtsprechung distanziert sich in begrifflicher Hinsicht von der Kernbereichslehre.[1755] Der BGH führt aus:[1756]

»Auch bei der nach Bejahung der formellen Legitimation des Mehrheitsbeschlusses vorzunehmenden Prüfung der materiellen Unwirksamkeit auf der zweiten Stufe stellt der Senat in seiner jüngeren Rechtsprechung allerdings nicht (mehr) darauf ab, ob ein Eingriff in den so genannten ›Kernbereich‹ gegeben ist. In der Senatsrechtsprechung ist schon vor der Aufgabe des Bestimmtheitsgrundsatzes zu Recht darauf hingewiesen worden, dass sich der *Kreis der nicht ohne Weiteres durch Mehrheitsbeschluss entziehbaren Rechte nicht abstrakt und ohne Berücksichtigung der konkreten Struktur der jeweiligen Personengesellschaft und einer etwaigen besonderen Stellung des betroffenen Gesellschafters umschreiben lässt.* Abgesehen von unverzichtbaren und schon deshalb unentziehbaren Rechten – unabhängig davon, ob und in welchem Umfang man solche überhaupt anerkennen will – kommt es bei Eingriffen in die individuelle Rechtsstellung des Gesellschafters, das heißt in seine rechtliche und vermögensmäßige Position in der Gesellschaft, *letztlich maßgeblich immer darauf an, ob der Eingriff im Interesse der Gesell-*

1750 *Kindler*, in Kindler/Koller, HGB, § 109 Rn. 5, § 119 Rn. 2.
1751 BGH, NJW 1956, 1198; *Klimke*, in Häublein/Hoffmann-Theinert, HGB, § 119 Rn. 50; *Wallach*, ZGR 2014, 289, 304.
1752 *Freitag*, in EBJS § 119 Rn. 7; eigener gesellschaftsrechtlicher Grundsatz: *Goette/Goette*, DStR 2016, 74, 81; *Servatius*, in Henssler/Strohn, HGB, Anhang (Publikumsgesellschaften), Rn. 68; dasselbe gelte für die Treuepflicht, *Klimke*, in Häublein/Hoffmann-Theinert, HGB, § 119 Rn. 49; *Lieder*, in Oetker, HGB, § 109 Rn. 25 ff., 33 ff.
1753 Auch der Kommanditisten, § 744 Abs. 2 BGB analog, *Scheel*, in MüHa, Band 2, § 7 Rn. 89 ff., in Verbindung mit der Klagebefugnis BFH BeckRS 1992, 07332; *Grunewald*, in MüKo, HGB, Band 3, § 164 Rn. 20: Etwa auch Mitarbeiter der KG zu Lasten der KG zu hindern, Vermögensobjekte der KG gegen Gefährdungen durch Naturkatastrophen abzusichern, etc.; *Einsele*, Bank- und Kapitalmarktrecht, § 10 Rn. 46b; *Mohr*, Die Investmentkommanditgesellschaft, S. 94 weist auf Gefahr einer Strafbarkeit nach § 339 KAGB hin.
1754 *Freitag*, in EBJS § 119 Rn. 7.
1755 *Wertenbruch*, DB 2014, 2875, 2875; a.A. *Seidel/Wolf*, BB 2015, 2563, 2563; *Priester*, NZG 2015, 529 ff.; ausführlich und kritisch *Altmeppen*, NJW 2015, 2065, 2065 ff.
1756 BGH, NJW 2015, 859, 862.

schaft geboten und dem betroffenen Gesellschafter unter Berücksichtigung seiner eigenen schutzwerten Belange zumutbar ist.«[1757]

Bei der (materiellen) Beschlusskontrolle wird also eine Interesse-Zumutbarkeits-Abwägung durchgeführt,[1758] die den im Zusammenhang mit der Kernbereichslehre entwickelten Grundsätzen keine Absage erteilt, sondern diese weiterentwickelt.[1759] Nach der Interesse-Zumutbarkeits-Abwägung ist für den relativen Kernbereich maßgeblich, ob der Eingriff im Interesse der Gesellschaft geboten und dem betroffenen Gesellschafter zumutbar ist.[1760] Dies hängt von der Intensität des Eingriffs ab:[1761] Je schwerwiegender der Eingriff in die Mitgliedschaft, desto bedeutender muss das Interesse der Gesellschaft sein und umso eher ist die Unzumutbarkeit seitens des Gesellschafters zu bejahen. Bei der Interesse-Zumutbarkeits-Abwägung[1762] ist die konkrete Struktur der jeweiligen Personengesellschaft und eine etwaige besondere Stellung des betroffenen Gesellschafters einzubeziehen.[1763]

In den relativen Kernbereich fällt nach überwiegender Ansicht etwa der *Entzug von Sonderrechten* einzelner Gesellschafter, was bei Anlegerkommanditisten einer Investmentkommanditgesellschaft kaum der Fall sein wird.[1764] *Beitragserhöhungen* sind ohne feste Obergrenze für diese durch einfachen Mehrheitsbeschluss möglich, sofern Anleger keine Pflicht, sondern nur das Recht zur Teilnahme entsprechend ihrer bisherigen Beteiligung haben.[1765] Der Ausschluss der Verlustausgleichspflicht (§ 735 BGB, § 161 Abs. 2, § 105 Abs. 3

1757 Hervorhebungen durch den Verfasser.
1758 *Wertenbruch*, DB 2014, 2875, 2875; BGH, NJW 2007, 1685, 1687: »Allenfalls kann sich im Einzelfall die Frage stellen, ob die konkrete Beschlussfassung treuwidrig etwa in das zum Kernbereich der Mitgliedschaftsrechte der Minderheit gehörende Gewinnrecht eingreift.«
1759 *Schiffer*, BB 2015, 584, 586; *Blenk*, Die Mitgliedschaft in der Investmentaktiengesellschaft, S. 165; a.A. *Priester*, NZG 2015, 529, 531; *Seidel/Wolf*, BB 2015, 2563, 2564 sieht eine Aufgabe der Kategorie der absoluten Rechte; im Zusammenhang im KAGB, *Könnecke*, in Baur/Tappen, Vorb. § 150 Rn. 3 ff.
1760 BGH, NJW 2015, 859, 862.
1761 *Wertenbruch*, DB 2014, 2875, 2875.
1762 *Wertenbruch*, DB 2014, 2875, 2875; andere greifen weiterhin auf den Begriff Kernbereich zurück, vgl. *Seidel/Wolf*, BB 2015, 2563, 2564.
1763 BGH, NJW 2015, 859, 862; *Seidel/Wolf*, BB 2015, 2563, 2565 f. stellen auf die Vorhersehbarkeit ab und da Publikumsgesellschaften strukturell ähnlich zu den Kapitalgesellschaften sind, müssen die Gesellschafter bei ihrer antizipierten Zustimmung ebenfalls mit einem größeren Kreis von Beschlüssen rechnen.
1764 *Enzinger*, in MüKo, HGB, Band 2, § 119 Rn. 71; *Jaletzke*, in MüHa, Band 2, § 66 Rn. 21; *Lieder*, in Oetker, HGB, § 119 Rn. 35 ff.; *Dietrich*, Die Publikums-Kommanditgesellschaft, S. 91 f.; *Goette/Goette*, DStR 2016, 74, 76, 81 ff.
1765 *Paul*, in Weitnauer/Boxberger/Anders, KAGB, § 152 Rn. 21; *Wallach*, ZGR 2014, 289, 300; *Jaletzke*, in MüHa, Band 2, § 66 Rn. 21; Beitragserhöhung bei Publikumsgesellschaft, BGH, NJW-RR 2005, 1347 ff.; bei Investmentkommanditgesellschaft, *Wallach*, ZGR 2014, 289, 300.

HGB i. V. m. § 149 Abs. 1 S. 2 KAGB) und der zwingende Charakter des § 707 BGB sind nun in § 127 Abs. 3, § 152 Abs. 3 S. 2–5 KAGB festgeschrieben, sodass Kommanditisten einer Spezial- oder Publikumsinvestmentkommanditgesellschaft keine Nachschusspflicht zu leisten haben.[1766] Kernbereichsrelevant sind ferner das Recht auf *Beteiligung am Liquidationserlös*[1767] sowie der *Entzug des Zinsanspruchs*[1768] und *Gewinnbeteiligungsrechte*.[1769] Relativ unentziehbare Mitgliedschaftsrechte können zwar nicht im Wege einer Mehrheitsentscheidung,[1770] dafür aber aus wichtigem Grund oder mit Zustimmung des betroffenen Gesellschafters entzogen werden, was auch antizipiert im Gesellschaftsvertrag möglich ist.[1771] Wird die Zustimmung im Vorhinein erteilt, geschieht dies üblicherweise durch Aufnahme einer Mehrheitsklausel in den Gesellschaftsvertrag.[1772]

Die Kernbereichsrechte der Gesellschafter lassen sich nicht trennscharf abgrenzen und die Durchführung einer Interesse-Zumutbarkeits-Abwägung bedeutet, dass mehr denn je die Umstände des Einzelfalls entscheidend sind. So könnte das im Folgenden zu betrachtende Informationsrecht gemäß § 166, § 118 HGB einen unverzichtbaren Kern haben und darüber hinaus durch Zustimmung der Gesellschafter entziehbar sein.[1773]

3. Informationsrecht der Kommanditisten

Gemäß § 166 Abs. 1 HGB haben Kommanditisten das Recht, die abschriftliche Mitteilung des Jahresabschlusses zu verlangen und dessen Richtigkeit unter Einsicht der Bücher und Papiere zu prüfen.[1774] Gemäß § 166 Abs. 3 HGB besteht außerdem ein außerordentliches Informationsrecht, sofern wichtige Grün-

---

1766 *Wiedemann*, NZG 2013, 1041, 1042; *Könnecke*, in Baur/Tappen, KAGB, § 152 Rn. 85 ff.
1767 *Jaletzke*, in MüHa, Band 2, § 66 Rn. 21; *Enzinger*, in MüKo, HGB, Band 2, § 119 Rn. 72; *Priester* NZG 2015, 529, 530.
1768 BGH, NJW 1985, 974, 974.
1769 BGH, NJW 2007, 1685, 1687 »Gewinnrecht«; *Dietrich*, Die Publikums-Kommanditgesellschaft, S. 91; *Enzinger*, in MüKo, HGB, Band 2, § 119 Rn. 72.
1770 *Goette/Goette*, DStR 2016, 74, 76.
1771 BGH, NJW 1995, 194, 195; BGH, NJW 2007, 1685, 1686.
1772 *Seidel/Wolf*, BB 2015, 2563, 2563.
1773 *Goette/Goette*, DStR 2016, 74, 81; *de Groot*, NZG 2013, 529 ff.; *Roth*, in Baumbach/Hopt, HGB, § 166 Rn. 18.
1774 Vgl. BGH, NJW 2015, 2261, 2261 f.; nach *Grunewald*, in MüKo, HGB, Band 3, § 166 Rn. 50 soll bei Publikumsgesellschaften zumindest eine mittelbare Kontrolle gewährleistet werden, in dem die Anleger nicht einzeln, aber vertreten durch einen Beirat Einsicht nehmen können; nach BGH, WM 2015, 763 besteht in einer Publikumsgesellschaft in der Rechtsform einer GmbH & Co. KG keine gesetzliche Verpflichtung, den Prüfungsbericht des Kommanditisten mit der Einladung zu der Gesellschafterversammlung zu übersenden.

de vorliegen.[1775] Dies ist der Fall, wenn die Information zur Ausübung der Kommanditistenrechte benötigt wird, also etwa zur Abstimmung über außergewöhnliche Geschäfte nach § 164 HGB oder auch im Zusammenhang mit Änderungen des Gesellschaftsvertrages.[1776] Ein wichtiger Grund kann ferner vorliegen, wenn der begründete Verdacht nicht ordnungsgemäßer Geschäfts- oder Buchführung gegeben ist, sowie bei Verweigerung oder längerer Verzögerung einer Kontrolle nach § 166 Abs. 1 HGB.[1777] Dem Umfang nach ist das außerordentliche Informationsrecht laut einer BGH-Entscheidung vom 14. Juni 2016 nicht auf Auskünfte beschränkt, die der Prüfung des Jahresabschlusses dienen oder zum Verständnis des Jahresabschlusses erforderlich sind. Umfasst ist vielmehr das Recht, sich bei Vorliegen eines wichtigen Grundes über die Geschäftsführung des Komplementärs allgemein und die damit im Zusammenhang stehenden Unterlagen der Gesellschaft zu informieren.[1778]

Das Einsichts- und Auskunftsrecht der Kommanditisten richtet sich gegen die Gesellschaft, sprich die Investmentkommanditgesellschaft sowie nach ständiger Rechtsprechung auch unmittelbar gegen die geschäftsführenden Organe, sprich die InvKG-Geschäftsführung.[1779] Somit bleibt es im Fall einer externen Verwaltung dabei, dass diese Ansprüche nicht gegenüber der externen Kapitalverwaltungsgesellschaft geltend gemacht werden können.[1780] Informationsrechte der Investmentkommanditgesellschaft gegen die externe Kapitalverwaltungsgesellschaft können jedoch aus dem Bestellungsvertrag resultieren.[1781] Dabei kann es im Anlegerinteresse liegen, dass den Anlegerkommanditisten die im Rahmen des Bestellungsverhältnisses gewonnenen Erkenntnisse über die Vermögens-

---

1775 *Roth*, in Baumbach/Hopt, HGB, § 166 Rn. 11; in diese Richtung weisend BGH, NJW 1992, 1890, 1891; neben dem individuellen Informationsrecht soll auch ein kollektives Auskunftsrecht aller Gesellschafter bestehen, *Roth*, in Baumbach/Hopt, HGB, § 166 Rn. 12; bei Publikumsgesellschaften wird für die Reichweite des Informationsrechts auf §§ 131 ff. AktG verwiesen, *Roth*, in Baumbach/Hopt, HGB, Anhang § 177a Rn. 72.
1776 BGH, NJW 1992, 1890, 1891.
1777 *Servatius*, in Henssler/Strohn, HGB, Anhang (Publikumsgesellschaften), Rn. 93; OLG München, NZG 2009, 658, 659.
1778 BGH, NZG 2016, 1102, 1102 ff.
1779 BGH, NZG 2016, 1102, 1102 »[…] Ansprüche neben der Gesellschaft auch gegen das geschäftsführende Organ richten, das die Auskunft unschwer erteilen kann.«; gegen die KG, vgl. BayObLG BB 1991, 1589 ff.; *Oetker*, in Oetker, HGB, § 166 Rn. 3, 43 f.; *Grunewald*, in MüKo, HGB, Band 3, § 166 Rn. 16; differenzierend *Gummert*, in Henssler/Strohn, HGB, § 166 Rn. 11.
1780 Es besteht regelmäßig kein konzernrechtliches Beherrschungsverhältnis zwischen der Investmentkommanditgesellschaft und der Kapitalverwaltungsgesellschaft, sodass ein Informationsdurchgriff in diesem Verhältnis ausscheidet, siehe oben 5. Teil C.I.1. zum Beherrschungsgrad; zu den Informationsrechten im Konzern: *Oetker*, in Oetker, HGB, § 166 Rn. 55 f.; *Grunewald*, in MüKo, HGB, Band 3, § 166 Rn. 25.
1781 Siehe oben 5. Teil C.I.5.

verwaltung zur Verfügung gestellt werden, § 153 Abs. 1 S. 3 Nr. 1 KAGB. Daneben kann einem unmittelbar an einer Publikumsgesellschaft beteiligten Kommanditisten außerdem ein Informationsrecht zustehen, dem zufolge ihm neben den Namen und den Anschriften der (anderen) unmittelbar beteiligten Anleger auch die Namen und die Anschriften der mittelbar über einen Treuhänder beteiligten Anleger mitgeteilt werden.[1782]

Nach überwiegender Ansicht können die Informationsrechte im Gesellschaftsvertrag konkretisiert und ausgestaltet werden, solange der Kern des Informations- und Kontrollrechts bestehen bleibt.[1783] Beispielsweise ist es zulässig, in den relativen Kernbereich des Informationsrechts durch eine antizipierte Zustimmung der betroffenen Gesellschafter einzugreifen.[1784]

4. Zustimmungsrecht gemäß § 267 Abs. 3 S. 1 KAGB

Im Zusammenhang mit den Kernbereichsrechten der Anlegerkommanditisten könnte das Zustimmungsrecht der Anleger gemäß § 267 Abs. 3 S. 1 KAGB von Bedeutung sein. Gemäß § 267 Abs. 3 S. 1 KAGB ist eine Änderung der Anlagebedingungen, die (1) mit den bisherigen Anlagegrundsätzen des geschlossenen Publikums-AIF nicht vereinbar ist oder (2) zu einer Änderung der Kosten oder (3) der wesentlichen Anlegerrechte führt, nur mit Zustimmung einer qualifizierten Mehrheit von Anlegern möglich.[1785] Die Anlegerkommanditisten einer geschlossenen Publikumsinvestmentkommanditgesellschaft haben somit ein Zustimmungsrecht bei wichtigen Entscheidungen.

Fraglich ist insbesondere, was unter wesentlichen Anlegerrechten zu verstehen ist und inwiefern dieser Fallgruppe überhaupt eine eigenständige Bedeutung zukommt.[1786] Anlegerrechte können sämtliche Rechtsverhältnisse im Sinne des § 194 Abs. 1 BGB sein, kraft derer die Anleger ein Tun oder Unterlassen von der Investmentkommanditgesellschaft oder der Kapitalverwaltungsgesellschaft

---

1782 BGH, NZG 2013, 384; *K. Schmidt*, NZG 2011, 361, 367 sei »noch nicht ausdiskutiert«; *de Groot*, NZG 2013, 529, 530.
1783 *Roth*, in Baumbach/Hopt, HGB, § 166 Rn. 18; *Gummert*, in Henssler/Strohn, HGB, § 166 Rn. 27; *Grunewald*, in MüKo, HGB, Band 3, § 166 Rn. 48 weist auf den Wortlaut des § 166 Abs. 3 HGB hin; allg. zum Kernbereich, BGH, NJW 1995, 194, 195.
1784 *Goette/Goette*, DStR 2016, 74, 76; *de Groot*, NZG 2013, 529, 533 verneint absoluten Kernbereich.
1785 Der aufgehobene § 43 Abs. 3 InvG enthielt diese Regelung nicht. Sofern es sich bei dem geschlossenen Publikums-AIF um eine geschlossene Investmentkommanditgesellschaft handelt, bei der sich die Anleger mittelbar über einen Treuhandkommanditisten beteiligen, darf der Treuhandkommanditist sein Stimmrecht nur nach vorheriger Weisung durch den Anleger ausüben.
1786 Auch zur Unvereinbarkeit mit den bisherigen Anlagebedingungen sowie zur Kostenänderung, vgl. *Hartrott*, in Baur/Tappen, KAGB, § 267 Rn. 13, 14 f.

verlangen dürfen.¹⁷⁸⁷ Wesentlich sind demnach solche Rechte, die in unmittelbarem Zusammenhang mit der Beteiligung stehen und keine bloßen Nebenrechte sind, wie etwa Gewinn- und Verlustrechte.¹⁷⁸⁸ Darüber hinaus könnte die Mitteilungspflicht nach § 34 Abs. 1 S. 1 KAGB zur Konkretisierung der wesentlichen Anlegerrechte vergleichend herangezogen werden. Danach hat die Kapitalverwaltungsgesellschaft der BaFin »alle wesentlichen Änderungen der Voraussetzungen für die Erlaubnis« mitzuteilen. Als »wesentlich« gilt nach Art. 106 AIFM-Level-2-VO »jede Änderung von Informationen, wenn ein rationaler Anleger, dem diese Informationen bekannt werden, seine Anlage in dem AIF mit hoher Wahrscheinlichkeit überdenken würde, auch weil sich diese Informationen auf die Fähigkeit des Anlegers, seine Rechte bezüglich seiner Anlage wahrzunehmen, auswirken oder die Interessen eines oder mehrerer Anleger(s) des AIF in sonstiger Weise beeinträchtigen könnten.« Allerdings scheint eine bloße Mitteilungspflicht nach § 34 Abs. 1 S. 1 KAGB weniger bedeutsam zu sein als ein Zustimmungsvorbehalt der Anleger über eine Änderung der Anlagebedingungen und somit über die strategische Ausrichtung der Anlageverwaltung. Folglich sollte der in Art. 106 AIFM-Level-2-VO verwendete Maßstab im Rahmen des § 267 Abs. 3 S. 1 KAGB tendenziell angehoben werden.

Ferner könnte das Trennungsprinzip zwischen Anlagebedingungen und Gesellschaftsvertrag Aufschluss darüber geben,¹⁷⁸⁹ ob bei § 267 Abs. 3 S. 1 KAGB zwischen Gesellschafter- und Anlegerrechten unterschieden werden sollte.¹⁷⁹⁰ Nach § 151 S. 1 KAGB sind die Anlagebedingungen zusätzlich zum Gesellschaftsvertrag zu erstellen und nach S. 2 sogar ausdrücklich nicht Bestandteil dessen.¹⁷⁹¹ Die Anlagebedingungen gestalten das Verhältnis der Anleger zur Investmentkommanditgesellschaft investmentrechtlich und in Abgrenzung zum Gesellschaftsvertrag nicht korporationsrechtlich. Sie beschreiben die Grundsätze der Investitionstätigkeit und beinhalten Regelungen zu Vermögensgegenständen, Anlagegrenzen, Anteilsklassen, Ausgabepreisen und Kosten sowie auch

---

1787 *Hartrott*, in Baur/Tappen, KAGB, § 267 Rn. 15.
1788 *Hartrott*, in Baur/Tappen, KAGB, § 267 Rn. 15.
1789 § 151 S. 1 und 2 KAGB.
1790 Vgl. bereits § 96 Abs. 1d InvG, dem zufolge die Anlagebedingungen nicht Bestandteil der Satzung sind; Gesetzesbegründung zum KAGB, Bt-Dr. 17/12294, S. 242; *Wallach*, ZGR 2014, 289, 297; zum Trennungsmodell, vgl. *Fock*, ZBB 2008, 2371, 2373 ff.; *Hüwel*, in Baur/Tappen, KAGB, § 126 Rn. 13 ff.; *Kunschke/Klebeck*, in Beckmann/Scholtz/Vollmer, 405, KAGB, § 151 Rn. 1 ff., 15 ff., 18; a.A. wohl *Eckhold*, ZGR 2007, 654, 694 zur Investmentaktiengesellschaft mit InvG: »Es wird das beim Vertragstyp sich aus dem Investmentvertrag (§§ 675, 611 ff. BGB) ergebende Rechtsverhältnis beim Gesellschaftstyp durch das Sonderrechtsverhältnis der Mitgliedschaft ersetzt.«; zum ganzen auch *Mohr*, Die offene Investmentkommanditgesellschaft, S. 54 ff.
1791 Vgl. §§ 111, 126, 143 KAGB; *Paul*, in Weitnauer/Boxberger/Anders, KAGB, § 151 Rn. 2.

zur Ertragsverwendung und zu den Ausschüttungsmodalitäten.[1792] Die rechtliche Trennung resultiert aus den unterschiedlichen Zweckrichtungen der Dokumente:[1793] Während der Gesellschaftsvertrag das Innenverhältnis der Investmentkommanditgesellschaft regelt, setzen die Anlagebedingungen den Rahmen der Investitionsstruktur.[1794] Letztere sind damit flexibler und unterliegen nicht den strengeren Formerfordernissen, wie notariellen Beurkundungen oder Eintragungen ins Handelsregister.[1795] Vor dem Hintergrund der Trennung zwischen Gesellschaftsvertrag und Anlagebedingungen lässt sich aus dem Wortlaut des § 267 Abs. 3 S. 1 Var. 3 KAGB ableiten, dass sich die »wesentlichen Anlegerrechte« ausschließlich auf die »Anlagebedingungen« beziehen sollen.

Allerdings beziehen sich die ersten beiden Fallgruppen in § 267 Abs. 3 S. 1 Var. 1, 2 KAGB (i) »Unvereinbarkeit mit den bisherigen Anlagebedingungen«[1796] sowie (ii) »Änderung der Kosten« ebenfalls auf die Anlagebedingungen, sodass der überwiegende Anwendungsbereich der Vorschrift bereits durch die zuvor genannten Fallgruppen abgedeckt scheint. So kommen etwa die Angaben zur Ertragsverwendung und zu den Ausschüttungsmodalitäten, § 162 Abs. 2 Nr. 6 KAGB, als wesentliche Anlegerrechte im Sinne des § 267 Abs. 3 S. 1 Var. 3 KAGB in Betracht und dürften folglich nur mit qualifizierter Mehrheit geändert werden.[1797] Im Ergebnis verbleibt nur ein begrenzter Anwendungsbereich des § 267 Abs. 3 S. 1 Var. 3 KAGB, sodass der Vorschrift nur eine Auffangfunktion beigemessen werden sollte.

1792 § 162 Abs. 2, §§ 261 ff., § 266 Abs. 2 KAGB; Muster-Bausteine für Anlagebedingungen für eine Geschlossene Publikums-Investmentkommanditgesellschaft (Stand: 18. Juli 2016).
1793 Abseits dessen besteht eine Wechselbeziehung zwischen den beiden Dokumenten. Beispielsweise müssen die Klauseln zum Gegenstand der Gesellschaft, zur Geschäftsführung und Vertretung oder zur Ergebnisverwendung aufeinander abgestimmt sein, Könnecke in Baur/Tappen, KAGB, § 151 Rn. 12; die Anlagebedingungen gelten ferner nur zusammen mit dem Gesellschaftsvertrag (§ 266 Abs. 1 Nr. 2 KAGB) und sind von dessen Wirksamkeit abhängig, *Hüwel*, in Baur/Tappen, KAGB, § 126 Rn. 14.
1794 *Könnecke*, in Baur/Tappen, KAGB, § 151 Rn. 10.
1795 *Dornseifer*, in Emde/Dornseifer/Dreibus/Hölscher, InvG, § 96 Rn. 53, 55; *Kunschke/Klebeck*, in Beckmann/Scholtz/Vollmer, 405, KAGB, § 151 Rn. 16; *Wallach*, ZGR 2014, 289, 297.
1796 Zum Beispiel eine wesentliche Änderung der Anlagestrategie, eine Verlagerung des Anlageschwerpunktes um mehr als 50 Prozent, vgl. *Steffen*, in Baur/Tappen, KAGB, § 34 Rn. 15.
1797 Dies betrifft eigentlich eher das Gesellschaftsverhältnis insoweit ist § 162 Abs. 2 Nr. 6 KAGB gegenüber § 158 S. 2 KAGB nicht konsequent. Dabei mag der Gesetzgeber die herausragende Bedeutung der Ertrags- und Ausschüttungsmodalitäten für den Anleger im Auge gehabt haben.

IV. Zusammenfassende Würdigung

Die Rechte der Anlegerkommanditisten sowie die Zuordnung als Gesellschafter- oder Geschäftsführungsangelegenheit variieren im Einzelfall und hängen von den gesellschaftsrechtlichen Vorgaben sowie der jeweiligen Fondsstruktur ab. Maßgeblich sind der Unternehmensgegenstand, der Gesellschaftsvertrag sowie die Ausgestaltung des Bestellungsverhältnisses hinsichtlich des Aufgaben- und Befugnisumfangs, der Lösungs- und Kontrollrechte etc. Die jeweilige Fondsstruktur richtet sich danach, wer Initiator der Investmentkommanditgesellschaft ist und welche Anlegergruppen angesprochen werden sollen: Das Investmentvermögen könnte auf Initiative der externen Kapitalverwaltungsgesellschaft aufgelegt worden sein, wie dies bei großen Fondshäusern üblich ist. Es existieren aber auch White- bzw. Private-Label-Fonds, die von einem Asset Manager initiiert werden, der selbst nur die Portfolioverwaltung erbringen möchte, § 36 Abs. 1 Nr. 3 KAGB. Im letzteren Fall soll die externe Kapitalverwaltungsgesellschaft gegebenenfalls nur eine möglichst geringe, wenn auch zentrale Dienstleistungsfunktion ausüben.[1798] Weiterhin ist zu berücksichtigen, dass der Wunsch nach Mitbestimmung bei einem kleineren Investorenkreis in der Regel höher ist als bei Publikumsfonds. Insbesondere haben professionelle Anleger sowie Anleger eines Spezialfonds, auch aufgrund ihres eigenen Sachverstands, häufig ein ausgeprägtes Mitgestaltungsinteresse. Schließlich können sich auch Publikumsinvestmentkommanditgesellschaften voneinander unterscheiden, etwa mit Blick auf den Anlagegegenstand oder die beabsichtigte Anlageverwaltung.

Der Kreis der zustimmungsfreien Geschäftsführungsangelegenheiten ist bei den auf nahe Verbundenheit angelegten Personengesellschaften eng zu ziehen,[1799] wohingegen bei der Publikumsinvestmentkommanditgesellschaft eine Vielzahl von Anlegerkommanditisten existieren, die praktisch kaum in der Lage sind, kurzfristig einstimmige Beschlüsse zu fassen. Das Treffen der Anlageentscheidung obliegt der externen Kapitalverwaltungsgesellschaft, die sich nach den Anlagebedingungen zu richten hat und von der Investmentkommanditgesellschaft zu diesem Zweck beauftragt wurde. Dies entspricht dem Interesse der Anleger, die primär eine Kapitalgeberfunktion haben und sich selten an der Führung der Unternehmung beteiligen wollen.[1800] Das Bedürfnis nach gesellschaftsrechtlichen Schutzmechanismen wird durch das umfassende Aufsichts- und Regelungsregime des KAGB sowie das hohe Maß an gesetzlichem Anlegerschutz weiter verringert.[1801] Der Kreis der zustimmungsfreien Geschäftsführungsangelegenheiten sollte bei der Publikumsinvestmentkommanditgesellschaft so-

---

1798 *Hüwel*, in Baur/Tappen, KAGB, § 129 Rn. 32.
1799 *Schulze-Osterloh*, in FS für Hadding, S. 646.
1800 *Kracke*, in Baur/Tappen, KAGB, § 125 Rn. 15 ff.; anders gegebenenfalls bei Ein-Anleger-Spezialfonds.
1801 §§ 5 ff., 15 f., 39 ff., 314 f. KAGB; siehe unten 6. Teil B.

mit typischerweise weit gezogen werden, während die verbleibenden Rechte der Anlegerkommanditisten reduziert sind.[1802] Allerdings ist nicht davon auszugehen, dass die Anlegerkommanditisten gänzlich auf ihre gesellschaftsrechtlichen Schutzrechte verzichten. Während die Anleger eines Sondervermögens den Investmentvertrag mit der externen Kapitalverwaltungsgesellschaft schließen und die Rechte der Anleger unmittelbar in diesem Verhältnis bestehen,[1803] sind die Anlegerkommanditisten, mangels unmittelbarer Rechtsbeziehung zur Kapitalverwaltungsgesellschaft, verstärkt auf ihre Gesellschafterrechte, wie etwa Informationsrechte oder korporative Klagemöglichkeiten, angewiesen.[1804] Weiterhin entspricht es der gesetzlichen Wertung gemäß § 149 Abs. 1 S. 2 KAGB sowie dem Willen des Gesetzgebers, dass das HGB und die damit verbundenen Grundprinzipien im Grundsatz weiter gelten,[1805] zumal gezeigt wurde, dass das KAGB regelmäßig keine abweichenden Regelungen trifft. Wenn die gesellschaftsrechtlichen Schutzmechanismen im gebotenen Umfang berücksichtigt werden, dient dies auch dem investmentrechtlich intendierten Schutz der Anleger.[1806]

Um Abgrenzungsschwierigkeiten zu vermeiden, sollte ein möglichst abschließender Katalog von Grundlagengeschäften und zustimmungsbedürftigen Rechtsgeschäften im Gesellschaftsvertrag der Investmentkommanditgesellschaft vereinbart werden. Dasselbe gilt für Geschäfte, welche die InvKG-Geschäftsführung ohne Zustimmung der Kommanditisten durchführen darf.[1807] Neben einer allgemeinen Mehrheitsklausel sollten die zu erwartenden Konstellationen für Mehrheitsentscheidungen als Regelbeispiele ausgestaltet und die dafür erforderlichen einfachen oder qualifizierten *Quoren* festgelegt werden.[1808]

1802 Siehe oben 5. Teil D.III. zum Kernbereich der Gesellschafterrechte.
1803 Siehe oben 2. Teil D.I.5.a. zum Investmentvertrag; unter Wahrung des § 89 KAGB betreffend die Geltendmachung von Ansprüchen der Anleger durch die Verwahrstelle.
1804 Siehe oben 3. Teil B.IV.4.b.ii. zum Verhältnis zwischen Anlegern und Kapitalverwaltungsgesellschaft.
1805 Gesetzesbegründung zum KAGB, Bt-Dr. 17/12294, S. 249; siehe oben 5. Teil B.I.
1806 Gesetzesbegründung zum KAGB, Bt-Dr. 17/12294, S. 249, 1.
1807 *Hüwel*, in Baur/Tappen, KAGB, § 129 Rn. 32.
1808 *Heckschen/Bachmann*, NZG 2015, 531, 536.

6. Teil Zusammenfassende Würdigung der Untersuchung

Die normativ-konfliktuelle Betrachtung der für diese Arbeit relevanten Normen hat gezeigt, dass sich die Kompetenzen einer extern verwalteten Investmentkommanditgesellschaft von denen einer externen Kapitalverwaltungsgesellschaft anhand des Investment-, Zivil- und Gesellschaftsrechts sowie des Parteiwillens abgrenzen lassen (A.). Unter dem vorrangigen KAGB verbleibt dem Zivil- und Gesellschaftsrecht eine Ergänzungs-, Konkretisierungs- und Begrenzungsfunktion (B.).

A. Kompetenzabgrenzung

I. Externe Kapitalverwaltungsgesellschaft

Eine externe Kapitalverwaltungsgesellschaft muss kraft Gesetzes die übergeordneten *Kontroll- und Leitungsaufgaben* nach Art. 60, 57 ff. AIFM-Level-2-VO erbringen. Diese Aufgaben sind von aufsichtsrechtlicher Maximalbedeutung und dürfen nicht auf Dritte übertragen werden (absolute Kernaufgaben). Davon zu unterscheiden sind die *Anlageverwaltungsfunktionen*, worunter die Portfolioverwaltung und das Risikomanagement im Sinne des Anhangs I Nr. 1 AIFM-RL zu verstehen sind (KAGB: »Anlage und Verwaltung«). Diese Aufgaben müssen erbracht werden, um die Voraussetzungen für eine Erlaubnis zum Geschäftsbetrieb einer Kapitalverwaltungsgesellschaft zu erfüllen; sie dürfen jedoch unter strengen Voraussetzungen an Dritte ausgelagert werden (relative Kernaufgaben).

Im Fall der Organisation eines Investmentvermögens als extern verwaltete Investmentkommanditgesellschaft stellt § 154 Abs. 1 S. 2 KAGB[1809] im Einklang mit den öffentlich-rechtlichen Erlaubnisvorschriften nach § 23 Nr. 9, 10 KAGB klar, dass, obwohl eine Investmentkommanditgesellschaft über eine eigene Rechtspersönlichkeit verfügt, die »Anlage und Verwaltung des Kommanditanlagevermögens« trotzdem der externen Kapitalverwaltungsgesellschaft obliegt. Es handelt sich bei § 154 Abs. 1 S. 2 KAGB außerdem um eine *öffentlich-rechtliche Mindestvorgabe* ohne unmittelbare Zivilrechtswirkung auf den Bestellungsvertrag, aber mit potenziell mittelbarer Ausstrahlungswirkung auf die *Auslegung der Willenserklärungen* der Vertragsparteien und damit des Ver-

---

1809 Bei § 129 Abs. 1 S. 2 KAGB handelt es sich um eine Parallelnorm zu § 154 Abs. 1 S. 2 KAGB betreffend die offene Investmentkommanditgesellschaft, der gleichermaßen eine klarstellende Funktion attestiert werden sollte.

trages: Die Vertragsparteien zielen regelmäßig darauf ab, ein aufsichtsrechtlich anerkennungsfähiges Bestellungsverhältnis zu schaffen, da der Zweck des Bestellungsvertrages ansonsten nicht erreicht wird. Dieser von den Parteien intendierte Zweck ist auch bei der Vertragsauslegung zu berücksichtigen, sodass die getroffenen Vereinbarungen in Zweifelsfällen vertragszweckskonform und somit regelmäßig aufsichtsrechtskonform auszulegen sind.

Eine externe Kapitalverwaltungsgesellschaft kann die in Anhang I Nr. 2 AIFM-RL, § 1 Abs. 19 Nr. 24 KAGB genannten *Nebenverwaltungsaufgaben* optional ausüben. Dazu gehören insbesondere administrative Tätigkeiten, wie etwa Kontraktabrechnungen, Kundenanfragen, Führen von Aufzeichnungen, sowie der Vertrieb und Tätigkeiten im Zusammenhang mit den Vermögenswerten des AIF wie etwa die Immobilienverwaltung.[1810] Die Nebenverwaltungsaufgaben müssen nicht erbracht werden, um eine Erlaubnis für den Geschäftsbetrieb einer Kapitalverwaltungsgesellschaft zu erlangen. Sie sind aufsichtsrechtlich von untergeordneter Bedeutung und können im Wege des Bestellungsvertrages auf eine externe Kapitalverwaltungsgesellschaft übertragen werden. Werden diese Aufgaben auf Dritte übertragen, liegt regelmäßig kein Auslagerungssachverhalt im Sinne des § 36 Abs. 1 KAGB vor.

Dieser Optionsansatz folgt aus einer gesetzes- und europarechtskonformen Auslegung gemäß dem KAGB und der AIFM-RL: Zunächst regelt der Richtlinienwortlaut, dass die externe Kapitalverwaltungsgesellschaft die Anlageverwaltungsfunktionen nach Anhang I Nr. 1 AIFM-RL übernehmen »muss«, die Nebenverwaltungsaufgaben nach Anhang I Nr. 2 AIFM-RL jedoch ausüben »kann«. Der Blick auf andere Wahlrechte innerhalb der AIFM-RL zeigt, dass Anhang I Nr. 2 AIFM-RL keinen mitgliedsstaatlichen Umsetzungsspielraum einräumt, sondern den Mitgliedstaaten vorgibt, ein Aufgabenwahlrecht des AIFM in nationales Recht umzusetzen. Eine optionale Ausübung der Nebenverwaltungsaufgaben steht außerdem im Einklang mit der Erlaubnis- und Gesetzessystematik des KAGB und der AIFM-RL, der zufolge nur die Portfolioverwaltung und das Risikomanagement der Kapitalverwaltungsgesellschaft erbracht werden müssen, um eine Erlaubnis als Kapitalverwaltungsgesellschaft zu erlangen (§ 17, § 23 Nr. 9, 10, § 154 Abs. 1 S. 2 KAGB; Anhang I, Art. 4 Abs. 1 w), b), Art. 6 Abs. 5 d) AIFM-RL). Die Erbringung der Nebenverwaltungsaufgaben ist dagegen für die Erlaubnis unbedeutend. In historischer Hinsicht bestätigen die europäischen Gesetzgebungsmaterialien, dass die an der Schaffung der AIFM-RL beteiligten Organe die Nebenverwaltungsaufgaben als optionale Aufgaben ver-

---

[1810] Zu den Ausnahmen vom Optionsansatz, siehe oben: Bewertungsaufgabe nach Anhang I Nr. 2 a) iii) AIFM-RL i.V.m. § 216 Abs. 7 S. 1 KAGB (4. Teil B.VI.5.a.v.) sowie zu den für die Kapitalverwaltungsgesellschaft optional erbringbaren »investment-advisor«-Tätigkeiten nach Anhang I Nr. 2 c) AIFM-RL (4. Teil B.VI.5.b); teilweise überschneiden sich die gesellschaftsrechtlich geschuldeten Tätigkeiten der Investmentkommanditgesellschaft mit den Nebenverwaltungsaufgaben, wie etwa bei der »Ausgabe und Rücknahme von Anteilen«.

standen und aktiv ausgestaltet haben. Auch bei der europarechtlich vorgegebenen Bewertungsfrage, ob eine Kapitalverwaltungsgesellschaft Aufgaben »in einem Umfang übertragen [hat], der dazu führt, dass sie nicht länger als Verwaltungsgesellschaft angesehen werden kann und zu einer Briefkastenfirma wird«, bleiben die Nebenverwaltungsaufgaben von Gesetzes wegen unberücksichtigt. Schließlich fallen die zuvor genannten Erlaubnis- und Aufgabenvorschriften des KAGB in den Anwendungsbereich der AIFM-RL und müssen so weit wie möglich in dessen Lichte interpretiert werden.[1811]

Auch vor diesem Hintergrund ist der Begriff »kollektive Vermögensverwaltung« nach § 1 Abs. 19 Nr. 24 KAGB an den wenigen Stellen, an denen das KAGB diesen Begriff aufzugreifen scheint (insbesondere § 15 Abs. 1, § 339 Abs. 1 Nr. 1, § 20 Abs. 4 KAGB), einschränkend dahingehend auszulegen, dass je nach Norm nur die Portfolioverwaltung und/oder das Risikomanagement umfasst sind (AIF): So sollten die Gesetzesformulierungen »kollektive Vermögensverwaltung« gemäß § 15 Abs. 1 KAGB, »Geschäftsbetrieb einer Kapitalverwaltungsgesellschaft« gemäß § 339 Abs. 1 Nr. 1 KAGB sowie »Geschäft einer dort genannten AIF-Kapitalverwaltungsgesellschaft« nach § 339 Abs. 1 Nr. 2 KAGB entsprechend der Erlaubnispflicht einer Kapitalverwaltungsgesellschaft durch die Formulierung »Portfolioverwaltung *oder* Risikomanagement« ersetzt werden. In § 20 Abs. 4 KAGB sollte der Begriff »kollektive Vermögensverwaltung« gemessen an der Erlaubnisfähigkeit durch »Portfolioverwaltung *und* Risikomanagement« ersetzt werden.

In der AIFM-RL wird der Begriff der kollektiven Vermögensverwaltung überhaupt nicht verwendet, sodass dieser weder im KAGB noch in der AIFM-RL eine eigenständige Bedeutung hat. Von Gesetzes wegen wird insbesondere nicht angeordnet, dass eine Kapitalverwaltungsgesellschaft alle in § 1 Abs. 19 Nr. 24 KAGB und Anhang I AIFM-RL genannten Aufgaben zwingend erbringen muss. Vielmehr sollte mit Verweis auf die Gesetzesbegründung berücksichtigt werden, dass das KAGB nicht nur die AIFM-RL, sondern auch die OGAW-RL umsetzt und das bis dahin bestehende InvG in einem »in sich geschlossenen Regelwerk im Investmentbereich« zusammenfasst.[1812] Der Gesetzgeber sollte daher – etwa in § 1 Abs. 19 Nr. 24 KAGB – klarstellen, dass sich der Aufgabenumfang einer AIF-Kapitalverwaltungsgesellschaft nach Maßgabe des Anhangs I AIFM-RL und der Aufgabenumfang einer OGAW-Kapitalverwaltungsgesellschaft nach Anhang II OGAW-RL richtet.

Bis zu einer Gesetzesänderung ist in Übereinstimmung mit der Systematik des KAGB und um der AIFM-RL zur Wirkung zu verhelfen, in gesetzes- und europarechtskonformer Auslegung davon auszugehen, dass eine AIF-Kapitalverwaltungsgesellschaft die Nebenverwaltungsaufgaben nach Anhang I Nr. 2 AIFM-RL optional übernehmen kann und im Fall der Übertragung dieser Auf-

---

1811 Siehe oben 4. Teil B.IX. zur Richtlinienkonformität des § 154 Abs. 1 S. 2 KAGB m.w.N.
1812 Gesetzesbegründung zum KAGB, Bt-Dr. 17/12294, S. 1, 2.

gaben regelmäßig keine Auslagerungsverantwortung im Sinne des § 36 KAGB trägt.[1813] Vor diesem Hintergrund erscheint es außerdem geboten, dass die BaFin – wie bereits bezüglich des Vertriebs geschehen – klarstellt, dass auch die anderen in Anhang I Nr. 2 AIFM-RL genannten Nebenverwaltungsaufgaben im Fall der Wahrnehmung durch Dritte regelmäßig keinen Auslagerungssachverhalt darstellen.[1814] Der Ansatz einer »originären« und zwingenden Universalzuständigkeit der Kapitalverwaltungsgesellschaft für alle in Anhang I Nr. 2 AIFM-RL genannten Aufgaben sollte aus den genannten Gründen ausdrücklich aufgegeben werden.

Die Kapitalverwaltungsgesellschaft kann mit rechtsgeschäftlichen Geschäftsführungs- und Vertretungsbefugnissen sowie bisweilen mit Verfügungsbefugnissen ausgestattet werden, soweit dies für die Erbringung ihrer Aufgaben erforderlich ist. Die Aufgaben und Befugnisse werden nicht von Gesetzes wegen »automatisch« auf die Kapitalverwaltungsgesellschaft übertragen, da weder das KAGB noch das subsidiäre HGB eine solche Anordnung treffen. Vielmehr werden die Aufgaben und Befugnisse von der Investmentkommanditgesellschaft in dem Umfang auf die Kapitalverwaltungsgesellschaft übertragen, wie dies im Bestellungsvertrag und in Vollmachten vereinbart wurde. Ob die getroffenen Vereinbarungen als ordnungsgemäße Bestellung im Sinne des § 17 Abs. 2 Nr. 1 KAGB zu qualifizieren sind und ob die Vereinbarungen dazu führen, dass die Erlaubnisvoraussetzungen nach § 23 Nr. 9, 10 KAGB erfüllt sind, ist eine Frage der aufsichtsrechtlichen Bewertung der vertraglichen und tatsächlichen Umstände.

II. Extern verwaltete Investmentkommanditgesellschaft

Einer extern verwalteten Investmentkommanditgesellschaft können und müssen unter dem KAGB umfangreiche Aufgaben und Befugnisse verbleiben. Zunächst obliegen den *Geschäftsführern* der Investmentkommanditgesellschaft zwingend die organschaftlichen Geschäftsführungs-, Vertretungs- und Verfügungsbefugnisse. Nach der gesetzlichen Ausgangslage des KAGB, HGB und BGB und vorbehaltlich abweichender Vereinbarungen verbleiben dort außerdem folgende Aufgaben:[1815]

– Einberufung und Durchführung der Gesellschafterversammlung;
– Protokollübersendungs- und Ladungspflicht, § 152 Abs. 3 Nr. 1, 2 KAGB;

1813 Zu den Ausnahmen, siehe oben: Bewertungsaufgabe nach Anhang I Nr. 2 a) iii) AIFM-RL i.V.m. § 216 Abs. 7 S. 1 KAGB (4. Teil B.VI.5.a.v.) sowie zu den für die Kapitalverwaltungsgesellschaft optional erbringbaren »investment-advisor«-Tätigkeiten nach Anhang I Nr. 2 c) AIFM-RL (4. Teil B.VI.5.b).
1814 Ibid.
1815 Die folgenden Aufgaben- und Zuständigkeitskataloge erheben keinen Anspruch auf Vollständigkeit.

- Aufstellung des Jahresabschlusses und Lageberichts, §§ 158 S. 1, 135 Abs. 2 S. 1 KAGB i. V. m. §§ 264a Abs. 1 und 2, § 264 Abs. 1 S. 1, § 242, §§ 170, 161 Abs. 2 HGB;
- Führen der Bücher, § 238 Abs. 1 S. 1 HGB;
- Erstellung des Jahresberichts, § 158 S. 1 i. V. m. § 135 Abs. 1 KAGB;
- Versicherungserklärung hinsichtlich Jahresabschluss und Lagebericht, § 135 Abs. 1 Nr. 3, § 158 S. 1 KAGB i. V. m. § 264 Abs. 2 S. 3, 298 Abs. 1 S. 5 HGB (höchstpersönlich);
- Eingehung des Abschlussprüfungsvertrages;
- Unterzeichnung des festgestellten Jahresabschlusses, § 245 HGB (höchstpersönlich);
- Mitteilung über die wirtschaftlichen Berechtigten zum Transparenzregister, § 20 Abs. 1 GwG;
- Abgabe und Unterzeichnung von Steuererklärungen gemäß § 149 Abs. 1 S. 1, Abs. 2 S. 1, § 150 Abs. 2, 3 i. V. m. § 181 Abs. 2 S. 2 Nr. 4, § 34 Abs. 1 S. 1 Alt. 2 AO;
- Antragspflicht auf Eröffnung eines Insolvenzverfahrens, § 15a Abs. 1 S. 2, Abs. 2 InsO; Antragsrecht bei drohender Zahlungsunfähigkeit i.V.m. Herbeiführung eines Gesellschafterbeschlusses;
- Einreichung des Jahresberichts bei der BaFin bzw. Vorlegungspflicht gegenüber den Anlegern, § 160 Abs. 3, Abs. 4 KAGB;
- Hinweispflicht der InvKG-Geschäftsführung hinsichtlich des Haftungsrisikos bei Einlagenrückgewähr, § 152 Abs. 2 S. 2 KAGB;
- Bestellung einer externen Kapitalverwaltungsgesellschaft, erfordert aber ggf. Gesellschafterbeschluss, wobei der Bestellungsvertrag in jedem Fall durch die InvKG-Geschäftsführung abzuschließen ist; dasselbe gilt für die Benennung einer anderen externen Kapitalverwaltungsgesellschaft, § 154 Abs. 2 Nr. 1 Alt. 2 KAGB;
- Abschluss des Verwahrstellenvertrages: Auswahl, Beauftragung und Kontrolle der Verwahrstelle;
- Aufnahme und Kündigung von Gesellschaftern, sofern von den Gesellschaftern dazu ermächtigt;
- Aufgaben eines Treuhandkommanditisten, § 152 Abs. 1 S. 2 KAGB;
- Anmeldungen zum Handelsregister und sonstige Registeranmeldungen;
- Auskunfts- und Vorlagepflichten gegenüber der BaFin, § 14 KAGB;
- Ausgestaltung der Anlagebedingungen;
- Vertretung der Investmentkommanditgesellschaft in gerichtlichen Prozessen und behördlichen Verfahren.

Die genannten höchstpersönlichen Maßnahmen liegen unabänderlich bei der Geschäftsführung der Investmentkommanditgesellschaft. Bei anderen Aufgaben können Dritte als Hilfspersonen zur Aufgabenerfüllung herangezogen werden.

In Übereinstimmung mit dem gesetzes- und richtlinienkonformen Aufgabenwahlrecht der Kapitalverwaltungsgesellschaft können die aufsichtsrechtlich weniger gewichtigen *Nebenverwaltungsaufgaben* im Sinne des Anhangs I Nr. 2 AIFM-RL ebenfalls bei der Investmentkommanditgesellschaft verbleiben, sofern diese Aufgaben nicht im Bestellungsvertrag auf die externe Kapitalverwaltungsgesellschaft übertragen wurden. Die Nebenverwaltungsaufgaben können nach Maßgabe der gesellschaftsrechtlichen Binnenorganisation von der Geschäftsführung bzw. den Gesellschaftern der Investmentkommanditgesellschaft ausgeübt werden. Die Geschäftsführer der Investmentkommanditgesellschaft haben bei ihrer Tätigkeit und auch bei der Beauftragung von Drittunternehmen die aufsichtsrechtlichen Tätigkeits-, Zuverlässigkeits- und Eignungsanforderungen zu erfüllen. Gegebenenfalls können der Kapitalverwaltungsgesellschaft in dem Vertrag zwischen der Investmentkommanditgesellschaft und einem Drittdienstleister Überwachungs- und Auslagerungsrechte im Sinne der § 36 KAGB i.V.m. Art. 75 ff. Level-2-AIFM-VO zugesichert werden.

Die Kompetenzverteilung zwischen Investmentkommanditgesellschaft und Kapitalverwaltungsgesellschaft sollte im Bestellungsvertrag festgelegt werden. Darüber hinaus können die Parteien Vollmachten erteilen und Kündigungsrechte sowie Informations-, Einsichts- und Kontrollrechte der Investmentkommanditgesellschaft vereinbaren. Da ein Kommanditist im Gesellschaftsvertrag mit umfangreichen organschaftlichen Geschäftsführungsbefugnissen ausgestattet werden kann,[1816] sollte weiterhin eine gewerbliche Entprägung nach § 15 Abs. 3 Nr. 2 EStG durch einen geschäftsführenden Kommanditisten möglich sein. Je mehr Aufgaben und Befugnisse bei ihren Organen verbleiben, desto eher werden die zivil- und gesellschaftsrechtlichen Grenzen, wie etwa das Prinzip der Selbstorganschaft und das Verbot der unwiderruflichen Generalvollmacht, gewahrt. Bei der Vertragsgestaltung ist jedoch darauf zu achten, dass die Kompetenzen der Investmentkommanditgesellschaft nicht so weit reichen, dass die Kapitalverwaltungsgesellschaft nicht mehr in der Lage ist, die Anlageverwaltung im Anlegerinteresse zu erbringen.

Folgende Angelegenheiten liegen grundsätzlich bei den *Gesellschaftern* der Investmentkommanditgesellschaft:

– Aufnahme und Kündigung von Gesellschaftern;

– Feststellung des Jahresabschlusses;

– Wahl des Abschlussprüfers, § 159 S. 1 i. V. m. § 136 Abs. 1 S. 1 KAGB;

– Umsetzung des Abberufungsverlangens der BaFin, § 153 Abs. 5 Alt. 1 KAGB;

1816 § 164 S. 1 Hs. 1 HGB ist dispositiv.

- Individuelles Zustimmungsrecht der Kommanditisten bei Einlagenrückgewähr nach § 152 Abs. 2 S. 1 KAGB;
- Entlastung der Geschäftsführung;
- Umwandlungsentscheidung, § 154 Abs. 2 Nr. 1 KAGB;
- Beschluss für ordnungsgemäßen Antrag auf Eröffnung des Insolvenzverfahrens bei drohender Zahlungsunfähigkeit;
- Im Einzelfall kann es bei der Übertragung des gesamten Gesellschaftsvermögens der Zustimmung der Gesellschafter bedürfen; dasselbe trifft für die Bestellung einer externen Kapitalverwaltungsgesellschaft zu, § 154 Abs. 1 S. 1 KAGB;
- Zustimmungsrecht bei Änderung der Anlagebedingungen, §§ 267 Abs. 3, 132 Abs. 4 KAGB.

Die Rechte der Anlegerkommanditisten sowie die Zuordnung als Gesellschafter- oder Geschäftsführungsangelegenheit variieren im Einzelfall und hängen von den gesellschaftsrechtlichen Vorgaben sowie der jeweiligen Fondsstruktur ab. Maßgeblich sind der Unternehmensgegenstand, der Gesellschaftsvertrag sowie die Ausgestaltung des Bestellungsverhältnisses zur externen Kapitalverwaltungsgesellschaft. Bei Publikumsgesellschaften werden oftmals Mehrheitsklauseln vereinbart und es werden den Geschäftsführern der Investmentgesellschaft bestimmte Angelegenheiten übertragen. Wird dadurch in den relativen Kernbereich der Gesellschafterrechte eingegriffen, ist dies mit (antizipierter) Zustimmung der betroffenen Gesellschafter zulässig. Auch der Umfang der schlechthin unverzichtbaren Mitgliedschaftsrechte (absoluter Kernbereich) ist eine Frage des Einzelfalls und richtet sich nach der Struktur der Gesellschaft sowie der individuellen Rechtsstellung der betroffenen Gesellschafter.

Zu den einschränkbaren Rechten der Gesellschafter (relativer Kernbereich) gehören etwa:

- Entzug von Sonderrechten einzelner Gesellschafter;
- Recht zur Teilnahme an Beitragserhöhungen;
- Beteiligung am Liquidationserlös;
- Gewinnbeteiligungsrechte;
- Bereiche des Stimmrechts und Informationsrechts.

Außerhalb der Dispositionsfreiheit liegen die schlechthin unverzichtbaren Mitgliedschaftsrechte (absoluter Kernbereich):

- Teilnahmerecht an der Gesellschafterversammlung samt Rede- und Antragsrecht;
- Recht zur (ersatzweisen) Einberufung der Gesellschafterversammlung gemäß § 50 Abs. 3 GmbHG analog;

- Recht auf Erhebung der Kassationsklage bei rechtswidrigen Beschlüssen;
- Recht zur Erhebung der *actio pro socio* (Gesellschafterklage);
- Stimmrecht, soweit es sich auf Beschlüsse bezieht, die ihrerseits den absoluten Kernbereich der Mitgliedschaft berühren;
- Notgeschäftsführungsrecht;
- Wahrung des Gleichbehandlungsgrundsatzes;
- Austrittsrecht aus wichtigem Grund;
- Informationsrecht aus wichtigem Grund.

B. Funktionen des Zivil- und Gesellschaftsrechts sowie der Privatautonomie

Im Zuge der normativ-konfliktuellen Betrachtung der investmentrechtlichen Aufgabenzuordnung lassen sich drei Funktionen des Zivil- und Gesellschaftsrechts sowie der Privatautonomie identifizieren:

Erstens haben die genannten Rechtsmaterien eine Ergänzungsfunktion. So liegen die Geschäftsführungs-, Vertretungs- und Verfügungsbefugnisse mangels abweichender Regelungen des KAGB bei den Organen der Investmentkommanditgesellschaft, also im typischen Fall einer GmbH & Co. Investment-KG bei der Geschäftsführung der Komplementär-GmbH.[1817] Durch Parteivereinbarung, insbesondere im Wege des Bestellungsvertrages, können der externen Kapitalverwaltungsgesellschaft lediglich schuldrechtliche, aber keine organschaftlichen Kompetenzen übertragen werden.

Zweitens haben das Zivil- und Gesellschaftsrecht sowie die Parteivereinbarungen eine Konkretisierungsfunktion. Die investmentrechtliche Aufgabenzuordnung ist nicht abschließend geregelt, sodass im Bestellungsvertrag zu vereinbaren ist, ob und in welchem Umfang die optionalen Nebenverwaltungsaufgaben nach Anhang I Nr. 2 AIFM-RL sowie die Nebendienstleistungen nach § 20 Abs. 3 KAGB von der Kapitalverwaltungsgesellschaft ausgeübt werden. Weiterhin wird der Begriff der Portfolioverwaltung gesetzlich nicht definiert, sodass der Leistungsumfang der Kapitalverwaltungsgesellschaft detailliert festzulegen ist. Bei der Aufgabenzuordnung durch die Parteien muss das gegenüber dem Investmentrecht subsidiär anwendbare Zivil- und Gesellschaftsrecht beachtet werden. Zum Beispiel kann das Prinzip der Selbstorganschaft erfordern, dass der Investmentkommanditgesellschaft im Bestellungs-

---

[1817] § 149 Abs. 1 S. 2 KAGB i.V.m. §§ 125 Abs. 1, 170, 161 Abs. 2 HGB i.V.m. § 35 GmbHG.

vertrag bestimmte Kündigungsrechte sowie Einsichts- und Kontrollbefugnisse eingeräumt werden.

Neben dem Bestellungsvertrag sollte auch im Gesellschaftsvertrag vereinbart werden, wie die Aufgaben und Befugnisse in der Fondsstruktur verteilt werden. So sollte der Gesellschaftsvertrag der Investmentkommanditgesellschaft regeln, für welche Maßnahmen die InvKG-Gesellschafter und für welche die InvKG-Geschäftsführer zuständig sind. In Abhängigkeit von der Fondsstruktur im Einzelfall sind dabei die gesellschaftsrechtlichen Schranken wie etwa die zwingenden Zuständigkeiten der Gesellschaftergesamtheit und die Kernbereichsrechte der Gesellschafter zu beachten.

Bei diesen Abwägungsentscheidungen ist einerseits zu berücksichtigen, dass das KAGB zum Schutz der Anleger ein umfassendes Kontroll- und Aufsichtsregime etabliert, sodass das Bedürfnis der Anlegerkommanditisten nach umfassenden zivil- und gesellschaftsrechtlichen Schutzrechten eher reduziert ist. Die kapitalgebenden Anleger haben bei (Publikums-)Fonds typischerweise nur ein untergeordnetes Interesse an der Unternehmensführung, sodass der Umfang der nicht-disponiblen Gesellschafterrechte auch aus diesem Grund gering sein sollte. Da die Leistungsfähigkeit des Fonds mitunter von der effektiven Verteilung der Aufgaben abhängt, dienen fondsspezifische Vereinbarungen den Interessen der Anleger und der anderen an der jeweiligen Fondsstruktur beteiligten Akteure wie etwa Kapitalverwaltungsgesellschaften. Den Parteien des Bestellungs- und Gesellschaftsvertrages wird folglich ein beachtlicher Spielraum bei der Vertragsgestaltung eingeräumt. Andererseits sind die Anlegerkommanditisten mangels unmittelbarer Rechtsbeziehung zur Kapitalverwaltungsgesellschaft verstärkt auf ihre Gesellschafterrechte in der Investmentkommanditgesellschaft, wie beispielsweise Informationsrechte oder korporative Klagemöglichkeiten, angewiesen. Somit besteht nach wie vor ein Bedürfnis nach zivil- und gesellschaftsrechtlichen Schutzmechanismen, welche die Privatautonomie der Parteien des Bestellungs- und Gesellschaftsvertrages teilweise einschränken. Diese in der jeweiligen Fondsstruktur geltenden zivil- und gesellschaftsrechtlichen Schranken müssen innerhalb der Binnenorganisation der Investmentkommanditgesellschaft beachtet werden. Im Außenverhältnis zur externen Kapitalverwaltungsgesellschaft werden die Grenzen des zulässigen Fremdeinflusses durch die Kompetenzen der Anlegerkommanditisten sowie durch die Kompetenzen der Geschäftsführung der Investmentkommanditgesellschaft bestimmt. Werden diese Vorgaben nach Maßgabe der individuellen Fondsstruktur ausreichend berücksichtigt, dürfen einer externen Kapitalverwaltungsgesellschaft weitgehende Aufgaben und Befugnisse übertragen werden, ohne dass ein Verstoß gegen das KAGB, HGB oder BGB vorliegt.

Aus der beschriebenen Ergänzungs- und Konkretisierungsfunktion des Zivil- und Gesellschaftsrechts wird deutlich, dass das HGB und das BGB regelmäßig in Einklang mit dem KAGB gebracht werden können, ohne dass ein Normkonflikt entsteht, der über die lex-specialis-Regelung nach § 149 Abs. 1 S. 2 KAGB aufzulösen wäre. Abseits eindeutiger Spezialitätssachverhalte gilt es vielmehr

Koordinationsarbeit zu leisten: Die im Zusammenhang mit § 149 Abs. 1 S. 2 KAGB zu beantwortende Frage lautet, ob und inwieweit sich Kompetenzübertragung und -verbleib im Fall einer extern verwalteten Investmentkommanditgesellschaft aus Sicht des Investmentrechts sowie des Zivil- und Gesellschaftsrechts in Einklang bringen lassen. Dadurch wird den Gesetzesmaterien – unter Beachtung des Vorrangs des Aufsichtsrechts – zur maximalen Wirkung verholfen und gleichzeitig der verbleibende Gestaltungsspielraum der Parteien ausgelotet.[1818]

Drittens kommt eine Begrenzungsfunktion des Zivil- und Gesellschaftsrechts in Betracht. Dies lässt sich anhand der Portfolioverwaltung verdeutlichen: Unter dem gesetzlich nicht definierten Begriff der Portfolioverwaltung wird das Treffen der Anlageentscheidung als eine Kernkompetenz der Kapitalverwaltungsgesellschaft verstanden.[1819] Angesichts der Vorrangwirkung des Investmentrechts sowie der unspezifischen Formulierung des Begriffs sollte die Portfolioverwaltung eher weit ausgelegt werden, wobei sich herausstellte, dass damit kein Allein- oder Durchentscheidungsrecht der Kapitalverwaltungsgesellschaft gegenüber der Investmentkommanditgesellschaft einhergeht. Denn eine »uferlose« Reichweite des Portfolioverwaltungsbegriffs kann durch die zivil- und gesellschaftsrechtlich zwingenden Kompetenzen der Investmentkommanditgesellschaft begrenzt werden. Beispielsweise sollten die Umsetzungshandlungen einer Investmententscheidung – also der Erwerb, die Veräußerung oder die Belastung von Vermögensgegenständen wie etwa der Abschluss von Miet- und Darlehensverträgen bei Immobilienfonds – nach zivilrechtlichen und gesellschaftsrechtlichen Grundsätzen durch die Investmentkommanditgesellschaft und nicht durch die Kapitalverwaltungsgesellschaft als Teil der Portfolioverwaltung erbracht werden. Auch die Übertragung des gesamten Gesellschaftsvermögens, etwa bei Ein-Objekt-Fonds, kann nach gesellschaftsrechtlichen Grundsätzen zwingend die Zustimmung der Gesellschafterversammlung erfordern und insoweit die Reichweite des Portfoliobegriffs begrenzen.

Das Zivil- und Gesellschaftsrecht sowie die vertraglichen Parteivereinbarungen haben im Ergebnis eine Ergänzungs-, Konkretisierungs- und Begrenzungsfunktion, wodurch ein über die lex-specialis-Regelung nach § 149 Abs. 1 S. 2 KAGB aufzulösender Konflikt zwischen den Rechtsmaterien regelmäßig vermieden werden kann.

1818 Siehe oben 1. Teil B. zum methodischen Ansatz.
1819 Siehe oben 4. Teil B.VI.4.b. zu einem Definitionsversuch.

C. Schlussbewertung

Die Untersuchungsergebnisse zeigen, dass das von der Literatur skizzierte Bild einer extern verwalteten Investmentkommanditgesellschaft als »leere Hülle« oder »unbemannte Drohne« zu kurz greift:[1820] An Bord der Investmentkommanditgesellschaft befinden sich zunächst die Anlegerkommanditisten, die als »Passagiere« zahlreiche Schutz- und Einflussnahmerechte genießen, auf die sie teilweise nicht verzichten dürfen. Außerdem verbleiben den Geschäftsführern der Investmentkommanditgesellschaft kraft Gesetzes und je nach Parteivereinbarung erhebliche Aufgaben und Befugnisse. Sie übernehmen daher eine Rolle, die mit der eines »Co-Piloten« vergleichbar ist: Zwar steuert die externe Kapitalverwaltungsgesellschaft als »Pilotin« auftragsgemäß die Anlageverwaltung des Kommanditanlagevermögens. Zu diesem Zweck erhält sie weitreichende Kompetenzen und trägt eine umfangreiche investmentrechtliche Verantwortung. Daneben verantwortet die Geschäftsführung der Investmentkommanditgesellschaft wie ein Co-Pilot einen eigenen (beschränkten) Kompetenzbereich. So setzen die Geschäftsführer beispielsweise die Entscheidungen der externen Kapitalverwaltungsgesellschaft um und können Nebenverwaltungsaufgaben selbst ausüben. Sie können außerdem angehalten sein, die Tätigkeit der Kapitalverwaltungsgesellschaft – etwa im Zuge von Umsetzungshandlungen wie beispielsweise beim Abschluss von Darlehensverträgen – so gut wie möglich im Anlegerinteresse zu begleiten und sind nicht auf eine passive Rolle beschränkt. Gesteigerte Sorgfaltspflichten und persönliche Haftungsrisiken treffen die Geschäftsführer insbesondere im Krisenfall, was laufend anhand der wirtschaftlichen Lage der Investmentkommanditgesellschaft festzustellen ist.

Um eine ordnungsgemäße Ausübung der Geschäftsführerangelegenheiten zu gewährleisten, sollte die InvKG-Geschäftsführung nicht nur auf dem Papier existieren. Die Geschäftsführer der Investmentkommanditgesellschaft können ihren aufsichtsrechtlichen sowie zivil- und gesellschaftsrechtlichen Pflichten nur nachkommen, wenn und soweit ausreichende Informations- und Einflussnahmerechte sowie Organisationsstrukturen und Ressourcen geschaffen werden. Dabei dürfen die Kompetenzen der Investmentkommanditgesellschaft und die ihr zur Verfügung gestellten Ressourcen wiederum nicht so weit reichen, dass die Kapitalverwaltungsgesellschaft nicht mehr in der Lage ist, die Vermögensverwaltung im Anlegerinteresse zu erbringen. Beispielsweise darf die Kapitalverwaltungsgesellschaft nicht daran gehindert sein, die Anlageentscheidungen

---

1820 Siehe oben 1. Teil B.: Ein zusammenfassender Blick auf die jeweiligen Untersuchungsergebnisse dieser Arbeit findet sich bezüglich der rechtssystematischen Erfassung der investmentrechtlichen Kompetenzzuordnung im 3. Teil C., bezüglich der investmentrechtliche Aufgabenzuordnung im 4. Teil C., 4. Teil D.IV., 4. Teil E., 4. Teil F.IV. sowie bezüglich der Kompetenzzuordnung aus zivil- und gesellschaftsrechtlicher Sicht im 5. Teil A.VI., C.III., D.IV. und im 6. Teil.

zu treffen oder das Risikomanagement zu erbringen, da sie dafür die Letztverantwortung trägt. Da die Anleger sich in ihrer Funktion als Kapitalgeber an einem Investmentvermögen beteiligen und eine Rendite erwirtschaften wollen, haben die Anleger typischerweise ein Interesse daran, dass die Fondsstruktur kosteneffizient organisiert ist. Somit sollte auch das Verhältnis zwischen dem Nutzen einer mit weitreichenden Kompetenzen ausgestatteten Investmentkommanditgesellschaft und den damit verbundenen Kosten berücksichtigt werden. Wird die Fondsstruktur beispielsweise nicht durch die Kapitalverwaltungsgesellschaft initiiert, und sind die Fondsinitiatoren als Anleger an einer Investmentkommanditgesellschaft beteiligt, besteht gegebenenfalls ein gesteigertes Interesse an einer aktiven Rolle der Investmentkommanditgesellschaft. In jedem Fall besitzen die Geschäftsführer und Gesellschafter einer Investmentkommanditgesellschaft zwingende Aufgaben und Befugnisse, die weder durch die speziellen investmentrechtlichen Regelungen verdrängt werden noch durch privatautonome Vereinbarungen genommen werden können.

Obwohl die extern verwaltete Investmentkommanditgesellschaft als investmentrechtlich modifizierte Gesellschaftsform vom personengesellschaftsrechtlichen Leitbild abweicht, bleibt sie auch unter dem KAGB ein handlungsfähiger Organismus mit eigener Rechtspersönlichkeit, dessen Organe mit zivil-, gesellschafts- und investmentrechtlichen Kompetenzen ausgestattet sind. Die Parteien haben es weitgehend in der Hand mittels des Bestellungsvertrages und der gesellschaftsrechtlichen Vereinbarungen eine Kompetenzverteilung vorzunehmen, welche die Besonderheiten der jeweiligen Fondsstruktur berücksichtigt und im Einklang mit geltendem Recht steht. Dies dient dem Anlegerinteresse und wesentlich zum Gelingen des Fondsinvestments bei.

Abkürzungen

a.A.	am Anfang/andere(r) Ansicht
a.a.O.	am angegebenen Ort
a.E.	am Ende
a.F.	alte Fassung
ABl. EU	Amtsblatt der Europäischen Union
Abs.	Absatz
AEUV	Vertrag über die Arbeitsweise der Europäischen Union
AGB	Allgemeine Geschäftsbedingungen
AIF	alternative(-r) Investmentfonds
AIFM	Alternative Investment Fund Manager (Verwalter eines alternativen Investmentfonds)
AIFMD	Directive 2011/61/EU on Alternative Investment Fund Managers
AIFM-RL	Richtlinie 2011/61/EU über die Verwalter alternativer Investmentfonds
AIFM-UmsG	Gesetz zur Umsetzung der Richtlinie 2011/61/EU über die Verwalter alternativer Investmentfonds
AIMA	Alternative Investment Management Association
AktG	Aktiengesetz
Alt.	Alternative
AnlV	Verordnung über die Anlage des gebundenen Vermögens von Versicherungsunternehmen
AO	Abgabenordnung
Art.	Artikel
AUA	Assets under Administration (verwahrte Vermögenswerte)
AUM	Assets under Management (verwaltete Vermögenswerte)
AuslInvestmG	Gesetz über den Vertrieb ausländischer Investmentanteile und über die Besteuerung der Erträge aus ausländischen Investmentanteilen
BaFin	Bundesanstalt für Finanzdienstleistungsaufsicht
BGB	Bürgerliches Gesetzbuch
BGBl.	Bundesgesetzblatt
BGH	Bundesgerichtshof
BGHSt	Entscheidungen des Bundesgerichtshofs in Strafsachen
BGHZ	Entscheidungen des Bundesgerichtshofs in Zivilsachen
BMF	Bundesministerium der Finanzen
BoE	Bank of England
BORA	Berufsordnung der Rechtsanwälte
BR-Drs.	Bundesratsdrucksache
BRAO	Bundesrechtsanwaltsordnung
BT-Drs.	Bundestagsdrucksache
BVerfG	Bundesverfassungsgericht
BVerfGE	Entscheidungen des Bundesverfassungsgerichts

Abkürzungen

BVerwGE	Entscheidungen des Bundesverwaltungsgerichts
BVI	Bundesverband Investment und Asset Management e.V.
bzw.	beziehungsweise
COLL	Collective Investment Schemes Sourcebook
CIS	Collective Investment Scheme
CSSF	Commission de Surveillance du Secteur Financier
D&O	Directors and Officers
DBA	Doppelbesteuerungsabkommen
DerivateV	Verordnung über Risikomanagement und Risikomessung beim Einsatz von Derivaten, Wertpapier-Darlehen und Pensionsgeschäften in Investmentvermögen nach dem Kapitalanlagegesetzbuch
e.V.	Eingetragener Verein
EBA	European Banking Authority (Europäische Bankaufsichtsbehörde)
EBITDA	Earnings Before Interest, Taxes, Depreciation and Amortisation
EEG	Gesetz für den Vorrang Erneuerbarer Energien
EFAMA	European Fund and Asset Management Association
EG	Europäische Gemeinschaft(en)
EMIR	European Market Infrastructure Regulation (Verordnung über OTC-Derivate, zentrale Gegenparteien und Transaktionsregister)
ESA	European Supervisory Authority (europäische Aufsichtsbehörde)
ESFS	European System of Financial Supervision (Europäisches System für Finanzaufsicht)
ESMA	European Securities and Markets Authority (Europäische Wertpapier- und Marktaufsichtsbehörde)
EStG	Einkommensteuergesetz
EU	Europäische Union
EuGH	Gerichtshof der Europäischen Union
EUR	Euro
EWR	Europäischer Wirtschaftsraum
EZB	Europäische Zentralbank
FCA	Financial Conduct Authority
FIDLEG	Finanzdienstleistungsgesetz
FinDAG	Gesetz über die Bundesanstalt für Finanzdienstleistungsaufsicht
FinfraG	Finanzmarktinfrastrukturgesetz
FINIG	Finanzinstitutsgesetz
FINMA	Eidgenössische Finanzmarktaufsicht
FSMA 2000	Financial Services and Markets Act vom 14. Juni 2000
FUND	Investment Funds Sourcebook
G20	Gruppe der zwanzig wichtigsten Industrie- und Schwellenländer
GbR	Gesellschaft bürgerlichen Rechts
GewO	Gewerbeordnung
GG	Grundgesetz für die Bundesrepublik Deutschland
GmbHG	Gesetz betreffend die Gesellschaften mit beschränkter Haftung

GwG	Gesetz über das Aufspüren von Gewinnen aus schweren Straftaten
Gz.	Geschäftszeichen
HGB	Handelsgesetzbuch
h.M.	herrschende Meinung
Hrsg.	Herausgeber
Hs.	Halbsatz
i.d.F.	in der Fassung
i.d.R.	in der Regel
i.H.v.	in Höhe von
InvMaRisk	Mindestanforderungen an das Risikomanagement für Investmentgesellschaften (BaFin-Rundschreiben)
InsO	Insolvenzordnung
InvG	Investmentgesetz
InvAG	Investmentaktiengesellschaft
InvKG	Investmentkommanditgesellschaft
InvStG	Investmentsteuergesetz
InvVerOV	Verordnung zur Konkretisierung der Verhaltensregeln und Organisationsregeln nach dem Investmentgesetz
i.R.d.	im Rahmen de(r/s)
i.V.m.	in Verbindung mit
KAG	Kapitalanlagegesellschaft
KAGB	Kapitalanlagegesetzbuch
KAG-CH	Kollektivanlagegesetz
KAGG	Gesetz über Kapitalanlagegesellschaften
KAPrüfbV	Verordnung über den Gegenstand der Prüfung und die Inhalte der Prüfungsberichte für externe Kapitalverwaltungsgesellschaften, Investmentaktiengesellschaften, Investmentkommanditgesellschaften und Sondervermögen
KARBV	Verordnung über Inhalt, Umfang und Darstellung der Rechnungslegung von Sondervermögen, Investmentaktiengesellschaften und Investmentkommanditgesellschaften sowie über die Bewertung der zu dem Investmentvermögen gehörenden Vermögensgegenstände
KAVerOV	Verordnung zur Konkretisierung der Verhaltensregeln und Organisationsregeln nach dem Kapitalanlagegesetzbuch
KG	Kommanditgesellschaft
KGaA	Kommanditgesellschaft auf Aktien
KKV-CH	Kollektivanlagenverordnung
KmGK	Kommanditgesellschaft für kollektive Kapitalanlagen
KonTraG	Gesetz zur Kontrolle und Transparenz im Unternehmensbereich
KVG	Kapitalverwaltungsgesellschaft
KWG	Kreditwesengesetz
Level 2-VO	Delegierte Verordnung zur Ergänzung der Richtlinie 2011/61/EU des Europäischen Parlaments und des Rates im Hinblick auf Ausnahmen, die Bedingungen für die Ausübung der Tätigkeit, Verwahrstellen, Hebelfinanzierung, Transparenz und Beaufsichtigung

lit.	litera
LP	Limited Partnership/Limited Partner
MaComp	Mindestanforderungen an die Compliance-Funktion und die weiteren Verhaltens-, Organisations- und Transparenzpflichten für Wertpapierdienstleistungsunternehmen (BaFin-Rundschreiben)
MiFID	Markets in Financial Instruments Directive (Richtlinie über Märkte für Finanzinstrumente)
MiFIR	Markets in Financial Instruments Regulation (Verordnung über Märkte für Finanzinstrumente)
Mio.	Million(en)
Mrd.	Milliarde(n)
n.F.	neue Fassung
NAV	Net Asset Value (Nettoinventarwert)
OGAW	Organismen für gemeinsame Anlagen in Wertpapieren
p.a.	per annum
PERG	Perimeter Guidance Manual
PRA	Prudential Regulation Authority
PRIIP	Packaged Retail and Insurance-Based Investment Products
PrüfbV	Verordnung über die Prüfung der Jahresabschlüsse der Kreditinstitute und Finanzdienstleistungsinstitute
RAO	Financial Services and Markets Act 2000 Order 2001
RL	Richtlinie
Rn.	Randnummer
RTS	Regulatory Technical Standard (technischer Regulierungsstandard)
RVG	Gesetz über die Vergütung der Rechtsanwältinnen und Rechtsanwälte
Rz.	Randziffer
S.à r.l.	Société à responsabilité limitée
SICAF	Société d'Investissement à Capital Fixe
SICAR	Société d'investissement en capital à risque
SICAV	Société d'investissement à capital variable
SIF	Specialised investment funds
sog.	sogenannt (e/er/es)
StGB	Strafgesetzbuch
Teil II-OGA	OGA nach Teil II des Gesetzes vom 17. Dezember 2010 über Organismen für gemeinsame Anlagen
UCITS	Undertakings for Collective Investment in Transferable Securities
UK	Vereinigtes Königreich von Großbritannien und Nordirland
UmwG	Umwandlungsgesetz

US	Vereinigte Staaten von Amerika
VAG	Gesetz über die Beaufsichtigung der Versicherungsunternehmen
VermAnlG	Gesetz über Vermögensanlagen
vgl.	vergleiche
VO	Verordnung
WpHG	Gesetz über den Wertpapierhandel

Literatur

A. Primärquellen

Internationale Quellen und Verlautbarungen

Alternative Investment Management Association (AIMA), comments on the Financial Services Authority's (the ›FSA‹) Consultation Paper CP12/32 Implementation of the Alternative Investment Fund Managers Directive: Part 1, 2.1 December 2012

Arbeitsunterlage [Begleitpapier] der Kommissionsdienststellen, Zusammenfassung der Folgenabschätzung, Begleitunterlage zur Delegierten Verordnung der Kommission zur Ergänzung der Richtlinie 2011/61/EU des Europäischen Parlaments und des Rates im Hinblick auf Ausnahmen, die Bedingungen für die Ausübung der Tätigkeit, Verwahrstellen, Hebelfinanzierung, Transparenz und Beaufsichtigung, SWD (2012) 387 final, 19. Dezember 2012

Ausschuss der Weisen, Schlussbericht über die Regulierung der europäischen Wertpapiermärkte, 15. Februar 2001

Delegierte Verordnung (EU) Nr. 231/2013 der Kommission vom 19 Dezember 2012 zur Ergänzung der Richtlinie 2011/61/EU des Europäischen Parlaments und des Rates im Hinblick auf Ausnahmen, die Bedingungen für die Ausübung der Tätigkeit, Verwahrstellen, Hebelfinanzierung, Transparenz und Beaufsichtigung.

Delegierte Verordnung (EU) Nr. 694/2014 der Kommission vom 17. Dezember 2013 zur Ergänzung der Richtlinie 2011/61/EU des Europäischen Parlaments und des Rates im Hinblick auf technische Regulierungsstandards zur Bestimmung der Arten von Verwaltern alternativer Investmentfonds

EBA, Final Report on EBA Guidelines on outsourcing arrangements, EBA/GL/2019/02, 25. Februar 2019

ESMA, EU-Kommission, Q&A on the Application of the AIFMD, 34-32-352, vorherige Version 25. März 2013, derzeit 5. Oktober 2017

ESMA, Q&A on AIFMD, 2016/1669 vom 16. Dezember 2016

ESMA, Erstes Konsultationspapier, ESMA's draft technical advice to the European Commission on possible implementing measures of the Alternative Investment Fund Managers Directive, 13. Juli 2011, ESMA/2011/209

ESMA, Finale Entwurfsempfehlung an die EU-Kommission, ESMA/2011/379, 16. November 2011

ESMA, Unrevidierte Entwurfsempfehlung an die EU-Kommission, ESMA/2013/413, 2. April 2013

ESMA, Finale Entwurfsempfehlung an die EU-Kommission, ESMA/2013/1119, 13. August 2013

Literatur

ESMA, Diskussionspapier, »Key concepts of the Alternative Investment Fund Managers Directive and types of AIFM«, ESMA/2012/117, 23. Februar 2012

ESMA, Leitlinien zu Schlüsselbegriffen der Richtlinie über die Verwalter alternativer Investmentfonds (AIFMD), ESMA/2013/611, 13. August 2013, berichtigte Fassung vom 30. Januar 2014

ESMA, Final report, Guidelines on key concepts of the AIFMD, ESMA/2013/600, 24. May 2013

ESMA, Advice, ESMA's advice to the European Parliament, the Council and the Commission on the application of the AIFMD passport to non-EU AIFMs and AIFs, ESMA/2015/1236, 30. July 2015

EU-Kommission, Vorschlag zur AIFM-Richtlinie, Nr. 207/3, 30. April 2009

G-20, Erklärung zur Stärkung des Finanzsystems, London 2. April 2009

General Agreement on Trade in Services (*GATS*), Multilaterales Abkommen der World Trade Organization (WTO)

Richtlinie 2011/61/EU des Europäischen Parlaments und des Rates vom 8. Juni 2011 über die Verwalter alternativer Investmentfonds und zur Änderung der Richtlinien 2003/41/EG und 2009/65/EG und der Verordnungen (EG) Nr. 1060/2009 und (EU) Nr. 1095/2010 (AIFM-RL)

Richtlinie 85/611/EWG vom 20. Dezember 1985 zur Koordinierung der Rechts- und Verwaltungsvorschriften betreffend bestimmte Organismen für gemeinsame Anlagen in Wertpapieren (OGAW I-RL)

Richtlinie 2009/65/EG des Europäischen Parlaments und des Rates vom 13. Juli 2009 zur Koordinierung der Rechts- und Verwaltungsvorschriften betreffend bestimmte Organismen für gemeinsame Anlagen in Wertpapieren (OGAW IV-RL)

Richtlinie 2010/43/EU der Kommission vom 1. Juli 2010 zur Durchführung der Richtlinie 2009/65/EG des Europäischen Parlaments und des Rates im Hinblick auf organisatorische Anforderungen, Interessenkonflikte, Wohlverhalten, Risikomanagement und den Inhalt der Vereinbarung zwischen Verwahrstelle und Verwaltungsgesellschaft

Richtlinie 2006/48/EG des Europäischen Parlaments und des Rates vom 14. Juni 2006 über die Aufnahme und Ausübung der Tätigkeit der Kreditinstitute (Basel II)

Richtlinie 2004/39/EG des Europäischen Parlaments und des Rates vom 21. April 2004 über Märkte für Finanzinstrumente, zur Änderung der Richtlinien 85/611/EWG und 93/6/EWG des Rates und der Richtlinie 2000/12/EG des Europäischen Parlaments und des Rates und zur Aufhebung der Richtlinie 93/22/EWG des Rates

Richtlinie 2014/65/EU des Europäischen Parlaments und des Rates vom 15. Mai 2014 über *Märkte für Finanzinstrumente* sowie zur Änderung der Richtlinien 2002/92/EG und 2011/61/EU (Neufassung)

Richtlinie 2009/138/EG des Europäischen Parlaments und des Rates vom 25. November 2009 betreffend die Aufnahme und Ausübung der Versicherungs- und der Rückversicherungstätigkeit (Solvabilität II)

Richtlinie 2007/64/EG des Europäischen Parlaments und des Rates vom 13. November 2007 über Zahlungsdienste im Binnenmarkt, zur Änderung der Richtlinien 97/7/EG,

2002/65/EG, 2005/60/EG und 2006/48/EG sowie zur Aufhebung der Richtlinie 97/5/EG

Richtlinie 2011/83/EU des Europäischen Parlaments und des Rates vom 25. Oktober 2011 über die Rechte der Verbraucher, zur Abänderung der Richtlinie 93/13/EWG des Rates und der Richtlinie 1999/44/EG des Europäischen Parlaments und des Rates sowie zur Aufhebung der Richtlinie 85/577/EWG des Rates und der Richtlinie 97/7/EG des Europäischen Parlaments und des Rates Text von Bedeutung für den EWR

The High-Level Group on Financial Supervision in the EU, de Larosière, Report, 25. Februar 2009

Verordnung (EU) Nr. 1095/2010 des Europäischen Parlaments und des Rates vom 24. November 2010 zur Errichtung einer Europäischen Aufsichtsbehörde (Europäische Wertpapier- und Marktaufsichtsbehörde), zur Änderung des Beschlusses Nr. 716/2009/EG und zur Aufhebung des Beschlusses 2009/77/EG der Kommission

Deutsche Quellen und Verlautbarungen

BaFin, Rundschreiben 5/2010 (WA) vom 30. Juni 2010 zu den Mindestanforderungen an das Risikomanagement für Investmentgesellschaften – InvMaRisk, Geschäftszeichen WA 41-Wp 2136-2008/0009, 30. Juni 2010

BaFin, Anlage 1, Erläuterungen zu den MaRisk in der Fassung vom 15. Dezember 2010

BaFin, Häufige Fragen zu den Übergangsvorschriften nach den §§ 343 ff. des KAGB, Geschäftszeichen WA 41-Wp 2137-2013/0343, 18. Juni 2013

BaFin, Auslegungsschreiben zum Anwendungsbereich des KAGB und zum Begriff des »Investmentvermögens«, Geschäftszeichen Q 31-Wp 2137-2013/0006, 14. Juni 2013, zuletzt geändert am 9. März 2015

BaFin, Häufige Fragen zum Thema Auslagerung gemäß § 36 KAGB, Geschäftszeichen WA 41-Wp 2137-2013/0036, 10. Juli 2013, zuletzt geändert am 12. Mai 2014

BaFin, Merkblatt zum Erlaubnisverfahren für eine AIF-Kapitalverwaltungsgesellschaft nach § 22 KAGB-E, 22. März 2013

BaFin, Häufige Fragen zum Vertrieb und Erwerb von Investmentvermögen nach dem KAGB, Geschäftszeichen WA 41-Wp 2137-2013/0293, 4. Juli 2013, zuletzt geändert am 20. März 2015

BaFin, Rundschreiben 11/2019 (WA) in der Fassung vom 1. Oktober 2019: Kapitalverwaltungsaufsichtliche Anforderungen an die IT (KAIT)

BaFin, Rundschreiben 4/2010 (WA) – MaComp, Mindestanforderungen an die Compliance-Funktion und die weiteren Verhaltens-, Organisations- und Transparenzpflichten nach §§ 31 ff. WpHG für Wertpapierdienstleistungsunternehmen, Geschäftszeichen WA 31-Wp 2002-2009/0010, 7. Juni 2010, zuletzt geändert am 7. August 2014

BaFin, Rundschreiben zu den Aufgaben und Pflichten der Verwahrstelle nach KAGB, Geschäftszeichen WA 41-Wp 2137-2013/0068, Bonn/Frankfurt a. M., 13. Februar 2015, zuletzt geändert am 9. Oktober 2015

BaFin, Änderung der Verwaltungspraxis zur Vergabe von Darlehen usw. für Rechnung des Investmentvermögens, Geschäftszeichen WA 41-Wp 2100 – 2015/0001, 12. Mai 2015

Literatur

BaFin, Rundschreiben 14/2008 (WA) zum Anwendungsbereich des Investmentgesetzes nach § 1 Satz 1 Nr. 3 InvG, Geschäftszeichen WA 41-Wp 2136-2008/0001, 22. Dezember 2008

BaFin, Merkblatt – Hinweise zum Tatbestand der Anlagevermittlung, Stand: Juli 2013, Bonn/Frankfurt a. M., 17. Mai 2011, zuletzt geändert am 24. Juli 2013

BaFin, Merkblatt – Hinweise zum Tatbestand der Finanzportfolioverwaltung, Stand: Juni 2014, 3. Januar 2011, zuletzt geändert am 11. Juni 2014

BaFin, Musterbausteine für Kostenklauseln geschlossener Publikumsinvestmentvermögen, Geschäftszeichen WA 41-Wp-2137-2013/0026, Stand 30. September 2014

BaFin, Rundschreiben 08/2015 (WA) – Aufgaben und Pflichten der Verwahrstelle nach Kapitel 1 Abschnitt 3 des Kapitalanlagegesetzbuches, Geschäftszeichen Geschäftszeichen WA 41-Wp 2137-2013/0068, Bonn/Frankfurt a. M., 7. Oktober 2015

BaFin, Merkblatt zu den Geschäftsleitern gemäß KWG, ZAG und KAGB, Bonn/Frankfurt a.M., 4. Januar 2016

BaFin, Konsultation des Auslegungsschreibens zu den Tätigkeiten einer Kapitalverwaltungsgesellschaft und der von ihr extern verwalteten AIF-Investmentgesellschaft, GZ: WA 41-Wp 2100-2016/0001, 3. Februar 2017

BaFin, Auslegungsentscheidung zu den Tätigkeiten einer Kapitalverwaltungsgesellschaft und der von ihr extern verwalteten AIF-Investmentgesellschaft, GZ: WA 41-Wp 2100-2016/0001, 21. Dezember 2017

BaFin, Häufige Fragen zum Kapitalanlagegesetzbuch (KAGB) Seminar zum KAGB Dr. Anahita Sahavi, 6. Oktober 2014

Entwurf eines Gesetzes zur Anpassung von Gesetzen auf dem Gebiet des Finanzmarktes, Drucksache 18/1648, 4. Juni 2014

Entwurf eines Gesetzes zur Umsetzung der Richtlinie 2009/65/EG zur Koordinierung der Rechts- und Verwaltungsvorschriften betreffend bestimmte Organismen für gemeinsame Anlagen in Wertpapieren (OGAW-IV-Umsetzungsgesetz – OGAW-IV-UmsG), Drucksache 17/4510, 24. Januar 2011

Entwurf eines Gesetzes zur Umsetzung der Richtlinie 2011/61/EU über die Verwalter alternativer Investmentfonds (AIFM-Umsetzungsgesetz – AIFM-UmsG), Drucksache 17/12294, 6. Februar 2013

Entwurf eines Gesetzes zur Änderung des Investmentgesetzes und zur Anpassung anderer Vorschriften (Investmentänderungsgesetz), Drucksache 16/5576, 11. Juni 2007

Entwurf eines Gesetzes zur Umsetzung der Richtlinie über Märkte für Finanzinstrumente und der Durchführungsrichtlinie der Kommission (Finanzmarkt-Richtlinie-Umsetzungsgesetz »FRUG«), Drucksache 16/4028, 12. Januar 2007

Entwurf eines Gesetzes zur Modernisierung des Investmentwesens und zur Besteuerung von Investmentvermögen (Investmentmodernisierungsgesetz), Drucksache 15/1553, 19. September 2003

Finanzausschuss, Beschlussempfehlung und Bericht des Finanzausschusses (7. Ausschuss), Drucksache 17/13395, 10. Mai 2013, zudem Gesetzentwurf der Bundesregierung, Drucksache 17/12294, Entwurf zu AIFM-Umsetzungsgesetz –AIFM-UmsG

Gesetz zur Umsetzung der Richtlinie 2009/65/EG zur Koordinierung der Rechts- und Verwaltungsvorschriften betreffend bestimmte Organismen für gemeinsame Anlagen in Wertpapieren (OGAW-IV-Umsetzungsgesetz – OGAW-IV-UmsG), 22. Juni 2011

Luxemburg: Quellen und Verlautbarungen

CSSF, Frequently Asked Questions, (version 13, 11. April 2019), concerning the Luxembourg Law of 12 July 2013 on alternative investment fund managers as well as the Commission Delegated Regulation (EU) No 231/2013 of 19 December 2012 supplementing Directive 2011/61/EU of the European Parliament and of the Council with regard to exemptions, general operating conditions, depositaries, leverage transparency and supervision

Gesetz über die Investmentgesellschaft zur Anlage in Risikokapital (*société d'investissement en capital à risque* – SICAR) vom 15. Juni 2004 (SICAR-Gesetz)

Gesetz über sogenannte spezialisierte Investmenfonds (*Specialised investment funds* – SIF) vom 13. Februar 2007 (SIF-Gesetz)

Gesetz über Organismen für gemeinsame Anlagen vom 17. Dezember 2010 (OGA-Gesetz)

Law of 12 July 2013 on alternative investment fund managers (AIFMG-Lux), Mém. A 2013, No. 119, Mém. A 2015 (AIFMG-Lux)

Schweiz: Quellen und Verlautbarungen

Bundesgesetz über die kollektiven Kapitalanlagen (Kollektivanlagengesetz, KAG) vom 23. Juni 2006 (Stand am 1. Juli 2016), SR 951.31 (KAG-CH)

Botschaft über die Änderung des Kollektivanlagengesetzes (KAG) vom 2. März 2012, SR 12.037

Entwurf des Bundesgesetzes über die Finanzinstitute (Finanzinstitutsgesetz, FINIG), SR 961.01

EFD, Eidgenössisches Finanzdepartement, Erläuternder Bericht zur Vernehmlassungsvorlage, FINIG, FIDLEG, 25. Juni 2014

FINMA, Verordnung der Eidgenössischen Finanzmarktaufsicht über die kollektiven Kapitalanlagen, (Kollektivanlagenverordnung-FINMA, KKV-FINMA), vom 27. August 2014 (Stand am 1. Januar 2015), SR 951.312

FINMA, Rundschreiben 2008/37 Delegation durch Fondsleitung/SICAV, Delegation von Aufgaben durch die Fondsleitung und die SICAV, Inkraftsetzung: 1. Januar 2009

FINMA, Anhörungsbericht zur Kollektivanlagenverordnung, Bericht der FINMA über die Anhörung vom 3. April bis 19. Mai 2014 zum Totalrevision der Kollektivanlagenverordnung, 27. August 2014

Verordnung über die kollektiven Kapitalanlagen (Kollektivanlagenverordnung, KKV) vom 22. November 2006 (Stand am 1. Januar 2015), SR 951.311 (KKV-CH)

Vereinigtes Königreich: Quellen und Verlautbarungen

FCA, Collective Investment Schemes Sourcebook (COLL), status Jun 2019

FCA, Investment Funds Sourcebook (FUND), release 39, status Jun 2019

FCA, Policy Statement *PS13/5*, Implementation of the Alternative Investment Fund Managers Directive, June 2013

Financial Services and Markets Act vom 14. Juni 2000 (FSMA 2000), royal assent 14 June 2000

Financial Services and Markets Act 2000 Order 2001 (RAO), 2001 No. 544, coming into force 1 Januar 2002

FSA, Implementation of the Alternative Investment Fund Managers Directive, Discussion Paper, DP12/1, January 2012

FSA, Perimeter Guidance Manual (PERG), release 39, status Jun 2019

Limited Partnerships Acts 1907, 1907 Chapter 24 7 Edw 7, 28 August 1907

Private Fund Limited Partnerships Order 2017, coming into force 6 April 2017

The Alternative Investment Fund Managers Regulations 2013, 2013 No. 1773, made 16th July 2013, coming into force 22 July 2013 (AIFMG-UK)

B. Literatur

Monographien

Aigner, Konrad/ Vöcking, Thomas	Investmentprozess – Philosophie, Methodik und Ausgestaltung, 2002
Bastian, Christoph	Wirtschaftliche Risiken in geschlossenen Immobilienfonds und ihre rechtspraktische Aufarbeitung, 2012
Baum, Harald/ Fleckner, Andreas M./ Hellgardt, Alexander/ Roth, Markus/ et al.	Perspektiven des Wirtschaftsrechts, Deutsches, europäisches und internationales Handels-, Gesellschafts- und Kapitalmarktrecht. Beiträge für Klaus J. Hopt aus Anlass seiner Emeritierung, 2008
Bechthold, Stefan	Die Grenzen zwingenden Vertragsrechts, 2010
Benicke, Christoph	Wertpapiervermögensverwaltung, 2006
Blenk, Stefan	Die Mitgliedschaft in der Investmentaktiengesellschaft, 2018
Brandner, Gert	Die überschießende Umsetzung von Richtlinien, 2003
Buck, Petra	Wissen und juristische Person, 2001
Cziupka, Johannes	Dispositives Vertragsrecht, 2010
Dieterich, Niklas	Outsourcing bei Kapitalgesellschaften, 2004
Dietrich, Jürgen	Die Publikums-Kommanditgesellschaft und die gesetzlich geschützten Interessen, 1987
Drexler, Alexander	Die richtlinienkonforme Interpretation in Deutschland und Frankreich, 2012
Emmenegger, Susan	Bankorganisationsrecht als Koordinationsaufgabe, Grundlinien einer Dogmatik der Verhältnisbestimmung zwischen Aufsichtsrecht und Aktienrecht, 2004
Flume, Werner	Allgemeiner Teil des Bürgerlichen Rechts, Die Personengesellschaft, 1977
Forschner, Julius	Wechselwirkungen zwischen Aufsichtsrecht und Zivilrecht, 2013
Gänswein, Olivier Rolf	Der Grundsatz unionsrechtskonformer Auslegung nationalen Rechts – Erscheinungsformen und dogmatische Grundlagen eines Rechtsprinzips des Unionsrechts, 2009
Gericke, Dieter	Private Equity III, 2013
Geurts, Matthias/ Schubert, Leif	KAGB kompakt, 2014

Literatur

Glauer, Christian	Der Minderheitenschutz bei Umstrukturierungen von geschlossenen Fonds in der Krise
Gröschner, Rolf	Das Überwachungsrechtsverhältnis, 1992
Gruhn, Alice Mareike	Die deutsche Investmentaktiengesellschaft, 2011
Hagen, Eva-Maria	Der Rechtsverlust im Aktien- und Kapitalmarktrecht, 2012
Hager, Johannes	Gesetzes- und sittenkonforme Auslegung und Aufrechterhaltung von Rechtsgeschäften
Häuser, Franz/ Hammen, Horst/ Hennrichs, Joachim/ Steinbeck, Anja/ Siebel, Ulf/ Welter, Reinhard	Festschrift für Walther Hading zum 70. Geburtstag am 8. Mai 2004; zitiert: Bearbeiter in FS für Hadding, S.
Hecht, Stephen	Die fremdbestimmte Verbandsentscheidung – Einfluss Dritter auf Entscheidungen im Bereich der Satzungs- und Selbstverwaltungsautonomie, 2004
Heiderhoff, Bettina	Gemeinschaftsprivatrecht, 2. Auflage
Kischel, Uwe	Rechtsvergleichung, 2015
Klein, Nico	Die Beratungsprotokollpflicht im System des europarechtlich determinierten Anlegerschutzes, 2015
Lang, Volker	Informationspflichten bei Wertpapierdienstleistungen, 2003
Larenz, Karl	Methodenlehre der Rechtswissenschaft, 6. Auflage, 1991
Marx, Philipp	Auswirkungen der AIFM-Richtlinie auf geschossene Fonds in Luxemburg und Deutschland, 2019
Mohr, Phillip	Die offene Investmentkommanditgesellschaft, 2016
Möllers, Thomas M.J./ Kloyer, Andreas	Tagung vom 14./15. Juni 2013 in Augsburg, 2013
Möslein, Florian	Dispositives Recht: Zwecke, Strukturen und Methoden, 2011
Müchler, Henny	Die Investmentaktiengesellschaft mit veränderlichem Kapital, 2011
Päsler, Rüdiger	Handbuch des Investmentsparens, 1991
Pelli, Fabio	Die Delegation von Aufgaben bei offenen kollektiven Kapitalanlagen gemäss KAG, 2011
Poscher, Ralf	Grundrechte als Abwehrrechte: reflexive Regelung rechtlich geordneter Freiheit, 2003
Remien, Oliver	Zwingendes Vertragsrecht und Grundfreiheiten des EG-Vertrages, 2003

Röttger, Robert	Die Kernbereichslehre im Recht der Personengesellschaft, 1989
Sachtleber, Ole	Zivilrechtliche Strukturen von Open-End-Investmentfonds in Deutschland und England, 2011
Schapp, Jan	Grundfragen der Rechtsgeschäftslehre, 1986
Schelm, Jochaim	Sorgfalts- und Loyalitätspflichten im Investmentrecht, 2008
Schewe, Benedikt	Kommanditgesellschaften im Regelungsbereich des Investmentrechts, 2016
Schmidt, Martin	Konkretisierung von Generalklauseln im europäischen Privatrecht, 2009
Schmitz, Carsten	Das Grundlagengeschäft in der Personengesellschaft, 2001
Schnauder, Franz	Das Recht der Geschäftsbesorgung beim Vertrieb von Kapitalanlagen und Kreditvertragsprodukten, 2013
Schürnbrand, Jan	Organschaft im Recht der privaten Verbände, 2007
Schubel, Christin	Verbandssouveränität und Binnenorganisation der Handelsgesellschaften, 2003
Schulte, Niels	Die Investment-KG im Spannungsfeld zwischen Gesellschafts- und Investmentrecht, 2018
Seidenschwann, Sabine	Die Master-Kapitalverwaltungsgesellschaft, 2016
Seitz, Georg	Die InvestmentKG, 2017
Sethe, Rolf	Anlegerschutz im Recht der Vermögensverwaltung, 2005
Spitze, Daniel A.	Geschäftsführung in der Personengesellschaft, 2013, S.
Stecher, Michaela	Die Vertragsbeziehungen zwischen Anlagen- und Netzbetreiber unter besonderer Berücksichtigung des EEG, 2009
Stickelbrock, Barbara	Inhalt und Grenzen richterlichen Ermessens im Zivilprozeß, 2001
Sudhoff, Heinrich	Personengesellschaften, 8. Auflage, 2005
Suhr, Jan	Richtlinienkonforme Auslegung im Privatrecht und nationale Auslegungsmethodik, 2011
Uffmann, Katharina	Das Verbot der geltungserhaltenden Reduktion, 2010
Wagenhals, Florian	Der Betriebsführungsvertrag als Gestaltungsinstrument und seine Auswirkungen auf die betriebliche Mitbestimmung, 2014
Wagner, Véronique	Die schuldhafte Herbeiführung des Versicherungsfalles in der Schadensversicherung nach der VVG-Reform 2008, 2009

Walther, Lena	Die Systematik der Schadensersatzansprüche bei mangelhafter Leistung, 2013
Weber, Christoph	Privatautonomie und Außeneinfluss im Gesellschaftsrecht, 2000
Wedemann, Frauke	Gesellschafterkonflikte in geschlossenen Kapitalgesellschaften, Tübingen/Münster 2013
Weller, Marc-Philippe	Die Vertragstreue: Vertragsbindung – Naturalerfüllungsgrundsatz – Leistungstreue, 2009
Werra, Matthias	Zum Stand der Diskussion um die Selbstorganschaft, 1997
Westermann, Harm Peter	Vertragsfreiheit und Typengesetzlichkeit im Recht der Personengesellschaften, 1970
Wimmer-Leonhardt, Susanne	Konzernhaftungsrecht, 2004
Wundenberg, Malte	Compliance und die prinzipiengeleitete Aufsicht über Bankengruppen, 2012
Zetzsche, Dirk	The Alternative Fund Managers Directive, 2015, 2. Auflage; 2012 (Altauflage)
Zetzsche, Dirk	Prinzipien der kollektiven Vermögensverwaltung, 2015
Zinn, Philip-Andre	Abschied vom Grundsatz der Selbstorganschaft bei Personengesellschaften, 1997

Zeitschriften

Abegglen, Sandro/ Huber, Andrea	Bewilligungspraxis für die Schweiz, in: GesKR 2016, S. 320–334
Altmeppen, Holger	Pflicht zur Herausgabe der Gesellschafterliste einer Fondsgesellschaft?, in: NZG 2010, S. 1321–1327
Altmeppen, Holger	Kernbereichslehre, Bestimmtheitsgrundsatz und Vertragsfreiheit in der Personengesellschaft, in: NJW 2015, S. 2065–2071
Arlt, Ulrich	Verbot der Fremdorganschaft bei der GbR, in: NZG 2002, S. 407–411
Aurich, Bastian	Aurich: Neues Maßnahmenpaket für den grauen Kapitalmarkt, in: GWR 2014, S. 295–297
Bärenz, Christian	Die Auslegung der überschießenden Umsetzung von Richtlinien am Beispiel des Gesetzes zur Modernisierung des Schuldrechts, in: DB 2003, S. 375–376
Beuthien, Volker	Gibt es eine organschaftliche Stellvertretung?, in: NJW 1999, S. 1142–1146
Beuthien, Volker	Darf ein Kommanditist mehr als widersprechen?, in: NZG 2013, S. 967–972

Biehl, Björn	Grundsätze der Vertragsauslegung, in: JuS 2010, S. 195–200
Böhme, Andreas	Die Vertretung der extern verwalteten Investmentkommanditgesellschaft, in: BB 2014, S. 2380–2385
Bonertz, Rainer	Outsourcing von Portfoliomanagement und Vermögensverwaltung aus umsatzsteuerlicher Sicht, in: DStR 2006, S. 932–937
Boxberger, Lutz	Vertretungsbefugnis einer externen Kapitalverwaltungsgesellschaft, in: GWR 2016, S. 1–5
Bracht, Hannes	Grenzen des konkludenten Beratungsvertrages und Haftung für fehlerhafte Anlageberatung durch Dritte, in: ZBB 2013, S. 252–259
Bredol, Martin/ Natterer, Joachim	Von den Irrungen und Wirrungen bei der Veräußerung des »ganzen« Vermögens bei der Kommanditgesellschaft: Keine analoge Anwendung des § 179a I 1 AktG, in: ZIP 2015, S. 1419–1426
Brinkhaus, Josef/ Grandpierre, Ilsabe	Grunderwerbsteuerrechtliche Folgen der sog. Miteigentumslösung bei Immobilien-Sondervermögen, in: DStR 2017, S. 707–718
Bucher, Eugen	Die Entwicklung des deutschen Schuldrechts im 19. Jahrhundert und die Schweiz, in: ZEuP 2003, S. 353–374
Buck-Heeb, Petra	Die »Flucht« aus dem Anlageberatungsvertrag, in: ZIP 2013, S. 1401–1411
Buck-Heeb, Petra	Aufklärung über Innenprovisionen, unvermeidbarer Rechtsirrtum und die Überlagerung durch Aufsichtsrecht - Zugleich Besprechung von BGH vom 3.6.2014, in: WM 2014, S. 1601–1605
Buck-Heeb, Petra	Kreditberatung, Finanzierungsberatung, in: BKR 2014, S. 221–236
Bußhalb, Jean-Pierre/ Unzicker, Ferdinand	Auswirkungen der AIFM-Richtlinie auf die geschlossenen Fonds, in: BKR 2012, S. 309–319
Caemmerer, Ernst von	Kapitalanlage- und Investmentgesellschaften, in: JZ 1958, S. 41–50
Campbell, Nicole/ Müchler, Henny	Die Haftung der Verwaltungsgesellschaft einer fremdverwalteten Investmentaktiengesellschaft, in: ILF, Working Paper Series No. 101, 2009, S. 1–19
Campbell, Nicole	Modernisierung des Outsourcing-Regimes, in: ZBB 2008, S. 148–159
Canaris, Claus-Wilhelm	Die Nacherfüllung durch Lieferung einer mangelfreien Sache beim Stückkauf, in: JZ 2003, 831, S. 837–838

Casper, Matthias	Die Investmentkommanditgesellschaft: Große Schwester der Publikums-KG oder Kuckuckskind?, in: ZHR 2015, S. 44–82
Clouth, Peter	Anlegerschutz – Grundlagen aus Sicht der Praxis –, in: ZHR 2013, S. 212–263
Dietrich, Anita/ Malsch, Annette	Asset und Wealth Management im Blickpunkt, in: WpG 2018, S. 297–302
Dornseifer, Frank	Die Neugestaltung der Investmentaktiengesellschaft durch das Investmentänderungsgesetz, in: AG 2008, S. 53–67
Dreher, Meinrad	Ausstrahlungen des Aufsichtsrechts auf das Aktienrecht, in: ZGR 2010, S. 496–542
Einsele, Dorothee	Anlegerschutz durch Information und Beratung, in: JZ 2008, S. 477–528
Einsele, Dorothee	Der Anlegerschutz bei der Investmentaktiengesellschaft, in: AG 2011, S. 141–155
Einsele, Dorothee	Verhaltenspflichten im Bank- und Kapitalmarktrecht – öffentliches Recht oder Privatrecht? –, in: ZHR 2016, S. 233–269
Elicker, Michael/ Rech, Daniel	Luxemburgisches AIFMG: Kann das kleine Großherzogtum an seine Erfolge mit dem OGAW-Label anknüpfen? , in: RdF 2014, S. 106–113
Emde, Thomas/ Dreibus, Alexandra	Der Regierungsentwurf für ein Kapitalanlagegesetzbuch, in: BKR 2013, S. 89–102
Engert, Andreas	Kapitalanlagegesellschaften sind keine Banken, in: Der Konzern 2007, S. 477–560
Escher, Markus	Die Regulierung der geschlossenen Fonds im Kapitalanlagegesetzbuch in: Bankenregulierung, Insolvenzrecht, Kapitalanlagegesetzbuch, Honorarberatung, in: Bankrechtstag 2013, Bd. 35/2014, S. 123–145
Ewald, Jens/ Jansen, Thomas	Ausgewählte ertragsteuerrechtliche Aspekte bei Investment-Kommanditgesellschaften, in: DStR 2016, S. 1784–1790
Fabio, Udo di	Richtlinienkonformität als ranghöchstes Normauslegungsprinzip? – Überlegungen zum Einfluß des indirekten Gemeinschaftsrechts auf die nationale Rechtsordnung, in: NJW 1990, S. 947–954
Fischer, Carten/ Friedrich, Till	Investmentaktiengesellschaft und Investmentkommanditgesellschaft unter dem Kapitalanlagegesetzbuch, in: ZBB 2013, S. 153–163
Fock, Till	Das neue Recht der Investmentaktiengesellschaft, in: BB 2006, S. 2371–2275

Freitag, Robert	Die »Investmentkommanditgesellschaft« nach dem Regierungsentwurf für ein Kapitalanlagegesetzbuch, in: NZG 2013, S. 329–336
Goette, Wulf/ Goette, Maximilian	Mehrheitsklauseln im Personengesellschaftsrecht, in: DStR 2016, S. 74–84
Görke, Oliver/ Ruhl, Alexander	Neuregelung der offenen Immobilienfonds nach dem Regierungsentwurf des Kapitalanlagegesetzbuches: Bestandsaufnahme und erste Bewertung, in: BKR 2013, S. 142–148
Grosche, Nils/ Höft, Jens	Richtlinienkonforme Rechtsfortbildung ohne Grenzen?, in: NJOZ 2009, S. 2294–2309
Grundmann, Stefan/ Riesenhuber, Karl	Die Auslegung des Europäischen Privat- und Schuldvertragsrechts, in: JuS 2001, S. 529–536
Habersack, Mathias/ Mayer, Christian	Die überschießende Umsetzung von Richtlinien, in: JZ 1999, S. 913–921
Habersack, Mathias	Die Besorgung von Rechtsangelegenheiten durch beauftragte Geschäftsführer – kein Problem des RBerG?, in: BB 2005, S. 1695–1696
Hanten, Mathias/ von Tiling, Annke	Kreditfonds, in: WM 2015, S. 2122–2132
Hanten, Mathias	Aufsichtsrechtliche Aspekte des Outsourcing bei Kapitalgesellschaften, in: ZBB 2003, S. 291–298
Heckschen, Heribert/ Bachmann, Daniel	Mehrheitsklauseln bei Personengesellschaften, in: NZG 2015, S. 531–537
Heinichen, Christian	Auslegung des Kartellrechts – zugleich Anmerkung zu BGH, Beschl. v. 26.2.2013 – KRB 20/12, in: NZWiSt 2013, S. 161–166
Herresthal, Carsten	Die Rechtsprechung zu Aufklärungspflichten bei Rückvergütungen auf dem Prüfstand des Europarechts, in: WM 2012 S. 2261–2267
Herresthal, Carsten	Die vertragsrechtlichen Folgen der Honoraranlageberatung nach dem WpHG, in: WM 2014, S. 773–783
Herresthal, Carsten	Die richtlinienkonforme und die verfassungskonforme Auslegung im Privatrecht, JuS 2014, S. 289–298
Herring, Frank/ Loff, Dietmar	Die Verwaltung alternativer Investmentvermögen nach dem KAGB-E, in: DB 2012, S. 2029–2036
Herring, Frank,	Einsatz von Drittvertrieben durch Kapitalverwaltungsgesellschaften – ein Fall der Auslagerung nach § KAGB § 36 KAGB?, in: WM 2016 S. 298–304
Hopt, Klaus	Die Haftung für Kapitalmarktinformationen, in: WM 2013, S. 101–112 Hübner, Jürgen: Immobilienanlagen unter dem KAGB, in: WM 2014, S. 109–115

Hüren, Dominik	Gesamtvermögensgeschäfte im Gesellschaftsrecht, RNotZ 2014, S. 77–98
Hufen, Christian	Ermessen und unbestimmter Rechtsbegriff, in: ZJS 2010, S. 602–607
Jesch, Thomas A./ Klebeck, Ulf	BB-Gesetzgebungs- und Rechtsprechungsreport zur Fondsregulierung, in: BB 2011, S. 1866–1873
Jesch, Thomas A.	Private-Equity-Fonds – Strukturierung und Vertrieb unter dem KAGB, in: RdF 2014, S. 180–188
Jutzi, Thomas/ Feuz, Christoph	MiFID II, AIFMD und UCITSD: Auswirkungen des EU-Vermögensverwaltungsrechts auf das grenzüberschreitende Geschäft Schweizer Finanzintermediäre, in: Jusletter 2016, S. 1–86
Jutzi, Thomas	Die Regulierung von Managern alternativer Investmentfonds – Das Recht der Europäischen Union als Auslöser und Beschleuniger der schweizerischen Gesetzgebung, in: ZVglRWiss 2013, S. 226–245
Jutzi, Thomas	Der Einfluss des EU-Rechts auf das schweizerische Recht der kollektiven Kapitalanlagen, in: AJP/PJA 1/2015, S. 1–22
Jutzi, Thomas/ Wess, Ksenia	Compliance-Anforderungen für Schweizer Asset Manager alternativer Investmentfonds (Parallele Anwendung europäischer und nationaler Regulierungen), SZW/RSDA 2018, S. 496–516
Koch, Jens	Die Einheit der nationalen Rechtsordnung und die europäische Privatrechtsangleichung, in: JZ 2006, S. 277–284
Koch, Jens	Das Nebeneinander aufsichts- und zivilrechtlicher Beratungsvorgaben im Anlegerschutz, in: ZBB 2014, S. 211–221
Köhn, Kai	Der Betriebsführungsvertrag – Rechtliche Qualifikation und gesellschaftsrechtliche Wirksamkeitsvoraussetzungen, in: Der Konzern 2011, S. 530–547
Kötz, Hein	Dispositives Recht und ergänzende Vertragsauslegung, in: JuS 2013, S. 289–296
Kokemoor, Axel/ Theilig, Jörg	Verhältnis der Vorschriften über Verlustteilnahmeanforderungen bei Eigenmittelbestandteilen nach dem KWG zu Regelungen und Grundsätzen des Zivilrechts, in: WM 2011 S. 337–402
Klebeck, Ulf/ Kolbe, Sebastian	Aufsichts- und Arbeitsrecht im KAGB, in: BB 2014, S. 707–714
Klebeck, Ulf/ Kolbe, Sebastian	Anlageverwaltung und Finanzmarktaufsicht, in: ZIP 2010, S. 215–220

Klinger, Max	Die zentrale Strafnorm des Investmentrechts gem. § 339 KAGB, in: NZWiSt 2014, S. 370–377
Kramer, Robert/ Recknagel, Ralf	Die AIFM-Richtlinie – Neuer Rechtsrahmen für die Verwaltung alternativer Investmentfonds, in: BB 2011, S. 2074–2084
Krause, Martin/ Klebeck, Ulf	Family Offices und AIFM-Richtlinie, in: BB 2012, S. 2063–2068
Krause, Tobias	Die Geschäftsführungsbefugnis und Ausgestaltung der Vollmacht der externen Kapitalverwaltungsgesellschaft, NZG 2019, S. 170–174
Kroll-Ludwigs, Kathrin/ Ludwigs, Markus	Die richtlinienkonforme Rechtsfortbildung im Gesamtsystem der Richtlinienwirkungen, in: ZJS 2009, S. 123–130
Kropf, Christian	Keine zivilrechtliche Haftung der Banken im beratungsfreien Anlagegeschäft, in: WM 2014, S. 640–644
Kühling, Jürgen	Die richtlinienkonforme und verfassungskonforme Auslegung im öffentlichen Recht, in: JuS 2014, S. 481–490
Kuhn, Tomas	Überschießende Umsetzung bei mindest- und vollharmonisierenden Richtlinien: Einheitliche oder gespaltene Anwendung?, in: EuR 2015, S. 216–238
Kunz, Peter	Europa als ein Massstab für das schweizerische Wirtschaftsrecht? Rechtsvergleichende Fragestellungen zu einem »Weg nach Europa« anhand des neuen Kollektivanlagenrechts, in: Festschrift für Bucher, 2009, S. 455–477
Kunz, Peter	Die neue Kommanditgesellschaft für kollektive Kapitalanlagen (KkK) – Unternehmens- sowie Anlageform an der Schnittstelle zwischen Gesellschaftsrecht und Finanzmarktrecht, in: Entwicklungen im Gesellschaftsrecht IV, 2009, S. 45–73
Kunz, Peter	»Sonderfall Schweiz«? – die Schweiz ist längst in »Europa« angekommen, in: Betriebs-Berater für Europarecht, Europäisches Wirtschafts- und Steuerrecht (EWS) 2009, S. 1
Kunz, Peter	Umgang mit internationalem und mit europäischem Recht. Überblick über den »Swiss Approach«, in: LeGes 2012/3, S. 265–276
Kunz, Peter	Privatautonome Gestaltungsmöglichkeiten bei Personengesellschaften in der Schweiz, in: Entwicklungen im Gesellschaftsrecht VII, 2012, S. 171–199
Kunz, Peter	Methodische Besonderheiten bei Rechtsanwendungen im Wirtschaftsrecht – Überblick sowie Kritik, in: Richterzeitung vom 30. Mai 2012, S. 1–7

Kunz, Peter	Braucht es eine neue Architektur des Finanzmarktrechts für die Schweiz?, in: Die Volkswirtschaft – Das Magazin für Wirtschaftspolitik, Hrsg. Staatssekretariat für Wirtschaft SECO, 2014, S. 18–20
Lang, Norbert	Doppelnormen im Recht der Finanzdienstleistungen, in: ZBB 2004, S. 289–295
Lechner, Florian/ Johann, Ulrich	Gewerbliche Prägung und Infizierung der Personen-Investitionsgesellschaft, in: RdF 2015, S. 229–233
Leisner, Walter	Unterscheidung zwischen privatem und öffentlichem Recht, in: JZ 2006, S. 869–924
Leitzen, Mario	Die analoge Anwendung von § 179 a AktG auf Gesellschaften mit beschränkter Haftung und Personengesellschaften in der Praxis, in: NZG 2012, S. 491–496
Lensdorf, Lars/ Schneider, Jan	Das Rundschreiben des Bundesaufsichtsamtes für Kreditwesen zur Auslagerung von wesentlichen Bereichen von Kredit- und Finanzdienstleistungsinstituten auf andere Unternehmen gemäß § 25a Abs. 2 KWG, in: WM 2002, S. 1949–1956
Löffler, Joachim	Betriebsführungsverträge mit Personengesellschaften, in: NJW 1983, S. 2920–2923
Looschelders, Dirk/ Makowsky, Mark	Relativität des Schuldverhältnisses und Rechtsstellung Dritter, in: JA 2012, S. 721–728
Loritz, Karl-Georg/ Uffmann, Katharina	Der Geltungsbereich des Kapitalanlagegesetzbuches (KAGB) und Investmentformen außerhalb desselben, in: WM 2013 Heft 47, S. 2193–2203
Loritz, Karl-Georg/ Rickmers, Benedikt	Unternehmensfinanzierung im Kapitalmarkt und Kapitalanlagegesetzbuch bei operativ tätigen Unternehmen, in: NZG 2014, S. 1241–1250
Mardini, Tarek	DB 20. April 2014, DB0662555
Mayer, Christian/ Schürnbrand, Jan	Einheitlich oder gespalten? in: JZ 2004, S. 545–552
Müchler, Henny/ Trafkowski, Uwe	Honoraranlageberatungsvertrag: Regulierungsvorhaben im deutschen und europäischen Recht, in: ZBB 2013, S. 101–114
Mühlenkamp, Jörg/ Schott, Robert/ Strauß, Melanie	Die EuGH-Rechtsprechung zur Umsatzsteuerbefreiung regulierter Fonds und ihre nationalen Folgen, in: MwStR 2016, S. 408–419
Neugebauer, Jan/ Fort, Eric	Die neue Kommanditgesellschaft und die Umsetzung der AIFM-Richtlinie in Luxemburg, in: IStR 2014, S. 247–254

Niewerth, Johannes/ Rybarz, Jonas	Änderungen der Rahmenbedingungen für Immobilienfonds – das AIFM-Umsetzungsgesetz und seine Folgen, in: WM 2013, S. 1154–1167
Parmentier, Miriam	Die Entwicklung des europäischen Kapitalmarktrechts 2012-2013, in: EuZW 2014, S. 50–56
Patz, Annika	Das Zusammenwirken zwischen Verwahrstelle, Bewerter, Abschlussprüfer und BaFin bei der Aufsicht über Investmentvermögen nach dem KAGB – Zuständigkeiten bei der Überprüfung der Einhaltung der Bewertungsmaßstäbe und -verfahren für Vermögensgegenstände von AIF und OGAW, in: BKR 2015, S. 193–205
Paul, Wolfgang	Gesellschaftsrechtliche Folgen fehlender Erfüllung geldwäscherechtlicher Sorgfaltspflichten in der Investmentkommanditgesellschaft, in: ZIP 2018, S. 1571–1582
Pfeiffer, Thomas	Richtlinienkonforme Auslegung gegen den Wortlaut des nationalen Gesetzes – Die Quelle-Folgeentscheidung des BGH, in: NJW 2009, S. 412–413
Pinger, Winfried/ Behme, Caspar	Der Vertrag mit Schutzwirkung für Dritte als Rechtsgrundlage der Gutachterhaftung gegenüber Dritten, in: JuS 2008, S. 675–678
Priester, Hans-Joachim	Eine Lanze für die Kernbereichslehre, in: NZG 2015, S. 529–531
Priester, Hans-Joachim	Jahresabschlussfeststellung bei Personengesellschaften Grundlagengeschäft?, in: DStR 2007, S. 28–32
Reiner, Fabienne Stephanie	Abgrenzung der Kompetenzen zwischen der geschäftsführenden Kommanditistin und der externen AIF-Kapitalverwaltungsgesellschaft bei geschlossenen Investmentfonds unter dem KAGB, in: GWR 2016, S. 136–140
Repiquet, Mariia	Regulatory Competition in European Partnership Law: A Case of Alternative Investment Funds, in: Amsterdam Law Forum (ALF) 2018
Richardi, Reinhard	Gestaltung der Arbeitsverträge durch Allgemeine Geschäftsbedingungen nach dem Schuldrechtsmodernisierungsgesetz, in: NZA 2002, S. 1057–1064
Rieble, Volker	Betriebsführungsvertrag als Gestaltungsinstrument, in: NZA 2010, S. 1145–1150
Rieg, Jürgen	Prüfungs- und Handlungsbedarf aufgrund der Einführung des Transparenzregisters, in: BB 2017, S. 2310–2320
Riehm, Thomas	Die überschießende Umsetzung vollharmonisierter Richtlinien, in: JZ 2006, S. 1035–1045

Literatur

Rötting, Michael/ Lang, Christina	Das Lamfalussy-Verfahren im Umfeld der Neuordnung der europäischen Finanzaufsichtsstrukturen, in: EuzW 2012, S. 8–14
Rotter, Klaus/ Gierke, Julia	Prokon und der Anwendungsbereich des neuen Kapitalanlagegesetzbuchs (KAGB), in: VuR 2014, S. 255–261
Rüber, Bernd/ Reiff, Gunter	Voraussetzungen einer gewerblichen Entprägung der extern verwalteten geschlossenen Investmentkommanditgesellschaft, in: BB 2014, S. 1634–1637
Schäfer, Carsten	Vom Einstimmigkeitsprinzip zum treupflichtgetragenen Mehrheitsentscheid im Personengesellschaftsrecht, in: ZGR 2013, S. 237–272
Schäfer, Carsten	Der Bestimmtheitsgrundsatz ist (wirklich) Rechtsgeschichte, in: NZG 2014, S. 1401–404
Schiffer, Jack	Mehrheitsentscheidungen in der Personengesellschaft – Ende der Kernbereichslehre?, in: BB 2015, S. 584–586
Schimansky, Hans	Unerlaubte Rechtsberatung durch beauftragte Geschäftsführer einer Publikums-GbR?, in: WM 2005, S. 2209–2213
Schmidt, Karsten	Struktur und Transparenz einer Treugeber-Innengesellschaft, in: NZG 2011, S. 361–367
Schnauder, Franz	Regimewechsel im Prospekthaftungsrecht bei geschlossenen Publikumsfonds, in: NJW 2013, S. 3207–3213
Schubert, Leif/ Schuhmann, Alexander	Die Kategorie des semiprofessionellen Anlegers nach dem Kapitalanlagegesetzbuch, in: BKR 2015, S. 45–52
Schultheiß, Tilmann	Die Haftung von Verwahrstellen und externen Bewertern unter dem KAGB, in: WM 2015, S. 603–609
Schulze-Osterloh, Chrstine	Die Selbstorganschaft in der Personengesellschaft – Wesenszug oder Anachronismus?, in: ZGR 2019, S. 271–300
Schwarz, Günter	Die Gesamtvertreterermächtigung – Ein zivil- und gesellschaftsrechtliches Rechtsinstitut, in: NZG 2001, S. 529–539
Sedlak, Sebastian	Vertretung der extern verwalteten Investmentkommanditgesellschaft, in: GWR 2015, S. 497–498
Seidel, Thorsten/ Wolf, Maximilian	Minderheitenschutz in der Gesellschaft – Bedeutung der Kernbereichslehre in der neueren BGH-Rechtsprechung, in: BB 2015, S. 2563–2567
Servatius, Wolfgang	Stellungnahme zum AIFM-UmsG, 7. März 2013
Sethe, Rolf	Das Drittstaatenregime von MiFIR und MiFID II, in: SZW/RSDA 6/2014, S. 615–631

Sethe, Rolf	Treuepflichten der Banken bei der Vermögensverwaltung, in: AcP 2012, S. 80–156
Siems, Mathias	Die Vermögensverwaltung im HGB – Gewerbebegriff und Vermögensverwaltungsgesellschaften, in: NZG 2001, S. 738–742
Spindler, Gerald/ Tancredi, Sara	Die Richtlinie über Alternative Investmentfonds (AIFM-Richtlinie) – Teil II –, in: WM 2011, S. 1441–1451
Sprengnether, Mirko / Wächter, Hans Peter	Risikomanagement nach dem Kapitalanlagegesetzbuch (KAGB), in: WM 2014, S. 877–887
Stadler, Rainer/ Bindl, Elmar	Das neue InvStG – Überblick und Korrekturbedarf, in: DStR 2016, S. 1953–1966
Stari, Christian/ Beuster, Malte	Die Haftung des mittelbar an einem geschlossenen Fonds beteiligten Anlegers – Keine Haftungsabschirmung durch den Treuhänder, in: DStr 2014, S. 271–275
Stellmann, Frank/ Stoeckle, Matthias	Verpflichtung zur Übertragung des ganzen Vermögens einer Gesellschaft, in: WM 2011, S. 1983–1990
Stiegler, Sascha	Reform des Personengesellschaftsrechts: die Einführung der PFLP, in: RIW 2018, S. 803–811
Stöber, Michael/ Kleinert, Jens	Kein Erfordernis der Fremdverwaltung im Investmentsteuerrecht, in: BB 2016, S. 278–286
Stöhr, Alexander	Der objektive Empfängerhorizont und sein Anwendungsbereich im Zivilrecht, in: JuS 2010, S. 292–295
Thom, Matthias/ Dürre, Pia	Venture Debt: Gewährung von Gelddarlehen durch Investmentfonds nach dem KAGB – ein Erfolgsrezept?, in: WM 2018, S. 502–508
Uffmann, Kathrina	Überwachung der Geschäftsführung durch einen schuldrechtlichen GmbH-Beirat?, in: NZG 2015, S. 169–176
Ulrici, Bernhard	Verbotsgesetz und zwingendes Gesetz, in: JuS 2005, S. 1073–1076
Veil, Rüdiger	Anlageberatung im Zeitalter der MiFID – Inhalt und Konzeption der Pflichten und Grundlagen einer zivilrechtlichen Haftung –, in: WM 2007, S. 1821–1827
Veil, Rüdiger	Vermögensverwaltung und Anlageberatung im neuen Wertpapierhandelsrecht – eine behutsame Reform der Wohlverhaltensregeln?, in: ZBB 2008, S. 34–42
Veil, Rüdiger	Verordnungsgesetzgebung, Instrumente der europäischen Marktaufsicht und die Idee eines »Single Rulebook«, in: ZGR 2014, S. 544–607
Voge, Dirk	Zum Tatbestand der Anlageverwaltung im Sinne des § 1 Abs. 1a Satz 2 Nr. 11 KWG, in: WM 2010, S. 913–920

Literatur

Volhard, Patricia/ Wilkens, Sarah	Neue Entwicklungen zur Erlaubnispflicht für kollektive Anlagemodelle, in: DB 2008, S. 2411–2415
Wagner, Gerhard	Zwingendes Privatrecht – Eine Analyse anhand des Vorschlags einer Richtlinie über Rechte der Verbraucher, in: ZEuP 2010, S. 243–278
Wagner, Dietrich	Zur Abgrenzung der Zuständigkeiten von externer KVG und geschlossener Investment KG, in:Rödl & Partner Fondsbrief Dezember 2013, S. 5 ff.
Wagner, Klaus	Geschlossene Fonds nach dem KAGB, in: ZfBR 2015, S. 113–119
Wagner, Klaus	Externe KVGs in geschlossenen Publikums-GmbH & Co. KGs: Wie verhält sich dies mit dem Gebot der Selbstorganschaft bzw. dem Verbot der Drittorganschaft? , in: BKR 2015, S. 410–412
Wallach, Edgar	Die Investmentaktiengesellschaft mit veränderlichem Kapital im Gewand des Investmentänderungsgesetzes, in: Der Konzern 2007, S. 487–497
Wallach, Edgar	Die Regulierung von Personengesellschaften im Kapitalanlagegesetzbuch, in: ZGR 2014, S. 289–328
Weber, Johannes	Gesamtvermögensgeschäft und Gesellschafterbeschluss: Eine Studie des § 179a AktG am Beispiel von Grundstücksgeschäften, in: DNotZ 2018, S. 96–129
Weber-Rey, Daniela	Ausstrahlungen des Aufsichtsrechts (insbesondere für Banken und Versicherungen) auf das Aktienrecht – oder die Infiltration von Regelungssätzen?, in: ZGR 2010, S. 43–590
Weibel, Benjamin/ Iseli, Thomas	Sind Vermögensverwalter von Kommanditgesellschaften für kollektive Kapitalanlagen bewilligungspflichtig?, in: Jusletter 2016, 1–6
Weiser, Benedikt/ Hüwel, Martin	Verwaltung alternativer Investmentfonds und Auslagerung nach dem KAGB-E, in: BB 2013, S. 1091–1097
Weitnauer, Wolfgang	Die AIFM-Richtlinie und ihre Umsetzung, in: BKR 2011, S. 143–147
Wertenbruch, Johannes	Abschied von Bestimmtheitsgrundsatz und Kernbereichslehre im Beschlussanfechtungssystem der Personengesellschaft, in: DB 2014, S. 2875–2880
Wiedemann, Herbert	Verantwortung in der Gesellschaft – Gedanken zur Haftung der Geschäftsleiter und der Gesellschafter in der Kapitalgesellschaft, in: ZGR 2011, S. 183–192
Wiedemann, Herbert	Alte und neue Kommanditgesellschaft, in: NZG 2013, S. 1041–1046

Zetzsche, Dirk Das Gesellschaftsrecht des Kapitalanlagegesetzbuchs, in: AG 2013, S. 613–630

Zetzsche, Dirk Fondsregulierung im Umbruch – ein rechtsvergleichender Rundblick zur Umsetzung der AIFM-Richtlinie, in: ZBB 2014, S. 22–39

Zetzsche, Dirk/
Preiner, Christina Was ist ein AIF?, in: WM 2013, S. 2101–2148

Zetzsche, Dirk/
Lehmann, Matthias Das Vereinigte Königreich als Drittstaat?, in: AG 2018, S. 651–662

Kommentare und Handbücher

Altrock, Martin/
Oschmann, Volker/
Theobald, Christian Erneuerbare-Energien-Gesetz, 4. Auflage, 2013, zitiert: Bearbeiter, in Altrock/Oschmann/Theobald, EEG, § Rn.

Andres, Dirk/
Leithaus, Rolf Kommentar zur Insolvenzordnung, 4. Auflage, 2018, zitiert: Bearbeiter, in Andres/Leithaus, InsO, § Rn.

Assmann, Heinz-Dieter/
Schütze, Rolf Handbuch des Kapitalanlagerechts, 4. Auflage, 2015, zitiert: Bearbeiter, in Assmann/Schütze, Handbuch des Kapitalanlagerechts, § Rn.

Assmann, Heinz-Dieter/
Wallach, Edgar/
Zetzsche, Dirk Kapitalanlagegesetzbuch: KAGB, 1. Auflage, 2019, zitiert: Bearbeiter, in Assmann/Wallach/Zetzsche, KAGB, § Rn.

Bamberger, Heinz Georg/
Roth, Herbert/
Hau, Wolfgang/
Poseck, Roman Bürgerliches Gesetzbuch, Stand: 1. Februar 2019, Edition: 49, zitiert: Bearbeiter, in Bamberger/Roth, BGB, § Rn.

Baumbach, Adolf/
Hueck, Alfred GmbHG, Band 20, 21. Auflage, 2017, zitiert: Bearbeiter, in Baumbach/Hueck, GmbHG, § Rn.

Baumbach, Adolf/
Hopt, Klaus/
Kumpan, Christoph/
Merkt, Hanno/
Roth, Markus Kommentar zum Handelsgesetzbuch, 38. Auflage, 2018, zitiert: Bearbeiter, in Baumbach/Hopt, HGB, § Rn.

Baur, Jürgen/
Tappen, Falko Großkommentar Investmentgesetze, 3. Auflage, 2015, zitiert: Bearbeiter, in Baur/Tappen, KAGG, § Rn.

Baur, Jürgen Investmentgesetze, KAGG etc., 2. Auflage 2013, zitiert: Bearbeiter, in Baur, KAGG, § Rn.

Beckmann, Klaus/
Scholtz, Rolf-Detlev/
Vollmer, Lothar Ergänzbares Handbuch für das gesamte Investmentwesen, Loseblatt, Stand: Mai 2018, zitiert: Bearbeiter, in BSV, 405/410, KAGB/InvG, § Rn.

Literatur

Berger, Hanno/ Steck, Kai-Uwe/ Lübbehüsen, Dieter	Investmentgesetz, Investmentsteuergesetz, 2010, zitiert: Bearbeiter, in BSL, § Rn.
Bitter, Georg	Gesellschaftsrecht, 4. Auflage, 2018, zitiert: Bitter, Gesellschaftsrecht, § Rn.
Boos, Karl-Heinz/ Fischer, Reinfried/ Schulte-Mattler, Hermann	KWG, 5. Auflage, 2016, zitiert: Bearbeiter, in Boos/Fischer/Schulte-Mattler, KWG, § Rn
Brudermüller, Gerd/ Ellenberger, Jürgen/ Götz, Isabell/ Grüneberg, Christian/ Sprau, Hartwig/ Thorn, Carsten/ Weidenkaff, Walter/ Weidlich, Dietmar/ Wicke, Hartmut	Bürgerliches Gesetzbuch, 77. Auflage, 2018, zitiert: Palandt, BGB, § Rn.
Calliess, Christian/ Ruffert, Matthias	Das Verfassungsrecht der Europäischen Union mit Europäischer Grundrechtscharta, 5. Auflage, 2016, zitiert: Bearbeiter, in Calliess/Ruffert, EUV/AEUV, Artikel Rn.
Canaris, Claus-Wilhelm/ Habersack, Mathias/ Schäfer, Carsten	Großkommentar Handelsgesetzbuch, Band 3, §§ 105–160, 5. Auflage, 2009 Band 4, §§ 161–237, 5. Auflage, 2015 Band 8, §§ 343–372, 4. Auflage, 2004 Band 9, §§ 373–376, 383–406, 5. Auflage, 2013
Dauses, Manfred A./ Ludwigs, Markus	EU-Wirtschaftsrecht, 46. Ergänzungslieferung, 2019, zitiert: Bearbeiter, in Dauses/Ludwigs, Handbuch des EU-Wirtschaftsrechts, Kapitel Rn.
Deckenbrock, Christian/ Henssler, Martin	Rechtsdienstleistungsgesetz, 4. Auflage, 2015, zitiert: Bearbeiter, in Deckenbrock/Henssler, RDG, § Rn.
Dornseifer, Frank/ Jesch, Thomas A./ Kleckeck, Ulf/ Tollmann, Claus	Richtlinie 2011/61/EU über die Verwalter alternativer Investmentfonds mit Bezügen zum KAGB-E, 2013, zitiert: Bearbeiter, in DJKT, AIFM-RL, Artikel Rn.
Ebenroth, Carsten Thomas/ Boujong, Karlheinz/ Joost, Detlev/ Strohn, Lutz	Kommentar zum Handelsgesetzbuch, 3. Auflage, 2014, zitiert: Bearbeiter, in EBJS, HGB, Rn.
Einsele, Dorothee	Bank- und Kapitalmarktrecht, 3. Auflage, 2014, zitiert: Einsele, Bank- und Kapitalmarktrecht, § Rn.

*Emde, Thomas/
Dornseifer, Frank/
Dreibus, Alexandra/
Hölscher, Luise*

Investmentgesetz mit Bezügen zum Kapitalanlagegesetzbuch, 2013, zitiert: Bearbeiter, in Emde/Dornseifer/Dreibus/Hölscher, InvG, § Rn.

*Emde, Thomas/
Dornseifer, Frank/
Dreibus, Alexandra*

Kapitalanlagegesetzbuch, KAGB, 2. Auflage 2019, zitiert: Bearbeiter, in Emde/Dornseifer/Dreibus, KAGB, § Rn.

*Emmerich, Volker/
Habersack, Mathias*

Kommentar zum Aktien-, und GmbH-Konzernrecht, 8. Auflage, 2016, zitiert: Bearbeiter, in Emmerich/Habersack, AktG, § Rn.

Erbguth, Wilfried

Allgemeines Verwaltungsrecht, 9. Auflage, 2018

*Erman, Walter/
Westermann, Harm Peter/
Grunewald, Barbara/
Maier-Reimer, Georg*

Kommentar zum BGB, Band 1, 15. Auflage, 2017, zitiert: Bearbeiter, in Erman, BGB, Bd. 1, § Rn.

*Flachmann, Klaus/
Scholtz, Detlev/
Schuster, Leo/
Steder, Karl-Heinz/
Unckel, Gert*

Investment, Handbuch für das gesamte Investmentwesen, 1970/1981, zitiert: Handbuch für das gesamte Investmentwesen, 425, KAGG, § Rn.

*Fleischer, Holger/
Goette, Wulf*

Münchener Kommentar zum GmbHG, Band 2, 3. Auflage, 2019, zitiert: Bearbeiter, in MüKo, GmbHG, § Rn.

Fuchs, Andreas

Wertpapierhandelsgesetz, 2. Auflage, 2016, zitiert: Bearbeiter, in Fuchs, WpHG, § Rn.

Gaier, Reinhard

Münchener Kommentar zum BGB, Band 7, 7. Auflage, 2017, zitiert: Bearbeiter, in MüKo, BGB, Band 7, § Rn.

*Goette, Wulf/
Habersack, Mathias/
Kalss, Susanne*

Münchener Kommentar zum Aktiengesetz, Band 5, 4. Auflage, 2015, Band 1, 5. Auflage 2019, zitiert: Bearbeiter, in MüKo, AktG, Band, § Rn.

*Goette, Wulf/
Habersack, Mathias/
Kalss, Susanne*

Münchener Kommentar zum Aktiengesetz, Band 5, 4. Auflage, 2015, zitiert: Bearbeiter, in MüKo, AktG, Band, § Rn.

Grunewald, Barbara

Münchener Kommentar zum Handelsgesetzbuch, Band 5, 4. Auflage, 2018, zitiert: Bearbeiter, in MüKo, HGB, Band 5, § Rn.

*Gummert, Hans/
Weipert, Lutz*

Münchener Handbuch zum Gesellschaftsrecht, Band 1, 5. Auflage, 2019, zitiert: Bearbeiter, in MüHa, GesR, Band 1, § Rn.

*Gummert, Hans/
Weipert, Lutz*

Münchener Handbuch zum Gesellschaftsrecht, Band 2, 5. Auflage, 2019, zitiert: Bearbeiter, in MüHa, GesR, Band 2, § Rn.

Literatur

Haarmeyer, Hans/ Mock, Sebastian	Kommentar, Insolvenzrechtliche Vergütung, 5. Auflage, 2014, zitiert: Haarmeyer/Mock, Insolvenzrechtliche Vergütung, Vorb. Rn.
Habersack, Mathias	Münchener Kommentar zum BGB, Band 6, 7. Auflage, 2017, zitiert: Bearbeiter, in MüKo, BGB, Band 6, § Rn.
Haratsch, Andreas/ Koenig, Christian/ Pechstein, Matthias	Europarecht, 11. Auflage, 2018, zitiert: Haratsch/Koenig/Pechstein, Europarecht, [§] Rn.
Häublein, Martin/ Hoffmann-Theinert, Roland	Kommentar zum HGB, 24. Edition, Stand: 15. April 2019, zitiert: Bearbeiter, in Häublein/Hoffmann-Theinert, HGB, § Rn.
Henssler, Martin/ Strohn, Lutz	Kommentar zum Gesellschaftsrecht, 6. Auflage, 2019, zitiert: Bearbeiter, in Henssler/Strohn, HGB, § Rn.
Henssler, Martin/ Strohn, Lutz	Kommentar zum Gesellschaftsrecht, 4. Auflage, 2019, zitiert: Bearbeiter, in Henssler/Strohn, AktG, § Rn.
Hömig, Dieter/ Wolff, Heinrich Amadeus	Kommentar zum Grundgesetz für die Bundesrepublik Deutschland, 12. Auflage 2018, zitiert: Bearbeiter, in Hömig/Wolff, Grundgesetz, Art. Rn.
Hüffer, Uwe/ Koch, Jens	Kommentar zum Aktiengesetz, 13. Auflage, 2018, zitiert: Bearbeiter, in Hüffer/Koch, AktG, § Rn.
Hügel, Holger	Beck'scher Online-Kommentar GBO, 35. Edition, Stand: 1. März 2019, zitiert: Bearbeiter, in Hügel, GBO, § Rn.
Jauernig, Rolf	Bürgerliches Gesetzbuch, 17. Auflage, 2018, zitiert: Bearbeiter, in Jauering, BGB, § Rn.
Jesch, Thomas A./ Klebeck, Ulf/ Dobrauz-Saldapenna, Günther	Investmentrecht, Handbuch zum Investmentrecht in Deutschland, Österreich, Schweiz, Luxemburg und Lichtenstein, 2014, zitiert: Bearbeiter, in Jesch/Klebeck/Dobrauz-Saldapenna, Investmentrecht, S.
Jung, Stefanie/ Krebs, Peter/ Stiegler, Sascha	Gesellschaftsrecht in Europa, 1. Auflage, 2019, zitiert: Bearbeiter, in Jung/Krebs/Stiegler, § Rn.
Koller, Ingo/ Kindler, Peter/ Roth, Wulf-Henning/ Morck, Winfried	Kommentar zum Handelsgesetzbuch, 9. Auflage, 2019, zitiert: Bearbeiter, in Koller in Koller/Kindler/Roth/Morck, HGB, § Rn.
Kopp, Ferdinand/ Schenke, Wolf-Rüdiger	VwGO, Kommentar, 23. Auflage, 2017, zitiert: Kopp/Schenke, VwGO, § Rn.
Kühne, Armin/ Schunk, Markus/ Keller, Astrid	Schweizerisches Recht der kollektiven Kapitalanlagen, Wirtschaftsrecht, Band 4, 3. Auflage, 2017, zitiert: Kühne/Schunk/Keller, Schweizerisches Recht der kollektiven Kapitalanlagen, S.

Langenbucher, Katja/ Bliesener, Dirk/ Spindler, Gerald	Bankrechts-Kommentar, 2. Auflage, 2016, zitiert: Bearbeiter, in Langenbucher/Bliesener/Spindler, Bankrecht, Kapitel Rn.
Maunz, Theodor/ Dürig, Günter	Grundgesetz-Kommentar, 85. EL Dezember 2018, zitiert: Bearbeiter, in Maunz/Dürig, GG, Artikel Rn.
Moritz, Joachim/ Klebeck, Ulf/ Jesch, Thomas	Frankfurter Kommentar zum Kapitalanlagerecht, Band 1–2, 2016, zitiert: Bearbeiter, in Moritz/Klebeck/ Jesch, § Rn.
Oetker, Hartmut	Kommentar zum Handelsgesetzbuch (HGB), 6. Auflage, 2019, zitiert: Bearbeiter, in Oetker, HGB, § Rn.
Posser, Herbert/ Wolff, Heinrich	Kommentar zum VwGO, 49. Edition, 1. April, 2019, zitiert: Bearbeiter, in Posser/Wolff, VwGO, § Rn.
Reichert, Jochem	GmbH & Co. KG, 7. Auflage, 2015, zitiert: Reichert, GmbH & Co. KG, § Rn.
Riesenhuber, Karl	Europäische Methodenlehre, 3. Auflage, 2015, zitiert: Bearbeiter, in Riesenhuber, § Rn.
Rüthers, Bernd/ Fischer, Christian	Rechtstheorie: Begriff, Geltung und Anwendung des Rechts, 5. Auflage, 2010
Säcker, Jürgen	Münchener Kommentar zum BGB, Band 1, 8. Auflage, 2018, zitiert: Bearbeiter, in MüKo, BGB, Band 1, § Rn.
Schimansky, Herbert/ Bunte, Hermann-Josef/ Lwowski, Hans-Jürgen	Bankrechts-Handbuch, Band 1 und 2, 5. Auflage, 2017, zitiert: Bearbeiter, in Schimansky/Bunte/Lwowski, § Rn.
Schmidt, Karsten	Gesellschaftsrecht, 3. Auflage, 2002
Schmidt, Karsten	Münchener Kommentar zum Handelsgesetzbuch, Band 1, 4. Auflage, 2016, zitiert: Bearbeiter, in MüKo, HGB, Band 1, § Rn.
Schmidt, Karsten	Münchener Kommentar zum Handelsgesetzbuch, Band 2, 4. Auflage, 2016, zitiert: Bearbeiter, in MüKo, HGB, Band 2, § Rn.
Schmidt, Karsten	Münchener Kommentar zum Handelsgesetzbuch, Band 3, 3. Auflage, 2012, zitiert: Bearbeiter, in MüKo, HGB, Band 3, § Rn.
Schulze, Reiner	Kommentar zum Bürgerlichen Gesetzbuch, 10. Auflage, 2019, zitiert: Bearbeiter, in Schulze, BGB, § Rn.
Schulze, Reiner/ Zuleeg, Manfred/ Kadelbach, Stefan	Europarecht – Handbuch für die deutsche Rechtspraxis, 3. Auflage, 2015, zitiert: Bearbeiter, in SZK, Europarecht, § Rn.
Schwark, Eberhard/ Zimmer, Daniel	Kapitalmarktrechts-Kommentar, 4. Auflage, 2010, zitiert: Bearbeiter, in Schwark/Zimmer, Kapitalmarktrechts-Kommentar, § Rn.

Spindler, Gerd/ Stilz, Eberhard	Kommentar zum Aktiengesetz, Band 1, 4. Auflage, 2019, zitiert: Bearbeiter, in Spindler/Stilz, AktG, § Rn.
Staub, Hermann	Handelsgesetzbuch: HGB, Band 5, §§ 238–289a, 5. Auflage, 2014, zitiert: Bearbeiter, in Staub, HGB, § Rn.
Streinz, Rudolf	Kommentar EUV, AEUV, 2. Auflage, 2012 (Neuauflage: 3. Auflage, 2018), zitiert: Bearbeiter, in Streinz, EUV/AEUV, Artikel Rn.
Sudhoff, Heinrich	GmbH & Co. KG, 6. Auflage, 2005, zitiert: Sudhoff, GmbH & Co. KG, § Rn.
Wandkte, Artur-Axel/ Bullinger, Winfried	Praxiskommentar zum Urheberrecht, 4. Auflage, 2014, zitiert: Bearbeiter, in Wandkte/Bullinger, UrhR, § Rn.
Weitnauer, Wolfgang/ Boxberger, Lutz/ Anders, Dietmar	Kommentar zum Kapitalanlagegesetzbuch und zur Verordnung über Europäische Risikokapitalfonds mit Bezügen zum AIFM-StAnpG, 2. Auflage, 2017, zitiert: Bearbeiter, in Weitnauer/Boxberger/Anders, § Rn.
Wiedemann, Herbert	Recht der Personengesellschaften, Band 2, 2004; zitiert: Wiedemann, GesR, Band 2, S.
Wolf, Manfred/ Neuner, Jörg	Allgemeiner Teil des Bürgerlichen Rechts, 11. Auflage, 2016; zitiert: Wolf/Neuner, BGB AT, § Rn.

Sachregister

AIFM 2, 6, 24 ff., 37, 48 ff., 113 ff., 123, 145, 361 ff.
- Aufgabenspektrum 157 ff., 162 ff.,
- Schweiz 269 ff.
- UK: General Partner als externer AIFM 247 ff.
- siehe Kapitalverwaltungsgesellschaft

AIFM-RL 1 ff., 33 f., 43, 51, 72, 127 ff., 131 ff.,133 ff., 139 ff., 204 ff., 124 ff., 157 ff., 206 ff. 238 f., 272
- Inhalt 25 f.
- Luxemburg 254 ff.
- Regelungsansatz, universell-materiell 26 f.
- Schweiz 261 ff.
- Vereinigtes Königreich 243 ff.
- Vertrieb an Kleinanleger 39 ff., 131 ff.
- Ziele 24 ff., 68 ff.

Amtspflicht, drittbezogene 62

Anlagebedingungen 46, 51, 82, 102 f., 161, 231 f., 236 ff., 280, 310, 313, 317, 327, 356 ff., 365, 367
- Trennungsprinzip und Gesellschaftsvertrag 357

Anlageberatung 119 ff., 130, 142, 156, 268

Anlagevermittlung 112, 121 f.

Anlageverwaltungsfunktionen, siehe Aufgaben, 63 f., 66, 107 f., 111, 113, 127, 129 ff., 133 f., 142, 157, 161, 165 f., 173, 175, 186 ff., 193, 200, 202, 205 f., 211, 214, 218 f., 221, 226 f., 230, 234, 238, 240 f., 245 ff., 284 f., 310, 313 f., 316, 326, 343 f., 361 f.

Anleger 4 f., 35 ff., 78 ff., 101 ff., 236 f.
- Anlegerkommanditisten, 7, 36, 46, 64, 78, 99 f., 167, 170, 188, 237, 239, 241, 329, 341, 353, 355, 356, 359, 360, 367, 369, 371
- Privatanleger, siehe Kleinanleger
- Professionelle Anleger 17, 25, 36, 38 f., 40, 42, 70, 76, 79, 316, 330, 359
- Semiprofessionellen Anleger 35 ff., 39 ff., 75, 79

Anlegerschutz 11, 21, 24 ff., 33 f., 38, 57 f., 68, 101 ff., 116, 133, 135 ff., 202, 204, 222 f., 227, 262, 282

Äquivalenzprinzip 1, 262 f.,

Aufgaben, investmentrechtliche 107 ff.
- Administrativen Tätigkeiten 97, 115, 118, 126, 147, 167, 187, 189 f., 198, 213, 269, 273,
- Anlageverwaltungsfunktionen 157 ff. siehe auch Aufsichtsrechtliche Relevanz/Bedeutung/Gewichtung; siehe Nebenverwaltungsaufgaben
- Finanzportfolioverwaltung 112, 119 f., 121 f.
- Individuelle Vermögensverwaltung 120 f.
- Kollektive Vermögensverwaltung 7, 13, 80, 83, 111 ff., 117 ff., 199, 206 ff., 215, 225, 238, 363
- Kontroll- und Leitungsaufgaben, einer Kapitalverwaltungsgesellschaft 161 ff., 214, 218, 361
- KVG-Tätigkeit 28, 82, 176, 207, 223, 291, 308, 322, 332
- Nebendienstleistungen 112, 119, 120 ff., 131, 133, 142, 180, 268, 279, 300, 343, 368
- Nichtauslagerbarkeit der Kontroll- und Leitungsaufgaben 163 f.
- Originäre Aufgaben 115, 147, 177, 184 f., 210, 212, 278, 364
- Portfolioverwaltung 7 f., 13, 48 ff., 62 f., 66, 79 ff., 83, 95, 99, 107 f., 112 f., 115, 118 ff., 124, 127, 157, 158 ff., 165, 166, 178 f., 184, 186 f., 202, 204, 206 ff., 245 ff., 258, 267 ff., 271 f., 277, 279, 285, 288 ff., 299 f., 308, 313 f., 343, 359, 361 ff., 370
- Universalzuständigkeit der KVG 113 ff., 192 f., 212, 364

405

Aufsichtsrechtliche Relevanz/Bedeutung/
  Gewichtung 146 ff., 149, 157,
– aufsichtsrechtlich relevant 49, 131,
  157, 164, 174, 188
– aufsichtsrechtlicher Maximalbedeutung 166, 187, 190, 361
– der Nebenverwaltungsaufgaben 166 ff.
– Wesentlichkeit 150 ff., 153 ff.
Auslagerung 31, 65 f., 69, 114 f., 131,
  135 f., 137 ff., 144, 147 f., 150 ff.,
  156 f., 163, 168, 174, 176 f., 184 ff.,
  190 f., 202, 204 f., 209, 221, 239 ff.,
  269, 326, 362, 364, 366
– Auslagerungsverantwortung 194,
  197 f., 208, 210, 224, 364
– Auslagerungsstruktur 65, 131, 136,
  148, 165, 175 f., 185 f., 196 f., 205,
  212, 216, 221, 326, 362, 364
– Auslagerungsvertrag 138, 149, 240,
  285
– (Sonstiger) Fremdbezug von Leistungen 66, 114 f., 131, 149 f., 154, 187 f.,
  190 f., 193 f., 210
– Rückauslagerung 224
Ausstrahlungswirkung 11, 55, 86, 94,
  105, 361
– mittelbare 88, 90, 92

Befugnisse
– Geschäftsführungsbefugnis 7, 78 276,
  281 f., 293, 298 f., 300, 327, 329, 331,
  344, 366
– Verfügungsbefugnis 7, 10, 14, 275 ff.,
  283 ff., 292, 294, 301, 306 f., 324 f.,
  364, 368
– Vertretungsbefugnis 13, 78, 107, 116,
  236, 254, 276, 278, 279 ff., 293, 295,
  297 f., 299, 303, 327, 329, 344, 364
Beherrschungsvertrag, Unternehmensvertrag 308 ff.
Berufsausübungsfreiheit 201 f.
Bestellungsvertrag 46 ff., 53, 60, 65, 66,
  76, 78 ff., 82, 84 f., 89 ff., 92 ff., 96 f.,
  98 ff., 102 ff., 105 f., 112, 114, 130,
  144, 173, 199, 203, 206, 211 f., 214,
  216, 219, 221, 230 ff., 259, 277, 280 f.,
  293, 295, 298, 300, 306 ff., 322 ff.,
  343 f., 361 f., 364 ff.

Betriebsführungsvertrag 307 ff.
Betriebsvermögen 227 ff.
Briefkastenfirma 50, 149, 164 f., 186 ff.,
  205, 363

Collective investment schemes (CIS) 243,
  244 ff.
Compliance-Verantwortung, übergeordnete 148, 163 f., 171, 190 ff., 198, 206,
  210
– Compliance-Funktion, operative 164,
  171 f., 188, 190
CSSF 146, 254 f., 258 f., 272

Dispositives Zivilrecht 85
Doppelnormen 56, 86, 87
– Doppelwirkung 11, 86, 88
Durchgangserwerb 240, 286 ff., 292, 325

Effektivitätsgebot, europarechtliches 13,
  29
Eigenkapitalanforderungen 137, 222 ff.,
  238, 291
Einlagenrückgewähr 237, 338, 365
Erlaubnis, einer Kapitalverwaltungsgesellschaft/AIFM
– Erlaubnisfähigkeit 50, 63, 108, 134,
  157, 199, 205, 245 f., 363
– Erlaubnispflicht 48 f., 62, 65, 72, 96 f.,
  110, 118 f., 120, 123, 129, 134, 159,
  205, 218, 222, 245 ff., 257, 298, 363
– Erlaubnissystematik 7, 108, 117, 119,
  123, 133 ff., 143 f., 186, 205 ff., 216,
  272
– Erlaubnisverfahren 49, 54, 59, 63, 65 f.,
  68 f., 85, 123, 127, 134, 137, 180, 202,
  205, 214, 224, 245, 247, 257, 343
– KVG-Erlaubnis 13, 61, 80, 93, 96, 98,
  118 f., 187, 189, 200, 206, 211, 241

Finanzmarktstabilität 11, 57, 68, 75, 77,
  202, 204, 222
Fremdbestimmung 302, 307, 321, 323

Geschäftsleiter, Geschäftsführung der
  Investmentkommanditgesellschaft 80,
  137, 171, 222, 238
– Abberufung 271, 304, 326, 333, 366

- Entlastung 367, 339 f.
- Geschäftsführungsanforderungen 105, 216 ff.
- Geschäftsführungsangelegenheiten 10, 328 f., 359

Geschäftsführungsorgane 6 f., 64, 104, 229, 306, 366

Gesellschafterangelegenheiten 15, 36, 327 f., 331, 366

Gesellschaftsvertrag 12, 46, 78, 100, 168, 233 f., 252 f., 276, 281 f., 297, 303 f., 307, 310, 317, 320, 325, 328 f., 330 ff., 336 f., 339, 341 f., 344 f., 348 f., 351, 354 ff., 359 f., 366 ff.
- Mehrheitsklauseln 349, 354, 360, 367

Gewerbliche Entprägung 7, 300, 366

Haftung 7, 10, 12, 53, 62, 69, 71 f., 87, 95, 98, 102, 116, 135, 137, 152, 223 f., 225 f., 235 f., 239, 250, 252, 255 f., 259 f., 270, 285, 297, 309, 318 f., 320 f., 338, 340 f., 365, 371

Handelsregister 233, 341, 358, 365

Handlungsfreiheit; Freiheit der wirtschaftlichen Tätigkeit 201

Harmonisierung, europäische 24, 38 f., 41 ff., 51, 57, 58, 68, 70, 89, 133, 200, 208

Herkunftslandsaufsicht 38, 70

Insolvenzverfahren 235, 315, 340, 365, 367
- Insolvenzantragspflicht 236, 340

Investmentaktiengesellschaft 4, 22, 26, 27, 34 f., 44, 47, 83, 108 ff., 233, 279 f., 282 f., 308 f., 311, 333, 102

Investmentkommanditgesellschaft 5, 6 f., 46 ff., 52, 63 ff., 78, 99 f., 104, 168, 201, 206, 238 f., 327 ff., 361 ff., 371 f.
- Aufgabenübertragung auf Dritte 239 ff., siehe Auslagerung
- Aufgabenzuordnung aus KAGB-Sicht 107 ff., 212 ff.
- Befugnisse, Kompetenzen 9 f., 275 ff., 292, 364 f.
- Betriebsvermögen 227 f.
- Eigenkapitalanforderungen 137, 222 ff., 238, 291; siehe Bestellungsvertrag
- Einzel- oder Gesamtbefugnis 281 ff.
- Geschäftsführer, siehe Geschäftsleiter
- Geschäftsführungsbefugnis 276 ff., 281 ff.
- Gesellschafter- und Geschäftsführerangelegenheiten 10, 15, 36, 164 f., 327 ff., 359, 366 f., 371
- Gesellschafterversammlung 82, 110, 213, 218, 237, 240, 253, 304, 328 ff., 332, 337, 339 f., 343, 349 ff., 364, 367, 370
- Haftung 96 f., 136
- intern verwaltete Investmentkommanditgesellschaft 47, 98, 218, 231, 284, 332, 342
- investmentrechtlich modifizierte Gesellschaftsrechtsform 35, 67, 229, 276
- Nebenverwaltungsaufgaben, siehe Nebenverwaltungsaufgaben
- Numerus Clausus der Rechtsformen 34 ff.
- Offene und geschlossene 43 f.
- Publikums-AIF 41 f., 79, 175, 236, 356
- Publikumsinvestmentkommanditgesellschaft 14, 17 f., 35 f., 40 f., 43 f., 169, 232, 236 f., 334, 339, 354, 356, 359
- Unternehmensgegenstand 6, 53, 60 ff., 64, 100, 298, 307, 319, 342, 348, 359, 367
- Verbleibender Aufgabenumfang 212 ff.
- Vertretungsbefugnis 13, 78, 107, 236, 254, 276 ff., 279 ff.
- Verfügungsbefugnis 7, 10, 14, 276 ff., 283, 306 f., 324 f., 364, 368
- Weitergeltung zivil- und gesellschaftsrechtlicher Grundprinzipien 294 f.; siehe Prinzip der Selbstorganschaft
- Zustimmungsrecht der Anleger 8, 236, 253, 356, 367

Investmentmarkt, Investmentgeschäft 13, 17 ff., 45, 323
- unerlaubtes Investmentgeschäft 51, 96, 118, 202

Jahresabschluss und Lagebericht 175, 213, 229, 237, 252 f., 331, 333, 334 f., 336 ff., 354 f., 365 f.

Jahresbericht 237, 333 ff., 339, 365

407

KAGB 1 ff., 22, 33 ff., 36 ff., 71 f., 113 ff., 190 ff., 199 f., 204 ff., 279 ff., 294 f., 318, 328 ff., 361 ff.
Kapitalverwaltungsgesellschaft 44 ff., 49 ff., 60 ff., 72 ff., 100, 201 ff., 204 ff., 212, 224 f., 226 f., 230 f., 275 ff., 289 ff., 294 ff., 314, 318, 325 ff., 341 ff., 345 ff., 361 ff.
– als Komplementärin oder Kommanditistin 317 ff.
– Externe/Interne Kapitalverwaltungsgesellschaft 44 ff.
– Geschäftsbetrieb 44, 49, 62, 120, 173, 209, 249, 361 ff.
– Verhältnis zu Anlegern und Haftung 95 ff., 98 ff.
– siehe AIFM, Aufgaben 107 ff.; siehe Bestellungsvertrag; siehe Compliance-Verantwortung
Kleinanleger, 17, 19, 36, 39 ff., 43, 79, 121, 132 f., 184, 256 f., 330
– Privatanleger, siehe Kleinanleger, 18, 35, 42, 75 f., 79
Kompetenzabgrenzung, Kompetenzbegriff 6, 7, 9 f., 13 f., 36 f., 43, 49, 52, 244, 361 ff.
Kündigungsrechte 48, 138, 230, 295, 304 ff., 310 ff., 315, 318, 324, 326, 345, 369
– bzgl. Gesellschafter 167, 170, 237, 253, 346, 365 f.

Lamfalussy-Verfahren 23 ff., 30 ff., 38, 68, 140
Leitprinzipien, investmentrechtlichen 17 ff., 21
Luxemburg 14, 18, 22, 146, 242, 254 ff., 272

Minderheitenschutz, gesellschaftsrechtlicher 237, 275, 303, 349
– Gesellschafterklage (actio pro socio) 351, 368
– Grundlagengeschäfte 10, 276, 301, 327 ff., 336 f., 340 f., 344, 346, 360
– Informationsrecht der Kommanditisten/InvKG 237, 318, 345, 354 ff., 360, 367 f., 369

– Kernbereich, Lehre und Rechte des 12, 327, 348, 349 ff., 367 f., 369
Nebenverwaltungsaufgaben 7, 14, 80, 112, 214 ff., 204 ff., 278 f., 300, 313, 316, 325, 343, 362 ff., 368, 371
– Historische Auslegung der AIFM-RL 141 ff.
– Interessen- und Güterabwägung 201 ff.
– Investmentkommanditgesellschaft 214 ff.
– Originäre Aufgabe und aufsichtsrechtliche Relevanz der Aufgaben 146 ff., 166 ff.
– Problematik: Universalzuständigkeit versus Optionsansatz 113 ff.
– Rechtsvergleichender Rundblick 246 ff., 258 ff., 267 ff.
– Sprachfassungen des Anhangs I AIFM-RL 127 ff., 131 ff.
– Übertragung auf Dritte 239 ff.

Obliegenheit 53, 61 ff.
OGAW 3, 25 f., 33, 35, 125 f., 167, 208, 243 f., 254, 256, 363
– Wertpapier-Publikumsfonds 124, 2
OGAW-RL 2, 4, 21 f., 26 f., 71, 124 ff., 133, 159, 200, 208, 256, 363
Optionsansatz 14, 113 ff., 134, 144, 146, 212, 215 ff., 227, 246, 268, 270, 273, 362

Prinzip der Selbstorganschaft 296 ff., 303
– Holiday-Inn-Entscheidung des BGH vom 5. Oktober 1981 303 ff.
– Verbandssouveränität, Grundsatz der 14, 301 f.
Privatautonom-faktische Funktionsweise der Aufgabenzuordnung 144 ff., 206, 216, 221, 259

Rechtsnatur des Normenkomplexes 54 ff., 60 ff.
– Finaler Zusammenhang und Bestellungsvertrag 92 ff.
– Öffentlich-rechtlicher Charakter und Klarstellungsfunktion 62 ff., 65 ff., 86 ff., 105 f., 199 f.

Sachregister

Richtlinienkonforme Auslegung
- Pflicht zur 28 ff., 12
- relevanter Normen 114, 142, 199 f., 205, 212, 215, 225, 246, 256, 258, 272, 366

Sanktionsvorschriften §§ 15, 339 KAGB, 117 ff.
Schweiz 1, 261
- Fondsleitung 265 f., 267 f., 269 ff.
- Kollektivanlagegesetz (KAG-CH) 266 ff.
- Kommanditgesellschaft für kollektive Kapitalanlagen 20, 266, 270 f.
- Vermögensverwalter kollektiver Kapitalanlagen 267 ff., 269 ff.
Spezialfonds 19, 35 f., 40, 42, 79, 313, 316, 259, 330, 354

Transparenzregister 235 f., 365
Treuhandkommanditisten 168 ff., 214, 232, 233, 308, 317, 346 f.

Umwandlungsentscheidung 231, 345 f., 367

Vereinigtes Königreich 242 ff.
- Private Fund Limited Partnership 249 ff.

Vertrieb 21, 25, 36 ff., 39, 41, 50, 80, 97, 114 f., 130 f., 149, 151, 154, 183 ff., 189, 203, 209, 212, 256, 268, 362, 364, 97
Verwahrstelle 3, 45 f., 69, 76, 79, 104 f., 132, 167 ff., 197 f., 213 f., 220, 222 f., 229 f., 231, 257, 284, 308, 310, 316, 345
- Verwahrstellenvertrag 218, 238, 277, 365
Vollmacht
- Generalvollmacht, Verbot der verdrängenden 293, 295, 301, 324 f.

Weisungsrecht, Zustimmungsvorbehalte 304, 326, 357
- der Investmentkommanditgesellschaft 211, 318, 312 f.
- der Kapitalverwaltungsgesellschaft 314
White list 249 ff., 259 ff., 273

Zivilrecht
- Dispositives Zivilrecht 85 ff.
- Zwingendes Zivilrecht 74 ff., 81 ff.
Zuordnungstheorien, Rechtswegtheorien, 56 ff.
- Interessentheorie 57 f.
- Modifizierte Subjektstheorie 59 f.
- Subordinationstheorie 58 f.

Abhandlungen zum deutschen und europäischen Handels- und Wirtschaftsrecht

Gegründet von Götz Hueck   Marcus Lutter   Wolfgang Zöllner
Herausgegeben von Peter Hommelhoff   Ulrich Noack   Marc-Philippe Weller

Band 1: Von Dr. Wilfried Haesen
Der Abhängigkeitsbericht im faktischen Konzern
1970. 8°. XXXI, 147 Seiten. Kartoniert.   ISBN 3-452-17122-2

Band 2: Von Dr. Peter Sontag
Das Miturheberrecht
1972. 8°. XVIII, 85 Seiten. Kartoniert.   ISBN 3-452-17455-7

Band 3: Von Dr. Volkmar Herms
Die Aktie und ihre Übertragung im französischen Recht
1972. 8°. XXII, 112 Seiten. Kartoniert.   ISBN 3-452-17452-2

Band 4: Von Dr. Hans-Jochen Hüchting
Abfindung und Ausgleich im aktienrechtlichen Beherrschungsvertrag
1972. 8°. XXXVI, 156 Seiten. Kartoniert.   ISBN 3-452-17461-1

Band 5: Von Dr. Dietrich von Stebut
Geheimnisschutz und Verschwiegenheitspflicht im Aktienrecht
1972. 8°. XXIII, 162 Seiten. Kartoniert.   ISBN 3-452-17476-X

Band 6: Von Dr. Paul Nicknig
Die Haftung der Mitglieder einer BGB-Gesellschaft für Gesellschaftsschulden
1973. 8°. XXII, 160 Seiten. Kartoniert.   ISBN 3-452-17518-9

Band 7: Von Dr. Hans-Peter Overrath
Die Stimmrechtsbindung
1974. 8°. XXVII, 145 Seiten. Kartoniert.   ISBN 3-452-17724-6

Band 8: Von Dr. Klaus Wentzel
Das Scheckkartenverfahren der deutschen Kreditinstitute
1974. 8°. XXXVII, 281 Seiten. Kartoniert.   ISBN 3-452-17862-5

Band 9: Von Dr. Eberhard Stengel
Die Traditionsfunktion des Orderkonnossements
Wechselwirkung zwischen Sachenrecht und Wertpapierrecht
1975. 8°. XXVI, 219 Seiten. Kartoniert.   ISBN 3-452-17906-1

Band 10: Von Dr. Reinhard Frhr. von Dalwigk zu Lichtenfels
Das Effektenkommissionsgeschäft
1975. 8°. XXIII, 160 Seiten. Kartoniert.   ISBN 3-452-17941-9

Band 11: Von Dr. Konrad Beyerle
Der unbeschränkt haftende Kommanditist
Ein Beitrag zur Rechtsposition des nicht eingetragenen Kommanditisten
1976. 8°. XXVII, 173 Seiten. Kartoniert.　　　　　　　ISBN 3-452-17999-5

Band 12: Von Prof. Dr. Marcus Lutter
Mitbestimmung im Konzern
1975. 8°. XII, 82 Seiten. Kartoniert.　　　　　　　ISBN 3-452-17998-7

Band 13: Von Dr. Peter Hommelhoff
Die Sachmängelhaftung beim Unternehmenskauf
1975. 8°. XXV, 132 Seiten. Kartoniert.　　　　　　　ISBN 3-452-18036-0

Band 14: Von Dr. Hermann Wilhelm
Die Beendigung des Beherrschungs- und Gewinnabführungsvertrags
1976. 8°. XXIX, 146 Seiten. Kartoniert.　　　　　　　ISBN 3-452-18140-5

Band 15: Herausgegeben von Prof. Dr. Marcus Lutter
Die Europäische Aktiengesellschaft
Eine Stellungnahme zur Vorlage der Kommission an den Ministerrat der Europäischen Gemeinschaften über das Statut für Europäische Aktiengesellschaften vom 30. April 1975
2., unveränderte Auflage
1978. 8°. XXI, 459 Seiten. Kartoniert.　　　　　　　ISBN 3-452-18399-9

Band 16: Von Dr. Christine Windbichler
Unternehmensverträge und Zusammenschlußkontrolle
Aktienrechtliche Probleme der Auflösung eines Beherrschungs- und Gewinnabführungsvertrages im Rahmen der wettbewerbsrechtlichen Zusammenschlußkontrolle
1977. 8°. XXIV, 109 Seiten. Kartoniert.　　　　　　　ISBN 3-452-18291-6

Band 17: Von Dr. Andreas Fallscheer-Schlegel
Das Lastschriftverfahren
Entwicklung und Rechtsprobleme
1977. 8°. XVI, 78 Seiten. Kartoniert.　　　　　　　ISBN 3-452-18335-1

Band 18: Von Dr. Lutz Strohn
Die Verfassung der Aktiengesellschaft im faktischen Konzern
Zur Harmonisierung der §§ 31 ff. AktG mit den allgemeinen Bestimmungen des Aktienrechts
1977. 8°. XLII, 200 Seiten. Kartoniert.　　　　　　　ISBN 3-452-18345-9

Band 19: Von Dr. Eberhard Hübener
Rechnungslegung bei sinkendem Geldwert
Die Rechtspflicht des Vorstands zur Ermittlung und Offenlegung von Scheingewinnen nach dem geltenden Aktienrecht
1978. 8°. XXXII, 135 Seiten. Kartoniert.　　　　　　　ISBN 3-452-18374-2

Band 20: Von Prof. Dr. Wolfgang Zöllner
Maßregelungsverbote und sonstige tarifliche Nebenfolgenklauseln nach Arbeitskämpfen
Zugleich ein Beitrag zu den Grenzen der Tarifautonomie
1977. 8°. IX, 60 Seiten. Kartoniert.   ISBN 3-452-18359-9

Band 21: Von Prof. Dr. Alfons Kraft und Prof. Dr. Horst Konzen
Die Arbeiterselbstverwaltung im Spannungsverhältnis von Gesellschafts- und Arbeitsrecht
1978. 8°. IX, 95 Seiten. Kartoniert.   ISBN 3-452-18395-5

Band 22: Von Dr. Josef Dierdorf
Herrschaft und Abhängigkeit einer Aktiengesellschaft auf schuldvertraglicher und tatsächlicher Grundlage
1978. 8°. XXXIV, 275 Seiten. Kartoniert.   ISBN 3-452-18403-X

Band 23: Von Prof. Dr. Horst Steinmann und Dipl.-Kfm. Elmar Gerum
Reform der Unternehmensverfassung
Methodische und ökonomische Grundüberlegungen
1978. 8°. XXIV, 96 Seiten. Kartoniert.   ISBN 3-452-18475-7

Band 24: Von Prof. Dr. Klaus-Peter Martens
Die existentielle Wirtschaftsabhängigkeit
Eine Untersuchung im Spannungsfeld von Konzern- und Wettbewerbsrecht
1978. 8°. IX, 164 Seiten. Kartoniert.   ISBN 3-452-18615-6

Band 25: Von Prof. Dr. Dres. h. c. Marcus Lutter
Information und Vertraulichkeit im Aufsichtsrat
3., völlig überarbeitete Auflage
2006. 8°. XX, 342 Seiten. Gebunden.   ISBN 978-3-452-24657-8

Band 26: Von Prof. Dr. Walter F. Lindacher
Lockvogel- und Sonderangebote
Rechtliche Grenzen selektiver Niedrigpreisstellung
1979. 8°. VIII, 60 Seiten. Kartoniert.   ISBN 3-452-18616-4

Band 27: Von Dr. Hans-Georg Gromann
Die Gleichordnungskonzerne im Konzern- und Wettbewerbsrecht
1979. 8°. XI, 138 Seiten. Kartoniert.   ISBN 3-452-18636-9

Band 28: Von Dr. Jörg Oesterreich
Die Betriebsüberlassung zwischen Vertragskonzern und faktischem Konzern
Zum sog. Umgehungsproblem bei den Unternehmensverträgen der §§ 291, 292 I Ziff. 3 AktG
1979. 8°. XII, 180 Seiten. Kartoniert.   ISBN 3-452-18686-5

Band 29: Von Dr. Adolf Großmann
Unternehmensziele im Aktienrecht
Eine Untersuchung über Handlungsmaßstäbe für Vorstand und Aufsichtsrat
1981. 8°. XVI, 282 Seiten. Kartoniert.   ISBN 3-452-18790-X

Band 30: Von Dr. Wolfram Timm
Die Aktiengesellschaft als Konzernspitze
Die Zuständigkeitsordnung bei der Konzernbildung und Konzernumbildung
1980. 8°. XV, 266 Seiten. Kartoniert.   ISBN 3-452-18806-X

Band 31: Von Prof. Dr. Johannes Semler
Leitung und Überwachung der Aktiengesellschaft
Die Leitungsaufgabe des Vorstands und die Überwachungsaufgabe des Aufsichtsrats
2., völlig überarbeitete und erweiterte Auflage
1996. 8°. XXI, 334 Seiten.   Kartoniert.   ISBN 3-452-23444-4
                              Gebunden.   ISBN 3-452-23445-2

Band 32: Von Dr. Volker Voormann
Der Beirat im Gesellschaftsrecht
2., überarbeitete und ergänzte Auflage
1990. 8°. XV, 241 Seiten. Kartoniert.   ISBN 3-452-21575-X

Band 33: Von Dr. Gerd-Werner Krieger
Personalentscheidungen des Aufsichtsrats
1981. 8°. XIV, 325 Seiten. Kartoniert.   ISBN 3-452-18950-3

Band 34: Von Dr. Walter Paefgen
Struktur und Aufsichtsratsverfassung der mitbestimmten AG
Zur Gestaltungsmacht der Satzung und der Geschäftsordnung des Aufsichtsrats
1982. 8°. XIX, 432 Seiten. Kartoniert.   ISBN 3-452-19142-7

Band 35: Von Dr. Stefan Motzer
Die »positive Vertragsverletzung« des Arbeitnehmers
Zugleich ein Beitrag zur Bestimmung von Inhalt und Rechtsnatur der Arbeitnehmerpflichten
1982. 8°. XI, 285 Seiten. Kartoniert.   ISBN 3-452-19258-X

Band 36: Von Prof. Dr. Wolfgang Zöllner
Daten- und Informationsschutz im Arbeitsverhältnis
2., unveränderte Auflage
1983. 8°. XIII, 105 Seiten. Kartoniert.   ISBN 3-452-19456-6

Band 37: Von Dr. Axel Fohrmann
Der Arbeitnehmer als Gesellschafter
1982. 8°. XIII, 165 Seiten. Kartoniert.   ISBN 3-452-19307-1

Band 38: Von Dr. Christian R. Scharff
Der Nießbrauch an Aktien im Zivil- und Steuerrecht
1982. 8°. XII, 183 Seiten. Kartoniert. ISBN 3-452-19320-9

Band 39: Von Dr. Egon A. Peus
Der Aufsichtsratsvorsitzende
Seine Rechtsstellung nach dem Aktiengesetz und dem Mitbestimmungsgesetz
1983. 8°. XVI, 455 Seiten. Kartoniert. ISBN 3-452-19392-6

Band 40: Von Dr. Bernhard Schirmers
Konditionenempfehlungen, kartellrechtliche Kontrolle und AGB-Gesetz
1983. 8°. X, 109 Seiten. Kartoniert. ISBN 3-452-19378-0

Band 41: Von Dr. Ursula Stein
Das faktische Organ
1984. 8°. XIII, 233 Seiten. Kartoniert. ISBN 3-452-19862-6

Band 42: Von Dr. Peter Duvinage
Die Spaltung von Personengesellschaften
1984. 8°. XVIII, 242 Seiten. Kartoniert. ISBN 3-452-19864-2

Band 43: Von Dr. Wolfgang Theobald
Vor-GmbH und Gründerhaftung
1984. 8°. XI, 164 Seiten. Kartoniert. ISBN 3-452-19877-4

Band 44: Von Dr. Ulrike Wendeling-Schröder
Divisionalisierung, Mitbestimmung und Tarifvertrag
1984. 8°. XIV, 213 Seiten. Kartoniert. ISBN 3-452-20145-7

Band 45: Von Dr. Heribert Hirte
Bezugsrechtsausschluß und Konzernbildung
1986. 8°. XIII, 294 Seiten. Kartoniert. ISBN 3-452-20466-9

Band 46: Von Dr. Ulrich Bauer
Organklagen zwischen Vorstand und Aufsichtsrat der Aktiengesellschaft
1986. 8°. XIV, 147 Seiten. Kartoniert. ISBN 3-452-20501-0

Band 47: Von Dr. Michael Baumgartl
Die konzernbeherrschte Personengesellschaft
1986. 8°. XI, 173 Seiten. Kartoniert. ISBN 3-452-20528-2

Band 48: Von Dr. Michael Weller
Das Kreditkartenverfahren Konstruktion und Sicherung
1986. 8°. XVI, 257 Seiten. Kartoniert. ISBN 3-452-20543-6

Band 49: Von Dr. Michael Kort
Der Abschluß von Beherrschungs- und Gewinnabführungsverträgen im GmbH-Recht
1986. 8°. XII, 189 Seiten. Kartoniert.　　　　　　ISBN 3-452-20544-4

Band 50: Von Dr. Klaus Rellermeyer
Aufsichtsratsausschüsse
1986. 8°. XVI, 301 Seiten. Kartoniert.　　　　　　ISBN 3-452-20648-3

Band 51: Von Dr. Burkhard Bastuck
Enthaftung des Managements
Corporate Indemnification im amerikanischen und deutschen Recht
1986. 8°. XIV, 226 Seiten. Kartoniert.　　　　　　ISBN 3-452-20700-5

Band 52: Von Dr. Günther Hurlebaus
Fehlende Mitbestimmung bei § 87 BetrVG
1987. 8°. XII, 163 Seiten. Kartoniert.　　　　　　ISBN 3-452-20762-5

Band 53: Von Dr. Ralf Gissel
Arbeitnehmerschutz für den GmbH-Geschäftsführer
1987. 8°. XIII, 178 Seiten. Kartoniert.　　　　　　ISBN 3-452-20817-6

Band 54: Von Dr. Andreas Eickhoff
Die Gesellschafterklage im GmbH-Recht
Zur Durchsetzung von Ansprüchen der GmbH durch ihre Gesellschafter
1988. 8°. XIII, 320 Seiten. Kartoniert.　　　　　　ISBN 3-452-20985-7

Band 55: Von Dr. Martina Vomhof
Die Haftung des Liquidators der GmbH
1988. 8°. XV, 216 Seiten. Kartoniert.　　　　　　ISBN 3-452-21143-6

Band 56: Von Dr. Kilian Brodersen
Die Beteiligung der BGB-Gesellschaft an den Personenhandelsgesellschaften
1988. 8°. XIII, 135 Seiten. Kartoniert.　　　　　　ISBN 3-452-21159-2

Band 57: Von Dr. Adolf Maier
Wettbewerbsrechtliche Haftung geschäftsführender Organe
1988. 8°. IX, 154 Seiten. Kartoniert.　　　　　　ISBN 3-452-21199-1

Band 58: Von Dr. Martin Schockenhoff
Gesellschaftsinteresse und Gleichbehandlung beim Bezugsrechtsausschluß
1988. 8°. XIV, 135 Seiten. Kartoniert.　　　　　　ISBN 3-452-21217-3

Band 59: Von Dr. Klaus Hillers
Personengesellschaft und Liquidation
Die Auswirkung der Liquidation auf die vermögensrechtliche Stellung
der Gesellschafter
1989. 8°. XXVII, 471 Seiten. Kartoniert. ISBN 3-452-21287-4

Band 60: Von Dr. Rainer Bommert
Verdeckte Vermögensverlagerungen im Aktienrecht
1989. 8°. XVII, 248 Seiten. Kartoniert. ISBN 3-452-21342-0

Band 61: Von Dr. Claudius Dechamps
Wertrechte im Effektengiroverkehr
Zum redlichen Erwerb stückeloser Effekten
1989. 8°. XII, 184 Seiten. Kartoniert. ISBN 3-452-21337-4

Band 62: Von Dr. Ulrich Noack
Fehlerhafte Beschlüsse in Gesellschaften und Vereinen
1989. 8°. XIX, 225 Seiten. Kartoniert. ISBN 3-452-21346-3

Band 63: Von Dr. Volker Matthießen
Stimmrecht und Interessenkollision im Aufsichtsrat
1989. 8°. XX, 554 Seiten. Kartoniert. ISBN 3-452-21460-5

Band 64: Von Dr. Axel Ketzer
Eigenkapitalersetzende Aktionärsdarlehen
1989. 8°. XIV, 221 Seiten. Kartoniert. ISBN 3-452-21382-X

Band 65: Von Dr. Hermann Peter Wohlleben
Informationsrechte des Gesellschafters
1989. 8°. XIV, 251 Seiten. Kartoniert. ISBN 3-452-21368-4

Band 66: Von Dr. Jürgen Ensch
Institutionelle Mitbestimmung und Arbeitnehmereinfluß
1989. 8°. XV, 271 Seiten. Kartoniert. ISBN 3-452-21391-9

Band 67: Von Dr. Barbara Kesselmeier
Ausschließungs- und Nachfolgeregelung in der GmbH-Satzung
1989. 8°. XVIII, 331 Seiten. Kartoniert. ISBN 3-452-21550-4

Band 68: Von Dr. Christoph Heller
Die vermögenslose GmbH
1989. 8°. XIII, 229 Seiten. Kartoniert. ISBN 3-452-21574-1

Band 69: Von Dr. Heiner Drüke
Die Haftung der Muttergesellschaft für Schulden der Tochtergesellschaft
Eine Untersuchung nach deutschem und amerikanischem Recht
1990. 8°. XIII, 213 Seiten. Kartoniert. ISBN 3-452-21821-X

Band 70: Von Dr. Günter Schumann
Optionsanleihen
Rechtliche Grundlagen und aktuelle Probleme
1990. 8°. XV, 378 Seiten. Kartoniert. ISBN 3-452-21896-1

Band 71: Von Dr. Kaspar Frey
Einlagen in Kapitalgesellschaften Gläubigerschutz und Gestaltungsfreiheit
1990. 8°. XV, 242 Seiten. Kartoniert. ISBN 3-452-21714-0

Band 72: Von Dr. Axel Gollnick
Gewinnverwendung im Konzern
1991. 8°. XVI, 232 Seiten. Kartoniert. ISBN 3-452-21951-8

Band 73: Von Dr. Rolf Friedewald
Die personalistische Aktiengesellschaft
1991. 8°. XVIII, 191 Seiten. Kartoniert. ISBN 3-452-21952-6

Band 74: Von Dr. Tilman Bezzenberger
Vorzugsaktien ohne Stimmrecht
1991. 8°. XVI, 215 Seiten. Kartoniert. ISBN 3-452-22083-4

Band 75: Von Prof. Dr. Marcus Lutter
Pflichten und Haftung von Sparkassenorganen
1991. 8°. XVI, 189 Seiten. Kartoniert. ISBN 3-452-22152-0

Band 76: Von Dr. Daniel Wulf
Der Verwaltungsrat öffentlich-rechtlicher Kreditinstitute
Befugnisse und Verantwortlichkeit des Verwaltungsrates öffentlich-rechtlicher
Kreditinstitute des Bundes und der Länder
1992. 8°. XII, 161 Seiten. Kartoniert. ISBN 3-452-22219-5

Band 77: Von Dr. Johannes Weisser
Corporate Opportunities
Zum Schutz der Geschäftschancen des Unternehmens im deutschen und
im US-amerikanischen Recht
1991. 8°. XVII, 293 Seiten. Kartoniert. ISBN 3-452-21953-4

Band 78: Von Dr. Jan-Peter Kecker
Fungibilisierung von GmbH-Anteilen
Grundlagen und rechtliche Umsetzung
1991. 8°. XVI, 249 Seiten. Kartoniert. ISBN 3-452-22153-9

Band 79: Von Dr. Detlef Kleindiek
Strukturvielfalt im Personengesellschafts-Konzern
Rechtsformspezifische und rechtsformübergreifende Aspekte des Konzernrechts
1991. 8°. XVIII, 373 Seiten. Kartoniert. ISBN 3-452-22084-2

Band 80: Von Dr. Roger Kiem
Die Eintragung der angefochtenen Verschmelzung
Aktienrechtliche und registerrechtliche Auswirkungen von Verschmelzungsblockaden
1991. 8°. XVI, 340 Seiten. Kartoniert.   ISBN 3-452-22084-2

Band 81: Von Dr. Oliver Melber
Die Kaduzierung in der GmbH
1993. 8°. XIX, 343 Seiten. Kartoniert.   ISBN 3-452-22362-0

Band 82: Von Dr. Marc Hermanns
Unverzichtbare Mitverwaltungsrechte des Personengesellschafters
1993. 8°. XIV, 192 Seiten. Kartoniert.   ISBN 3-452-22482-1

Band 83: Von Dr. Peter Versteegen
Konzernverantwortlichkeit und Haftungsprivileg
1993. 8°. XX, 318 Seiten. Kartoniert.   ISBN 3-452-22484-8

Band 84: Von Dr. Christopher Frantzen
Genußscheine
Zugleich eine Analyse der Genußscheinbedingungen deutscher Unternehmen
1993. 8°. XVI, 542 Seiten. Kartoniert.   ISBN 3-452-22483-X

Band 85: Von Dr. Johann Kindl
Die Teilnahme an der Aufsichtsratssitzung
1993. 8°. XVIII, 236 Seiten. Kartoniert.   ISBN 3-452-22636-0

Band 86: Von Dr. Hans Hanau
Individualautonomie und Mitbestimmung in sozialen Angelegenheiten
1993. 8°. XXIII, 259 Seiten. Kartoniert.   ISBN 3-452-22637-9

Band 87: Von Dr. Astrid Ernst
Haftung des Erben für neue Geschäftsverbindlichkeiten
Zugleich eine Untersuchung zur Nachlaßeigenschuld und zur Nachlaßzugehörigkeit ererbter Handelsgeschäfte und Personengesellschaftsanteile
1994. 8°. XIV, 161 Seiten. Kartoniert.   ISBN 3-452-22771-5

Band 88: Von Dr. Christoph Binge
Gesellschafterklagen gegen Maßnahmen der Geschäftsführer in der GmbH
1994. 8°. XIII, 217 Seiten. Kartoniert.   ISBN 3-452-22774-X

Band 89: Von Dr. Christine Ullrich
Verdeckte Vermögensverlagerungen in den Aktien- und GmbH-Rechten Frankreichs, Belgiens und Deutschlands
1994. 8°. XVIII, 231 Seiten. Kartoniert.   ISBN 3-452-22772-3

Band 90: Von Dr. Holger Fleischer
Finanzplankredite und Eigenkapitalersatz im Gesellschaftsrecht
1995. 8°. XVII, 379 Seiten. Kartoniert.   ISBN 3-452-23046-5

Band 91: Von Dr. Henning W. Wahlers
Konzernbildungskontrolle durch die Hauptversammlung der Obergesellschaft
1995. 8°. XVII, 255 Seiten. Kartoniert.   ISBN 3-452-23034-1

Band 92: Von Dr. Ulrich Schroeder
Finanzielle Unterstützung des Aktienerwerbs
Der § 71 a Abs. 1 AktG und sein Vorbild im englischen Gesellschaftsrecht
1995. 8°. XIX, 335 Seiten. Kartoniert.   ISBN 3-452-23124-0

Band 93: Von Prof. Dr. Karsten Schmidt
Die Partenreederei als Handelsgesellschaft
Integration einer Sonderrechtsform in das Unternehmensrecht
1995. 8°. XII, 142 Seiten. Kartoniert.   ISBN 3-452-23190-9

Band 94: Von Dr. Martin Wolf
Konzernhaftung in Frankreich und England
1995. 8°. XIV, 204 Seiten. Kartoniert.   ISBN 3-452-23294-8

Band 95: Von Dr. Burkhard Binnewies
Die Konzerneingangskontrolle in der abhängigen Gesellschaft
1996. 8°. XXIII, 459 Seiten. Kartoniert.   ISBN 3-452-23328-6

Band 96: Von Dr. Herbert Vossel
Auskunftsrechte im Aktienkonzern
1996. 8°. XV, 150 Seiten. Kartoniert.   ISBN 3-452-23334-0

Band 97: Von Dr. Andreas Witte
Der Prüfungsbericht als Informationsträger im Konzern
Zum System konzerninterner Informationsrechte
1996. 8°. XXII, 272 Seiten. Kartoniert.   ISBN 3-452-23364-2

Band 98: Von Dr. Andreas Cahn
Vergleichsverbote im Gesellschaftsrecht
1996. 8°. XIV, 170 Seiten. Kartoniert.   ISBN 3-452-23371-5

Band 99: Von Dr. Jan Wittig
Das abstrakte Verpflichtungsgeschäft
Abstraktheit und Einwendungen des ersten Nehmers aus dem Grundgeschäft –
insbesondere bei Wechsel und Scheck
1996. 8°. XIII, 200 Seiten. Kartoniert.   ISBN 3-452-23465-7

Band 100: Von Dr. Viola Kruse
Sitzverlegung von Kapitalgesellschaften innerhalb der EG
Vereinbarkeit der einschlägigen Regelungen des deutschen Sach- und Kollisionsrechts mit dem EG-Vertrag
1997. 8°. XVII, 286 Seiten. Kartoniert.   ISBN 3-452-23761-3

Band 101: Von Dr. Roland Pühler
Das Verbot der Anteilsfinanzierung in Belgien, Frankreich, Italien und den Niederlanden
1996. 8°. XVII, 330 Seiten. Kartoniert.   ISBN 3-452-23466-5

Band 102: Von Dr. Jens Hüffer
Das Wertpapier-Verkaufsprospektgesetz
Prospektpflicht und Anlegerschutz
1996. 8°. XVII, 239 Seiten. Kartoniert.   ISBN 3-452-23528-9

Band 103: Von Dr. Hans-Friedrich Müller
Das Austrittsrecht des GmbH-Gesellschafters
1996. 8°. XIV, 192 Seiten. Kartoniert.   ISBN 3-452-23548-3

Band 104: Von Dr. Hildegard Ziemons
Die Haftung der Gesellschafter für Einflußnahmen auf die Geschäftsführung der GmbH
1996. 8°. XIX, 275 Seiten. Kartoniert.   ISBN 3-452-23565-3

Band 105: Von Dr. Sabine Kick
Die Haftung des Erben eines Personenhandelsgesellschafters
1997. 8°. XV, 239 Seiten. Kartoniert.   ISBN 3-452-23748-6

Band 106: Von Dr. Hans-Georg Bollweg
Die Wahl des Aufsichtsrats in der Hauptversammlung der Aktiengesellschaft
1997. 8°. XV, 558 Seiten. Kartoniert.   ISBN 3-452-23782-6

Band 107: Von Dr. Jasper Neuling
Deutsche GmbH und englische private company
Monismus oder Dualismus im System des Kapitalgesellschaftsrechts
1997. 8°. XVIII, 266 Seiten. Kartoniert.   ISBN 3-452-23583-1

Band 108: Von Dr. Oliver Schultz
Die Behebung einzelner Mängel von Organisationsakten in Kapitalgesellschaften
Eine Darstellung für die Aktiengesellschaft und die Gesellschaft mit beschränkter Haftung
1997. 8°. XVII, 347 Seiten. Kartoniert.   ISBN 3-452-23936-5

Band 109: Von Dr. Carl-Heinz Witt
Übernahmen von Aktiengesellschaften und Transparenz der Beteiligungsverhältnisse
1998. 8°. XXII, 334 Seiten. Kartoniert.   ISBN 3-452-23956-X

Band 110: Von Dr. Caroline Vedder
Zum Begriff »für Rechnung« im AktG und im WpHG
Eine Untersuchung der anteilsbezogenen Regelungen
1999. 8°. XVII, 237 Seiten. Kartoniert.   ISBN 3-452-24100-9

Band 111: Von Dr. Carsten Rodemann
Stimmbindungsvereinbarungen in den Aktien- und GmbH-Rechten Deutschlands, Englands, Frankreichs und Belgiens
Eine rechtsvergleichende Untersuchung
1998. 8°. XXVIII, 463 Seiten. Kartoniert.   ISBN 3-452-24101-7

Band 112: Von Dr. Matthias Schröder
Schiedsgerichtliche Konfliktbeilegung bei aktienrechtlichen Beschlußmängelklagen
1999. 8°. XXV, 384 Seiten. Kartoniert.   ISBN 3-452-24157-2

Band 113: Von Dr. Arend von Riegen
Gesellschafterschutz bei Ausgliederungen durch Einzelrechtsnachfolge
1999. 8°. XVI, 172 Seiten. Kartoniert.   ISBN 3-452-24252-8

Band 114: Von Dr. Esther Jansen
Publizitätsverweigerung und Haftung in der GmbH
1999. 8°. XVII, 344 Seiten. Kartoniert.   ISBN 3-452-24338-9

Band 115: Von Dr. Friderike Bagel
Der Ausschluß des Bezugsrechts in Europa
1999. 8°. XIV, 407 Seiten. Kartoniert.   ISBN 3-452-24423-7

Band 116: Von Dr. Marcus Michael Bechtel, LL.M.
Anlageberatung der Kreditinstitute im Wandel
Aufklärungs-, Beratungs- und Informationspflichten am Beispiel
von Optionsgeschäften mit Privatkunden
1999. 8°. XIX, 368 Seiten. Kartoniert.   ISBN 3-452-24327-3

Band 117: Von Dr. Tobias Tröger
Treupflicht im Konzernrecht
2000. 8°. XV, 378 Seiten. Kartoniert.   ISBN 3-452-24348-6

Band 118: Von Dr. Georg Bitter
Konzernrechtliche Durchgriffshaftung bei Personengesellschaften
2000. 8°. XXVIII, 612 Seiten. Kartoniert.   ISBN 3-452-24609-4

Band 119: Von Dr. Jakob Wulff
Aktienoptionen für das Management
Deutsches und Europäisches Recht
2000. 8°. XIV, 325 Seiten. Kartoniert.   ISBN 3-452-24608-6

Band 120: Von Dr. Sönke Friedrichsen
Aktienoptionsprogramme für Führungskräfte
Gesellschaftsrecht – Kapitalmarktrecht – Steuerrecht – Bilanzrecht
2000. 8°. XXVI, 435 Seiten. Kartoniert. ISBN 3-452-24621-3

Band 121: Von Dr. Rolf Leinekugel
Die Ausstrahlungswirkungen des Umwandlungsgesetzes
2000. 8°. XV, 282 Seiten. Kartoniert. ISBN 3-452-24625-6

Band 122: Von Dr. Nirmal Robert Banerjea
Die Gesellschafterklage im GmbH- und Aktienrecht
Überlegungen zum deutschen und europäischen Recht vor dem Hintergrund der schweizerischen Verantwortlichkeitsklage und der US-amerikanischen Derivative Suit
2000. 8°. XXIII, 319 Seiten. Kartoniert. ISBN 3-452-24683-3

Band 123: Von Dr. Christian Kersting
Die Vorgesellschaft im europäischen Gesellschaftsrecht
Gemeinschaftsrechtliche Vorgaben und nationale Rechtsordnungen
2000. 8°. XXII, 412 Seiten. Kartoniert. ISBN 3-452-24697-3

Band 124: Von Dr. Marcus Willamowski
Bookbuilding
Die marktorientierte Emission von Aktien nach deutschem und U.S.-amerikanischem Recht
2000. 8°. XXVI, 263 Seiten. Kartoniert. ISBN 3-452-24698-1

Band 125: Von Dr. Magdalena Leinekugel
Die Sachdividende im deutschen und europäischen Aktienrecht
2001. 8°. XIV, 209 Seiten. Kartoniert. ISBN 3-452-24870-4

Band 126: Von Dr. Sandra Thiel, LL.M.
Spartenaktien für deutsche Aktiengesellschaften
Übernahme des US-amerikanischen Tracking Stock-Modells in europäische Rechtsordnungen
2001. 8°. XVII, 384 Seiten. Kartoniert. ISBN 3-452-24932-8

Band 127: Von Dr. Ulrich Bous
Die Konzernleitungsmacht im Insolvenzverfahren konzernverbundener Kapitalgesellschaften
2001. 8°. XVIII, 393 Seiten. Kartoniert. ISBN 3-452-24938-7

Band 128: Von Dr. Carmen Palzer
Fortwirkende organschaftliche Pflichten des Geschäftsführers der GmbH
2001. 8°. XVIII, 275 Seiten. Kartoniert. ISBN 3-452-24997-2

Band 129: Von Dr. Thomas Asmus
Die vinkulierte Mitgliedschaft
Der Schutz mitgliedschaftlicher Vinkulierungsinteressen und das Problem der Gesetzesumgehung
2001. 8°. XVI, 271 Seiten. Kartoniert.   ISBN 3-452-25112-8

Band 130: Von Dr. Constantin H. Beier
Der Regelungsauftrag als Gesetzgebungsinstrument im Gesellschaftsrecht
2002. 8°. XX, 316 Seiten. Kartoniert.   ISBN 3-452-25160-8

Band 131: Von Dr. Martin Tonner
Tracking Stocks
Zulässigkeit und Gestaltungsmöglichkeiten von Geschäftsbereichsaktien nach deutschem Recht
2002. 8°. XXI, 436 Seiten. Kartoniert.   ISBN 3-452-25161-6

Band 132: Von Dr. Rainer Korch
Ringbeteiligungen von Aktiengesellschaften Gesellschafts- und kartellrechtliche Aspekte
2002. 8°. XXI, 372 Seiten. Kartoniert.   ISBN 3-452-25175-6

Band 133: Von Dr. Karsten Krebs
Interessenkonflikte bei Aufsichtsratsmandaten in der Aktiengesellschaft
2002. 8°. XVI, 379 Seiten. Kartoniert.   ISBN 3-452-25194-2

Band 134: Von Dr. Julia Nienhaus
Kapitalschutz in der Aktiengesellschaft mit atypischer Zwecksetzung
Eine rechtsvergleichende/europarechtliche Untersuchung für Deutschland, Frankreich, Belgien, Großbritannien und Irland
2002. 8°. XXI, 296 Seiten. Kartoniert.   ISBN 3-452-25250-7

Band 135: Von Dr. Christian Meyer
Der Nießbrauch an GmbH-Geschäftsanteilen und an Aktien
2002. 8°. XIV, 326 Seiten. Kartoniert.   ISBN 3-452-25278-7

Band 136: Von Dr. Thomas Eckhold
Materielle Unterkapitalisierung
Zur Gesellschafterverantwortlichkeit in der Gesellschaft mit beschränkter Haftung
2002. 8°. XVII, 821 Seiten. Kartoniert.   ISBN 3-452-25321-X

Band 137: Von Dr. Mario Hüther
Aktionärsbeteiligung und Internet
Eine rechtsvergleichende Bestandsaufnahme korporativer Willensbildung im Zeitalter neuer Medien
2002. 8°. XVII, 481 Seiten. Kartoniert.   ISBN 3-452-25341-4

Band 138: Von Dr. Ernst-August Baldamus
Reform der Kapitalrichtlinie
2002. 8°. XIII, 314 Seiten. Kartoniert. ISBN 3-452-25381-3

Band 139: Von Dr. Jan Link
Die Amtsniederlegung durch Gesellschaftsorgane
Eine rechtsformübergreifende Untersuchung des Spannungsfeldes
zwischen Rücktrittsfreiheit, Bestandsschutz und Rechtssicherheit
2003. 8°. XVIII, 312 Seiten. Kartoniert. ISBN 3-452-25460-7

Band 140: Von Dr. Nils G. Weiland
Synergieefekte bei der Abfindung außenstehender Gesellschafter
2003. 8°. XIX, 340 Seiten. Kartoniert. ISBN 3-452-25511-5

Band 141: Von Dr. Karen Christina Pelzer
Das Auskunftsrecht der Aktionäre in der Europäischen Union
2003. 8°. XXII, 256 Seiten. Kartoniert. ISBN 3-452-25673-1

Band 142: Von Dr. Wolfgang Servatius
Strukturmaßnahmen als Unternehmensleitung
Die Vorstandspflichten bei unternehmerischen Entscheidungen
der Hauptversammlung
2004. 8°. XXIII, 443 Seiten. Kartoniert. ISBN 3-452-25675-8

Band 143: Von Dr. Armin Barthel
Die Beschwerde gegen aufsichtsrechtliche Verfügungen nach dem WpÜG Eine
verfahrensvergleichende Untersuchung des Rechtsschutzes gegen verwaltungsbehördliche Entscheidungen vor Zivilgerichten unter Berücksichtigung des
Kartell-, Vergabe- und Patentrechts
2004. 8°. XXVIII, 385 Seiten. Kartoniert. ISBN 3-452-25670-7

Band 144: Von Dr. Klaus Schmolke
Organwalterhaftung für Eigenschäden von Kapitalgesellschaftern
2004. 8°. XXI, 424 Seiten. Kartoniert. ISBN 3-452-25674-X

Band 145: Von Dr. Heinrich von Bünau
Beratungsverträge mit Aufsichtsratsmitgliedern im Aktienkonzern
Eine Untersuchung zur Anwendung von § 114 AktG im Konzern
2004. 8°. XVI, 298 Seiten. Kartoniert. ISBN 3-452-25672-3

Band 146: Von Dr. Norbert Boese
**Die Anwendungsgrenzen des Erfordernisses sachlicher Rechtfertigung bei
HV-Beschlüssen**
2004. 8°. XXI, 473 Seiten. Kartoniert. ISBN 3-452-25671-5

Band 147: Von Dr. Hilke Herchen
Agio und verdecktes Agio im Recht der Kapitalgesellschaften
2004. 8°. XVII, 430 Seiten. Kartoniert. ISBN 3-452-25709-6

Band 148: Von Dr. Marc-Philippe Weller
Europäische Rechtsformwahlfreiheit und Gesellschafterhaftung
Zur Anwendung der Existenzvernichtungshaftung auf Scheinauslandsgesellschaften nach »Überseering« und »Inspire Art«
2004. 8°. XXV, 383 Seiten. Kartoniert. ISBN 3-452-25898-X

Band 149: Von Dr. Corinna Mickel
Die Rechtsnatur der Haftung gespaltener Rechtsträger nach § 133 Abs. 1 und 3 UmwG
2004. 8°. XX, 282 Seiten. Kartoniert. ISBN 3-452-25960-9

Band 150: Von Dr. Yves Lakner
Der mehrstufige Konzern
2005. 8°. XVI, 373 Seiten. Kartoniert. ISBN 3-452-25977-3

Band 151: Von Dr. Tobias Böckmann
Gläubigerschutz bei GmbH und close corporation
Eine rechtsvergleichende Untersuchung nach deutschem und US-amerikani- schem Recht unter besonderer Berücksichtigung des Rechts von Delaware, Kalifornien und New York
2005. 8°. XVII, 405 Seiten. Kartoniert. ISBN 3-452-25994-3

Band 152: Von Dr. Alexander Kiefner
Konzernumbildung und Börsengang der Tochter
Die Teilhaberechte der Aktionäre einer Publikums-AG bei der Börsenein- führung von Tochtergesellschaften
2005. 8°. XXIII, 507 Seiten. Kartoniert. ISBN 3-452-26133-6

Band 153: Von Dr. Dirk Zetzsche
Aktionärsinformation in der börsennotierten Aktiengesellschaft
2006. 8°. XIX, 525 Seiten. Kartoniert. ISBN 3-452-26325-8

Band 154: Von Dr. Matthias Budde
Die Haftungsverwirklichung in der masselosen Insolvenz der Kapitalgesellschaft
2006. 8°. XI, 239 Seiten. Kartoniert. ISBN 3-452-26350-9

Band 155: Von Dr. Tom Kirschbaum
Entsprechenserklärungen zum englischen Combined Code und zum Deutschen Corporate Governance Kodex
2006. 8°. XVIII, 419 Seiten. Kartoniert. ISBN 978-3-452-26436-7

Band 156: Von Dr. André Meyer
Der Grundsatz der unbeschränkten Verbandsmitgliederhaftung
2006. 8°. XVI, 456 Seiten. Hardcover. ISBN 978-3-452-26523-4

Band 157: Von Dr. Norbert Bröcker
Nachgründung, Sachgründung und Kapitalschutz
2006. 8°. XVI, 288 Seiten. Hardcover.   ISBN 978-3-452-26483-1

Band 158: Von Dr. Christian Gloger
Haftungsbeschränkung versus Gläubigerschutz in der GmbH
Rechtsvergleichende Studie zum deutschen und brasilianischen Recht
2007. 8°. XXIV, 450 Seiten. Hardcover.   ISBN 978-3-452-26522-7

Band 159: Von Dr. Alexander Fenzl
Betriebspacht-, Betriebsüberlassungs- und Betriebsführungsverträge in der Konzernpraxis
2007. 8°. XV, 189 Seiten. Hardcover.   ISBN 978-3-452-26590-6

Band 160: Von Dr. Tim Florstedt
Der »stille Verband«
2007. 8°. XX, 296 Seiten. Hardcover.   ISBN 978-3-452-26600-2

Band 161: Von Dr. Andreas Löhdefink
Acting in Concert und Kontrolle im Übernahmerecht
2007. XX, 472 Seiten. Hardcover.   ISBN 978-3-452-26435-0

Band 162: Von Dr. Jörn Jacobs
Die institutionelle Haftungsbeschränkung bei atypischen Erscheinungsformen der Außen-GbR
2007. XVI, 294 Seiten. Hardcover.   ISBN 978-3-452-26637-8

Band 163: Von Dr. Frauke Möhrle
Gesellschaftsrechtliche Probleme der D&O-Versicherung
2007. XVI, 260 Seiten. Hardcover.   ISBN 978-3-452-26690-3

Band 164: Von Dr. Rouven Redeker
Die Haftung für wrongful trading im englischen Recht
Eine vergleichende Betrachtung der deutschen und der englischen Geschäftsleiterhaftung für Insolvenzverschleppung
2007. XVIII, 280 Seiten. Hardcover.   ISBN 978-3-452-26727-6

Band 165: Von Dr. Eva-Maria Wild
Prospekthaftung einer Aktiengesellschaft unter deutschem und europäischem Kapitalschutz
2007. XIV, 289 Seiten. Hardcover.   ISBN 978-3-452-26766-5

Band 166: Von Dr. Andreas Stoll
Garantiekapital und konzernspezifischer Gläubigerschutz
2007. XXII, 392 Seiten. Hardcover.   ISBN 978-3-452-26775-7

Band 167: Von Dr. Sebastian Mock
Finanzverfassung der Kapitalgesellschaften und internationale Rechnungslegung
2007. XXII, 386 Seiten. Hardcover. ISBN 978-3-452-26802-0

Band 168: Von Andreas Hoger
Kontinuität beim Formwechsel nach dem UmwG und der grenzüberschreitenden Verlegung des Sitzes einer SE
2008. XVIII, 396 Seiten. Hardcover. ISBN 978-3-452-26831-0

Band 169: Von Felix Brammer
Rückerwerbbare Aktien
2008. XX, 422 Seiten. Hardcover. ISBN 978-3-452-26839-6

Band 170: Von Dr. Carsten Wettich
Vorstandsorganisation in der Aktiengesellschaft
Zugleich ein Beitrag zum Kollegialprinzip und dem Grundsatz der Gesamtverantwortung
2008. XVIII, 334 Seiten. Hardcover. ISBN 978-3-452-26864-8

Band 171: Von Dr. Michael Beurskens
Haftung für enttäuschtes Aktionärsvertrauen
2008. XX, 533 Seiten. Hardcover. ISBN 978-3-452-26929-4

Band 172: Von Dr. Moritz von Schlabrendorff
Repricing von Stock Options
Wirtschaftliche Grundlagen - Gesellschaftsrecht - Insiderrecht - Bilanzrecht
2008. XVI, 252 Seiten. Hardcover. ISBN 978-3-452-26933-1

Band 173: Von Dr. Jens-Walter Lüpkes
Zulässigkeit und Zweckmäßigkeit aktienkursorientierter Vergütung von Mitgliedern des Aufsichtsrats
unter besonderer Berücksichtigung des MobilCom-Urteils des BGH vom 16. Februar 2004 zu Aufsichtsrats Stock Option Prägrammen
2008. XVIII, 482 Seiten. Hardcover. ISBN 978-3-452-27001-6

Band 174: Von Dr. Michael Voß
Gesamtschuldnerische Organhaftung
Die gesamtschuldnerische Haftung von Geschäftsleitern und Aufsichtsratsmitgliedern für Pflichtverletzungen und deren interne Haftungsanteile
2008. XVI, 248 Seiten. Hardcover. ISBN 978-3-452-27029-0

Band 175: Von Dr. Matthias Scharf
Umwandlung und Datenschutz
Das Schutzregime des BDSG bei Unternehmensrestrukturierungen nach dem UmwG
2008. XXVI, 452 Seiten. Hardcover. ISBN 978-3-452-27064-1

Band 176: Von Dr. Jens von Lackum
Die Gesetzesumgehung im Europarecht
unter besonderer Berücksichtigung des Europäischen Gesellschaftsrechts
2009. XX, 372 Seiten. Hardcover. ISBN 978-3-452-27054-2

Band 177: Von Dr. Heike Findeisen
Beteiligungserwerb durch genehmigte Sachkapitalerhöhung
2009. XVIII, 234 Seiten. Hardcover. ISBN 978-3-452-27094-8

Band 178: Von Dr. Ingo Fuchs
Der aktienrechtliche Squeeze-out
2009. XVIII, 558 Seiten. Hardcover. ISBN 978-3-452-27097-9

Band 179: Von Dr. Ferit Schnieders
Haftungsfreiräume für unternehmerische Entscheidungen in Deutschland und Italien
2009. XVI, 422 Seiten. Hardcover. ISBN 978-3-4

Band 180: Von Dr. Marco Staake
Ungeschriebene Hauptversammlungskompetenzen in börsennotierten und nicht börsennotierten Aktiengesellschaften
2009. XVI, 280 Seiten. Hardcover. ISBN 978-3-452-27197-6

Band 181: Von Dennis Schlottmann
Wegfall und Entmachtung des einzigen Komplementärs
2009. XX, 392 Seiten. Hardcover. ISBN 978-3-452-27198-3

Band 182: Von Björn Bork
Change of Control-Klauseln in Anstellungsverträgen von Vorstandsmitgliedern
2009. XIV, 272 Seiten. Hardcover. ISBN 978-3-452-27222-5

Band 183: Von Christina Maushake
Audit Committees
Prüfungsausschüsse im US-amerikanischen und deutschen Recht
2009. XX, 672 Seiten. Hardcover. ISBN 978-3-452-27221-8

Band 184: Von Georgios Psaroudakis
Acting in Concert in börsennotierten Gesellschaften
Eine rechtsvergleichende Untersuchung zum US-amerikanischen und europäischen Kapitalmarktrecht einschließlich rechtsökonomischer, kartell- und beweisrechtlicher Aspekte
2009. XXII, 582 Seiten. Hardcover. ISBN 978-3-452-27233-1

Band 185: Von Kristian Klosterkemper
Einflussmöglichkeiten Außenstehender auf den innerkorporativen Bereich der GmbH
Unter besonderer Betrachtung des Einflusses von Gewerkschaften und Banken
2009. XXII, 398 Seiten. Hardcover. ISBN 978-3-452-27240-9

Band 186: Von Christian Dittert
Satzungsbegleitende Aktionärsvereinbarungen
2009. XX, 358 Seiten. Hardcover. ISBN 978-3-452-27250-8

Band 187: Von Dr. Gerrit Forst
Die Beteiligungsvereinbarung nach § 21 SEBG
2010. XX, 474 Seiten. Hardcover. ISBN 978-3-452-27322-2

Band 188: Von Dr. Bastian Schoppe
Aktieneigentum
Verfassungsrechtliche Strukturen und gesellschaftsrechtliche
Ausprägungen der Aktie als Gegenstand des Art. 14 GG
2011. XIV, 517 Seiten. Hardcover. ISBN 978-3-452-27497-7

Band 189: Von Dr. Jan Brosius
Die finanzielle Unterstützung des Erwerbs eigener Aktien
§ 71 a AktG im Gesamtgefüge des Kapitalerhaltungsrechts
2011. XIV, 338 Seiten. Hardcover. ISBN 978-3-453-27495-3

Band 190: Von Dr. Ansgar Wimber
Die Behandlung von Vorrats- und Mantelgesellschaften
2011. XIX, 345 Seiten. Hardcover. ISBN 978-3-452-27496-0

Band 191: Von Dr. Benjamin D. Ullrich
Gesellschaftsrecht und steuerliche Gemeinnützigkeit
Die gemeinnützige GmbH und andere Rechtsformen im
Spannungsfeld von Gesellschafts- und Steuerrecht
2011. XIX, 395 Seiten. Hardcover. ISBN 978-3-452-27544-8

Band 192: Von Dr. Heike Weninger
Mitbestimmungsspezifische Interessenkonflikte von Arbeitnehmer- vertretern im Aufsichtsrat
2011. XX, 329 Seiten. Hardcover. ISBN 978-3-452-27665-0

Band 193: Von Dr. Thomas Bunz
Der Schutz unternehmerischer Entscheidungen durch das Geschäftsleiterermessen
Ein Beitrag zu mehr Rechtssicherheit im Umgang mit der Business Judgment Rule
2011. XIX, 305 Seiten. Hardcover. ISBN 978-3-452-27666-7

Band 194: Von Dr. Markus Fehrenbach
Der fehlerhafte Gesellschafterbeschluss in der GmbH
Allgemeines Beschlussmängelrecht und analoge Anwendung des Aktienrechts
2011. XIX, 455 Seiten. Hardcover. ISBN 978-3-452-27685-8

Band 195: Von Dr. Charlotte Elisabeth Grundmeier
Rechtspflicht zur Compliance im Konzern
2011. XI, 149 Seiten. Hardcover. ISBN 978-3-452-27686-5

Band 196: Von Dr. Matthias Schatz
Der Missbrauch der Anfechtungsbefugnis durch den Aktionär und die Reform des aktienrechtlichen Beschlussmängelrechts
2012. XVIII, 383 Seiten. Hardcover. ISBN 978-3-452-27687-2

Band 197: Von Dr. Timo Bernau
Unternehmensübernahmen im Spannungsfeld zwischen Übernahmerecht und Fusionskontrolle
Der Bieter in der Pflichtenkoinzidenz zweier gegenläufiger Verfahrensordnungen
2012. XXIII, 550 Seiten. Hardcover. ISBN 978-3-452-27733-6

Band 198: Von Dr. Michiel A. Huizinga
Die Machtbalance zwischen Verwaltung und Hauptversammlung in der Europäischen Gesellschaft (SE)
Eine rechtsvergleichende Untersuchung unter Berücksichtigung des deutschen, niederländischen und englischen Aktienrechts
2012. XVI, 485 Seiten. Hardcover. ISBN 978-3-452-27734-3

Band 199: Von Dr. Jan Hupka, LL.M.
Das Vergütungsvotum der Hauptversammlung
Eine rechtsökonomische und rechtsvergleichende Untersuchung zu § 120 Abs. 4 AktG
2012. XX, 400 Seiten. Hardcover. ISBN 978-3-452-27777-0

Band 200: Von Dr. Philipp Clemens
Das neue Recht der Gesellschafterfremdfinanzierung nach dem MoMiG
2012. XVII, 398 Seiten. Hardcover. ISBN 978-3-452-27793-0

Band 201: Von Dr. Moritz Heuser
Shareholder Activism
Aktienrechtliche Schranken für Anteilseigneraktivismus
2012. XIX, 309 Seiten. Hardcover. ISBN 978-3-452-27812-8

Band 202: Von Dr. Tobias Steber
Die Herabsetzung der Geschäftsführervergütung in der Krise der GmbH
2012. XVII, 224 Seiten. Hardcover. ISBN 978-3-452-27813-5

Band 203: Von Dr. Johannes Traut
Die *Corporate Governance* von Kapitalgesellschaften der öffentlichen Hand
Eine gesellschafts- und europarechtliche Betrachtung unter Einbeziehung rechtsökonomischer Erwägungen
2013. XVIII, 342 Seiten. Hardcover. ISBN 978-3-452-27884-5

Band 204: Von Dr. Philipp Dornbach
Die aktienrechtliche Anfechtungsklage zwischen subjektivem Rechtsschutz und objektiver Rechtskontrolle
Ein Beitrag zur Reform des Beschlussmängelrechts
2013. XXIV, 391 Seiten. Hardcover. ISBN 978-3-452-27850-0

Band 205: Von Dr. J. Frédéric Meilicke
Die Behandlung von Ertragsteuern im Rahmen der Unternehmensbewertung als Rechtsfrage
2013. XV, 268 Seiten. Hardcover. ISBN 978-3-452-27892-0

Band 206: Von Dr. Christian Strothotte
Die Gewinnverwendung in Aktiengesellschaften
Eine Untersuchung zum Recht Deutschlands und des Vereinigten Königreichs
2014. XIX, 571 Seiten. Hardcover. ISBN 978-3-452-28111-1

Band 207: Von Dr. Clara Gräfin von Spee
Gesellschafter im Reorganisationsverfahren
Die Sanierungsbeteiligung der Gesellschafter nach dem ESUG
2014. XVII, 253 Seiten. Hardcover. ISBN 978-3-452-28151-7

Band 208: Von Dr. Ramona Ruf
Leitung und Koordinierung im italienischen Konzernrecht
2014. XIII, 262 Seiten. Hardcover. ISBN 978-3-452-28152-4

Band 209: Von Dr. Dominik Heß
Investorenvereinbarungen
Eine Untersuchung der aktien- und übernahmerechtlichen Zulässigkeit und Schranken von Vereinbarungen zwischen Investor und Aktiengesellschaft
2014. XX, 427 Seiten. Hardcover. ISBN 978-3-452-28160-9

Band 210: Von Dr. Stephan Schneider
Gesellschafter-Stimmpflichten bei Sanierungen
2014. XXII, 399 Seiten. Hardcover. ISBN 978-3-452-28230-9

Band 211: Von Dr. Maximilian Goette
Der Exit der Minderheit aus der GmbH
2014. XXII, 339 Seiten. Hardcover. ISBN 978-3-452-28231-6

Band 212: Von Dr. Axel Hoppe
Gewährung zusätzlicher Aktien bei Unternehmenskäufen und Umwandlungen
2015. XXI, 449 Seiten. Hardcover. ISBN 978-3-452-28310-8

Band 213: Von Dr. Moritz Rademacher, LL.M. (Stell.)
Geschäftsführung und Unternehmensleitung im entflochtenen Energieversorgungskonzern
2015. XVI, 285 Seiten. Hardcover. ISBN 978-3-452-28253-8

Band 214: Von Dr. Arne Pidun
Public Corporate Governance Kodizes
2015. XV, 174 Seiten. Hardcover. ISBN 978-3-452-28333-7

Band 215: Von Dr. Henning Geerken
Erfolgsabhängige Aufsichtsratsvergütung
zugleich ein Beitrag zum Angemessenheitsgebot des § 113 Abs. 1 Satz 3 AktG
2015. XXII, 379 Seiten. Hardcover. ISBN 978-3-452-28313-9

Band 216: Von Dr. Carl Höfer
»Flex-GmbH« statt UG – Eine attraktive Schwester für die alte GmbH!
Vorschläge für eine weitergehende Modernisierung des Rechts der geschlossenen Kapitalgesellschaft
2015. XVI, 382 Seiten. Hardcover. ISBN 978-3-452-28643-7

Band 217: Von Dr. Dominik Kuhn
Zulässigkeit und Folgen der Verwendung von Drittnamen in der Personenfirma
2015. XVII, 424 Seiten. Hardcover. ISBN 978-3-452-28642-0

Band 218: Von Dr. Benjamin Fritz, LL.M. (London)
Die Zwangseinziehung von GmbH-Geschäftsanteilen
Eine dogmatische Untersuchung unter besonderer Berücksichtigung von BGHZ 192, 236
2015. XV, 240 Seiten. Hardcover. ISBN 978-3-452-28690-1

Band 219: Von Dr. Enrico Gätsch
Fiduziarität und Vergütungsautonomie im Vorstandsrecht
Zur zivilvertraglichen, aktien- und verfassungsrechtlichen Kohärenz einer Vergütungsobergrenze
2016. XVII, 397 Seiten. Hardcover. ISBN 978-3-452-28712-0

Band 220: Von Dr. David Cassian Markworth
Scheinsozius und Scheinsozietät
Die Auswirkungen des Rechtsscheins in GbR und PartG
2016. XXIII, 422 Seiten. Hardcover. ISBN 978-3-452-28742-7

Band 221: Von Dr. Velina Ziegler
Konzernleitung im Binnenmarkt
Eine vergleichende Untersuchung zum Recht der zweiten Kapitalgesellschaftsform in Deutschland, Frankreich und Bulgarien
2016. XV, 278 Seiten. Hardcover. ISBN 978-3-452-28771-7

Band 222: Von Dr. Lisa Marleen Guntermann
Das Zusammenspiel von Mindeststammkapitel und institutioneller Haftungsbeschränkung
Eine normative und ökonomische Analyse
2016. XX, 592 Seiten. Hardcover. ISBN 978-3-452-28779-3

Band 223: Von Dr. Anna Dominke
Einheitliche Gruppenleitung über die Binnengrenzen in Europa
Regelungselemente für das Gesetzgebungsprojekt
»Anerkennung des Gruppeninteresses«
2017. XVI, 272 Seiten. Hardcover. ISBN 978-3-452-28859-2

Band 224: Von Dr. Sascha Stiegler
Grenzüberschreitende Sitzverlegungen nach deutschem und europäischem Recht
2017. XIII, 559 Seiten. Hardcover. ISBN 978-3-452-28860-8

Band 225: Von Dr. Johannes Hieronymi
Die Haftung des aktienrechtlichen Vorstands bei Einholung externer Beratung
Eine Untersuchung von Entscheidungsfindung und Verantwortlichkeit der Vorstandsmitglieder einer Aktiengesellschaft im Spiegel höchstrichterlicher Rechtsprechung
2017. XVI, 249 Seiten. Hardcover. ISBN 978-3-452-28929-2

Band 226: Von Dr. Frauke Schmidt
Die Ausstrahlung aufsichtsrechtlicher Corporate Governance auf das Aktienrecht
Überlagerung in der Bankaktiengesellschaft, Entstehungsgeschichte und Perspektiven für die börsennotierte Aktiengesellschaft
2017. XVIII, 404 Seiten. Hardcover. ISBN 978-3-452-28945-2

Band 227: Von Dr. Marc Zuber
Die externe Pflichtenbindung von Aufsichtsratsmitgliedern
2017. XXV, 426 Seiten. Hardcover. ISBN 978-3-452-28951-3

Band 228: Von Dr. Johannes Fütterer
Der Drittanstellungsvertrag
Gesellschaftsrechtliche und arbeitsrechtliche Aspekte der Drittanstellung von Vorstandsmitgliedern und GmbH-Geschäftsführern
2017. XIX, 364 Seiten. Hardcover. ISBN 978-3-452-28967-4

Band 229: Von Dr. Andreas Tarde
Related Party Transactions
Empfehlungen zur Umsetzung der reformierten Aktionärsrechterichtlinie vor dem Hintergrund eines englisch-deutschen Rechtsvergleichs
2018. XIII, 331 Seiten. Hardcover. ISBN 978-3-452-29091-5

Band 230: Von Dr. Jan-Mark Steiner
Die Sanktionierung der flexiblen Frauenquote in Großunternehmen
2018. XXIII, 556 Seiten. Hardcover. ISBN 978-3-452-29147-9

Band 231: Von Dr. Jean Mohamed
Die Legitimationszession im Aktienrecht
Eine Untersuchung zu den Legitimations- und Strukturfragen der anonymen Repräsentanz
2018. XV, 308 Seiten. Hardcover. ISBN 978-3-452-29146-2

Band 232: Von Dr. Ferdinand Blezinger
Gewinnverteilung bei Personengesellschaften
2018. XX, 335 Seiten. Hardcover.   ISBN 978-3-452-29145-5

Band 233: Von Dr. Claudius Eschwey
Contingent Convertible Bonds (CoCos)
Bedingte Pflichtwandelanleihen in Deutschland und der Schweiz
2018. XIX, 535 Seiten. Hardcover.   ISBN 978-3-452-29181-3

Band 234: Von Dr. Jonas Wehleit
Das Unternehmen Musikgruppe
Eine Fallstudie im deutschen Gesellschafts- und Urheberrecht
2019. XV, 234 Seiten. Hardcover.   ISBN 978-3-452-29266-7

Band 235: Von Dr. Isabelle Tassius
Die Innen-KG
Analyse einer neuen Interpretation von stillen Gesellschaften und Treuhandkonstruktionen
2019. XIII, 158 Seiten. Hardcover.   ISBN 978-3-452-29299-5

Band 236: Von Dr. Lisa Engelhardt
Wissensverschulden
Eine Systematisierung und Begrenzung der Wissenszurechnung im Unternehmen
2019. XIV, 198 Seiten. Hardcover.   ISBN 978-3-452-29310-7

Band 237: Von Dr. Julius Simon
Die Legitimation der CSR-Richtlinie in ihren Auswirkungen auf die Unternehmensverfassung der Aktiengesellschaft
Mit rechtsvergleichenden Bezügen zum Vereinigten Königreich
2019. XVI, 250 Seiten. Hardcover.   ISBN 978-3-452-29319-0

Band 238: Von Dr. Pius O. Dolzer
Die Emanzipation des Prüfungsausschusses im Aufsichtsrat
Eine Vermessung im System der Corporate Governance unter Würdigung des Wettbewerbs zwischen dem dualistischen und monistischen Modell der Unternehmensverfassung
2019. XVI, 515 Seiten. Hardcover.   ISBN 978-3-452-29559-0

Band 239: Von Dr. Henrik Gildehaus, LL.M.
CoCo-Bonds als Beitrag zur Vermeidung systemischer Risiken im Bankensektor
Eine rechtsvergleichende Untersuchung unter Berücksichtigung der Regelungen zur Sanierung und Abwicklung von Banken
2020. XV, 551 Seiten. Hardcover.   ISBN 978-3-452-29308-4

Band 240: Von Dr. Florian Gröntgen
Operativer shareholder activism
Eine rechtliche Analyse des Zusammenspiels von aktivistischen Aktionären und Verwaltungsorganen unter Einbeziehung von Aktionärsrechterichtlinie und ARUG II (RegE)
2020. XVII, 386 Seiten. Hardcover. ISBN 978-3-452-29581-1

Band 241: Von Dr. Conrad Ruppel, LL.M.
Kompetenzabgrenzung bei der extern verwalteten Investmentkommanditgesellschaft
Umsetzung der europäischen AIFM-Richtlinie im EU-Mitgliedstaat Deutschland: Eine normativ-konfliktuelle Betrachtung aus investmentrechtlicher sowie zivil- und gesellschaftsrechtlicher Sicht
2020. XVII, 409 Seiten. Hardcover. ISBN 978-3-452-29638-2

Carl Heymanns Verlag